2024

공인회계사 1차대비
하루에 끝장내기
회계사 상법

머리말

오랫동안 법학을 공부해왔고 또 가르쳐본 사람으로서, 기출문제를 정확히 이해하는 것은 공부의 시작이자 끝이라고 생각합니다. 특히 객관식 시험에서는 이미 출제된 기출문제의 지문들이 반복해서 출제되는 경향이 있습니다. 예컨대 2023년도 시험에서 16번 문제의 정답이 3번이었다면, 다음 해의 시험에서는 16번 문제의 나머지 지문이 정답으로 출제되는 식입니다. 수험생들이 적은 시간을 투입해서 가장 큰 효과를 내려면, 이미 기출된 지문들을 반복해서 정리하는 공부방법을 권합니다.

하루에 끝장내기 회계사 상법을 만들면서 이러한 점을 염두에 두었습니다. 2007년도부터 2023년까지 17개년도 기출문제 680문항(3,400지문)을 꼼꼼히 분석하여 교과서 진도 순서대로 총 1,869개의 지문으로 정리하였습니다. 수험생들이 시험을 앞두고 이 교재를 반복해서 정리한다면 가장 효율적인 마무리가 될 것이라 확신합니다.

아무쪼록 이 책으로 공부하는 모든 수험생들에게 단기합격의 영광이 함께 하길 기원합니다.

2023. 12. 어느 눈 오는 겨울 새벽에
편저자 정인국

Contents

Part 1 회사법

01 | 회사법 서론
제1절 회사의 개념 / 6
제2절 회사의 능력 / 10

02 | 주식회사
제1절 설립 / 14
제2절 주식과 주주 / 39
제3절 주식회사의 기관
    제1관 주주총회 / 93
    제2관 이사회와 대표이사 / 139
    제3관 감사와 감사위원회 / 206
제4절 자본금의 변동
    제1관 자본금의 증가 / 220
    제2관 자본금의 감소 / 234
제5절 정관의 변경 / 238
제6절 회사의 회계 / 241
제7절 사채 / 256

03 | 그 밖의 회사
제1절 합명회사 / 273
제2절 합자회사 / 281
제3절 유한책임회사 / 288
제4절 유한회사 / 296
제5절 외국회사 / 307

04 | 회사의 특수문제
제1절 조직변경 / 309
제2절 합병 / 313
제3절 분할 / 324
제4절 완전모회사의 설립 / 331
제5절 회사의 해산과 청산 / 341

Part 2 상법총칙·상행위

Part 2-1 상법총칙

01 | 상법 서론 / 352

02 | 상인과 설비
제1절 상인 / 354
제2절 상업사용인 / 362
제3절 기업의 물적 설비 / 372

03 | 영업의 공시와 양도
제1절 상업등기 / 387
제2절 영업양도 / 392

Part 2-2 상행위

01 | 상행위 총설
제1절 의의 / 398
제2절 상행위의 특칙 / 401

02 | 상사매매
제1절 의의 / 410
제2절 매도인의 공탁·경매권 / 410
제3절 확정기매매의 해제 / 412
제4절 매수인의 검사·하자통지의무 / 412
제5절 매수인의 보관·공탁·경매의무 / 415

03 | 상법상의 특수한 계약
제1절 상호계산 / 417
제2절 익명조합 / 419
제3절 합자조합 / 424

04 | 각칙
제1절 대리상 / 428
제2절 중개업 / 432
제3절 위탁매매업 / 436
제4절 운송업 / 440
제5절 운송주선업 / 448
제6절 공중접객업 / 452
제7절 창고업 / 454
제8절 새로운 상행위 / 457

Part 3 어음·수표법

01 | 총론
제1절 어음·수표의 개관 / 462
제2절 어음·수표 행위의 특성 / 465
제3절 어음·수표 행위의 성립 / 467
제4절 어음·수표 행위의 대리 / 470
제5절 어음의 위조와 변조 / 474
제6절 어음·수표상 권리의 소멸 / 479
제7절 어음·수표의 실질관계 / 482
제8절 이득상환청구권 / 489

02 | 각론
제1절 발행 / 491
제2절 인수 / 505
제3절 배서 / 513
제4절 지급 / 528
제5절 상환청구 / 531
제6절 어음보증 / 539
제7절 그 밖의 제도 / 542
제8절 수표 / 543

부록1 | '앞글자' 정리사항 / 561

부록2 | 상법상 추정규정 정리 / 571

PART 1 회사법

CHAPTER 01 회사법 서론

제1절 회사의 개념

1. 회사의 의의

0001 |2020|
회사란 상행위나 그 밖의 영리를 목적으로 하여 설립한 법인을 말한다. ( )

> 회사에 대한 정의이다. 상행위를 목적으로 설립한 법인을 "상사회사"라 하고, 그 밖의 영리를 목적으로 설립한 법인을 "민사회사"라 한다.
> **제169조(회사의 의의)** 이 법에서 "회사"란 상행위나 그 밖의 영리를 목적으로 하여 설립한 법인을 말한다.

0002 |2018|
민사회사는 상행위 이외의 행위를 영업으로 하는 회사로서 영리성이 없기 때문에 상법상 회사가 될 수 없다. ( )

> 상행위를 목적으로 설립한 법인을 "상사회사"라 하고, 그 밖의 영리를 목적으로 설립한 법인을 "민사회사"라 한다. 상사회사와 민사회사 모두 상법상 회사에 해당한다.
> **제169조(회사의 의의)** 이 법에서 "회사"란 상행위나 그 밖의 영리를 목적으로 하여 설립한 법인을 말한다.

0003 |2020|
회사는 본점소재지에서 설립등기를 함으로써 성립한다. ( )

> 회사의 설립등기에는 창설적 효력이 인정된다.
> **제172조(회사의 성립)** 회사는 본점소재지에서 설립등기를 함으로써 성립한다.

0004 |2020, 2022|
회사의 주소는 본점소재지에 있는 것으로 한다. ( )

> 회사의 관한 법률관계는 회사의 본점소재지, 즉 주소지를 기준점으로 판단한다.
> **제171조(회사의 주소)** 회사의 주소는 본점소재지에 있는 것으로 한다.

답 0001 ○ 0002 × 0003 ○ 0004 ○

0005 |2009|
상법상 주식회사의 재산은 원칙적으로 주주 개인의 채권자에 의한 강제집행의 대상이 되지 않는다. (   )

주주와 회사는 서로 별개의 법인격을 가지기 때문에 주주의 재산과 회사의 재산은 당연히 별개의 것이다. 주주 개인의 채권자는 주주의 재산인 소유주식을 강제집행할 수는 있다.

0006 |2009|
법인격부인의 경우 채권자의 회사에 대한 승소판결의 기판력이 책임 있는 지배주주에게 당연히 미치는 것은 아니다. (   )

회사의 채무에 대하여 지배주주도 변제책임을 진다고 해서 회사에 대한 승소판결의 효력이 당연히 지배주주 개인에게 미치는 것은 아니다. 따라서 회사채권자는 회사와 더불어 주주도 공동피고로 제소하여 각자에 대한 집행권원(판결문)을 취득해야만 주주 개인재산에 대해 강제집행을 할 수 있게 된다.

[대법원 1995.5.12, 선고, 93다44531, 판결]
甲 회사와 乙 회사가 기업의 형태·내용이 실질적으로 동일하고, 甲 회사는 乙 회사의 채무를 면탈할 목적으로 설립된 것으로서 甲 회사가 乙 회사의 채권자에 대하여 乙 회사와는 별개의 법인격을 가지는 회사라는 주장을 하는 것이 신의성실의 원칙에 반하거나 법인격을 남용하는 것으로 인정되는 경우에도, 권리관계의 공권적인 확정 및 그 신속·확실한 실현을 도모하기 위하여 절차의 명확·안정을 중시하는 소송절차 및 강제집행절차에 있어서는 그 절차의 성격상 乙 회사에 대한 판결의 기판력 및 집행력의 범위를 甲 회사에까지 확장하는 것은 허용되지 아니한다.

2. 1인 회사

0007 |2015, 2019, 2023|
회사는 상행위나 그 밖의 영리를 목적으로 설립한 법인으로서 그 종류에 관계 없이 1인 회사를 설립할 수 있다. (   )

인적회사(합명, 합자회사)의 경우에는 1인회사 설립이 불가하다.
제178조(정관의 작성) 합명회사의 설립에는 2인 이상의 사원이 공동으로 정관을 작성하여야 한다.
제268조 (회사의 조직) 합자회사는 무한책임사원과 유한책임사원으로 조직한다.

0008 |2007, 2009, 2011, 2019|
판례에 의하면, 실질적인 1인 회사의 1인 주주가 주주총회의 특별결의 없이 회사의 중요한 영업재산을 양도한 경우 회사의 손해는 바로 그 주주 한 사람의 손해이므로 회사에 대한 배임죄는 성립되지 않는다. (   )

1인주주와 회사는 별개의 독립된 법인격이 인정되므로, 이 경우 배임죄 혹은 횡령죄를 인정한다. 회사채권자를 보호하기 위함이다.

[대법원 1996.8.23, 선고, 96도1525, 판결]
피고인이 사실상 자기 소유인 1인주주 회사들 중의 한 개 회사 소유의 금원을 자기 소유의 다른 회사의 채무변제를 위하여 지출하거나 그 다른 회사의 어음결제대금으로 사용한 경우, 주식회사의 주식이 사실상 1인의 주주에 귀속하는

답 0005 ○ 0006 ○ 0007 × 0008 ×

1인회사에 있어서는 행위의 주체와 그 본인 및 다른 회사와는 별개의 인격체이므로, 그 법인인 주식회사 소유의 금원은 임의로 소비하면 횡령죄가 성립되고 그 본인 및 주식회사에게 손해가 발생하였을 때에는 배임죄가 성립한다.

0009 |2007|
1인 주주는 법인격부인 등 특별한 사정이 없는 한 회사채권자에 대하여 아무런 책임을 부담하지 않는다. ( )

> 1인 주식회사의 경우에도 주주와 회사는 별개의 법인격을 가지기 때문이다. 법인격 부인론이 적용되는 경우가 아닌 한, 주주는 회사채무에 대해서 간접책임만을 부담한다.

0010 |2007|
주주총회의 소집절차 중 소수주주의 주주총회 소집권, 특별이해관계가 있는 주주의 의결권 제한 등의 규정은 복수주주의 존재를 전제로 하므로 1인 회사에 적용되지 않는다. ( )

> 소수주주의 주주총회 소집권(제366조)과 특별이해관계 있는 주주의 의결권(제368조 제3항)은 복수의 주주를 전제로 한 조문들이다. 복수의 주주를 전제로 한 조문들은 1인 회사에 대해서는 적용되지 않는다.
>
> **제366조(소수주주에 의한 소집청구)** ① 발행주식총수의 100분의 3 이상에 해당하는 주식을 가진 주주는 회의의 목적사항과 소집의 이유를 적은 서면 또는 전자문서를 이사회에 제출하여 임시총회의 소집을 청구할 수 있다.
> ② 제1항의 청구가 있은 후 지체 없이 총회소집의 절차를 밟지 아니한 때에는 청구한 주주는 법원의 허가를 받아 총회를 소집할 수 있다. 이 경우 주주총회의 의장은 법원이 이해관계인의 청구나 직권으로 선임할 수 있다. ③ 제1항 및 제2항의 규정에 의한 총회는 회사의 업무와 재산상태를 조사하게 하기 위하여 검사인을 선임할 수 있다.
>
> **제368조(총회의 결의방법과 의결권의 행사)** ① 총회의 결의는 이 법 또는 정관에 다른 정함이 있는 경우를 제외하고는 출석한 주주의 의결권의 과반수와 발행주식총수의 4분의 1 이상의 수로써 하여야 한다.
> ② 주주는 대리인으로 하여금 그 의결권을 행사하게 할 수 있다. 이 경우에는 그 대리인은 대리권을 증명하는 서면을 총회에 제출하여야 한다.
> ③ 총회의 결의에 관하여 특별한 이해관계가 있는 자는 의결권을 행사하지 못한다.

0011 |2007|
판례에 의하면, 1인 회사의 주주총회는 소집절차를 거치지 않아도 언제나 유효하다. ( )

> **[대법원 1976.4.13, 선고, 74다1755, 판결]**
> 주식회사에 있어서 회사가 설립된 이후 총주식을 한 사람이 소유하게 된 이른바 1인회사의 경우에는 그 주주가 유일한 주주로서 주주총회에 출석하면 전원 총회로서 성립하고 그 주주의 의사대로 결의가 될 것임이 명백하므로 따로이 총회소집절차가 필요없고 실제로 총회를 개최한 사실이 없었다 하더라도 그 1인 주주에 의하여 의결이 있었던 것으로 주주총회 의사록이 작성되었다면 특별한 사정이 없는한 그 내용의 결의가 있었던 것으로 볼 수 있다.

0012 |2011|
주주총회의 소집권한 없는 자가 총회를 소집하였더라도 1인주주가 참석하여 이의없이 결의한 경우 총회소집의 하자는 치유된다. ( )

답 0009 ○ 0010 ○ 0011 ○ 0012 ○

1인 주식회사의 경우에는 주주총회와 관련한 절차상 하자가 있더라도 1인 주주의 의사에 부합하는 이상 유효한 결의로 본다.

[대법원 2004.12.10, 선고, 2004다25123, 판결]
주식회사에 있어서 회사가 설립된 이후 총 주식을 한 사람이 소유하게 된 이른바 1인회사의 경우에는 그 주주가 유일한 주주로서 주주총회에 출석하면 전원 총회로서 성립하고 그 주주의 의사대로 결의가 될 것임이 명백하므로 따로 총회소집절차가 필요 없고, 실제로 총회를 개최한 사실이 없었다 하더라도 그 1인 주주에 의하여 의결이 있었던 것으로 주주총회의사록이 작성되었다면 특별한 사정이 없는 한 그 내용의 결의가 있었던 것으로 볼 수 있고, 이는 실질적으로 1인회사인 주식회사의 주주총회의 경우도 마찬가지이며, 그 주주총회의사록이 작성되지 아니한 경우라도 증거에 의하여 주주총회 결의가 있었던 것으로 볼 수 있다.

0013 | 2011, 2015, 2019 |

주주총회가 법령 또는 정관상 요구되는 이사회의 결의 없이 소집되었다면 1인 주주가 참석하여 이의없이 결의하였더라도 해당 총회의 결의는 무효이다. (　　　)

1인 주식회사의 경우에는 주주총회와 관련한 절차상 하자가 있더라도 1인 주주의 의사에 부합하는 이상 유효한 결의로 본다.

[대법원 2004.12.10, 선고, 2004다25123, 판결]
주식회사에 있어서 회사가 설립된 이후 총 주식을 한 사람이 소유하게 된 이른바 1인회사의 경우에는 그 주주가 유일한 주주로서 주주총회에 출석하면 전원 총회로서 성립하고 그 주주의 의사대로 결의가 될 것임이 명백하므로 따로 총회소집절차가 필요 없고, 실제로 총회를 개최한 사실이 없었다 하더라도 그 1인 주주에 의하여 의결이 있었던 것으로 주주총회의사록이 작성되었다면 특별한 사정이 없는 한 그 내용의 결의가 있었던 것으로 볼 수 있고, 이는 실질적으로 1인회사인 주식회사의 주주총회의 경우도 마찬가지이며, 그 주주총회의사록이 작성되지 아니한 경우라도 증거에 의하여 주주총회 결의가 있었던 것으로 볼 수 있다.

0014 | 2011, 2020 |

판례에 의하면, 1인회사의 경우 실제로 주주총회를 개최한 사실이 없더라도 1인주주에 의하여 의결이 있었던 것으로 주주총회 의사록이 작성되었다면 특별한 사정이 없는 한 그 내용의 결의가 있었던 것으로 볼 수 있다. (　　　)

1인 주식회사의 경우에는 주주총회와 관련한 절차상 하자가 있더라도 1인 주주의 의사에 부합하는 이상 유효한 결의로 본다.

[대법원 2004.12.10, 선고, 2004다25123, 판결]
주식회사에 있어서 회사가 설립된 이후 총 주식을 한 사람이 소유하게 된 이른바 1인회사의 경우에는 그 주주가 유일한 주주로서 주주총회에 출석하면 전원 총회로서 성립하고 그 주주의 의사대로 결의가 될 것임이 명백하므로 따로 총회소집절차가 필요 없고, 실제로 총회를 개최한 사실이 없었다 하더라도 그 1인 주주에 의하여 의결이 있었던 것으로 주주총 회의사록이 작성되었다면 특별한 사정이 없는 한 그 내용의 결의가 있었던 것으로 볼 수 있고, 이는 실질적으로 1인회사인 주식회사의 주주총회의 경우도 마찬가지이며, 그 주주총회의사록이 작성되지 아니한 경우라도 증거에 의하여 주주총회 결의가 있었던 것으로 볼 수 있다.

답 0013 × 0014 ○

0015 | 2007, 2011, 2015 |
회사의 영업을 양도함에 있어서 1인 주주 겸 대표이사가 동의하였더라도 주주총회의 특별결의를 대신할 수 없다. (   )

주식회사의 영업양도는 주총특별결의 사항이지만, 1인주주의 의사에 부합한다면 주총특별결의를 거치지 않은 경우에도 당해 영업양도는 유효하다.

[대법원 1976.5.22. 선고, 73다52, 판결]
1인회사의 소유재산을 그 회사의 대표이사이자 1인주주가 처분하였다면 그러한 처분의사결정은 곧 주주총회의 특별결의에 대치되는 것이라 할 것이므로 그 재산이 회사의 유일한 영업재산이라 하더라도 동 처분은 유효하다 할 것이다

제2절 회사의 능력

0016 | 2015, 2017 |
회사는 친권, 상속권, 유증을 받을 권리 등 자연인에게 인정되는 특유한 권리를 가질 수 없다. (   )

친권과 상속권은 자연인에게 특유한 권리·의무이므로 법인인 회사에는 인정되지 않는다. 다만 수유자(유증을 받는 자)의 자격에는 제한이 없기 때문에 회사가 유증을 받는 것은 가능하다.

0017 | 2015, 2017 |
회사의 권리능력은 회사의 설립근거가 된 법률과 회사의 정관상의 목적에 의하여 제한을 받는다. (   )

판례는 회사의 권리능력은 정관에 기재된 목적에 의해 제한된다고 보고 있다(제한긍정설). 다만 판례도 「목적에 반하지 않는」 혹은 「목적달성에 필요한」이라고 하기 때문에 제한부정설과 별다른 차이는 없다.

[대법원 1999.10.8. 선고, 98다2488, 판결]
회사의 권리능력은 회사의 설립 근거가 된 법률과 회사의 정관상의 목적에 의하여 제한되나 그 목적범위 내의 행위라 함은 정관에 명시된 목적 자체에 국한되는 것이 아니라, 그 목적을 수행하는 데 있어 직접, 간접으로 필요한 행위는 모두 포함되고 목적수행에 필요한 지의 여부는 행위의 객관적 성질에 따라 판단할 것이고 행위자의 주관적, 구체적 의사에 따라 판단할 것은 아니다.

0018 | 2020 |
판례에 의하면, 회사의 권리능력은 회사의 정관상의 목적에 의하여 제한되나 그 목적범위 내의 행위라 함은 정관에 명시된 목적 자체에 국한되는 것이 아니라, 그 목적을 수행하는 데 있어 직접 또는 간접으로 필요한 행위는 모두 포함된다. (   )

판례는 회사의 권리능력은 정관에 기재된 목적에 의해 제한된다고 보고 있다(제한긍정설). 다만 판례도 "목적에 반하지 않는" 혹은 "목적달성에 필요한"이라고 하기 때문에 제한부정설과 별다른 차이는 없다.

답 0015 × 0016 × 0017 ○ 0018 ○

[대법원 1999.10.8. 선고, 98다2488, 판결]
회사의 권리능력은 회사의 설립 근거가 된 법률과 회사의 정관상의 목적에 의하여 제한되나 그 목적범위 내의 행위라 함은 정관에 명시된 목적 자체에 국한되는 것이 아니라, 그 목적을 수행하는 데 있어 직접, 간접으로 필요한 행위는 모두 포함되고 목적수행에 필요한 지의 여부는 행위의 객관적 성질에 따라 판단할 것이고 행위자의 주관적, 구체적 의사에 따라 판단할 것은 아니다.

0019 | 2015, 2022, 2023 |

회사는 다른 회사의 주주나 유한책임사원 또는 유한책임회사의 업무집행자가 될 수 있으나 다른 회사의 무한책임사원은 될 수 없다. ( )

회사는 다른 회사의 무한책임사원이 되지 못한다(제173조). 회사가 다른 회사의 채무에 대하여 무한책임을 부담하는 무한책임사원이 될 경우, 다른 회사가 망하면 회사도 같이 망하기 때문이다. 다만 유한책임회사의 경우 법인이 업무집행자가 될 수 있다는 명시적인 규정이 존재한다(제287조의3 제4호).

제173조(권리능력의 제한) 회사는 다른 회사의 무한책임사원이 되지 못한다.

제287조의3(정관의 기재사항) 정관에는 다음 각 호의 사항을 적고 각 사원이 기명날인하거나 서명하여야 한다.
1. 제179조제1호부터 제3호까지, 제5호 및 제6호에서 정한 사항
2. 사원의 출자의 목적 및 가액
3. 자본금의 액
4. 업무집행자의 성명(법인인 경우에는 명칭) 및 주소

0020 | 2020 |

합명회사는 주식회사의 주주가 될 수 없다. ( )

틀린 내용이다. 주식회사의 주주는 유한책임을 질 뿐이므로 그 자격에는 제한이 없다. 법인주주도 가능하고 개인주주도 가능하다. 참고로 회사는 합명회사의 사원이 될 수 없다. 합명회사의 사원은 모두 업무집행권을 가지고 무한책임을 져야 하므로 자연인만이 가능하다.

0021 | 2009 |

합명회사의 행위능력은 그 대표사원의 제한능력으로 인하여 제한을 받지 않는다. ( )

법인의 행위능력과 대표기관의 행위능력은 구별된다. 법정대리인의 허락을 받은 대표기관의 행위는 완전한 능력자의 행위가 된다. 따라서 대표기관이 제한능력자라 하더라도 대표기관으로서 한 행위는 유효하다. 나중에 사원의 무한책임이 문제되면 자신의 법률행위(합명회사 입사계약)을 취소하면 된다.

0022 | 2015 |

회사를 대표하는 이사가 회사의 업무집행으로 인하여 타인에게 손해를 가한 경우에는 회사의 불법행위책임이 인정된다. ( )

회사의 자기행위책임에 해당한다.

제210조(손해배상책임) 회사를 대표하는 사원이 그 업무집행으로 인하여 타인에게 손해를 가한 때에는 회사는 그 사원과 연대하여 배상할 책임이 있다.

0023 |2009|

주식회사의 대표이사가 회사의 업무집행으로 인하여 타인에게 손해를 가한 경우 회사는 사용자배상책임을 진다. (   )

회사가 직접 불법행위 책임을 부담한다(자기행위책임).
제210조(손해배상책임) 회사를 대표하는 사원이 그 업무집행으로 인하여 타인에게 손해를 가한 때에는 회사는 그 사원과 연대하여 배상할 책임이 있다.
제389조(대표이사) ① 회사는 이사회의 결의로 회사를 대표할 이사를 선정하여야 한다. 그러나 정관으로 주주총회에서 이를 선정할 것을 정할 수 있다.
② 전항의 경우에는 수인의 대표이사가 공동으로 회사를 대표할 것을 정할 수 있다.
③ 제208조제2항, 제209조, 제210조와 제386조의 규정은 대표이사에 준용한다.

0024 |2017|

대표이사가 그 업무집행으로 인하여 타인에게 손해를 가한 경우 그 타인에 대하여 회사가 배상할 책임이 있고 대표이사는 책임을 지지 않는다. (   )

회사와 대표이사가 연대하여 책임을 진다.
제389조(대표이사) ③제208조제2항, 제209조, 제210조와 제386조의 규정은 대표이사에 준용한다.
제210조(손해배상책임) 회사를 대표하는 사원이 그 업무집행으로 인하여 타인에게 손해를 가한 때에는 회사는 그 사원과 연대하여 배상할 책임이 있다.

0025 |2015|

회사의 대표기관 이외의 임원 또는 사용인이 회사의 업무집행으로 인하여 타인에게 불법행위를 한 경우에는 회사의 사용자배상책임이 인정되지 않는다. (   )

타인행위책임으로서, 회사의 사용자배상책임이 인정된다.

■ 민법

제756조(사용자의 배상책임)
① 타인을 사용하여 어느 사무에 종사하게 한 자는 피용자가 그 사무집행에 관하여 제3자에게 가한 손해를 배상할 책임이 있다. 그러나 사용자가 피용자의 선임 및 그 사무감독에 상당한 주의를 한 때 또는 상당한 주의를 하여도 손해가 있을 경우에는 그러하지 아니하다.

답 0023 × 0024 × 0025 ×

0026 | 2017 |
판례에 의하면 회사의 형법상 일반적인 범죄능력은 인정되지 않는다. ( )

법인은 기관인 자연인을 통해 행위를 하기 때문에, 자연인이 범죄를 행하는 것이지 법인이 범죄를 행한다는 것은 논리적으로 상정할 수 없다. 다만 법률이 특별히 정하고 있는 경우, 자연인인 행위자뿐만 아니라 법인에 대해서도 형벌(벌금)을 과할 수 있을 뿐이다.

[대법원 1994. 2. 8. 선고 93도1483 판결]
법인은 기관인 자연인을 통하여 행위를 하게 되는 것이기 때문에, 자연인이 법인의 기관으로서 범죄행위를 한 경우에도 행위자인 자연인이 범죄행위에 대한 형사책임을 지는 것이고, 다만 법률이 목적을 달성하기 위하여 특별히 규정하고 있는 경우에만 행위자를 벌하는 외에 법률효과가 귀속되는 법인에 대하여도 벌금형을 과할 수 있을 뿐이다.

0027 | 2017 |
회사는 다른 회사의 유한책임사원이 될 수 없고 청산중의 회사는 청산의 목적범위 내로 권리능력이 제한된다. ( )

회사는 다른 회사의 무한책임사원이 되지 못한다(제173조). 반대해석하면 유한책임사원은 될 수 있다. 한편 청산중인 회사는 청산의 목적범위 내에서 존속한다(제245조).

제173조(권리능력의 제한) 회사는 다른 회사의 무한책임사원이 되지 못한다.

제245조(청산 중의 회사) 회사는 해산된 후에도 청산의 목적범위 내에서 존속하는 것으로 본다.

답 0026 ○ 0027 ×

CHAPTER 02 주식회사

제1절 설 립

1. 발기인, 발기인조합, 설립중의 회사

0028 | 2012 |
발기설립이든 모집설립이든 발기인은 적어도 1주 이상의 주식을 인수하여야 한다.   (   )

> 발기설립이든 모집설립이든 발기인은 적어도 1주 이상의 주식을 인수하여야 한다.
> **제293조(발기인의 주식인수)** 각 발기인은 서면에 의하여 주식을 인수하여야 한다.

0029 | 2013 |
판례에 따르면 설립중의 회사란 주식회사의 설립과정에서 발기인이 회사의 설립을 위하여 필요한 행위로써 취득하게 된 권리의무가 회사의 설립과 동시에 그 설립된 회사에 귀속되는 관계를 설명하기 위한 강학상의 개념이다.   (   )

> **[대법원 1994.1.28. 선고, 93다50215, 판결]**
> 설립중의 회사라 함은 주식회사의 설립과정에서 발기인이 회사의 설립을 위하여 필요한 행위로 인하여 취득하게 된 권리의무가 회사의 설립과 동시에 그 설립된 회사에 귀속되는 관계를 설명하기 위한 강학상의 개념으로서 정관이 작성되고 발기인이 적어도 1주 이상의 주식을 인수하였을 때 비로소 성립하는 것이고, 이러한 설립중의 회사로서의 실체가 갖추어지기 이전에 발기인이 취득한 권리, 의무는 구체적 사정에 따라 발기인 개인 또는 발기인조합에 귀속되는 것으로서 이들에게 귀속된 권리의무를 설립 후의 회사에 귀속시키기 위하여는 양수나 채무인수 등의 특별한 이전행위가 있어야 한다.

0030 | 2007, 2010, 2011, 2017, 2023 |
판례에 의하면, 설립중의 회사는 정관이 작성되고 발기인이 1주 이상의 주식을 인수하였을 때 비로소 성립한다.   (   )

> 이른바 「발기인 1주 이상 인수시설」의 내용이다.
> **[대법원 1985.2.3. 선고, 84누678, 판결]**
> 설립 중의 회사라 함은 설립등기 이전에 어느 정도 실체가 형성된 미완성의 회사를 말하는 강학상의 개념으로서 이는 정관이 작성되고 발기인이 1주 이상의 주식을 인수하였을 때 비로소 성립한다.

답 0028 ○ 0029 ○ 0030 ○

0031 | 2007 |
발기인의 자격에는 제한이 없으므로 법인 또는 제한능력자도 발기인이 될 수 있다. (   )

> 상법에 명문의 규정은 없으나 통설이다. 발기인은 나중에 주주가 되는데, 법인 또는 제한능력자도 주주가 될 수 있다는 취지로 이해하면 된다.

0032 | 2008 |
판례에 의하면, 발기인의 권한은 회사성립 후의 개업을 위한 준비행위를 포함한다. (   )

> 판례에 따르면 발기인은 설립을 위하여 법률상·경제상 필요한 모든 행위를 할 수 있으며 여기에는 개업준비행위도 포함된다.
>
> [대법원 1970.8.31. 선고, 70다1357, 판결]
> 주식회사의 설립과정에 있어서의 소위 설립중의 회사라 함은 상법규정에 명시된 개념이 아니고 발기인이 회사의 설립을 위하여 필요한 행위로 인하여 취득 또는 부담하였던 권리의무가 회사의 설립과 동시에 그 설립된 회사에 귀속되는 관계(실질적으로는 회사불성립의 확정을 정지조건으로 하여 발기인에게 귀속됨과 동시 같은 사실을 해제조건으로 하여 설립될 회사에 귀속되는 것이고 형식적으로는 회사성립을 해제조건으로 발기인에게 귀속됨과 동시 같은 사실을 정지조건으로 설립될 회사에 귀속되는 것이다)를 사회학적 및 법률적으로 포촉하여 설명하기 위한 강학상의 개념이니 만큼 원판결의 소론이 적시한 이유부분에서 그가 채택한 증거들에 의하여 1965.7.19 소외 박규호 외 6인에 의하여 그 설립이 발기된 이래 장기간의 설립과정을 거쳐 1967.12.27에 설립등기를 마치게 되었던 피고회사의 설립에 관한 사무들이 추진중이던 1967.5.13 당시의 발기인 대표 위 박규호가 소외 오상문과의 사이에서 회사설립을 위한 그 판시와 같은 필요로 인하여 갑 제1호증과 같은 내용의 자동차 조립계약을 체결하였던 것이고 그 계약에 의하여 조립된 자동차는 피고회사가 1968.3.22 위 오상운으로부터 직접 인수하여 운행하게 되었던 것이라는 취지의 사실을 인정하면서 위 자동차 조립계약에서의 발기인 박규호의 권리의무가 피고회사에 귀속되는 관계를 명시하기 위하여 그 계약당시의 위 박규호의 자격을 발기인 대표 내지 설립중인 피고회사의 기관이었다고 표시한 조치에나 그 계약이 갑 제1호증상으로 아무런 자격표시가 없이 위 박규호 개인명의로 되어 있었던 것을 증거에 의하여 박규호는 발기인대표로서 회사설립사무의 집행을 위하여 위 계약을 체결하게 되었던 것이었음을 인정함으로서 그것을 위에 설시한 바와 같은 자격하에 이루어진 계약이었다고 단정한 조치에 소론이 지적하는 바와 같은 위법들이 있었다 할 수 없는 바이니 그 논지들을 모두 이유없다고 할 것이다.

0033 | 2010 |
판례에 의하면, 발기인이 성립 후의 회사의 영업을 위하여 제3자와 체결한 자동차조립계약은 발기인의 권한 내의 행위가 되고 이에 대하여 성립 후의 회사가 책임을 진다. (   )

> 원칙적으로 발기인의 권한은 설립준비행위에 한정할 것이나, 판례는 개업준비행위에 대해서도 발기인의 권한범위에 포함된다고 인정한 바 있다.
>
> [대법원 1970.8.31. 선고, 70다1357, 판결]
> 주식회사의 설립과정에 있어서의 소위 설립중의 회사라 함은 상법규정에 명시된 개념이 아니고 발기인이 회사의 설립을 위하여 필요한 행위로 인하여 취득 또는 부담하였던 권리의무가 회사의 설립과 동시에 그 설립된 회사에 귀속되는 관계(실질적으로는 회사불성립의 확정을 정지조건으로 하여 발기인에게 귀속됨과 동시 같은 사실을 해제조건으로 하여 설립될 회사에 귀속되는 것이고 형식적으로는 회사성립을 해제조건으로 발기인에게 귀속됨과 동시 같은

사실을 정지조건으로 설립될 회사에 귀속되는 것이다)를 사회학적 및 법률적으로 포촉하여 설명하기 위한 강학상의 개념이니 만큼 원판결의 소론이 적시한 이유부분에서 그가 채택한 증거들에 의하여 1965.7.19 소외 박규호 외 6인에 의하여 그 설립이 발기된 이래 장기간의 설립과정을 거쳐 1967.12.27에 설립등기를 마치게 되었던 피고회사의 설립에 관한 사무들이 추진중이던 1967.5.13 당시의 발기인 대표 위 박규호가 소외 오상문과의 사이에서 회사설립을 위한 그 판시와 같은 필요로 인하여 갑 제1호증과 같은 내용의 자동차 조립계약을 체결하였던 것이고 그 계약에 의하여 조립된 자동차는 피고회사가 1968.3.22 위 오상운으로부터 직접 인수하여 운행하게 되었던 것이라는 취지의 사실을 인정하면서 위 자동차 조립계약에서의 발기인 박규호의 권리의무가 피고회사에 귀속되는 관계를 명시하기 위하여 (중략)

0034 | 2010 |

설립중의 회사로서의 실체가 갖추어지기 전에 발기인이 취득한 권리의무는 별도의 이전행위가 있어야 성립 후의 회사에 귀속된다. ( )

발기인이 아직 1주를 인수하기 전에 법률행위를 한 경우에는 아직 설립중의 회사도 존재하지 않는다. 따라서 그 법률효과는 성립 후의 회사에 귀속되지 않으며 별도의 이전행위가 있어야 한다.

[대법원 1990.12.26, 선고, 90누2536, 판결]
설립 중의 회사라 함은 주식회사의 설립과정에 있어서 발기인이 회사의 설립을 위하여 필요한 행위로 인하여 취득하게 된 권리의무가 회사의 설립과 동시에 그 설립된 회사에 귀속되는 관계를 설명하기 위한 강학상의 개념으로서 정관이 작성되고 발기인이 적어도 1주 이상의 주식을 인수하였을 때 비로소 성립하는 것이고, 이러한 설립 중의 회사로서의 실체가 갖추어지기 이전에 발기인이 취득한 권리, 의무는 구체적 사정에 따라 발기인 개인 또는 발기인조합에 귀속되는 것으로서 이들에게 귀속된 권리의무를 설립후의 회사에 귀속시키기 위하여는 양수나 채무인수 등의 특별한 이전행위가 있어야 할 것인바, 원고앞으로 소유권이전등기가 마쳐진 이 사건 토지에 관하여 원고가 발기인이던 회사의 장부에 원고가 토지매입자금을 입금하여 회사자금으로 이 사건 토지를 매입한 것으로 기재되었다거나 설립등기 후에 위 토지의 정지작업을 하였다는 사실만으로는 위 회사가 원고로부터 위 토지의 매수인으로서의 지위를 인수하였다고 보기는 어렵다고 할 것이다.

0035 | 2017 |

판례에 의하면 발기인이 설립중의 회사 명의로 그 권한 내에서 한 행위의 효과는 회사의 설립과 동시에 그 설립된 회사에 귀속된다. ( )

발기인이 설립 중의 회사의 대표기관으로서 법률행위를 하면 일단 그 법률효과는 설립 중의 회사에 귀속되었다가 회사의 설립등기 이후에 별도의 이전행위를 거치지 않더라도 당연히 성립 후의 회사에 승계된다.

[대법원 1994.1.28, 선고, 93다50215, 판결]
설립중의 회사라 함은 주식회사의 설립과정에서 발기인이 회사의 설립을 위하여 필요한 행위로 인하여 취득하게 된 권리의무가 회사의 설립과 동시에 그 설립된 회사에 귀속되는 관계를 설명하기 위한 강학상의 개념으로서 정관이 작성되고 발기인이 적어도 1주 이상의 주식을 인수하였을 때 비로소 성립하는 것이고, 이러한 설립중의 회사로서의 실체가 갖추어지기 이전에 발기인이 취득한 권리, 의무는 구체적 사정에 따라 발기인 개인 또는 발기인조합에 귀속되는 것으로서 이들에게 귀속된 권리의무를 설립 후의 회사에 귀속시키기 위하여는 양수나 채무인수 등의 특별한 이전행위가 있어야 한다.

0036 |2013|

판례에 따르면 설립중의 회사의 실체가 갖추어지기 이전에 발기인이 취득한 권리의무는 구체적인 사정에 따라 발기인 개인 또는 발기인조합에 귀속된다. ( )

> [대법원 1994.1.28, 선고, 93다50215, 판결]
> 설립중의 회사라 함은 주식회사의 설립과정에서 발기인이 회사의 설립을 위하여 필요한 행위로 인하여 취득하게 된 권리의무가 회사의 설립과 동시에 그 설립된 회사에 귀속되는 관계를 설명하기 위한 강학상의 개념으로서 정관이 작성되고 발기인이 적어도 1주 이상의 주식을 인수하였을 때 비로소 성립하는 것이고, 이러한 <u>설립중의 회사로서의 실체가 갖추어지기 이전에 발기인이 취득한 권리, 의무는 구체적 사정에 따라 발기인 개인 또는 발기인조합에 귀속되는 것으로서 이들에게 귀속된 권리의무를 설립 후의 회사에 귀속시키기 위하여는 양수나 채무인수 등의 특별한 이전행위가 있어야 한다.</u>

0037 |2011|

발기인조합은 정관작성, 주식인수 기타 회사설립에 필요한 행위를 하므로 그 법적인 지위가 설립중의 회사와 동일하게 취급된다. ( )

> 설립중의 회사 단계에서 발생한 권리의무는 성립 후 회사에 당연히 귀속되지만, 발기인조합 단계에서 발생한 권리의무는 별개의 이전절차를 거쳐야만 성립 후 회사에 귀속된다. 즉 설립중의 회사와 발기인조합은 그 법적 지위가 다르다.

0038 |2008, 2011|

정관에 발기인으로 기명날인 또는 서명을 한 자라도 회사의 설립사무에 실제로 종사하지 않았다면 발기인으로 볼 수 없다. ( )

> 발기인은 형식적으로 결정된다. 즉 정관에 기명날인 또는 서명한 자가 발기인이다.
> **제289조(정관의 작성, 절대적 기재사항)** ① 발기인은 정관을 작성하여 다음의 사항을 적고 <u>각 발기인이 기명날인 또는 서명하여야 한다.</u>
> 1. 목적
> 2. 상호
> 3. 회사가 발행할 주식의 총수
> 4. 액면주식을 발행하는 경우 1주의 금액
> 5. 회사의 설립 시에 발행하는 주식의 총수
> 6. 본점의 소재지
> 7. 회사가 공고를 하는 방법
> 8. <u>발기인의 성명·주민등록번호 및 주소</u>
> 9. 삭제

0039 |2013|

발기인 조합의 법적 성질은 민법상의 조합이므로 민법의 조합에 관한 규정이 적용된다. ( )

> 발기인조합은 회사의 설립을 목적으로 하는 발기인 상호간의 계약에 따라 성립하는 민법상의 조합의 일종이다.

답 0036 ○ 0037 × 0038 × 0039 ○

2. 정관 작성 및 주식발행사항의 결정

0040 |2010|

정관에는 회사가 발행하는 주식의 총수와 회사의 설립시에 발행하는 주식의 총수가 모두 기재되어야 한다. ( )

> **제289조(정관의 작성, 절대적 기재사항)** ① 발기인은 정관을 작성하여 다음의 사항을 적고 각 발기인이 기명날인 또는 서명하여야 한다.
> 1. 목적
> 2. 상호
> 3. 회사가 발행할 주식의 총수
> 4. 액면주식을 발행하는 경우 1주의 금액
> 5. 회사의 설립 시에 발행하는 주식의 총수
> 6. 본점의 소재지
> 7. 회사가 공고를 하는 방법
> 8. 발기인의 성명·주민등록번호 및 주소

0041 |2020|

액면주식을 발행하는 경우 1주의 금액은 주식회사 정관의 절대적 기재사항이 아니다. ( )

> 정관의 절대적 등기사항이다. "목상예1본공시발"로 기억하자.
>
> **제289조(정관의 작성, 절대적 기재사항)** ① 발기인은 정관을 작성하여 다음의 사항을 적고 각 발기인이 기명날인 또는 서명하여야 한다.
> 1. 목적
> 2. 상호
> 3. 회사가 발행할 주식의 총수
> 4. 액면주식을 발행하는 경우 1주의 금액
> 5. 회사의 설립 시에 발행하는 주식의 총수
> 6. 본점의 소재지
> 7. 회사가 공고를 하는 방법
> 8. 발기인의 성명·주민등록번호 및 주소

0042 |2020|

회사가 공고를 하는 방법은 주식회사 정관의 절대적 기재사항이다. ( )

> 정관의 절대적 등기사항이다. "목상예1본공시발"로 기억하자.
>
> **제289조(정관의 작성, 절대적 기재사항)** ① 발기인은 정관을 작성하여 다음의 사항을 적고 각 발기인이 기명날인 또는 서명하여야 한다.
> 1. 목적
> 2. 상호

답 0040 ○ 0041 × 0042 ○

3. 회사가 발행할 주식의 총수
4. 액면주식을 발행하는 경우 1주의 금액
5. 회사의 설립 시에 발행하는 주식의 총수
6. 본점의 소재지
7. 회사가 공고를 하는 방법
8. 발기인의 성명·주민등록번호 및 주소

0043 |2021|
본점의 소재지는 정관의 절대적 기재사항이다. ( )

정관의 절대적 기재사항은 "목/상/예/1/본/공/시/발"로 정리하자.

제289조(정관의 작성, 절대적 기재사항) ① 발기인은 정관을 작성하여 다음의 사항을 적고 각 발기인이 기명날인 또는 서명하여야 한다.
1. 목적
2. 상호
3. 회사가 발행할 주식의 총수
4. 액면주식을 발행하는 경우 1주의 금액
5. 회사의 설립 시에 발행하는 주식의 총수
6. 본점의 소재지
7. 회사가 공고를 하는 방법
8. 발기인의 성명·주민등록번호 및 주소

0044 |2007, 2010, 2020, 2022, 2023|
회사 설립시에 발행하는 주식의 종류와 수에 관하여 정관에 다른 정함이 없는 경우에는 발기인 전원의 동의로써 이를 정한다. ( )

회사설립시 정관작성과 주식발행사항의 결정은 발기인 전원의 동의로 한다.

제291조(설립 당시의 주식발행사항의 결정) 회사설립 시에 발행하는 주식에 관하여 다음의 사항은 정관으로 달리 정하지 아니하면 발기인 전원의 동의로 이를 정한다.
1. 주식의 종류와 수
2. 액면주식의 경우에 액면 이상의 주식을 발행할 때에는 그 수와 금액
3. 무액면주식을 발행하는 경우에는 주식의 발행가액과 주식의 발행가액 중 자본금으로 계상하는 금액

0045 |2007, 2010, 2014|
자본금 규모나 설립방식에 관계없이 설립시 작성하는 원시정관에 모든 발기인이 기명날인 하였더라도 공증인의 인증이 없는 한 정관의 효력이 발생하지 않는다. ( )

물적회사의 원시정관은 원칙적으로 공증인의 인증으로 효력이 발생한다. 다만, 「자본금 총액 10억원 미만의 주식회사」를 「발기설립」하는 경우에는 공증인의 인증 없이 발기인의 기명날인 또는 서명으로 효력이 발생한다.

답 0043 ○ 0044 ○ 0045 ×

제292조(정관의 효력발생) 정관은 공증인의 인증을 받음으로써 효력이 생긴다. 다만, 자본금 총액이 10억원 미만인 회사를 제295조제1항에 따라 발기설립(發起設立)하는 경우에는 제289조제1항에 따라 각 발기인이 정관에 기명날인 또는 서명함으로써 효력이 생긴다.

0046 |2011, 2012, 2023|
자본금 총액이 15억원인 회사를 발기설립할 경우 해당 회사의 정관은 공증인의 인증을 받음으로써 효력이 생긴다. (   )

(ⅰ) 자본금 총액 10억원 미만, (ⅱ) 발기설립의 2가지 요건이 충족되어야 공증인의 인증을 생략할 수 있다. 「소발/공/납/생략」으로 정리하자.

제292조(정관의 효력발생) 정관은 공증인의 인증을 받음으로써 효력이 생긴다. 다만, 자본금 총액이 10억원 미만인 회사를 제295조제1항에 따라 발기설립(發起設立)하는 경우에는 제289조제1항에 따라 각 발기인이 정관에 기명날인 또는 서명함으로써 효력이 생긴다.

0047 |2018|
모집설립을 하는 경우 정관은 공증인의 인증을 받음으로써 효력이 생긴다. (   )

소규모 발기설립의 경우에는 공증인의 인증을 생략할 수 있다고 정리하여야 한다(소발공납생략).

제292조(정관의 효력발생) 정관은 공증인의 인증을 받음으로써 효력이 생긴다. 다만, 자본금 총액이 10억원 미만인 회사를 제295조제1항에 따라 발기설립(發起設立)하는 경우에는 제289조제1항에 따라 각 발기인이 정관에 기명날인 또는 서명함으로써 효력이 생긴다.

3. 변태설립사항

0048 |2021|
회사가 부담할 설립비용과 발기인이 받을 보수액은 정관에 기재함으로써 그 효력이 있다. (   )

변태설립사항은 "현/재/특/비/보"로 정리하자.

제290조(변태설립사항) 다음의 사항은 정관에 기재함으로써 그 효력이 있다.
1. 발기인이 받을 특별이익과 이를 받을 자의 성명
2. 현물출자를 하는 자의 성명과 그 목적인 재산의 종류, 수량, 가격과 이에 대하여 부여할 주식의 종류와 수
3. 회사성립후에 양수할 것을 약정한 재산의 종류, 수량, 가격과 그 양도인의 성명
4. 회사가 부담할 설립비용과 발기인이 받을 보수액

0049 |2017|
발기인이 받을 보수액은 정관에 기재해야 효력이 있고 법원이 선임한 검사인의 조사를 받거나 공증인의 조사·보고를 받아야 한다. (   )

변태설립사항 중 「발기인의 보수」에 관한 설명이다.

제290조(변태설립사항) 다음의 사항은 정관에 기재함으로써 그 효력이 있다.
4. 회사가 부담할 설립비용과 발기인이 받을 보수액

제299조(검사인의 조사, 보고) ① 검사인은 제290조 각 호의 사항과 제295조에 따른 현물출자의 이행을 조사하여 법원에 보고하여야 한다.

제299조의2(현물출자 등의 증명) 제290조제1호 및 제4호에 기재한 사항에 관하여는 공증인의 조사·보고로, 제290조 제2호 및 제3호의 규정에 의한 사항과 제295조의 규정에 의한 현물출자의 이행에 관하여는 공인된 감정인의 감정으로 제299조제1항의 규정에 의한 검사인의 조사에 갈음할 수 있다. 이 경우 공증인 또는 감정인은 조사 또는 감정결과를 법원에 보고하여야 한다.

0050 | 2011 |

발기인이 설립중의 회사를 대표하여 특정인과 회사성립 후에 일정한 재산을 양수할 것을 약정한 경우 재산의 종류, 수량, 가격과 그 양도인의 성명을 등기하여야 효력이 생긴다. ( )

재산인수는 변태설립사항이므로 (등기가 아니라) 원시정관에 기재하여야 효력이 생긴다(정관의 상대적 기재사항).

제290조(변태설립사항) 다음의 사항은 정관에 기재함으로써 그 효력이 있다.
1. 발기인이 받을 특별이익과 이를 받을 자의 성명
2. 현물출자를 하는 자의 성명과 그 목적인 재산의 종류, 수량, 가격과 이에 대하여 부여할 주식의 종류와 수
3. 회사성립후에 양수할 것을 약정한 재산의 종류, 수량, 가격과 그 양도인의 성명
4. 회사가 부담할 설립비용과 발기인이 받을 보수액

0051 | 2008, 2020 |

발기설립의 경우 발기인은 변태설립사항을 조사하기 위하여 법원에 대하여 검사인의 선임을 청구하여야 한다. ( )

발기설립의 경우에는 이사가(제298조 제4항), 모집설립의 경우에는 발기인이(제310조 제1항) 법원에 검사인선임을 청구한다. 틀리기 쉬운 내용이니 반드시 암기하여야 한다.

제298조(이사·감사의 조사·보고와 검사인의 선임청구)
④ 정관으로 제290조 각호의 사항을 정한 때에는 이사는 이에 관한 조사를 하게 하기 위하여 검사인의 선임을 법원에 청구하여야 한다. 다만, 제299조의2의 경우에는 그러하지 아니하다.

제310조(변태설립의 경우의 조사) ① 정관으로 제290조에 게기한 사항을 정한 때에는 발기인은 이에 관한 조사를 하게 하기 위하여 검사인의 선임을 법원에 청구하여야 한다.
② 전항의 검사인의 보고서는 이를 창립총회에 제출하여야 한다.
③ 제298조제4항 단서 및 제299조의2의 규정은 제1항의 조사에 관하여 이를 준용한다.

0052 | 2018 |

모집설립의 경우 이사는 변태설립사항에 관한 조사를 하게 하기 위하여 검사인의 선임을 법원에 청구하여야 한다. ( )

발기설립의 경우에는 이사가(제298조 제4항), 모집설립의 경우에는 발기인이(제310조 제1항) 법원에 검사인선임을 청구한다. 틀리기 쉬운 내용이니 반드시 암기하여야 한다(빨리법 모발창).

답 0050 × 0051 × 0052 ×

제298조(이사·감사의 조사·보고와 검사인의 선임청구) ④ 정관으로 제290조 각호의 사항을 정한 때에는 <u>이사는 이에 관한 조사를 하게 하기 위하여 검사인의 선임을 법원에 청구하여야 한다.</u> 다만, 제299조의2의 경우에는 그러하지 아니하다.

제310조(변태설립의 경우의 조사) ① 정관으로 제290조에 게기한 사항을 정한 때에는 <u>발기인은 이에 관한 조사를 하게 하기 위하여 검사인의 선임을 법원에 청구하여야 한다.</u>
② 전항의 검사인의 보고서는 이를 창립총회에 제출하여야 한다.
③ 제298조제4항 단서 및 제299조의2의 규정은 제1항의 조사에 관하여 이를 준용한다.

0053 | 2008 |
검사인은 변태설립사항의 조사결과를 발기설립의 경우 법원에, 모집설립의 경우 창립총회에 보고하여야 한다. ( )

틀리기 쉬운 내용이다. 검사인의 변태설립사항 보고의 상대방은 발기설립의 경우에는 법원(제299조 제1항), 모집설립의 경우에는 창립총회(제310조 제2항)이다.

제299조(검사인의 조사, 보고) ① 검사인은 제290조 각 호의 사항과 제295조에 따른 현물출자의 이행을 조사하여 <u>법원에 보고하여야 한다.</u>

제310조(변태설립의 경우의 조사) ① 정관으로 제290조에 게기한 사항을 정한 때에는 발기인은 이에 관한 조사를 하게 하기 위하여 <u>검사인의 선임을 법원에 청구하여야 한다.</u>
② 전항의 <u>검사인의 보고서는 이를 창립총회에 제출하여야 한다.</u>
③ 제298조제4항 단서 및 제299조의2의 규정은 제1항의 조사에 관하여 이를 준용한다.

0054 | 2017, 2020 |
모집설립에서 검사인은 현물출자와 그 이행을 조사하여 법원에 보고하여야 하고 법원은 현물출자가 부당하다고 인정하면 이를 변경할 수 있다. ( )

검사인이 변태설립사항을 조사하면 그 조사한 사항을, (ⅰ) 발기설립에서는 법원에 보고한 후(제299조 제1항) 법원이 변경조치를 취하는 반면(제300조 제1항), (ⅱ) 모집설립에서는 창립총회에 보고한 후(제310조 제2항) 창립총회가 변경조치를 취한다(제314조 제1항).

제299조(검사인의 조사, 보고) ① 검사인은 제290조 각 호의 사항과 제295조에 따른 현물출자의 이행을 조사하여 <u>법원에 보고하여야 한다.</u>

제300조(법원의 변경처분) ① <u>법원은</u> 검사인 또는 공증인의 조사보고서 또는 감정인의 감정결과와 발기인의 설명서를 심사하여 제290조의 규정에 의한 사항을 <u>부당하다고 인정한 때에는 이를 변경하여</u> 각 발기인에게 통고할 수 있다.

제310조(변태설립의 경우의 조사) ① 정관으로 제290조에 게기한 사항을 정한 때에는 발기인은 이에 관한 조사를 하게 하기 위하여 검사인의 선임을 법원에 청구하여야 한다.
② 전항의 <u>검사인의 보고서는 이를 창립총회에 제출하여야 한다.</u>

제314조(변태설립사항의 변경) ① <u>창립총회에서는</u> 제290조에 게기한 사항이 부당하다고 인정한 때에는 <u>이를 변경할 수 있다.</u>

답 0053 ○ 0054 ×

0055 |2008, 2014|

변태설립사항은 정관뿐만 아니라 주식청약서에도 기재하여야 한다. (   )

> **제290조(변태설립사항)** 다음의 사항은 정관에 기재함으로써 그 효력이 있다.
> 1. 발기인이 받을 특별이익과 이를 받을 자의 성명
> 2. 현물출자를 하는 자의 성명과 그 목적인 재산의 종류, 수량, 가격과 이에 대하여 부여할 주식의 종류와 수
> 3. 회사성립 후에 양수할 것을 약정한 재산의 종류, 수량, 가격과 그 양도인의 성명
> 4. 회사가 부담할 설립비용과 발기인이 받을 보수액
>
> **제302조(주식인수의 청약, 주식청약서의 기재사항)** ② 주식청약서는 발기인이 작성하고 다음의 사항을 적어야 한다.
> 1. 정관의 인증년월일과 공증인의 성명
> 2. 제289조제1항과 제290조에 게기한 사항
> 3. 회사의 존립기간 또는 해산사유를 정한 때에는 그 규정
> 4. 각 발기인이 인수한 주식의 종류와 수
> 5. 제291조에 게기한 사항
> 5의2. 주식의 양도에 관하여 이사회의 승인을 얻도록 정한 때에는 그 규정
> 6. 삭제
> 7. 주주에게 배당할 이익으로 주식을 소각할 것을 정한 때에는 그 규정
> 8. 일정한 시기까지 창립총회를 종결하지 아니한 때에는 주식의 인수를 취소할 수 있다는 뜻
> 9. 납입을 맡을 은행 기타 금융기관과 납입장소
> 10. 명의개서대리인을 둔 때에는 그 성명·주소 및 영업소

0056 |2008|

발기인이 받을 특별이익은 공증인의 조사·보고로 법원이 선임한 검사인의 조사에 갈음할 수 있다. (   )

> 현물출자나 재산인수(제290조 제2호 및 제3호)에 대한 것은 공인된 감정인의 감정으로, 발기인의 보수나 특별이익 또는 설립비용(제290조 제1호 및 제4호)에 대한 것은 공증인의 조사·보고로 각각 갈음할 수 있다.
>
> **제299조의2(현물출자 등의 증명)** 제290조제1호 및 제4호에 기재한 사항에 관하여는 공증인의 조사·보고로, 제290조 제2호 및 제3호의 규정에 의한 사항과 제295조의 규정에 의한 현물출자의 이행에 관하여는 공인된 감정인의 감정으로 제299조제1항의 규정에 의한 검사인의 조사에 갈음할 수 있다. 이 경우 공증인 또는 감정인은 조사 또는 감정결과를 법원에 보고하여야 한다.

0057 |2008, 2022|

설립비용을 정관에 기재한 경우 발기인은 회사가 성립하지 아니한 때에는 그 설립비용에 대하여 책임을 지지 않는다. (   )

> 회사불성립시에 발기인들은 그 설립에 관한 행위에 대하여 연대하여 책임을 지고, 회사설립에 관하여 지급한 비용을 부담한다(무과실책임).
>
> **제326조(회사불성립의 경우의 발기인의 책임)** ① 회사가 성립하지 못한 경우에는 발기인은 그 설립에 관한 행위에 대하여 연대하여 책임을 진다.
> ② 전항의 경우에 회사의 설립에 관하여 지급한 비용은 발기인이 부담한다.

답 0055 ○   0056 ○   0057 ×

0058 |2008|
현물출자의 경우 납입기일에 출자의 목적물을 인도하고, 권리의 설정 또는 이전을 요하는 때에는 관련서류를 완비하여 교부하여야 한다. ( )

> 권리의 설정 또는 이전을 요하는 경우는 부동산을 현물출자하는 경우를 생각하면 된다. 이 경우 권리의 이전절차 자체를 완료할 필요는 없고 권리의 이전에 필요한 관련서류를 완비하여 교부하면 된다.
>
> **제295조(발기설립의 경우의 납입과 현물출자의 이행)** ① 발기인이 회사의 설립 시에 발행하는 주식의 총수를 인수한 때에는 지체없이 각 주식에 대하여 그 인수가액의 전액을 납입하여야 한다. 이 경우 발기인은 납입을 맡을 은행 기타 금융기관과 납입장소를 지정하여야 한다.
> ② 현물출자를 하는 발기인은 납입기일에 지체없이 출자의 목적인 재산을 인도하고 등기, 등록 기타 권리의 설정 또는 이전을 요할 경우에는 이에 관한 서류를 완비하여 교부하여야 한다.

0059 |2014|
영업용 컴퓨터를 현물출자하는 경우에는 납입기일의 다음날로부터 30일 이내에 출자의 목적물을 인도하면 된다. ( )

> 납입기일에 지체없이 인도하여야 한다.
>
> **제295조(발기설립의 경우의 납입과 현물출자의 이행)** ① 발기인이 회사의 설립 시에 발행하는 주식의 총수를 인수한 때에는 지체없이 각 주식에 대하여 그 인수가액의 전액을 납입하여야 한다. 이 경우 발기인은 납입을 맡을 은행 기타 금융기관과 납입장소를 지정하여야 한다.
> ② 현물출자를 하는 발기인은 납입기일에 지체없이 출자의 목적인 재산을 인도하고 등기, 등록 기타 권리의 설정 또는 이전을 요할 경우에는 이에 관한 서류를 완비하여 교부하여야 한다.

0060 |2014|
유가증권은 현물출자의 목적인 재산에 해당되지 않는다. ( )

> 유가증권도 금전 이외의 재산이므로 현물출자에 포함한다.

0061 |2012|
설립중의 회사가 특정인으로부터 재산을 양수하기로 하는 계약은 정관의 기재 없이 체결된 경우에도 유효하다. ( )

> 「재산인수」는 변태설립사항이므로 정관에 기재가 없는 경우에는 효력이 없다.
>
> **제290조(변태설립사항)** 다음의 사항은 정관에 기재함으로써 그 효력이 있다.
> 1. 발기인이 받을 특별이익과 이를 받을 자의 성명
> 2. 현물출자를 하는 자의 성명과 목적인 재산의 종류, 수량, 가격과 이에 대하여 부여할 주식의 종류와 수
> 3. 회사성립후에 양수할 것을 약정한 재산의 종류, 수량, 가격과 그 양도인의 성명
> 4. 회사가 부담할 설립비용과 발기인이 받을 보수액

답 0058 ○ 0059 × 0060 × 0061 ×

0062 |2014|

발기인에 대한 회사설비 이용에 관한 특혜의 부여는 회사설립사무에 종사한 노동의 대가로써 받는 발기인의 보수이다. ( )

「발기인의 보수」가 아니라 「특별이익」에 해당한다.

제290조(변태설립사항) 다음의 사항은 정관에 기재함으로써 그 효력이 있다.
1. 발기인이 받을 특별이익과 이를 받을 자의 성명
2. 현물출자를 하는 자의 성명과 그 목적인 재산의 종류, 수량, 가격과 이에 대하여 부여할 주식의 종류와 수
3. 회사성립후에 양수할 것을 약정한 재산의 종류, 수량, 가격과 그 양도인의 성명
4. 회사가 부담할 설립비용과 발기인이 받을 보수액

0063 |2014|

판례에 의하면 개업준비를 위한 금전차입은 설립비용에 포함되지 않는다. ( )

개업준비를 위한 금전차입은 개업준비비로서 설립비용에 포함되지 않는다. 개업준비행위가 발기인의 권한범위에는 포함된다는 것과 혼동하지 말자.

[대법원 1965.4.13. 선고, 64다1940, 판결]
피고조합은 그 조합원의 가구의 공동생산, 공동가공, 공동소비를 목적으로 하여 설립된 조합인 바 피고조합이 설립되기 전의 설립중인 피고조합 발기인들이 관청에서 하는 부당한 가구 등의 도급수의계약체결을 방지하는데 공동노력하기로 하고 그에 필요한 비용을 차입한 금원은 특별한 사정이 없는 한 설립중인 위 조합의 설립자체를 위한 비용이라고 볼 수 없는 것을 그 조합의 목적사업을 위한 비용이라 하여 설립후의 조합에게 변제할 책임이 있다고 판단하였음은 설립중인 법인의 행위에 대하여서의 설립후의 법인의 책임에 관한 법리를 오해한 위법이 있다고 할 것이다.

4. 출자의 이행

0064 |2008|

주주는 정관작성에 의해서가 아니라 별도의 주식인수절차에 의하여 확정된다. ( )

정관에 발기인의 성명은 기재하나, 주주의 성명은 기재하지 않는다. 주주는 주식의 인수 및 납입을 통해 확정된다.

제289조(정관의 작성, 절대적 기재사항) ① 발기인은 정관을 작성하여 다음의 사항을 적고 각 발기인이 기명날인 또는 서명하여야 한다.
1. 목적
2. 상호
3. 회사가 발행할 주식의 총수
4. 액면주식을 발행하는 경우 1주의 금액
5. 회사의 설립 시에 발행하는 주식의 총수
6. 본점의 소재지
7. 회사가 공고를 하는 방법
8. 발기인의 성명·주민등록번호 및 주소

답 0062 × 0063 ○ 0064 ○

제302조(주식인수의 청약, 주식청약서의 기재사항) ① 주식인수의 청약을 하고자 하는 자는 주식청약서 2통에 인수할 주식의 종류 및 수와 주소를 기재하고 기명날인 또는 서명하여야 한다.

0065 |2018|
발기인은 주식인수가액의 납입을 맡을 은행 기타 금융기관과 납입장소를 정하여야 한다. (   )

발기설립이건 모집설립이건 인수가액을 납입하는 곳은 "발기인이 지정한 은행 기타 금융기관과 납입장소"이다.

제302조(주식인수의 청약, 주식청약서의 기재사항)
② 주식청약서는 발기인이 작성하고 다음의 사항을 적어야 한다.
1. 정관의 인증년월일과 공증인의 성명
2. 제289조제1항과 제290조에 게기한 사항
3. 회사의 존립기간 또는 해산사유를 정한 때에는 그 규정
4. 각 발기인이 인수한 주식의 종류와 수
5. 제291조에 게기한 사항
5의2. 주식의 양도에 관하여 이사회의 승인을 얻도록 정한 때에는 그 규정
6. 삭제 〈2011. 4. 14.〉
7. 주주에게 배당할 이익으로 주식을 소각할 것을 정한 때에는 그 규정
8. 일정한 시기까지 창립총회를 종결하지 아니한 때에는 주식의 인수를 취소할 수 있다는 뜻
9. 납입을 맡을 은행 기타 금융기관과 납입장소
10. 명의개서대리인을 둔 때에는 그 성명·주소 및 영업소

0066 |2008, 2017, 2018|
모집설립의 경우 발기인은 납입금의 보관자 또는 납입장소를 변경한 때에는 이를 법원에 신고하여야 한다. (   )

법원에 신고하면 족한 것이 아니라 법원의 허가를 얻어야 한다. 「모집설립」의 경우에는 그 은행 기타 금융기관과 납입장소를 반드시 주식청약서에 기재해야 하고, 이를 변경하기 위해서는 법원의 허락을 얻어야 한다는 점에서 「발기설립」과 구별된다.

제295조(발기설립의 경우의 납입과 현물출자의 이행) ① 발기인이 회사의 설립 시에 발행하는 주식의 총수를 인수한 때에는 지체없이 각 주식에 대하여 그 인수가액의 전액을 납입하여야 한다. 이 경우 발기인은 납입을 맡을 은행 기타 금융기관과 납입장소를 지정하여야 한다.

제301조(모집설립의 경우의 주식모집) 발기인이 회사의 설립시에 발행하는 주식의 총수를 인수하지 아니하는 때에는 주주를 모집하여야 한다.

제306조(납입금의 보관자 등의 변경) 납입금의 보관자 또는 납입장소를 변경할 때에는 법원의 허가를 얻어야 한다.

0067 |2021|
모집설립시 납입장소를 변경할 때에는 창립총회의 결의가 있으면 법원의 허가를 얻을 필요가 없다. (   )

납입장소를 변경하려면 법원의 허가를 얻어야 한다. 참고로 발기설립의 경우에는 법원의 허가를 요하지 않는다.

제306조(납입금의 보관자 등의 변경) 납입금의 보관자 또는 납입장소를 변경할 때에는 법원의 허가를 얻어야 한다.

0068 |2009|

발기설립시 발기인은 회사의 설립시에 발행하는 주식의 총수를 인수하여야 한다. ( )

> 「발기설립」은 발기인들이 주식총수를 인수하여 설립하는 방식이다.
>
> **제295조(발기설립의 경우의 납입과 현물출자의 이행)** ① 발기인이 회사의 설립 시에 발행하는 주식의 총수를 인수한 때에는 지체없이 각 주식에 대하여 그 인수가액의 전액을 납입하여야 한다. 이 경우 발기인은 납입을 맡을 은행 기타 금융기관과 납입장소를 지정하여야 한다.

0069 |2009|

발기설립시 발기인은 인수한 주식에 대해 출자를 이행하지 않을 경우에 그 부분은 모집설립의 실권절차를 준용한다. ( )

> 발기설립시 주식인수인이 출자이행을 하지 않으면 민법의 일반원칙에 따라 강제이행을 한다. 반면에 모집설립의 경우에는 출자불이행에 대해 특칙으로서 실권절차가 규정되어 있다(제307조).
>
> **제303조(주식인수인의 의무)** 주식인수를 청약한 자는 발기인이 배정한 주식의 수에 따라서 인수가액을 납입할 의무를 부담한다.
>
> **제307조(주식인수인의 실권절차)** ① 주식인수인이 제305조의 규정에 의한 납입을 하지 아니한 때에는 발기인은 일정한 기일을 정하여 그 기일내에 납입을 하지 아니하면 그 권리를 잃는다는 뜻을 기일의 2주간전에 그 주식인수인에게 통지하여야 한다.
> ② 전항의 통지를 받은 주식인수인이 그 기일내에 납입의 이행을 하지 아니한 때에는 그 권리를 잃는다. 이 경우에는 발기인은 다시 그 주식에 대한 주주를 모집할 수 있다.
> ③ 전2항의 규정은 그 주식인수인에 대한 손해배상의 청구에 영향을 미치지 아니한다.

0070 |2010|

모집에 응한 주식인수인과 발기인이 주금을 납입하지 아니한 때에는 상법상 실권절차가 인정된다. ( )

> 모집주주와 달리 발기인에 대해서는 실권이 허용되지 않는다.
>
> **제307조(주식인수인의 실권절차)** ① 주식인수인이 제305조의 규정에 의한 납입을 하지 아니한 때에는 발기인은 일정한 기일을 정하여 그 기일 내에 납입을 하지 아니하면 그 권리를 잃는다는 뜻을 기일의 2주간 전에 그 주식인수인에게 통지하여야 한다.
> ② 전항의 통지를 받은 주식인수인이 그 기일내에 납입의 이행을 하지 아니한 때에는 그 권리를 잃는다. 이 경우에는 발기인은 다시 그 주식에 대한 주주를 모집할 수 있다.
> ③ 전2항의 규정은 그 주식인수인에 대한 손해배상의 청구에 영향을 미치지 아니한다.

0071 |2009|

모집설립시 발기인은 주식인수의 청약에 대하여 미리 배정방법을 공고하지 않은 이상 자유로이 배정할 수 있다. ( )

> 회사 설립 후 신주발행의 경우에는 주주평등의 원칙이 적용되나, 회사를 설립할 때에는 아직 누구도 주주의 지위를 취득한 것이 아니므로 발기인은 자유롭게 주식을 배정할 수 있다(배정자유의 원칙).

답 0068 ○ 0069 × 0070 × 0071 ○

0072 | 2017 |

납입금을 보관한 은행이 발기인 또는 이사의 청구에 따라 그 보관금액에 관하여 증명서를 발급한 경우 그 금액의 반환에 제한이 있다는 것을 이유로 회사에 대항하지 못한다. ( )

> 바로 이러한 이유로 인해 「통모가장납입」은 현실적으로 거의 발생하지 않는다.
>
> **제318조(납입금 보관자의 증명과 책임)** ② 제1항의 은행이나 그 밖의 금융기관은 증명한 보관금액에 대하여는 납입이 부실하거나 그 금액의 반환에 제한이 있다는 것을 이유로 회사에 대항하지 못한다.

0073 | 2017, 2022 |

판례에 의하면 발기인이 제3자로부터 일시적으로 금전을 차입하여 주금을 납입하고 회사 성립 후 즉시 인출하여 차입금을 변제한 경우에는 주금납입으로서의 효력이 없다. ( )

> 「차입가장납입」또는 「위장납입」에 대한 설명이다. 차입가장납입은 일시적이나마 주금액이 금융기관에 실제로 납입되기 때문에 판례는 납입으로서의 효력을 인정하고 있다.
>
> **[대법원 1998. 12. 23. 선고 97다20649 판결]**
> 주식회사를 설립하면서 일시적인 차입금으로 주금납입의 외형을 갖추고 회사 설립절차를 마친 다음 바로 그 납입금을 인출하여 차입금을 변제하는 이른바 가장납입의 경우에도 <u>주금납입의 효력을 부인할 수는 없다</u>.

0074 | 2010, 2017, 2018 |

자본금총액 10억원 미만인 회사를 발기설립하는 경우, 은행 기타 금융기관의 납입금보관증명서를 해당 기관의 잔고증명서로 대체할 수 있다. ( )

> **제318조(납입금 보관자의 증명과 책임)** ① 납입금을 보관한 은행이나 그 밖의 금융기관은 발기인 또는 이사의 청구를 받으면 그 보관금액에 관하여 증명서를 발급하여야 한다.
> ② 제1항의 은행이나 그 밖의 금융기관은 증명한 보관금액에 대하여는 납입이 부실하거나 그 금액의 반환에 제한이 있다는 것을 이유로 회사에 대항하지 못한다.
> ③ <u>자본금 총액이 10억원 미만인 회사를 제295조제1항에 따라 발기설립하는 경우에는 제1항의 증명서를 은행이나 그 밖의 금융기관의 잔고증명서로 대체할 수 있다.</u>

0075 | 2020 |

자본금 총액이 10억원 미만인 회사를 모집설립하는 경우에는, 은행의 납입금 보관금액에 관한 증명서를 그 잔고증명서로 대체할 수 있다. ( )

> 소규모회사가 "발기설립"하는 경우라야 잔고증명서로 대체가 가능하다(제318조 제3항). "소발공납생략"으로 정리하자. 모집설립에서는 예외가 없으므로 반드시 납입증명서를 제출해야 한다.
>
> **제318조(납입금 보관자의 증명과 책임)** ① 납입금을 보관한 은행이나 그 밖의 금융기관은 발기인 또는 이사의 청구를 받으면 그 보관금액에 관하여 증명서를 발급하여야 한다.
> ② 제1항의 은행이나 그 밖의 금융기관은 증명한 보관금액에 대하여는 납입이 부실하거나 그 금액의 반환에 제한이 있다는 것을 이유로 회사에 대항하지 못한다.

답 0072 ○ 0073 × 0074 ○ 0075 ×

③ 자본금 총액이 10억원 미만인 회사를 제295조제1항에 따라 발기설립하는 경우에는 제1항의 증명서를 은행이나 그 밖의 금융기관의 잔고증명서로 대체할 수 있다.

0076 |2011|

회사 설립시에 발행하는 주식의 총수가 인수된 때에는 발기인은 지체없이 주식인수인에 대하여 각 주식에 대한 인수가액의 전액을 납입시켜야 한다. ( )

전액납입주의에 대한 설명이다.

제305조(주식에 대한 납입) ① 회사설립시에 발행하는 주식의 총수가 인수된 때에는 발기인은 지체없이 주식인수인에 대하여 각 주식에 대한 인수가액의 전액을 납입시켜야 한다.

0077 |2009, 2011|

주식인수의 청약을 하는 자가 진의(眞意)를 가지고 청약하지 않았다는 사실을 발기인이 알았다면 해당 청약은 효력이 없다. ( )

비진의 의사표시의 상대방이 이를 알았거나 알 수 있었을 경우에는 무효이지만, 주식의 인수에는 이 규정이 적용되지 않으므로 상대방이 알았거나 알 수 있어도 유효하다.

제302조(주식인수의 청약, 주식청약서의 기재사항) ③ 민법 제107조제1항 단서의 규정은 주식인수의 청약에는 적용하지 아니한다.

■ 민법
제107조(진의 아닌 의사표시) ① 의사표시는 표의자가 진의아님을 알고 한 것이라도 그 효력이 있다. 그러나 상대방이 표의자의 진의아님을 알았거나 이를 알 수 있었을 경우에는 무효로 한다.
② 전항의 의사표시의 무효는 선의의 제3자에게 대항하지 못한다.

0078 |2011|

회사 성립후에는 주식을 인수한 자는 주식청약서의 요건의 흠결을 이유로 하여 그 인수의 무효를 주장할 수 없다. ( )

회사설립시 주식발행의 경우, 주식인수인이 (ⅰ) 창립총회에서 권리를 행사하거나, (ⅱ) 설립등기를 한 후에는 주식청약서의 요건의 흠결을 이유로 하는 무효를 주장하거나 사기·강박·착오를 이유로 하는 취소권을 행사하지 못한다.

제320조(주식인수의 무효 주장, 취소의 제한) ① 회사성립 후에는 주식을 인수한 자는 주식청약서의 요건의 흠결을 이유로 하여 그 인수의 무효를 주장하거나 사기, 강박 또는 착오를 이유로 하여 그 인수를 취소하지 못한다.

0079 |2015|

창립총회에 출석하여 권리를 행사한 주식인수인은 회사성립 전에도 사기, 강박 또는 착오를 이유로 하여 그 인수를 취소하지 못한다. ( )

설립시 주식인수의 경우에는 창립총회에 출석하여 권리를 행사하거나 설립등기가 이루어진 후, 신주발행의 경우에는 증자등기 후 1년이 경과하면 이와 같은 취소나 무효를 주장하지 못 한다.

답 0076 ○ 0077 × 0078 ○ 0079 ○

제320조(주식인수의 무효 주장, 취소의 제한) ① 회사성립 후에는 주식을 인수한 자는 주식청약서의 요건의 흠결을 이유로 하여 그 인수의 무효를 주장하거나 사기, 강박 또는 착오를 이유로 하여 그 인수를 취소하지 못한다.
② 창립총회에 출석하여 그 권리를 행사한 자는 회사의 성립 전에도 전항과 같다.

0080 |2020|
회사성립 후에는 주식을 인수한 자는 사기·강박 또는 착오를 이유로 하여 그 인수를 취소할 수 있다. (   )

설립시 주식인수의 경우에는 창립총회에 출석하여 권리를 행사하거나 설립등기가 이루어진 후, 신주발행의 경우에는 증자등기 후 1년이 경과하면 이와 같은 취소나 무효를 주장하지 못한다.

제320조(주식인수의 무효 주장, 취소의 제한) ① 회사성립 후에는 주식을 인수한 자는 주식청약서의 요건의 흠결을 이유로 하여 그 인수의 무효를 주장하거나 사기, 강박 또는 착오를 이유로 하여 그 인수를 취소하지 못한다.
② 창립총회에 출석하여 그 권리를 행사한 자는 회사의 성립 전에도 전항과 같다.

0081 |2010, 2018, 2021|
모집설립의 경우 창립총회의 결의는 출석한 주식인수인의 의결권의 과반수와 인수된 주식총수의 3분의 1 이상의 수로써 하여야 한다. (   )

(ⅰ) 출석한 주식인수인 의결권의 2/3 이상이며, 인수된 주식 총수의 과반수이다. (ⅱ) 아직 회사가 성립되기 이전이므로 '주주'가 아니라 '주식인수인'이라는 점도 주의하여야 한다.

제309조(창립총회의 결의) 창립총회의 결의는 출석한 주식인수인의 의결권의 3분의 2 이상이며 인수된 주식의 총수의 과반수에 해당하는 다수로 하여야 한다.

5. 기관의 구성

0082 |2010, 2023|
발기설립의 경우 발기인은 출자의 이행 후 지체없이 창립총회를 소집하고 의결권의 과반수로 이사와 감사를 선임하여야 한다. (   )

모집설립의 경우에만 창립총회가 소집된다. 발기설립의 경우에는 발기인총회에서 이사와 감사를 선임한다.

제296조(발기설립의 경우의 임원선임) ① 전조의 규정에 의한 납입과 현물출자의 이행이 완료된 때에는 발기인은 지체없이 의결권의 과반수로 이사와 감사를 선임하여야 한다.
② 발기인의 의결권은 그 인수주식의 1주에 대하여 1개로 한다.

0083 |2022|
발기설립의 경우 납입과 현물출자의 이행이 완료된 때 발기인은 지체없이 의결권의 과반수로 이사와 감사를 선임하여야 하는데, 발기인의 의결권은 1인에 대하여 1개로 한다. (   )

이사감사 선임시 발기인의 의결권은 1주 1의결권으로 한다. 회사 설립 후 주주총회에서 이사 감사 선임시 주식 수만큼 의결권을 행사할 수 있는 것과 대응해서 생각하면 된다.

답 0080 × 0081 × 0082 × 0083 ×

제296조(발기설립의 경우의 임원선임) ① 전조의 규정에 의한 납입과 현물출자의 이행이 완료된 때에는 발기인은 지체없이 의결권의 과반수로 이사와 감사를 선임하여야 한다.
② 발기인의 의결권은 그 인수주식의 1주에 대하여 1개로 한다.

0084 | 2020, 2023 |
모집설립의 경우 납입과 현물출자의 이행이 완료된 때에는 발기인은 지체없이 의결권의 과반수로 이사와 감사를 선임하여야 한다. ( )

발기설립의 경우에는 발기인총회에서 이사와 감사를 선임하고(제296조 제1항), 모집설립의 경우에는 창립총회에서 선임한다(제312조).

제296조(발기설립의 경우의 임원선임) ① 전조의 규정에 의한 납입과 현물출자의 이행이 완료된 때에는 발기인은 지체없이 의결권의 과반수로 이사와 감사를 선임하여야 한다.
② 발기인의 의결권은 그 인수주식의 1주에 대하여 1개로 한다.
제312조(임원의 선임) 창립총회에서는 이사와 감사를 선임하여야 한다.

0085 | 2010, 2012 |
발기인 또는 창립총회가 선임한 이사는 설립중의 회사의 업무집행기관이자 감사기관이다. ( )

설립중의 회사의 업무집행기관은 발기인이다. 이사, 감사는 설립경과를 조사하는 감사기관이다.
제313조(이사, 감사의 조사, 보고) ① 이사와 감사는 취임후 지체없이 회사의 설립에 관한 모든 사항이 법령 또는 정관의 규정에 위반되지 아니하는지의 여부를 조사하여 창립총회에 보고하여야 한다.

0086 | 2012 |
발기설립의 경우 이사와 감사의 선임은 발기인들의 의결권의 과반수로 하지만, 모집설립의 경우에는 창립총회에서 출석한 주식인수인의 의결권의 3분의2 이상이며 인수된 주식 총수의 과반수로 한다. ( )

발기인총회와 창립총회에 대한 설명이다.
제309조(창립총회의 결의) 창립총회의 결의는 출석한 주식인수인의 의결권의 3분의 2 이상이며 인수된 주식의 총수의 과반수에 해당하는 다수로 하여야 한다.

6. 설립경과조사

0087 | 2007 |
창립총회에서는 소집통지서에 그 뜻의 기재가 없어도 설립폐지의 결의를 할 수 있다. ( )

소집통지서에 기재 없이도 정관변경 또는 설립폐지의 결의가 가능하다.
제316조(정관변경, 설립폐지의 결의) ① 창립총회에서는 정관의 변경 또는 설립의 폐지를 결의할 수 있다.
② 전항의 결의는 소집통지서에 그 뜻의 기재가 없는 경우에도 이를 할 수 있다.

0084 ✕　0085 ✕　0086 ○　0087 ○

0088 |2010, 2013|

이사와 감사는 취임 후 지체없이 회사의 설립에 관한 사항이 법령 또는 정관에 위반되는지 여부를 조사하여야 한다. ( )

> 발기설립(제298조 제1항)과 모집설립(제313조 제1항)을 불문하고 이사와 감사는 취임 후 지체없이 설립경과를 조사하여야 한다.
>
> **제298조(이사·감사의 조사·보고와 검사인의 선임청구)** ① 이사와 감사는 취임후 지체없이 회사의 설립에 관한 모든 사항이 법령 또는 정관의 규정에 위반되지 아니하는지의 여부를 조사하여 발기인에게 보고하여야 한다.
>
> **제313조(이사, 감사의 조사, 보고)** ① 이사와 감사는 취임후 지체없이 회사의 설립에 관한 모든 사항이 법령 또는 정관의 규정에 위반되지 아니하는지의 여부를 조사하여 창립총회에 보고하여야 한다.

0089 |2017|

발기설립에서 이사와 감사는 취임 후 지체 없이 회사의 설립에 관한 모든 사항이 법령 또는 정관의 규정에 위반되지 아니하는지의 여부를 조사하여 발기인에게 보고하여야 한다. ( )

> 이사와 감사가 설립경과를 조사하면 그 조사한 사항을, (ⅰ) 발기설립에서는 발기인에게 보고하는 반면(제298조 제1항), 모집설립에서는 창립총회에 보고한다(제313조 제1항). 변태설립사항에 대한 보고와 구별할 수 있어야 한다.
>
> **제298조(이사·감사의 조사·보고와 검사인의 선임청구)** ① 이사와 감사는 취임후 지체없이 회사의 설립에 관한 모든 사항이 법령 또는 정관의 규정에 위반되지 아니하는지의 여부를 조사하여 발기인에게 보고하여야 한다.
>
> **제313조(이사, 감사의 조사, 보고)** ① 이사와 감사는 취임후 지체없이 회사의 설립에 관한 모든 사항이 법령 또는 정관의 규정에 위반되지 아니하는지의 여부를 조사하여 창립총회에 보고하여야 한다.

0090 |2020|

모집설립에서 이사와 감사는 취임 후 지체없이 회사의 설립에 관한 모든 사항이 법령 또는 정관의 규정에 위반되지 아니하는지의 여부를 조사하여 창립총회에 보고하여야 한다. ( )

> 발기설립(제298조 제1항)과 모집설립(제313조 제1항)을 불문하고 이사와 감사는 취임 후 지체없이 설립경과를 조사하여야 한다. 다만 조사내용의 보고는 발기설립에서는 발기인에게, 모집설립에서는 창립총회에 한다.
>
> **제298조(이사·감사의 조사·보고와 검사인의 선임청구)** ① 이사와 감사는 취임후 지체없이 회사의 설립에 관한 모든 사항이 법령 또는 정관의 규정에 위반되지 아니하는지의 여부를 조사하여 발기인에게 보고하여야 한다.
>
> **제313조(이사, 감사의 조사, 보고)** ① 이사와 감사는 취임후 지체없이 회사의 설립에 관한 모든 사항이 법령 또는 정관의 규정에 위반되지 아니하는지의 여부를 조사하여 창립총회에 보고하여야 한다.

답 0088 ○ 0089 ○ 0090 ○

7. 설립에 관한 책임

01 | 자본충실책임

0091 | 2008, 2011, 2016 |
발기인의 인수 및 납입담보책임은 총주주의 동의가 있으면 면제된다. ( )

> 발기인의 회사에 대한 책임 중 손해배상책임은 총주주의 동의로 면제할 수 있으나, 자본충실책임은 무과실책임이므로 면제하지 못한다. 회사의 자본금은 회사채권자에 대한 책임재산으로 작용하기 때문이다.
>
> **제324조(발기인의 책임면제, 주주의 대표소송)** 제400조와 제403조 내지 제406조의 규정은 발기인에 준용한다.
>
> **제400조(회사에 대한 책임의 감면)** ① 제399조에 따른 이사의 책임은 주주 전원의 동의로 면제할 수 있다.
>
> **제321조(발기인의 인수, 납입담보책임)** ① 회사설립시에 발행한 주식으로서 회사성립후에 아직 인수되지 아니한 주식이 있거나 주식인수의 청약이 취소된 때에는 발기인이 이를 공동으로 인수한 것으로 본다.
> ② 회사성립후 제295조제1항 또는 제305조제1항의 규정에 의한 납입을 완료하지 아니한 주식이 있는 때에는 발기인은 연대하여 그 납입을 하여야 한다.
>
> **제399조(회사에 대한 책임)** ① 이사가 고의 또는 과실로 법령 또는 정관에 위반한 행위를 하거나 그 임무를 게을리한 경우에는 그 이사는 회사에 대하여 연대하여 손해를 배상할 책임이 있다.

0092 | 2011, 2014 |
회사 설립시에 발행한 주식으로서 회사성립 후에 아직 인수되지 아니한 주식이 있을 경우 발기인이 이를 공동으로 인수한 것으로 본다. ( )

> 발기인의 인수담보책임을 말한다.
>
> **제321조(발기인의 인수, 납입담보책임)** ① 회사설립시에 발행한 주식으로서 회사성립후에 아직 인수되지 아니한 주식이 있거나 주식인수의 청약이 취소된 때에는 발기인이 이를 공동으로 인수한 것으로 본다.

0093 | 2016, 2023 |
설립등기 후 주식인수인이 납입을 완료하지 않은 주식이 있는 때는 발기인이 납입담보책임을 부담한다. ( )

> 설립시 발기인은 납입담보책임을 부담한다.
>
> **제321조(발기인의 인수, 납입담보책임)** ② 회사성립후 제295조제1항 또는 제305조제1항의 규정에 의한 납입을 완료하지 아니한 주식이 있는 때에는 발기인은 연대하여 그 납입을 하여야 한다.

0094 | 2011, 2016 |
설립등기 후 주식인수인의 주식인수의 청약이 취소된 때는 별도의 의사표시가 없어도 발기인이 이를 인수한 것으로 본다. ( )

> 미성년자가 회사 설립 이후 주식인수를 취소한 경우를 생각하면 된다. 회사 설립시 발행한 주식으로써 설립등기 후 주식인수가 취소된 경우 발기인이 이를 공동으로 인수한 것으로 본다(인수담보책임).

0091 × 0092 ○ 0093 ○ 0094 ○

제321조(발기인의 인수, 납입담보책임) ① 회사설립시에 발행한 주식으로서 회사성립후에 아직 인수되지 아니한 주식이 있거나 주식인수의 청약이 취소된 때에는 발기인이 이를 공동으로 인수한 것으로 본다.

0095 |2016|
주식인수인이 납입을 해태한 경우 발기인이 납입담보책임을 이행하면 주식인수인이 그 주식을 취득한다.
( )

발기인이 납입담보책임을 부담한 경우 납입을 해태한 주식인수인이 주주가 되며, 발기인은 그 주주에 대한 구상권 행사가 가능하다.

0096 |2016|
주식인수인이 인수를 취소한 주식에 대해 발기인이 인수담보책임을 이행하면 발기인이 그 주식을 취득한다.
( )

발기인이 인수담보책임을 이행한 경우 발기인이 주주자격을 취득한다. 주주의 자격은 인수로 확정되기 때문이다. 참고로 설립시와 달리 성립 후 신주발행시의 경우에는 이사는 인수담보책임만을 부담하며 납입담보책임은 없다(제428조 제1항).

02 | 손해배상책임

0097 |2008, 2020|
발기인은 경과실로 인하여 그 임무를 해태한 때에도 제3자에 대하여 직접 연대하여 손해를 배상할 책임을 진다.
( )

발기인의 제3자에 대한 책임은 「악의 또는 중과실」을 요건으로 한다.

제322조(발기인의 손해배상책임)
② 발기인이 악의 또는 중대한 과실로 인하여 그 임무를 해태한 때에는 그 발기인은 제삼자에 대하여도 연대하여 손해를 배상할 책임이 있다.

0098 |2008, 2018, 2021|
법원이 선임한 검사인이 악의 또는 과실로 인하여 그 임무를 해태한 때에는 회사 또는 제3자에 대하여 손해를 배상할 책임이 있다.
( )

"악의 또는 과실"이 아니라 "악의 또는 중과실"이 있는 경우에 손해배상책임을 진다. 즉 경과실의 경우에는 검사인의 손해배상책임이 인정되지 않는다.

제325조(검사인의 손해배상책임) 법원이 선임한 검사인이 악의 또는 중대한 과실로 인하여 그 임무를 해태한 때에는 회사 또는 제3자에 대하여 손해를 배상할 책임이 있다.

답 0095 ○ 0096 ○ 0097 × 0098 ×

0099 |2011, 2015|
비상장회사에서 발행주식총수의 100분의 1 이상에 해당하는 주식을 가진 주주는 회사에 대하여 발기인의 책임을 추궁할 소의 제기를 청구할 수 있다. ( )

> 발기인에 대한 주주의 대표소송을 말한다.
> **제324조(발기인의 책임면제, 주주의 대표소송)** 제400조와 제403조 내지 제406조의 규정은 발기인에 준용한다.
> **제403조(주주의 대표소송)** ① 발행주식의 총수의 100분의 1 이상에 해당하는 주식을 가진 주주는 회사에 대하여 이사의 책임을 추궁할 소의 제기를 청구할 수 있다.

0100 |2011, 2014|
발기인이 회사의 설립에 관하여 그 임무를 해태한 경우 회사에 대하여 연대하여 손해를 배상할 책임이 있다. ( )

> 발기인의 회사에 대한 손해배상책임을 말한다. 여기서 "연대하여"란 발기인이 여러 명인 경우에 각자 손해 전부에 대하여 책임을 진다는 의미이다.
> **제322조(발기인의 손해배상책임)** ① 발기인이 회사의 설립에 관하여 그 임무를 해태한 때에는 그 발기인은 회사에 대하여 연대하여 손해를 배상할 책임이 있다.

03 | 회사불성립시의 책임

0101 |2008, 2014|
회사가 불성립한 경우 그 설립에 관한 행위에 대하여 과실 없는 발기인은 책임을 지지 않는다. ( )

> 회사불성립의 경우 발기인의 책임은 과실 여부를 불문하는 무과실 책임이다.
> **제326조(회사불성립의 경우의 발기인의 책임)** ① 회사가 성립하지 못한 경우에는 발기인은 그 설립에 관한 행위에 대하여 연대하여 책임을 진다.
> ② 전항의 경우에 회사의 설립에 관하여 지급한 비용은 발기인이 부담한다.

0102 |2010|
회사가 성립하지 못한 경우 회사의 설립에 관하여 지급한 비용은 발기인이 부담한다. ( )

> 회사불성립시 발기인의 책임을 의미한다.
> **제326조(회사불성립의 경우의 발기인의 책임)** ① 회사가 성립하지 못한 경우에는 발기인은 그 설립에 관한 행위에 대하여 연대하여 책임을 진다.
> ② 전항의 경우에 회사의 설립에 관하여 지급한 비용은 발기인이 부담한다.

정답 0099 ○ 0100 ○ 0101 × 0102 ○

0103 | 2013 |
발기인이 설립중의 회사의 기관의 지위에서 모집주주와 주식인수계약을 체결하고 주금액 납입을 받은 경우 회사가 불성립하게 되면 설립중의 회사가 책임을 부담하지 않고 발기인이 책임을 부담하는데 이는 과실책임이다.
( )

> 과실 불문하고 책임을 지는 「무과실책임」이다.
> **제326조(회사불성립의 경우의 발기인의 책임)** ① 회사가 성립하지 못한 경우에는 발기인은 그 설립에 관한 행위에 대하여 연대하여 책임을 진다.
> ② 전항의 경우에 회사의 설립에 관하여 지급한 비용은 발기인이 부담한다.

04 | 유사발기인의 책임

0104 | 2011, 2014 |
주식청약서 기타 주식모집에 관한 서면에 성명과 회사의 설립에 찬조하는 뜻을 기재할 것을 승낙한 자는 발기인과 동일한 책임이 있다.
( )

> 유사발기인의 책임을 말한다.
> **제327조(유사발기인의 책임)** 주식청약서 기타 주식모집에 관한 서면에 성명과 회사의 설립에 찬조하는 뜻을 기재할 것을 승낙한 자는 발기인과 동일한 책임이 있다.

0105 | 2008 |
회사가 성립된 경우에 유사발기인은 손해배상책임을 지는 외에 자본충실책임을 부담하지는 않는다. ( )

> 유사발기인에게는 자본충실책임(및 회사불성립시의 책임)만 부담하고, 임무해태를 전제로 하는 손해배상책임은 없다.
> **제327조(유사발기인의 책임)** 주식청약서 기타 주식모집에 관한 서면에 성명과 회사의 설립에 찬조하는 뜻을 기재할 것을 승낙한 자는 발기인과 동일한 책임이 있다.

0106 | 2012 |
회사가 성립하지 않으면 유사발기인은 발기인과 연대하여 주식인수인에 대하여 주금액 반환책임을 진다.
( )

> 유사발기인은 발기인과 동일한 책임을 부담하므로, 무과실책임인 자본충실책임과 회사불성립의 경우의 책임을 부담한다. 다만 (업무를 집행하였음을 전제로 하는) 발기인의 손해배상책임은 유사발기인에게는 적용되지 않는다고 본다.
> **제326조(회사불성립의 경우의 발기인의 책임)** ① 회사가 성립하지 못한 경우에는 발기인은 그 설립에 관한 행위에 대하여 연대하여 책임을 진다.
> ② 전항의 경우에 회사의 설립에 관하여 지급한 비용은 발기인이 부담한다.
> **제327조(유사발기인의 책임)** 주식청약서 기타 주식모집에 관한 서면에 성명과 회사의 설립에 찬조하는 뜻을 기재할 것을 승낙한 자는 발기인과 동일한 책임이 있다.

답 0103 × 0104 ○ 0105 × 0106 ○

8. 설립의 하자

0107 | 2012 |
법정대리인의 동의 없이 주식을 인수한 미성년자가 회사 성립 후에 주식인수계약을 취소하면 상업등기된 자본금이 부족하게 되므로 회사설립 무효의 소의 원인이 된다. ( )

> 주식회사의 경우에는 주관적 하자를 설립의 하자로 인정하지 않기 때문에 「미성년자의 주식인수 취소」를 이유로 회사설립이 무효로 되지는 않는다. 이 경우 발기인의 인수담보책임으로 해결하여야 한다.

0108 | 2013 |
주식회사 설립하자의 경우 설립취소의 소가 인정되며 주관적 무효원인이 있어도 설립무효의 소를 제기할 수 있다. ( )

> 주식회사의 경우에는 설립취소의 소(사원의 주관적 사유)는 인정되지 않으며, 설립절차의 객관적 사유를 이유로 한 설립무효의 소만 인정된다. 주주 개인의 주관적 사유는 그 주식인수의 무효 내지 취소의 사유가 될 뿐이다.

0109 | 2013, 2020 |
주식회사 설립무효의 소는 소제기 이익이 있는 자는 누구나 회사성립의 날로부터 2년 내에 소로써 이를 주장할 수 있다. ( )

> 주주, 이사, 감사에 한정된다.
> **제328조(설립무효의 소)** ① 회사설립의 무효는 주주·이사 또는 감사에 한하여 회사성립의 날로부터 2년내에 소만으로 이를 주장할 수 있다.

0110 | 2022 |
회사 설립무효는 소만으로 주장할 수 있고, 원고가 승소한 경우 소급효가 인정된다. ( )

> (ⅰ) 회사설립의 무효는 소만으로 주장할 수 있다. (ⅱ) 제328조 제2항에서 제190조를 준용하므로, 설립무효판결에는 소급효가 인정되지 않는다.
> **제328조(설립무효의 소)** ① 회사설립의 무효는 주주·이사 또는 감사에 한하여 회사성립의 날로부터 2년내에 소만으로 이를 주장할 수 있다.
> ② 제186조 내지 제193조의 규정은 제1항의 소에 준용한다.
> **제190조(판결의 효력)** 설립무효의 판결 또는 설립취소의 판결은 제3자에 대하여도 그 효력이 있다. 그러나 판결확정 전에 생긴 회사와 사원 및 제3자간의 권리의무에 영향을 미치지 아니한다.

0111 | 2013 |
정관의 상대적 기재사항이 불비한 때 주식회사 설립무효의 소를 제기할 수 있다. ( )

> 절대적 기재사항이 흠결된 경우에 정관무효 및 설립무효의 원인이 된다.

0112 | 2013, 2020 |
주식회사 설립시에 정관에 기재하는 발행예정주식총수가 1천주인 경우 회사 설립 시에 1주만 발행하더라도 설립무효의 원인이 되지 않는다. ( )

> 설립시에 발행하는 주식의 총수에 관한 제한은 존재하지 않는다. 따라서 설립시 1주만 발행하는 것도 가능하다.

0113 | 2013, 2015, 2020 |
주식회사 설립무효의 소에서 원고가 승소한 경우 그 판결의 대세적 효력과 소급적 효력이 인정되며 회사는 해산에 준하여 청산절차가 개시된다. ( )

> 회사법상 소송은 불소급효가 원칙이다. 주총결의하자에 관한 소와 감자무효의 소의 인용판결에는 소급효가 인정된다. 제190조 본문(대세효)만 준용하고, 단서(불소급효)는 준용하고 있지 않기 때문이다. "소결감"으로 기억하자. 이 경우 회사는 해산에 준하여 청산절차가 개시된다.
>
> **제190조(판결의 효력)** 설립무효의 판결 또는 설립취소의 판결은 제3자에 대하여도 그 효력이 있다. 그러나 판결확정 전에 생긴 회사와 사원 및 제3자간의 권리의무에 영향을 미치지 아니한다.
>
> **제193조(설립무효, 취소판결의 효과)** ① 설립무효의 판결 또는 설립취소의 판결이 확정된 때에는 해산의 경우에 준하여 청산하여야 한다.
> ② 전항의 경우에는 법원은 사원 기타 이해관계인의 청구에 의하여 청산인을 선임할 수 있다.
>
> **제376조(결의취소의 소)** ① 총회의 소집절차 또는 결의방법이 법령 또는 정관에 위반하거나 현저하게 불공정한 때 또는 그 결의의 내용이 정관에 위반한 때에는 주주·이사 또는 감사는 결의의 날로부터 2월내에 결의취소의 소를 제기할 수 있다.
> ② 제186조 내지 제188조, 제190조 본문과 제191조의 규정은 제1항의 소에 준용한다.
>
> **제380조(결의무효 및 부존재확인의 소)** 제186조 내지 제188조, 제190조 본문, 제191조, 제377조와 제378조의 규정은 총회의 결의의 내용이 법령에 위반한 것을 이유로 하여 결의무효의 확인을 청구하는 소와 총회의 소집절차 또는 결의방법에 총회결의가 존재한다고 볼 수 없을 정도의 중대한 하자가 있는 것을 이유로 하여 결의부존재의 확인을 청구하는 소에 이를 준용한다.
>
> **제381조(부당결의의 취소, 변경의 소)** ① 주주가 제368조제3항의 규정에 의하여 의결권을 행사할 수 없었던 경우에 결의가 현저하게 부당하고 그 주주가 의결권을 행사하였더라면 이를 저지할 수 있었을 때에는 그 주주는 그 결의의 날로부터 2월내에 결의의 취소의 소 또는 변경의 소를 제기할 수 있다.
> ② 제186조 내지 제188조, 제190조 본문, 제191조, 제377조와 제378조의 규정은 제1항의 소에 준용한다.

0114 | 2015 |
주식회사 설립무효의 소에서 원고가 패소한 경우 원고에게 악의 또는 중대한 과실이 있는 때에는 회사에 대하여 연대하여 손해를 배상할 책임이 있다. ( )

> 다만 패소원고에게 경과실만 인정되는 경우에는 손해배상책임이 없다.
>
> **제191조(패소원고의 책임)** 설립무효의 소 또는 설립취소의 소를 제기한 자가 패소한 경우에 악의 또는 중대한 과실이 있는 때에는 회사에 대하여 연대하여 손해를 배상할 책임이 있다.

제2절 주식과 주주

1. 총설

0115 |2017|
액면주식의 경우 1주의 금액은 100원 이상이어야 하고 액면을 초과하여 발행한 경우 그 초과액은 자본준비금으로 적립하여야 한다. ( )

> 제329조 제3항, 제459조 제1항
> **제329조(자본금의 구성)** ③ 액면주식 1주의 금액은 100원 이상으로 하여야 한다.
> **제459조(자본준비금)** ① 회사는 자본거래에서 발생한 잉여금을 대통령령으로 정하는 바에 따라 자본준비금으로 적립하여야 한다.

0116 |2013, 2017, 2023|
회사는 정관으로 정하는 바에 따라 액면주식 또는 무액면주식을 선택하여 발행할 수 있지만 무액면주식을 발행하는 경우에는 액면주식을 발행할 수 없다. ( )

> **제329조(자본금의 구성)** ① 회사는 정관으로 정한 경우에는 주식의 전부를 무액면주식으로 발행할 수 있다. 다만, 무액면주식을 발행하는 경우에는 액면주식을 발행할 수 없다.

0117 |2023|
회사는 발행된 액면주식의 전부 또는 일부를 무액면주식으로 전환할 수 있다. ( )

> 전부의 전환만이 허용된다.
> **제329조(자본금의 구성)** ④ 회사는 정관으로 정하는 바에 따라 발행된 액면주식을 무액면주식으로 전환하거나 무액면주식을 액면주식으로 전환할 수 있다.

0118 |2023|
회사는 무액면주식을 액면주식으로 전환할 경우 1월 이상의 기간을 정하여 그 뜻과 그 기간 내에 주권을 회사에 제출할 것을 공고하고 주주명부에 기재된 주주와 질권자에 대하여는 각별로 통지하여야 한다. ( )

> (무액면이건 액면이건) 주식을 병합할 때에는 제440조 이하의 절차에 따른다.
> **제329조(자본금의 구성)** ④ 회사는 정관으로 정하는 바에 따라 발행된 액면주식을 무액면주식으로 전환하거나 무액면주식을 액면주식으로 전환할 수 있다.
> ⑤ 제4항의 경우에는 제440조, 제441조 본문 및 제442조를 준용한다.
> **제440조(주식병합의 절차)** 주식을 병합할 경우에는 회사는 1월 이상의 기간을 정하여 그 뜻과 그 기간 내에 주권을 회사에 제출할 것을 공고하고 주주명부에 기재된 주주와 질권자에 대하여는 각별로 그 통지를 하여야 한다.

답 0115 ○ 0116 ○ 0117 × 0118 ○

0119 |2017|

무액면주식을 병합할 경우 회사는 1월 이상의 기간을 정하여 그 뜻과 그 기간 내에 주권을 회사에 제출할 것을 공고하고 주주명부에 기재된 주주와 질권자에 대하여는 각별로 그 통지를 하여야 한다. ( )

(무액면이건 액면이건) 주식을 병합할 때에는 제440조 이하의 절차에 따른다.

제440조(주식병합의 절차) 주식을 병합할 경우에는 회사는 1월 이상의 기간을 정하여 그 뜻과 그 기간 내에 주권을 회사에 제출할 것을 공고하고 주주명부에 기재된 주주와 질권자에 대하여는 각별로 그 통지를 하여야 한다.

0120 |2022|

회사의 자본금은 액면주식을 무액면주식으로 전환함으로써 변경할 수 없다. ( )

액면주식을 무액면주식으로 전환하는 과정에서(그 반대도 마찬가지), (ⅰ) 회사의 자본금을 감소시킨다면 그 자체로서 자본충실의 원칙에 반하고, (ⅱ) 회사의 자본금을 증가시키더라도 출자의 납입 없이 자본금만 증가하여 역시 자본충실원칙에 반한다.

제451조(자본금) ① 회사의 자본금은 이 법에서 달리 규정한 경우 외에는 발행주식의 액면총액으로 한다.
② 회사가 무액면주식을 발행하는 경우 회사의 자본금은 주식 발행가액의 2분의 1 이상의 금액으로서 이사회(제416조 단서에서 정한 주식발행의 경우에는 주주총회를 말한다)에서 자본금으로 계상하기로 한 금액의 총액으로 한다. 이 경우 주식의 발행가액 중 자본금으로 계상하지 아니하는 금액은 자본준비금으로 계상하여야 한다.
③ 회사의 자본금은 액면주식을 무액면주식으로 전환하거나 무액면주식을 액면주식으로 전환함으로써 변경할 수 없다.

0121 |2013, 2017, 2021|

액면주식을 무액면주식으로 전환하는 경우 자본금이 동일하게 유지되어야 하므로 전환에 의해 발행되는 무액면주식의 수는 기존의 주식 수와 동일하여야 한다. ( )

액면주식을 무액면주식으로 전환하는 경우 자본금이 동일하게 유지되어야 하나(제451조 제3항), 무액면주식을 발행한 회사에서 주식수와 자본금은 아무런 상관이 없다. 무액면주식 발행시 자본금은 발행가액의 1/2 이상의 금액으로서 이사회가 정한 금액으로 한다.

제329조(자본금의 구성) ① 회사는 정관으로 정한 경우에는 주식의 전부를 무액면주식으로 발행할 수 있다. 다만, 무액면주식을 발행하는 경우에는 액면주식을 발행할 수 없다.
② 액면주식의 금액은 균일하여야 한다.
③ 액면주식 1주의 금액은 100원 이상으로 하여야 한다.
④ 회사는 정관으로 정하는 바에 따라 발행된 액면주식을 무액면주식으로 전환하거나 무액면주식을 액면주식으로 전환할 수 있다.

제451조(자본금) ① 회사의 자본금은 이 법에서 달리 규정한 경우 외에는 발행주식의 액면총액으로 한다.
② 회사가 무액면주식을 발행하는 경우 회사의 자본금은 주식 발행가액의 2분의 1 이상의 금액으로서 이사회(제416조 단서에서 정한 주식발행의 경우에는 주주총회를 말한다)에서 자본금으로 계상하기로 한 금액의 총액으로 한다. 이 경우 주식의 발행가액 중 자본금으로 계상하지 아니하는 금액은 자본준비금으로 계상하여야 한다.
③ 회사의 자본금은 액면주식을 무액면주식으로 전환하거나 무액면주식을 액면주식으로 전환함으로써 변경할 수 없다.

0119 ○ 0120 ○ 0121 ×

0122 | 2013, 2020 |

회사는 정관으로 정하지 않아도 이사회 결의에 의하여 발행된 액면주식을 무액면주식으로 전환할 수 있다.
(　　)

틀린 내용이다. 액면주식을 무액면주식으로 전환하려면 정관에 무액면주식에 관한 내용이 규정되어 있어야 한다 (상대적 기재사항).

제329조(자본금의 구성) ① 회사는 정관으로 정한 경우에는 주식의 전부를 무액면주식으로 발행할 수 있다. 다만, 무액면주식을 발행하는 경우에는 액면주식을 발행할 수 없다.
② 액면주식의 금액은 균일하여야 한다.
③ 액면주식 1주의 금액은 100원 이상으로 하여야 한다.
④ 회사는 정관으로 정하는 바에 따라 발행된 액면주식을 무액면주식으로 전환하거나 무액면주식을 액면주식으로 전환할 수 있다.
⑤ 제4항의 경우에는 제440조, 제441조 본문 및 제442조를 준용한다.

0123 | 2013, 2017, 2023 |

회사가 성립 후 발행하는 무액면주식의 자본금은 주식 발행가액의 2분의 1 이상의 금액으로서 이사회 또는 주주총회에서 자본금으로 계상하기로 하는 금액의 총액으로 한다.
(　　)

주식발행사항의 결정이므로 (ⅰ) 회사 성립 후에는 이사회에서 정하고, 정관에 규정이 있는 경우에는 주주총회에서 정한다. (ⅱ) 회사 설립시에는 정관에 규정이 없으면 발기인 전원의 동의로 한다.

제416조(발행사항의 결정) 회사가 그 성립 후에 주식을 발행하는 경우에는 다음의 사항으로서 정관에 규정이 없는 것은 이사회가 결정한다. 다만, 이 법에 다른 규정이 있거나 정관으로 주주총회에서 결정하기로 정한 경우에는 그러하지 아니하다.
1. 신주의 종류와 수
2. 신주의 발행가액과 납입기일
2의2. 무액면주식의 경우에는 신주의 발행가액 중 자본금으로 계상하는 금액
3. 신주의 인수방법
4. 현물출자를 하는 자의 성명과 그 목적인 재산의 종류, 수량, 가액과 이에 대하여 부여할 주식의 종류와 수
5. 주주가 가지는 신주인수권을 양도할 수 있는 것에 관한 사항
6. 주주의 청구가 있는 때에만 신주인수권증서를 발행한다는 것과 그 청구기간

제291조(설립 당시의 주식발행사항의 결정) 회사설립 시에 발행하는 주식에 관하여 다음의 사항은 정관으로 달리 정하지 아니하면 발기인 전원의 동의로 이를 정한다.
1. 주식의 종류와 수
2. 액면주식의 경우에 액면 이상의 주식을 발행할 때에는 그 수와 금액
3. 무액면주식을 발행하는 경우에는 주식의 발행가액과 주식의 발행가액 중 자본금으로 계상하는 금액

제451조(자본금) ② 회사가 무액면주식을 발행하는 경우 회사의 자본금은 주식 발행가액의 2분의 1 이상의 금액으로서 이사회(제416조 단서에서 정한 주식발행의 경우에는 주주총회를 말한다)에서 자본금으로 계상하기로 한 금액의 총액으로 한다. 이 경우 주식의 발행가액 중 자본금으로 계상하지 아니하는 금액은 자본준비금으로 계상하여야 한다.

답 0122 × 0123 ○

0124 | 2013, 2021 |

회사가 발기설립시에 무액면주식을 발행하는 경우 주식의 발행가액과 주식의 발행가액 중 자본금으로 계상하는 금액은 정관으로 달리 정하지 않으면 발기인 전원의 동의로 이를 정한다. ( )

> 주식발행사항의 결정이므로, 정관으로 규정하지 않는 한 발기설립이건 모집설립이건 발기인 전원의 동의로 정한다.
>
> **제291조(설립 당시의 주식발행사항의 결정)** 회사설립 시에 발행하는 주식에 관하여 다음의 사항은 정관으로 달리 정하지 아니하면 발기인 전원의 동의로 이를 정한다.
> 1. 주식의 종류와 수
> 2. 액면주식의 경우에 액면 이상의 주식을 발행할 때에는 그 수와 금액
> 3. 무액면주식을 발행하는 경우에는 주식의 발행가액과 주식의 발행가액 중 자본금으로 계상하는 금액

0125 | 2008 |

주식회사의 주주는 인수한 주식금액을 한도로 하는 출자의무 이외에는 회사채권자에 대하여 어떠한 책임도 부담하지 않는다. ( )

> 주주유한책임을 말한다.
>
> **제331조(주주의 책임)** 주주의 책임은 그가 가진 주식의 인수가액을 한도로 한다.

0126 | 2011, 2021 |

판례에 의하면 타인의 명의로 주식을 인수하여 대금을 납입한 경우 회사에 대하여 명의대여자가 주주가 된다. ( )

> 판례는 종전에 이른바 실질설을 택하여 명의차용자가 주주가 된다고 보았으나, 2017년 전원합의체판결로 형식설로 판례를 변경함에 따라 명의대여자가 주주가 된다.
>
> **[대법원 2017.3.23. 선고, 2015다248342, 전원합의체 판결]**
> 주식을 양수하였으나 아직 주주명부에 명의개서를 하지 아니하여 주주명부에는 양도인이 주주로 기재되어 있는 경우뿐만 아니라, 주식을 인수하거나 양수하려는 자가 타인의 명의를 빌려 회사의 주식을 인수하거나 양수하고 타인의 명의로 주주명부에의 기재까지 마치는 경우에도, 회사에 대한 관계에서는 주주명부상 주주만이 주주로서 의결권 등 주주권을 적법하게 행사할 수 있다.

0127 | 2017 |

타인의 승낙을 얻어 그 명의로 주식을 인수한 자는 그 타인과 연대하여 주금을 납입할 책임이 있다. ( )

> 옳은 내용이다. 다만 이 경우 회사에 대한 관계에서 주주로서의 권리를 행사할 수 있는 자는 그 타인(명의대여자)이다.
>
> **제332조(가설인, 타인의 명의에 의한 인수인의 책임)** ① 가설인의 명의로 주식을 인수하거나 타인의 승락없이 그 명의로 주식을 인수한 자는 주식인수인으로서의 책임이 있다.
> ② 타인의 승락을 얻어 그 명의로 주식을 인수한 자는 그 타인과 연대하여 납입할 책임이 있다.

0128 | 2009 |
모집설립시 가설인의 명의로 주식인수의 청약을 하는 경우에 실제로 청약을 한 자가 주식인수인으로서의 책임을 부담한다. ( )

> 「차명」의 경우에 명의자를 주주로 보는 것과는 달리, 「도명」의 경우에는 실제로 주식을 인수한 자가 주주가 된다.
> 제332조(가설인, 타인의 명의에 의한 인수인의 책임) ① 가설인의 명의로 주식을 인수하거나 타인의 승락없이 그 명의로 주식을 인수한 자는 주식인수인으로서의 책임이 있다.
> ② 타인의 승락을 얻어 그 명의로 주식을 인수한 자는 그 타인과 연대하여 납입할 책임이 있다.

2. 종류주식

01 | 의의

0129 | 2013 |
주식회사는 "보통주 이익배당률에 1%를 가산한 배당률"을 내용으로 하는 종류주식을 발행할 수 있다.
( )

> 이익을 배당하는 조건에 해당한다.
> 제344조의2(이익배당, 잔여재산분배에 관한 종류주식) ① 회사가 이익의 배당에 관하여 내용이 다른 종류주식을 발행하는 경우에는 정관에 그 종류주식의 주주에게 교부하는 배당재산의 종류, 배당재산의 가액의 결정방법, 이익을 배당하는 조건 등 이익배당에 관한 내용을 정하여야 한다.
> ② 회사가 잔여재산의 분배에 관하여 내용이 다른 종류주식을 발행하는 경우에는 정관에 잔여재산의 종류, 잔여재산의 가액의 결정방법, 그 밖에 잔여재산분배에 관한 내용을 정하여야 한다.

0130 | 2013 |
회사는 정관의 정함으로 보통주에서 의결권이 배제·제한되는 종류주식을 발행할 수 있다. ( )

> 제344조의3(의결권의 배제·제한에 관한 종류주식) ① 회사가 의결권이 없는 종류주식이나 의결권이 제한되는 종류주식을 발행하는 경우에는 정관에 의결권을 행사할 수 없는 사항과, 의결권행사 또는 부활의 조건을 정한 경우에는 그 조건 등을 정하여야 한다.
> ② 제1항에 따른 종류주식의 총수는 발행주식총수의 4분의 1을 초과하지 못한다. 이 경우 의결권이 없거나 제한되는 종류주식이 발행주식총수의 4분의 1을 초과하여 발행된 경우에는 회사는 지체 없이 그 제한을 초과하지 아니하도록 하기 위하여 필요한 조치를 하여야 한다.

0131 | 2013 |
주식회사가 종류주식을 발행한 때에는 정관에 다른 정함이 없어도 이사회 또는 주주총회의 결의에 따라 의결권 있는 주식과 의결권 없는 주식 간에 소각에 관하여 특수하게 정할 수 있다. ( )

> 다만 그로 인해 손해를 보는 주주들의 종류주주총회의 결의가 필요하다.

제344조(종류주식) ① 회사는 이익의 배당, 잔여재산의 분배, 주주총회에서의 의결권의 행사, 상환 및 전환 등에 관하여 내용이 다른 종류의 주식(이하 "종류주식"이라 한다)을 발행할 수 있다.
② 제1항의 경우에는 정관으로 각 종류주식의 내용과 수를 정하여야 한다.
③ 회사가 종류주식을 발행하는 때에는 정관에 다른 정함이 없는 경우에도 주식의 종류에 따라 신주의 인수, 주식의 병합·분할·소각 또는 회사의 합병·분할로 인한 주식의 배정에 관하여 특수하게 정할 수 있다.
④ 종류주식 주주의 종류주주총회의 결의에 관하여는 제435조제2항을 준용한다.

0132 | 2015, 2018, 2023 |

회사가 종류주식을 발행하는 경우 정관에 다른 정함이 있는 경우에 한하여 그 종류에 따라 회사의 합병·분할로 인한 주식의 배정에 관하여 특수하게 정할 수 있다. ( )

정관에 다른 정함이 없는 경우에도 특수하게 정할 수 있다.

제344조(종류주식) ① 회사는 이익의 배당, 잔여재산의 분배, 주주총회에서의 의결권의 행사, 상환 및 전환 등에 관하여 내용이 다른 종류의 주식(이하 "종류주식"이라 한다)을 발행할 수 있다.
② 제1항의 경우에는 정관으로 각 종류주식의 내용과 수를 정하여야 한다.
③ 회사가 종류주식을 발행하는 때에는 정관에 다른 정함이 없는 경우에도 주식의 종류에 따라 신주의 인수, 주식의 병합·분할·소각 또는 회사의 합병·분할로 인한 주식의 배정에 관하여 특수하게 정할 수 있다.
④ 종류주식 주주의 종류주주총회의 결의에 관하여는 제435조제2항을 준용한다.

0133 | 2020 |

회사가 의결권이 없거나 제한되는 종류주식을 발행하는 때에는, 정관에 의결권을 행사할 수 없는 사항과, 의결권행사 또는 부활의 조건을 정한 경우에는 그 조건 등을 정하여야 한다. ( )

주식의 의결권에 대한 배제·제한을 남용할 수 없도록 하기 위함이다.

제344조의3(의결권의 배제·제한에 관한 종류주식) ① 회사가 의결권이 없는 종류주식이나 의결권이 제한되는 종류주식을 발행하는 경우에는 정관에 의결권을 행사할 수 없는 사항과, 의결권행사 또는 부활의 조건을 정한 경우에는 그 조건 등을 정하여야 한다.
② 제1항에 따른 종류주식의 총수는 발행주식총수의 4분의 1을 초과하지 못한다. 이 경우 의결권이 없거나 제한되는 종류주식이 발행주식총수의 4분의 1을 초과하여 발행된 경우에는 회사는 지체 없이 그 제한을 초과하지 아니하도록 하기 위하여 필요한 조치를 하여야 한다.

0134 | 2015, 2023 |

의결권배제·제한에 관한 종류주식의 총수는 발행주식총수의 4분의 1을 초과하지 못하며 정관에 그 조건을 규정하지 않은 경우에는 의결권을 행사하거나 의결권을 부활하지 못한다. ( )

제344조의3 제1항의 반대해석상, 정관에 그 규정을 규정하지 않은 경우에는 의결권을 행사하거나 의결권을 부활하지 못한다고 보아야 한다.

답 0132 × 0133 ○ 0134 ○

제344조의3(의결권의 배제·제한에 관한 종류주식) ① 회사가 의결권이 없는 종류주식이나 의결권이 제한되는 종류주식을 발행하는 경우에는 정관에 의결권을 행사할 수 없는 사항과, 의결권행사 또는 부활의 조건을 정한 경우에는 그 조건 등을 정하여야 한다.
② 제1항에 따른 종류주식의 총수는 발행주식총수의 4분의 1을 초과하지 못한다. 이 경우 의결권이 없거나 제한되는 종류주식이 발행주식총수의 4분의 1을 초과하여 발행된 경우에는 회사는 지체 없이 그 제한을 초과하지 아니하도록 하기 위하여 필요한 조치를 하여야 한다.

0135 | 2015, 2018, 2020 |

회사가 잔여재산의 분배에 관하여 내용이 다른 종류주식을 발행하는 경우에는 정관의 규정이 없더라도 이사회 결의로 잔여재산의 종류, 잔여재산의 가액의 결정방법, 그 밖에 잔여재산분배에 관한 내용을 정할 수 있다.　(　　　)

잔여재산의 종류, 잔여재산의 가액의 결정방법, 그 밖에 잔여재산분배에 관한 내용은 종류주식 자체의 속성에 해당하므로 정관에 규정하여야 한다.

제344조의2(이익배당, 잔여재산분배에 관한 종류주식) ① 회사가 이익의 배당에 관하여 내용이 다른 종류주식을 발행하는 경우에는 정관에 그 종류주식의 주주에게 교부하는 배당재산의 종류, 배당재산의 가액의 결정방법, 이익을 배당하는 조건 등 이익배당에 관한 내용을 정하여야 한다.
② 회사가 잔여재산의 분배에 관하여 내용이 다른 종류주식을 발행하는 경우에는 정관에 잔여재산의 종류, 잔여재산의 가액의 결정방법, 그 밖에 잔여재산분배에 관한 내용을 정하여야 한다.

0136 | 2009, 2013, 2018, 2020 |

회사가 의결권의 배제·제한에 관한 종류주식을 발행주식총수의 4분의 1을 초과하여 발행한 경우 그 초과 발행된 종류주식에 대하여 그 발행일로부터 6월 이내에 회사의 이익으로써 소각하여야 한다.　(　　　)

발행일로부터 6월 이내에 회사의 이익으로 소각하는 것이 아니라, 지체 없이 그 제한을 초과하지 아니하도록 하기 위하여 필요한 조치를 하여야 한다.

제344조의3(의결권의 배제·제한에 관한 종류주식) ① 회사가 의결권이 없는 종류주식이나 의결권이 제한되는 종류주식을 발행하는 경우에는 정관에 의결권을 행사할 수 없는 사항과, 의결권행사 또는 부활의 조건을 정한 경우에는 그 조건 등을 정하여야 한다.
② 제1항에 따른 종류주식의 총수는 발행주식총수의 4분의 1을 초과하지 못한다. 이 경우 의결권이 없거나 제한되는 종류주식이 발행주식총수의 4분의 1을 초과하여 발행된 경우에는 회사는 지체 없이 그 제한을 초과하지 아니하도록 하기 위하여 필요한 조치를 하여야 한다.

02 | 상환주식

0137 |2007|
상환주식의 상환은 회사의 이익으로 하여야 하며, 상환시기가 도래하였으나 회사의 이익이 없는 경우에는 상환할 수 없다. ( )

"상환"이란 빚을 갚는다는 의미이다. 회사에 이익이 발생하였을 경우 이를 재원으로 주주의 주식을 취득하여 소각하는(즉 없애버리는) 종류주식을 「상환주식」이라 한다. 「이익으로써」만 상환할 수 있다.

제345조(주식의 상환에 관한 종류주식) ① 회사는 정관으로 정하는 바에 따라 회사의 이익으로써 소각할 수 있는 종류주식을 발행할 수 있다. 이 경우 회사는 정관에 상환가액, 상환기간, 상환의 방법과 상환할 주식의 수를 정하여야 한다.

0138 |2020, 2021|
회사가 정관으로 정하는 바에 따라 회사의 이익으로써 소각할 수 있는 종류주식을 발행하는 경우, 회사는 정관에 상환가액, 상환기간, 상환의 방법과 상환할 주식의 수를 정하여야 한다. ( )

상환가액, 상환기간, 상환의 방법과 상환할 주식의 수는 종류주식 자체의 속성에 해당하므로 정관에 규정하여야 한다.

제345조(주식의 상환에 관한 종류주식) ① 회사는 정관으로 정하는 바에 따라 회사의 이익으로써 소각할 수 있는 종류주식을 발행할 수 있다. 이 경우 회사는 정관에 상환가액, 상환기간, 상환의 방법과 상환할 주식의 수를 정하여야 한다.

0139 |2021|
회사는 정관으로 정하는 바에 따라 주주가 회사에 대하여 상환을 청구할 수 있는 종류주식을 발행할 수 있다. ( )

회사가 상환권을 가지는 경우뿐만 아니라, 주주가 상환을 청구하는 유형도 가능하다.

제345조(주식의 상환에 관한 종류주식) ③ 회사는 정관으로 정하는 바에 따라 주주가 회사에 대하여 상환을 청구할 수 있는 종류주식을 발행할 수 있다. 이 경우 회사는 정관에 주주가 회사에 대하여 상환을 청구할 수 있다는 뜻, 상환가액, 상환청구기간, 상환의 방법을 정하여야 한다.

0140 |2021|
주주가 회사에 대하여 상환을 청구할 수 있는 종류주식을 발행하는 경우, 회사는 정관에 주주가 회사에 대하여 상환을 청구할 수 있다는 뜻, 상환가액, 상환청구기간, 상환의 방법을 정하여야 한다. ( )

주주의 상환청구시 그 조건에 대하여 분쟁이 발생하지 않도록, 정관에 미리 상환조건을 규정해야 한다.

제345조(주식의 상환에 관한 종류주식) ③ 회사는 정관으로 정하는 바에 따라 주주가 회사에 대하여 상환을 청구할 수 있는 종류주식을 발행할 수 있다. 이 경우 회사는 정관에 주주가 회사에 대하여 상환을 청구할 수 있다는 뜻, 상환가액, 상환청구기간, 상환의 방법을 정하여야 한다.

답 0137 ○ 0138 ○ 0139 ○ 0140 ○

0141 | 2007 |
주금액의 일부에 대한 상환을 할 수 있다. ( )

주금액의 일부에 대한 상환은 주식의 불가분성에 반하므로 허용되지 않는다.

0142 | 2022 |
정관이나 상환주식인수계약 등에서 특별한 정함이 없는 경우, 상환주식의 상환권자인 주주가 상환권을 행사하였다면, 회사로부터 상환금을 지급받지 않더라도 그 행사시점에 주주의 지위를 상실한다. ( )

"상환"이란 빚을 갚는다는 뜻이다. 상환주주가 상환권을 행사했는데 회사가 상환금을 지급하지 않았다면 아직 상환의 효과가 발생하지 않았으므로 상환주주는 여전히 주주의 지위에 있다.

[대법원 2020. 4. 9., 선고, 2017다251564, 판결]
회사는 정관으로 정하는 바에 따라 주주가 회사에 대하여 상환을 청구할 수 있는 종류주식을 발행할 수 있다. 이 경우 회사는 정관에 주주가 회사에 대하여 상환을 청구할 수 있다는 뜻, 상환가액, 상환청구기간, 상환의 방법을 정하여야 한다(상법 제345조 제3항). 주주가 상환권을 행사하면 회사는 주식 취득의 대가로 주주에게 상환금을 지급할 의무를 부담하고, 주주는 상환금을 지급받음과 동시에 회사에게 주식을 이전할 의무를 부담한다. 따라서 정관이나 상환주식인수계약 등에서 특별히 정한 바가 없으면 주주가 회사로부터 상환금을 지급받을 때까지는 상환권을 행사한 이후에도 여전히 주주의 지위에 있다.

0143 | 2007 |
상환으로 인하여 회사가 일시적으로 취득하게 되는 자기주식은 6월 내 실효의 절차를 밟아 소멸시켜야 한다. ( )

상법규정상으로는 상환종류주식의 소각에 관하여 특별한 기간의 언급이 없다. 자기주식의 처분의 경우 이사회에서 정한다.

제342조(자기주식의 처분) 회사가 보유하는 자기의 주식을 처분하는 경우에 다음 각 호의 사항으로서 정관에 규정이 없는 것은 이사회가 결정한다.
1. 처분할 주식의 종류와 수
2. 처분할 주식의 처분가액과 납입기일
3. 주식을 처분할 상대방 및 처분방법

0144 | 2007. 2021 |
상환주식은 종류주식(상환과 전환에 관한 것은 제외한다)에 한정하여 발행할 수 있다. ( )

(ⅰ) "상환에 관한 상환주식"이라는 말은 개념상 성립할 수 없기 때문이다. (ⅱ) " 전환에 관한 상환주식"은 실제로는 빈번히 발행되고 있다. 전환권과 상환권이 동시에 인정되는 우선주를 실무상 "전환상환우선주"라고 부른다. 다만 법조문에서는 안된다고 규정하고 있으니, 수험상으로는 법조문대로 답을 찾는 수밖에 없다.

제345조(주식의 상환에 관한 종류주식) ⑤ 제1항과 제3항에서 규정한 주식은 종류주식(상환과 전환에 관한 것은 제외한다)에 한정하여 발행할 수 있다.

0141 × 0142 × 0143 × 0144 ○

0145 | 2007 |
상환주식을 상환하면 발행주식총수는 감소되므로 감소된 수만큼의 신주를 다시 발행하여야 한다. (   )

상환으로 인해 감소된 부분에 대한 이사회의 신주발행권한은 회복되지 않는다.

0146 | 2016 |
회사가 의결권이 제한되는 종류주식을 발행하면서 그 주주에게 당해 주식의 상환을 청구할 수 있는 권리를 부여할 수 없다. (   )

상환에 관한 종류주식은 전환종류주식으로는 발행할 수 없을 뿐이고, 의결권 없는 종류주식 또는 이익배당·잔여재산분배에 관한 종류주식으로 발행할 수 있다.

제345조(주식의 상환에 관한 종류주식) ① 회사는 정관으로 정하는 바에 따라 회사의 이익으로써 소각할 수 있는 종류주식을 발행할 수 있다. 이 경우 회사는 정관에 상환가액, 상환기간, 상환의 방법과 상환할 주식의 수를 정하여야 한다.
③ 회사는 정관으로 정하는 바에 따라 주주가 회사에 대하여 상환을 청구할 수 있는 종류주식을 발행할 수 있다. 이 경우 회사는 정관에 주주가 회사에 대하여 상환을 청구할 수 있다는 뜻, 상환가액, 상환청구기간, 상환의 방법을 정하여야 한다.
⑤ 제1항과 제3항에서 규정한 주식은 종류주식(상환과 전환에 관한 것은 제외한다)에 한정하여 발행할 수 있다.

0147 | 2007, 2016 |
회사가 상환권을 가진 상환에 관한 종류주식을 발행한 회사가 그 종류주식을 상환하면 회사의 자본금은 감소한다. (   )

상환종류주식을 소각하는 재원이 되는 것은 자본금과는 별개의 항목인 배당가능이익이므로 주식수의 감소에도 불구하고 자본금에는 변동이 없다. 이러한 주식의 소각은 자본금감소절차로서의 소각이 아니기 때문에 이때에는 액면주식의 수와 자본금의 관계가 예외적으로 단절된다.

0148 | 2013, 2015, 2018, 2021, 2023 |
주식회사가 상환종류주식을 발행한 경우 회사는 상환종류주식 취득의 대가로 상법 제462조 제1항에 따른 배당가능이익을 초과하지 않는 범위 내에서 현금 외에 유가증권이나 그 밖의 자산을 교부할 수도 있고 다른 종류주식으로 교부할 수도 있다. (   )

회사의 다른 종류주식은 취득의 대가가 될 수 없다. 상환대가로 다른 종류주식을 교부하면 상환이 아니라 전환이 되어버리기 때문이다.

제345조(주식의 상환에 관한 종류주식) ① 회사는 정관으로 정하는 바에 따라 회사의 이익으로써 소각할 수 있는 종류주식을 발행할 수 있다. 이 경우 회사는 정관에 상환가액, 상환기간, 상환의 방법과 상환할 주식의 수를 정하여야 한다.
② 제1항의 경우 회사는 상환대상인 주식의 취득일부터 2주 전에 그 사실을 그 주식의 주주 및 주주명부에 적힌 권리자에게 따로 통지하여야 한다. 다만, 통지는 공고로 갈음할 수 있다.

답 0145 × 0146 × 0147 × 0148 ×

③ 회사는 정관으로 정하는 바에 따라 주주가 회사에 대하여 상환을 청구할 수 있는 종류주식을 발행할 수 있다. 이 경우 회사는 정관에 주주가 회사에 대하여 상환을 청구할 수 있다는 뜻, 상환가액, 상환청구기간, 상환의 방법을 정하여야 한다.
④ 제1항 및 제3항의 경우 회사는 주식의 취득의 대가로 현금 외에 유가증권(다른 종류주식은 제외한다)이나 그 밖의 자산을 교부할 수 있다. 다만, 이 경우에는 그 자산의 장부가액이 제462조에 따른 배당가능이익을 초과하여서는 아니 된다.
⑤ 제1항과 제3항에서 규정한 주식은 종류주식(상환과 전환에 관한 것은 제외한다)에 한정하여 발행할 수 있다.

0149 |2016|

상환에 관한 종류주식을 발행한 회사가 그 종류주식을 상환할 경우 다른 회사가 발행한 종류주식을 상환의 대가로 교부할 수 있다. ( )

회사는 상환종류주식을 취득한 대가로 주주에게 금전이 아닌 유가증권이나 그 밖의 자산을 교부할 수 있다. 즉 현물상환이 가능하다. 상환종류주식의 상환대가로 회사의 주식을 교부할 수는 없지만(이 경우는 상환이 아니라 전환이 되어버린다), 다른 회사의 주식은 현물상환에 해당하기 때문에 교부할 수 있다.

제345조(주식의 상환에 관한 종류주식) ① 회사는 정관으로 정하는 바에 따라 회사의 이익으로써 소각할 수 있는 종류주식을 발행할 수 있다. 이 경우 회사는 정관에 상환가액, 상환기간, 상환의 방법과 상환할 주식의 수를 정하여야 한다.
③ 회사는 정관으로 정하는 바에 따라 주주가 회사에 대하여 상환을 청구할 수 있는 종류주식을 발행할 수 있다. 이 경우 회사는 정관에 주주가 회사에 대하여 상환을 청구할 수 있다는 뜻, 상환가액, 상환청구기간, 상환의 방법을 정하여야 한다.
④ 제1항 및 제3항의 경우 회사는 주식의 취득의 대가로 현금 외에 유가증권(다른 종류주식은 제외한다)이나 그 밖의 자산을 교부할 수 있다. 다만, 이 경우에는 그 자산의 장부가액이 제462조에 따른 배당가능이익을 초과하여서는 아니 된다.

03 | 전환주식

0150 |2020|

회사가 종류주식을 발행하는 경우에는, 정관에 정함이 없더라도 주주는 인수한 주식을 다른 종류주식으로 전환할 것을 청구할 수 있다. ( )

전환주식 자체의 속성에 해당하므로 정관으로 규정하여야 한다.

제346조(주식의 전환에 관한 종류주식) ① 회사가 종류주식을 발행하는 경우에는 정관으로 정하는 바에 따라 주주는 인수한 주식을 다른 종류주식으로 전환할 것을 청구할 수 있다. 이 경우 전환의 조건, 전환의 청구기간, 전환으로 인하여 발행할 주식의 수와 내용을 정하여야 한다.
② 회사가 종류주식을 발행하는 경우에는 정관에 일정한 사유가 발생할 때 회사가 주주의 인수 주식을 다른 종류주식으로 전환할 수 있음을 정할 수 있다. 이 경우 회사는 전환의 사유, 전환의 조건, 전환의 기간, 전환으로 인하여 발행할 주식의 수와 내용을 정하여야 한다.
③ 제2항의 경우에 이사회는 다음 각 호의 사항을 그 주식의 주주 및 주주명부에 적힌 권리자에게 따로 통지하여야 한다. 다만, 통지는 공고로 갈음할 수 있다.

1. 전환할 주식
2. 2주 이상의 일정한 기간 내에 그 주권을 회사에 제출하여야 한다는 뜻
3. 그 기간 내에 주권을 제출하지 아니할 때에는 그 주권이 무효로 된다는 뜻

④ 제344조제2항에 따른 종류주식의 수 중 새로 발행할 주식의 수는 전환청구기간 또는 전환의 기간 내에는 그 발행을 유보(留保)하여야 한다.

0151 |2023|

전환주식의 전환으로 인하여 신주식을 발행하는 경우에는 전환전의 주식의 발행가액을 신주식의 발행가액으로 한다. ( )

여기서 발행가액이란 총발행가액을 말한다. 전환 전 주식의 "총" 발행가액과 전환 후 주식의 "총" 발행가액이 일치하여야 한다.

제348조(전환으로 인하여 발행하는 주식의 발행가액) 전환으로 인하여 신주식을 발행하는 경우에는 전환전의 주식의 발행가액을 신주식의 발행가액으로 한다.

0152 |2007, 2021|

전환주식을 신주로 전환하는 경우 자본금은 증가한다. ( )

이 경우 회사의 자본금은 불변이거나 증가한다. 제348조에서 말하는 「발행가액」이란 1주의 발행가액이 아니라 총발행가액을 말한다. 전환비율을 1대1로 하면 자본금은 불변하나, 하향전환(전환비율을 높게 하는 경우)을 하게 되면 액면가가 균일한 상태에서 제348조의 조건으로 인해 발행주식수가 증가하므로 회사의 자본금도 증가한다.

제348조(전환으로 인하여 발행하는 주식의 발행가액) 전환으로 인하여 신주식을 발행하는 경우에는 전환전의 주식의 발행가액을 신주식의 발행가액으로 한다.

0153 |2019|

회사가 전환권을 가진 전환주식을 전환하여 발행하는 주식의 효력발생시기는 주권제출기간이 끝난 때이다.
( )

주주가 전환을 청구한 경우와 회사가 전환을 한 경우의 효력발생시기를 구분하여야 한다.

제350조(전환의 효력발생) ① 주식의 전환은 주주가 전환을 청구한 경우에는 그 청구한 때에, 회사가 전환을 한 경우에는 제346조제3항제2호의 기간이 끝난 때에 그 효력이 발생한다.

0154 |2019|

전환권을 가진 주주가 전환주식의 전환을 청구하여 발행되는 주식의 효력발생시기는 전환을 청구한 때이다.
( )

주주가 전환을 청구한 경우와 회사가 전환을 한 경우의 효력발생시기를 구분하여야 한다.

제350조(전환의 효력발생) ① 주식의 전환은 주주가 전환을 청구한 경우에는 그 청구한 때에, 회사가 전환을 한 경우에는 제346조제3항제2호의 기간이 끝난 때에 그 효력이 발생한다.

답 0151 ○ 0152 × 0153 ○ 0154 ○

0155 | 2016 |

전환에 관한 종류주식의 경우 전환으로 인해 발행되는 신주 1주의 액면가와 전환으로 인해 소멸하는 전환주식 1주의 액면가는 다를 수 있다. ( )

> 회사가 여러 종류의 주식을 발행한 경우에도 각 주식의 액면가는 균일하여야 한다.
>
> **제329조(자본금의 구성)** ② 액면주식의 금액은 균일하여야 한다.

0156 | 2015 |

전환에 관한 종류주식의 경우 전환청구기간 또는 전환기간 내에는 정관에서 정한 다른 종류주식의 발행예정주식총수 중에서 전환으로 인하여 새로 발행할 주식의 수는 그 발행을 유보하여야 한다. ( )

> **제346조(주식의 전환에 관한 종류주식)** ④ 제344조제2항에 따른 종류주식의 수 중 새로 발행할 주식의 수는 전환청구기간 또는 전환의 기간 내에는 그 발행을 유보(留保)하여야 한다.

0157 | 2010, 2016 |

주주명부 폐쇄기간 중에 전환에 관한 종류주식을 가진 주주가 의결권 있는 주식으로 전환을 청구하면 그 폐쇄기간 중의 주주총회 결의에서 전환으로 발행된 신주의 의결권을 행사할 수 있다. ( )

> 주주명부폐쇄기간 중 의결권 있는 주식으로 전환이 이루어졌다 하더라도 그 주식의 의결권을 해당 주주총회에서 행사할 수 없다.
>
> **제350조(전환의 효력발생)** ② 제354조제1항의 기간 중에 전환된 주식의 주주는 그 기간 중의 총회의 결의에 관하여는 의결권을 행사할 수 없다.
>
> **제354조(주주명부의 폐쇄, 기준일)** ① 회사는 의결권을 행사하거나 배당을 받을 자 기타 주주 또는 질권자로서 권리를 행사할 자를 정하기 위하여 일정한 기간을 정하여 주주명부의 기재변경을 정지하거나 일정한 날에 주주명부에 기재된 주주 또는 질권자를 그 권리를 행사할 주주 또는 질권자로 볼 수 있다.

3. 주식의 병합과 분할

0158 | 2019 |

주식병합으로 감자하는 경우 단주가 있는 때에는 그 부분에 대하여 발행한 신주를 경매하여 그 대금을 자본금에 전입하여야 한다. ( )

> 단주처리대금은 자본금에 전입하는 것이 아니라 종전의 주주에게 지급하여야 한다.
>
> **제443조(단주의 처리)** ① 병합에 적당하지 아니한 수의 주식이 있는 때에는 그 병합에 적당하지 아니한 부분에 대하여 발행한 신주를 경매하여 각 주수에 따라 그 대금을 종전의 주주에게 지급하여야 한다. 그러나 거래소의 시세있는 주식은 거래소를 통하여 매각하고, 거래소의 시세없는 주식은 법원의 허가를 받아 경매외의 방법으로 매각할 수 있다.

답 0155 × 0156 ○ 0157 × 0158 ×

0159 | 2010, 2019 |
주식병합으로 감자하는 경우 단주가 있는 때에는 거래소의 시세없는 주식은 법원의 허가가 없어도 회사와 주주가 협의한 가격으로 매각할 수 있다. (   )

거래소의 시세 없는 주식에 대해서 경매 외의 방법으로 매각하려면 법원의 허가가 필요하다.

제443조(단주의 처리) ① 병합에 적당하지 아니한 수의 주식이 있는 때에는 그 병합에 적당하지 아니한 부분에 대하여 발행한 신주를 경매하여 각 주수에 따라 그 대금을 종전의 주주에게 지급하여야 한다. 그러나 거래소의 시세있는 주식은 거래소를 통하여 매각하고, 거래소의 시세없는 주식은 법원의 허가를 받아 경매외의 방법으로 매각할 수 있다.

0160 | 2007, 2010, 2021, 2022, 2023 |
주식의 분할은 주주총회의 특별결의를 요하며, 분할 후에는 액면주식 1주의 금액을 100원 미만으로 할 수 있다. (   )

주식의 액면금은 정관기재사항이므로 주식분할은 정관변경절차에 따라 주주총회의 특별결의를 요한다. 한편 액면주식 1주당 금액은 100원 이상이어야 한다.

제329조의2(주식의 분할) ① 회사는 제434조의 규정에 의한 주주총회의 결의로 주식을 분할할 수 있다.
② 제1항의 경우에 분할 후의 액면주식 1주의 금액은 제329조제3항에 따른 금액 미만으로 하지 못한다.
③ 제440조부터 제443조까지의 규정은 제1항의 규정에 의한 주식분할의 경우에 이를 준용한다.

제329조(자본금의 구성) ① 회사는 정관으로 정한 경우에는 주식의 전부를 무액면주식으로 발행할 수 있다. 다만, 무액면주식을 발행하는 경우에는 액면주식을 발행할 수 없다.
② 액면주식의 금액은 균일하여야 한다.
③ 액면주식 1주의 금액은 100원 이상으로 하여야 한다.
④ 회사는 정관으로 정하는 바에 따라 발행된 액면주식을 무액면주식으로 전환하거나 무액면주식을 액면주식으로 전환할 수 있다.
⑤ 제4항의 경우에는 제440조, 제441조 본문 및 제442조를 준용한다.

0161 | 2010, 2016 |
주식의 분할로 인해 주금액과 발행주식의 총수가 변경되므로 회사의 자본금이 변동한다. (   )

주식의 분할이 있으면 주금액은 줄어들지만 그에 비례하여 발행주식의 총수가 증가하므로 회사의 자본금은 일정하다.

0162 | 2010 |
주식의 분할은 그에 대한 주주총회의 결의 후 주식분할 전 주권을 회사에 제출한 때에 그 효력이 발생한다. (   )

주권을 제출한 때가 아니라 주권제출기한이 종결한 때에 주식분할의 효력이 발생한다.

제329조의2(주식의 분할) ① 회사는 제434조의 규정에 의한 주주총회의 결의로 주식을 분할할 수 있다.
② 제1항의 경우에 분할 후의 액면주식 1주의 금액은 제329조제3항에 따른 금액 미만으로 하지 못한다.
③ 제440조부터 제443조까지의 규정은 제1항의 규정에 의한 주식분할의 경우에 이를 준용한다.

답 0159 × 0160 × 0161 × 0162 ×

제440조(주식병합의 절차) 주식을 병합할 경우에는 회사는 1월 이상의 기간을 정하여 그 뜻과 그 기간 내에 주권을 회사에 제출할 것을 공고하고 주주명부에 기재된 주주와 질권자에 대하여는 각별로 그 통지를 하여야 한다.

제441조(동전) 주식의 병합은 전조의 기간이 만료한 때에 그 효력이 생긴다. 그러나 제232조의 규정에 의한 절차가 종료하지 아니한 때에는 그 종료한 때에 효력이 생긴다.

0163 | 2016 |

액면주식을 분할하기 위해서는 정관변경 절차를 거쳐야 한다. ( )

액면 1주의 금액이 정관의 절대적 기재사항이기 때문에 정관의 변경이 필요하다.

제289조(정관의 작성, 절대적 기재사항) ① 발기인은 정관을 작성하여 다음의 사항을 적고 각 발기인이 기명날인 또는 서명하여야 한다.
1. 목적
2. 상호
3. 회사가 발행할 주식의 총수
4. 액면주식을 발행하는 경우 1주의 금액
5. 회사의 설립 시에 발행하는 주식의 총수
6. 본점의 소재지
7. 회사가 공고를 하는 방법
8. 발기인의 성명·주민등록번호 및 주소

0164 | 2010, 2016 |

액면주식이 분할된 경우 이로 인해 종전의 주주가 받을 주식에 대하여도 종전의 주식을 목적으로 한 질권을 행사할 수 있다. ( )

주식의 소각, 병합, 분할로 인해 종전의 주주가 받을 금전이나 주식은 질권(등록질과 약식질 모두 인정)의 물상대위가 인정된다.

제339조(질권의 물상대위) 주식의 소각, 병합, 분할 또는 전환이 있는 때에는 이로 인하여 종전의 주주가 받을 금전이나 주식에 대하여도 종전의 주식을 목적으로한 질권을 행사할 수 있다.

0165 | 2016 |

회사의 이익을 주주들에게 분배할 목적으로 액면주식을 병합하는 방법으로 행하는 자본금 감소는 채권자이의절차가 완료되지 않았더라도 주권제출기간이 종료하면 그 효력이 생긴다. ( )

유상감자에 해당하므로 채권자 보호절차가 종결되었을 것을 전제로 주권제출기한이 만료되었을 때 그 효력이 발생한다. 다만, 결손보전목적 감자의 경우에는 채권자보호절차를 생략 가능하다.

제440조(주식병합의 절차) 주식을 병합할 경우에는 회사는 1월 이상의 기간을 정하여 그 뜻과 그 기간 내에 주권을 회사에 제출할 것을 공고하고 주주명부에 기재된 주주와 질권자에 대하여는 각별로 그 통지를 하여야 한다.

제441조(동전) 주식의 병합은 전조의 기간이 만료한 때에 그 효력이 생긴다. 그러나 제232조의 규정에 의한 절차가 종료하지 아니한 때에는 그 종료한 때에 효력이 생긴다.

답 0163 ○ 0164 ○ 0165 ×

제232조(채권자의 이의) ① 회사는 합병의 결의가 있은 날부터 2주내에 회사채권자에 대하여 합병에 이의가 있으면 일정한 기간내에 이를 제출할 것을 공고하고 알고 있는 채권자에 대하여는 따로따로 이를 최고하여야 한다. 이 경우 그 기간은 1월 이상이어야 한다.

4. 주 권

01 | 일 반

0166 | 2011 |
판례에 의하면 주식회사가 주주가 아닌 제3자에게 주주권을 표창하는 문서를 작성하여 교부한 경우 그 문서는 주권으로서의 효력을 갖는다. ( )

「진정한」 주주에게 교부한 경우에만 주권의 효력이 발생한다. 따라서 위의 경우에는 주권의 선의취득이 인정되지 않는다.

[대법원 2000.3.23. 선고, 99다67529, 판결]
상법 제355조의 주권발행은 같은 법 제356조 소정의 형식을 구비한 문서를 작성하여 이를 주주에게 교부하는 것을 말하고 위 문서가 주주에게 교부된 때에 비로소 주권으로서의 효력을 발생하는 것이므로 회사가 주주권을 표창하는 문서를 작성하여 이를 주주가 아닌 제3자에게 교부하여 주었다 할지라도 위 문서는 아직 회사의 주권으로서의 효력을 가지지 못한다.

0167 | 2023 |
주권은 회사의 성립후 또는 신주의 납입기일후가 아니면 발행하지 못한다. ( )

주권은 회사의 주주로서의 권리를 표창하는 유가증권이므로, (ⅰ) 일단 회사가 성립되어야 하고, (ⅱ) 주주가 되기 위해 주식대금을 납입하여야 한다.

제355조(주권발행의 시기) ① 회사는 성립후 또는 신주의 납입기일후 지체없이 주권을 발행하여야 한다.
② 주권은 회사의 성립후 또는 신주의 납입기일후가 아니면 발행하지 못한다.

0168 | 2010, 2011, 2019, 2020, 2021, 2022 |
주권의 점유자는 해당 주권의 적법한 소지인으로 추정되므로 명의개서를 하지 않더라도 회사에 대항할 수 있다. ( )

주권을 점유한 자는 적법한 소지인으로 추정되어 주주자격의 입증 없이 명의개서를 청구할 수 있을 뿐이고, 회사에 대항하려면 명의개서가 일단 이루어져야 한다.

제336조(주식의 양도방법) ② 주권의 점유자는 이를 적법한 소지인으로 추정한다.
제337조(주식의 이전의 대항요건) ① 주식의 이전은 취득자의 성명과 주소를 주주명부에 기재하지 아니하면 회사에 대항하지 못한다.

답 0166 × 0167 ○ 0168 ×

0169 | 2023 |
주권은 공시최고의 절차에 의하여 이를 무효로 할 수 있다.   (   )

「공시최고의 절차」란 공시최고 후 제권판결을 말한다. 제권판결을 받게 되면 주권은 권리가 제거되어 무효가 된다.
제360조 (주권의 제권판결, 재발행) ① 주권은 공시최고의 절차에 의하여 이를 무효로 할 수 있다.

0170 | 2019, 2022, 2023 |
주권을 상실한 자는 제권판결을 얻지 아니하면 회사에 대하여 주권의 재발행을 청구하지 못한다.   (   )

제권판결 없이 재발행을 허용하면, 유효한 복수의 주권이 중복하여 유통되는 문제가 발생하기 때문이다.
제360조(주권의 제권판결, 재발행) ① 주권은 공시최고의 절차에 의하여 이를 무효로 할 수 있다.
② 주권을 상실한 자는 제권판결을 얻지 아니하면 회사에 대하여 주권의 재발행을 청구하지 못한다.

02 | 선의취득

0171 | 2008 |
판례에 의하면, 주식의 양도인이 무권리자인 경우에 한하여 주권의 선의취득이 가능하다.   (   )

양도인이 「무권리자」인 경우뿐만 아니라 「무권대리인」의 경우에도 주권의 선의취득을 허용한다(무권대리인 확장설).
[대법원 1997.12.12. 선고, 95다49646, 판결]
주권의 선의취득은 양도인이 무권리자인 경우뿐만 아니라 무권대리인인 경우에도 인정된다.

0172 | 2009, 2019 |
판례는 무권대리인으로부터 유상으로 양수한 주권에 대하여도 선의취득을 인정한다.   (   )

판례는 주권의 선의취득은 양도인이 무권리자인 경우뿐만 아니라 무권대리인인 경우에도 인정된다고 판시하고 있다(확장설).
[대법원 1997.12.12. 선고, 95다49646, 판결]
주권의 선의취득은 양도인이 무권리자인 경우뿐만 아니라 무권대리인인 경우에도 인정된다.

0173 | 2009 |
위조된 주권을 취득한 경우에는 선의취득이 인정되지 않는다.   (   )

주권의 선의취득은 유효한 주권을 취득하는 경우에만 인정될 수 있다. 따라서 위조되었거나 또는 이미 실효된 주권은 선의취득이 인정될 여지가 없다. 참고로 어음의 경우에는 위조된 어음에 기명날인 한 자에 대해서는 책임을 물을 수 있으므로 형식상 유효한 어음이면 위조된 경우에도 선의취득이 가능하다.

답 0169 ○ 0170 ○ 0171 × 0172 ○ 0173 ○

0174 | 2009, 2019 |
상속이나 회사합병에 의해 주권을 취득한 경우에는 선의취득이 인정되지 않는다. ( )

> 선의취득은 유통성을 보호하기 위한 제도이므로 주권이 교부된 적이 없이 상속이나 합병과 같은 「포괄승계」를 원인으로 하여 권리를 취득한 경우에는 '주권의 선의취득'을 할 수 없다.

0175 | 2009, 2019 |
주주가 주권불소지신고를 하고 회사에 제출하여 무효가 된 주권을 취득한 경우에도 선의취득이 인정된다. ( )

> 주권불소지신고를 하면 주권이 무효가 된다. 따라서 이 경우에는 선의취득이나 제권판결 또는 압류의 대상이 될 수 없다.

0176 | 2019 |
주권이 발행되지 않고 전자등록부에 등록된 주식을 취득하여 등록한 경우에는 주식의 선의취득이 인정되지 않는다. ( )

> 전자등록부에 등록된 주식(이른바 전자증권)에 대해서도 선의취득이 인정된다.
>
> **제356조의2(주식의 전자등록)** ① 회사는 주권을 발행하는 대신 정관으로 정하는 바에 따라 전자등록기관(유가증권 등의 전자등록 업무를 취급하는 기관을 말한다. 이하 같다)의 전자등록부에 주식을 등록할 수 있다.
> ② 전자등록부에 등록된 주식의 양도나 입질(入質)은 전자등록부에 등록하여야 효력이 발생한다.
> ③ 전자등록부에 주식을 등록한 자는 그 등록된 주식에 대한 권리를 적법하게 보유한 것으로 추정하며, 이러한 전자등록부를 선의(善意)로, 그리고 중대한 과실 없이 신뢰하고 제2항의 등록에 따라 권리를 취득한 자는 그 권리를 적법하게 취득한다.
> ④ 전자등록의 절차·방법 및 효과, 전자등록기관에 대한 감독, 그 밖에 주식의 전자등록 등에 필요한 사항은 따로 법률로 정한다.

0177 | 2009 |
양수인이 주권을 선의취득하려면 선의이며 중대한 과실이 없어야 한다. ( )

> 「민법」상 동산의 선의취득을 위해서는 취득자가 선의·무과실일 것을 요건으로 하는 반면, 「상법」상 주권 내지 어음·수표의 선의취득을 위해서는 취득자가 선의·무중과실이면 된다.
>
> **제359조(주권의 선의취득)** 수표법 제21조의 규정은 주권에 관하여 이를 준용한다.
>
> ■ 수표법
> **제21조(수표의 선의취득)** 어떤 사유로든 수표의 점유를 잃은 자가 있는 경우에 그 수표의 소지인은 그 수표가 소지인출급식일 때 또는 배서로 양도할 수 있는 수표의 소지인이 제19조에 따라 그 권리를 증명할 때에는 그 수표를 반환할 의무가 없다. 그러나 소지인이 악의 또는 중대한 과실로 인하여 수표를 취득한 경우에는 그러하지 아니하다.

03 | 주권의 불소지

0178 |2010, 2014|
주권불소지제도는 정관에 이를 금하는 규정이 없는 경우에 한하여 허용된다. ( )

> 제358조의2(주권의 불소지) ① 주주는 정관에 다른 정함이 있는 경우를 제외하고는 그 주식에 대하여 주권의 소지를 하지 아니하겠다는 뜻을 회사에 신고할 수 있다.

0179 |2010|
주주로부터 주식을 입질받은 자는 주권불소지신고를 할 수 없다. ( )

> 주주가 아닌 자는 주권불소지신고를 할 수 없다.

0180 |2010, 2014|
주권발행 후 명의개서를 하지 않은 주식의 양수인은 주권불소지신고를 할 수 있다. ( )

> 주주명부의 기재로 주주로서의 권리를 행사하는 것이므로 명의개서가 선행되어야 한다.

0181 |2010|
주주는 주주명부의 폐쇄기간 중에도 주권불소지신고를 할 수 있다. ( )

> 주주명부의 폐쇄기간에는 권리변동의 기재(명의개서, 질권등록)만 못하는 것이고 나머지는 다 할 수 있다.

0182 |2010, 2014|
주권불소지신고를 한 경우에도 주주는 언제든지 회사에 대하여 주권의 발행 또는 반환을 청구할 수 있다. ( )

> 이러한 권리는 주식양도의 자유와 관련되는 것이므로 정관에 의해서도 제한하거나 금지할 수 없다.
>
> 제358조의2(주권의 불소지) ④ 제1항 내지 제3항의 규정에 불구하고 주주는 언제든지 회사에 대하여 주권의 발행 또는 반환을 청구할 수 있다.

0183 |2014|
상장주식회사는 주주의 편의를 위하여 주권의 불소지제도를 채택하여야 한다. ( )

> 상법상 위와 같은 강제규정은 존재하지 않는다.

0184 |2014|
주권이 미발행된 상태에서 주주의 주권의 불소지신고가 있는 경우 회사는 불소지신고된 주식에 관해 주권을 발행할 수 없다. ( )

답 0178 ○ 0179 ○ 0180 × 0181 ○ 0182 ○ 0183 × 0184 ○

제358조의2(주권의 불소지)
② 제1항의 신고가 있는 때에는 회사는 지체없이 주권을 발행하지 아니한다는 뜻을 주주명부와 그 복본에 기재하고, 그 사실을 주주에게 통지하여야 한다. 이 경우 회사는 그 주권을 발행할 수 없다.

0185 | 2014, 2023 |

이미 발행된 주권이 있는 경우 주주의 주권의 불소지신고가 있다면 그 주권은 주권의 제출여부와 상관없이 불소지신고시에 효력을 상실한다. ( )

주권을 제출하고 회사가 주권을 무효로 하여야 한다.

제358조의2(주권의 불소지)
③ 제1항의 경우 이미 발행된 주권이 있는 때에는 이를 회사에 제출하여야 하며, 회사는 제출된 주권을 무효로 하거나 명의개서대리인에게 임치하여야 한다.

0186 | 2020 |

이미 발행된 주권이 주주의 주권불소지 신고에 의하여 회사에 제출된 경우, 회사는 그 제출된 주권을 무효로 해야 하므로 이를 임치할 수 없다. ( )

이미 발행된 주권이 주주의 주권불소지 신고에 의하여 회사에 제출된 경우, 회사는 그 제출된 주권을 무효로 하거나 명의개서대리인에게 임치하여야 한다. 여기서 "임치"란 보관을 맡기는 것을 말한다. 주주가 주권불소지를 한 경우에도 언제든지 반환청구를 할 수 있으므로, 이를 대비하여 회사는 주권을 무효로 하지 않고 임치할 수도 있는 것이다.

제358조의2(주권의 불소지) ① 주주는 정관에 다른 정함이 있는 경우를 제외하고는 그 주식에 대하여 주권의 소지를 하지 아니하겠다는 뜻을 회사에 신고할 수 있다.
② 제1항의 신고가 있는 때에는 회사는 지체없이 주권을 발행하지 아니한다는 뜻을 주주명부와 그 복본에 기재하고, 그 사실을 주주에게 통지하여야 한다. 이 경우 회사는 그 주권을 발행할 수 없다.
③ 제1항의 경우 이미 발행된 주권이 있는 때에는 이를 회사에 제출하여야 하며, 회사는 제출된 주권을 무효로 하거나 명의개서대리인에게 임치하여야 한다.
④ 제1항 내지 제3항의 규정에 불구하고 주주는 언제든지 회사에 대하여 주권의 발행 또는 반환을 청구할 수 있다.

0187 | 2023 |

회사는 적법한 주권의 불소지 신고가 있는 때에는 지체없이 주권을 발행하지 아니한다는 뜻을 주주명부와 그 복본에 기재하여야 한다. ( )

명의개서대리인이 있는 경우에는 복본에도 기재해야 한다.

제358조의2(주권의 불소지) ① 주주는 정관에 다른 정함이 있는 경우를 제외하고는 그 주식에 대하여 주권의 소지를 하지 아니하겠다는 뜻을 회사에 신고할 수 있다.
② 제1항의 신고가 있는 때에는 회사는 지체없이 주권을 발행하지 아니한다는 뜻을 주주명부와 그 복본에 기재하고, 그 사실을 주주에게 통지하여야 한다. 이 경우 회사는 그 주권을 발행할 수 없다.

5. 주주명부와 명의개서

0188 | 2022 |
주식을 취득한 자는 특별한 사정이 없는 한 점유하고 있는 주권의 제시 등의 방법으로 자신이 주식을 취득한 사실을 증명함으로써 회사에 대하여 단독으로 그 명의개서를 청구할 수 있다. (   )

> 주권이 발행되어 있는 경우라면 양수인은 회사에 주권을 제시하면서 명의개서를 청구하면 된다. 주권의 점유자는 적법한 소지인으로 추정되기 때문이다.
>
> [대법원 2019. 5. 16., 선고, 2016다240338, 판결]
> 주식을 취득한 자는 특별한 사정이 없는 한 점유하고 있는 주권의 제시 등의 방법으로 자신이 주식을 취득한 사실을 증명함으로써 회사에 대하여 단독으로 그 명의개서를 청구할 수 있다.

0189 | 2007, 2022 |
주권의 점유자가 명의개서를 청구한 경우에 회사는 그 점유자의 형식적 자격만을 심사할 의무가 있다. (   )

> 주권의 점유자는 적법한 소지인으로 추정되기 때문이다.
>
> **제336조(주식의 양도방법)** ① 주식의 양도에 있어서는 주권을 교부하여야 한다.
> ② 주권의 점유자는 이를 적법한 소지인으로 추정한다.
>
> [대법원 2019. 8. 14., 선고, 2017다231980, 판결]
> 주권의 점유자는 적법한 소지인으로 추정되므로(상법 제336조 제2항), 주권을 점유하는 자는 반증이 없는 한 그 권리자로 인정되고 이를 다투는 자는 반대사실을 입증하여야 한다. 주권이 발행되어 있는 주식을 양도할 때에는 주권을 교부하여야 하고(상법 제336조 제1항), 주권이 발행되어 있는 주식을 양수한 자는 주권을 제시하여 양수사실을 증명함으로써 회사에 대해 단독으로 명의개서를 청구할 수 있다. 이때 회사는 청구자가 진정한 주권을 점유하고 있는가에 대한 형식적 자격만을 심사하면 족하고, 나아가 청구자가 진정한 주주인가에 대한 실질적 자격까지 심사할 의무는 없다. 따라서 주권이 발행되어 있는 주식을 취득한 자가 주권을 제시하는 등 그 취득사실을 증명하는 방법으로 명의개서를 신청하고, 그 신청에 관하여 주주명부를 작성할 권한 있는 자가 형식적 심사의무를 다하였으며, 그에 따라 명의개서가 이루어졌다면, 특별한 사정이 없는 한 그 명의개서는 적법한 것으로 보아야 한다.

0190 | 2021 |
주권이 발행된 경우 회사는 정관이 정하는 바에 의하여 명의개서대리인을 둘 수 있다. (   )

> 이 경우 회사의 주주명부는 복본(원본이 여러개)이 존재하게 된다.
>
> **제337조(주식의 이전의 대항요건)** ② 회사는 정관이 정하는 바에 의하여 명의개서대리인을 둘 수 있다. 이 경우 명의개서대리인이 취득자의 성명과 주소를 주주명부의 복본에 기재한 때에는 제1항의 명의개서가 있는 것으로 본다.

0191 | 2007 |

명의개서대리인이 취득자의 성명과 주소를 주주명부의 복본에 기재한 때에는 주주명부에 명의개서가 있는 것으로 본다. ( )

> 명의개서대리인이 취득자의 성명과 주소를 주주명부의 복본에 기재하면 명의개서와 동일한 효력이 인정된다.
>
> **제337조(주식의 이전의 대항요건)** ②회사는 정관이 정하는 바에 의하여 명의개서대리인을 둘 수 있다. 이 경우 명의개서대리인이 취득자의 성명과 주소를 주주명부의 복본에 기재한 때에는 제1항의 명의개서가 있는 것으로 본다.

0192 | 2010 |

주식양도계약이 해제된 경우 양도인은 주주명부상 주주명의를 자신의 명의로 복구하지 않아도 회사에 대하여 주주로서 대항할 수 있다. ( )

> 주주명부에 명의개서를 하지 않는 한 회사에 대항하지 못한다.
>
> **[대법원 2002.12.24, 선고, 2000다69927, 판결]**
> 기명주식이 양도된 후 주식회사의 주주명부상 양수인 명의로 명의개서가 이미 이루어졌다면, 그 후 그 주식양도약정이 해제되거나 취소되었다 하더라도 주주명부상의 주주 명의를 원래의 양도인 명의로 복구하지 않는 한 양도인은 주식회사에 대한 관계에 있어서는 주주총회에서 의결권을 행사하기 위하여 주주로서 대항할 수 없다.

0193 | 2010, 2019 |

회사는 주주명부상 주주 외에 실제 주식을 인수한 자가 따로 존재하는 사실을 안 경우 주주명부상 주주의 주주권 행사를 부인할 수 있다. ( )

> **[대법원 2017. 3. 23., 선고, 2015다248342, 전원합의체 판결]**
> 특별한 사정이 없는 한, 주주명부에 적법하게 주주로 기재되어 있는 자는 회사에 대한 관계에서 주식에 관한 의결권 등 주주권을 행사할 수 있고, 회사 역시 주주명부상 주주 외에 실제 주식을 인수하거나 양수하고자 하였던 자가 따로 존재한다는 사실을 알았든 몰랐든 간에 주주명부상 주주의 주주권 행사를 부인할 수 없으며, 주주명부에 기재를 마치지 아니한 자의 주주권 행사를 인정할 수도 없다.

0194 | 2019, 2023 |

회사는 특별한 사정이 없는 한 주주명부에 기재를 마치지 아니한 자의 주주권 행사를 인정할 수 없다. ( )

> **[대법원 2017. 3. 23., 선고, 2015다248342, 전원합의체 판결]**
> 특별한 사정이 없는 한, 주주명부에 적법하게 주주로 기재되어 있는 자는 회사에 대한 관계에서 주식에 관한 의결권 등 주주권을 행사할 수 있고, 회사 역시 주주명부상 주주 외에 실제 주식을 인수하거나 양수하고자 하였던 자가 따로 존재한다는 사실을 알았든 몰랐든 간에 주주명부상 주주의 주주권 행사를 부인할 수 없으며, 주주명부에 기재를 마치지 아니한 자의 주주권 행사를 인정할 수도 없다.

답 0191 ○ 0192 × 0193 × 0194 ○

0195 | 2010 |
주주명부상 명의주주라도 회사에 대하여 주권을 제시하여야 적법한 주주로서의 권리를 행사할 수 있다. (   )

> 주권 없이 주주명부의 기재로 권리를 행사한다.

0196 | 2019 |
주주명부상의 주주는 실질적 권리를 증명하지 않아도 주주권을 행사할 수 있지만 주주명부의 기재에 창설적 효력이 인정되는 것은 아니다. (   )

> 주주명부의 명의개서는 회사에 대한 대항요건인 것이고 주주로서의 권리를 창설하는 효력이 인정되는 것은 아니다. 주식양수도시 주주로서의 권리를 취득하는 시점은 주권을 교부받은 때이다.

0197 | 2019 |
회사는 배당을 받을 자를 정하기 위하여 3개월 이내의 일정한 기간을 정하여 주주명부의 기재변경을 정지할 수 있다. (   )

> 배당을 받을 자를 정하기 위하여 3개월의 범위 내에서 주주명부를 폐쇄할 수 있다.
>
> **제354조(주주명부의 폐쇄, 기준일)** ① 회사는 의결권을 행사하거나 배당을 받을 자 기타 주주 또는 질권자로서 권리를 행사할 자를 정하기 위하여 일정한 기간을 정하여 주주명부의 기재변경을 정지하거나 일정한 날에 주주명부에 기재된 주주 또는 질권자를 그 권리를 행사할 주주 또는 질권자로 볼 수 있다.
> ② 제1항의 기간은 3월을 초과하지 못한다.

0198 | 2019, 2023 |
회사가 정관으로 주주명부의 폐쇄기간을 정한 때에는 그 기간의 2주간 전에 이를 공고하여야 한다. (   )

> 정관으로 그 기간을 정한 경우에는 공고를 하지 않아도 된다.
>
> **제354조(주주명부의 폐쇄, 기준일)** ① 회사는 의결권을 행사하거나 배당을 받을 자 기타 주주 또는 질권자로서 권리를 행사할 자를 정하기 위하여 일정한 기간을 정하여 주주명부의 기재변경을 정지하거나 일정한 날에 주주명부에 기재된 주주 또는 질권자를 그 권리를 행사할 주주 또는 질권자로 볼 수 있다.
> ④ 회사가 제1항의 기간 또는 날을 정한 때에는 그 기간 또는 날의 2주간전에 이를 공고하여야 한다. 그러나 정관으로 그 기간 또는 날을 지정한 때에는 그러하지 아니하다.

0199 | 2010 |
주주명부의 폐쇄기간이 3월을 초과하는 경우 그 폐쇄기간은 거래안전을 위하여 언제나 전부 무효이다. (   )

> 전부무효가 아니라 3월을 초과하는 부분만 무효이다.
>
> **제354조(주주명부의 폐쇄, 기준일)** ① 회사는 의결권을 행사하거나 배당을 받을 자 기타 주주 또는 질권자로서 권리를 행사할 자를 정하기 위하여 일정한 기간을 정하여 주주명부의 기재변경을 정지하거나 일정한 날에 주주명부에 기재된 주주 또는 질권자를 그 권리를 행사할 주주 또는 질권자로 볼 수 있다.

0195 × | 0196 ○ | 0197 ○ | 0198 × | 0199 ×

② 제1항의 기간은 3월을 초과하지 못한다.
③ 제1항의 날은 주주 또는 질권자로서 권리를 행사할 날에 앞선 3월내의 날로 정하여야 한다.
④ 회사가 제1항의 기간 또는 날을 정한 때에는 그 기간 또는 날의 2주간전에 이를 공고하여야 한다. 그러나 정관으로 그 기간 또는 날을 지정한 때에는 그러하지 아니하다.

0200 |2022|

회사는 의결권을 행사할 자를 정하기 위하여 주주로서 권리를 행사할 날에 앞선 3월 내의 일정한 날에 주주명부에 기재된 주주를 그 권리를 행사할 주주로 볼 수 있다. ( )

주주명부 기준일에 대한 설명이다.

제354조(주주명부의 폐쇄, 기준일) ① 회사는 의결권을 행사하거나 배당을 받을 자 기타 주주 또는 질권자로서 권리를 행사할 자를 정하기 위하여 일정한 기간을 정하여 주주명부의 기재변경을 정지하거나 일정한 날에 주주명부에 기재된 주주 또는 질권자를 그 권리를 행사할 주주 또는 질권자로 볼 수 있다.
② 제1항의 기간은 3월을 초과하지 못한다.
③ 제1항의 날은 주주 또는 질권자로서 권리를 행사할 날에 앞선 3월내의 날로 정하여야 한다.
④ 회사가 제1항의 기간 또는 날을 정한 때에는 그 기간 또는 날의 2주간전에 이를 공고하여야 한다. 그러나 정관으로 그 기간 또는 날을 지정한 때에는 그러하지 아니하다.

0201 |2012, 2019, 2022|

회사는 정관이 정하는 바에 따라 전자문서로 주주명부를 작성하는 경우 전자주주명부에는 서면주주명부와 달리 주주의 주소 외에 전자우편주소를 기재하여야 한다. ( )

인스타그램 주소나 카카오톡 아이디는 안 적어도 된다.

제352조의2(전자주주명부) ① 회사는 정관으로 정하는 바에 따라 전자문서로 주주명부(이하 "전자주주명부"라 한다)를 작성할 수 있다.
② 전자주주명부에는 제352조제1항의 기재사항 외에 전자우편주소를 적어야 한다.
③ 전자주주명부의 비치·공시 및 열람의 방법에 관하여 필요한 사항은 대통령령으로 정한다.

제352조(주주명부의 기재사항) ① 주식을 발행한 때에는 주주명부에 다음의 사항을 기재하여야 한다.
1. 주주의 성명과 주소
2. 각 주주가 가진 주식의 종류와 그 수
2의2. 각 주주가 가진 주식의 주권을 발행한 때에는 그 주권의 번호
3. 각 주식의 취득년월일

0202 |2012|

회사가 전자주주명부를 작성하고 그 내용을 주주 또는 채권자가 서면으로 인쇄할 수 있는 상태에 두면 상법상 주주명부의 비치의무를 다한 것으로 본다. ( )

제352조의2(전자주주명부) ① 회사는 정관으로 정하는 바에 따라 전자문서로 주주명부(이하 "전자주주명부"라 한다)를 작성할 수 있다.

② 전자주주명부에는 제352조제1항의 기재사항 외에 전자우편주소를 적어야 한다.
③ 전자주주명부의 비치·공시 및 열람의 방법에 관하여 필요한 사항은 대통령령으로 정한다.

■ 상법시행령

제11조(전자주주명부) ① 법 제352조의2에 따라 회사가 전자주주명부를 작성하는 경우에 회사의 본점 또는 명의개서대리인의 영업소에서 전자주주명부의 내용을 서면으로 인쇄할 수 있으면 법 제396조제1항에 따라 주주명부를 갖추어 둔 것으로 본다.

0203 | 2019 |

판례에 의하면 주주가 주주명부의 열람·등사청구를 한 경우 회사는 그 청구에 정당한 목적이 없다는 점을 증명하여 이를 거절할 수 있다. ( )

정당한 목적이 없다는 점에 대한 증명책임은 회사가 부담한다.

[대법원 2017. 11. 9., 선고, 2015다235841, 판결]
주주 또는 회사채권자가 상법 제396조 제2항에 의하여 주주명부 등의 열람·등사청구를 한 경우 회사는 그 청구에 정당한 목적이 없는 등의 특별한 사정이 없는 한 이를 거절할 수 없고, 이 경우 정당한 목적이 없다는 점에 관한 증명책임은 회사가 부담한다. 이러한 법리는 상법 제396조 제2항을 유추적용하여 실질주주명부의 열람·등사청구권을 인정하는 경우에도 동일하게 적용된다.

0204 | 2011, 2019 |

주주 또는 질권자에 대한 회사의 통지 또는 최고는 주주명부에 기재한 주소 또는 그 자로부터 회사에 통지한 주소로 하면 된다. ( )

주주명부의 면책력을 말한다.

제353조(주주명부의 효력) ① 주주 또는 질권자에 대한 회사의 통지 또는 최고는 주주명부에 기재한 주소 또는 그 자로부터 회사에 통지한 주소로 하면 된다.

6. 주식의 양도

01 | 양도의 자유와 제한

0205 | 2008, 2023 |

정관의 규정에 의하여 예외적으로 주식의 양도를 제한하거나 금지할 수 있다. ( )

이사회의 승인을 얻도록 「제한」하는 것으로 가능하지만 양도 자체의 「금지」는 허용되지 않는다.

제335조(주식의 양도성) ① 주식은 타인에게 양도할 수 있다. 다만, 회사는 정관으로 정하는 바에 따라 그 발행하는 주식의 양도에 관하여 이사회의 승인을 받도록 할 수 있다.

0206 |2011|

판례에 의하면 주주간에 일정기간 주식의 양도를 일체 금지하는 양도제한약정을 한 경우 이에 위반한 주식양도는 효력이 없다. ( )

주식의 양도를 전면적으로 「금지」할 수는 없지만 「제한」하는 것은 가능하다. (ⅰ) 상법상으로는 정관으로 규정을 두어 주식양도에 대해 이사회의 승인을 얻도록 하는 내용을 규정하고 있다. (ⅱ) 최근 대법원은 정관규정 이외에도, 주주간 약정을 통해 다른 주주 전원의 동의를 얻어야 주식양도가 가능하도록 한 경우에도 그러한 약정은 당사자 간에 유효하다고 판시하였다.

[대법원 2000.9.26. 선고, 99다48429, 판결]
회사와 주주들 사이에서, 혹은 주주들 사이에서 회사의 설립일로부터 5년 동안 주식의 전부 또는 일부를 다른 당사자 또는 제3자에게 매각·양도할 수 없다는 내용의 약정을 한 경우, 그 약정은 주식양도에 이사회의 승인을 얻도록 하는 등 그 양도를 제한하는 것이 아니라 설립 후 5년간 일체 주식의 양도를 금지하는 내용으로 이를 정관으로 규정하였다고 하더라도 주주의 투하자본회수의 가능성을 전면적으로 부정하는 것으로서 무효라는 이유로 정관으로 규정하여도 무효가 되는 내용을 나아가 회사와 주주들 사이에서, 혹은 주주들 사이에서 약정하였다고 하더라도 이 또한 무효라고 한 사례.

[대법원 2022. 3. 31, 2019다274639 판결]
주식의 양도를 제한하는 방법으로 이사회 승인을 받도록 정관에 정할 수 있다는 상법 제335조 제1항 단서의 취지에 비추어 볼 때, 주주 사이에서 주식의 양도를 일부 제한하는 약정을 한 경우, 그 약정은 주주의 투하자본회수 가능성을 전면적으로 부정하는 것이 아니고, 선량한 풍속 그 밖의 사회질서에 반하지 않는다면 당사자 사이에서는 원칙적으로 유효하다.

0207 |2022|

비상장회사는 정관이 정하는 바에 따라 그 발행하는 주식의 양도에 관하여 이사회의 승인을 받도록 할 수 있다. ( )

(ⅰ) 비상장회사의 경우 주식양도에 관하여 이사회의 승인을 얻도록 "제한"할 수 있다. (ⅱ) 반면에 상장회사의 경우에는 거래소에서의 자유로운 주식양도를 전제로 하는 것이므로, 주식양도를 제한할 수 없고 만약 제한하면 상장폐지사유가 된다.

제335조(주식의 양도성) ① 주식은 타인에게 양도할 수 있다. 다만, 회사는 정관으로 정하는 바에 따라 그 발행하는 주식의 양도에 관하여 이사회의 승인을 받도록 할 수 있다.

0208 |2009|

주식의 양도에 관하여 이사회의 승인을 얻어야 하는 경우에는 주주는 회사에 대하여 양도의 상대방 및 양도하고자 하는 주식의 종류와 수를 기재한 서면으로 양도의 승인을 청구할 수 있다. ( )

제335조의2(양도승인의 청구) ① 주식의 양도에 관하여 이사회의 승인을 얻어야 하는 경우에는 주식을 양도하고자 하는 주주는 회사에 대하여 양도의 상대방 및 양도하고자 하는 주식의 종류와 수를 기재한 서면으로 양도의 승인을 청구할 수 있다.

0206 × 0207 ○ 0208 ○

0209 |2020|

주식양도시 이사회의 승인을 얻도록 규정된 정관에도 불구하고 이사회의 승인 없이 주식을 양도한 경우, 이는 회사에 대하여 효력이 없으므로 그 주식의 양수인은 회사에 대하여 주식양도의 승인을 청구할 수 없다. ( )

> 주식의 양수인에 의한 승인청구도 가능하다.
>
> **제335조의7(주식의 양수인에 의한 승인청구)** ① 주식의 양도에 관하여 이사회의 승인을 얻어야 하는 경우에 주식을 취득한 자는 회사에 대하여 그 주식의 종류와 수를 기재한 서면으로 그 취득의 승인을 청구할 수 있다.
> ② 제335조의2제2항 내지 제4항, 제335조의3 내지 제335조의6의 규정은 제1항의 경우에 이를 준용한다.

0210 |2009|

주주의 지정청구에 따라 회사가 양도상대방을 지정한 경우 양도상대방으로 지정된 매수인은 그 주식을 매수할 의무가 있다. ( )

> 양도상대방으로 지정된 자에게 주식을 매수할 의무가 있는 것은 아니고, 지정통지를 받은 날부터 10일 내에 지정청구를 한 주주에게 그 주식을 자신에게 매도할 것을 청구할 수 있다.
>
> **제335조의4(지정된 자의 매도청구권)** ① 제335조의3제1항의 규정에 의하여 상대방으로 지정된 자는 지정통지를 받은 날부터 10일 이내에 지정청구를 한 주주에 대하여 서면으로 그 주식을 자기에게 매도할 것을 청구할 수 있다.

0211 |2009|

회사로부터 양도승인거부의 통지를 받은 주주는 통지를 받은 날로부터 20일 내에 회사에 대하여 양도 상대방의 지정 또는 그 주식의 매수를 청구할 수 있다. ( )

> **제335조의2(양도승인의 청구)** ④ 제2항의 양도승인거부의 통지를 받은 주주는 통지를 받은 날부터 20일내에 회사에 대하여 양도의 상대방의 지정 또는 그 주식의 매수를 청구할 수 있다.

0212 |2009|

회사가 주주의 양도승인청구에 대해 1월 이내에 서면으로 승인거부의 통지를 하지 아니하면 주식양도에 관한 이사회의 승인이 있는 것으로 본다. ( )

> **제335조의2(양도승인의 청구)** ① 주식의 양도에 관하여 이사회의 승인을 얻어야 하는 경우에는 주식을 양도하고자 하는 주주는 회사에 대하여 양도의 상대방 및 양도하고자 하는 주식의 종류와 수를 기재한 서면으로 양도의 승인을 청구할 수 있다.
> ② 회사는 제1항의 청구가 있는 날부터 1월 이내에 주주에게 그 승인여부를 서면으로 통지하여야 한다.
> ③ 회사가 제2항의 기간내에 주주에게 거부의 통지를 하지 아니한 때에는 주식의 양도에 관하여 이사회의 승인이 있는 것으로 본다.
> ④ 제2항의 양도승인거부의 통지를 받은 주주는 통지를 받은 날부터 20일내에 회사에 대하여 양도의 상대방의 지정 또는 그 주식의 매수를 청구할 수 있다.

답 0209 × 0210 × 0211 ○ 0212 ○

0213 | 2010, 2021 |
주권발행 후에는 양도의 합의와 주권의 교부만으로 주식을 양도할 수 있다. ( )

주식의 양도는 「양도의 합의」와 「주권의 교부」로 이루어진다.

제336조(주식의 양도방법) ① 주식의 양도에 있어서는 주권을 교부하여야 한다.
② 주권의 점유자는 이를 적법한 소지인으로 추정한다.

0214 | 2010 |
판례에 의하면, 주식의 양도계약이 해제된 경우에는 주권의 반환이 없더라도 주식양수인은 주주의 지위를 상실한다. ( )

주식양도양수계약이 적법하게 해제되었다면 주권의 반환 여부를 불문하고 주식양수인은 주식회사의 주주로서의 지위를 상실한다.

[대법원 1994.6.28. 선고, 93다44906, 판결]
주식양도양수계약이 적법하게 해제되었다면 종전의 주식양수인은 주식회사의 주주로서의 지위를 상실하였으므로, 주식회사의 주권을 점유하고 있다고 하더라도, 주주로서의 권리를 행사할 수 있는 것은 아니다.

0215 | 2010, 2011 |
주권의 교부는 현실의 인도뿐만 아니라 간이인도, 점유개정, 목적물반환청구권의 양도로도 가능하다. ( )

주권의 교부는 민법상의 교부방법(현실의 인도, 간이인도, 점유개정, 목적물반환청구권의 양도)이 모두 인정된다.

[대법원 2000.9.8. 선고, 99다58471, 판결]
주권의 점유를 취득하는 방법에는 현실의 인도(교부) 외에 간이인도, 반환청구권의 양도가 있으며, 양도인이 소유자로부터 보관을 위탁받은 주권을 제3자에게 보관시킨 경우에 반환청구권의 양도에 의하여 주권의 선의취득에 필요한 요건인 주권의 점유를 취득하였다고 하려면, 양도인이 그 제3자에 대한 반환청구권을 양수인에게 양도하고 지명채권 양도의 대항요건을 갖추어야 한다.

0216 | 2008, 2009, 2011, 2017 |
정관에서 주식의 양도에 대하여 이사회의 승인을 얻도록 정한 경우 이를 위반한 주식의 양도는 양도당사자 간에 효력이 없다. ( )

양도당사자 간에 채권적 효력은 있고, 회사에 대하여 효력이 없다. 상법 제335조 제2항은 이사회의 승인을 얻지 않은 주식양도가 당사자 간에는 효력이 있음을 전제로 한 규정이다.

제335조(주식의 양도성) ② 제1항 단서의 규정에 위반하여 이사회의 승인을 얻지 아니한 주식의 양도는 회사에 대하여 효력이 없다.

답 0213 ○ 0214 ○ 0215 ○ 0216 ×

02 | 주권발행 전 양도

0217 | 2008, 2010, 2011, 2023 |
판례에 의하면, 회사가 권리주의 양도를 승인하는 경우에 그 양도는 회사에 대하여 효력이 있다. (   )

> 권리주의 양도는 회사가 승인해도 효력이 없다.
>
> [대법원 19.65.12.7. 선고, 65다2069, 판결]
> 회사와 주주 또는 신주인수인과의 사이에서 회사가 장차 발행할 주권의 교부에 관하여 미리 주권보관증을 발행하여 이를 소지하는 사람의 청구에 따라 그 증서와 상환으로서만 교부하기로 하는 특약이 있는 주주 또는 신주인수인이나 그들의 청구권을 압류한 채권자라 할지라도 그 증서와의 상환없이는 회사에 대하여 주권의 교부를 그 증서의 적법한 소지인에게 대항할 수 없다.

0218 | 2011, 2019, 2021 |
판례에 의하면 주권발행 전의 주식양도가 회사성립 후 6개월이 경과한 후에 이루어진 때에는 그 주식양수인은 주식의 양수사실을 증명하여 회사에 명의개서를 청구할 수 있다. (   )

> 이 경우 양수인이 스스로 양도사실을 증명하는 경우에는 양도인의 협력을 받을 필요없이 단독으로 명의개서를 청구할 수 있다. 주식 양도인은 양수인이 명의개서를 청구하는데 필요한 협력의무를 부담할 뿐이다.
>
> [대법원 1992.10.27. 선고, 92다16386, 판결]
> 주권발행 전에 한 주식의 양도도 회사성립 후 또는 신주의 납입기일 후 6월이 경과한 때에는 회사에 대하여 효력이 있는 것으로서, 이 경우 주식의 양도는 지명채권의 양도에 관한 일반원칙에 따라 당사자의 의사표시만으로 효력이 발생하는 것이고, 상법 제337조 제1항에 규정된 주주명부상의 명의개서는 주식의 양수인이 회사에 대한 관계에서 주주의 권리를 행사하기 위한 대항요건에 지나지 않는 것이므로, 회사성립 후 또는 신주의 납입기일 후 6월이 경과하도록 회사가 주권을 발행하지 아니한 경우에 당사자간의 의사표시만으로 주식을 양수한 사람은 특별한 사정이 없는 한 양도인의 협력을 받을 필요 없이 단독으로 자신이 주식을 양수한 사실을 증명함으로써 회사에 대하여 그 명의개서를 청구할 수 있다.

0219 | 2019 |
주식양도인은 특별한 사정이 없는 한 회사에 대하여 주식 양수인 명의로 명의개서를 하여 달라고 청구할 권리가 없다. (   )

> 주식의 양도인은 회사에 대해서 양수인으로의 명의개서를 요구할 수 없다.
>
> [대법원 2010.10.14. 선고, 2009다89665, 판결]
> 명의개서청구권은 기명주식을 취득한 자가 회사에 대하여 주주권에 기하여 그 기명주식에 관한 자신의 성명, 주소 등을 주주명부에 기재하여 줄 것을 청구하는 권리로서 기명주식을 취득한 자만이 그 기명주식에 관한 명의개서청구권을 행사할 수 있다. 또한 기명주식의 취득자는 원칙적으로 취득한 기명주식에 관하여 명의개서를 할 것인지 아니면 명의개서 없이 이를 타인에게 처분할 것인지 등에 관하여 자유로이 결정할 권리가 있으므로, 주식 양도인은 다른 특별한 사정이 없는 한 회사에 대하여 주식 양수인 명의로 명의개서를 하여 달라고 청구할 권리가 없다. 이러한 법리는 주권이 발행되어 주권의 인도에 의하여 기명주식이 양도되는 경우뿐만 아니라, 회사 성립 후 6월이 경과하도록 주권이 발행되지 아니하여 양도인과 양수인 사이의 의사표시에 의하여 기명주식이 양도되는 경우에도 동일하게 적용된다.

0217 × 0218 ○ 0219 ○

0220 | 2017 |

주권발행 전의 주식의 양도인이 회사에 대하여 양수인으로의 명의개서를 요구하였으나 아직 양수인 앞으로 명의개서가 이루어지지 않은 경우 그 주식양수인은 주주총회에서 의결권을 행사할 수 있다. ( )

> 주식의 양도인은 회사에 대해서 양수인으로의 명의개서를 요구할 수 없다. 따라서 이러한 경우에 회사가 양수인 앞으로 명의개서를 하지 않더라도 명의개서의 「정당거절」이므로 주식양수인은 주주로서의 권리를 행사하지 못한다.
>
> **[대법원 2010.10.14. 선고, 2009다89665, 판결]**
> 명의개서청구권은 기명주식을 취득한 자가 회사에 대하여 주주권에 기하여 그 기명주식에 관한 자신의 성명, 주소 등을 주주명부에 기재하여 줄 것을 청구하는 권리로서 기명주식을 취득한 자만이 그 기명주식에 관한 명의개서청구권을 행사할 수 있다. 또한 기명주식의 취득자는 원칙적으로 취득한 기명주식에 관하여 명의개서를 할 것인지 아니면 명의개서 없이 이를 타인에게 처분할 것인지 등에 관하여 자유로이 결정할 권리가 있으므로, 주식 양도인은 다른 특별한 사정이 없는 한 회사에 대하여 주식 양수인 명의로 명의개서를 하여 달라고 청구할 권리가 없다. 이러한 법리는 주권이 발행되어 주권의 인도에 의하여 기명주식이 양도되는 경우뿐만 아니라, 회사 성립 후 6월이 경과하도록 주권이 발행되지 아니하여 양도인과 양수인 사이의 의사표시에 의하여 기명주식이 양도되는 경우에도 동일하게 적용된다.

0221 | 2017, 2019 |

주식양수인이 회사에 명의개서를 청구하였으나 회사의 대표이사가 정당한 사유 없이 명의개서를 거절하여 아직 명의개서가 이루어지지 않은 경우 그 주식양수인은 주주총회에서 의결권을 행사할 수 있다. ( )

> 명의개서가 「부당거절」된 경우 양수인은 바로 회사에 대하여 주주권을 행사할 수 있다.
>
> **[대법원 1993.7.13. 선고, 92다40952, 판결]**
> 주식을 양도받은 주식양수인들이 명의개서를 청구하였는데도 위 주식양도에 입회하여 그 양도를 승낙하였고 더구나 그 후 주식양수인들의 주주로서의 지위를 인정한 바 있는 회사의 대표이사가 정당한 사유 없이 그 명의개서를 거절한 것이라면 회사는 그 명의개서가 없음을 이유로 그 양도의 효력과 주식양수인의 주주로서의 지위를 부인할 수 없다.

0222 | 2007, 2008, 2010, 2017, 2019, 2023 |

회사의 설립 후 또는 신주의 납입기일 후 6월이 경과하도록 주권을 발행하지 아니하여 의사표시만으로 주식을 양도한 경우 그 양도는 회사에 대하여 효력이 없다. ( )

> 회사의 설립 후 또는 신주의 납입기일 후 6월이 경과한 경우에는 주권의 교부 없이 민법상 지명채권양도방식으로 주식의 양도가 가능하다. 이러한 양도는 적법한 것이므로 회사는 명의개서청구를 거절하지 못한다.
>
> **제335조(주식의 양도성)** ③ 주권발행전에 한 주식의 양도는 회사에 대하여 효력이 없다. 그러나 회사성립후 또는 신주의 납입기일후 6월이 경과한 때에는 그러하지 아니하다.
>
> **[대법원 2006.09.14. 선고, 2005다45537, 판결]**
> 주권발행 전 주식의 양도는 당사자의 의사표시만으로 효력이 발생하고, 주권발행 전 주식을 양수한 사람은 특별한 사정이 없는 한 양도인의 협력을 받을 필요 없이 단독으로 자신이 주식을 양수한 사실을 증명함으로써 회사에 대하여 그 명의개서를 청구할 수 있지만, 회사 이외의 제3자에 대하여 양도 사실을 대항하기 위하여는 지명채권의 양도에 준하여 확정일자 있는 증서에 의한 양도통지 또는 승낙을 갖추어야 한다는 점을 고려할 때, 양도인은 회사에 그와

같은 양도통지를 함으로써 양수인으로 하여금 제3자에 대한 대항요건을 갖출 수 있도록 해 줄 의무를 부담한다. 따라서 양도인이 그러한 채권양도의 통지를 하기 전에 제3자에게 이중으로 양도하고 회사에게 확정일자 있는 양도통지를 하는 등 대항요건을 갖추어 줌으로써 양수인이 그 제3자에게 대항할 수 없게 되었고, 이러한 양도인의 배임행위에 제3자가 적극 가담한 경우라면, 제3자에 대한 양도행위는 사회질서에 반하는 법률행위로서 무효이다.

0223 | 2021, 2023 |

만약 주권발행 전에 한 주식양도가 회사성립 후 6월이 경과하기 전에 이루어졌다고 하더라도 그 회사성립 후 6월이 경과하고 그 때까지 회사가 주권을 발행하지 않았다면, 그 하자는 치유되어 회사에 대하여도 유효한 주식양도가 된다. ( )

6월이 경과하도록 회사가 주권을 발행하지 않은 이상, 6월 전 양도의 하자는 치유된다.

[대법원 2002. 3. 15., 선고, 2000두1850, 판결]
상법 제335조 제3항은 "주권발행 전에 한 주식의 양도는 회사에 대하여 효력이 없다. 그러나 회사성립 후 또는 신주의 납입기일 후 6월이 경과한 때에는 그러하지 아니하다."라고 규정하고 있는바, 주권발행 전의 주식의 양도는 지명채권의 양도에 관한 일반원칙에 따라 당사자의 의사표시만으로 효력이 발생하는 것이고, 한편 주권발행 전에 한 주식의 양도가 회사성립 후 또는 신주의 납입기일 후 6월이 경과하기 전에 이루어졌다고 하더라도 그 이후 6월이 경과하고 그 때까지 회사가 주권을 발행하지 않았다면, 그 하자는 치유되어 회사에 대하여도 유효한 주식양도가 된다고 봄이 상당하다.

0224 | 2021 |

상법상 회사성립 후 6월이 경과한 이후의 주권발행 전 회사 이외의 제3자에 대하여 주식의 양도 사실을 대항하기 위하여는 지명채권의 양도에 준하여 확정일자 있는 증서에 의한 양도통지 또는 승낙을 갖추어야 한다. ( )

지명채권양도의 대항요건에 관한 민법규정이 적용된다.

■ 민법
제450조(지명채권양도의 대항요건) ① 지명채권의 양도는 양도인이 채무자에게 통지하거나 채무자가 승낙하지 아니하면 채무자 기타 제삼자에게 대항하지 못한다.
② 전항의 통지나 승낙은 확정일자있는 증서에 의하지 아니하면 채무자 이외의 제삼자에게 대항하지 못한다.

0225 | 2019 |

甲주식회사는 2018년 5월 10일 설립되었는데 2019년 2월 24일 현재까지 주권을 발행하지 않고 있는 상태에서 甲회사의 주주가 그 주식을 양도하고자 한다. 甲회사의 주식에 대한 양도통지가 확정일자 없는 증서에 의하여 이루어졌더라도 나중에 그 증서에 확정일자를 얻은 경우에는 원래의 양도통지일에 소급하여 제3자에 대한 대항력을 취득한다. ( )

원래의 양도통지일에 소급하는 것이 아니라 확정일자일에 대항력이 발생한다.

답 0223 ○ 0224 ○ 0225 ×

0226 | 2019, 2021 |

상법상 회사성립 후 6월이 경과한 이후의 주권발행 전 주식의 이중양도가 문제되는 경우, 이중양수인 상호간의 우열은 지명채권 이중양도의 경우에 준하여 확정일자 있는 양도통지가 회사에 도달한 일시 또는 확정일자 있는 승낙의 일시의 선후에 의하여 결정하는 것이 원칙이다. ( )

> 민법 제450조의 취지에 비추어볼 때, (ⅰ) 확정일자 있는 통지와 확정일자 없는 통지 간에는 일자의 선후를 불문하고 확정일자 있는 통지가 우선한다(제1항). (ⅱ) 확정일자 있는 통지 간에는 일자의 선후에 의한다(제2항). (ⅲ) 확정일자 없는 통지 간에는 먼저 명의개서한 자가 우선한다.

03 | 자기주식의 취득

0227 | 2010 |

판례에 의하면, 회사가 대여금회수의사 없이 제3자에게 금전을 대여하여 자기주식을 취득시키는 경우는 자기주식취득제한 규정에 저촉되지 아니한다. ( )

> 이 경우에는 회사의 계산으로 취득한 경우이므로 「위법한」 자기주식의 취득에 해당한다.
>
> [대법원 2003.5.16, 선고, 2001다44109, 판결]
> 주식회사의 자본충실의 원칙상 주식의 인수대금은 그 전액을 현실적으로 납입하여야 하고 그 납입에 관하여 상계로써 회사에 대항하지 못하는 것이므로 회사가 제3자에게 주식인수대금 상당의 대여를 하고 제3자는 그 대여금으로 주식인수대금을 납입한 경우에, 회사가 처음부터 제3자에 대하여 대여금 채권을 행사하지 아니하기로 약정되어 있는 등으로 대여금을 실질적으로 회수할 의사가 없었고 제3자도 그러한 회사의 의사를 전제로 하여 주식인수청약을 한 때에는, 그 제3자가 인수한 주식의 액면금액에 상당하는 회사의 자본이 증가되었다고 할 수 없으므로 위와 같은 주식인수대금의 납입은 단순히 납입을 가장한 것에 지나지 아니하여 무효이다.

0228 | 2010 |

전환사채는 전환청구권의 행사에 의해 주식으로의 전환이 가능하므로 회사는 자신이 발행한 전환사채를 취득할 수 없다. ( )

> 전환사채(신주인수권부사채도 마찬가지)는 사채이므로 자기주식 취득제한규정의 적용을 받지 않는다. 다만 회사가 이렇게 취득한 전환사채에 대하여 전환청구권이나 신주인수권까지 행사하게 되면 이는 회사가 자기주식을 인수한 것과 마찬가지이기 때문에, 회사는 자기가 보유한 이러한 사채에 대하여 전환청구권이나 신주인수권을 행사하지 못한다.

0229 | 2010 |

회사가 권리실행으로 회사채무자의 유일한 재산인 자기주식을 대물변제로 받는 경우에도 회사는 자기주식을 취득할 수 있다. ( )

답 0226 ○ 0227 × 0228 × 0229 ○

권리실행의 목적달성을 위하여 필요한 때이므로 취득이 가능하다.

제341조의2(특정목적에 의한 자기주식의 취득) 회사는 다음 각 호의 어느 하나에 해당하는 경우에는 제341조에도 불구하고 자기의 주식을 취득할 수 있다.
1. 회사의 합병 또는 다른 회사의 영업전부의 양수로 인한 경우
2. 회사의 권리를 실행함에 있어 그 목적을 달성하기 위하여 필요한 경우
3. 단주(端株)의 처리를 위하여 필요한 경우
4. 주주가 주식매수청구권을 행사한 경우

0230 | 2023 |

상법상 비상장주식회사의 주식양도에서 회사는 다른 회사의 영업전부의 양수로 인한 경우 자기의 주식을 취득할 수 있다. ( )

특정목적에 의한 자기주식취득은 배당가능이익이 없는 경우에도 가능하다. 「합/영/실/단/청」으로 정리하자.

제341조의2(특정목적에 의한 자기주식의 취득) 회사는 다음 각 호의 어느 하나에 해당하는 경우에는 제341조에도 불구하고 자기의 주식을 취득할 수 있다.
1. 회사의 합병 또는 다른 회사의 영업전부의 양수로 인한 경우
2. 회사의 권리를 실행함에 있어 그 목적을 달성하기 위하여 필요한 경우
3. 단주(端株)의 처리를 위하여 필요한 경우
4. 주주가 주식매수청구권을 행사한 경우

0231 | 2010 |

회사는 중대한 손해를 피하기 위하여 필요한 경우에는 정관의 규정에 따라 배당가능이익의 범위를 넘어서 자기주식을 취득할 수 있다. ( )

특정목적에 따른 자기주식취득이 가능한 경우로 제341조의2에 열거된 경우가 아닌 이상, 배당가능이익의 범위를 초과한 자기주식취득은 허용되지 않는다.

[대법원 2003.5.16. 선고, 2001다44109, 판결]
주식회사가 자기의 계산으로 자기의 주식을 취득하는 것은 회사의 자본적 기초를 위태롭게 하여 회사와 주주 및 채권자의 이익을 해하고 주주평등의 원칙을 해하며 대표이사 등에 의한 불공정한 회사지배를 초래하는 등의 여러 가지 폐해를 생기게 할 우려가 있으므로 상법은 일반 예방적인 목적에서 이를 일률적으로 금지하는 것을 원칙으로 하면서, 예외적으로 자기주식의 취득이 허용되는 경우를 유형적으로 분류하여 명시하고 있으므로 상법 제341조, 제341조의2, 제342조의2 또는 증권거래법 등에서 명시적으로 자기주식의 취득을 허용하는 경우 외에, 회사가 자기주식을 무상으로 취득하는 경우 또는 타인의 계산으로 자기주식을 취득하는 경우 등과 같이, 회사의 자본적 기초를 위태롭게 하거나 주주 등의 이익을 해한다고 할 수 없는 것이 유형적으로 명백한 경우에도 자기주식의 취득이 예외적으로 허용되지만, 그 밖의 경우에 있어서는, 설령 회사 또는 주주나 회사채권자 등에게 생길지도 모르는 중대한 손해를 회피하기 위하여 부득이 한 사정이 있다고 하더라도 자기주식의 취득은 허용되지 아니하는 것이고 위와 같은 금지규정에 위반하여 회사가 자기주식을 취득하는 것은 당연히 무효이다.

0232 | 2010 |

회사가 상환종류주식의 소각을 위하여 자기주식을 취득하는 경우에는 그 회사의 주주 전원에 대하여 균등한 조건이어야 한다. ( )

> 회사가 상환종류주식을 취득하는 것은 해당 주주들로부터 취득하는 것이지, 모든 주주로부터 균등하게 취득하는 것이 아니다. 회사가 상환권을 행사하는 경우에는 상환주주 전원에 대해서 균등한 조건이어야 하고, 주주가 상환청구를 하는 경우에는 상환권을 행사한 주주에 대해서만 상환하면 된다.
>
> **제341조(자기주식의 취득)** ① 회사는 다음의 방법에 따라 자기의 명의와 계산으로 자기의 주식을 취득할 수 있다. 다만, 그 취득가액의 총액은 직전 결산기의 대차대조표상의 순자산액에서 제462조제1항 각 호의 금액을 뺀 금액을 초과하지 못한다.
> 1. 거래소에서 시세(時勢)가 있는 주식의 경우에는 거래소에서 취득하는 방법
> 2. 제345조제1항의 주식의 상환에 관한 종류주식의 경우 외에 각 주주가 가진 주식 수에 따라 균등한 조건으로 취득하는 것으로서 대통령령으로 정하는 방법

0233 | 2016 |

무액면주식을 발행한 회사가 배당가능이익을 재원으로 하여 취득한 자기주식은 자본금 감소 없이 이사회 결의만으로 소각할 수 있다. ( )

> 일반적인 주식소각은 주주총회 특별결의를 필요로 하나, 배당가능이익을 재원으로 하여 취득한 자기주식의 소각은 이익소각에 해당하므로 자본금 감소 절차를 거치지 않고 이사회 결의만으로 가능하다.
>
> **제343조(주식의 소각)** ① 주식은 자본금 감소에 관한 규정에 따라서만 소각(消却)할 수 있다. 다만, 이사회의 결의에 의하여 회사가 보유하는 자기주식을 소각하는 경우에는 그러하지 아니하다.

0234 | 2020 |

주식은 자본금 감소에 관한 규정에 따라서만 소각(消却)할 수 있다. 다만 이사회의 결의에 의하여 회사가 보유하는 자기주식을 소각하는 경우에는 그러하지 아니하다. ( )

> 일반적인 주식소각은 주주총회 특별결의를 필요로 하나, 배당가능이익을 재원으로 하여 취득한 자기주식의 소각은 이익소각에 해당하므로 자본금 감소 절차를 거치지 않고 이사회 결의만으로 가능하다.
>
> **제343조(주식의 소각)** ① 주식은 자본금 감소에 관한 규정에 따라서만 소각(消却)할 수 있다. 다만, 이사회의 결의에 의하여 회사가 보유하는 자기주식을 소각하는 경우에는 그러하지 아니하다.

0235 | 2010 |

회사가 배당가능이익을 재원으로 취득한 자기주식을 이사회 결의로 소각하는 경우에는 채권자보호절차를 밟을 필요가 없다. ( )

> **제343조(주식의 소각)** ① 주식은 자본금 감소에 관한 규정에 따라서만 소각(消却)할 수 있다. 다만, 이사회의 결의에 의하여 회사가 보유하는 자기주식을 소각하는 경우에는 그러하지 아니하다.

답 | 0232 × 0233 ○ 0234 ○ 0235 ○

0236 | 2007, 2010 |

회사가 배당가능이익을 재원으로 취득한 자기주식을 이사회 결의로 소각하는 경우에는 발행주식수가 감소하는 만큼 자본금이 감소한다. ( )

> 이익으로 하는 소각이므로 그 재원은 자본금이 아니라 배당가능이익이다. 따라서 자본금의 감소는 없다.

0237 | 2010 |

회사가 배당가능이익으로 자기주식을 취득해서 소각하려고 할 때, 만약 해당 영업연도의 결산기에 자본금이나 법정준비금의 결손우려가 있으면 이를 취득해서는 안 된다. ( )

> 자본충실원칙 때문이다.
>
> **제341조(자기주식의 취득)** ① 회사는 다음의 방법에 따라 자기의 명의와 계산으로 자기의 주식을 취득할 수 있다. 다만, 그 취득가액의 총액은 직전 결산기의 대차대조표상의 순자산액에서 제462조제1항 각 호의 금액을 뺀 금액을 초과하지 못한다.
> 1. 거래소에서 시세(時勢)가 있는 주식의 경우에는 거래소에서 취득하는 방법
> 2. 제345조제1항의 주식의 상환에 관한 종류주식의 경우 외에 각 주주가 가진 주식 수에 따라 균등한 조건으로 취득하는 것으로서 대통령령으로 정하는 방법
> ② 제1항에 따라 자기주식을 취득하려는 회사는 미리 주주총회의 결의로 다음 각 호의 사항을 결정하여야 한다. 다만, 이사회의 결의로 이익배당을 할 수 있다고 정관으로 정하고 있는 경우에는 이사회의 결의로써 주주총회의 결의를 갈음할 수 있다.
> 1. 취득할 수 있는 주식의 종류 및 수
> 2. 취득가액의 총액의 한도
> 3. 1년을 초과하지 아니하는 범위에서 자기주식을 취득할 수 있는 기간
> ③ 회사는 해당 영업연도의 결산기에 대차대조표상의 순자산액이 제462조제1항 각 호의 금액의 합계액에 미치지 못할 우려가 있는 경우에는 제1항에 따른 주식의 취득을 하여서는 아니 된다.
> ④ 해당 영업연도의 결산기에 대차대조표상의 순자산액이 제462조제1항 각 호의 금액의 합계액에 미치지 못함에도 불구하고 회사가 제1항에 따라 주식을 취득한 경우 이사는 회사에 대하여 연대하여 그 미치지 못한 금액을 배상할 책임이 있다. 다만, 이사가 제3항의 우려가 없다고 판단하는 때에 주의를 게을리하지 아니하였음을 증명한 경우에는 그러하지 아니하다.

0238 | 2011 |

판례는 회사가 자기주식 취득에 관한 제한을 위반하였더라도 상대방이 그 위반사실을 알지 못한 때에는 유효한 취득으로 본다. ( )

> 상대방의 선악을 불문하고 위법한 자기주식의 취득은 무효이다.
>
> **[대법원 2003.5.16. 선고, 2001다44109, 판결]**
> 주식회사가 자기의 계산으로 자기의 주식을 취득하는 것은 회사의 자본적 기초를 위태롭게 하여 회사와 주주 및 채권자의 이익을 해하고 주주평등의 원칙을 해하며 대표이사 등에 의한 불공정한 회사지배를 초래하는 등의 여러 가지 폐해를 생기게 할 우려가 있으므로 상법은 일반 예방적인 목적에서 이를 일률적으로 금지하는 것을 원칙으로 하면서, 예외적으로 자기주식의 취득이 허용되는 경우를 유형적으로 분류하여 명시하고 있으므로 상법 제341조, 제3

답 0236 × 0237 ○ 0238 ×

41조의2, 제342조의2 또는 증권거래법 등에서 명시적으로 자기주식의 취득을 허용하는 경우 외에, 회사가 자기주식을 무상으로 취득하는 경우 또는 타인의 계산으로 자기주식을 취득하는 경우 등과 같이, 회사의 자본적 기초를 위태롭게 하거나 주주 등의 이익을 해한다고 할 수 없는 것이 유형적으로 명백한 경우에도 자기주식의 취득이 예외적으로 허용되지만, 그 밖의 경우에 있어서는, 설령 회사 또는 주주나 회사채권자 등에게 생길지도 모르는 중대한 손해를 회피하기 위하여 부득이 한 사정이 있다고 하더라도 자기주식의 취득은 허용되지 아니하는 것이고 위와 같은 금지규정에 위반하여 회사가 자기주식을 취득하는 것은 당연히 무효이다.

0239 | 2011 |

회사는 거래소의 시세 있는 자기주식을 거래소에서 취득할 수 있으나, 그 취득가액의 총액이 금액은 상법상 이익배당이 가능한 한도를 넘어서는 안 된다. ( )

취득가액의 총액은 배당가능이익을 초과하지 못한다.

제341조(자기주식의 취득) ① 회사는 다음의 방법에 따라 자기의 명의와 계산으로 자기의 주식을 취득할 수 있다. 다만, 그 취득가액의 총액은 직전 결산기의 대차대조표상의 순자산액에서 제462조제1항 각 호의 금액을 뺀 금액을 초과하지 못한다.
1. 거래소에서 시세(時勢)가 있는 주식의 경우에는 거래소에서 취득하는 방법
2. 제345조제1항의 주식의 상환에 관한 종류주식의 경우 외에 각 주주가 가진 주식 수에 따라 균등한 조건으로 취득하는 것으로서 대통령령으로 정하는 방법
③ 회사는 해당 영업연도의 결산기에 대차대조표상의 순자산액이 제462조제1항 각 호의 금액의 합계액에 미치지 못할 우려가 있는 경우에는 제1항에 따른 주식의 취득을 하여서는 아니 된다.

제462조(이익의 배당) ① 회사는 대차대조표의 순자산액으로부터 다음의 금액을 공제한 액을 한도로 하여 이익배당을 할 수 있다.
1. 자본금의 액
2. 그 결산기까지 적립된 자본준비금과 이익준비금의 합계액
3. 그 결산기에 적립하여야 할 이익준비금의 액
4. 대통령령으로 정하는 미실현이익

0240 | 2017 |

회사가 권리를 실행함에 있어 그 목적을 달성하기 위하여 필요한 경우에는 자기주식의 취득가액 총액이 배당가능이익의 금액을 초과하더라도 자기주식을 취득할 수 있다. ( )

「권리의 실행을 위한 취득」은 특정목적 취득에 해당하므로 배당가능이익의 금액을 초과하더라도 자기주식을 취득할 수 있다.

제341조의2(특정목적에 의한 자기주식의 취득) 회사는 다음 각 호의 어느 하나에 해당하는 경우에는 제341조에도 불구하고 자기의 주식을 취득할 수 있다.
1. 회사의 합병 또는 다른 회사의 영업전부의 양수로 인한 경우
2. 회사의 권리를 실행함에 있어 그 목적을 달성하기 위하여 필요한 경우
3. 단주(端株)의 처리를 위하여 필요한 경우
4. 주주가 주식매수청구권을 행사한 경우

제341조(자기주식의 취득) ① 회사는 다음의 방법에 따라 자기의 명의와 계산으로 자기의 주식을 취득할 수 있다. 다만, 그 취득가액의 총액은 직전 결산기의 대차대조표상의 순자산액에서 제462조제1항 각 호의 금액을 뺀 금액을 초과하지 못한다.
1. 거래소에서 시세(時勢)가 있는 주식의 경우에는 거래소에서 취득하는 방법
2. 제345조제1항의 주식의 상환에 관한 종류주식의 경우 외에 각 주주가 가진 주식 수에 따라 균등한 조건으로 취득하는 것으로서 대통령령으로 정하는 방법

0241 |2011|

회사가 자기주식양도형의 주식매수선택권 행사에 대비해서 자기주식을 유상취득하기 위해서는 원칙적으로 이사회의 결의를 거쳐야 한다. ( )

이 경우는 「특정목적에 의한 자기주식취득(제341조의2)」이 아니라 「배당가능이익에 의한 자기주식취득(제341조)」에 해당하므로, 회사는 원칙적으로 주주총회의 결의를 거쳐야 한다.

제341조의2(특정목적에 의한 자기주식의 취득) 회사는 다음 각 호의 어느 하나에 해당하는 경우에는 제341조에도 불구하고 자기의 주식을 취득할 수 있다.
1. 회사의 합병 또는 다른 회사의 영업전부의 양수로 인한 경우
2. 회사의 권리를 실행함에 있어 그 목적을 달성하기 위하여 필요한 경우
3. 단주(端株)의 처리를 위하여 필요한 경우
4. 주주가 주식매수청구권을 행사한 경우

제341조(자기주식의 취득) ① 회사는 다음의 방법에 따라 자기의 명의와 계산으로 자기의 주식을 취득할 수 있다. 다만, 그 취득가액의 총액은 직전 결산기의 대차대조표상의 순자산액에서 제462조제1항 각 호의 금액을 뺀 금액을 초과하지 못한다.
1. 거래소에서 시세(時勢)가 있는 주식의 경우에는 거래소에서 취득하는 방법
2. 제345조제1항의 주식의 상환에 관한 종류주식의 경우 외에 각 주주가 가진 주식 수에 따라 균등한 조건으로 취득하는 것으로서 대통령령으로 정하는 방법
② 제1항에 따라 자기주식을 취득하려는 회사는 미리 주주총회의 결의로 다음 각 호의 사항을 결정하여야 한다. 다만, 이사회의 결의로 이익배당을 할 수 있다고 정관으로 정하고 있는 경우에는 이사회의 결의로써 주주총회의 결의를 갈음할 수 있다.
1. 취득할 수 있는 주식의 종류 및 수
2. 취득가액의 총액의 한도
3. 1년을 초과하지 아니하는 범위에서 자기주식을 취득할 수 있는 기간

0242 |2013|

주식회사는 배당가능이익이 없더라도 단주를 처리하기 위한 경우 또는 주주가 주식매수청구권을 행사한 경우 자기주식을 취득할 수 있다. ( )

특정목적에 의한 자기주식취득은 배당가능이익이 없는 경우에도 가능하다. 합병·영업전부의 양수, 권리실행의 목적달성의 경우에도 인정한다. 「합영실단청」으로 기억하자.

제341조의2(특정목적에 의한 자기주식의 취득) 회사는 다음 각 호의 어느 하나에 해당하는 경우에는 제341조에도 불구하고 자기의 주식을 취득할 수 있다.

답 0241 × 0242 ○

1. 회사의 합병 또는 다른 회사의 영업전부의 양수로 인한 경우
2. 회사의 권리를 실행함에 있어 그 목적을 달성하기 위하여 필요한 경우
3. 단주(端株)의 처리를 위하여 필요한 경우
4. 주주가 주식매수청구권을 행사한 경우

0243 | 2013 |

주주총회에서 배당가능이익으로 자기주식취득을 결의하고 상법 소정의 사항을 결정하면 이사회는 이에 구속되고 그 결정대로 반드시 자기주식을 취득하여야 한다. ( )

당기에 배당가능이익이 없을 것으로 우려되는 경우에는 주주총회의 결의에도 불구하고 자기주식을 취득하지 아니할 수 있다.

제341조(자기주식의 취득) ① 회사는 다음의 방법에 따라 자기의 명의와 계산으로 자기의 주식을 취득할 수 있다. 다만, 그 취득가액의 총액은 직전 결산기의 대차대조표상의 순자산액에서 제462조제1항 각 호의 금액을 뺀 금액을 초과하지 못한다.
1. 거래소에서 시세(時勢)가 있는 주식의 경우에는 거래소에서 취득하는 방법
2. 제345조제1항의 주식의 상환에 관한 종류주식의 경우 외에 각 주주가 가진 주식 수에 따라 균등한 조건으로 취득하는 것으로서 대통령령으로 정하는 방법
② 제1항에 따라 자기주식을 취득하려는 회사는 미리 주주총회의 결의로 다음 각 호의 사항을 결정하여야 한다. 다만, 이사회의 결의로 이익배당을 할 수 있다고 정관으로 정하고 있는 경우에는 이사회의 결의로써 주주총회의 결의를 갈음할 수 있다.
1. 취득할 수 있는 주식의 종류 및 수
2. 취득가액의 총액의 한도
3. 1년을 초과하지 아니하는 범위에서 자기주식을 취득할 수 있는 기간
③ 회사는 해당 영업연도의 결산기에 대차대조표상의 순자산액이 제462조제1항 각 호의 금액의 합계액에 미치지 못할 우려가 있는 경우에는 제1항에 따른 주식의 취득을 하여서는 아니 된다.
④ 해당 영업연도의 결산기에 대차대조표상의 순자산액이 제462조제1항 각 호의 금액의 합계액에 미치지 못함에도 불구하고 회사가 제1항에 따라 주식을 취득한 경우 이사는 회사에 대하여 연대하여 그 미치지 못한 금액을 배상할 책임이 있다. 다만, 이사가 제3항의 우려가 없다고 판단하는 때에 주의를 게을리하지 아니하였음을 증명한 경우에는 그러하지 아니하다. [전문개정 2011.4.14.]

0244 | 2013 |

상법의 해석상 주식회사는 무상으로 자기주식을 취득할 수 있으며 위탁매매업자가 위탁자의 계산으로 자기주식을 매수하는 것도 허용된다. ( )

무상으로 자기주식을 취득하는 것은 자본충실의 원칙 등에 위배될 가능성이 전혀 없기 때문에 해석상 인정된다. 한편 주식의 위탁매매업자(예컨대 키움닷컴증권)이 위탁자(예컨대 개인투자자)의 계산으로 자기주식(예컨대 키움닷컴주식)을 매수할 수 있다.

답 0243 × 0244 ○

0245 | 2013 |

회사가 상법 제462조 제1항에 따른 배당가능이익으로 자기주식을 취득하려는 경우 미리 주주총회 또는 이사회의 결의로써 상법 제341조 제2항 소정의 사항을 결정하는데 이 경우 자기주식을 취득할 수 있는 기간은 1년을 초과하지 못한다. ( )

> 자기주식을 취득할 수 있는 기간은 1년을 초과하지 못한다.
> **제341조(자기주식의 취득)**
> ② 제1항에 따라 자기주식을 취득하려는 회사는 미리 주주총회의 결의로 다음 각 호의 사항을 결정하여야 한다. 다만, 이사회의 결의로 이익배당을 할 수 있다고 정관으로 정하고 있는 경우에는 이사회의 결의로써 주주총회의 결의를 갈음할 수 있다.
> 1. 취득할 수 있는 주식의 종류 및 수
> 2. 취득가액의 총액의 한도
> 3. <u>1년을 초과하지 아니하는 범위에서 자기주식을 취득할 수 있는 기간</u>

0246 | 2010, 2011, 2022 |

주주가 회사에 대하여 주식매수청구권을 행사한 때 회사는 자기주식을 취득할 수 있으나 취득한 주식을 지체 없이 처분하여야 한다. ( )

> 처분은 정관 규정 또는 이사회의 결의에 따른다.
> **제342조(자기주식의 처분)** 회사가 보유하는 자기의 주식을 처분하는 경우에 다음 각 호의 사항으로서 <u>정관에 규정이 없는 것은 이사회가 결정한다.</u>
> 1. 처분할 주식의 종류와 수
> 2. 처분할 주식의 처분가액과 납입기일
> 3. 주식을 처분할 상대방 및 처분방법

0247 | 2020 |

회사가 보유하는 자기주식을 처분하는 경우에 처분할 주식의 종류와 수에 관하여 정관에 규정이 없는 것은 주주총회가 결정한다. ( )

> 정관에 규정이 없으면 주주총회가 아니라 이사회가 결정한다.
> **제342조(자기주식의 처분)** 회사가 보유하는 자기의 주식을 처분하는 경우에 다음 각 호의 사항으로서 <u>정관에 규정이 없는 것은 이사회가 결정한다.</u>
> 1. 처분할 주식의 종류와 수
> 2. 처분할 주식의 처분가액과 납입기일
> 3. 주식을 처분할 상대방 및 처분방법

답 0245 ○ 0246 × 0247 ×

0248 | 2013 |

주식회사는 회사의 합병 또는 다른 회사의 영업전부의 양수로 인한 경우 발행주식총수의 20분의 1을 초과하여 자기주식을 질권의 목적으로 받을 수 있다. ( )

> 제341조의3(자기주식의 질취) 회사는 발행주식총수의 20분의 1을 초과하여 자기의 주식을 질권의 목적으로 받지 못한다. 다만, 제341조의2제1호 및 제2호의 경우에는 그 한도를 초과하여 질권의 목적으로 할 수 있다.
>
> 제341조의2(특정목적에 의한 자기주식의 취득) 회사는 다음 각 호의 어느 하나에 해당하는 경우에는 제341조에도 불구하고 자기의 주식을 취득할 수 있다.
> 1. 회사의 합병 또는 다른 회사의 영업전부의 양수로 인한 경우
> 2. 회사의 권리를 실행함에 있어 그 목적을 달성하기 위하여 필요한 경우
> 3. 단주(端株)의 처리를 위하여 필요한 경우
> 4. 주주가 주식매수청구권을 행사한 경우

04 | 모회사주식 및 상호보유주식 규제

0249 | 2012 |

甲회사가 乙회사 발행주식총수의 50%를 소유하고 있는 경우 乙회사는 甲회사 주식을 취득할 수 있다. ( )

> 50%를 초과하여 취득한 경우가 아니기 때문에 모자관계가 아니다. 따라서 乙회사는 甲회사 주식을 취득할 수 있다.
>
> 제342조의2(자회사에 의한 모회사주식의 취득) ① 다른 회사의 발행주식의 총수의 100분의 50을 초과하는 주식을 가진 회사(이하 "母會社"라 한다)의 주식은 다음의 경우를 제외하고는 그 다른 회사(이하 "子會社"라 한다)가 이를 취득할 수 없다.
> 1. 주식의 포괄적 교환, 주식의 포괄적 이전, 회사의 합병 또는 다른 회사의 영업전부의 양수로 인한 때
> 2. 회사의 권리를 실행함에 있어 그 목적을 달성하기 위하여 필요한 때
> ② 제1항 각호의 경우 자회사는 그 주식을 취득한 날로부터 6월 이내에 모회사의 주식을 처분하여야 한다.
> ③ 다른 회사의 발행주식의 총수의 100분의 50을 초과하는 주식을 모회사 및 자회사 또는 자회사가 가지고 있는 경우 그 다른 회사는 이 법의 적용에 있어 그 모회사의 자회사로 본다.

0250 | 2022 |

비상장주식회사의 경우, A회사의 자회사인 C회사가 D회사의 발행주식총수의 100분의 50을 초과하는 주식을 보유하고 있다면, D회사는 상법의 적용에 있어 A회사의 자회사로 본다. ( )

> 자회사를 통해 타 회사를 지배하는 경우에도 상법규정을 적용하기 위함이다. "자회사가 보유하는 주식은 모회사 중심으로 합친다"고 정리하면 된다.
>
> 제342조의2(자회사에 의한 모회사주식의 취득) ③ 다른 회사의 발행주식의 총수의 100분의 50을 초과하는 주식을 모회사 및 자회사 또는 자회사가 가지고 있는 경우 그 다른 회사는 이 법의 적용에 있어 그 모회사의 자회사로 본다.

0251 |2008|

A회사가 B회사의 발행주식총수의 10분의 1을 초과하는 주식을 가지고 있는 경우 B회사가 가지고 있는 A회사의 주식은 의결권이 없다. ( )

> 「상호보유주식」에 해당한다.
>
> **제369조(의결권)** ③ 회사, 모회사 및 자회사 또는 자회사가 다른 회사의 발행주식의 총수의 10분의 1을 초과하는 주식을 가지고 있는 경우 그 다른 회사가 가지고 있는 회사 또는 모회사의 주식은 의결권이 없다.

0252 |2017|

자회사가 다른 회사의 발행주식총수의 10분의 1을 초과하는 주식을 가지고 있는 경우 그 다른 회사가 가지고 있는 모회사의 주식은 주주총회에서 의결권을 행사할 수 있다. ( )

> 그 다른 회사가 가지고 있는 모회사의 주식은 의결권이 없다.
>
> **제369조(의결권)** ③ 회사, 모회사 및 자회사 또는 자회사가 다른 회사의 발행주식의 총수의 10분의 1을 초과하는 주식을 가지고 있는 경우 <u>그 다른 회사가 가지고 있는 회사 또는 모회사의 주식은 의결권이 없다.</u>

0253 |2010|

모회사 및 자회사가 다른 회사의 발행주식총수의 10분의 1을 초과하는 주식을 가지고 있는 경우에 그 다른 회사가 가지고 있는 모회사 및 자회사의 주식은 의결권이 없다. ( )

> 모회사(A)와 자회사(A')가 보유한 주식을 합하여 다른 회사(B)의 발행주식 총수의 1/10을 초과하는 주식을 가지고 있다면, 다른 회사(B)가 가지고 있는 모회사(A)의 주식은 의결권이 없고 자회사(A')의 주식은 의결권이 있다.
>
> **제369조(의결권)** ③ 회사, 모회사 및 자회사 또는 자회사가 다른 회사의 발행주식의 총수의 10분의 1을 초과하는 주식을 가지고 있는 경우 그 다른 회사가 가지고 있는 회사 또는 모회사의 주식은 의결권이 없다.

0254 |2012|

甲회사의 자회사인 乙회사가 丙회사 발행주식총수의 11%를 취득한 경우 丙회사는 甲회사 발행주식총수의 10%를 취득하여 그 주식으로 의결권을 행사할 수 있다. ( )

> 상호보유주식에 해당되어 의결권을 행사하지 못한다. 풀어서 설명하자면 자회사(乙회사)가 다른 회사(丙회사)의 발행주식의 총수의 10분의 1을 초과하는 주식을 가지고 있는 경우 그 다른 회사(丙회사)가 가지고 있는 모회사(甲회사)의 주식은 의결권이 없다.

제369조(의결권) ① 의결권은 1주마다 1개로 한다.
② 회사가 가진 자기주식은 의결권이 없다.
③ 회사, 모회사 및 자회사 또는 <u>자회사가 다른 회사의 발행주식의 총수의 10분의 1을 초과하는 주식을 가지고 있는 경우 그 다른 회사가 가지고 있는</u> 회사 또는 <u>모회사의 주식은 의결권이 없다.</u>

답 0251 ○ 0252 × 0253 × 0254 ×

0255 | 2008, 2017, 2020, 2022 |

회사가 다른 회사의 발행주식총수의 10분의 1을 초과하여 취득한 때에는 그 다른 회사에 대하여 6개월 이내에 이를 통지하여야 한다. ( )

> "6개월 이내"가 아니라 "지체없이" 통지하여야 한다. 비밀리에 다른 회사 주식을 다수 취득하여 경영권을 약탈하는 행위를 규제하기 위함이다.
>
> **제342조의3(다른 회사의 주식취득)** 회사가 다른 회사의 발행주식총수의 10분의 1을 초과하여 취득한 때에는 그 다른 회사에 대하여 지체없이 이를 통지하여야 한다.

0256 | 2008 |

판례에 의하면, A회사가 B회사의 발행주식총수의 10분의 1을 초과하여 의결권을 대리행사할 권한을 취득하였다고 하여도 A회사는 통지의무가 없다. ( )

> 주식을 소유하는 것이 아니라 대리권만을 임시로 갖는 것이기 때문에 통지의무가 없다.
> **[대법원 2001.5.15. 선고, 2001다12973, 판결]**
> 상법 제342조의3에는 "회사가 다른 회사의 발행주식 총수의 10분의 1을 초과하여 취득한 때에는 그 다른 회사에 대하여 지체 없이 이를 통지하여야 한다."라고 규정되어 있는바, 이는 회사가 다른 회사의 발행주식 총수의 10분의 1 이상을 취득하여 의결권을 행사하는 경우 경영권의 안정을 위협받게 된 그 다른 회사는 역으로 상대방 회사의 발행주식의 10분의 1 이상을 취득함으로써 이른바 상호보유주식의 의결권 제한 규정(상법 제369조 제3항)에 따라 서로 상대 회사에 대하여 의결권을 행사할 수 없도록 방어조치를 취하여 다른 회사의 지배가능성을 배제하고 경영권의 안정을 도모하도록 하기 위한 것으로서, 특정 주주총회에 한정하여 각 주주들로부터 개별안건에 대한 의견을 표시하게 하여 의결권을 위임받아 의결권을 대리행사하는 경우에는 회사가 다른 회사의 발행주식 총수의 10분의 1을 초과하여 의결권을 대리행사할 권한을 취득하였다고 하여도 위 규정이 유추적용되지 않는다.

0257 | 2008 |

B회사의 주식을 51% 가지고 있는 A회사는 C회사의 주식을 3%, B회사는 C회사의 주식을 9% 가지고 있는 경우, C회사가 가지고 있는 B회사의 주식에는 의결권이 없다. ( )

> B회사는 C회사 주식의 9%를 취득하여 그 비율만큼 지배하는데 불과하므로, C회사가 가지고 있는 B회사의 주식에는 의결권이 있다. 반면 C회사가 가지고 있는 A회사의 주식에는 의결권이 없다.

0258 | 2012 |

甲회사의 자회사인 乙회사는 甲회사 주식을 소유한 丙회사를 흡수합병함으로써 丙회사가 소유하던 甲회사 주식을 취득할 수 있다. ( )

> 자회사의 모회사주식 취득금지의 예외인「다른 회사의 영업전부의 양수」,「합병」에 해당한다.
>
> **제342조의2(자회사에 의한 모회사주식의 취득)** ① 다른 회사의 발행주식의 총수의 100분의 50을 초과하는 주식을 가진 회사(이하 "母會社"라 한다)의 주식은 다음의 경우를 제외하고는 그 다른 회사(이하 "子會社"라 한다)가 이를 취득할 수 없다.
> 1. 주식의 포괄적 교환, 주식의 포괄적 이전, 회사의 합병 또는 다른 회사의 영업전부의 양수로 인한 때
> 2. 회사의 권리를 실행함에 있어 그 목적을 달성하기 위하여 필요한 때

답 0255 × 0256 ○ 0257 × 0258 ○

0259 | 2017 |

자회사가 흡수합병을 하는 경우 소멸회사의 주주에게 제공하는 합병대가가 존속회사의 모회사주식을 포함하는 때에는 존속회사는 그 지급을 위하여 모회사주식을 취득할 수 있다.   (   )

> 이른바 「삼각합병」의 경우 자회사가 모회사의 주식을 예외적으로 취득할 수 있다.
>
> **제523조의2(합병대가가 모회사주식인 경우의 특칙)** ① 제342조의2에도 불구하고 제523조제4호에 따라 소멸하는 회사의 주주에게 제공하는 재산이 존속하는 회사의 모회사주식을 포함하는 경우에는 존속하는 회사는 그 지급을 위하여 모회사주식을 취득할 수 있다.

0260 | 2020 |

존속회사가 소멸회사의 주주에게 제공하기 위하여 취득한 존속회사의 모회사주식 중 합병등기 후 남아 있는 주식은 즉시 처분하여야 한다.   (   )

> 즉시 처분한다는 것은 현실적으로 불가능하다. 합병의 효력발생일(합병등기일)로부터 6개월 내에 처분하면 된다.
>
> **제523조의2(합병대가가 모회사주식인 경우의 특칙)** ① 제342조의2에도 불구하고 제523조제4호에 따라 소멸하는 회사의 주주에게 제공하는 재산이 존속하는 회사의 모회사주식을 포함하는 경우에는 존속하는 회사는 그 지급을 위하여 모회사주식을 취득할 수 있다.
> ② 존속하는 회사는 제1항에 따라 취득한 모회사의 주식을 합병 후에도 계속 보유하고 있는 경우 합병의 효력이 발생하는 날부터 6개월 이내에 그 주식을 처분하여야 한다.

0261 | 2022 |

비상장주식회사의 경우, A회사가 E회사와 주식의 포괄적 교환을 하여 E회사의 모회사가 되었다면, 주식의 교환 전에 E회사가 보유하고 있던 A회사의 주식은 교환 즉시 소멸된다.   (   )

> "즉시 소멸된다"는 부분이 틀렸다. 주식의 포괄적 교환에 의해 자회사가 모회사의 주식을 취득한 경우에 해당한다(합/영/실/포). 따라서 취득일로부터 6월 이내에 처분하면 된다.
>
> **제342조의2(자회사에 의한 모회사주식의 취득)** ① 다른 회사의 발행주식의 총수의 100분의 50을 초과하는 주식을 가진 회사(이하 "母會社"라 한다)의 주식은 다음의 경우를 제외하고는 그 다른 회사(이하 "子會社"라 한다)가 이를 취득할 수 없다.
> 1. 주식의 포괄적 교환, 주식의 포괄적 이전, 회사의 합병 또는 다른 회사의 영업전부의 양수로 인한 때
> 2. 회사의 권리를 실행함에 있어 그 목적을 달성하기 위하여 필요한 때
> ② 제1항 각호의 경우 자회사는 그 주식을 취득한 날로부터 6월 이내에 모회사의 주식을 처분하여야 한다.

0262 | 2012 |

甲회사의 자회사인 乙회사는 甲회사 주식을 소유한 丙회사의 영업 전부를 양수함으로써 丙회사가 소유하던 甲회사 주식을 취득할 수 있다.   (   )

> 자회사의 모회사주식 취득금지의 예외인 「다른 회사의 영업전부의 양수」, 「합병」에 해당한다.

답 0259 ○ 0260 × 0261 × 0262 ○

제342조의2(자회사에 의한 모회사주식의 취득) ① 다른 회사의 발행주식의 총수의 100분의 50을 초과하는 주식을 가진 회사(이하 "母會社"라 한다)의 주식은 다음의 경우를 제외하고는 그 다른 회사(이하 "子會社"라 한다)가 이를 취득할 수 없다.
1. 주식의 포괄적 교환, 주식의 포괄적 이전, 회사의 합병 또는 다른 회사의 영업전부의 양수로 인한 때
2. 회사의 권리를 실행함에 있어 그 목적을 달성하기 위하여 필요한 때

0263 | 2011 |

자회사가 모회사의 주식을 갖는 다른 회사의 영업 일부를 양수하는 경우 그 자회사는 그 모회사의 주식을 취득할 수 있다. ( )

영업의 「일부」가 아니라 「전부」를 양수한 때에 취득이 가능하다.

제342조의2(자회사에 의한 모회사주식의 취득) ① 다른 회사의 발행주식의 총수의 100분의 50을 초과하는 주식을 가진 회사(이하 "母會社"라 한다)의 주식은 다음의 경우를 제외하고는 그 다른 회사(이하 "子會社"라 한다)가 이를 취득할 수 없다.
1. 주식의 포괄적 교환, 주식의 포괄적 이전, 회사의 합병 또는 다른 회사의 영업전부의 양수로 인한 때
2. 회사의 권리를 실행함에 있어 그 목적을 달성하기 위하여 필요한 때

0264 | 2012 |

甲회사의 자회사인 乙회사는 자신의 모회사인 甲회사가 발행한 전환사채를 취득할 수 있다. ( )

모회사의 「주식」을 취득하는 것은 금지되지만, 「사채」의 취득에는 상법상 제한이 없다.

05 | 지배주주의 소수주식 강제취득

0265 | 2022 |

회사의 발행주식총수의 100분의 95를 자기의 계산으로 보유하고 있는 주주는 회사의 경영상 목적을 달성하기 위하여 필요한 경우 회사의 다른 주주에게 그 보유하는 주식 전부의 매도를 청구할 수 있다. ( )

지배주주의 매도청구권에 대한 설명이다.

제360조의24(지배주주의 매도청구권) ① 회사의 발행주식총수의 100분의 95 이상을 자기의 계산으로 보유하고 있는 주주(이하 이 관에서 "지배주주"라 한다)는 회사의 경영상 목적을 달성하기 위하여 필요한 경우에는 회사의 다른 주주(이하 이 관에서 "소수주주"라 한다)에게 그 보유하는 주식의 매도를 청구할 수 있다.
② 제1항의 보유주식의 수를 산정할 때에는 모회사와 자회사가 보유한 주식을 합산한다. 이 경우 회사가 아닌 주주가 발행주식총수의 100분의 50을 초과하는 주식을 가진 회사가 보유하는 주식도 그 주주가 보유하는 주식과 합산한다.
③ 제1항의 매도청구를 할 때에는 미리 주주총회의 승인을 받아야 한다.
④ 제3항의 주주총회의 소집을 통지할 때에는 다음 각 호에 관한 사항을 적어야 하고, 매도를 청구하는 지배주주는 주주총회에서 그 내용을 설명하여야 한다.
1. 지배주주의 회사 주식의 보유 현황

답 0263 × 0264 ○ 0265 ○

2. 매도청구의 목적
3. 매매가액의 산정 근거와 적정성에 관한 공인된 감정인의 평가
4. 매매가액의 지급보증
⑤ 지배주주는 매도청구의 날 1개월 전까지 다음 각 호의 사실을 공고하고, 주주명부에 적힌 주주와 질권자에게 따로 그 통지를 하여야 한다.
1. 소수주주는 매매가액의 수령과 동시에 주권을 지배주주에게 교부하여야 한다는 뜻
2. 교부하지 아니할 경우 매매가액을 수령하거나 지배주주가 매매가액을 공탁(供託)한 날에 주권은 무효가 된다는 뜻
⑥ 제1항의 매도청구를 받은 소수주주는 매도청구를 받은 날부터 2개월 내에 지배주주에게 그 주식을 매도하여야 한다.

0266 | 2013 |

지배주주가 상법 제360조의24에 따라 적법하게 매도청구권을 행사한 경우에 대상 소수주주는 승낙한 날로부터 2월내에 그 주식을 매도하여야 한다. ( )

「매도청구를 받은 날로부터」 2월 내에 그 주식을 매도하여야 한다. 지배주주의 매도청구권(소수주주의 매수청구권도 마찬가지)은 형성권이기 때문이다.

제360조의24(지배주주의 매도청구권) ① 회사의 발행주식총수의 100분의 95 이상을 자기의 계산으로 보유하고 있는 주주(이하 이 관에서 "지배주주"라 한다)는 회사의 경영상 목적을 달성하기 위하여 필요한 경우에는 회사의 다른 주주(이하 이 관에서 "소수주주"라 한다)에게 그 보유하는 주식의 매도를 청구할 수 있다.
② 제1항의 보유주식의 수를 산정할 때에는 모회사와 자회사가 보유한 주식을 합산한다. 이 경우 회사가 아닌 주주가 발행주식총수의 100분의 50을 초과하는 주식을 가진 회사가 보유하는 주식도 그 주주가 보유하는 주식과 합산한다.
③ 제1항의 매도청구를 할 때에는 미리 주주총회의 승인을 받아야 한다.
④ 제3항의 주주총회의 소집을 통지할 때에는 다음 각 호에 관한 사항을 적어야 하고, 매도를 청구하는 지배주주는 주주총회에서 그 내용을 설명하여야 한다.
1. 지배주주의 회사 주식의 보유 현황
2. 매도청구의 목적
3. 매매가액의 산정 근거와 적정성에 관한 공인된 감정인의 평가
4. 매매가액의 지급보증
⑤ 지배주주는 매도청구의 날 1개월 전까지 다음 각 호의 사실을 공고하고, 주주명부에 적힌 주주와 질권자에게 따로 그 통지를 하여야 한다.
1. 소수주주는 매매가액의 수령과 동시에 주권을 지배주주에게 교부하여야 한다는 뜻
2. 교부하지 아니할 경우 매매가액을 수령하거나 지배주주가 매매가액을 공탁(供託)한 날에 주권은 무효가 된다는 뜻
⑥ 제1항의 매도청구를 받은 소수주주는 매도청구를 받은 날부터 2개월 내에 지배주주에게 그 주식을 매도하여야 한다.
⑦ 제6항의 경우 그 매매가액은 매도청구를 받은 소수주주와 매도를 청구한 지배주주 간의 협의로 결정한다.
⑧ 제1항의 매도청구를 받은 날부터 30일 내에 제7항의 매매가액에 대한 협의가 이루어지지 아니한 경우에는 매도청구를 받은 소수주주 또는 매도청구를 한 지배주주는 법원에 매매가액의 결정을 청구할 수 있다.
⑨ 법원이 제8항에 따라 주식의 매매가액을 결정하는 경우에는 회사의 재산상태와 그 밖의 사정을 고려하여 공정한 가액으로 산정하여야 한다.

답 0266 ×

0267 |2017|

소수주주가 지배주주에 대하여 그 보유주식의 매수를 청구한 경우 지배주주는 매수청구한 날을 기준으로 2개월 내에 그 주식을 매수하거나 그 청구를 거절할 수 있다. ( )

> 매수청구를 받은 지배주주는 청구받은 날로부터 2개월 내에 그 주식을 매수하여야 한다(형성권). 소수주주의 매수청구 즉시 주식의 매매계약이 성립하기 때문에 지배주주는 이를 거절할 수 없다(지배주주의 매도청구권도 마찬가지).
>
> **제360조의25(소수주주의 매수청구권)** ② 제1항의 매수청구를 받은 지배주주는 매수를 청구한 날을 기준으로 2개월 내에 매수를 청구한 주주로부터 그 주식을 매수하여야 한다.

0268 |2017|

소수주주의 보유주식에 대한 지배주주의 매도청구는 상장회사의 경우에는 인정되지 않는다. ( )

> 상법상 이러한 조문은 존재하지 않는다.

0269 |2017|

지배주주인지 여부를 판단할 때 자연인인 주주가 어느 회사의 발행주식총수의 100분의 50을 초과하는 주식을 가진 경우 그 회사가 보유하는 주식은 그 주주가 보유하는 주식과 합산한다. ( )

> 모자회사 관계의 취지를 「개인주주」에 대해서도 적용하기 위함이다.
>
> **제360조의24(지배주주의 매도청구권)** ② 제1항의 보유주식의 수를 산정할 때에는 모회사와 자회사가 보유한 주식을 합산한다. 이 경우 회사가 아닌 주주가 발행주식총수의 100분의 50을 초과하는 주식을 가진 회사가 보유하는 주식도 그 주주가 보유하는 주식과 합산한다.

0270 |2017|

소수주주가 지배주주에 대하여 그 보유주식의 매수를 청구하기 위해서는 주주총회의 사전승인이 필요하다. ( )

> 지배주주가 매도청구권을 행사할 때에는 주주총회의 사전승인이 필요하지만, 소수주주가 매수청구권을 행사하는 경우에는 이러한 절차 없이 언제든지 가능하다.
>
> **제360조의24(지배주주의 매도청구권)** ③ 제1항의 매도청구를 할 때에는 미리 주주총회의 승인을 받아야 한다.
>
> **제360조의25(소수주주의 매수청구권)** ① 지배주주가 있는 회사의 소수주주는 언제든지 지배주주에게 그 보유주식의 매수를 청구할 수 있다.

0271 |2017|

지배주주인지 여부를 판단하기 위한 보유주식수를 산정할 때에는 지배주주의 명의로써 타인의 계산으로 보유한 주식을 산입한다. ( )

> 「명의」가 아니라 「계산」을 기준으로 하기 때문에, 설령 주주명부상 타인의 명의로 되어 있더라도 그 주식의 취득 및 보유에 관한 손익이 자기에게 귀속되면 지배주주에 해당한다. 반대로 자신의 명의로 되어 있더라도 타인의 계산

답 0267 × 0268 × 0269 ○ 0270 × 0271 ×

으로 보유하고 있다면 지분비율에 산입하지 않는다.

제360조의24(지배주주의 매도청구권) ① 회사의 발행주식총수의 100분의 95 이상을 자기의 계산으로 보유하고 있는 주주(이하 이 관에서 "지배주주"라 한다)는 회사의 경영상 목적을 달성하기 위하여 필요한 경우에는 회사의 다른 주주(이하 이 관에서 "소수주주"라 한다)에게 그 보유하는 주식의 매도를 청구할 수 있다.

7. 주식의 담보

0272 | 2020, 2021, 2022 |
주식을 질권의 목적으로 하는 때에는 주권을 질권자에게 교부하여야 한다. ( )

질권에서 "질(質)"이라는 글자는 "붙잡다"라는 의미를 가지고 있다. 등록질이건 약식질이건 간에 주권의 교부는 질권의 성립요건이다.

제338조(주식의 입질) ① 주식을 질권의 목적으로 하는 때에는 주권을 질권자에게 교부하여야 한다.
② 질권자는 계속하여 주권을 점유하지 아니하면 그 질권으로써 제삼자에게 대항하지 못한다.

0273 | 2021 |
질권자는 계속하여 주권을 점유하지 아니하면 그 질권으로써 제3자에게 대항하지 못한다. ( )

주권의 점유는 질권의 성립요건이자 효력요건이다. 주권의 점유를 상실하면 질권은 소멸한다.

제338조(주식의 입질) ① 주식을 질권의 목적으로 하는 때에는 주권을 질권자에게 교부하여야 한다.
② 질권자는 계속하여 주권을 점유하지 아니하면 그 질권으로써 제삼자에게 대항하지 못한다.

0274 | 2007 |
주주명부 폐쇄기간 중에도 질권등록은 허용된다. ( )

주주명부 폐쇄기간 중에는 권리변동의 기재(명의개서, 질권등록)가 금지된다.

제354조(주주명부의 폐쇄, 기준일) ① 회사는 의결권을 행사하거나 배당을 받을 자 기타 주주 또는 질권자로서 권리를 행사할 자를 정하기 위하여 일정한 기간을 정하여 주주명부의 기재변경을 정지하거나 일정한 날에 주주명부에 기재된 주주 또는 질권자를 그 권리를 행사할 주주 또는 질권자로 볼 수 있다.
② 제1항의 기간은 3월을 초과하지 못한다.
③ 제1항의 날은 주주 또는 질권자로서 권리를 행사할 날에 앞선 3월내의 날로 정하여야 한다.
④ 회사가 제1항의 기간 또는 날을 정한 때에는 그 기간 또는 날의 2주간전에 이를 공고하여야 한다. 그러나 정관으로 그 기간 또는 날을 지정한 때에는 그러하지 아니하다.

0275 | 2011 |
회사는 발행주식총수의 100분의 10 이내에서 자기주식을 질권의 목적으로 받을 수 있다. ( )

원칙적으로 발행주식총수의 「20분의 1」을 초과하여 질취하지 못한다.

답 0272 ○ 0273 ○ 0274 × 0275 ×

제341조의3(자기주식의 질취) 회사는 발행주식총수의 20분의 1을 초과하여 자기의 주식을 질권의 목적으로 받지 못한다. 다만, 제341조의2제1호 및 제2호의 경우에는 그 한도를 초과하여 질권의 목적으로 할 수 있다.

0276 | 2009, 2017 |
회사의 합병의 경우에 회사는 발행주식총수의 20분의 1을 초과하여 자기주식을 질권의 목적으로 받을 수 있다. ( )

자기주식의 질취는 발행주식 총수의 1/20을 한도로 하나, 합병·영업전부의 양수·권리실행의 목적달성을 위해 필요한 경우에는 예외가 인정된다.
제341조의3(자기주식의 질취) 회사는 발행주식 총수의 20분의 1을 초과하여 자기의 주식을 질권의 목적으로 받지 못한다. 다만, 제341조의2제1호 및 제2호의 경우에는 그 한도를 초과하여 질권의 목적으로 할 수 있다.
제341조의2(특정목적에 의한 자기주식의 취득) 회사는 다음 각 호의 어느 하나에 해당하는 경우에는 제341조에도 불구하고 자기의 주식을 취득할 수 있다.
1. 회사의 합병 또는 다른 회사의 영업전부의 양수로 인한 경우
2. 회사의 권리를 실행함에 있어 그 목적을 달성하기 위하여 필요한 경우
3. 단주(端株)의 처리를 위하여 필요한 경우
4. 주주가 주식매수청구권을 행사한 경우

0277 | 2017, 2020, 2021 |
주식의 소각, 병합, 분할 또는 전환으로 인하여 종전의 주주가 받을 금전이나 주식에 대하여도 종전의 주식을 목적으로 한 질권을 행사할 수 있다. ( )

질권의 「물상대위」에 대한 설명이다.
제339조(질권의 물상대위) 주식의 소각, 병합, 분할 또는 전환이 있는 때에는 이로 인하여 종전의 주주가 받을 금전이나 주식에 대하여도 종전의 주식을 목적으로 한 질권을 행사할 수 있다.

0278 | 2009 |
주식의 등록질권자가 물상대위권을 행사할 경우 목적물의 압류절차를 거쳐야 회사로부터 그 목적물을 지급받을 수 있다. ( )

등록질권자가 물상대위권을 행사할 경우에는 목적물의 압류절차 없이 회사로부터 직접 그 목적물을 지급받을 수 있다. 반면 약식질권자의 경우에는 회사가 질권자의 존재를 알 수가 없기 때문에 회사가 질권설정자인 주주에게 금전이나 주식을 교부하기 전에 미리 압류를 해야 한다.

0279 | 2017, 2020, 2021 |
주식의 등록질의 경우에는, 질권자는 회사로부터 이익배당에 따른 금전의 지급을 받아 다른 채권자에 우선하여 자기채권의 변제에 충당할 수 있다. ( )

등록질이 약식질에 비하여 유리한 점은 (ⅰ) 담보물을 처분하기 위해 주권압류가 불필요하다는 것과 (ⅱ) 회사에 대해 우선변제권을 주장할 수 있다는 것이다.

답 0276 ○ 0277 ○ 0278 × 0279 ○

제340조(주식의 등록질) ① 주식을 질권(質權)의 목적으로 한 경우에 회사가 질권설정자의 청구에 따라 그 성명과 주소를 주주명부에 덧붙여 쓰고 그 성명을 주권(株券)에 적은 경우에는 질권자는 회사로부터 이익배당, 잔여재산의 분배 또는 제339조에 따른 금전의 지급을 받아 다른 채권자에 우선하여 자기채권의 변제에 충당할 수 있다.

0280 | 2021 |
상법은 주식의 약식질권도 신주인수권에 대하여 그 우선변제적 효력이 미친다고 규정하고 있다. (   )

등록질이건 약식질이건 신주인수권에 대해서는 질권의 효력이 미치지 않는다. 무상신주와는 달리 신주인수권의 경우에는 대금을 납입해야 신주를 배정받을 수 있기 때문이다.

0281 | 2009, 2017 |
주식의 등록질권자는 회사에 대한 주권의 제시 없이 자기의 권리를 행사할 수 있다. (   )

등록질권자는 자신의 성명과 주소가 「주주명부에 기재」되었다는 사실로 회사에 대하여 질권자로서의 각종 권리를 행사할 수 있다.

제340조(주식의 등록질) ① 주식을 질권(質權)의 목적으로 한 경우에 회사가 질권설정자의 청구에 따라 그 성명과 주소를 주주명부에 덧붙여 쓰고 그 성명을 주권(株券)에 적은 경우에는 질권자는 회사로부터 이익배당, 잔여재산의 분배 또는 제339조에 따른 금전의 지급을 받아 다른 채권자에 우선하여 자기채권의 변제에 충당할 수 있다.

0282 | 2009 |
주식의 입질은 당사자 간의 질권설정의 합의와 질권자에 대한 주권의 교부에 의해 성립한다. (   )

주주명부의 기재 없이 주권의 교부만으로 이루어지는 질권설정방법을 「약식질」이라 한다.

0283 | 2017 |
주식에 대하여 질권이 설정되고 질권자의 성명과 주소가 주주명부에 기재된 경우 그 질권자는 주주총회에서 의결권을 행사할 수 있다. (   )

의결권은 「주주」가 행사하는 권리이다. 「질권자」는 설령 등록질권자라고 하더라도 의결권을 행사할 수는 없다.

0284 | 2009 |
주식의 양도담보는 당사자 간의 합의와 주권의 교부에 의하여 그 효력이 발생한다. (   )

주식의 양도담보는 당사자간의 합의와 주권의 교부만으로 가능하다(약식양도담보). 나아가 주주명부에 양도담보권자에게 명의개서까지 이루어지면 등록양도담보가 된다.

0285 |2017|
주식의 양도담보는 관습법상 인정되고 있는 제도로서 약식양도담보와 등록양도담보가 모두 가능하다.
( )

주식의 양도담보는 약식양도담보와 등록양도담보로 나누어진다. 당사자간의 합의와 주권의 교부만으로 설정하는 것을 약식양도담보라 하고, 나아가 주주명부에 양도담보권자가 명의개서까지 마치면 등록양도담보가 된다.

8. 주식매수선택권(Stock Option)

0286 |2007|
주식매수선택권의 행사에 의하여 자기주식을 교부하는 경우 자본금에는 변동이 없다. ( )

주식매수선택권에 행사에 대하여 회사가 기존에 보유하고 있는 자기주식을 교부하는 경우에는 (신주발행형과는 달리) 이미 발행된 주식이 그 대상이므로 자본금에 변동이 없다.

0287 |2008|
주식매수선택권자의 일방적 의사표시가 있으면 회사의 승낙이 없더라도 주식매수선택권의 효력이 발생한다.
( )

주식매수선택권의 법적 성질은 「형성권」이므로 선택권이 일단 발생한 후에는 회사의 승낙과 무관하게 선택권자의 일방적 의사표시로 효력이 발생한다.

0288 |2008, 2022|
의결권 없는 주식을 제외한 발행주식총수의 100분의 20을 가진 주주인 이사에게는 회사의 설립과 경영에 기여하였더라도 주식매수선택권을 부여할 수 없다. ( )

의결권 없는 주식을 제외한 발행주식 총수의 100분의 10 이상을 보유한 주주에게는 선택권을 부여할 수 없다.
제340조의2(주식매수선택권) ② 다음 각 호의 어느 하나에 해당하는 자에게는 제1항의 주식매수선택권을 부여할 수 없다.
1. 의결권 없는 주식을 제외한 발행주식총수의 100분의 10 이상의 주식을 가진 주주
2. 이사·집행임원·감사의 선임과 해임 등 회사의 주요 경영사항에 대하여 사실상 영향력을 행사하는 자
3. 제1호와 제2호에 규정된 자의 배우자와 직계존비속

0289 |2023|
회사는 회사의 설립·경영 및 기술혁신 등에 기여하거나 기여할 수 있는 집행임원에게 상법상 절차에 따라 주식매수선택권을 부여할 수 있다. ( )

상법상 주식매수선택권의 부여대상자는 집행임원을 포함한 임직원이기 때문이다.

답 0285 ○ 0286 ○ 0287 ○ 0288 ○ 0289 ○

제340조의2(주식매수선택권) ① 회사는 정관으로 정하는 바에 따라 제434조의 주주총회의 결의로 회사의 설립·경영 및 기술혁신 등에 기여하거나 기여할 수 있는 회사의 이사, 집행임원, 감사 또는 피용자(被用者)에게 미리 정한 가액(이하 "주식매수선택권의 행사가액"이라 한다)으로 신주를 인수하거나 자기의 주식을 매수할 수 있는 권리(이하 "주식매수선택권"이라 한다)를 부여할 수 있다. 다만, 주식매수선택권의 행사가액이 주식의 실질가액보다 낮은 경우에 회사는 그 차액을 금전으로 지급하거나 그 차액에 상당하는 자기의 주식을 양도할 수 있다. 이 경우 주식의 실질가액은 주식매수선택권의 행사일을 기준으로 평가한다.

0290 |2008|

주식매수선택권을 부여하기 위하여 발행할 신주는 회사의 발행 주식총수의 100분의 10을 초과할 수 없으나 자기주식을 교부하는 경우에는 제한하지 않는다. ( )

자기주식도 포함하여 100분의 10을 초과하지 못한다.

제340조의2(주식매수선택권) ③ 제1항에 따라 발행할 신주 또는 양도할 자기의 주식은 회사의 발행주식총수의 100분의 10을 초과할 수 없다.

0291 |2008|

주식매수선택권을 부여하기 위하여는 정관의 규정과 주주총회의 특별결의가 있어야 한다. ( )

제340조의2(주식매수선택권) ① 회사는 정관으로 정하는 바에 따라 제434조의 주주총회의 결의로 회사의 설립·경영 및 기술혁신 등에 기여하거나 기여할 수 있는 회사의 이사, 집행임원, 감사 또는 피용자(被用者)에게 미리 정한 가액(이하 "주식매수선택권의 행사가액"이라 한다)으로 신주를 인수하거나 자기의 주식을 매수할 수 있는 권리(이하 "주식매수선택권"이라 한다)를 부여할 수 있다. 다만, 주식매수선택권의 행사가액이 주식의 실질가액보다 낮은 경우에 회사는 그 차액을 금전으로 지급하거나 그 차액에 상당하는 자기의 주식을 양도할 수 있다. 이 경우 주식의 실질가액은 주식매수선택권의 행사일을 기준으로 평가한다.

0292 |2008, 2012|

주식매수선택권은 양도할 수 없지만 주식매수선택권을 행사할 수 있는 자가 사망한 경우에는 그 상속인이 이를 행사할 수 있다. ( )

주식매수선택권의 양도는 허용되지 않지만 상속은 가능하다. 주식매수선택권 보유자가 회사를 위해서 열심히 일하다가 과로로 사망한 경우를 생각해보면 된다.

제340조의4(주식매수선택권의 행사) ① 제340조의2제1항의 주식매수선택권은 제340조의3제2항 각호의 사항을 정하는 주주총회결의일부터 2년 이상 재임 또는 재직하여야 이를 행사할 수 있다.
② 제340조의2제1항의 주식매수선택권은 이를 양도할 수 없다. 다만, 동조제2항의 규정에 의하여 주식매수선택권을 행사할 수 있는 자가 사망한 경우에는 그 상속인이 이를 행사할 수 있다.

답 0290 × 0291 ○ 0292 ○

0293 | 2012 |

상장회사의 경우 정관으로 정하면 발행주식총수의 일정 한도까지 이사회 결의로 주식매수선택권을 부여할 수 있는데 주식매수선택권을 부여한 후 처음으로 소집되는 주주총회에서 승인을 얻어야 한다. ( )

> **제542조의3(주식매수선택권)** ③ 상장회사는 제340조의2제1항 본문에도 불구하고 정관으로 정하는 바에 따라 발행주식총수의 100분의 10의 범위에서 대통령령으로 정하는 한도까지 이사회가 제340조의3제2항 각 호의 사항을 결의함으로써 해당 회사의 집행임원·감사 또는 피용자 및 제1항에 따른 관계 회사의 이사·집행임원·감사 또는 피용자에게 주식매수선택권을 부여할 수 있다. 이 경우 주식매수선택권을 부여한 후 처음으로 소집되는 주주총회의 승인을 받아야 한다.

0294 | 2018 |

주식매수선택권은 그 부여일로부터 3년 이상 재임 또는 재직하여야 행사할 수 있으며 이를 양도할 수 없다. ( )

> 3년이 아니라 2년 이상 재임 또는 재직하여야 한다.
>
> **제340조의4(주식매수선택권의 행사)** ① 제340조의2제1항의 주식매수선택권은 제340조의3제2항 각호의 사항을 정하는 주주총회결의일부터 2년 이상 재임 또는 재직하여야 이를 행사할 수 있다.

0295 | 2012 |

판례에 의하면 비상장회사의 경우 본인의 귀책사유가 아닌 사유로 퇴임 또는 퇴직하는 때에는 퇴임 또는 퇴직일까지 2년 이상의 재임 또는 재직 요건을 충족하지 못하더라도 주식매수선택권을 행사할 수 있다. ( )

> 「상장회사」의 경우에는 주식매수선택권을 부여받은 자가 본인의 책임이 아닌 사유로 퇴직하여 2년의 재직기간을 충족하지 못한 경우에도 주식매수선택권을 행사할 수 있다(제542조의3 제4항). 반면에 「비상장회사」의 경우에는 본인의 귀책사유가 아닌 사유로 퇴임 또는 퇴직하는 때에는 퇴임 또는 퇴직일까지 2년 이상의 재임 또는 재직 요건을 충족하지 못하면 주식매수선택권을 행사할 수 없다.
>
> [대법원 2011.3.24. 선고, 2010다85027, 판결]
> 상법 제340조의4 제1항과 구 증권거래법(2007. 8. 3. 법률 제8635호 자본시장과 금융투자업에 관한 법률 부칙 제2조로 폐지, 이하 '구 증권거래법'이라 한다) 및 그 내용을 이어받은 상법 제542조의3 제4항이 주식매수선택권 행사요건에서 차별성을 유지하고 있는 점, 위 각 법령에서 '2년 이상 재임 또는 재직' 요건의 문언적인 차이가 뚜렷한 점, 비상장법인, 상장법인, 벤처기업은 주식매수선택권 부여 법인과 부여 대상, 부여 한도 등에서 차이가 있는 점, 주식매수선택권 제도는 임직원의 직무 충실로 야기된 기업가치 상승을 유인동기로 하여 직무에 충실하게 하고자 하는 제도인 점, 상법의 규정은 주주, 회사의 채권자 등 다수의 이해관계인에게 영향을 미치는 단체법적 특성을 가지는 점 등을 고려하면, 비상장회사에 대해서는 상법 제340조의4 제1항에서 정하는 주식매수선택권 행사요건을 판단할 때에는 구 증권거래법 및 그 내용을 이어받은 상법 제542조의3 제4항을 적용할 수 없고, 정관이나 주주총회의 특별결의를 통해서도 상법 제340조의4 제1항의 요건을 완화하는 것은 허용되지 않는다고 해석하여야 한다. 따라서 본인의 귀책사유가 아닌 사유로 퇴임 또는 퇴직하게 되더라도 퇴임 또는 퇴직일까지 상법 제340조의4 제1항의 '2년 이상 재임 또는 재직' 요건을 충족하지 못한다면 위 조항에 따른 주식매수선택권을 행사할 수 없다.

답 0293 ○ 0294 × 0295 ×

제542조의3(주식매수선택권) ④ 상장회사의 주식매수선택권을 부여받은 자는 제340조의4제1항에도 불구하고 대통령령으로 정하는 경우를 제외하고는 주식매수선택권을 부여하기로 한 주주총회 또는 이사회의 결의일부터 <u>2년 이상 재임하거나 재직하여야 주식매수선택권을 행사할 수 있다.</u>

■ 상법시행령

제30조(주식매수선택권) ⑤ 법 제542조의3제4항에서 "대통령령으로 정하는 경우"란 주식매수선택권을 부여받은 자가 사망하거나 그 밖에 <u>본인의 책임이 아닌 사유로 퇴임하거나 퇴직한 경우</u>를 말한다. 이 경우 정년에 따른 퇴임이나 퇴직은 본인의 책임이 아닌 사유에 포함되지 아니한다.

0296 | 2013 |

상장주식회사의 이사가 정년퇴직으로 퇴임하는 경우에는 주식매수선택권에 관한 주주총회 또는 이사회의 결의일로부터 2년 이상 이사로 재임 또는 재직한 경우가 아니어도 주식매수선택권을 행사할 수 있다. (   )

> 상장회사의 경우 본인의 귀책사유가 아닌 사유로 인한 퇴직에 정년은 포함하지 않는다.
>
> **상법시행령 제30조(주식매수선택권)**
> ⑤ 법 제542조의3제4항에서 "대통령령으로 정하는 경우"란 주식매수선택권을 부여받은 자가 사망하거나 그 밖에 본인의 책임이 아닌 사유로 퇴임하거나 퇴직한 경우를 말한다. 이 경우 <u>정년에 따른 퇴임이나 퇴직은 본인의 책임이 아닌 사유에 포함되지 아니한다.</u>

0297 | 2012 |

상장회사의 경우 주식매수선택권자로 선정될 수 있는 자에는 자기회사는 물론이고 대통령령으로 정하는 관계회사의 이사와 집행임원, 감사 및 피용자도 포함된다. (   )

> 상장회사의 경우에는 대통령령으로 정하는 「관계회사」의 이사, 집행임원, 감사 또는 피용자에게도 주식매수선택권을 부여할 수 있다.
>
> **제542조의3(주식매수선택권)** ① 상장회사는 제340조의2 제1항 본문에 규정된 자 외에도 대통령령으로 정하는 <u>관계회사의 이사, 집행임원, 감사 또는 피용자</u>에게 주식매수선택권을 부여할 수 있다. 다만, 제542조의8제2항 제5호의 최대주주 등 대통령령으로 정하는 자에게는 주식매수선택권을 부여할 수 없다.

0298 | 2018 |

주식매수선택권의 부여는 정관이 정하는 바에 따라 이사회 결의로 정할 수 있으며 이사회 결의는 이사 3분의 2 이상의 수로써 하여야 한다. (   )

> 주식매수선택권 자체에 대해서는 정관에서 규정하고(제340조의3 제1항), 구체적인 부여내용에 대해서는 주주총회의 특별결의로 이를 정한다(동조 제2항). 상장회사의 경우 일정범위까지는 이사회결의로 정할 수 있는데(제542조의3 제3항), 이 경우에도 이사회의 결의는 별다른 말이 없는 한 이사 과반수의 출석과 출석이사 과반수의 결의에 의한다.
>
> **제340조의3(주식매수선택권의 부여)** ① 제340조의2제1항의 <u>주식매수선택권에 관한 정관의 규정</u>에는 다음 각호의 사항을 기재하여야 한다.
> 1. 일정한 경우 주식매수선택권을 부여할 수 있다는 뜻
> 2. 주식매수선택권의 행사로 발행하거나 양도할 주식의 종류와 수

답 0296 × 0297 ○ 0298 ×

3. 주식매수선택권을 부여받을 자의 자격요건
4. 주식매수선택권의 행사기간
5. 일정한 경우 이사회결의로 주식매수선택권의 부여를 취소할 수 있다는 뜻
② 제340조의2제1항의 주식매수선택권에 관한 주주총회의 결의에 있어서는 다음 각호의 사항을 정하여야 한다.
1. 주식매수선택권을 부여받을 자의 성명
2. 주식매수선택권의 부여방법
3. 주식매수선택권의 행사가액과 그 조정에 관한 사항
4. 주식매수선택권의 행사기간
5. 주식매수선택권을 부여받을 자 각각에 대하여 주식매수선택권의 행사로 발행하거나 양도할 주식의 종류와 수

제542조의3(주식매수선택권) ③ 상장회사는 제340조의2제1항 본문에도 불구하고 정관으로 정하는 바에 따라 발행주식총수의 100분의 10의 범위에서 대통령령으로 정하는 한도까지 이사회가 제340조의3제2항 각 호의 사항을 결의함으로써 해당 회사의 집행임원·감사 또는 피용자 및 제1항에 따른 관계 회사의 이사·집행임원·감사 또는 피용자에게 주식매수선택권을 부여할 수 있다. 이 경우 주식매수선택권을 부여한 후 처음으로 소집되는 주주총회의 승인을 받아야 한다.

0299 |2018|

주식매수선택권의 행사가액은 자기주식을 양도하는 경우에는 주식매수선택권의 부여일을 기준으로 한 주식의 실질가액 이상이어야 한다.   (   )

자기주식양도형의 경우 그 행사가액은 주식매수선택권의 부여일을 기준으로 한 주식의 실질가액 이상이어야 한다.

제340조의2(주식매수선택권) ④ 제1항의 주식매수선택권의 행사가액은 다음 각 호의 가액 이상이어야 한다.
1. 신주를 발행하는 경우에는 주식매수선택권의 부여일을 기준으로 한 주식의 실질가액과 주식의 권면액(券面額) 중 높은 금액. 다만, 무액면주식을 발행한 경우에는 자본으로 계상되는 금액 중 1주에 해당하는 금액을 권면액으로 본다.
2. 자기의 주식을 양도하는 경우에는 주식매수선택권의 부여일을 기준으로 한 주식의 실질가액

0300 |2012, 2018|

주식매수선택권의 행사가액은 신주를 발행하는 경우에는 주식매수선택권의 행사일을 기준으로 한 주식의 실질가액과 주식의 권면액 중 높은 금액 이상이어야 한다.   (   )

신주발행형의 경우 그 행사가액은 주식매수선택권의 (행사일이 아니라) 부여일을 기준으로 한 주식의 실질가액과 주식의 권면액 중 높은 금액 이상이어야 한다.

제340조의2(주식매수선택권) ④ 제1항의 주식매수선택권의 행사가액은 다음 각 호의 가액 이상이어야 한다.
1. 신주를 발행하는 경우에는 주식매수선택권의 부여일을 기준으로 한 주식의 실질가액과 주식의 권면액(券面額) 중 높은 금액. 다만, 무액면주식을 발행한 경우에는 자본으로 계상되는 금액 중 1주에 해당하는 금액을 권면액으로 본다.
2. 자기의 주식을 양도하는 경우에는 주식매수선택권의 부여일을 기준으로 한 주식의 실질가액

0301 |2018|
주식매수선택권의 행사가액이 주식의 실질가액보다 낮은 경우에 회사는 그 차액을 금전으로 지급할 수 있으며 이 경우 주식의 실질가액은 주식매수선택권의 부여일을 기준으로 평가한다. ( )

이 경우 주식의 실질가액은 주식매수선택권의 부여일이 아니라 행사일을 기준으로 평가한다.

제340조의2(주식매수선택권) ① 회사는 정관으로 정하는 바에 따라 제434조의 주주총회의 결의로 회사의 설립·경영 및 기술혁신 등에 기여하거나 기여할 수 있는 회사의 이사, 집행임원, 감사 또는 피용자(被用者)에게 미리 정한 가액(이하 "주식매수선택권의 행사가액"이라 한다)으로 신주를 인수하거나 자기의 주식을 매수할 수 있는 권리(이하 "주식매수선택권"이라 한다)를 부여할 수 있다. 다만, 주식매수선택권의 행사가액이 주식의 실질가액보다 낮은 경우에 회사는 그 차액을 금전으로 지급하거나 그 차액에 상당하는 자기의 주식을 양도할 수 있다. <u>이 경우 주식의 실질가액은 주식매수선택권의 행사일을 기준으로 평가한다.</u>

제3절 주식회사의 기관

제1관 주주총회

1. 주주총회의 소집

0302 |2010|
원칙적으로 이사회가 주주총회의 소집을 결정하고, 대표이사가 이를 소집한다. ( )

제362조(소집의 결정) 총회의 소집은 <u>본법에 다른 규정이 있는 경우외에는 이사회가 이를 결정한다.</u>

0303 |2020|
주주총회는 정관에 다른 정함이 없으면 본점소재지 또는 이에 인접한 지에 소집하여야 한다. ( )

인접지가 가능한 경우는 "양/주집"으로 기억하자.

제364조(소집지) 총회는 정관에 다른 정함이 없으면 <u>본점소재지 또는 이에 인접한 지</u>에 소집하여야 한다.

0304 |2020|
주주총회 소집통지서에는 회의의 목적사항을 적어야 한다. ( )

소집통지를 받은 주주들이 출석여부를 결정하기 위해서는 회의의 목적사항을 알아야 하기 때문이다.

제363조(소집의 통지) ① 주주총회를 소집할 때에는 주주총회일의 2주 전에 각 주주에게 서면으로 통지를 발송하거나 각 주주의 동의를 받아 전자문서로 통지를 발송하여야 한다. 다만, 그 통지가 주주명부상 주주의 주소에 계속 3년간 도달하지 아니한 경우에는 회사는 해당 주주에게 총회의 소집을 통지하지 아니할 수 있다.

답 0301 × 0302 ○ 0303 ○ 0304 ○

② 제1항의 통지서에는 회의의 목적사항을 적어야 한다.
③ 제1항에도 불구하고 자본금 총액이 10억원 미만인 회사가 주주총회를 소집하는 경우에는 주주총회일의 10일 전에 각 주주에게 서면으로 통지를 발송하거나 각 주주의 동의를 받아 전자문서로 통지를 발송할 수 있다.

0305 |2010|

임시주주총회가 법정기간을 준수한 서면통지를 하지 아니한 채 소집되었다 하더라도 정족수가 넘는 주주의 출석으로 결의를 하였다면 법원은 통지기간의 하자가 치유되었다고 보아 재량기각을 할 수 있다. (   )

결의취소사유이지만 재량기각이 가능하다는 취지이다.

제379조(법원의 재량에 의한 청구기각) 결의취소의 소가 제기된 경우에 결의의 내용, 회사의 현황과 제반사정을 참작하여 그 취소가 부적당하다고 인정한 때에는 법원은 그 청구를 기각할 수 있다.

0306 |2010, 2017, 2021, 2023|

정기주주총회는 매년 1회 일정한 시기에 소집하여야 하며, 연 2회 이상 결산기를 정한 때에는 매 기에 소집하여야 한다. (   )

정기주총의 주된 역할은 재무제표 승인이다. 연 2회 이상 결산기를 정했다면 재무제표도 연 2회 이상 작성되므로 재무제표 승인을 위해 정기주총 역시 매 기에 소집하여야 한다.

제365조(총회의 소집) ① 정기총회는 매년 1회 일정한 시기에 이를 소집하여야 한다.
② 연 2회 이상의 결산기를 정한 회사는 매기에 총회를 소집하여야 한다.
③ 임시총회는 필요있는 경우에 수시 이를 소집한다.

0307 |2013|

정기주주총회는 매년 1회 반드시 소집할 필요는 없고 필요한 경우 임시주주총회를 개최하면 된다. (   )

정기총회는 매년 1회 일정한 시기에 이를 소집하여야 한다.

제365조(총회의 소집) ① 정기총회는 매년 1회 일정한 시기에 이를 소집하여야 한다.
② 연 2회 이상의 결산기를 정한 회사는 매기에 총회를 소집하여야 한다.
③ 임시총회는 필요있는 경우에 수시 이를 소집한다.

0308 |2012|

소규모회사의 경우 주주에 대하여 주주총회의 소집통지를 하는 경우 총회일의 10일 전에 서면으로 통지를 발송하거나 각 주주의 동의를 받아 전자문서로 통지를 발송할 수 있다. (   )

제363조(소집의 통지) ① 주주총회를 소집할 때에는 주주총회일의 2주 전에 각 주주에게 서면으로 통지를 발송하거나 각 주주의 동의를 받아 전자문서로 통지를 발송하여야 한다. 다만, 그 통지가 주주명부상 주주의 주소에 계속 3년간 도달하지 아니한 경우에는 회사는 해당 주주에게 총회의 소집을 통지하지 아니할 수 있다.
② 제1항의 통지서에는 회의의 목적사항을 적어야 한다.
③ 제1항에도 불구하고 자본금 총액이 10억원 미만인 회사가 주주총회를 소집하는 경우에는 주주총회일의 10일 전에 각 주주에게 서면으로 통지를 발송하거나 각 주주의 동의를 받아 전자문서로 통지를 발송할 수 있다.

답 0305 ○ 0306 ○ 0307 ✕ 0308 ○

0309 | 2012, 2020 |
소규모회사의 경우 주주 전원의 동의가 있는 경우에는 소집절차 없이 주주총회를 개최할 수 있고 서면에 의한 결의로써 주주총회의 결의를 갈음할 수 있다. ( )

> 자본금 10억원 미만인 소규모 주식회사는 주주 전원의 동의가 있으면 (ⅰ) 소집절차 없이 주주총회를 개최할 수 있고, (ⅱ) 서면에 의한 결의로서 주주총회의 결의를 갈음할 수 있다.
> **제363조(소집의 통지)** ④ 자본금 총액이 10억원 미만인 회사는 주주 전원의 동의가 있을 경우에는 소집절차 없이 주주총회를 개최할 수 있고, 서면에 의한 결의로써 주주총회의 결의를 갈음할 수 있다. 결의의 목적사항에 대하여 주주 전원이 서면으로 동의를 한 때에는 서면에 의한 결의가 있는 것으로 본다.

0310 | 2012 |
소규모회사의 경우 회사가 감사를 선임한 경우 주주총회의 소집결정에 관한 권한은 감사가 갖는다. ( )

> 주주총회의 소집에 대한 결정은 원칙적으로 이사회에서 한다. 다만 자본금총액이 10억원 미만인 회사는 1인 또는 2인의 이사를 선임하여 이사회를 구성하지 않을 수 있는데, 이때에는 각 이사가 주주총회의 소집을 결정할 수 있다.
> **제362조(소집의 결정)** 총회의 소집은 본법에 다른 규정이 있는 경우외에는 이사회가 이를 결정한다.
> **제383조(원수, 임기)** ① 이사는 3명 이상이어야 한다. 다만, 자본금 총액이 10억원 미만인 회사는 1명 또는 2명으로 할 수 있다.
> ⑥ 제1항 단서의 경우에는 각 이사(정관에 따라 대표이사를 정한 경우에는 그 대표이사를 말한다)가 회사를 대표하며 제343조제1항 단서, 제346조제3항, 제362조, 제363조의2제3항, 제366조제1항, 제368조의4제1항, 제393조제1항, 제412조의3제1항 및 제462조의3제1항에 따른 이사회의 기능을 담당한다.

0311 | 2012 |
회사는 정관으로 정하는 바에 따라 전자적 방법으로 주주총회의 소집에 관한 공고를 할 수 있으며 이를 위하여 회사의 인터넷 홈페이지의 주소를 등기하여야 한다. ( )

> **제289조(정관의 작성, 절대적 기재사항)** ③ 회사의 공고는 관보 또는 시사에 관한 사항을 게재하는 일간신문에 하여야 한다. 다만, 회사는 그 공고를 정관으로 정하는 바에 따라 전자적 방법으로 할 수 있다.
>
> ■ 상법시행령
> **제6조(전자적 방법을 통한 회사의 공고)** ② 법 제289조제3항 단서에 따라 회사가 정관에서 전자적 방법으로 공고할 것을 정한 경우에는 회사의 인터넷 홈페이지 주소를 등기하여야 한다.

0312 | 2012 |
상장회사의 경우 일정 수 이하의 주식을 소유하는 주주에 대하여는 정관이 정하는 바에 따라 일정한 방법으로 주주총회소집을 공고함으로써 그 통지절차를 생략할 수 있다. ( )

> 현재 그 비율은 100분의 1이다. 「위/대/주/검/공/통」으로 정리하자.
> **제542조의4(주주총회 소집공고 등)** ① 상장회사가 주주총회를 소집하는 경우 대통령령으로 정하는 수 이하의 주식을 소유하는 주주에게는 정관으로 정하는 바에 따라 주주총회일의 2주 전에 주주총회를 소집하는 뜻과 회의의 목적사

항을 둘 이상의 일간신문에 각각 2회 이상 공고하거나 대통령령으로 정하는 바에 따라 전자적 방법으로 공고함으로써 제363조제1항의 소집통지를 갈음할 수 있다.

■ 상법시행령
제31조(주주총회의 소집공고) ① 법 제542조의4제1항에서 "대통령령으로 정하는 수 이하의 주식"이란 의결권 있는 발행주식총수의 100분의 1 이하의 주식을 말한다.
② 상장회사는 「금융위원회의 설치 등에 관한 법률」 제24조에 따라 설립된 금융감독원 또는 「자본시장과 금융투자업에 관한 법률」 제373조의2에 따라 허가를 받은 거래소(이하 "거래소"라 한다)가 운용하는 전자공시시스템을 통하여 법 제542조의4제1항의 공고를 할 수 있다.

0313 |2012|
판례에 의하면 건물의 옥상이나 다방은 주주총회 소집장소가 될 수 없다. ( )

상법상 주주총회 장소에는 제한이 없다.

[대법원 1983.8.23. 선고, 83도748, 판결]
1976.8.16. 09:00에 개회선언된 임시주주총회에서 의안에 대한 심의도 하지 아니한 채 법률상으로나 사실상으로 의사를 진행할 수 있는 상태에서 주주들이 당시 대표이사에 대하여 회사경영에 대한 책임을 묻기에 이르자 주주들의 의사에 반하여 의장인 대표이사나 이사가 회의장을 자진하여 나가버렸다고 할 것이어서 이러한 경우 임시주주총회가 폐회되었다거나 그 총회가 종결되었다고 할 수는 없으며, 설령 당시 대표이사인 한인향이 옥상이나 다방에서 자기 독단으로 폐회선언을 하고 회의장을 퇴장하였다고 하더라도 위 한인향은 의장으로서 적절한 의사운영을 하여 의사일정의 전부를 종료케 하는 등의 직책을 포기하고 스스로 그의 권한 및 권리행사를 하지 아니하였다고 보아야 할 것인 즉 그곳에 있던 주주들에 의한 이 건 임시주주총회의 결의는 적법하다.

0314 |2012|
회사는 주주총회의 소집통지서가 주주명부상 주주의 주소에 계속하여 2년간 도달하지 아니한 때에는 당해 주주에게 소집통지를 하지 않아도 된다. ( )

「2년」이 아니라 「3년」이다.

제363조(소집의 통지) ① 주주총회를 소집할 때에는 주주총회일의 2주 전에 각 주주에게 서면으로 통지를 발송하거나 각 주주의 동의를 받아 전자문서로 통지를 발송하여야 한다. 다만, 그 통지가 주주명부상 주주의 주소에 계속 3년간 도달하지 아니한 경우에는 회사는 해당 주주에게 총회의 소집을 통지하지 아니할 수 있다.

0315 |2014|
주주에게는 개별적으로 서면에 의해 주주총회소집 통지를 발송하거나 각 주주의 동의가 있을 경우 전자문서에 의한 통지로 갈음할 수 있다. ( )

제363조(소집의 통지) ① 주주총회를 소집할 때에는 주주총회일의 2주 전에 각 주주에게 서면으로 통지를 발송하거나 각 주주의 동의를 받아 전자문서로 통지를 발송하여야 한다. 다만, 그 통지가 주주명부상 주주의 주소에 계속 3년간 도달하지 아니한 경우에는 회사는 해당 주주에게 총회의 소집을 통지하지 아니할 수 있다.

0316 | 2012, 2014, 2017, 2021 |

비상장회사의 경우 의결권 있는 발행주식총수의 100분의 3 이상에 해당하는 주식을 가진 주주는 회의의 목적사항과 소집이유를 기재한 서면 또는 전자문서를 이사회에 제출하여 정기총회의 소집을 청구할 수 있다. (   )

> 소수주주의 소집청구의 대상이 되는 주주총회는 정기총회가 아니라 임시총회이다. 한편 소수주주권은 의결권 여부를 불문하는 것이 원칙이다. 의결권 없는 주주가 제외되는 경우로 6가지(주주제안권, 집중투표, 감사선임시 3% 제한, 주주총회 소집통지, 주요주주, 주식매수선택권의 제한)를 기억하자. 참고로 의결권 없는 주주의 경우에도 주식매수청구권을 행사할 수 있는 경우에는 주주총회 소집통지를 받을 권한이 있다.
>
> **제366조(소수주주에 의한 소집청구)** ① 발행주식총수의 100분의 3 이상에 해당하는 주식을 가진 주주는 회의의 목적사항과 소집의 이유를 적은 서면 또는 전자문서를 이사회에 제출하여 임시총회의 소집을 청구할 수 있다.
> ② 제1항의 청구가 있은 후 지체 없이 총회소집의 절차를 밟지 아니한 때에는 청구한 주주는 법원의 허가를 받아 총회를 소집할 수 있다. 이 경우 주주총회의 의장은 법원이 이해관계인의 청구나 직권으로 선임할 수 있다.
> ③ 제1항 및 제2항의 규정에 의한 총회는 회사의 업무와 재산상태를 조사하게 하기 위하여 검사인을 선임할 수 있다.

0317 | 2010 |

임시주주총회의 소집청구를 위한 소수주주의 지주율 계산에 있어서 자기주식은 발행주식총수에서 제외된다. (   )

> 견해대립은 있다. 다만 다수설은 자기주식은 모든 권리가 정지되기 때문에(전면적 휴지설) 소수주주의 지분율 계산에 있어 애초에 발행주식 총수에서 제외된다고 한다.

0318 | 2022, 2023 |

3개월 전부터 계속하여 발행주식총수의 100분의 3에 해당하는 주식을 가진 상장회사의 주주는 임시주주총회의 소집청구권을 갖는다. (   )

> (ⅰ) 상장회사 특례규정에 따른 소수주주권의 경우 지분비율은 완화되지만 6개월 이상의 보유기간을 요한다. (ⅱ) 반면에 상장·비상장을 불문하고 원칙적인 소수주주권을 행사할 경우에는 보유기간 제한 없이 3/100의 지분비율만 충족하면 된다.
>
> **제542조의6(소수주주권)** ① 6개월 전부터 계속하여 상장회사 발행주식총수의 1천분의 15 이상에 해당하는 주식을 보유한 자는 제366조(제542조에서 준용하는 경우를 포함한다) 및 제467조에 따른 주주의 권리를 행사할 수 있다.
> ⑩ 제1항부터 제7항까지는 제542조의2제2항에도 불구하고 이 장의 다른 절에 따른 소수주주권의 행사에 영향을 미치지 아니한다.
>
> **제366조(소수주주에 의한 소집청구)** ① 발행주식총수의 100분의 3 이상에 해당하는 주식을 가진 주주는 회의의 목적사항과 소집의 이유를 적은 서면 또는 전자문서를 이사회에 제출하여 임시총회의 소집을 청구할 수 있다.

0319 |2014|

집행임원은 필요하면 총회의 목적사항과 소집이유를 적은 서면을 이사회에 제출하여 임시주주총회 소집을 청구할 수 있다. ( )

> 주주총회 소집권한은 소수주주(제366조 제1항, 제2항)와 감사(제412조의3, 제366조 제2항)에게 인정된다. 집행임원은 주총소집권한이 없고, 이사회 소집청구권이 인정된다.
>
> **제408조의7(집행임원의 이사회 소집 청구)** ① 집행임원은 필요하면 회의의 목적사항과 소집이유를 적은 서면을 이사(소집권자가 있는 경우에는 소집권자를 말한다. 이하 이 조에서 같다)에게 제출하여 이사회 소집을 청구할 수 있다.
> ② 제1항의 청구를 한 후 이사가 지체 없이 이사회 소집의 절차를 밟지 아니하면 소집을 청구한 집행임원은 법원의 허가를 받아 이사회를 소집할 수 있다. 이 경우 이사회 의장은 법원이 이해관계자의 청구에 의하여 또는 직권으로 선임할 수 있다.

0320 |2020|

감사는 회의의 목적사항과 소집의 이유를 기재한 서면을 이사회에 제출하여 임시총회의 소집을 청구할 수 있다. ( )

> 임시주총의 소집권자는 (ⅰ) 원칙적으로 이사회이지만, (ⅱ) 소수주주와 감사(위원회)는 이사회에 소집청구를 하였음에도 소집되지 않는 경우 법원의 허가를 얻어서 직접 소집할 수 있고, (ⅲ) 법원의 명령으로 소집할 수도 있다.
>
> **제412조의3(총회의 소집청구)** ① 감사는 회의의 목적사항과 소집의 이유를 기재한 서면을 이사회에 제출하여 임시총회의 소집을 청구할 수 있다.
> ② 제366조제2항의 규정은 감사가 총회를 소집하는 경우에 이를 준용한다.

0321 |2014|

감사위원회는 회의의 목적사항과 소집의 이유를 기재한 서면을 이사회에 제출하여 임시주주총회 소집을 청구할 수 있다. ( )

> 감사의 주총소집청구에 관한 규정을 감사위원회에 준용한다.
>
> **제415조의2(감사위원회)**
> ⑦ 제296조·제312조·제367조·제387조·제391조의2제2항·제394조제1항·제400조·제402조 내지 제407조·제412조 내지 제414조·제447조의3·제447조의4·제450조·제527조의4·제530조의5 제1항 제9호·제530조의6 제1항 제10호 및 제534조의 규정은 감사위원회에 관하여 이를 준용한다. 이 경우 제530조의5제1항제9호 및 제530조의6제1항제10호 중 "감사"는 "감사위원회 위원"으로 본다.
>
> **제412조의3(총회의 소집청구)** ① 감사는 회의의 목적사항과 소집의 이유를 기재한 서면을 이사회에 제출하여 임시총회의 소집을 청구할 수 있다.
> ② 제366조제2항의 규정은 감사가 총회를 소집하는 경우에 이를 준용한다.

답 0319 × 0320 ○ 0321 ○

0322 | 2017, 2019 |

주주총회에서 회의의 속행 또는 연기의 결의를 한 경우 총회소집절차에서와 같은 방법으로 주주들에게 이를 통지하여야 한다. (   )

「속행」이란 주주총회를 종결하지 못하고 나머지 의사를 다음 회일에 계속하는 것이고, 「연기」란 총회성립 후 의사 자체에 들어가지 못하고 회일을 후일로 다시 정하는 것이다. 속행과 연기의 경우에는 주주에 대한 통지 등의 소집절차를 다시 밟을 필요가 없다.

제372조(총회의 연기, 속행의 결의) ① 총회에서는 회의의 속행 또는 연기의 결의를 할 수 있다.
② 전항의 경우에는 제363조의 규정을 적용하지 아니한다.

제363조(소집의 통지) ① 주주총회를 소집할 때에는 주주총회일의 2주 전에 각 주주에게 서면으로 통지를 발송하거나 각 주주의 동의를 받아 전자문서로 통지를 발송하여야 한다. 다만, 그 통지가 주주명부상 주주의 주소에 계속 3년간 도달하지 아니한 경우에는 회사는 해당 주주에게 총회의 소집을 통지하지 아니할 수 있다.

0323 | 2017 |

판례에 의하면 주주총회 소집을 통지한 후에 소집을 철회하기 위해서는 소집의 경우에 준하여 이사회의 결의를 거쳐 대표이사가 그 뜻을 소집에서와 같은 방법으로 통지하여야 한다. (   )

소집의 철회와 변경의 경우 소집통지와 같은 방법으로 통지가 필요하다.

[대법원 2011.6.24. 선고, 2009다35033, 판결]
주식회사 대표이사가 이사회결의를 거쳐 주주들에게 임시주주총회 소집통지서를 발송하였다가 다시 이를 철회하기로 하는 이사회결의를 거친 후 총회 개최장소 출입문에 총회 소집이 철회되었다는 취지의 공고문을 부착하고, 이사회에 참석하지 않은 주주들에게는 퀵서비스를 이용하여 총회 소집이 철회되었다는 내용의 소집철회통지서를 보내는 한편, 전보와 휴대전화(직접 통화 또는 메시지 녹음)로도 같은 취지의 통지를 한 사안에서, 임시주주총회 소집을 철회하기로 하는 이사회결의를 거친 후 주주들에게 소집통지와 같은 방법인 서면에 의한 소집철회통지를 한 이상 임시주주총회 소집이 적법하게 철회되었다.

0324 | 2010, 2020, 2021 |

판례에 의하면, 회사의 모든 주주가 총회를 개최할 것에 동의하여 출석한 전원출석총회는 이사회의 소집절차를 거치지 아니한 경우 총회는 무효이다. (   )

자본금 10억원 미만의 소규모회사가 아니더라도, 전원출석총회의 경우에는 1인회사와 마찬가지로 소집절차의 하자가 치유된다.

[대법원 2002.12.24. 선고, 2000다69927, 판결]
주식회사의 임시주주총회가 법령 및 정관상 요구되는 이사회의 결의 및 소집절차 없이 이루어졌다 하더라도, 주주명부상의 주주 전원이 참석하여 총회를 개최하는 데 동의하고 아무런 이의 없이 만장일치로 결의가 이루어졌다면 그 결의는 특별한 사정이 없는 한 유효하다.

답 0322 × 0323 ○ 0324 ×

0325 |2017|

판례에 의하면 주주명부상의 주주 전원이 출석하여 총회를 개최하는 데 동의하고 아무런 이의 없이 만장일치로 결의가 이루어졌다면 그 결의는 특별한 사정이 없는 한 유효하다. (   )

[대법원 2002.12.24, 선고, 2000다69927, 판결]
주식회사의 임시주주총회가 법령 및 정관상 요구되는 이사회의 결의 및 소집절차 없이 이루어졌다 하더라도, 주주명부상의 주주 전원이 참석하여 총회를 개최하는 데 동의하고 아무런 이의 없이 만장일치로 결의가 이루어졌다면 그 결의는 특별한 사정이 없는 한 유효하다.

0326 |2021|

비상장 주식회사의 경우 회사 또는 발행주식총수의 100분의 1 이상에 해당하는 주식을 가진 주주는 총회의 소집절차의 적법성을 조사하기 위하여 총회 전에 법원에 검사인의 선임을 청구할 수 있다. (   )

1/100의 지분비율이 요구되는 경우는 "위/대/주검/공통"으로 정리하자.

제367조(검사인의 선임) ① 총회는 이사가 제출한 서류와 감사의 보고서를 조사하게 하기 위하여 검사인(檢查人)을 선임할 수 있다.
② 회사 또는 발행주식총수의 100분의 1 이상에 해당하는 주식을 가진 주주는 총회의 소집절차나 결의방법의 적법성을 조사하기 위하여 총회 전에 법원에 검사인의 선임을 청구할 수 있다.

2. 주주제안권

0327 |2009|

주주제안권의 내용은 일정한 사항을 주주총회의 목적사항으로 할 것을 제안하는 의제제안권뿐만 아니라 그 목적사항에 관해 의안의 요령을 제출하는 의안제안권을 포함한다. (   )

주주제안은 그 내용에 따라 의제제안과 의안제안으로 나눌 수 있다. (ⅰ) 의제제안이란 일정한 사항을 총회의 목적사항(의제)로 정할 것을 청구하는 제안이다. (ⅱ) 의안제안이란 의제에 관한 의안의 요령 즉, '구체적인 결의안'을 제출하는 제안이다.

0328 |2008, 2012|

주주의 적법한 의제제안을 무시하고 한 총회결의는 결의취소의 소의 원인이 된다. (   )

의안제안을 무시하고 주총결의를 한 경우라면 결의취소사유가 되지만, 의제제안을 무시한 경우에는 해당하는 결의 자체가 없었기 때문에 결의를 취소할 대상이 존재하지 않는다.

제363조의2(주주제안권) ① 의결권없는 주식을 제외한 발행주식총수의 100분의 3 이상에 해당하는 주식을 가진 주주는 이사에게 주주총회일(정기주주총회의 경우 직전 연도의 정기주주총회일에 해당하는 그 해의 해당일. 이하 이 조에서 같다)의 6주 전에 서면 또는 전자문서로 일정한 사항을 주주총회의 목적사항으로 할 것을 제안(이하 '株主提案'이라 한다)할 수 있다.

② 제1항의 주주는 이사에게 주주총회일의 6주 전에 서면 또는 전자문서로 회의의 목적으로 할 사항에 추가하여 당해 주주가 제출하는 의안의 요령을 제363조에서 정하는 통지에 기재할 것을 청구할 수 있다.
③ 이사는 제1항에 의한 주주제안이 있는 경우에는 이를 이사회에 보고하고, 이사회는 주주제안의 내용이 법령 또는 정관을 위반하는 경우와 그 밖에 대통령령으로 정하는 경우를 제외하고는 이를 주주총회의 목적사항으로 하여야 한다. 이 경우 주주제안을 한 자의 청구가 있는 때에는 주주총회에서 당해 의안을 설명할 기회를 주어야 한다.

0329 | 2009 |
주주제안권은 소수주주권이므로 소수주주에 대하여만 인정한다. (   )

소수주주(지분비율 3/100 이상)에게만 인정하며, 이 경우 지분비율을 계산함에 있어 의결권 없는 주식은 제외한다.

제363조의2(주주제안권) ① 의결권없는 주식을 제외한 발행주식총수의 100분의 3 이상에 해당하는 주식을 가진 주주는 이사에게 주주총회일(정기주주총회의 경우 직전 연도의 정기주주총회일에 해당하는 그 해의 해당일. 이하 이 조에서 같다)의 6주 전에 서면 또는 전자문서로 일정한 사항을 주주총회의 목적사항으로 할 것을 제안(이하 '株主提案'이라 한다)할 수 있다.

0330 | 2008, 2014, 2021, 2023 |
의결권없는 주식을 포함한 발행주식총수의 100분의 3 이상에 해당하는 주식을 가진 주주는 주주제안을 할 수 있다. (   )

(ⅰ) 의결권 없는 주식은 제외한다(제/집/감/통/주/선//제외). (ⅱ) 비상장회사의 소수주주권의 원칙적인 비율은 3/100이다.

제363조의2(주주제안권) ① 의결권없는 주식을 제외한 발행주식총수의 100분의 3 이상에 해당하는 주식을 가진 주주는 이사에게 주주총회일(정기주주총회의 경우 직전 연도의 정기주주총회일에 해당하는 그 해의 해당일. 이하 이 조에서 같다)의 6주 전에 서면 또는 전자문서로 일정한 사항을 주주총회의 목적사항으로 할 것을 제안(이하 '株主提案'이라 한다)할 수 있다.

0331 | 2003, 2023 |
주주제안권을 가진 자는 이사에게 주주총회일의 6주 전에 서면 또는 전자문서로 제안 사항을 주주총회의 목적사항으로 할 것과 당해 주주가 제출하는 의안의 요령을 주주총회 소집통지에 기재할 것을 청구할 수 있다. (   )

주주제안권은 (ⅰ) 이사에게 청구하여야 하고, (ⅱ) 주총 6주전까지 청구하여야 하고, (ⅲ) 서면 또는 전자문서로 하여야 하고, (ⅳ) 청구대상은 「제안사항을 주주총회의 목적사항으로 할 것」과 「당해 주주가 제출하는 의안의 요령을 주주총회소집통지에 기재할 것」의 2가지이다.

제363조의2(주주제안권) ① 의결권없는 주식을 제외한 발행주식총수의 100분의 3 이상에 해당하는 주식을 가진 주주는 이사에게 주주총회일(정기주주총회의 경우 직전 연도의 정기주주총회일에 해당하는 그 해의 해당일. 이하 이 조에서 같다)의 6주 전에 서면 또는 전자문서로 일정한 사항을 주주총회의 목적사항으로 할 것을 제안(이하 '株主提案'이라 한다)할 수 있다. 〈개정 2009. 1. 30.〉
② 제1항의 주주는 이사에게 주주총회일의 6주 전에 서면 또는 전자문서로 회의의 목적으로 할 사항에 추가하여 당해 주주가 제출하는 의안의 요령을 제363조에서 정하는 통지에 기재할 것을 청구할 수 있다.

답 0329 ○ 0330 × 0331 ○

0332 | 2008, 2009, 2023 |

이사회는 주주제안의 내용이 법령 또는 정관에 위반되는 경우를 제외하고는 이를 주주총회의 목적사항으로 하여야 한다. ( )

「대통령령으로 정하는 사항에 해당할 때」에도 주주총회의 목적사항으로 하지 않는다. 주주제안의 거부사유에 해당한다.

제363조의2(주주제안권) ③ 이사는 제1항에 의한 주주제안이 있는 경우에는 이를 이사회에 보고하고, 이사회는 주주제안의 내용이 법령 또는 정관을 위반하는 경우와 그 밖에 대통령령으로 정하는 경우를 제외하고는 이를 주주총회의 목적사항으로 하여야 한다. 이 경우 주주제안을 한 자의 청구가 있는 때에는 주주총회에서 당해 의안을 설명할 기회를 주어야 한다.

■ 상법시행령
제12조(주주제안의 거부) 법 제363조의2제3항 전단에서 "대통령령으로 정하는 경우"란 주주제안의 내용이 다음 각 호의 어느 하나에 해당하는 경우를 말한다.
1. 주주총회에서 의결권의 100분의 10 미만의 찬성밖에 얻지 못하여 부결된 내용과 같은 내용의 의안을 부결된 날부터 3년 내에 다시 제안하는 경우
2. 주주 개인의 고충에 관한 사항인 경우
3. 주주가 권리를 행사하기 위하여 일정 비율을 초과하는 주식을 보유해야 하는 소수주주권에 관한 사항인 경우
4. 임기 중에 있는 임원의 해임에 관한 사항[법 제542조의2제1항에 따른 상장회사(이하 "상장회사"라 한다)만 해당한다]인 경우
5. 회사가 실현할 수 없는 사항 또는 제안 이유가 명백히 거짓이거나 특정인의 명예를 훼손하는 사항인 경우

0333 | 2008, 2014, 2023 |

주주제안을 한 주주가 의안의 설명기회를 청구한 때에는 주주총회에서 당해 의안의 설명기회를 줄 수 있다. ( )

주주제안을 한 주주가 청구한 때에는 반드시 당해 의안을 설명할 기회를 주어야 한다.

제363조의2(주주제안권) ③ 이사는 제1항에 의한 주주제안이 있는 경우에는 이를 이사회에 보고하고, 이사회는 주주제안의 내용이 법령 또는 정관을 위반하는 경우와 그 밖에 대통령령으로 정하는 경우를 제외하고는 이를 주주총회의 목적사항으로 하여야 한다. 이 경우 주주제안을 한 자의 청구가 있는 때에는 주주총회에서 당해 의안을 <u>설명할 기회를 주어야 한다.</u>

0334 | 2008, 2009 |

주주제안은 상대방은 이사이므로 주주총회일의 6주 전에 이사에 대하여 제안하여야 한다. ( )

이사회가 아니라 이사가 그 제안의 상대방이라는 점에 주의하여야 한다.

제363조의2(주주제안권) ① 의결권없는 주식을 제외한 발행주식총수의 100분의 3 이상에 해당하는 주식을 가진 주주는 이사에게 <u>주주총회일</u>(정기주주총회의 경우 직전 연도의 정기주주총회일에 해당하는 그 해의 해당일. 이하 이 조에서 같다)<u>의 6주 전</u>에 서면 또는 전자문서로 일정한 사항을 주주총회의 목적사항으로 할 것을 제안(이하 '株主提案'이라 한다)할 수 있다.

답 0332 × 0333 × 0334 ○

0335 | 2009, 2014 |
주주제안권의 행사방법에는 제한이 없으므로 구두 또는 서면이나 전자문서에 의할 수 있다. (   )

> 서면 또는 전자문서로만 가능하고, 구두로는 할 수 없다.
>
> **제363조의2(주주제안권)** ① 의결권없는 주식을 제외한 발행주식총수의 100분의 3 이상에 해당하는 주식을 가진 주주는 이사에게 주주총회일(정기주주총회의 경우 직전 연도의 정기주주총회일에 해당하는 그 해의 해당일. 이하 이 조에서 같다)의 6주 전에 서면 또는 전자문서로 일정한 사항을 주주총회의 목적사항으로 할 것을 제안(이하 '株主提案'이라 한다)할 수 있다.

0336 | 2013 |
상장회사의 경우 임기 중에 있는 임원의 해임에 관한 사항을 주주가 제안하는 경우 회사는 이를 거절할 수 없다. (   )

> 상장회사의 경우 「임기 중에 있는 임원의 해임에 관한 사항」은 주주제안에서 제외되는 대통령령으로 정한 사항이므로 회사는 그 주주제안을 거절할 수 있다.
>
> **제363조의2(주주제안권)** ③ 이사는 제1항에 의한 주주제안이 있는 경우에는 이를 이사회에 보고하고, 이사회는 주주제안의 내용이 법령 또는 정관을 위반하는 경우와 그 밖에 대통령령으로 정하는 경우를 제외하고는 이를 주주총회의 목적사항으로 하여야 한다. 이 경우 주주제안을 한 자의 청구가 있는 때에는 주주총회에서 당해 의안을 설명할 기회를 주어야 한다.
>
> ■ **상법시행령**
> **제12조(주주제안의 거부)** 법 제363조의2제3항 전단에서 "대통령령으로 정하는 경우"란 주주제안의 내용이 다음 각 호의 어느 하나에 해당하는 경우를 말한다.
> 1. 주주총회에서 의결권의 100분의 10 미만의 찬성밖에 얻지 못하여 부결된 내용과 같은 내용의 의안을 부결된 날부터 3년 내에 다시 제안하는 경우
> 2. 주주 개인의 고충에 관한 사항인 경우
> 3. 주주가 권리를 행사하기 위하여 일정 비율을 초과하는 주식을 보유해야 하는 소수주주권에 관한 사항인 경우
> 4. 임기 중에 있는 임원의 해임에 관한 사항[법 제542조의2제1항에 따른 상장회사(이하 "상장회사"라 한다)만 해당한다]인 경우
> 5. 회사가 실현할 수 없는 사항 또는 제안 이유가 명백히 거짓이거나 특정인의 명예를 훼손하는 사항인 경우

0337 | 2013 |
최근 사업연도 말 현재의 자산총액 2조원 이상의 상장주식회사의 의결권 있는 발행주식총수의 3% 이상에 해당하는 주식을 3개월간 보유해온 주주는 사외이사후보추천위원회에 사외이사의 후보를 추천할 수 있다. (   )

> (ⅰ) 상장회사의 임시주총소집요건(상542의8⑤) 및 상장회사의 주주제안의 요건(제542조의6 제2항)을 충족하거나, (ⅱ) 일반적인 주주제안의 요건(제542조의6 제10항, 제363조의2 제1항)을 충족하면 된다. 정리하자면 일반적인 주주제안의 요건을 갖춘 경우에는 주식을 6개월 이상 보유하지 않아도 된다.
>
> **제542조의8(사외이사의 선임)** ① 상장회사는 자산 규모 등을 고려하여 대통령령으로 정하는 경우를 제외하고는 이사 총수의 4분의 1 이상을 사외이사로 하여야 한다. 다만, 자산 규모 등을 고려하여 대통령령으로 정하는 상장회사의 사외이사는 3명 이상으로 하되, 이사 총수의 과반수가 되도록 하여야 한다.

답 0335 ×   0336 ×   0337 ○

⑤ 제1항 단서에서 규정하는 상장회사가 주주총회에서 사외이사를 선임하려는 때에는 사외이사 후보추천위원회의 추천을 받은 자 중에서 선임하여야 한다. 이 경우 사외이사 후보추천위원회가 사외이사 후보를 추천할 때에는 제363조의2제1항, 제542조의6제1항·제2항의 권리를 행사할 수 있는 요건을 갖춘 주주가 주주총회일(정기주주총회의 경우 직전연도의 정기주주총회일에 해당하는 해당 연도의 해당일)의 6주 전에 추천한 사외이사 후보를 포함시켜야 한다.

제542조의6(소수주주권) ① 6개월 전부터 계속하여 상장회사 발행주식총수의 1천분의 15 이상에 해당하는 주식을 보유한 자는 제366조(제542조에서 준용하는 경우를 포함한다) 및 제467조에 따른 주주의 권리를 행사할 수 있다.
② 6개월 전부터 계속하여 상장회사의 의결권 없는 주식을 제외한 발행주식총수의 1천분의 10(대통령령으로 정하는 상장회사의 경우에는 1천분의 5) 이상에 해당하는 주식을 보유한 자는 제363조의2(제542조에서 준용하는 경우를 포함한다)에 따른 주주의 권리를 행사할 수 있다.
⑩ 제1항부터 제7항까지는 제542조의2제2항에도 불구하고 이 장의 다른 절에 따른 소수주주권의 행사에 영향을 미치지 아니한다.

제363조의2(주주제안권) ① 의결권없는 주식을 제외한 발행주식총수의 100분의 3 이상에 해당하는 주식을 가진 주주는 이사에게 주주총회일(정기주주총회의 경우 직전 연도의 정기주주총회일에 해당하는 그 해의 해당일. 이하 이 조에서 같다)의 6주 전에 서면 또는 전자문서로 일정한 사항을 주주총회의 목적사항으로 할 것을 제안(이하 '주주제안'이라 한다)할 수 있다.

■ 상법시행령
제34조(상장회사의 사외이사 등) ② 법 제542조의8제1항 단서에서 "대통령령으로 정하는 상장회사"란 최근 사업연도 말 현재의 자산총액이 2조원 이상인 상장회사를 말한다.

0338 | 2014 |
주주는 주주제안권을 행사하는 경우에 그 제안의 필요성을 입증할 필요는 없다. (　　)

필요성에 대한 입증을 요구하는 규정은 없다. 상법이 금지하는 것을 제외하고는 제안의 대상으로 할 수 있다.

제363조의2(주주제안권) ① 의결권없는 주식을 제외한 발행주식총수의 100분의 3 이상에 해당하는 주식을 가진 주주는 이사에게 주주총회일(정기주주총회의 경우 직전 연도의 정기주주총회일에 해당하는 그 해의 해당일. 이하 이 조에서 같다)의 6주 전에 서면 또는 전자문서로 일정한 사항을 주주총회의 목적사항으로 할 것을 제안(이하 '주주제안'이라 한다)할 수 있다.
② 제1항의 주주는 이사에게 주주총회일의 6주 전에 서면 또는 전자문서로 회의의 목적으로 할 사항에 추가하여 당해 주주가 제출하는 의안의 요령을 제363조에서 정하는 통지에 기재할 것을 청구할 수 있다.
③ 이사는 제1항에 의한 주주제안이 있는 경우에는 이를 이사회에 보고하고, 이사회는 주주제안의 내용이 법령 또는 정관을 위반하는 경우와 그 밖에 대통령령으로 정하는 경우를 제외하고는 이를 주주총회의 목적사항으로 하여야 한다. 이 경우 주주제안을 한 자의 청구가 있는 때에는 주주총회에서 당해 의안을 설명할 기회를 주어야 한다.

0339 | 2014 |
주주가 자기 개인의 고충에 관한 사항을 주주제안사항으로 하는 경우 이사회는 이를 주주총회의 목적사항으로 하여야 한다. (　　)

주주제안권의 행사에 대해 회사가 거부할 수 있는 경우에 해당한다.

제363조의2(주주제안권) ③ 이사는 제1항에 의한 주주제안이 있는 경우에는 이를 이사회에 보고하고, 이사회는 주주제안의 내용이 법령 또는 정관을 위반하는 경우와 그 밖에 대통령령으로 정하는 경우를 제외하고는 이를 주주총회의 목적사항으로 하여야 한다. 이 경우 주주제안을 한 자의 청구가 있는 때에는 주주총회에서 당해 의안을 설명할 기회를 주어야 한다.

■ 상법시행령

제12조(주주제안의 거부) 법 제363조의2제3항 전단에서 "대통령령으로 정하는 경우"란 주주제안의 내용이 다음 각 호의 어느 하나에 해당하는 경우를 말한다.
1. 주주총회에서 의결권의 100분의 10 미만의 찬성밖에 얻지 못하여 부결된 내용과 같은 내용의 의안을 부결된 날부터 3년 내에 다시 제안하는 경우
2. 주주 개인의 고충에 관한 사항인 경우
3. 주주가 권리를 행사하기 위하여 일정 비율을 초과하는 주식을 보유해야 하는 소수주주권에 관한 사항인 경우
4. 임기 중에 있는 임원의 해임에 관한 사항[법 제542조의2제1항에 따른 상장회사(이하 "상장회사"라 한다)만 해당한다]인 경우
5. 회사가 실현할 수 없는 사항 또는 제안 이유가 명백히 거짓이거나 특정인의 명예를 훼손하는 사항인 경우

3. 주주총회의 의사진행

0340 |2013|
주주총회의 의장은 고의로 의사진행을 방해하기 위한 발언·행동을 하는 등 현저히 질서를 문란하게 하는 자에 대하여 그 발언의 정지 또는 퇴장을 명할 수 있다. ( )

의장의 질서유지권에 대한 설명이다.

제366조의2(총회의 질서유지) ① 총회의 의장은 정관에서 정함이 없는 때에는 총회에서 선임한다.
② 총회의 의장은 총회의 질서를 유지하고 의사를 정리한다.
③ 총회의 의장은 고의로 의사진행을 방해하기 위한 발언·행동을 하는 등 현저히 질서를 문란하게 하는 자에 대하여 그 발언의 정지 또는 퇴장을 명할 수 있다.

0341 |2009, 2021|
주주총회의 표결의 결과 가부동수인 경우 그 의안은 가결된 것으로 처리한다. ( )

주주총회의 보통결의요건은 발행주식 총수의 1/4 이상의 찬성 및 출석한 의결권의 과반수의 찬성이다. 여기에서 「과반수」란 반수를 초과한 것을 의미하기 때문에 가부동수인 경우에 그 의안은 부결된 것이다.

0342 |2022|
상법은 주주총회의 보통결의 요건에 관하여 의사정족수를 따로 정하고 있지는 않지만, 보통결의 요건을 정관에서 달리 정할 수 있음을 허용하고 있으므로, 정관에 의하여 의사정족수를 규정하는 것은 가능하다. ( )

「의사정족수」란 회의를 개시하기 위해 필요한 출석주식수, 즉 "출석요건"을 말한다. 한편 「의결정족수」란 안건을 통과시키기 위해 필요한 찬성주식수, 즉 "동의요건"을 말한다. 상법제368조 제1항에서는 에서는 의결정족수를 규

답 0340 ○ 0341 × 0342 ○

정하고 있을 뿐 의사정족수는 별도로 정하고 있지 않다. 다만 동조 제1항에서 "정관에 다른 정함이 있는 경우를 제외하고는"이라고 규정하고 있으므로, 정관에 의하여 의사정족수를 규정하는 것은 가능하다.

[대법원 2017. 1. 12., 선고, 2016다217741, 판결]
상법 제368조 제1항은 주주총회의 보통결의 요건에 관하여 "총회의 결의는 이 법 또는 정관에 다른 정함이 있는 경우를 제외하고는 출석한 주주의 의결권의 과반수와 발행주식총수의 4분의 1 이상의 수로써 하여야 한다."라고 규정하여 주주총회의 성립에 관한 의사정족수를 따로 정하고 있지는 않지만, 보통결의 요건을 정관에서 달리 정할 수 있음을 허용하고 있으므로, 정관에 의하여 의사정족수를 규정하는 것은 가능하다.

제368조(총회의 결의방법과 의결권의 행사) ① 총회의 결의는 이 법 또는 정관에 다른 정함이 있는 경우를 제외하고는 출석한 주주의 의결권의 과반수와 발행주식총수의 4분의 1 이상의 수로써 하여야 한다.
② 주주는 대리인으로 하여금 그 의결권을 행사하게 할 수 있다. 이 경우에는 그 대리인은 대리권을 증명하는 서면을 총회에 제출하여야 한다.
③ 총회의 결의에 관하여 특별한 이해관계가 있는 자는 의결권을 행사하지 못한다.

4. 의결권의 행사

01 | 의결권의 제한

0343 | 2009 |
회사의 정관으로 일부의 주주에 한하여 서면투표를 허용하는 것은 주주평등의 원칙에 반한다. ( )

주주평등의 원칙에 반하므로 허용될 수 없다. 모든 주주에 대해 서면투표를 허용하는 것은 정관으로 가능하다.

제368조의3(서면에 의한 의결권의 행사) ① 주주는 정관이 정한 바에 따라 총회에 출석하지 아니하고 서면에 의하여 의결권을 행사할 수 있다.

0344 | 2009, 2010 |
법률에 근거가 없는 이상 정관이나 주주총회결의, 이사회결의로는 1주당 1의결권 원칙을 배제할 수 없다. ( )

「1주당 1의결권」을 규정한 상법 제369조 제1항은 강행규정이므로 법률이 아닌 정관이나 주주총회의 결의로는 달리 정할 수 없다. 법률에 근거를 둔 "1주당 1의결권 원칙에 대한 예외"로 (ⅰ) 감사 선임시 3% 초과주식의 의결권 제한, (ⅱ) 대규모상장사의 집중투표에 관한 정관 변경시 3% 초과주식의 의결권 제한 등이 있다.

제369조(의결권) ① 의결권은 1주마다 1개로 한다.
② 회사가 가진 자기주식은 의결권이 없다.
③ 회사, 모회사 및 자회사 또는 자회사가 다른 회사의 발행주식의 총수의 10분의 1을 초과하는 주식을 가지고 있는 경우 그 다른 회사가 가지고 있는 회사 또는 모회사의 주식은 의결권이 없다.

[대법원 2009.11.26, 선고, 2009다51820, 판결]
상법 제369조 제1항에서 주식회사의 주주는 1주마다 1개의 의결권을 가진다고 하는 1주 1의결권의 원칙을 규정하고 있는바, 위 규정은 강행규정이므로 법률에서 위 원칙에 대한 예외를 인정하는 경우를 제외하고, 정관의 규정이나 주주총회의 결의 등으로 위 원칙에 반하여 의결권을 제한하더라도 효력이 없다.

답 0343 ○ 0344 ○

0345 |2016|

甲회사가 발행한 의결권이 없는 종류주식은 甲회사의 발행주식총수에 산입된다. ( )

> 의결권 없는 종류주식은 발행주식총수에 산입되지 않는다.
>
> **제371조(정족수, 의결권수의 계산)** ① 총회의 결의에 관하여는 제344조의3제1항과 제369조제2항 및 제3항의 의결권 없는 주식의 수는 발행주식총수에 산입하지 아니한다.
>
> **제344조의3(의결권의 배제·제한에 관한 종류주식)** ① 회사가 의결권이 없는 종류주식이나 의결권이 제한되는 종류주식을 발행하는 경우에는 정관에 의결권을 행사할 수 없는 사항과, 의결권행사 또는 부활의 조건을 정한 경우에는 그 조건 등을 정하여야 한다.

0346 |2013, 2016, 2023|

주주총회결의에 관하여 회사가 가진 자기주식의 의결권의 수는 출석한 주주의 의결권의 수에 산입하지 않는다. ( )

> 회사가 가지고 있는 자기주식의 경우에는 발행주식총수에 산입되지 않으니, 당연히 출석한 주식의 의결권의 수에도 산입하지 아니한다.
>
> **제371조(정족수, 의결권수의 계산)** ① 총회의 결의에 관하여는 제344조의3제1항과 제369조제2항 및 제3항의 의결권 없는 주식의 수는 발행주식총수에 산입하지 아니한다.
> ② 총회의 결의에 관하여는 제368조제3항에 따라 행사할 수 없는 주식의 의결권 수와 제409조제2항·제3항 및 제542조의12제3항·제4항에 따라 그 비율을 초과하는 주식으로서 행사할 수 없는 주식의 의결권 수는 출석한 주주의 의결권의 수에 산입하지 아니한다.
>
> **제369조(의결권)** ① 의결권은 1주마다 1개로 한다.
> ② 회사가 가진 자기주식은 의결권이 없다.

0347 |2008, 2019|

재무제표의 승인결의와 동시에 이사나 감사의 책임해제유보결의를 하는 경우에 당사자인 이사나 감사가 주주인 때에 당해 주주는 특별이해관계인으로서 의결권을 행사할 수 없다. ( )

> 이사나 감사의 책임해제유보는 개인의 손해배상책임에 관한 것이므로 개인적·재산적 이해관계가 인정된다. 따라서 특별이해관계인에 해당한다.
>
> **제450조(이사, 감사의 책임해제)** 정기총회에서 전조제1항의 승인을 한 후 2년내에 다른 결의가 없으면 회사는 이사와 감사의 책임을 해제한 것으로 본다. 그러나 이사 또는 감사의 부정행위에 대하여는 그러하지 아니하다.
>
> **제368조(총회의 결의방법과 의결권의 행사)** ③ 총회의 결의에 관하여 특별한 이해관계가 있는 자는 의결권을 행사하지 못한다.

0348 |2016|

甲회사가 乙주식회사의 발행주식총수의 12%를 소유한 경우 乙회사가 소유한 甲회사의 주식은 甲회사의 발행주식총수에 산입되지 않는다. ( )

답 0345 × 0346 ○ 0347 ○ 0348 ○

상호보유주식은 발행주식총수에 산입되지 않는다.

제371조(정족수, 의결권수의 계산) ① 총회의 결의에 관하여는 제344조의3제1항과 제369조 제2항 및 제3항의 의결권 없는 주식의 수는 발행주식총수에 산입하지 아니한다.

제369조(의결권) ③ 회사, 모회사 및 자회사 또는 자회사가 다른 회사의 발행주식의 총수의 10분의 1을 초과하는 주식을 가지고 있는 경우 그 다른 회사가 가지고 있는 회사 또는 모회사의 주식은 의결권이 없다.

0349 |2016|

甲회사의 감사 선임결의에서 의결권 없는 주식을 제외한 발행주식총수의 5%를 소유한 주주의 의결권 수는 출석한 주주의 의결권 수에 전부 산입된다. ( )

감사 선임시 3% 초과분 주식의 의결권이 제한되는데, 발행주식총수와 출석한 주주의 의결권 수 모두에 산입되지 않는다.

[대법원 2016.8.17. 선고, 2016다222996, 판결]
주주총회에서 감사를 선임하려면 우선 '출석한 주주의 의결권의 과반수'라는 의결정족수를 충족하여야 하고, 나아가 의결정족수가 '발행주식총수의 4분의 1 이상의 수'이어야 하는데, 상법 제371조는 제1항에서 '발행주식총수에 산입하지 않는 주식'에 대하여 정하면서 상법 제409조 제2항의 의결권 없는 주식(이하 '3% 초과 주식'이라 한다)은 이에 포함시키지 않고 있고, 제2항에서 '출석한 주주의 의결권 수에 산입하지 않는 주식'에 대하여 정하면서는 3% 초과 주식을 이에 포함시키고 있다.
그런데 만약 3% 초과 주식이 상법 제368조 제1항에서 말하는 '발행주식총수'에 산입된다고 보게 되면, 어느 한 주주가 발행주식총수의 78%를 초과하여 소유하는 경우와 같이 3% 초과 주식의 수가 발행주식총수의 75%를 넘는 경우에는 상법 제368조 제1항에서 말하는 '발행주식총수의 4분의 1 이상의 수'라는 요건을 충족시키는 것이 원천적으로 불가능하게 되는데, 이러한 결과는 감사를 주식회사의 필요적 상설기관으로 규정하고 있는 상법의 기본 입장과 모순된다. 따라서 감사의 선임에서 3% 초과 주식은 상법 제371조의 규정에도 불구하고 상법 제368조 제1항에서 말하는 '발행주식총수'에 산입되지 않는다. 그리고 이는 자본금 총액이 10억 원 미만이어서 감사를 반드시 선임하지 않아도 되는 주식회사라고 하여 달리 볼 것도 아니다.

0350 |2009, 2010, 2016|

특별이해관계인이 갖는 주식의 수는 결의의 성립에 필요한 다수결의 계산에 있어서 출석주주의 의결권의 수에 산입하지 않는다. ( )

발행주식 총수에는 산입하지만, 출석의결권의 수에는 산입하지 않는다.

제371조(정족수, 의결권수의 계산) ② 총회의 결의에 관하여는 제368조제3항에 따라 행사할 수 없는 주식의 의결권 수와 제409조제2항·제3항 및 제542조의12제3항·제4항에 따라 그 비율을 초과하는 주식으로서 행사할 수 없는 주식의 의결권 수는 출석한 주주의 의결권의 수에 산입하지 아니한다.

제368조(총회의 결의방법과 의결권의 행사) ① 총회의 결의는 이 법 또는 정관에 다른 정함이 있는 경우를 제외하고는 출석한 주주의 의결권의 과반수와 발행주식총수의 4분의 1 이상의 수로써 하여야 한다.
② 주주는 대리인으로 하여금 그 의결권을 행사하게 할 수 있다. 이 경우에는 그 대리인은 대리권을 증명하는 서면을 총회에 제출하여야 한다.
③ 총회의 결의에 관하여 특별한 이해관계가 있는 자는 의결권을 행사하지 못한다.

정답 0349 × 0350 ○

0351 | 2016 |
주주 A는 자신이 개인적으로 운영하는 영업을 甲회사가 양수하는 것을 승인하기 위한 주주총회결의에서 의결권을 행사할 수 없다. ( )

> 특별이해관계란 특정한 주주가 주주의 지위를 떠나 개인으로서 갖는 경제적 이해관계를 뜻한다. 영업양수도는 주주의 재산적 이익과 관련되어 있으므로 이 경우 A는 특별이해관계인에 해당한다.
>
> **제368조(총회의 결의방법과 의결권의 행사)** ① 총회의 결의는 이 법 또는 정관에 다른 정함이 있는 경우를 제외하고는 출석한 주주의 의결권의 과반수와 발행주식총수의 4분의 1 이상의 수로써 하여야 한다.
> ② 주주는 대리인으로 하여금 그 의결권을 행사하게 할 수 있다. 이 경우에는 그 대리인은 대리권을 증명하는 서면을 총회에 제출하여야 한다.
> ③ 총회의 결의에 관하여 특별한 이해관계가 있는 자는 의결권을 행사하지 못한다.

0352 | 2016 |
주주이자 이사인 B는 자신의 이사직 수행에 대한 보수액을 결정하기 위한 주주총회결의에서 의결권을 행사할 수 있다. ( )

> 주주이자 동시에 이사인 자의 이사로서의 보수를 정하는 결의에 대해서 해당 주주는 특별이해관계인에 해당한다.

0353 | 2016 |
주주 C를 이사로 선임하기 위한 주주총회결의에서 C는 의결권을 행사할 수 있다. ( )

> 주주의 지위에서 회사지배에 관련되는 결의(예컨대 이사 선·해임결의)에 대해서는 특별이해관계인에 해당하지 않는다. 이러한 경우에도 의결권을 행사할 수 없다면 대주주일수록 오히려 회사의 경영에 참가하는 것이 어려워져서 불합리한 결과가 되기 때문이다.

0354 | 2016 |
주주이자 이사인 B를 이사직에서 해임하기 위한 주주총회결의에서 B는 의결권을 행사할 수 있다. ( )

> 주주의 지위에서 회사지배에 관련되는 결의(예컨대 이사 선·해임결의)에 대해서는 특별이해관계인에 해당하지 않는다. 이러한 경우에도 의결권을 행사할 수 없다면 대주주일수록 오히려 회사의 경영에 참가하는 것이 어려워져서 불합리한 결과가 되기 때문이다.

답 0351 ○ 0352 × 0353 ○ 0354 ○

02 | 의결권의 대리행사

0355 |2014, 2019, 2021|
주주는 대리인이 자신의 대리권을 증명하는 서면을 주주총회에 제출함으로써 대리인으로 하여금 의결권을 행사하게 할 수 있다. ( )

제368조(총회의 결의방법과 의결권의 행사) ② 주주는 대리인으로 하여금 그 의결권을 행사하게 할 수 있다. 이 경우에는 그 대리인은 대리권을 증명하는 서면을 총회에 제출하여야 한다.

0356 |2008, 2013|
의결권의 대리행사를 위임하였다 하더라도 본인은 언제든지 이를 철회하고 의결권을 직접 행사할 수 있다. ( )

민법상 대리의 법리에 따라 수권행위의 철회는 언제든지 가능하다.
[대법원 2002.12.24, 선고, 2002다54691, 판결]
[1] 주주권은 주식의 양도나 소각 등 법률에 정하여진 사유에 의하여서만 상실되고 단순히 당사자 사이의 특약이나 주주권 포기의 의사표시만으로 상실되지 아니하며 다른 특별한 사정이 없는 한 그 행사가 제한되지도 아니한다.
[2] 주주가 일정기간 주주권을 포기하고 타인에게 주주로서의 의결권 행사권한을 위임하기로 약정한 사정만으로는 그 주주가 주주로서의 의결권을 직접 행사할 수 없게 되었다고 볼 수 없다.

0357 |2008, 2010, 2012, 2013|
대리권을 증명하는 서면은 원본이어야 하고, 특별한 사정이 없는 한 사본은 그 서면에 해당하지 않는다. ( )

[대법원 2004.4.27, 선고, 2003다29616, 판결]
상법 제368조 제3항의 규정은 대리권의 존부에 관한 법률관계를 명확히 하여 주주총회 결의의 성립을 원활하게 하기 위한 데 그 목적이 있다고 할 것이므로 대리권을 증명하는 서면은 위조나 변조 여부를 쉽게 식별할 수 있는 원본이어야 하고, 특별한 사정이 없는 한 사본은 그 서면에 해당하지 아니하고, 팩스를 통하여 출력된 팩스본 위임장 역시 성질상 원본으로 볼 수 없다.

0358 |2008|
의결권의 대리행사는 정관에 의하여 이를 제한하거나 금지할 수 있다. ( )

의결권의 대리행사를 회사가 「제한」할 수는 있지만, 전면적으로 「금지」할 수는 없다. 의결권의 대리행사를 회사가 제한하는 대표적인 예로는 대리인의 자격을 정관에 의하여 주주 등으로 제한하는 경우를 들 수 있다.
[대법원 2009.4.23, 선고, 2005다22701,22718, 판결]
상법 제368조 제3항의 규정은 주주의 대리인의 자격을 제한할 만한 합리적인 이유가 있는 경우 정관의 규정에 의하여 상당하다고 인정되는 정도의 제한을 가하는 것까지 금지하는 취지는 아니라고 해석되는바, 대리인의 자격을 주주로 한정하는 취지의 주식회사의 정관 규정은 주주총회가 주주 이외의 제3자에 의하여 교란되는 것을 방지하여 회사 이익을 보호하는 취지에서 마련된 것으로서 합리적인 이유에 의한 상당한 정도의 제한이라고 볼 수 있으므로 이를 무효라고 볼 수는 없다.

답 0355 ○ 0356 ○ 0357 ○ 0358 ×

0359 |2008|

의결권의 대리행사로 말미암아 주주총회의 개최가 부당하게 저해되거나 또는 회사의 이익이 부당하게 침해될 염려가 있는 등의 특별한 사정이 있는 경우에는 회사는 이를 거절할 수 있다.   (   )

> 의결권의 대리행사로 말미암아 주주총회의 개최가 부당하게 저해되거나 혹은 회사의 이익이 부당하게 침해될 염려가 있는 등의 특별한 사정이 있는 경우에는 회사는 이를 거절할 수 있다.
>
> [대법원 2001.9.7. 선고, 2001도2917, 판결]
> 주주의 자유로운 의결권 행사를 보장하기 위하여 주주가 의결권의 행사를 대리인에게 위임하는 것이 보장되어야 한다고 하더라도 주주의 의결권 행사를 위한 대리인 선임이 무제한적으로 허용되는 것은 아니고, 그 의결권의 대리행사로 말미암아 주주총회의 개최가 부당하게 저해되거나 혹은 회사의 이익이 부당하게 침해될 염려가 있는 등의 특별한 사정이 있는 경우에는 회사는 이를 거절할 수 있다고 보아야 할 것이며, 주주가 자신이 가진 복수의 의결권을 불통일행사하기 위하여는 회일의 3일 전에 회사에 대하여 서면으로 그 뜻과 이유를 통지하여야 할 뿐만 아니라, 회사는 주주가 주식의 신탁을 인수하였거나 기타 타인을 위하여 주식을 가지고 있는 경우 외에는 주주의 의결권 불통일행사를 거부할 수 있는 것이므로, 주주가 위와 같은 요건을 갖추지 못한 채 의결권 불통일행사를 위하여 수인의 대리인을 선임하고자 하는 경우에는 회사는 역시 이를 거절할 수 있다.

0360 |2008|

대리인이 수인의 주주를 대리할 경우 각 수권에 따라 의결권을 불통일행사할 수 있다.   (   )

> 대리인이 수인의 주주를 대리하는 경우라면, 당연히 각 주주별로 수권에 따라 다르게 의결권을 행사할 수 있다. 이는 「의결권의 불통일 행사」의 문제가 아니라, 대리의 일반적인 법리에 따른 것이다.

0361 |2011|

대리인이 의결권을 대리행사하려면 정관에 이를 허용하는 규정이 있어야 하고 대리권을 증명하는 서면을 총회에 제출하여야 한다.   (   )

> 의결권의 대리행사에 관한 규정은 상법상 강행규정이다. 정관의 규정이 필요한 것도 아니고 정관규정이나 주총 결의, 이사회 결의 어느 것으로도 이를 금지할 수 없다.
>
> **제368조(총회의 결의방법과 의결권의 행사)** ① 총회의 결의는 이 법 또는 정관에 다른 정함이 있는 경우를 제외하고는 출석한 주주의 의결권의 과반수와 발행주식총수의 4분의 1 이상의 수로써 하여야 한다.
> ② 주주는 대리인으로 하여금 그 의결권을 행사하게 할 수 있다. 이 경우에는 그 대리인은 대리권을 증명하는 서면을 총회에 제출하여야 한다.
> ③ 총회의 결의에 관하여 특별한 이해관계가 있는 자는 의결권을 행사하지 못한다.

0362 |2013, 2022|

회사는 보유하고 있는 자기주식의 의결권을 대리인에게 위임하고 대리행사하게 할 수 있다.   (   )

> 자기주식은 의결권이 없고 대리행사도 허용하지 않는다(전면적 휴지설).
>
> **제369조(의결권)** ① 의결권은 1주마다 1개로 한다.
> ② 회사가 가진 자기주식은 의결권이 없다.

답 0359 ○ 0360 ○ 0361 × 0362 ×

0363 |2013|
회사가 의결권대리행사의 권유자가 아닌 경우 대리인은 주주의 명시된 의사와 달리 의결권을 행사하거나 기권하더라도 주주에 대해 손해배상책임을 질 뿐 주주총회결의의 효력에는 영향을 미치지 않는다. ( )

대리인이 본인으로부터 수권받은 취지에 반하여 법률행위를 하더라도 (본인에 대한 손해배상책임은 별론으로 하고) 그 효력은 본인에게 미친다.

0364 |2013|
판례에 따르면 의결권의 대리행사를 수여받은 대리인은 본인의 반대의 의사표시가 없는 한 제3자에게 의결권의 행사를 다시 위임할 수 있다. ( )

일종의 「복대리」에 해당한다.

[대법원 2009.04.23, 선고, 2005다22701, 판결]
구 증권업감독규정(2001. 10. 4. 금융감독위원회 공고 제2001-72호로 개정되기 전의 것) 제7-16조 제1항은 외국인은 보관기관 중에서 상임대리인을 선임할 수 있고 선임한 상임대리인 이외의 자로 하여금 본인을 위하여 취득유가증권의 권리행사 기타 이와 관련된 사항 등을 대리 또는 대행하게 하지 못한다고 규정하고 있다. 이는 외국인이 상임대리인을 선임하여 놓고도 수시로 상임대리인 이외의 자로 하여금 취득유가증권의 권리행사를 하도록 할 경우 발생할 수 있는 혼란을 피하기 위하여 마련된 규정이라고 해석되므로, 외국인 주주가 상임대리인이 아닌 다른 자에게 의결권 행사를 위임하는 것이 아니라, 외국인 주주로부터 의결권 행사를 위임받은 상임대리인이 제3자에게 그 의결권 행사를 재위임하는 것은 위 규정에 의하여 금지된다고 볼 수 없다. 그리고 대리의 목적인 법률행위의 성질상 대리인 자신에 의한 처리가 필요하지 아니한 경우에는 본인이 복대리금지의 의사를 명시하지 아니하는 한 복대리인의 선임에 관하여 묵시적인 승낙이 있는 것으로 보는 것이 타당하므로, 외국인 주주로부터 의결권 행사를 위임받은 상임대리인은 특별한 사정이 없는 한 그 의결권 행사의 취지에 따라 제3자에게 그 의결권의 대리행사를 재위임할 수 있다.

0365 |2016|
판례에 의하면 정관에 대리인의 자격을 주주로 한정하고 있어도 주주인 乙회사의 피용자는 乙회사의 의결권을 대리행사할 수 있다. ( )

주주의 대리인의 자격을 주주로 제한하는 정관 자체는 유효하나, 이 경우 주주인 국가, 지방공공단체 또는 주식회사 소속의 공무원, 직원 또는 피용자 등이 주주를 위한 대리인으로서 의결권을 대리행사하는 것은 허용된다는 것이 판례의 태도이다.

[대법원 2009.4.23, 선고, 2005다20701, 판결]
상법 제368조 제3항의 규정은 주주의 대리인의 자격을 제한할 만한 합리적인 이유가 있는 경우 정관의 규정에 의하여 상당하다고 인정되는 정도의 제한을 가하는 것까지 금지하는 취지는 아니라고 해석되는바, 대리인의 자격을 주주로 한정하는 취지의 주식회사의 정관 규정은 주주총회가 주주 이외의 제3자에 의하여 교란되는 것을 방지하여 회사 이익을 보호하는 취지에서 마련된 것으로서 합리적인 이유에 의한 상당한 정도의 제한이라고 볼 수 있으므로 이를 무효라고 볼 수는 없다. 그런데 위와 같은 정관규정이 있다 하더라도 주주인 국가, 지방공공단체 또는 주식회사 등이 그 소속의 공무원, 직원 또는 피용자 등에게 의결권을 대리행사하도록 하는 때에는 특별한 사정이 없는 한 그들의 의결권 행사에는 주주 내부의 의사결정에 따른 대표자의 의사가 그대로 반영된다고 할 수 있고 이에 따라 주주총

답 0363 ○ 0364 ○ 0365 ○

회가 교란되어 회사 이익이 침해되는 위험은 없는 반면에, 이들의 대리권 행사를 거부하게 되면 사실상 국가, 지방공공단체 또는 주식회사 등의 의결권 행사의 기회를 박탈하는 것과 같은 부당한 결과를 초래할 수 있으므로, 주주인 국가, 지방공공단체 또는 주식회사 소속의 공무원, 직원 또는 피용자 등이 그 주주를 위한 대리인으로서 의결권을 대리행사하는 것은 허용되어야 하고 이를 가리켜 정관 규정에 위반한 무효의 의결권 대리행사라고 할 수는 없다.

0366 | 2019 |

판례에 의하면 주주가 타인에게 의결권 행사를 위임하는 경우 구체적이고 개별적인 사항을 특정하여 위임해야 하고 포괄적으로 위임할 수는 없다. ( )

의결권의 대리행사는 포괄위임도 가능하다.

[대법원 2014. 1. 23., 선고, 2013다56839, 판결]
주식회사의 주주는 상법 제368조 제2항에 따라 타인에게 의결권 행사를 위임하거나 대리행사하도록 할 수 있다. 이 경우 의결권의 행사를 구체적이고 개별적인 사항에 국한하여 위임해야 한다고 해석하여야 할 근거는 없고 포괄적으로 위임할 수도 있다.

03 | 서면투표 및 전자투표

0367 | 2019, 2021 |

주주는 정관이 정하는 바에 따라 총회에 출석하지 아니하고 서면에 의하여 의결권을 행사할 수 있다. ( )

이를 서면투표라 한다. 참고로 서면투표는 (현실로 주주총회를 개최하지 않는) 서면결의와 구별하여야 한다.

제368조의3(서면에 의한 의결권의 행사) ① 주주는 정관이 정한 바에 따라 총회에 출석하지 아니하고 서면에 의하여 의결권을 행사할 수 있다.

0368 | 2011, 2012, 2014, 2019, 2021, 2022 |

회사가 서면투표 방식 또는 전자투표 방식을 도입하고자 할 경우 서면투표는 정관에 규정을 두어야 하지만 전자투표는 정관에 규정이 없더라도 이사회 결의로 이를 채택할 수 있다. ( )

서면투표는 주주총회 현장출석에 대한 예외이므로 정관의 규정을 요하지만, 전자투표는 주주총회 현장출석의 연장이므로 이사회 승인만으로 충분하다. "서정전이(서면투표는 정관규정, 전자투표는 이사회결의)"로 기억하자.

제368조의3(서면에 의한 의결권의 행사) ① 주주는 정관이 정한 바에 따라 총회에 출석하지 아니하고 서면에 의하여 의결권을 행사할 수 있다.

제368조의4(전자적 방법에 의한 의결권의 행사) ① 회사는 이사회의 결의로 주주가 총회에 출석하지 아니하고 전자적 방법으로 의결권을 행사할 수 있음을 정할 수 있다.

답 0366 × 0367 ○ 0368 ○

0369 |2022|

전자적 방법에 의한 의결권의 행사(이하 '전자투표'라 한다)를 정한 비상장회사의 경우, 회사는 주주총회의 소집통지를 할 때에는 주주가 전자투표의 방법으로 의결권을 행사할 수 있다는 내용을 통지하여야 한다. (   )

그래야 주주들이 현장투표를 할지 전자투표를 할지 결정할 수 있다.

제368조의4(전자적 방법에 의한 의결권의 행사) ② 회사는 제363조에 따라 소집통지를 할 때에는 주주가 제1항에 따른 방법으로 의결권을 행사할 수 있다는 내용을 통지하여야 한다.

0370 |2012, 2022|

회사가 전자투표에 의한 의결권행사를 정한 경우 회사는 주주에게 의결권행사에 필요한 양식과 참고자료를 전자적 방법으로 제공하여야 한다. (   )

서면투표의 경우에 의결권행사에 필요한 양식과 참고자료를 우편으로 동봉하여야 하는 것과 마찬가지 논리이다.

제368조의4(전자적 방법에 의한 의결권의 행사) ① 회사는 이사회의 결의로 주주가 총회에 출석하지 아니하고 전자적 방법으로 의결권을 행사할 수 있음을 정할 수 있다.
③ 회사가 제1항에 따라 전자적 방법에 의한 의결권행사를 정한 경우에 주주는 주주 확인절차 등 대통령령으로 정하는 바에 따라 의결권을 행사하여야 한다. 이 경우 회사는 의결권행사에 필요한 양식과 참고자료를 주주에게 전자적 방법으로 제공하여야 한다.

0371 |2012|

회사가 서면투표 방식과 전자투표 방식을 모두 허용하고 있는 경우 주주는 동일한 주식에 관하여 의결권을 행사할 때에 이 두가지 방식을 동시에 사용하여야 한다. (   )

둘 중에 하나만 선택하여야 한다.

제368조의4(전자적 방법에 의한 의결권의 행사) ④ 동일한 주식에 관하여 제1항 또는 제368조의3제1항에 따라 의결권을 행사하는 경우 전자적 방법 또는 서면 중 어느 하나의 방법을 선택하여야 한다.

0372 |2022|

전자적 방법에 의한 의결권의 행사(이하 '전자투표'라 한다)를 정한 비상장회사의 경우, 감사를 전자투표로 선임하는 경우, 전자투표된 주식의 의결권수를 총회에 출석한 주주의 의결권수에 가산하고, 출석주주 의결권의 과반수와 발행주식총수의 4분의 1 이상으로써만 그 선임을 결의하여야 한다. (   )

주총보통결의를 위해서는 원칙적으로 (ⅰ) 출석한 주주의 의결권의 과반수와 (ⅱ) 발행주식총수의 1/4 이상이라는 2가지 요건을 모두 충족해야 하는데, 감사를 전자투표로 선임하는 경우에는 "발행주식총수의 1/4이상"이라는 요건은 충족하지 않아도 된다. 소수주주의 감사선임권을 보장하기 위함이라는 취지로 이해하면 된다.

제409조(선임) ③ 회사가 제368조의4제1항에 따라 전자적 방법으로 의결권을 행사할 수 있도록 한 경우에는 제368조제1항에도 불구하고 출석한 주주의 의결권의 과반수로써 제1항에 따른 감사의 선임을 결의할 수 있다.

답 0369 ○ 0370 ○ 0371 × 0372 ×

제368조(총회의 결의방법과 의결권의 행사) ① 총회의 결의는 이 법 또는 정관에 다른 정함이 있는 경우를 제외하고는 출석한 주주의 의결권의 과반수와 발행주식총수의 4분의 1 이상의 수로써 하여야 한다.

0373 |2022|

전자적 방법에 의한 의결권의 행사(이하 '전자투표'라 한다)를 정한 비상장회사의 경우, 회사는 의결권행사에 관한 전자적 기록을 총회가 끝난 날부터 3개월간 본점에 갖추어 두어 열람하게 하고 총회가 끝난 날부터 5년간 보존하여야 한다. ( )

전자적 기록 보존의무에 대한 설명이다.

제368조의4(전자적 방법에 의한 의결권의 행사) ⑤ 회사는 의결권행사에 관한 전자적 기록을 총회가 끝난 날부터 3개월간 본점에 갖추어 두어 열람하게 하고 총회가 끝난 날부터 5년간 보존하여야 한다.

04 | 서면결의

0374 |2011, 2014, 2018|

자본금 총액이 10억원 미만인 회사는 주주 전원의 동의가 있을 경우에는 서면에 의한 결의로써 주주총회의 결의를 갈음할 수 있다. ( )

서면결의가 가능한 경우는 (ⅰ) 1인회사, (ⅱ) 소규모 주식회사에서 주주 전원의 동의, (ⅲ) 유한회사에서 총 사원의 동의의 3가지이다.

제363조(소집의 통지) ① 주주총회를 소집할 때에는 주주총회일의 2주 전에 각 주주에게 서면으로 통지를 발송하거나 각 주주의 동의를 받아 전자문서로 통지를 발송하여야 한다. 다만, 그 통지가 주주명부상 주주의 주소에 계속 3년간 도달하지 아니한 경우에는 회사는 해당 주주에게 총회의 소집을 통지하지 아니할 수 있다.
② 제1항의 통지서에는 회의의 목적사항을 적어야 한다.
③ 제1항에도 불구하고 자본금 총액이 10억원 미만인 회사가 주주총회를 소집하는 경우에는 주주총회일의 10일 전에 각 주주에게 서면으로 통지를 발송하거나 각 주주의 동의를 받아 전자문서로 통지를 발송할 수 있다.
④ 자본금 총액이 10억원 미만인 회사는 주주 전원의 동의가 있을 경우에는 소집절차 없이 주주총회를 개최할 수 있고, 서면에 의한 결의로써 주주총회의 결의를 갈음할 수 있다. 결의의 목적사항에 대하여 주주 전원이 서면으로 동의를 한 때에는 서면에 의한 결의가 있는 것으로 본다.

05 | 의결권의 불통일행사

0375 |2009, 2011, 2021|

주주가 의결권을 불통일행사하기 위해서는 주주총회일의 3일 전에 회사에 대하여 서면으로 그 뜻과 이유를 통지하여야 한다. ( )

다만 불통일행사의 통지가 회일의 3일이라는 시한보다 늦게 도착했더라도 회사가 이를 받아들였다면 그 불통일행사는 적법하다는 것이 판례의 태도이다.

제368조의2(의결권의 불통일행사) ① 주주가 2 이상의 의결권을 가지고 있는 때에는 이를 통일하지 아니하고 행사할 수 있다. 이 경우 주주총회일의 3일전에 회사에 대하여 서면 또는 전자문서로 그 뜻과 이유를 통지하여야 한다.

[대법원 2009.4.23. 선고, 2005다22701,22718, 판결]
상법 제368조의2 제1항은 "주주가 2 이상의 의결권을 가지고 있는 때에는 이를 통일하지 아니하고 행사할 수 있다. 이 경우 회일의 3일 전에 회사에 대하여 서면으로 그 뜻과 이유를 통지하여야 한다"고 규정하고 있는바, 여기서 3일의 기간이라 함은 의결권의 불통일행사가 행하여지는 경우에 회사 측에 그 불통일행사를 거부할 것인가를 판단할 수 있는 시간적 여유를 주고, 회사의 총회 사무운영에 지장을 주지 아니하도록 하기 위하여 부여된 기간으로서, 그 불통일행사의 통지는 주주총회 회일의 3일 전에 회사에 도달할 것을 요한다. 다만, 위와 같은 3일의 기간이 부여된 취지에 비추어 보면, 비록 불통일행사의 통지가 주주총회 회일의 3일 전이라는 시한보다 늦게 도착하였다고 하더라도 회사가 스스로 총회운영에 지장이 없다고 판단하여 이를 받아들이기로 하고 이에 따라 의결권의 불통일행사가 이루어진 것이라면, 그것이 주주평등의 원칙을 위반하거나 의결권 행사의 결과를 조작하기 위하여 자의적으로 이루어진 것이라는 등의 특별한 사정이 없는 한, 그와 같은 의결권의 불통일행사를 위법하다고 볼 수는 없다.

0376 |2009|
불통일행사된 의결권은 각기 유효한 찬성표 또는 반대표가 되어 정족수 계산에 산입된다. (　　)

즉 찬성표와 반대표의 숫자가 서로 상계처리되는 것이 아니라, 불통일행사된 의결권은 각기 전부 유효한 찬성표와 반대표가 되어 정족수 계산에 산입된다.

0377 |2009, 2014, 2023|
주주가 주식의 신탁을 인수하였거나 기타 타인을 위하여 주식을 가지고 있는 경우 외에는 회사가 의결권 불통일 행사를 거부할 수 있다. (　　)

(ⅰ) 주주가 주식의 신탁을 인수한 경우, (ⅱ) 기타 타인을 위하여 주식을 가지고 있는 경우「외에는」의결권의 불통일행사를 거부할 수 있다. 이런 경우 외에는 의결권을 불통일행사할 실익이 없을 뿐만 아니라 주주총회 운영의 혼란만을 가중시키기 때문이다.

제368조의2(의결권의 불통일행사) ② 주주가 주식의 신탁을 인수하였거나 기타 타인을 위하여 주식을 가지고 있는 경우 외에는 회사는 주주의 의결권의 불통일행사를 거부할 수 있다.

0378 |2009, 2013|
주주가 의결권의 불통일행사를 통지하였더라도 주주총회에서 의결권을 통일적으로 행사하는 것은 무방하다. (　　)

상법상 명문규정은 없으나 통설은 이와 같이 해석한다.

0379 |2009|
의결권 불통일행사의 규정에 위반하여 주주총회의 결의가 성립된 때에는 주주총회결의무효확인의 소를 제기할 수 있다. (　　)

의결권의 불통일행사의 규정에 위반하여 결의가 이루어진 경우는 「절차상 하자」에 해당한다. 그 하자가 중대하다면 결의부존재의 소가 될 것이고, 중대하지 않다면 결의취소의 소를 제기할 수 있다.

0380 | 2012, 2019 |

판례에 의하면 주주가 총회일 3일 전부터 총회일 전일까지 의결권 불통일행사의 뜻과 이유를 통지한 경우 회사는 총회운영에 지장이 없다고 판단하면 그 불통일행사를 허용할 수 있다. ( )

의결권 불통일행사의 통지시기를 주총 3일전으로 규정한 것은 회사의 이익을 보호하기 위한 것이다. 따라서 3일의 요건을 충족하지 못한 경우에도 회사가 이를 승인하면 문제될 것이 없다.

[대법원 2009.4.23. 선고, 2005다22701, 판결]
상법 제368조의2 제1항은 "주주가 2 이상의 의결권을 가지고 있는 때에는 이를 통일하지 아니하고 행사할 수 있다. 이 경우 회일의 3일 전에 회사에 대하여 서면으로 그 뜻과 이유를 통지하여야 한다"고 규정하고 있는바, 여기서 3일의 기간이라 함은 의결권의 불통일행사가 행하여지는 경우에 회사 측에 그 불통일행사를 거부할 것인가를 판단할 수 있는 시간적 여유를 주고, 회사의 총회 사무운영에 지장을 주지 아니하도록 하기 위하여 부여된 기간으로서, 그 불통일행사의 통지는 주주총회 회일의 3일 전에 회사에 도달할 것을 요한다. 다만, 위와 같은 3일의 기간이 부여된 취지에 비추어 보면, 비록 불통일행사의 통지가 주주총회 회일의 3일 전이라는 시한보다 늦게 도착하였다고 하더라도 회사가 스스로 총회운영에 지장이 없다고 판단하여 이를 받아들이기로 하고 이에 따라 의결권의 불통일행사가 이루어진 것이라면, 그것이 주주평등의 원칙을 위반하거나 의결권 행사의 결과를 조작하기 위하여 자의적으로 이루어진 것이라는 등의 특별한 사정이 없는 한, 그와 같은 의결권의 불통일행사를 위법하다고 볼 수는 없다.

06 | 집중투표

0381 | 2008, 2015, 2021, 2023 |

2인 이상의 이사의 선임을 목적으로 하는 총회의 소집이 있는 때, 의결권 없는 주식을 제외한 발행주식총수의 100분의 3 이상에 해당하는 주식을 가진 주주가 회사에 대하여 집중투표를 청구할 수 있다. ( )

집중투표청구는 (ⅰ) 2인 이상의 이사를 선임하는 경우라야 하고, (ⅱ) 3/100 소수주주권이라는 점, (ⅲ) 의결권 없는 주식은 제외한다는 점을 정리해야 한다.

제382조의2(집중투표) ① 2인 이상의 이사의 선임을 목적으로 하는 총회의 소집이 있는 때에는 의결권없는 주식을 제외한 발행주식총수의 100분의 3 이상에 해당하는 주식을 가진 주주는 정관에서 달리 정하는 경우를 제외하고는 회사에 대하여 집중투표의 방법으로 이사를 선임할 것을 청구할 수 있다.

0382 | 2008 |

집중투표의 방법으로 이사를 선임하는 경우에는 투표의 최다수를 얻은 자부터 순차적으로 이사에 선임되는 것으로 한다. ( )

제382조의2(집중투표) ④ 제3항의 규정에 의한 투표의 방법으로 이사를 선임하는 경우에는 투표의 최다수를 얻은 자부터 순차적으로 이사에 선임되는 것으로 한다.

383 | 2013 |

발행주식총수의 과반수가 출석한 주주총회에서 집중투표방식으로 이사를 선임하는 경우 다수 득표자의 득표가 상법 제368조의 보통결의 요건을 만족하지 못하면 선임결의의 효력이 없다. ( )

> 다수표 취득자부터 이사가 된다. 출석과반수의 요건은 고려하지 않는다(상382의2조4항).
>
> **제382조의2(집중투표)** ① 2인 이상의 이사의 선임을 목적으로 하는 총회의 소집이 있는 때에는 의결권없는 주식을 제외한 발행주식총수의 100분의 3 이상에 해당하는 주식을 가진 주주는 정관에서 달리 정하는 경우를 제외하고는 회사에 대하여 집중투표의 방법으로 이사를 선임할 것을 청구할 수 있다.
> ② 제1항의 청구는 주주총회일의 7일 전까지 서면 또는 전자문서로 하여야 한다.
> ③ 제1항의 청구가 있는 경우에 이사의 선임결의에 관하여 각 주주는 1주마다 선임할 이사의 수와 동일한 수의 의결권을 가지며, 그 의결권은 이사 후보자 1인 또는 수인에게 집중하여 투표하는 방법으로 행사할 수 있다.
> ④ 제3항의 규정에 의한 투표의 방법으로 이사를 선임하는 경우에는 투표의 최다수를 얻은 자부터 순차적으로 이사에 선임되는 것으로 한다.
> ⑤ 제1항의 청구가 있는 경우에는 의장은 의결에 앞서 그러한 청구가 있다는 취지를 알려야 한다.
> ⑥ 제2항의 서면은 총회가 종결될 때까지 이를 본점에 비치하고 주주로 하여금 영업시간내에 열람할 수 있게 하여야 한다.

0384 | 2008, 2015 |

집중투표의 청구가 있는 경우, 그 청구서면은 총회가 종결될 때까지 본점에 비치하고 주주 또는 회사채권자로 하여금 영업시간 내에 열람할 수 있게 하여야 한다. ( )

> 열람권자는 주주이지 회사 채권자가 아니다.
>
> **제382조의2(집중투표)** ⑥ 제2항의 서면은 총회가 종결될 때까지 이를 본점에 비치하고 주주로 하여금 영업시간내에 열람할 수 있게 하여야 한다.

0385 | 2012 |

의결권 있는 발행주식총수의 100분의 3 이상에 해당하는 주주가 집중투표에 의하여 이사를 선임할 것을 청구하는 경우 그 청구는 이사선임을 위한 주주총회일의 7일 전까지 서면 또는 전자문서로 하여야 한다. ( )

> 맞는 내용이다. 한편 상장회사는 6주 전까지 청구하여야 한다.
>
> **제382조의2(집중투표)** ① 2인 이상의 이사의 선임을 목적으로 하는 총회의 소집이 있는 때에는 의결권없는 주식을 제외한 발행주식총수의 100분의 3 이상에 해당하는 주식을 가진 주주는 정관에서 달리 정하는 경우를 제외하고는 회사에 대하여 집중투표의 방법으로 이사를 선임할 것을 청구할 수 있다.
> ② 제1항의 청구는 주주총회일의 7일 전까지 서면 또는 전자문서로 하여야 한다.

0386 | 2023 |

비상장주식회사가 집중투표의 방법으로 이사를 선임하는 경우에는 그 선임결의에 관하여 각 주주는 1주마다 이사 후보자의 수와 동일한 수의 의결권을 가지며, 그 의결권은 이사 후보자 1인 또는 수인에게 집중하여 투표하는 방법으로 행사할 수 있다. ( )

0383 × 0384 × 0385 ○ 0386 ×

이사 후보자의 수가 아니라 선임할 이사의 수와 동일한 의결권을 가진다.

제382조의2(집중투표) ① 2인 이상의 이사의 선임을 목적으로 하는 총회의 소집이 있는 때에는 의결권없는 주식을 제외한 발행주식총수의 100분의 3 이상에 해당하는 주식을 가진 주주는 정관에서 달리 정하는 경우를 제외하고는 회사에 대하여 집중투표의 방법으로 이사를 선임할 것을 청구할 수 있다.
② 제1항의 청구는 주주총회일의 7일 전까지 서면 또는 전자문서로 하여야 한다.
③ 제1항의 청구가 있는 경우에 이사의 선임결의에 관하여 각 주주는 1주마다 선임할 이사의 수와 동일한 수의 의결권을 가지며, 그 의결권은 이사 후보자 1인 또는 수인에게 집중하여 투표하는 방법으로 행사할 수 있다.

0387 | 2008, 2014, 2015 |

甲회사에서 집중투표제에 의하여 이사를 선임하고자 하는 경우 이사후보자가 5인이고 선임하고자 하는 이사의 수는 3인이라고 할 때 A주주가 보유하는 의결권 있는 보통주식이 100주라면 A주주는 500개의 의결권을 행사할 수 있다. ( )

이사후보자의 수가 아니라 선임하는 이사의 수만큼 의결권을 가지게 되므로, A주주는 300개의 의결권을 행사할 수 있다.

제382조의2(집중투표) ① 2인 이상의 이사의 선임을 목적으로 하는 총회의 소집이 있는 때에는 의결권없는 주식을 제외한 발행주식총수의 100분의 3 이상에 해당하는 주식을 가진 주주는 정관에서 달리 정하는 경우를 제외하고는 회사에 대하여 집중투표의 방법으로 이사를 선임할 것을 청구할 수 있다.
② 제1항의 청구는 주주총회일의 7일 전까지 서면 또는 전자문서로 하여야 한다.
③ 제1항의 청구가 있는 경우에 이사의 선임결의에 관하여 각 주주는 1주마다 선임할 이사의 수와 동일한 수의 의결권을 가지며, 그 의결권은 이사 후보자 1인 또는 수인에게 집중하여 투표하는 방법으로 행사할 수 있다.

0388 | 2015 |

집중투표의 방법은 3인 이상의 이사를 선임하는 경우에 한하여 채택한다. ( )

집중투표는 복수(2인 이상)의 이사를 선임하는 경우에 인정된다.

제382조의2(집중투표) ① 2인 이상의 이사의 선임을 목적으로 하는 총회의 소집이 있는 때에는 의결권없는 주식을 제외한 발행주식총수의 100분의 3 이상에 해당하는 주식을 가진 주주는 정관에서 달리 정하는 경우를 제외하고는 회사에 대하여 집중투표의 방법으로 이사를 선임할 것을 청구할 수 있다.

0389 | 2008, 2015, 2019 |

정관에서 허용하는 경우에 한하여 집중투표의 방법으로 이사를 선임할 수 있다. ( )

정관에 달리 정하는 경우를 제외하고 허용한다.

제382조의2(집중투표) ① 2인 이상의 이사의 선임을 목적으로 하는 총회의 소집이 있는 때에는 의결권없는 주식을 제외한 발행주식총수의 100분의 3 이상에 해당하는 주식을 가진 주주는 정관에서 달리 정하는 경우를 제외하고는 회사에 대하여 집중투표의 방법으로 이사를 선임할 것을 청구할 수 있다.

답 0387 × 0388 × 0389 ×

0390 | 2016 |

대규모상장회사의 경우 집중투표를 배제한 정관규정을 변경하려는 경우 의결권 없는 주식을 제외한 발행주식총수의 3%를 초과하는 수의 주식을 가진 주주는 그 초과하는 주식에 관하여 의결권을 행사하지 못한다. (   )

자산총액 2조원 이상의 상장회사의 경우 집중투표 배제를 위한 정관변경에 의결권 제한이 있다.

제542조의7(집중투표에 관한 특례) ② 자산 규모 등을 고려하여 대통령령으로 정하는 상장회사의 의결권 없는 주식을 제외한 발행주식총수의 100분의 1 이상에 해당하는 주식을 보유한 자는 제382조의2에 따라 집중투표의 방법으로 이사를 선임할 것을 청구할 수 있다.
③ 제2항의 상장회사가 정관으로 집중투표를 배제하거나 그 배제된 정관을 변경하려는 경우에는 의결권 없는 주식을 제외한 발행주식총수의 100분의 3을 초과하는 수의 주식을 가진 주주는 그 초과하는 주식에 관하여 의결권을 행사하지 못한다. 다만, 정관에서 이보다 낮은 주식 보유비율을 정할 수 있다.

07 | 결의요건

0391 | 2020 |

재무제표의 승인은 상법상 주주총회의 특별결의사항이 아니다. (   )

보통결의사항이다.

제447조(재무제표의 작성) ① 이사는 결산기마다 다음 각 호의 서류와 그 부속명세서를 작성하여 이사회의 승인을 받아야 한다.
1. 대차대조표
2. 손익계산서
3. 그 밖에 회사의 재무상태와 경영성과를 표시하는 것으로서 대통령령으로 정하는 서류
② 대통령령으로 정하는 회사의 이사는 연결재무제표(聯結財務諸表)를 작성하여 이사회의 승인을 받아야 한다.
제449조(재무제표 등의 승인·공고) ① 이사는 제447조의 각 서류를 정기총회에 제출하여 그 승인을 요구하여야 한다.
② 이사는 제447조의2의 서류를 정기총회에 제출하여 그 내용을 보고하여야 한다.
③ 이사는 제1항의 서류에 대한 총회의 승인을 얻은 때에는 지체없이 대차대조표를 공고하여야 한다.

0392 | 2020 |

경영위임은 상법상 주주총회의 특별결의사항이 아니다. (   )

특별결의사항이다.

제374조(영업양도, 양수, 임대등) ① 회사가 다음 각 호의 어느 하나에 해당하는 행위를 할 때에는 제434조에 따른 결의가 있어야 한다.
1. 영업의 전부 또는 중요한 일부의 양도
2. 영업 전부의 임대 또는 경영위임, 타인과 영업의 손익 전부를 같이 하는 계약, 그 밖에 이에 준하는 계약의 체결·변경 또는 해약
3. 회사의 영업에 중대한 영향을 미치는 다른 회사의 영업 전부 또는 일부의 양수
제434조(정관변경의 특별결의) 제433조제1항의 결의는 출석한 주주의 의결권의 3분의 2 이상의 수와 발행주식총수의 3분의 1 이상의 수로써 하여야 한다.

0393 | 2020 |
회사의 계속은 상법상 주주총회의 특별결의사항이 아니다. ( )

> 특별결의사항이다.
>
> **제519조(회사의 계속)** 회사가 존립기간의 만료 기타 정관에 정한 사유의 발생 또는 주주총회의 결의에 의하여 해산한 경우에는 제434조의 규정에 의한 결의로 회사를 계속할 수 있다.

0394 | 2020, 2022 |
다른 회사의 영업 일부의 양수가 양수회사의 영업에 중대한 영향을 미치는 경우 그 양수회사의 주주총회 특별결의가 필요하다. ( )

> 영업 전부의 양수이건 일부의 양수이건 상관 없으나, '회사의 영업에 중대한 영향을 미치는' 경우라야 한다.
>
> **제374조(영업양도, 양수, 임대등)** ① 회사가 다음 각 호의 어느 하나에 해당하는 행위를 할 때에는 제434조에 따른 결의가 있어야 한다.
> 1. 영업의 전부 또는 중요한 일부의 양도
> 2. 영업 전부의 임대 또는 경영위임, 타인과 영업의 손익 전부를 같이 하는 계약, 그 밖에 이에 준하는 계약의 체결·변경 또는 해약
> 3. 회사의 영업에 중대한 영향을 미치는 다른 회사의 영업 전부 또는 일부의 양수
>
> **제434조(정관변경의 특별결의)** 제433조제1항의 결의는 출석한 주주의 의결권의 3분의 2 이상의 수와 발행주식총수의 3분의 1 이상의 수로써 하여야 한다.

0395 | 2013 |
주식회사가 타인과 영업의 손익 전부를 같이 하는 계약을 체결하는 경우 주주총회의 특별결의를 얻어야 한다. ( )

> **제374조(영업양도, 양수, 임대등)** ① 회사가 다음 각 호의 어느 하나에 해당하는 행위를 할 때에는 제434조에 따른 결의가 있어야 한다.
> 1. 영업의 전부 또는 중요한 일부의 양도
> 2. 영업 전부의 임대 또는 경영위임, 타인과 영업의 손익 전부를 같이 하는 계약, 그 밖에 이에 준하는 계약의 체결·변경 또는 해약
> 3. 회사의 영업에 중대한 영향을 미치는 다른 회사의 영업 전부 또는 일부의 양수

0396 | 2022 |
중요한 영업용 재산의 양도가 양도회사 영업의 중단 또는 폐지를 초래하는 경우에는 그 양도회사의 주주총회 특별결의가 필요하다. ( )

> 이를테면 호텔업을 하는 회사가 유일한 호텔건물의 양도로 폐업의 결과에 이른다면 주주총회의 특별결의를 거쳐야 한다.

답 0393 × 0394 ○ 0395 ○ 0396 ○

[대법원 1988. 4. 12., 선고,, 87다카1662, 판결]
상법 제374조 제1호 소정의 영업의 양도란 동법 제1편 제7장의 영업양도를 가리키는 것이므로 영업용재산의 양도에 있어서는 그 재산이 주식회사의 유일한 재산이거나 중요한 재산이라 하여 그 재산의 양도를 곧 영업의 양도라 할 수는 없지만 주식회사 존속의 기초가 되는 중요한 재산의 양도는 영업의 폐지 또는 중단을 초래하는 행위로서 이는 영업의 전부 또는 일부 양도의 경우와 다를 바 없으므로 이러한 경우에는 상법 제374조 제1호의 규정을 유추적용하여 주주총회의 특별결의를 거쳐야 한다.

0397 | 2022 |

영업 전부를 임대하는 회사의 발행주식총수의 100분의 90 이상을 그 상대방이 소유하고 있는 경우에는 그 회사의 주주총회의 승인은 이를 이사회의 승인으로 갈음할 수 있다. ( )

"간이" 영업임대에 대한 설명이다.

제374조의3(간이영업양도, 양수, 임대 등) ① 제374조제1항 각 호의 어느 하나에 해당하는 행위를 하는 회사의 총주주의 동의가 있거나 그 회사의 발행주식총수의 100분의 90 이상을 해당 행위의 상대방이 소유하고 있는 경우에는 그 회사의 주주총회의 승인은 이를 이사회의 승인으로 갈음할 수 있다.

제374조(영업양도, 양수, 임대등) ① 회사가 다음 각 호의 어느 하나에 해당하는 행위를 할 때에는 제434조에 따른 결의가 있어야 한다.
1. 영업의 전부 또는 중요한 일부의 양도
2. 영업 전부의 임대 또는 경영위임, 타인과 영업의 손익 전부를 같이 하는 계약, 그 밖에 이에 준하는 계약의 체결·변경 또는 해약
3. 회사의 영업에 중대한 영향을 미치는 다른 회사의 영업 전부 또는 일부의 양수

0398 | 2023 |

사후설립은 상법상 주주총회 특별결의사항이다. ( )

특별결의사항이다.

제375조(사후설립) 회사가 그 성립 후 2년 내에 그 성립 전부터 존재하는 재산으로서 영업을 위하여 계속하여 사용하여야 할 것을 자본금의 100분의 5 이상에 해당하는 대가로 취득하는 계약을 하는 경우에는 제374조를 준용한다.

제374조(영업양도, 양수, 임대등) ① 회사가 다음 각 호의 어느 하나에 해당하는 행위를 할 때에는 제434조에 따른 결의가 있어야 한다.

0399 | 2007 |

판례에 의하면, 1인 회사의 영업양도에 있어서는 1인 주주의 찬성이 있으면 주주총회의 특별결의가 있는 것으로 인정한다. ( )

[대법원 1976.4.13, 선고, 74다1755, 판결]
주식회사에 있어서 회사가 설립된 이후 총주식을 한 사람이 소유하게 된 이른바 1인회사의 경우에는 그 주주가 유일한 주주로서 주주총회에 출석하면 전원 총회로서 성립하고 그 주주의 의사대로 결의가 될 것임이 명백하므로 따로

이 총회소집절차가 필요없고 실제로 총회를 개최한 사실이 없었다 하더라도 그 1인 주주에 의하여 의결이 있었던 것으로 주주총회 의사록이 작성되었다면 특별한 사정이 없는 한 그 내용의 결의가 있었던 것으로 볼 수 있다.

08 | 주식매수청구권

0400 |2022|
보통결의 사항에 반대하는 주주는 주주총회 전에 회사에 대하여 서면으로 그 결의에 반대하는 의사를 통지한 경우에는 주식매수청구권을 행사할 수 있다. ( )

주식매수청구가 가능한 사항은 (ⅰ) 주식양도 승인거부, (ⅱ) 합병, (ⅲ) 영업양도 등, (ⅳ) 주식의 포괄적 교환·이전의 4가지 유형이다(거/합/영/포로 정리하자). 「합/영/포」는 모두 주주총회 특별결의사항이고, 보통결의사항은 일절 주식매수청구의 대상이 될 수 없다.

0401 |2012|
주식의 포괄적 이전의 경우 완전자회사가 되는 회사의 주주는 주식매수청구권을 행사할 수 있다. ( )

포괄적 이전의 경우 완전모회사가 되는 회사를 새롭게 신설하는 것이므로 완전모회사가 되는 회사의 주주가 주식매수청구권을 행사하는 것은 논리적으로 불가능하다. 반면 완전자회사의 주주는 포괄적 이전에 반대한 경우에는 주식매수청구권을 행사할 수 있다.

제360조의22(주식교환 규정의 준용) 제360조의5, 제360조의11 및 제360조의12의 규정은 주식이전의 경우에 이를 준용한다.

제360조의5(반대주주의 주식매수청구권) ① 제360조의3제1항의 규정에 의한 승인사항에 관하여 이사회의 결의가 있는 때에 그 결의에 반대하는 주주(의결권이 없거나 제한되는 주주를 포함한다. 이하 이 조에서 같다)는 주주총회전에 회사에 대하여 서면으로 그 결의에 반대하는 의사를 통지한 경우에는 그 총회의 결의일부터 20일 이내에 주식의 종류와 수를 기재한 서면으로 회사에 대하여 자기가 소유하고 있는 주식의 매수를 청구할 수 있다.

0402 |2012|
주식의 포괄적 교환의 경우 완전모회사가 되는 회사의 주주와 완전자회사가 되는 회사의 주주 모두 주식매수청구권을 행사할 수 있다. ( )

포괄적 교환의 경우에는 완전모회사와 완전자회사가 모두 기존에 존재하던 회사들이므로 양 회사의 주주 모두에게 주식매수청구권이 인정된다.

제360조의5(반대주주의 주식매수청구권) ① 제360조의3제1항의 규정에 의한 승인사항에 관하여 이사회의 결의가 있는 때에 그 결의에 반대하는 주주(의결권이 없거나 제한되는 주주를 포함한다. 이하 이 조에서 같다)는 주주총회전에 회사에 대하여 서면으로 그 결의에 반대하는 의사를 통지한 경우에는 그 총회의 결의일부터 20일 이내에 주식의 종류와 수를 기재한 서면으로 회사에 대하여 자기가 소유하고 있는 주식의 매수를 청구할 수 있다.

답 0400 × 0401 ○ 0402 ○

0403 | 2012 |

다른 회사의 영업 전부를 양수하는 경우 양수회사의 주주는 주식매수청구권을 행사할 수 있다. (   )

> 영업 전부의 양수이건 일부의 양수이건 상관 없으나, 「회사의 영업에 중대한 영향을 미치는」 경우라야 한다.
> **제374조(영업양도, 양수, 임대등)** ① 회사가 다음 각 호의 어느 하나에 해당하는 행위를 할 때에는 제434조에 따른 결의가 있어야 한다.
> 1. 영업의 전부 또는 중요한 일부의 양도
> 2. 영업 전부의 임대 또는 경영위임, 타인과 영업의 손익 전부를 같이 하는 계약, 그 밖에 이에 준하는 계약의 체결·변경 또는 해약
> 3. 회사의 영업에 중대한 영향을 미치는 다른 회사의 영업 전부 또는 일부의 양수

0404 | 2012 |

회사의 영업에 중대한 영향을 미치는 다른 회사 영업의 일부를 양수하는 경우 양수회사의 주주는 주식매수청구권을 행사할 수 있다. (   )

> 영업 전부의 양수이건 일부의 양수이건 상관 없으나, 「회사의 영업에 중대한 영향을 미치는」 경우라야 한다.
> **제374조(영업양도, 양수, 임대등)** ① 회사가 다음 각 호의 어느 하나에 해당하는 행위를 할 때에는 제434조에 따른 결의가 있어야 한다.
> 1. 영업의 전부 또는 중요한 일부의 양도
> 2. 영업 전부의 임대 또는 경영위임, 타인과 영업의 손익 전부를 같이 하는 계약, 그 밖에 이에 준하는 계약의 체결·변경 또는 해약
> 3. 회사의 영업에 중대한 영향을 미치는 다른 회사의 영업 전부 또는 일부의 양수

0405 | 2023 |

상법상 비상장주식회사의 영업전부의 양도에 반대하는 주주의 주식매수청구권에서 의결권 없는 종류주식을 보유한 주주도 주식매수청구권을 행사할 수 있다. (   )

> 의결권이 없거나 제한되는 주주도 주식매수청구권을 행사할 수 있다. 의결권이 없거나 제한되는 주주가 배제되는 6가지 경우(제/집/감/통/주/선) 이외에는 모두 주주로서의 권리를 행사할 수 있다고 정리하여야 한다.
> **제374조의2(반대주주의 주식매수청구권)** ① 제374조에 따른 결의사항에 반대하는 주주(의결권이 없거나 제한되는 주주를 포함한다. 이하 이 조에서 같다)는 주주총회 전에 회사에 대하여 서면으로 그 결의에 반대하는 의사를 통지한 경우에는 그 총회의 결의일부터 20일 이내에 주식의 종류와 수를 기재한 서면으로 회사에 대하여 자기가 소유하고 있는 주식의 매수를 청구할 수 있다.

0406 | 2019 |

영업양도를 하는 회사의 발행주식총수의 100분의 90 이상을 상대방인 영업양수인이 소유하고 있는 경우에도 양도회사의 주주에게 주식매수청구권이 인정된다. (   )

> 소규모영업양수도의 경우에는 애초에 주주총회 특별결의사항이 아니어서 주식매수청구권이 인정되지 않으나, 간이영업양수도의 경우에는 주식매수청구권이 인정된다.

답 0403 × 0404 ○ 0405 ○ 0406 ○

제374조의3(간이영업양도, 양수, 임대 등) ① 제374조제1항 각 호의 어느 하나에 해당하는 행위를 하는 회사의 총주주의 동의가 있거나 그 회사의 발행주식총수의 100분의 90 이상을 해당 행위의 상대방이 소유하고 있는 경우에는 그 회사의 주주총회의 승인은 이를 이사회의 승인으로 갈음할 수 있다.
② 제1항의 경우에 회사는 영업양도, 양수, 임대 등의 계약서 작성일부터 2주 이내에 주주총회의 승인을 받지 아니하고 영업양도, 양수, 임대 등을 한다는 뜻을 공고하거나 주주에게 통지하여야 한다. 다만, 총주주의 동의가 있는 경우에는 그러하지 아니하다.
③ 제2항의 공고 또는 통지를 한 날부터 2주 이내에 회사에 대하여 서면으로 영업양도, 양수, 임대 등에 반대하는 의사를 통지한 주주는 그 기간이 경과한 날부터 20일 이내에 주식의 종류와 수를 기재한 서면으로 회사에 대하여 자기가 소유하고 있는 주식의 매수를 청구할 수 있다. 이 경우 제374조의2제2항부터 제5항까지의 규정을 준용한다.

0407 |2014|

자본금감소의 결의에 반대하는 주주는 주식매수청구권을 행사할 수 있다. ( )

결의반대주주의 주식매수청구권이 인정되는 경우에 그 결의는 (ⅰ) 회사의 영업양수도 등, (ⅱ) 합병(분할합병), (ⅲ) 주식의 포괄적 교환 등의 경우에 한정된다.

■ **영업양수도 등**

제374조의2(반대주주의 주식매수청구권) ① 제374조에 따른 결의사항에 반대하는 주주(의결권이 없거나 제한되는 주주를 포함한다. 이하 이 조에서 같다)는 주주총회 전에 회사에 대하여 서면으로 그 결의에 반대하는 의사를 통지한 경우에는 그 총회의 결의일부터 20일 이내에 주식의 종류와 수를 기재한 서면으로 회사에 대하여 자기가 소유하고 있는 주식의 매수를 청구할 수 있다.
제374조(영업양도, 양수, 임대등) ① 회사가 다음 각 호의 어느 하나에 해당하는 행위를 할 때에는 제434조에 따른 결의가 있어야 한다.
1. 영업의 전부 또는 중요한 일부의 양도
2. 영업 전부의 임대 또는 경영위임, 타인과 영업의 손익 전부를 같이 하는 계약, 그 밖에 이에 준하는 계약의 체결·변경 또는 해약
3. 회사의 영업에 중대한 영향을 미치는 다른 회사의 영업 전부 또는 일부의 양수
② 제1항의 행위에 관한 주주총회의 소집의 통지를 하는 때에는 제374조의2제1항 및 제2항의 규정에 의한 주식매수청구권의 내용 및 행사방법을 명시하여야 한다.

■ **합병**

제522조의3(합병반대주주의 주식매수청구권) ① 제522조제1항의 규정에 의한 결의사항에 관하여 이사회의 결의가 있는 때에 그 결의에 반대하는 주주는 주주총회전에 회사에 대하여 서면으로 그 결의에 반대하는 의사를 통지한 경우에는 그 총회의 결의일부터 20일 이내에 주식의 종류와 수를 기재한 서면으로 회사에 대하여 자기가 소유하고 있는 주식의 매수를 청구할 수 있다.
제522조(합병계약서와 그 승인결의) ① 회사가 합병을 함에는 합병계약서를 작성하여 주주총회의 승인을 얻어야 한다.

■ **분할합병**

제530조의11(준용규정)
② 제374조제2항, 제439조제3항, 제522조의3, 제527조의2, 제527조의3 및 제527조의5의 규정은 분할합병의 경우에 이를 준용한다.

🅰 0407 ✕

■ 주식의 포괄적 교환
제360조의5(반대주주의 주식매수청구권) ① 제360조의3제1항의 규정에 의한 승인사항에 관하여 이사회의 결의가 있는 때에 그 결의에 반대하는 주주는 주주총회전에 회사에 대하여 서면으로 그 결의에 반대하는 의사를 통지한 경우에는 그 총회의 결의일부터 20일 이내에 주식의 종류와 수를 기재한 서면으로 회사에 대하여 자기가 소유하고 있는 주식의 매수를 청구할 수 있다.

제360조의3(주식교환계약서의 작성과 주주총회의 승인) ① 주식교환을 하고자 하는 회사는 주식교환계약서를 작성하여 주주총회의 승인을 얻어야 한다.
② 제1항의 승인결의는 제434조의 규정에 의하여야 한다.

■ 주식의 포괄적 이전
제360조의22(주식교환 규정의 준용) 제360조의5, 제360조의11 및 제360조의12의 규정은 주식이전의 경우에 이를 준용한다.

0408 |2014|
주주총회일 전에 회사에 대하여 서면으로 결의에 반대하는 의사를 통지한 주주는 주주총회에서 찬성의 투표를 한 경우에도 주식매수청구권을 행사할 수 있다. ( )

주식매수청구의 의사를 포기한 것으로 본다.

0409 |2019, 2023|
판례에 의하면 주주가 회사에 대하여 주식매수청구를 하고 회사가 이를 승낙하여 의사의 합치가 이루어져야 주식에 관한 매매계약이 성립한다. ( )

주식매수청구권은 형성권이므로 주주의 일방적인 의사표시로 회사와 매매계약이 성립한다.

[대법원 2011. 4. 28., 선고, 2010다94953, 판결]
영업양도에 반대하는 주주의 주식매수청구권에 관하여 규율하고 있는 상법 제374조의2 제1항 내지 제4항의 규정 취지에 비추어 보면, 영업양도에 반대하는 주주의 주식매수청구권은 이른바 형성권으로서 그 행사로 회사의 승낙 여부와 관계없이 주식에 관한 매매계약이 성립하고, 상법 제374조의2 제2항의 '회사가 주식매수청구를 받은 날로부터 2월'은 주식매매대금 지급의무의 이행기를 정한 것이라고 해석된다. 그리고 이러한 법리는 위 2월 이내에 주식의 매수가액이 확정되지 아니하였다고 하더라도 다르지 아니하다.

0410 |2019, 2023|
주식매수청구를 받으면 회사는 주식매수청구를 받은 날로부터 2개월 이내에 그 주식을 매수하여야 한다. ( )

청구를 받은 날로부터 2개월이 아니라, 매수청구기간이 종료하는 날부터 2개월이다. 매수청구를 받은 날부터 기산하게 되면 각 주주별로 매수기간이 달라져서 번잡해지기 때문이다.

제374조의2(반대주주의 주식매수청구권) ② 제1항의 청구를 받으면 해당 회사는 같은 항의 매수 청구 기간(이하 이 조에서 "매수청구기간"이라 한다)이 종료하는 날부터 2개월 이내에 그 주식을 매수하여야 한다.

0411 | 2014 |

주식매수가액 결정에 있어 반대주주와 회사가 협의를 이루지 못하면 정관에 다른 규정이 없는 한 거래일 이전 6주간의 평균가액이 매수가액이 된다. ( )

> 법원이 결정한다.
>
> **제374조의2(반대주주의 주식매수청구권)** ① 제374조에 따른 결의사항에 반대하는 주주(의결권이 없거나 제한되는 주주를 포함한다. 이하 이 조에서 같다)는 주주총회 전에 회사에 대하여 서면으로 그 결의에 반대하는 의사를 통지한 경우에는 그 총회의 결의일부터 20일 이내에 주식의 종류와 수를 기재한 서면으로 회사에 대하여 자기가 소유하고 있는 주식의 매수를 청구할 수 있다.
> ② 제1항의 청구를 받으면 해당 회사는 같은 항의 매수 청구 기간(이하 이 조에서 "매수청구기간"이라 한다)이 종료하는 날부터 2개월 이내에 그 주식을 매수하여야 한다.
> ③ 제2항의 규정에 의한 주식의 매수가액은 주주와 회사간의 협의에 의하여 결정한다.
> ④ 매수청구기간이 종료하는 날부터 30일 이내에 제3항의 규정에 의한 협의가 이루어지지 아니한 경우에는 회사 또는 주식의 매수를 청구한 주주는 법원에 대하여 매수가액의 결정을 청구할 수 있다.
> ⑤ 법원이 제4항의 규정에 의하여 주식의 매수가액을 결정하는 경우에는 회사의 재산상태 그 밖의 사정을 참작하여 공정한 가액으로 이를 산정하여야 한다.

0412 | 2023 |

상법상 비상장주식회사의 영업전부의 양도에 반대하는 주주의 주식매수청구권에서 매수가액에 관하여 매수청구기간이 종료하는 날부터 30일 이내에 회사와 주주간 협의가 이루어지지 않는 경우, 회사 또는 주식매수를 청구한 주주는 법원에 대하여 매수가액의 결정을 청구할 수 있다. ( )

> 1차적으로 당사자간 협의에 의하고, 협의가 이루어지지 않는 경우에 법원이 매수가액을 결정한다.
>
> **제374조의2(반대주주의 주식매수청구권)** ④ 매수청구기간이 종료하는 날부터 30일 이내에 제3항의 규정에 의한 협의가 이루어지지 아니한 경우에는 회사 또는 주식의 매수를 청구한 주주는 법원에 대하여 매수가액의 결정을 청구할 수 있다.

0413 | 2014, 2023 |

회사는 반대주주로부터 매수한 주식을 즉시 소각하여야 한다. ( )

> 소각할 수도 있고 타에 매각할 수도 있다. 적법하게 취득한 자기주식의 처분은 정관에 규정이 없으면 이사회가 이를 결정한다.
>
> **제342조(자기주식의 처분)** 회사가 보유하는 자기의 주식을 처분하는 경우에 다음 각 호의 사항으로서 정관에 규정이 없는 것은 이사회가 결정한다.
> 1. 처분할 주식의 종류와 수
> 2. 처분할 주식의 처분가액과 납입기일
> 3. 주식을 처분할 상대방 및 처분방법

답 0411 × 0412 ○ 0413 ×

09 | 주총결의의 하자의 소

0414 |2008, 2020|
주주총회의 소집절차 또는 결의방법이 법령에 위반하거나 현저하게 불공정한 때에는 결의의 날로부터 2월 내에 결의취소의 소를 제기할 수 있다. ( )

> 주주총회 결의에 (덜 중대한) 형식적 하자가 있는 경우에 대한 설명이다.
>
> **제376조(결의취소의 소)** ① 총회의 소집절차 또는 결의방법이 법령 또는 정관에 위반하거나 현저하게 불공정한 때 또는 그 결의의 내용이 정관에 위반한 때에는 주주·이사 또는 감사는 결의의 날로부터 2월내에 결의취소의 소를 제기할 수 있다.

0415 |2008, 2021, 2023|
결의내용이 법령이나 정관에 위반하는 경우는 결의무효의 원인이 된다. ( )

> 결의 내용이 (i) 법령에 위반한 경우는 결의무효사유지만, (ii) 정관에 위반한 경우는 결의취소사유이다.
>
> **제376조(결의취소의 소)** ① 총회의 소집절차 또는 결의방법이 법령 또는 정관에 위반하거나 현저하게 불공정한 때 또는 그 결의의 내용이 정관에 위반한 때에는 주주·이사 또는 감사는 결의의 날로부터 2월내에 결의취소의 소를 제기할 수 있다.
> ② 제186조 내지 제188조, 제190조 본문과 제191조의 규정은 제1항의 소에 준용한다.
>
> **제380조(결의무효 및 부존재확인의 소)** 제186조 내지 제188조, 제190조 본문, 제191조, 제377조와 제378조의 규정은 총회의 결의의 내용이 법령에 위반한 것을 이유로 하여 결의무효의 확인을 청구하는 소와 총회의 소집절차 또는 결의방법에 총회결의가 존재한다고 볼 수 없을 정도의 중대한 하자가 있는 것을 이유로 하여 결의부존재의 확인을 청구하는 소에 이를 준용한다.

0416 |2023|
상법상 주주총회 결의의 하자를 다투는 소송에서 주주총회 결의방법이 법령에 위반한 때에는 주주·이사 또는 감사는 결의의 날로부터 2월내에 결의취소의 소를 제기할 수 있다. ( )

> (i) 결의 「내용」의 법령위반은 실체상 하자로서 결의무효사유이지만, (ii) 결의 「방법」의 법령위반은 절차상 하자로서 원칙적으로 취소사유이고, 그 정도가 중하면 부존재사유가 된다.
>
> **제376조(결의취소의 소)** ① 총회의 소집절차 또는 결의방법이 법령 또는 정관에 위반하거나 현저하게 불공정한 때 또는 그 결의의 내용이 정관에 위반한 때에는 주주·이사 또는 감사는 결의의 날로부터 2월내에 결의취소의 소를 제기할 수 있다.

0417 |2008, 2016, 2023|
주주총회 결의하자의 소에 대한 원고 승소의 판결에는 대세적 효력과 소급효가 인정된다. ( )

> 제190조 본문(대세효)만 준용하고, 단서(불소급효)는 준용하고 있지 않기 때문이다. 회사법상 소급효가 인정되는 소송으로는 것으로 주총결의하자를 다투는 소송과 자본금감소무효의 소가 있다. 소/결/감으로 정리하자.

답 0414 ○ 0415 × 0416 ○ 0417 ○

제190조(판결의 효력) 설립무효의 판결 또는 설립취소의 판결은 제3자에 대하여도 그 효력이 있다. 그러나 판결확정 전에 생긴 회사와 사원 및 제3자간의 권리의무에 영향을 미치지 아니한다.

제376조(결의취소의 소) ① 총회의 소집절차 또는 결의방법이 법령 또는 정관에 위반하거나 현저하게 불공정한 때 또는 그 결의의 내용이 정관에 위반한 때에는 주주·이사 또는 감사는 결의의 날로부터 2월내에 결의취소의 소를 제기할 수 있다.
② 제186조 내지 제188조, 제190조 본문과 제191조의 규정은 제1항의 소에 준용한다.

제380조(결의무효 및 부존재확인의 소) 제186조 내지 제188조, 제190조 본문, 제191조, 제377조와 제378조의 규정은 총회의 결의의 내용이 법령에 위반한 것을 이유로 하여 결의무효의 확인을 청구하는 소와 총회의 소집절차 또는 결의방법에 총회결의가 존재한다고 볼 수 없을 정도의 중대한 하자가 있는 것을 이유로 하여 결의부존재의 확인을 청구하는 소에 이를 준용한다.

제381조(부당결의의 취소, 변경의 소) ① 주주가 제368조제3항의 규정에 의하여 의결권을 행사할 수 없었던 경우에 결의가 현저하게 부당하고 그 주주가 의결권을 행사하였더라면 이를 저지할 수 있었을 때에는 그 주주는 그 결의의 날로부터 2월내에 결의의 취소의 소 또는 변경의 소를 제기할 수 있다.
② 제186조 내지 제188조, 제190조 본문, 제191조, 제377조와 제378조의 규정은 제1항의 소에 준용한다.

0418 | 2010, 2017, 2019 |

이사 선임의 주주총회 결의에 대한 취소판결이 확정된 경우, 그 결의에 의하여 선임된 이사에 의해 구성된 이사회에서 선정된 대표이사가 그 취소판결의 확정 전에 한 행위는 대표권이 없는 자가 한 행위로서 무효이다.
( )

회사법상 소송 중 (ⅰ) 주총결의의 하자를 다투는 소송과 (ⅱ) 감자무효의 소에 대해서는 소급효가 인정된다. 「소결감」으로 기억하자. 다만 이 경우 그 거래상대방은 부실등기의 책임(상법 제39조) 또는 표현대표이사의 법리(상법 제395조)에 의해 보호받을 수 있다.

[대법원 2004.2.27. 선고, 2002다19797, 판결]
[1] 이사 선임의 주주총회결의에 대한 취소판결이 확정된 경우 그 결의에 의하여 이사로 선임된 이사들에 의하여 구성된 이사회에서 선정된 대표이사는 소급하여 그 자격을 상실하고, 그 대표이사가 이사 선임의 주주총회결의에 대한 취소판결이 확정되기 전에 한 행위는 대표권이 없는 자가 한 행위로서 무효가 된다.
[2] 이사 선임의 주주총회결의에 대한 취소판결이 확정되어 그 결의가 소급하여 무효가 된다고 하더라도 그 선임 결의가 취소되는 대표이사와 거래한 상대방은 상법 제39조의 적용 내지 유추적용에 의하여 보호될 수 있으며, 주식회사의 법인등기의 경우 회사는 대표자를 통하여 등기를 신청하지만 등기신청권자는 회사 자체이므로 취소되는 주주총회결의에 의하여 이사로 선임된 대표이사가 마친 이사 선임 등기는 상법 제39조의 부실등기에 해당된다.

0419 | 2008 |

패소한 원고가 악의 또는 중과실인 경우에 회사에 대해 연대하여 손해배상책임을 부담하는 것은 모든 주주총회 결의하자의 소에 인정된다.
( )

패소원고의 책임에 관한 제191조는 4종의 소에 모두 준용된다.
제191조(패소원고의 책임) 설립무효의 소 또는 설립취소의 소를 제기한 자가 패소한 경우에 악의 또는 중대한 과실이 있는 때에는 회사에 대하여 연대하여 손해를 배상할 책임이 있다.

> **제376조(결의취소의 소)** ① 총회의 소집절차 또는 결의방법이 법령 또는 정관에 위반하거나 현저하게 불공정한 때 또는 그 결의의 내용이 정관에 위반한 때에는 주주·이사 또는 감사는 결의의 날로부터 2월내에 결의취소의 소를 제기할 수 있다.
> ② 제186조 내지 제188조, 제190조 본문과 제191조의 규정은 제1항의 소에 준용한다.
> **제380조(결의무효 및 부존재확인의 소)** 제186조 내지 제188조, 제190조 본문, 제191조, 제377조와 제378조의 규정은 총회의 결의의 내용이 법령에 위반한 것을 이유로 하여 결의무효의 확인을 청구하는 소와 총회의 소집절차 또는 결의방법에 총회결의가 존재한다고 볼 수 없을 정도의 중대한 하자가 있는 것을 이유로 하여 결의부존재의 확인을 청구하는 소에 이를 준용한다.
> **제381조(부당결의의 취소, 변경의 소)** ① 주주가 제368조제3항의 규정에 의하여 의결권을 행사할 수 없었던 경우에 결의가 현저하게 부당하고 그 주주가 의결권을 행사하였더라면 이를 저지할 수 있었을 때에는 그 주주는 그 결의의 날로부터 2월내에 결의의 취소의 소 또는 변경의 소를 제기할 수 있다.
> ② 제186조 내지 제188조, 제190조 본문, 제191조, 제377조와 제378조의 규정은 제1항의 소에 준용한다.

0420 | 2012, 2016, 2017 |

적법한 주주총회 소집통지를 받은 주주는 다른 주주에 대한 소집절차상의 하자를 이유로 주주총회결의 취소의 소를 제기할 수 없다. ( )

> 주주는 설사 자신은 적법하게 주주총회 소집통지를 받았더라도 「다른」 주주에 대한 소집통지가 이루어지지 않는 등의 소집절차상의 하자를 이유로 주주총회결의 취소의 소를 제기할 수 있다. 자신이 해당 안건에 대하여 반대하였음에도 해당 안건이 가결되었는데, 소집통지를 받지 못한 다른 주주들이 주주총회에 참석하여 의결권을 행사하였더라면 해당 안건이 부결되었을 경우를 생각해보면 된다.
>
> [대법원 2003.7.11. 선고, 2001다45584, 판결]
> 주주는 다른 주주에 대한 소집절차의 하자를 이유로 주주총회결의 취소의 소를 제기할 수도 있다.

0421 | 2013 |

판례에 따르면 총회결의에 찬성한 주주가 소의 이익이 있어도 결의부존재확인의 소를 제기할 수 없다. ( )

> 결의부존재는 제소권자에 제한이 없다. 소의 이익이 있으면 누구나 가능하다.

0422 | 2016 |

취소원인이 있는 주주총회결의의 성립 당시에는 주주가 아니었지만 그 후 주주가 된 자도 당해 주주총회결의에 대해 주주총회결의 취소의 소를 제기할 수 있다. ( )

> 결의 당시의 주주 뿐 아니라 그 이후에 주주가 된 자도 제소권이 있다. 위법한 주총결의의 효력이 그대로 발생하기 때문이다.

답 0420 × 0421 × 0422 ○

0423 | 2021 |

총회의 소집절차에 총회결의가 존재한다고 볼 수 없을 정도의 중대한 하자가 있는 경우에 결의부존재확인의 소를 제기할 수 있다. ( )

> 한편 절차상 하자가 덜 중대한 경우에는 결의취소의 소의 사유가 된다.
> **제380조(결의무효 및 부존재확인의 소)** 제186조 내지 제188조, 제190조 본문, 제191조, 제377조와 제378조의 규정은 총회의 결의의 내용이 법령에 위반한 것을 이유로 하여 결의무효의 확인을 청구하는 소와 총회의 소집절차 또는 결의방법에 총회결의가 존재한다고 볼 수 없을 정도의 중대한 하자가 있는 것을 이유로 하여 결의부존재의 확인을 청구하는 소에 이를 준용한다.

0424 | 2012 |

판례에 의하면 유효한 주주총회가 종료한 후에 일부 주주들만 모여 개최한 주주총회에서의 결의는 주주총회결의 부존재확인의 소의 원인이 된다. ( )

> 주주총회의 절차상의 하자가 중대한 경우로서 주주총회결의 부존재확인의 소의 원인이 된다.
> **[대법원 1993.10.12, 선고, 92다28235, 판결]**
> 대표이사가 1987.2.26. 10:00 회사 사무실에서 임시주주총회를 개최한다는 통지를 하였으나 주주총회 당일 16:00경 소란으로 인하여 사회자가 주주총회의 산회선언을 하였는데 그 후 주주 3인이 별도의 장소에 모여 결의를 한 것이라면, 위 주주 3인이 과반수를 훨씬 넘는 주식을 가진 주주라고 하더라도 나머지 일부 소수주주들에게는 그 회의의 참석과 토의, 의결권행사의 기회를 전혀 배제하고 나아가 법률상 규정된 주주총회소집절차를 무시한 채 의견을 같이 하는 일부주주들만 모여서 한 결의를 법률상 유효한 주주총회의 결의라고 볼 수는 없다.

0425 | 2013, 2017 |

판례에 의하면 회사의 대표이사가 아닌 이사가 이사회의 소집결의에 따라서 위 주주총회를 소집한 것이라면 결의취소사유에 불과하고 결의가 부존재한다고 볼 수는 없다. ( )

> 대표이사 아닌 자가 「이사회결의를 거쳐서」 총회를 소집한 경우에는 결의취소사유에 해당한다.
> **[대법원 1993.9.10, 선고, 93도698, 판결]**
> 대표이사 아닌 이사가 이사회의 소집 결의에 따라서 주주총회를 소집한 것이라면 위 주주총회에 있어서 소집절차상 하자는 주주총회결의의 취소사유에 불과하고 그것만으로 바로 주주총회결의가 무효이거나 부존재가 된다고 볼 수 없다.

0426 | 2014 |

판례에 의하면 정당한 소집권자가 이사회의 결의 없이 주주총회를 소집한 경우에는 주주총회 결의취소의 소의 원인이 된다. ( )

> **[대법원 1980.10.27, 선고, 79다1264, 판결]**
> 이사회의 결정 없이 주주총회가 소집되었다고 하더라도 외관상 이사회의 결정이 있었던 것과 같은 소집형식을 갖추어 소집권한 있는 자가 적법한 소집절차를 밟은 이상 이사회의 결정이 없었다는 사정은 주주총회결의 부존재의 사유는 되지 않고 주주총회결의 취소의 사유가 됨에 불과하다.

0427 | 2020 |
결의취소의 소의 제소권자는 주주·이사 또는 감사이다. ( )

주식회사에 관한 소송의 제소권자는 원칙적으로 주주·이사 또는 감사로 한정된다.

제376조(결의취소의 소) ① 총회의 소집절차 또는 결의방법이 법령 또는 정관에 위반하거나 현저하게 불공정한 때 또는 그 결의의 내용이 정관에 위반한 때에는 주주·이사 또는 감사는 결의의 날로부터 2월내에 결의취소의 소를 제기할 수 있다.

0428 | 2012 |
상법은 주주총회결의 무효확인의 소의 제소권자에 대하여 아무런 규정을 두고 있지 않으나, 판례에 의하면 무효확인에 관하여 정당한 법률상 이익이 있는 자가 무효확인의 소를 제기할 수 있다. ( )

결의취소의 소와 달리 결의무효·부존재확인의 소에 관한 제380조는 제소권자를 규정하고 있지 않다. 이에 대해 판례는 「그 무효 또는 부존재의 확인에 관하여 정당한 법률상의 이익이 있는 자」가 소를 제기할 수 있다고 판시하고 있다.

[대법원 1982.12.14. 선고, 82다카957, 판결]
주주총회결의에 의하여 해임당한 이사는 주주인 여부에 관계없이 당해 해임결의의 부존재 또는 무효확인을 구할 법률상 이익이 있고, 그 결의의 내용이 이사의 해임결의가 아니라 그 이사의 임기만료를 이유로 후임이사를 선임하는 결의라고 할지라도 상법 제386조에 의하여 후임이사 취임시까지 이사의 권리의무를 보유하는 경우에는 그 퇴임이사는 후임이사선임 결의의 하자를 주장하여 그 부존재 또는 무효확인을 구할 법률상 이익이 있다고 할 것이다.

0429 | 2008, 2012, 2015, 2016, 2020 |
주주총회결의의 하자를 다투는 소송에서 법원의 재량기각은 결의취소의 소에서만 인정된다. ( )

결의무효는 법령위반이므로 하자가 중대하여 재량기각의 대상이 아니고, 부존재는 결의가 존재하지 않는 것이기 때문에 재량의 한계이며, 부당결의취소변경의 소의 경우에는 그 특정인에게 손해가 되기 때문이다.

제379조(법원의 재량에 의한 청구기각) 결의취소의 소가 제기된 경우에 결의의 내용, 회사의 현황과 제반사정을 참작하여 그 취소가 부적당하다고 인정한 때에는 법원은 그 청구를 기각할 수 있다.

0430 | 2013 |
판례에 따르면 결의취소의 소가 제기된 경우 법원은 당사자의 주장에 의해서만 결의의 내용, 회사의 현황과 제반사정을 참작하여 그 취소가 부적당하다고 인정한 때 재량기각할 수 있다. ( )

「당사자의 주장에 의해서만」 재량기각사유를 판단하는 것이 아니라, 「법원 스스로」 재량기각사유에 해당하는지 판단할 수 있다.

제379조(법원의 재량에 의한 청구기각) 결의취소의 소가 제기된 경우에 결의의 내용, 회사의 현황과 제반사정을 참작하여 그 취소가 부적당하다고 인정한 때에는 법원은 그 청구를 기각할 수 있다.

답 0427 ○ 0428 ○ 0429 ○ 0430 ×

0431 | 2013, 2015, 2017, 2019, 2021, 2023 |

회사는 결의취소의 소를 제기한 주주가 이사라 하더라도 악의임을 소명하면 주주의 담보제공을 청구할 수 있으며 법원은 이에 따라 상당한 담보제공을 명할 수 있다. ( )

> 담보제공명령은 이사, 감사의 경우에는 적용되지 않는다.
>
> **제377조(제소주주의 담보제공의무)** ① 주주가 결의취소의 소를 제기한 때에는 법원은 회사의 청구에 의하여 상당한 담보를 제공할 것을 명할 수 있다. 그러나 그 주주가 이사 또는 감사인 때에는 그러하지 아니하다.

0432 | 2013 |

감사선임결의에 있어서 100분의 5의 의결권 주식을 가진 주주가 그가 보유하는 모든 주식으로 의결권을 행사한 경우 결의취소사유에 해당한다. ( )

> 결의방법의 하자로서 결의취소사유에 해당한다.
>
> **제376조(결의취소의 소)** ① 총회의 소집절차 또는 결의방법이 법령 또는 정관에 위반하거나 현저하게 불공정한 때 또는 그 결의의 내용이 정관에 위반한 때에는 주주·이사 또는 감사는 결의의 날로부터 2월내에 결의취소의 소를 제기할 수 있다.
>
> **제409조(선임)** ① 감사는 주주총회에서 선임한다.
> ② 의결권없는 주식을 제외한 발행주식의 총수의 100분의 3(정관에서 더 낮은 주식 보유비율을 정할 수 있으며, 정관에서 더 낮은 주식 보유비율을 정한 경우에는 그 비율로 한다)을 초과하는 수의 주식을 가진 주주는 그 초과하는 주식에 관하여 제1항의 감사의 선임에 있어서는 의결권을 행사하지 못한다.

0433 | 2013 |

판례에 따르면 임시주주총회가 개회선언되고 법률상으로나 사실상 의사를 진행할 수 있는 상태에서 총회의장이 주주들의 의사에 반하여 자진퇴장한 경우 출석한 총주식 과반수의 주주들이 전원의 동의로 임시의장을 선출하고 진행한 총회결의는 적법하다. ( )

> [대법원 1983.8.23. 선고, 83도748, 판결]
> 개회선언된 임시주주총회에서 의안에 대한 심사도 아니한 채 법률상으로나 사실상으로 의사를 진행할 수 있는 상태에서 주주들의 의사에 반하여 대표이사나 이사가 자진하여 퇴장한 경우 임시 주주총회가 개회되었다거나 종결되었다고 할 수는 없으며, 설령 당시 대표이사가 독단으로 개회선언을 하고 퇴장하였더라도 의장으로서 적절한 의사운영을 하여 의사일정의 전부를 종료케 하는 등의 직책을 포기하고 그의 권한 및 권리행사를 하지 아니하였다고 볼 것이니 그 당시 회의장에 남아있던 총 주식수의 과반수 이상의 주주들이 전 주주의 동의로서 임시의장을 선출하여 진행한 임시주주총회의 결의는 적법하다.

0434 | 2013 |

집중투표의 방법으로 이사를 선임하는 경우에 회사가 집중투표 청구서면을 총회종결시까지 본점에 비치하지 않았거나 주주총회에서 의장이 의결에 앞서 그러한 청구의 취지를 알리지 않으면 그 이사선임 결의는 결의취소의 소의 원인이 될 수 있다. ( )

> 결의방법이 법령에 위반한 경우로서 형식상 하자이므로 주총결의 취소사유이다.

0431 × 0432 ○ 0433 ○ 0434 ○

제376조(결의취소의 소) ① 총회의 소집절차 또는 결의방법이 법령 또는 정관에 위반하거나 현저하게 불공정한 때 또는 그 결의의 내용이 정관에 위반한 때에는 주주·이사 또는 감사는 결의의 날로부터 2월내에 결의취소의 소를 제기할 수 있다.

0435 |2015|

주주총회의 소집통지서에 기재되지 않은 사항에 관한 주주총회 결의에 대하여 주주는 총회결의취소의 소를 제기할 수 있다. ( )

주주총회의 소집통지서에 기재하지 않은 사항에 관하여 주총결의가 이루어진 경우에는 절차상의 하자로서 취소사유가 존재한다.

[대법원 1979.3.27. 선고, 79다19, 판결]
상법 제363조 제1항, 제2항의 규정에 의하면 주주종회를 소집함에 있어서는 회의의 목적사항을 기재하여 서면으로 그 통지를 발송하게 되어 있으므로 주주총회에 있어서는 원칙적으로 주주총회 소집을 함에 있어서 회의의 목적사항으로 한 것 이외에는 결의할 수 없으며, 이에 위배된 결의는, 특별한 사정이 없는 한, 상법 제376조 소정의 총회의 소집절차 또는 결의방법이 법령에 위반하는 것으로 보아야 하고, 다만 회사 정관에 주주전원의 동의가 있으면 미리 주주에게 통지하지 아니한 목적 사항에 관하여도 결의할 수 있다고 되어 있는 때는 예외이나, 그 경우의 주주 전원이란 재적주주 전원을 의미한다고 보아야 할 것이며, 미리 주주에게 통지하지 아니한 사항에 관한 결의에 가담한 주주가 그 결의의 취소를 구함이 곧 신의성실의 원칙 및 금반언의 원칙에 반한다고 볼 수 없다.

0436 |2015|

정관으로 이사자격을 정한 경우 이를 충족하지 못하는 자에 대한 이사선임 결의에 대하여 이사는 총회결의 무효확인의 소를 제기할 수 있다. ( )

결의의 내용이 정관을 위반한 사항으로서 결의취소의 소를 제기 할 수 있다.

제376조(결의취소의 소) ① 총회의 소집절차 또는 결의방법이 법령 또는 정관에 위반하거나 현저하게 불공정한 때 또는 그 결의의 내용이 정관에 위반한 때에는 주주·이사 또는 감사는 결의의 날로부터 2월내에 결의취소의 소를 제기할 수 있다.

0437 |2015|

이사선임을 이사회에 위임하는 주주총회결의에 대하여는 주주 또는 감사에 한하여 무효확인의 소를 제기할 수 있다. ( )

이사는 주주총회에서 보통결의로 선임한다. 주주총회의 전권사항에 해당하므로 다른 기관이나 타인에게 이사의 선임을 위임할 수 없다. 따라서 이 경우 결의의 내용이 법령에 위반하였으므로 결의무효확인의 소를 제기 할 수 있다. 다만, 주총결의 무효 및 부존재확인의 소의 경우에는 제소권자에 제한이 없다.

제382조(이사의 선임, 회사와의 관계 및 사외이사) ① 이사는 주주총회에서 선임한다.

제380조(결의무효 및 부존재확인의 소) 제186조 내지 제188조, 제190조 본문, 제191조, 제377조와 제378조의 규정은 총회의 결의의 내용이 법령에 위반한 것을 이유로 하여 결의무효의 확인을 청구하는 소와 총회의 소집절차 또는 결의방법에 총회결의가 존재한다고 볼 수 없을 정도의 중대한 하자가 있는 것을 이유로 하여 결의부존재의 확인을 청구하는 소에 이를 준용한다.

답 0435 O   0436 X   0437 X

0438 | 2016 |
이사를 선임하는 주주총회결의에 취소원인이 존재하는 경우 주주총회결의취소의 소를 제기하려면 회사를 피고로 하여야 한다. ( )

> 결의취소의 소의 대상은 회사이다. 결의취소판결의 효력은 회사를 중심으로 한 모든 법률관계에 미치기 때문이다.

0439 | 2019 |
판례에 의하면 주주총회에서 여러 개의 안건이 상정되어 각기 결의가 행하여진 경우 결의취소의 소의 제소기간의 준수 여부는 각 안건에 대한 결의마다 별도로 판단되어야 한다. ( )

> 주주총회가 다룰 안건이 많아서 며칠 동안 계속 진행된 경우를 생각해보면 된다(주주총회의 속행).
>
> [대법원 2010. 3. 11., 선고, 2007다51505, 판결]
> 주주총회결의 취소의 소는 상법 제376조 제1항에 따라 그 결의의 날로부터 2개월 내에 제기하여야 하고, 이 기간이 지난 후에 제기된 소는 부적법하다. 그리고 주주총회에서 여러 개의 안건이 상정되어 각기 결의가 행하여진 경우 위 제소기간의 준수 여부는 각 안건에 대한 결의마다 별도로 판단되어야 한다.

0440 | 2021 |
결의취소의 소는 본점소재지의 지방법원의 관할에 전속한다. ( )

> 설립무효의 소의 관할에 관한 규정을 준용한다.
>
> **제376조(결의취소의 소)** ① 총회의 소집절차 또는 결의방법이 법령 또는 정관에 위반하거나 현저하게 불공정한 때 또는 그 결의의 내용이 정관에 위반한 때에는 주주·이사 또는 감사는 결의의 날로부터 2월내에 결의취소의 소를 제기할 수 있다.
> ② 제186조 내지 제188조, 제190조 본문과 제191조의 규정은 제1항의 소에 준용한다.
> **제186조(전속관할)** 전2조의 소는 본점소재지의 지방법원의 관할에 전속한다.

0441 | 2020, 2023 |
결의한 사항이 등기된 경우에 결의취소의 판결이 확정된 때에는 본점과 지점의 소재지에서 등기하여야 한다. ( )

> 다만 이때의 등기에는 창설적 효력이 아니라 대항력만 인정된다. 따라서 결의취소의 효력은 등기시가 아니라 판결확정시에 발생한다. 또한 본점에서 등기할 사항은 항상 지점에서도 등기해야 한다.
>
> **제378조(결의취소의 등기)** 결의한 사항이 등기된 경우에 결의취소의 판결이 확정된 때에는 본점과 지점의 소재지에서 등기하여야 한다.

0442 | 2021 |
부당결의 변경의 판결은 제3자에 대하여도 그 효력이 있다. ( )

> 「판결의 대세효(제3자효)」에 대한 설명이다. 일반 민사소송과는 달리 회사법상 소송의 경우에는 다수의 이해관계자가 존재하기 때문에, 법률관계를 일률적으로 확정하기 위해 대세효가 인정된다.

답 0438 ○ 0439 ○ 0440 ○ 0441 ○ 0442 ○

제190조(판결의 효력) 설립무효의 판결 또는 설립취소의 판결은 제3자에 대하여도 그 효력이 있다. 그러나 판결확정 전에 생긴 회사와 사원 및 제3자간의 권리의무에 영향을 미치지 아니한다.

제381조(부당결의의 취소, 변경의 소) ① 주주가 제368조제3항의 규정에 의하여 의결권을 행사할 수 없었던 경우에 결의가 현저하게 부당하고 그 주주가 의결권을 행사하였더라면 이를 저지할 수 있었을 때에는 그 주주는 그 결의의 날로부터 2월내에 결의의 취소의 소 또는 변경의 소를 제기할 수 있다.
② 제186조 내지 제188조, 제190조 본문, 제191조, 제377조와 제378조의 규정은 제1항의 소에 준용한다.

10 | 종류주주총회

0443 | 2011, 2019 |
종류주주총회의 결의는 출석한 주주의 의결권의 3분의 2 이상의 수와 그 종류의 발행주식총수의 3분의 1 이상의 수로써 한다. ( )

이 비율은 주주총회 특별결의의 정족수와 동일한 비율이다.
제435조(종류주주총회) ② 제1항의 결의는 출석한 주주의 의결권의 3분의 2 이상의 수와 그 종류의 발행주식총수의 3분의 1 이상의 수로써 하여야 한다.

0444 | 2019 |
의결권이 없는 종류주식을 가진 주주라도 그 종류주주총회에서는 의결권이 인정된다. ( )

제435조 제3항은 의결권이 없는 종류주식의 주주들의 경우에도 이들로 구성된 당해 종류주주총회에서 의결권을 행사할 수 있다는 의미이다.
제435조(종류주주총회) ① 회사가 종류주식을 발행한 경우에 정관을 변경함으로써 어느 종류주식의 주주에게 손해를 미치게 될 때에는 주주총회의 결의 외에 그 종류주식의 주주의 총회의 결의가 있어야 한다.
② 제1항의 결의는 출석한 주주의 의결권의 3분의 2 이상의 수와 그 종류의 발행주식총수의 3분의 1 이상의 수로써 하여야 한다.
③ 주주총회에 관한 규정은 의결권없는 종류의 주식에 관한 것을 제외하고 제1항의 총회에 준용한다.

0445 | 2011 |
주주총회에 관한 규정은 의결권 없는 종류의 주식에 관한 것을 제외하고 종류주주총회에 준용한다. ( )

종류주주의 경우에 의결권이 없는 경우에도 종류주주총회에서는 의결권을 부여하겠다는 의미이다.
제435조(종류주주총회) ③ 주주총회에 관한 규정은 의결권 없는 종류의 주식에 관한 것을 제외하고 제1항의 총회에 준용한다.

0446 | 2019 |
종류주주총회를 소집할 때에는 그 종류주주총회일의 2주 전에 그 종류주식을 가진 각 주주에게 서면으로 통지를 발송하거나 각 주주의 동의를 받아 전자문서로 통지를 발송하여야 한다. ( )

주주총회에 관한 규정이 준용되기 때문에 그 소집통지절차는 동일하다.

답 0443 ○ 0444 ○ 0445 ○ 0446 ○

제435조(종류주주총회) ① 회사가 종류주식을 발행한 경우에 정관을 변경함으로써 어느 종류주식의 주주에게 손해를 미치게 될 때에는 주주총회의 결의 외에 그 종류주식의 주주의 총회의 결의가 있어야 한다.
② 제1항의 결의는 출석한 주주의 의결권의 3분의 2 이상의 수와 그 종류의 발행주식총수의 3분의 1 이상의 수로써 하여야 한다.
③ 주주총회에 관한 규정은 의결권없는 종류의 주식에 관한 것을 제외하고 제1항의 총회에 준용한다.

제363조(소집의 통지) ① 주주총회를 소집할 때에는 주주총회일의 2주 전에 각 주주에게 서면으로 통지를 발송하거나 각 주주의 동의를 받아 전자문서로 통지를 발송하여야 한다. 다만, 그 통지가 주주명부상 주주의 주소에 계속 3년간 도달하지 아니한 경우에는 회사는 해당 주주에게 총회의 소집을 통지하지 아니할 수 있다.
② 제1항의 통지서에는 회의의 목적사항을 적어야 한다.
③ 제1항에도 불구하고 자본금 총액이 10억원 미만인 회사가 주주총회를 소집하는 경우에는 주주총회일의 10일 전에 각 주주에게 서면으로 통지를 발송하거나 각 주주의 동의를 받아 전자문서로 통지를 발송할 수 있다.

0447 |2011|

회사의 합병이 있는 경우 모든 종류주식의 주주의 총회의 결의가 필요하다.   (   )

모든 종류주주가 아니라, 그로 인해 손해를 보는 주주들의 종류주주총회의 결의가 필요하다.

제436조(준용규정) 제344조제3항에 따라 주식의 종류에 따라 특수하게 정하는 경우와 회사의 분할 또는 분할합병, 주식교환, 주식이전 및 회사의 합병으로 인하여 어느 종류의 주주에게 손해를 미치게 될 경우에는 제435조를 준용한다.

0448 |2011|

정관에 의하지 않고 신주인수로 인한 주식배정에 관하여 주식의 종류에 따라 특수한 정함을 하는 경우 이로 인해 손해를 보는 종류주식의 주주의 총회의 결의가 필요하다.   (   )

종류주주총회가 필요한 경우는 「정/배/합」으로 정리하자.

제344조(종류주식) ③ 회사가 종류주식을 발행하는 때에는 정관에 다른 정함이 없는 경우에도 주식의 종류에 따라 신주의 인수, 주식의 병합·분할·소각 또는 회사의 합병·분할로 인한 주식의 배정에 관하여 특수하게 정할 수 있다.

제436조(준용규정) 제344조제3항에 따라 주식의 종류에 따라 특수하게 정하는 경우와 회사의 분할 또는 분할합병, 주식교환, 주식이전 및 회사의 합병으로 인하여 어느 종류의 주주에게 손해를 미치게 될 경우에는 제435조를 준용한다.

0449 |2017|

회사의 정관변경으로 우선주의 배당률이 낮아지는 경우 그 정관변경이 효력을 발생하려면 회사의 우선주를 가진 주주들의 종류주주총회의 결의가 있어야 한다.   (   )

정관을 변경함으로써 어느 종류주주에게 손해를 미치게 될 때에는 종류주주총회결의가 정관변경의 효력발생요건이다.

제435조(종류주주총회) ① 회사가 종류주식을 발행한 경우에 정관을 변경함으로써 어느 종류주식의 주주에게 손해를 미치게 될 때에는 주주총회의 결의 외에 그 종류주식의 주주의 총회의 결의가 있어야 한다.

답 0447 × 0448 ○ 0449 ○

0450 |2019|

판례에 의하면 어느 종류주식을 가진 주주의 지위가 정관변경에 따라 유리한 면이 있으면서 동시에 불이익한 면을 수반하는 경우 정관변경에 그 종류주주총회의 결의가 필요하다. ( )

아래 판례는 회사가 무상증자를 진행하는 경우에 기존의 우선주주에게 배정하는 우선주에는 전환권을 부여하지 않는다는 내용으로 정관을 변경하려는 사안이다. 이 경우 보통주로의 전환에 의한 의결권의 취득을 바라고 있던 우선주주의 지위에서는 정관변경이 불리한 반면, 의결권의 취득에는 관심이 적고 그보다는 이익배당에 더 관심이 있던 우선주주의 지위에서는 정관변경이 문제가 없다고 판단하게 된다. 이처럼 정관을 변경함으로써 우선주주 각자의 입장에 따라 유리한 점과 불리한 점이 공존하고 있을 경우에는 우선주주들로 구성된 종류주주총회의 결의가 필요하다.

[대법원 2006. 1. 27., 선고, 2004다44575, 판결]
상법 제435조 제1항은 "회사가 수종의 주식을 발행한 경우에 정관을 변경함으로써 어느 종류의 주주에게 손해를 미치게 될 때에는 주주총회의 결의 외에 그 종류의 주주의 총회의 결의가 있어야 한다."고 규정하고 있는바, 위 규정의 취지는 주식회사가 보통주 이외의 수종의 주식을 발행하고 있는 경우에 보통주를 가진 다수의 주주들이 일방적으로 어느 종류의 주식을 가진 소수주주들에게 손해를 미치는 내용으로 정관을 변경할 수 있게 할 경우에 그 종류의 주식을 가진 소수주주들이 부당한 불이익을 받게 되는 결과를 방지하기 위한 것이므로, 여기서의 '어느 종류의 주주에게 손해를 미치게 될 때'라 함에는, 어느 종류의 주주에게 직접적으로 불이익을 가져오는 경우는 물론이고, 외견상 형식적으로는 평등한 것이라고 하더라도 실질적으로는 불이익한 결과를 가져오는 경우도 포함되며, 나아가 어느 종류의 주주의 지위가 정관의 변경에 따라 유리한 면이 있으면서 불이익한 면을 수반하는 경우도 이에 해당된다.

0451 |2019|

판례에 의하면 정관변경에 필요한 종류주주총회의 결의가 아직 이루어지지 않았다면 그 정관변경을 결의한 주주총회결의의 하자를 이유로 그 결의의 무효확인을 구할 수 있다. ( )

종류주주총회의 결의는 정관변경이라는 법률효과가 발생하기 위한 하나의 특별요건이므로, 종류주주총회의 결의가 없으면 정관변경이 아직 이루어지지 않은 것이므로 정관변경을 결의한 주주총회결의의 효력을 다툴 이유가 없다.

[대법원 2006. 1. 27., 선고, 2004다44575, 판결]
어느 종류 주주에게 손해를 미치는 내용으로 정관을 변경함에 있어서 그 정관변경에 관한 주주총회의 결의 외에 추가로 요구되는 종류주주총회의 결의는 정관변경이라는 법률효과가 발생하기 위한 하나의 특별요건이라고 할 것이므로, 그와 같은 내용의 정관변경에 관하여 종류주주총회의 결의가 아직 이루어지지 않았다면 그러한 정관변경의 효력이 아직 발생하지 않는 데에 그칠 뿐이고, 그러한 정관변경을 결의한 주주총회결의 자체의 효력에는 아무런 하자가 없다.

답 0450 O 0451 X

제2관 이사회와 대표이사

1. 이사

01 | 의의

0452 |2014|
상법상 이사는 사내이사, 사외이사, 그 밖에 상무에 종사하지 아니하는 이사로 나뉜다. （　　）

> **제317조(설립의 등기)**
> ② 제1항의 설립등기에 있어서는 다음의 사항을 등기하여야 한다.
> 1. 제289조제1항제1호 내지 제4호, 제6호와 제7호에 게기한 사항
> 2. 자본금의 액
> 3. 발행주식의 총수, 그 종류와 각종주식의 내용과 수
> 3의2. 주식의 양도에 관하여 이사회의 승인을 얻도록 정한 때에는 그 규정
> 3의3. 주식매수선택권을 부여하도록 정한 때에는 그 규정
> 3의4. 지점의 소재지
> 4. 회사의 존립기간 또는 해산사유를 정한 때에는 그 기간 또는 사유
> 5. 삭제 〈2011.4.14.〉
> 6. 주주에게 배당할 이익으로 주식을 소각할 것을 정한 때에는 그 규정
> 7. 전환주식을 발행하는 경우에는 제347조에 게기한 사항
> 8. 사내이사, 사외이사, 그 밖에 상무에 종사하지 아니하는 이사, 감사 및 집행임원의 성명과 주민등록번호
> 9. 회사를 대표할 이사 또는 집행임원의 성명·주민등록번호 및 주소
> 10. 둘 이상의 대표이사 또는 대표집행임원이 공동으로 회사를 대표할 것을 정한 경우에는 그 규정
> 11. 명의개서대리인을 둔 때에는 그 상호 및 본점소재지
> 12. 감사위원회를 설치한 때에는 감사위원회 위원의 성명 및 주민등록번호

0453 |2020|
이사의 성명·주민등록번호 및 주소는 주식회사 정관의 절대적 기재사항이 아니다. （　　）

> 이사의 성명 등은 정관기재사항은 아니고 등기사항이다.
>
> **제317조(설립의 등기)** ② 제1항의 설립등기에 있어서는 다음의 사항을 등기하여야 한다.
> 1. 제289조제1항제1호 내지 제4호, 제6호와 제7호에 게기한 사항
> 2. 자본금의 액
> 3. 발행주식의 총수, 그 종류와 각종주식의 내용과 수
> 3의2. 주식의 양도에 관하여 이사회의 승인을 얻도록 정한 때에는 그 규정
> 3의3. 주식매수선택권을 부여하도록 정한 때에는 그 규정
> 3의4. 지점의 소재지
> 4. 회사의 존립기간 또는 해산사유를 정한 때에는 그 기간 또는 사유
> 5. 삭제 〈2011.4.14.〉
> 6. 주주에게 배당할 이익으로 주식을 소각할 것을 정한 때에는 그 규정

답　0452 ○　0453 ○

7. 전환주식을 발행하는 경우에는 제347조에 게기한 사항
8. 사내이사, 사외이사, 그 밖에 상무에 종사하지 아니하는 이사, 감사 및 집행임원의 성명과 주민등록번호
9. 회사를 대표할 이사 또는 집행임원의 성명·주민등록번호 및 주소
10. 둘 이상의 대표이사 또는 대표집행임원이 공동으로 회사를 대표할 것을 정한 경우에는 그 규정
11. 명의개서대리인을 둔 때에는 그 상호 및 본점소재지
12. 감사위원회를 설치한 때에는 감사위원회 위원의 성명 및 주민등록번호

0454 |2008|
상법상 주주가 아닌 자도 이사가 될 수 있으므로 이에 반하는 정관의 규정은 효력이 없다. ( )

일정 수 이상의 주식을 가진 경우에만 이사로 선임 가능하도록 정관에 규정할 수 있다. 이때 그 주식을 「자격주」라고 한다.

제387조(자격주) 정관으로 이사가 가질 주식의 수를 정한 경우에 다른 규정이 없는 때에는 이사는 그 수의 주권을 감사에게 공탁하여야 한다.

0455 |2017, 2020, 2021|
정관으로 이사가 가질 주식의 수를 정한 경우 다른 규정이 없으면 이사는 그 수의 주권을 감사 또는 감사위원회에 공탁하여야 한다. ( )

이를 「자격주」라 한다.
제387조(자격주) 정관으로 이사가 가질 주식의 수를 정한 경우에 다른 규정이 없는 때에는 이사는 그 수의 주권을 감사에게 공탁하여야 한다.

0456 |2008, 2020|
자본금 총액이 10억원 미만인 회사는 이사의 수를 1인 또는 2인으로 할 수 있다. ( )

소규모회사의 경우에 이사를 1명 또는 2명으로 할 수 있고, 이 경우 이사회는 임의기관이다.
제383조(원수, 임기) ① 이사는 3명 이상이어야 한다. 다만, 자본금 총액이 10억원 미만인 회사는 1명 또는 2명으로 할 수 있다는 이사회의 기능을 담당한다.

0457 |2022|
최근 2년 이내에 회사의 상무에 종사한 이사는 그 회사의 사외이사가 될 수 있다. ( )

제382조 제3항 제1호
제382조(이사의 선임, 회사와의 관계 및 사외이사) ③ 사외이사(社外理事)는 해당 회사의 상무(常務)에 종사하지 아니하는 이사로서 다음 각 호의 어느 하나에 해당하지 아니하는 자를 말한다. 사외이사가 다음 각 호의 어느 하나에 해당하는 경우에는 그 직을 상실한다.
1. 회사의 상무에 종사하는 이사·집행임원 및 피용자 또는 최근 2년 이내에 회사의 상무에 종사한 이사·감사·집행임원 및 피용자

답 0454 × 0455 ○ 0456 ○ 0457 ×

2. 최대주주가 자연인인 경우 본인과 그 배우자 및 직계 존속·비속
3. 최대주주가 법인인 경우 그 법인의 이사·감사·집행임원 및 피용자
4. 이사·감사·집행임원의 배우자 및 직계 존속·비속
5. 회사의 모회사 또는 자회사의 이사·감사·집행임원 및 피용자
6. 회사와 거래관계 등 중요한 이해관계에 있는 법인의 이사·감사·집행임원 및 피용자
7. 회사의 이사·집행임원 및 피용자가 이사·집행임원으로 있는 다른 회사의 이사·감사·집행임원 및 피용자

0458 | 2023 |

사외이사가 재직중인 회사의 집행임원이 된 경우에는 그 직을 상실한다. ( )

집행임원을 포함한 회사의 업무집행자는 사외이사가 될 수 없다.

제382조(이사의 선임, 회사와의 관계 및 사외이사) ③ 사외이사(社外理事)는 해당 회사의 상무(常務)에 종사하지 아니하는 이사로서 다음 각 호의 어느 하나에 해당하지 아니하는 자를 말한다. 사외이사가 다음 각 호의 어느 하나에 해당하는 경우에는 그 직을 상실한다. 〈개정 2011. 4. 14.〉
1. 회사의 상무에 종사하는 이사·집행임원 및 피용자 또는 최근 2년 이내에 회사의 상무에 종사한 이사·감사·집행임원 및 피용자

0459 | 2018, 2022 |

회사의 최대주주가 자연인인 경우 본인과 그 배우자 및 직계 존속·비속은 그 회사의 사외이사가 될 수 없다. ( )

제382조 제3항 제2호, 제542조의8 제2항 제5호

제382조(이사의 선임, 회사와의 관계 및 사외이사) ③ 사외이사(社外理事)는 해당 회사의 상무(常務)에 종사하지 아니하는 이사로서 다음 각 호의 어느 하나에 해당하지 아니하는 자를 말한다. 사외이사가 다음 각 호의 어느 하나에 해당하는 경우에는 그 직을 상실한다.
2. 최대주주가 자연인인 경우 본인과 그 배우자 및 직계 존속·비속
3. 최대주주가 법인인 경우 그 법인의 이사·감사·집행임원 및 피용자
4. 이사·감사·집행임원의 배우자 및 직계 존속·비속
5. 회사의 모회사 또는 자회사의 이사·감사·집행임원 및 피용자
6. 회사와 거래관계 등 중요한 이해관계에 있는 법인의 이사·감사·집행임원 및 피용자
7. 회사의 이사·집행임원 및 피용자가 이사·집행임원으로 있는 다른 회사의 이사·감사·집행임원 및 피용자

제542조의8(사외이사의 선임) ② 상장회사의 사외이사는 제382조제3항 각 호 뿐만 아니라 다음 각 호의 어느 하나에 해당되지 아니하여야 하며, 이에 해당하게 된 경우에는 그 직을 상실한다.
1. 미성년자, 피성년후견인 또는 피한정후견인
2. 파산선고를 받고 복권되지 아니한 자
3. 금고 이상의 형을 선고받고 그 집행이 끝나거나 집행이 면제된 후 2년이 지나지 아니한 자
4. 대통령령으로 별도로 정하는 법률을 위반하여 해임되거나 면직된 후 2년이 지나지 아니한 자

5. 상장회사의 주주로서 의결권 없는 주식을 제외한 발행주식총수를 기준으로 본인 및 그와 대통령령으로 정하는 특수한 관계에 있는 자(이하 "특수관계인"이라 한다)가 소유하는 주식의 수가 가장 많은 경우 그 본인(이하 "최대주주"라 한다) 및 그의 특수관계인
6. 누구의 명의로 하든지 자기의 계산으로 의결권 없는 주식을 제외한 발행주식총수의 100분의 10 이상의 주식을 소유하거나 이사·집행임원·감사의 선임과 해임 등 상장회사의 주요 경영사항에 대하여 사실상의 영향력을 행사하는 주주(이하 "주요주주"라 한다) 및 그의 배우자와 직계 존속·비속

0460 | 2017 |

최대주주가 아니면서 비상장회사의 발행주식총수의 10% 이상의 주식을 소유하는 주요주주와 그 배우자 및 직계 존속·비속은 그 회사의 사외이사로 선임될 수 없다. ( )

(ⅰ) 비상장회사의 경우는 「최대주주」와 그 배우자 및 직계존비속이 자격 제한 대상이며, 주요주주는 이에 해당하지 않는다. (ⅱ) 상장회사의 경우에는 「주요주주」와 그 그 배우자 및 직계존비속도 자격제한의 범위에 해당한다.

제382조(이사의 선임, 회사와의 관계 및 사외이사) ③ 사외이사(社外理事)는 해당 회사의 상무(常務)에 종사하지 아니하는 이사로서 다음 각 호의 어느 하나에 해당하지 아니하는 자를 말한다. 사외이사가 다음 각 호의 어느 하나에 해당하는 경우에는 그 직을 상실한다.
2. 최대주주가 자연인인 경우 본인과 그 배우자 및 직계 존속·비속
3. 최대주주가 법인인 경우 그 법인의 이사·감사·집행임원 및 피용자
4. 이사·감사·집행임원의 배우자 및 직계 존속·비속
5. 회사의 모회사 또는 자회사의 이사·감사·집행임원 및 피용자
6. 회사와 거래관계 등 중요한 이해관계에 있는 법인의 이사·감사·집행임원 및 피용자
7. 회사의 이사·집행임원 및 피용자가 이사·집행임원으로 있는 다른 회사의 이사·감사·집행임원 및 피용자

제542조의8(사외이사의 선임) ② 상장회사의 사외이사는 제382조제3항 각 호 뿐만 아니라 다음 각 호의 어느 하나에 해당되지 아니하여야 하며, 이에 해당하게 된 경우에는 그 직을 상실한다.
6. 누구의 명의로 하든지 자기의 계산으로 의결권 없는 주식을 제외한 발행주식총수의 100분의 10 이상의 주식을 소유하거나 이사·집행임원·감사의 선임과 해임 등 상장회사의 주요 경영사항에 대하여 사실상의 영향력을 행사하는 주주(이하 "주요주주"라 한다) 및 그의 배우자와 직계 존속·비속

0461 | 2013 |

피한정후견인은 상장회사의 사외이사가 될 자격이 있다. ( )

제한능력자(미성년자, 피한정후견인, 피성년후견인)는 상장회사의 사외이사가 될 수 없다.

제542조의8(사외이사의 선임)
② 상장회사의 사외이사는 제382조제3항 각 호 뿐만 아니라 다음 각 호의 어느 하나에 해당되지 아니하여야 하며, 이에 해당하게 된 경우에는 그 직을 상실한다.
1. 미성년자, 피성년후견인 또는 피한정후견인
2. 파산선고를 받고 복권되지 아니한 자
3. 금고 이상의 형을 선고받고 그 집행이 끝나거나 집행이 면제된 후 2년이 지나지 아니한 자
4. 대통령령으로 별도로 정하는 법률을 위반하여 해임되거나 면직된 후 2년이 지나지 아니한 자

0460 × 0461 ×

5. 상장회사의 주주로서 의결권 없는 주식을 제외한 발행주식총수를 기준으로 본인 및 그와 대통령령으로 정하는 특수한 관계에 있는 자(이하 "특수관계인"이라 한다)가 소유하는 주식의 수가 가장 많은 경우 그 본인(이하 "최대주주"라 한다) 및 그의 특수관계인
6. 누구의 명의로 하든지 자기의 계산으로 의결권 없는 주식을 제외한 발행주식총수의 100분의 10 이상의 주식을 소유하거나 이사·집행임원·감사의 선임과 해임 등 상장회사의 주요 경영사항에 대하여 사실상의 영향력을 행사하는 주주(이하 "주요주주"라 한다) 및 그의 배우자와 직계 존속·비속
7. 그 밖에 사외이사로서의 직무를 충실하게 수행하기 곤란하거나 상장회사의 경영에 영향을 미칠 수 있는 자로서 대통령령으로 정하는 자

0462 | 2022 |

금고 이상의 형을 선고받고 그 집행이 끝난 후 2년이 지난 자는 상장회사의 사외이사가 될 수 있다. (   )

집행이 끝나거나 집행이 면제된 후 "2년이 지나지 않은 경우"가 결격사유이다(제542조의8 제2항 3호). 다시 말하면 2년이 경과하면 상장회사의 사외이사가 될 수 있다.

제542조의8(사외이사의 선임) ② 상장회사의 사외이사는 제382조제3항 각 호 뿐만 아니라 다음 각 호의 어느 하나에 해당되지 아니하여야 하며, 이에 해당하게 된 경우에는 그 직을 상실한다.
1. 미성년자, 피성년후견인 또는 피한정후견인
2. 파산선고를 받고 복권되지 아니한 자
3. 금고 이상의 형을 선고받고 그 집행이 끝나거나 집행이 면제된 후 2년이 지나지 아니한 자
4. 대통령령으로 별도로 정하는 법률을 위반하여 해임되거나 면직된 후 2년이 지나지 아니한 자
5. 상장회사의 주주로서 의결권 없는 주식을 제외한 발행주식총수를 기준으로 본인 및 그와 대통령령으로 정하는 특수한 관계에 있는 자(이하 "특수관계인"이라 한다)가 소유하는 주식의 수가 가장 많은 경우 그 본인(이하 "최대주주"라 한다) 및 그의 특수관계인
6. 누구의 명의로 하든지 자기의 계산으로 의결권 없는 주식을 제외한 발행주식총수의 100분의 10 이상의 주식을 소유하거나 이사·집행임원·감사의 선임과 해임 등 상장회사의 주요 경영사항에 대하여 사실상의 영향력을 행사하는 주주(이하 "주요주주"라 한다) 및 그의 배우자와 직계 존속·비속
7. 그 밖에 사외이사로서의 직무를 충실하게 수행하기 곤란하거나 상장회사의 경영에 영향을 미칠 수 있는 자로서 대통령령으로 정하는 자

0463 | 2022 |

누구의 명의로 하든지 자기의 계산으로 의결권 없는 주식을 제외한 발행주식총수의 100분의 10 이상의 상장회사 주식을 소유한 주주는 그 회사의 사외이사가 될 수 없다. (   )

제542조의 8 제2항 제6호

제542조의8(사외이사의 선임) ② 상장회사의 사외이사는 제382조제3항 각 호 뿐만 아니라 다음 각 호의 어느 하나에 해당되지 아니하여야 하며, 이에 해당하게 된 경우에는 그 직을 상실한다.
1. 미성년자, 피성년후견인 또는 피한정후견인
2. 파산선고를 받고 복권되지 아니한 자
3. 금고 이상의 형을 선고받고 그 집행이 끝나거나 집행이 면제된 후 2년이 지나지 아니한 자

답 0462 ○ 0463 ○

4. 대통령령으로 별도로 정하는 법률을 위반하여 해임되거나 면직된 후 2년이 지나지 아니한 자
5. 상장회사의 주주로서 의결권 없는 주식을 제외한 발행주식총수를 기준으로 본인 및 그와 대통령령으로 정하는 특수한 관계에 있는 자(이하 "특수관계인"이라 한다)가 소유하는 주식의 수가 가장 많은 경우 그 본인(이하 "최대주주"라 한다) 및 그의 특수관계인
6. 누구의 명의로 하든지 자기의 계산으로 의결권 없는 주식을 제외한 발행주식총수의 100분의 10 이상의 주식을 소유하거나 이사·집행임원·감사의 선임과 해임 등 상장회사의 주요 경영사항에 대하여 사실상의 영향력을 행사하는 주주(이하 "주요주주"라 한다) 및 그의 배우자와 직계 존속·비속
7. 그 밖에 사외이사로서의 직무를 충실하게 수행하기 곤란하거나 상장회사의 경영에 영향을 미칠 수 있는 자로서 대통령령으로 정하는 자

0464 | 2018 |
최근 사업연도 말 현재의 자산총액이 3천억원인 상장회사는 사외이사를 3명 이상으로 하되 이사 총수의 4분의 1 이상이 되도록 하여야 한다. ( )

(ⅰ) 자산총액 2조원 미만인 상장회사는 이사 총수의 1/4 이상을 사외이사로 하면 되고, 그 수에는 제한이 없다. (ⅱ) 반면에 자산총액 2조원 이상인 상장회사는 사외이사를 3명 이상으로 하고, 이사 총수의 과반수가 사외이사이어야 한다.

제542조의8(사외이사의 선임) ① 상장회사는 자산 규모 등을 고려하여 대통령령으로 정하는 경우를 제외하고는 이사 총수의 4분의 1 이상을 사외이사로 하여야 한다. 다만, 자산 규모 등을 고려하여 대통령령으로 정하는 상장회사의 사외이사는 3명 이상으로 하되, 이사 총수의 과반수가 되도록 하여야 한다.

0465 | 2018 |
사외이사의 사임으로 인하여 사외이사의 수가 상법상의 이사회의 구성요건에 미달하게 되면 해당 결산기에 관한 정기주주총회에서 그 요건에 합치되도록 사외이사를 선임하여야 한다. ( )

"해당 결산기에 관한 정기주주총회"가 아니라 "그 사유가 발생한 후 처음으로 소집되는 주주총회"이다. 즉 정기주주총회가 아니라 임시주주총회가 될 수도 있다.

제542조의8(사외이사의 선임) ① 상장회사는 자산 규모 등을 고려하여 대통령령으로 정하는 경우를 제외하고는 이사 총수의 4분의 1 이상을 사외이사로 하여야 한다. 다만, 자산 규모 등을 고려하여 대통령령으로 정하는 상장회사의 사외이사는 3명 이상으로 하되, 이사 총수의 과반수가 되도록 하여야 한다.
③ 제1항의 상장회사는 사외이사의 사임·사망 등의 사유로 인하여 사외이사의 수가 제1항의 이사회의 구성요건에 미달하게 되면 그 사유가 발생한 후 처음으로 소집되는 주주총회에서 제1항의 요건에 합치되도록 사외이사를 선임하여야 한다.

0466 | 2018 |
최근 사업연도 말 현재의 자산총액이 7천억원인 상장회사가 주주총회에서 사외이사를 선임하려는 때에는 사외이사 후보추천위원회의 추천을 받은 자 중에서 선임하여야 한다. ( )

자산총액 2조원 이상 상장회사에 대한 설명이다.

답 0464 × 0465 × 0466 ×

제542조의8(사외이사의 선임) ① 상장회사는 자산 규모 등을 고려하여 대통령령으로 정하는 경우를 제외하고는 이사 총수의 4분의 1 이상을 사외이사로 하여야 한다. 다만, 자산 규모 등을 고려하여 대통령령으로 정하는 상장회사의 사외이사는 3명 이상으로 하되, 이사 총수의 과반수가 되도록 하여야 한다.
⑤ 제1항 단서에서 규정하는 상장회사가 주주총회에서 사외이사를 선임하려는 때에는 사외이사 후보추천위원회의 추천을 받은 자 중에서 선임하여야 한다. 이 경우 사외이사 후보추천위원회가 사외이사 후보를 추천할 때에는 제363조의2제1항, 제542조의6제1항·제2항의 권리를 행사할 수 있는 요건을 갖춘 주주가 주주총회일(정기주주총회의 경우 직전연도의 정기주주총회일에 해당하는 해당 연도의 해당일)의 6주 전에 추천한 사외이사 후보를 포함시켜야 한다.

■ 상법시행령
제34조(상장회사의 사외이사 등) ② 법 제542조의8제1항 단서에서 "대통령령으로 정하는 상장회사"란 최근 사업연도 말 현재의 자산총액이 2조원 이상인 상장회사를 말한다.

0467 |2019|

최근 사업연도 말 현재의 자산총액이 2조원 이상인 상장회사는 3명 이상의 사외이사를 두어야 하고 사외이사후보추천위원회를 설치하여야 한다. ( )

대규모상장회사의 특례에 대한 설명이다.

제542조의8(사외이사의 선임) ① 상장회사는 자산 규모 등을 고려하여 대통령령으로 정하는 경우를 제외하고는 이사 총수의 4분의 1 이상을 사외이사로 하여야 한다. 다만, 자산 규모 등을 고려하여 대통령령으로 정하는 상장회사의 사외이사는 3명 이상으로 하되, 이사 총수의 과반수가 되도록 하여야 한다.
④ 제1항 단서의 상장회사는 사외이사 후보를 추천하기 위하여 제393조의2의 위원회(이하 이 조에서 "사외이사 후보추천위원회"라 한다)를 설치하여야 한다. 이 경우 사외이사 후보추천위원회는 사외이사가 총위원의 과반수가 되도록 구성하여야 한다.

0468 |2018|

사외이사 후보추천위원회 설치의무가 있는 회사가 설치하는 사외이사 후보추천위원회는 사외이사가 총위원의 3분의 2 이상이 되도록 구성하여야 한다. ( )

총위원의 2/3가 아니라 과반수면 된다.

제542조의8(사외이사의 선임)
① 상장회사는 자산 규모 등을 고려하여 대통령령으로 정하는 경우를 제외하고는 이사 총수의 4분의 1 이상을 사외이사로 하여야 한다. 다만, 자산 규모 등을 고려하여 대통령령으로 정하는 상장회사의 사외이사는 3명 이상으로 하되, 이사 총수의 과반수가 되도록 하여야 한다.
④ 제1항 단서의 상장회사는 사외이사 후보를 추천하기 위하여 제393조의2의 위원회(이하 이 조에서 "사외이사 후보추천위원회"라 한다)를 설치하여야 한다. 이 경우 사외이사 후보추천위원회는 사외이사가 총위원의 과반수가 되도록 구성하여야 한다.

0467 ○ 0468 ✕

02 | 선임

0469 |2008|
회사는 정관에 의하더라도 이사회나 대표이사 또는 감사로 하여금 이사를 선임하게 할 수 없다. (   )

> 이사의 선임은 주주총회의 전권사항이다.
> **제382조(이사의 선임, 회사와의 관계 및 사외이사)** ① 이사는 주주총회에서 선임한다.

0470 |2023|
주식회사가 설립된 이후에는 원칙적으로 주주총회에서 출석주주 의결권의 과반수와 발행주식총수 4분의 1 이상의 찬성으로 이사를 선임한다. (   )

> 주주총회 보통결의에 의한다.
> **제382조(이사의 선임, 회사와의 관계 및 사외이사)** ① 이사는 주주총회에서 선임한다.
> **제368조(총회의 결의방법과 의결권의 행사)** ① 총회의 결의는 이 법 또는 정관에 다른 정함이 있는 경우를 제외하고는 출석한 주주의 의결권의 과반수와 발행주식총수의 4분의 1 이상의 수로써 하여야 한다.

0471 |2021|
주주총회에서 이사를 선임하는 경우, 주주총회 선임결의와 별도로 대표이사와 피선임자 사이에 임용계약이 체결되어야 이사의 지위를 취득한다. (   )

> 이사 감사의 지위는 주주총회 선임결의 후에 피선임자가 이에 동의하면 발생하는 것이지, 피선임자와 회사 간의 임용계약 체결여부는 이사·감사지위의 발생과 관련이 없다.
> **[대법원 2017. 3. 23. 선고 2016다251215 전원합의체 판결]**
> 이사·감사의 지위가 주주총회의 선임결의와 별도로 대표이사와 사이에 임용계약이 체결되어야만 비로소 인정된다고 보는 것은, 이사·감사의 선임을 주주총회의 전속적 권한으로 규정하여 주주들의 단체적 의사결정 사항으로 정한 상법의 취지에 배치된다. 또한 상법상 대표이사는 회사를 대표하며, 회사의 영업에 관한 재판상 또는 재판 외의 모든 행위를 할 권한이 있으나(제389조 제3항, 제209조 제1항), 이사·감사의 선임이 여기에 속하지 아니함은 법문상 분명하다. 그러므로 이사·감사의 지위는 주주총회의 선임결의가 있고 선임된 사람의 동의가 있으면 취득된다고 보는 것이 옳다.

0472 |2013|
주주총회에서 적법하게 이사로 선임된 자라도 이사로서 등기가 되어 있지 않으면 이사로서의 책임을 부담하지 않는다. (   )

> 등기는 대항요건에 불과하다.

0473 |2016, 2020|
법률 또는 정관에 정한 이사의 원수를 결한 경우 법원은 이사 등의 청구가 없더라도 직권으로 일시이사의 직무를 행할 자를 선임할 수 있다. (   )

답 0469 ○ 0470 ○ 0471 × 0472 × 0473 ×

일시이사(임시이사 또는 가이사)는 이사, 감사, 기타 이해관계인의 청구로써 선임하는 것이지 법원이 직권으로 선임할 수는 없다.

제386조(결원의 경우) ① 법률 또는 정관에 정한 이사의 원수를 결한 경우에는 임기의 만료 또는 사임으로 인하여 퇴임한 이사는 새로 선임된 이사가 취임할 때까지 이사의 권리의무가 있다.
② 제1항의 경우에 필요하다고 인정할 때에는 법원은 이사, 감사 기타의 이해관계인의 청구에 의하여 일시 이사의 직무를 행할 자를 선임할 수 있다. 이 경우에는 본점의 소재지에서 그 등기를 하여야 한다.

0474 |2018|

소규모회사의 경우 이사를 1명 또는 2명으로 할 수 있고 이 경우 이사의 자기거래에 대한 승인기관은 이사회가 아닌 주주총회이다.   (   )

제383조 제1항 단서, 동조 제4항, 제398조

제383조(원수, 임기) ① 이사는 3명 이상이어야 한다. 다만, 자본금 총액이 10억원 미만인 회사는 1명 또는 2명으로 할 수 있다는 이사회의 기능을 담당한다.
④ 제1항 단서의 경우에는 제302조제2항제5호의2, 제317조제2항제3호의2, 제335조제1항 단서 및 제2항, 제335조의2제1항·제3항, 제335조의3제1항·제2항, 제335조의7제1항, 제340조의3제1항제5호, 제356조제6호의2, 제397조제1항·제2항, 제397조의2제1항, 제398조, 제416조 본문, 제451조제2항, 제461조제1항 본문 및 제3항, 제462조의3제1항, 제464조의2제1항, 제469조, 제513조제2항 본문 및 제516조의2제2항 본문(준용되는 경우를 포함한다) 중 "이사회"는 각각 "주주총회"로 보며, 제360조의5제1항 및 제522조의3제1항 중 "이사회의 결의가 있는 때"는 "제363조제1항에 따른 주주총회의 소집통지가 있는 때"로 본다.

제398조(이사 등과 회사 간의 거래) 다음 각 호의 어느 하나에 해당하는 자가 자기 또는 제3자의 계산으로 회사와 거래를 하기 위하여는 미리 이사회에서 해당 거래에 관한 중요사실을 밝히고 이사회의 승인을 받아야 한다. 이 경우 이사회의 승인은 이사 3분의 2 이상의 수로써 하여야 하고, 그 거래의 내용과 절차는 공정하여야 한다.
1. 이사 또는 제542조의8제2항제6호에 따른 주요주주
2. 제1호의 자의 배우자 및 직계존비속
3. 제1호의 자의 배우자의 직계존비속
4. 제1호부터 제3호까지의 자가 단독 또는 공동으로 의결권 있는 발행주식 총수의 100분의 50 이상을 가진 회사 및 그 자회사
5. 제1호부터 제3호까지의 자가 제4호의 회사와 합하여 의결권 있는 발행주식총수의 100분의 50 이상을 가진 회사

03 | 종 임

0475 |2020|

이사의 임기는 3년을 초과하지 못하지만, 상법상 이사의 연임 횟수를 제한하는 규정은 없다.   (   )

옳은 내용이다. 이사의 임기는 3년을 초과하지 못하지만, 연임 횟수에는 제한이 없다.

제383조(원수, 임기) ① 이사는 3명 이상이어야 한다. 다만, 자본금 총액이 10억원 미만인 회사는 1명 또는 2명으로 할 수 있다.
② 이사의 임기는 3년을 초과하지 못한다.
③ 제2항의 임기는 정관으로 그 임기 중의 최종의 결산기에 관한 정기주주총회의 종결에 이르기까지 연장할 수 있다.

0476 | 2008, 2016, 2017 |

이사의 임기는 3년을 초과하지 못하지만, 그 임기는 정관으로 그 임기 중의 최종의 결산기에 관한 정기주주총회의 종결에 이르기까지 연장할 수 있다. ( )

(ⅰ) 정관규정이 존재하면 정관규정에 따라 연장하고, (ⅱ) 정관규정이 없다면 퇴임이사의 긴급사무처리권으로 해결하게 된다.

제383조(원수, 임기) ② 이사의 임기는 3년을 초과하지 못한다.
③ 제2항의 임기는 정관으로 그 임기 중의 최종의 결산기에 관한 정기주주총회의 종결에 이르기까지 연장할 수 있다.

0477 | 2023 |

상법상 자본금 10억원인 비상장주식회사 이사의 임기가 임기 중의 최종 결산기에 관한 정기주주총회가 종결하기 전에 만료할 때에는 이사회 결의에 의하여 정기주주총회의 종결에 이르기까지 임기를 연장할 수 있다. ( )

자본금 10억원인 비상장주식회사는 「소규모회사가 아닌」 회사를 말한다. 소규모이건 아니건 「정관에 의하여」 임기를 연장할 수 있는 것이지 이사회 결의로는 불가능하다.

제383조(원수, 임기) ① 이사는 3명 이상이어야 한다. 다만, 자본금 총액이 10억원 미만인 회사는 1명 또는 2명으로 할 수 있다.
② 이사의 임기는 3년을 초과하지 못한다.
③ 제2항의 임기는 <u>정관으로</u> 그 임기중의 최종의 결산기에 관한 정기주주총회의 종결에 이르기까지 연장할 수 있다.

0478 | 2011, 2014, 2019, 2020, 2021, 2023 |

회사는 이사의 임기를 정한 경우 정당한 이유가 없더라도 그 임기 만료 전에 주주총회의 특별결의로 그 이사를 해임할 수 있다. ( )

정당한 사유를 불문하고 해임은 언제든지 가능하다. 다만 정당한 이유 없이 해임한 경우에 손해배상의 문제가 발생할 뿐이다.

제385조(해임) ① 이사는 언제든지 제434조의 규정에 의한 주주총회의 결의로 이를 해임할 수 있다. 그러나 이사의 임기를 정한 경우에 정당한 이유없이 그 임기만료전에 이를 해임한 때에는 그 이사는 회사에 대하여 해임으로 인한 손해의 배상을 청구할 수 있다.

0479 | 2008, 2011, 2020, 2021 |

이사의 임기를 정한 경우에 회사가 정당한 이유 없이 임기만료 전에 이사를 해임한 때에는 그 이사는 회사에 대하여 해임으로 인한 손해의 배상을 청구할 수 있으며, 정당한 이유의 존부에 대한 입증책임은 손해배상을 청구하는 이사가 부담한다. ( )

(ⅰ) 이사의 임기를 정한 경우에 정당한 이유를 불문하고 그 임기만료 전 해임은 가능하다. (ⅱ) 다만 정당한 이유가 없다면 그 이사는 회사에 대하여 해임으로 인한 손해배상을 청구할 수 있다. (ⅲ) 손해배상책임의 요건(해임에 정당한 이유가 없음)에 대해서는 이사가 입증책임을 부담한다.

답 0476 ○ 0477 × 0478 ○ 0479 ○

제385조(해임) ① 이사는 언제든지 제434조의 규정에 의한 주주총회의 결의로 이를 해임할 수 있다. 그러나 이사의 임기를 정한 경우에 정당한 이유없이 그 임기만료전에 이를 해임한 때에는 그 이사는 회사에 대하여 해임으로 인한 손해의 배상을 청구할 수 있다.

[대법원 2012. 9. 27. 선고 2010다94342 판결]
상법 제385조 제1항에 규정된 '정당한 이유'란 주주와 이사 사이에 불화 등 단순히 주관적인 신뢰관계가 상실된 것만으로는 부족하고, 이사가 법령이나 정관에 위배된 행위를 하였거나 정신적·육체적으로 경영자로서의 직무를 감당하기 현저하게 곤란한 경우, 회사의 중요한 사업계획 수립이나 그 추진에 실패함으로써 경영능력에 대한 근본적인 신뢰관계가 상실된 경우 등과 같이 당해 이사가 경영자로서 업무를 집행하는 데 장해가 될 객관적 상황이 발생한 경우에 비로소 임기 전에 해임할 수 있는 정당한 이유가 있다고 할 것이고, '정당한 이유'의 존부는 해임 당시를 기준으로 판단하되, 그 증명책임은 손해배상을 청구하는 이사가 부담한다고 할 것이다.

0480 | 2011, 2019 |

판례에 의하면 정관에서 이사 임기를 정하지 않은 경우 상법상 이사의 최장기 임기인 3년을 경과하지 않은 동안에 이사가 해임되더라도 그 이사는 그로 인한 손해배상을 청구할 수 없다. (　　)

해임당한 이사가 손해배상청구를 하기 위해서는 정관 또는 주주총회의 결의로 임기가 정해져 있어야 한다.

[대법원 2001.6.15. 선고, 2001다23928, 판결]
상법 제385조 제1항에 의하면 "이사는 언제든지 주주총회의 특별결의로 해임할 수 있으나, 이사의 임기를 정한 경우에 정당한 이유 없이 그 임기만료 전에 이를 해임한 때에는 그 이사는 회사에 대하여 해임으로 인한 손해의 배상을 청구할 수 있다"고 규정하고 있는바, 이 때 이사의 임기를 정한 경우라 함은 정관 또는 주주총회의 결의로 임기를 정하고 있는 경우를 말하고, 이사의 임기를 정하지 않은 때에는 이사의 임기의 최장기인 3년을 경과하지 않는 동안에 해임되더라도 그로 인한 손해의 배상을 청구할 수 없다고 할 것이고, 회사의 정관에서 상법 제383조 제2항과 동일하게 "이사의 임기는 3년을 초과하지 못한다."고 규정한 것이 이사의 임기를 3년으로 정하는 취지라고 해석할 수는 없다.

0481 | 2011 |

판례에 의하면 주주와 이사 사이에 불화로 인하여 단순히 주관적인 신뢰관계가 상실된 것만으로는 이사의 해임에 정당한 이유가 있다고 보기에 부족하다. (　　)

이사를 해임함에 있어 「정당한 이유」가 있는지 여부는 객관적·합리적으로 판단되어야 한다.

[대법원 2004.10.15. 선고, 2004다25611, 판결]
상법 제385조 제1항에 규정된 '정당한 이유'란 주주와 이사 사이에 불화 등 단순히 주관적인 신뢰관계가 상실된 것만으로는 부족하고, 이사가 법령이나 정관에 위배된 행위를 하였거나 정신적·육체적으로 경영자로서의 직무를 감당하기 현저하게 곤란한 경우, 회사의 중요한 사업계획 수립이나 그 추진에 실패함으로써 경영능력에 대한 근본적인 신뢰관계가 상실된 경우 등과 같이 당해 이사가 경영자로서 업무를 집행하는 데 장해가 될 객관적 상황이 발생한 경우에 비로소 임기 전에 해임할 수 있는 정당한 이유가 있다고 할 것이다.

0482 |2011|

비상장회사의 주주총회에서 중대한 해임사유가 있는 이사의 해임을 부결한 때에는 발행주식총수의 100분의 3 이상에 해당하는 주식을 가진 주주는 그 이사의 해임을 법원에 청구할 수 있다. (   )

이사의 해임판결청구권을 말한다.

제385조(해임) ② 이사가 그 직무에 관하여 부정행위 또는 법령이나 정관에 위반한 중대한 사실이 있음에도 불구하고 주주총회에서 그 해임을 부결한 때에는 발행주식의 총수의 100분의 3 이상에 해당하는 주식을 가진 주주는 총회의 결의가 있은 날부터 1월내에 그 이사의 해임을 법원에 청구할 수 있다.

0483 |2016|

판례에 의하면 '임기 중의 최종의 결산기에 관한 정기주주총회'는 임기 중에 도래하는 최종의 결산기에 관한 정기주주총회를 의미한다. (   )

제383조(원수, 임기) ② 이사의 임기는 3년을 초과하지 못한다.
③ 제2항의 임기는 정관으로 그 임기 중의 최종의 결산기에 관한 정기주주총회의 종결에 이르기까지 연장할 수 있다.

[대법원 2010다13541, 판결]
상법 제383조 제3항은 이사의 임기는 3년을 초과할 수 없도록 규정한 같은 조 제2항에 불구하고 정관으로 그 임기 중의 최종의 결산기에 관한 정기주주총회의 종결에 이르기까지 이를 연장할 수 있다고 규정하고 있는바, 위 규정은 임기가 만료되는 이사에 대하여는 임기 중의 결산에 대한 책임을 지고 주주총회에서 결산서류에 관한 주주들의 질문에 답변하고 변명할 기회를 주는 한편, 회사에 대하여는 정기주주총회를 앞두고 이사의 임기가 만료될 때마다 임시주주총회를 개최하여 이사를 선임하여야 하는 번거로움을 덜어주기 위한 것에 그 취지가 있다. 위와 같은 입법취지 및 그 규정 내용에 비추어 보면, 위 규정상의 '임기 중의 최종의 결산기에 관한 정기주주총회'라 함은 임기 중에 도래하는 최종의 결산기에 관한 정기주주총회를 말하고, 임기 만료 후 최초로 도래하는 결산기에 관한 정기주주총회 또는 최초로 소집되는 정기주주총회를 의미하는 것은 아니므로, 위 규정은 결국 이사의 임기가 최종 결산기의 말일과 당해 결산기에 관한 정기주주총회 사이에 만료되는 경우에 정관으로 그 임기를 정기주주총회 종결일까지 연장할 수 있도록 허용하는 규정이라고 보아야 한다.

04 | 권한

0484 |2012|

이사는 대표이사에 대하여 다른 이사 또는 피용자의 업무에 관해 이사회에 보고할 것을 요구할 수 있고 대표이사는 3개월에 1회 이상 업무의 집행상황을 이사회에 보고하여야 한다. (   )

이사의 「이사회보고요구권(제393조 제3항)」과 「이사회보고의무(동조 제4항)」에 대한 설명이다. 대표이사도 이사이므로 이사회보고의무가 있다.

제393조(이사회의 권한) ③ 이사는 대표이사로 하여금 다른 이사 또는 피용자의 업무에 관하여 이사회에 보고할 것을 요구할 수 있다.
④ 이사는 3월에 1회 이상 업무의 집행상황을 이사회에 보고하여야 한다.

답 0482 ○ 0483 ○ 0484 ○

0485 | 2013, 2021 |
회사가 이사에게 퇴직위로금을 지급하려면 정관에 그 금액을 정하지 않았으면 주주총회의 특별결의로 정해야 한다.   (   )

> 이사의 보수 결정이므로 보통결의의 대상이다.
>
> **제388조(이사의 보수)** 이사의 보수는 정관에 그 액을 정하지 아니한 때에는 주주총회의 결의로 이를 정한다.
>
> [대법원 1977. 11. 22., 선고, 77다1742, 판결]
> 이사의 퇴직위로금은 상법 388조에 규정된 보수에 포함된다 할 것이므로 위 법조에 근거하여 정관이나 주주총회결의로 그 액이 결정되었다면 주주총회에서 퇴임한 특정이사에 대하여 그 퇴직위로금을 박탈하거나 이를 감액하는 결의를 하였다 하여도 그 효력이 없다.

0486 | 2020 |
판례에 의하면, 이사가 그 의사에 반하여 해임될 경우 일정한 해직보상금을 지급받기로 약정한 때에는 이는 보수에 포함되지 않으므로, 정관에 그 액을 정하는 규정이나 주주총회의 결의가 없어도 이사는 회사에 대하여 이를 청구할 수 있다.   (   )

> 퇴직금, 퇴직위로금, 해직보상금 모두 넓은 의미에서 보수에 해당하므로 정관 또는 주주총회 결의가 있을 때에만 회사에 대하여 청구할 수 있다.
>
> [대법원 2006. 11. 23., 선고, 2004다49570, 판결]
> 주식회사와 이사 사이에 체결된 고용계약에서 이사가 그 의사에 반하여 이사직에서 해임될 경우 퇴직위로금과는 별도로 일정한 금액의 해직보상금을 지급받기로 약정한 경우, 그 해직보상금은 형식상으로는 보수에 해당하지 않는다 하여도 보수와 함께 같은 고용계약의 내용에 포함되어 그 고용계약과 관련하여 지급되는 것일 뿐 아니라, 의사에 반하여 해임된 이사에 대하여 정당한 이유의 유무와 관계없이 지급하도록 되어 있어 이사에게 유리하도록 회사에 추가적인 의무를 부과하는 것인바, 보수에 해당하지 않는다는 이유로 주주총회 결의를 요하지 않는다고 한다면, 이사들이 고용계약을 체결하는 과정에서 개인적인 이득을 취할 목적으로 과다한 해직보상금을 약정하는 것을 막을 수 없게 되어, 이사들의 고용계약과 관련하여 그 사익 도모의 폐해를 방지하여 회사와 주주의 이익을 보호하고자 하는 상법 제388조의 입법 취지가 잠탈되고, 나아가 해직보상금액이 특히 거액일 경우 회사의 자유로운 이사해임권 행사를 저해하는 기능을 하게 되어 이사선임기관인 주주총회의 권한을 사실상 제한함으로써 회사법이 규정하는 주주총회의 기능이 심히 왜곡되는 부당한 결과가 초래되므로, 이사의 보수에 관한 상법 제388조를 준용 내지 유추적용하여 이사는 해직보상금에 관하여도 정관에서 그 액을 정하지 않는 한 주주총회 결의가 있어야만 회사에 대하여 이를 청구할 수 있다.

0487 | 2021 |
법적으로는 이사의 지위를 갖지만 회사와의 약정에 따라 이사로서의 실질적인 직무를 수행하지 않는 이른바 명목상 이사도 특별한 사정이 없으면 정관의 규정 또는 주주총회의 결의에 의하여 결정된 보수의 청구권을 갖는다.   (   )

> 권리와 의무는 서로 대응된다. 이른바 「명목상 이사」의 경우에도 이사로서 회사 및 제3자에 대한 손해배상책임을 지는 이상, 보수청구권 역시 인정되어야 한다.

0485 ×　0486 ×　0487 ○

[대법원 2015. 9. 10., 선고, 2015다213308, 판결]
주식회사의 주주총회에서 이사·감사로 선임된 사람이 주식회사와 계약을 맺고 이사·감사로 취임한 경우에, 상법 제388조, 제415조에 따라 정관 또는 주주총회 결의에서 정한 금액·지급시기·지급방법에 의하여 보수를 받을 수 있다. 이에 비추어 보면, 주주총회에서 선임된 이사·감사가 회사와의 명시적 또는 묵시적 약정에 따라 업무를 다른 이사 등에게 포괄적으로 위임하고 이사·감사로서의 실질적인 업무를 수행하지 않는 경우라 하더라도 이사·감사로서 상법 제399조, 제401조, 제414조 등에서 정한 법적 책임을 지므로, 이사·감사를 선임하거나 보수를 정한 주주총회 결의의 효력이 무효이거나 또는 소극적인 직무 수행이 주주총회에서 이사·감사를 선임하면서 예정하였던 직무 내용과 달라 주주총회에서 한 선임 결의 및 보수지급 결의에 위배되는 배임적인 행위에 해당하는 등의 특별한 사정이 없다면, 소극적인 직무 수행 사유만을 가지고 이사·감사로서의 자격을 부정하거나 주주총회 결의에서 정한 보수청구권의 효력을 부정하기는 어렵다.

0488 |2021|

이사의 직무와 그 보수 사이에는 합리적 비례관계가 유지되어야 하며, 회사의 채무 상황이나 영업실적에 비추어 합리적인 수준을 벗어나서 현저히 균형성을 잃을 정도로 과다하여서는 아니 된다. (　　　)

이 경우 과다한 보수지급을 결정한 주주총회 결의의 효력은 부인된다.

[대법원 2016. 1. 28., 선고, 2014다11888, 판결]
회사에 대한 경영권 상실 등으로 퇴직을 앞둔 이사가 회사에서 최대한 많은 보수를 받기 위하여 그에 동조하는 다른 이사와 함께 이사의 직무내용, 회사의 재무상황이나 영업실적 등에 비추어 지나치게 과다하여 합리적 수준을 현저히 벗어나는 보수 지급 기준을 마련하고 지위를 이용하여 주주총회에 영향력을 행사함으로써 소수주주의 반대에 불구하고 이에 관한 주주총회결의가 성립되도록 하였다면, 이는 회사를 위하여 직무를 충실하게 수행하여야 하는 상법 제382조의3에서 정한 의무를 위반하여 회사재산의 부당한 유출을 야기함으로써 회사와 주주의 이익을 침해하는 것으로서 회사에 대한 배임행위에 해당하므로, 주주총회결의를 거쳤다 하더라도 그러한 위법행위가 유효하다 할 수는 없다.

0489 |2021|

주주총회의 결의로 이사의 퇴직위로금액이 결정된 경우라도, 퇴임한 특정이사에 대하여 새로운 주주총회에서 그 퇴직위로금을 박탈하는 결의를 하면 그 박탈하는 결의는 효력이 있다. (　　　)

주주총회에서 이미 가결된 안건에 대해서는 특별한 사정이 없는 한 그 결의를 번복하는 재결의를 하지 못한다. 주주총회결의의 효력은 주총결의하자의 소를 통해서만 부인할 수 있다.

[대법원 1977. 11. 22., 선고, 77다1742, 판결]
이사의 퇴직위로금은 상법 388조에 규정된 보수에 포함된다 할 것이므로 위 법조에 근거하여 정관이나 주주총회결의로 그 액이 결정되었다면 주주총회에서 퇴임한 특정이사에 대하여 그 퇴직위로금을 박탈하거나 이를 감액하는 결의를 하였다 하여도 그 효력이 없다.

0490 |2008|

이사선임결의의 무효나 취소 또는 이사해임의 소가 제기된 경우에, 법원은 당사자의 신청에 의하여 가처분으로써 이사의 직무집행을 정지할 수 있고 또는 직무대행자를 선임할 수 있다. ( )

> **제407조(직무집행정지, 직무대행자선임)** ① 이사선임결의의 무효나 취소 또는 이사해임의 소가 제기된 경우에는 법원은 당사자의 신청에 의하여 가처분으로써 이사의 직무집행을 정지할 수 있고 또는 직무대행자를 선임할 수 있다. 급박한 사정이 있는 때에는 본안소송의 제기전에도 그 처분을 할 수 있다.

0491 |2008|

이사의 직무집행의 정지 및 직무대행자의 선임을 위한 가처분은 급박한 사정이 있는 때에는 본안소송의 제기 전에도 할 수 있다. ( )

> **제407조(직무집행정지, 직무대행자선임)** ① 이사선임결의의 무효나 취소 또는 이사해임의 소가 제기된 경우에는 법원은 당사자의 신청에 의하여 가처분으로써 이사의 직무집행을 정지할 수 있고 또는 직무대행자를 선임할 수 있다. 급박한 사정이 있는 때에는 본안소송의 제기전에도 그 처분을 할 수 있다.

0492 |2008, 2017|

직무대행자는 가처분명령에 다른 정함이 있으면 법원의 허가가 없더라도 회사의 상무에 속하지 아니한 행위를 할 수 있다. ( )

> 직무대행자의 권한은 회사의 상무에 속하는 행위에 한한다. 다만 가처분명령의 정함 혹은 법원의 허가로 상무에 속하지 아니한 행위를 할 수 있다.
>
> **제408조(직무대행자의 권한)** ① 전조의 직무대행자는 가처분명령에 다른 정함이 있는 경우 외에는 회사의 상무에 속하지 아니한 행위를 하지 못한다. 그러나 법원의 허가를 얻은 경우에는 그러하지 아니하다.

0493 |2007|

직무대행자는 가처분명령에 다른 정함이 있거나 법원의 허가를 얻은 경우가 아니면 정기주주총회의 소집은 할 수 있지만, 임시주주총회의 소집은 할 수 없다. ( )

> 정기총회의 소집은 상무에 속하지만, 임시총회의 소집은 상무가 아니다.

0494 |2007|

직무대행자가 법원의 허가 없이 회사의 상무에 속하지 아니하는 행위를 한 경우, 회사는 선의의 제3자에 대하여 책임을 진다. ( )

> 직무대행자가 그 권한범위를 넘어 상무에 속하지 않는 행위를 한 경우에도 회사는 선의의 제3자에 대하여 책임을 진다. 상무와 비상무의 구별은 상대적인 것이어서, 외부에서 구별하기 어렵기 때문이다.
>
> **제408조(직무대행자의 권한)** ① 전조의 직무대행자는 가처분명령에 다른 정함이 있는 경우 외에는 회사의 상무에 속하지 아니한 행위를 하지 못한다. 그러나 법원의 허가를 얻은 경우에는 그러하지 아니하다.
> ② 직무대행자가 전항의 규정에 위반한 행위를 한 경우에도 회사는 선의의 제3자에 대하여 책임을 진다.

0495 |2007|

직무대행자가 당해 가처분신청인에게 그 권한의 전부를 위임하여 회사의 경영을 일임하는 행위는 가처분명령에 위배되므로 허용될 수 없다. ( )

이와 같이 일임하는 행위는 「상무」라고 할 수 없으므로, 가처분명령에 정한 바가 있거나 법원의 허가가 있는 경우에만 가능하다.

[대법원 1984.2.14. 선고, 83다카875, 판결]
법원의 가처분명령에 의하여 선임된 회사의 대표이사 직무대행자가 회사의 업무집행기관으로서의 기능발휘를 전혀 하지 아니하고 그 가처분을 신청한 사람측에게 그 권한의 전부를 위임하여 회사의 경영을 일임하는 행위는 가처분명령에 의하여 정하여진 대표이사 직무대행자의 회사경영책임자로서의 지위에 변동을 가져오게 하는 것으로서 가처분 명령에 위배되는 행위일 뿐만 아니라 회사업무의 통상적인 과정을 일탈하는 것으로서 이를 회사의 상무라고 할 수 없으므로, 가처분명령에 특히 정한바가 있거나 법원의 허가를 얻지 않고는 할 수 없다 할 것이다.

0496 |2007|

주주총회에서 직무집행정지 중의 이사를 해임하고 후임이사를 새로 선임한 경우, 가처분이 취소되지 않는 한 직무대행자만이 이사의 직무를 집행할 권한을 가질 뿐이다. ( )

가처분은 법원에 의한 취소가 있기 전에는 그 효력이 유지되어야 한다. 이 경우 새로 선임된 대표이사와 법률행위를 한 거래상대방은 선의라고 하더라도 보호받지 못한다.

[대법원 1992.5.12. 선고, 92다5638, 판결]
가. 대표이사의 직무집행정지 및 직무대행자선임의 가처분이 이루어진 이상, 그 후 대표이사가 해임되고 새로운 대표이사가 선임되었다 하더라도 가처분결정이 취소되지 아니하는 한 직무대행자의 권한은 유효하게 존속하는 반면 새로이 선임된 대표이사는 그 선임결의의 적법 여부에 관계없이 대표이사로서의 권한을 가지지 못한다.
나. 위 "가"항의 경우 위 가처분은 그 성질상 당사자 사이에서 뿐만 아니라 제3자에게도 효력이 미치므로, 새로이 선임된 대표이사가 위 가처분에 위반하여 회사 대표자의 자격에서 한 법률행위는 결국 제3자에 대한 관계에서도 무효이고 이때 위 가처분에 위반하여 대표권 없는 대표이사와 법률행위를 한 거래상대방은 자신이 선의였음을 들어 위 법률행위의 유효를 주장할 수는 없다.

0497 |2007, 2008|

새로 선임된 대표이사가 직무대행자선임 가처분에 반하여 회사 대표자의 자격에서 한 법률행위는 제3자에 대한 관계에서 무효이지만, 그 제3자는 자신이 선의였음을 들어 당해 법률행위의 유효를 주장할 수 있다. ( )

가처분은 법원에 의한 취소가 있기 전에는 그 효력이 유지되어야 한다. 이 경우 새로 선임된 대표이사와 법률행위를 한 거래상대방은 선의라고 하더라도 보호받지 못한다.

[대법원 1992.5.12. 선고, 92다5638, 판결]
가. 대표이사의 직무집행정지 및 직무대행자선임의 가처분이 이루어진 이상, 그 후 대표이사가 해임되고 새로운 대표이사가 선임되었다 하더라도 가처분결정이 취소되지 아니하는 한 직무대행자의 권한은 유효하게 존속하는 반면 새로이 선임된 대표이사는 그 선임결의의 적법 여부에 관계없이 대표이사로서의 권한을 가지지 못한다.
나. 위 "가"항의 경우 위 가처분은 그 성질상 당사자 사이에서 뿐만 아니라 제3자에게도 효력이 미치므로, 새로이

선임된 대표이사가 위 가처분에 위반하여 회사 대표자의 자격에서 한 법률행위는 결국 제3자에 대한 관계에서도 무효이고 이때 위 가처분에 위반하여 대표권 없는 대표이사와 법률행위를 한 거래상대방은 자신이 선의였음을 들어 위 법률행위의 유효를 주장할 수는 없다.

0498 | 2008 |
대표이사의 선임에 관한 이사회결의 무효의 소를 본안으로 하는 가처분의 경우는 이사의 자격을 전제로 하는 모든 직무가 정지된다. ( )

「대표이사」의 직무집행정지가처분을 한 경우에는 「대표이사」의 권한만 정지될 뿐이고 일반적인 이사로서의 권한은 정지되지 않는다. 반면에 「이사」의 직무집행정지가처분을 한 경우에는 「이사」의 모든 권한행사가 정지된다.

0499 | 2013 |
판례에 따르면 이사의 직무집행정지 가처분에 의해 직무집행이 정지된 이사가 직무집행을 하면 이는 무효이나 후일 그 가처분이 취소되면 소급하여 유효가 된다. ( )

직무집행이 정지된 이사의 직무행위는 무효이고, 소급효는 인정되지 않는다.

[대법원 2008.5.29. 선고, 2008다4537, 판결]
법원의 직무집행정지 가처분결정에 의해 회사를 대표할 권한이 정지된 대표이사가 그 정지기간 중에 체결한 계약은 절대적으로 무효이고, 그 후 가처분신청의 취하에 의하여 보전집행이 취소되었다 하더라도 집행의 효력은 장래를 향하여 소멸할 뿐 소급적으로 소멸하는 것은 아니라 할 것이므로, 가처분신청이 취하되었다 하여 무효인 계약이 유효하게 되지는 않는다.

0500 | 2017 |
이사의 사임으로 인하여 법률 또는 정관에서 정한 이사의 원수를 결한 경우 그 사임한 이사는 새로 선임된 이사가 취임할 때까지 이사로서의 권리의무가 있다. ( )

이를 「퇴임이사의 긴급사무처리권」이라 한다. 사임이나 임기만료가 아닌 해임의 경우에는 긴급사무처리권이 인정되지 않는다.

제386조(결원의 경우) ① 법률 또는 정관에 정한 이사의 원수를 결한 경우에는 임기의 만료 또는 사임으로 인하여 퇴임한 이사는 새로 선임된 이사가 취임할 때까지 이사의 권리의무가 있다.

0501 | 2016 |
이사의 결원이 있어 법원이 일시 이사의 직무를 행할 자를 선임한 경우 그 일시이사의 권한은 회사의 상무에 제한되지 않는다. ( )

일시이사는 본래 이사와 동일한 권한이 있다. 다시 말하면 그 권한이 상무에 한정되지 않는다.

제386조(결원의 경우) ① 법률 또는 정관에 정한 이사의 원수를 결한 경우에는 임기의 만료 또는 사임으로 인하여 퇴임한 이사는 새로 선임된 이사가 취임할 때까지 이사의 권리의무가 있다.

답 0498 × 0499 × 0500 ○ 0501 ○

[대법원 1968.5.22, 자, 68마119, 결정]
원결정이 주식회사의 이사의 결원이 있어 법원에서 일시 이사의 직무를 행할 자를 선임한 경우에, 그 이사 직무대행자는 이사직무집행정지 가처분 결정과 동시에 선임된 이사직무 대행자와는 달리 그 권한은 회사의 상무에 속한 것에 한한다는 제한을 받지 않는다고 판단 하였음은 정당하고, 법률을 오해한 잘못이 있다 할 수 없으므로, 논지는 이유없다.

2. 이사회

01 | 소집

0502 |2008|
이사회를 소집함에는 회일을 정하고 그 1주간 전에 각 이사 및 감사에 대하여 통지를 발송해야 하며, 그 기간은 정관으로 단축할 수 있다. ( )

제390조 제3항
제390조(이사회의 소집) ③ 이사회를 소집함에는 회일을 정하고 그 1주간전에 각 이사 및 감사에 대하여 통지를 발송하여야 한다. 그러나 그 기간은 정관으로 단축할 수 있다.

0503 |2011, 2015|
이사회는 원칙적으로 대표이사가 소집하며 다만 이사회의 결의로 소집할 이사를 정한 때에는 그러하지 아니하다. ( )

이사회는 원칙적으로 각 이사가 소집한다.
제390조(이사회의 소집) ① 이사회는 각 이사가 소집한다. 그러나 이사회의 결의로 소집할 이사를 정한 때에는 그러하지 아니하다.

0504 |2012|
정관에서 정하는 소집권자인 이사가 정당한 이유 없이 이사회의 소집을 거절하는 경우 소집권 있는 이사를 제외한 다른 이사는 이사회를 소집할 수 없다. ( )

소집권자인 이사가 정당한 이유 없이 소집을 거절하는 경우에는 다른 이사가 소집할 수 있다.
제390조(이사회의 소집) ② 제1항 단서의 규정에 의하여 소집권자로 지정되지 않은 다른 이사는 소집권자인 이사에게 이사회 소집을 요구할 수 있다. 소집권자인 이사가 정당한 이유없이 이사회 소집을 거절하는 경우에는 다른 이사가 이사회를 소집할 수 있다.

0505 |2013, 2015, 2022|
감사는 필요한 경우 이사(소집권자가 있는 경우에는 소집권자)에게 이사회 소집을 청구할 수 있고 그 이사가 지체 없이 이사회를 소집하지 아니하면 그 청구한 감사가 법원의 허가를 조건으로 직접 소집할 수 있다. ( )

집행임원의 경우에는 법원의 허가를 요하나, 감사(위원회)의 경우에는 법원의 허가를 필요로 하지 않는다.

제412조의4(감사의 이사회 소집 청구) ① 감사는 필요하면 회의의 목적사항과 소집이유를 서면에 적어 이사(소집권자가 있는 경우에는 소집권자를 말한다. 이하 이 조에서 같다)에게 제출하여 이사회 소집을 청구할 수 있다.
② 제1항의 청구를 하였는데도 이사가 지체 없이 이사회를 소집하지 아니하면 그 청구한 감사가 이사회를 소집할 수 있다.

0506 | 2008, 2014 |

이사회는 이사 및 감사 전원의 동의가 있는 경우 상법상 소정의 소집절차 없이 언제든지 회의할 수 있다. ( )

이사뿐만 아니라 감사의 동의도 필요하다는 점을 유의하여야 한다.

제390조(이사회의 소집) ① 이사회는 각 이사가 소집한다. 그러나 이사회의 결의로 소집할 이사를 정한 때에는 그러하지 아니하다.
② 제1항 단서의 규정에 의하여 소집권자로 지정되지 않은 다른 이사는 소집권자인 이사에게 이사회 소집을 요구할 수 있다. 소집권자인 이사가 정당한 이유없이 이사회 소집을 거절하는 경우에는 다른 이사가 이사회를 소집할 수 있다.
③ 이사회를 소집함에는 회일을 정하고 그 1주간전에 각 이사 및 감사에 대하여 통지를 발송하여야 한다. 그러나 그 기간은 정관으로 단축할 수 있다.
④ 이사회는 이사 및 감사 전원의 동의가 있는 때에는 제3항의 절차없이 언제든지 회의할 수 있다.

0507 | 2015, 2021 |

이사회 소집통지를 할 때에는 특별한 사정이 없는 한 주주총회 소집통지의 경우와 달리 회의의 목적사항을 함께 통지할 필요는 없다. ( )

현행 상법은 「이사회 중심주의」를 택하고 있으므로, 주총결의사항으로 열거된 것을 제외하고는 원칙적으로 모두 이사회 결의사항이다. 즉 이사회결의 대상에 특별한 제한이 없으므로, 회의의 목적사항을 한정하여 통지할 필요가 없다.

[대법원 2011.6.24. 선고, 2009다35033, 판결]
이사회 소집통지를 할 때에는, 회사의 정관에 이사들에게 회의의 목적사항을 함께 통지하도록 정하고 있거나 회의의 목적사항을 함께 통지하지 아니하면 이사회에서의 심의·의결에 현저한 지장을 초래하는 등의 특별한 사정이 없는 한, 주주총회 소집통지의 경우와 달리 회의의 목적사항을 함께 통지할 필요는 없다.

02 | 결 의

0508 | 2021 |

이사회는 이사의 직무의 집행을 감독한다. ( )

옳은 내용이다.

제393조(이사회의 권한) ② 이사회는 이사의 직무의 집행을 감독한다.
③ 이사는 대표이사로 하여금 다른 이사 또는 피용자의 업무에 관하여 이사회에 보고할 것을 요구할 수 있다.

답 0506 ○ 0507 ○ 0508 ○

0509 |2021|

이사 자신이 직접 출석하여 이사회의 결의에 참가할 수 없는 경우, 그 이사가 대리인에게 출석을 위임하면 대리인에 의한 출석이 인정된다. ( )

이사회는 회사가 기대하는 이사 개개인의 능력과 고도의 신뢰관계에 기초해서 구체적인 업무집행의 결정을 하는 기관이다. 따라서 이사는 직접 의결권을 행사해야 하고 그 대리행사는 허용되지 않는다.

[대법원 1982. 7. 13., 선고, 80다2441, 판결]
이사회는 주주총회의 경우와는 달리 원칙적으로 이사자신이 직접 출석하여 결의에 참가하여야 하며 대리인에 의한 출석은 인정되지 않고 따라서 이사가 타인에게 출석과 의결권을 위임할 수도 없는 것이니 이에 위배된 이사회의 결의는 무효이며 그 무효임을 주장하는 방법에는 아무런 제한이 없다.

0510 |2008|

이사회결의의 하자에 관하여 상법에 아무런 규정이 없고, 판결의 대세효가 인정되지 않는다. ( )

이사회 결의와 관련한 소송은 회사소송이 아니기 때문에 민사소송법 일반원칙에 따라 당사자 간에만 판결의 효력이 미친다.

0511 |2012|

이사회의 결의에 하자가 있는 경우 하자의 유형을 구별함이 없이 민법의 일반원칙에 의해 그 무효를 주장할 수 있다. ( )

하자있는 이사회 결의는 원칙적으로 당연무효이기 때문에 소 또는 소 외의 어떤 방법으로도 주장할 수 있다.
[대법원 1988.4.25, 선고, 87누399, 판결]
이사회의 결의에 하자가 있는 경우에 관하여 상법은 아무런 규정을 두고 있지 아니하나 그 결의에 무효사유가 있는 경우에는 이해관계인은 언제든지 또 어떤 방법에 의하든지 그 무효를 주장할 수 있다고 할 것이지만 이와 같은 무효주장의 방법으로서 이사회결의무효확인소송이 제기되어 승소확정판결을 받은 경우, 그 판결의 효력에 관하여는 주주총회결의무효확인소송 등과는 달리 상법 제190조가 준용될 근거가 없으므로 대세적 효력은 없다.

0512 |2008, 2014, 2020, 2021|

이사회의 결의는 이사 과반수의 출석과 출석이사의 과반수로 하여야 하지만, 정관으로 그 비율을 낮게 하거나 높게 정할 수 있다. ( )

정관으로 그 비율을 높게 할 수는 있지만 낮게 할 수는 없다. 결의정족수를 낮게 할 경우에는 다수결의 원칙이 아니라 소수결의 원칙이 되어버린다.

제391조(이사회의 결의방법) ① 이사회의 결의는 이사과반수의 출석과 출석이사의 과반수로 하여야 한다. 그러나 정관으로 그 비율을 높게 정할 수 있다.

0513 |2008, 2012, 2015|

이사회의 결의에서 의결권을 행사할 수 없는 이사는 이사회의 성립정족수에는 포함되지만 의결정족수의 계산에서 출석 이사의 수에는 산입하지 않는다. ( )

답 0509 × 0510 ○ 0511 ○ 0512 × 0513 ○

특별이해관계 있는 이사에 대한 설명으로, 의사정족수에는 산입하지만 의결정족수에는 산입하지 않는다.

제391조(이사회의 결의방법) ① 이사회의 결의는 이사과반수의 출석과 출석이사의 과반수로 하여야 한다. 그러나 정관으로 그 비율을 높게 정할 수 있다.
③ 제368조제3항 및 제371조제2항의 규정은 제1항의 경우에 이를 준용한다.

제368조(총회의 결의방법과 의결권의 행사) ③ 총회의 결의에 관하여 특별한 이해관계가 있는 자는 의결권을 행사하지 못한다.

제371조(정족수, 의결권수의 계산) ① 총회의 결의에 관하여는 제344조의3제1항과 제369조제2항 및 제3항의 의결권 없는 주식의 수는 발행주식총수에 산입하지 아니한다.
② 총회의 결의에 관하여는 제368조제3항에 따라 행사할 수 없는 주식의 의결권 수와 제409조제2항·제3항 및 제542조의12제3항·제4항에 따라 그 비율을 초과하는 주식으로서 행사할 수 없는 주식의 의결권 수는 출석한 주주의 의결권의 수에 산입하지 아니한다.

[대법원 1991.5.28. 선고, 90다20084, 판결]
이해관계 있는 이사는 이사회에서 의결권을 행사할 수는 없으나, 의사정족수 산정의 기초가 되는 이사의 수에는 포함되고, 다만 결의성립에 필요한 출석이사에는 산입되지 아니한다.

0514 |2012|

이사회 결의요건을 충족하는지 여부는 이사회 결의 당시를 기준으로 판단하여야 하고 그 결의의 대상인 행위가 실제로 이루어진 날을 기준으로 판단할 것은 아니다. ( )

이사의 자기거래에 대한 이사회 승인 당시에 9인 중 6인이 찬성하였는데, 그 후 자기거래가 이루어질 당시에는 찬성한 이사 중 2인이 퇴사하였더라도 이사회 결의요건은 이미 충족한 것이라 판시한 사안이다.

[대법원 2003.1.24. 선고, 2000다20670, 판결]
1991. 2. 1.자 이사회 결의 당시에는 그 결의요건을 충족하였더라도, 그 결의에 따라 이루어진 1991. 4. 29.자 연대보증계약 체결 당시를 기준으로 하면 그 사이 이사 일부와 이사 총수가 변경됨으로써 이사회 결의요건을 갖추지 못하게 되어 결국 위 이사회 결의는 무효라는 피고의 주장에 대하여, 이사회 결의요건을 충족하는지 여부는 이사회 결의 당시를 기준으로 판단하여야 하고, 그 결의의 대상인 연대보증행위가 실제로 이루어진 날을 기준으로 판단할 것이 아니라는 이유로 이를 배척하였다.

0515 |2013|

이사의 전부가 직접 회의에 출석하지 아니하고 모든 이사가 음성을 동시에 송수신하는 원격통신수단에 의한 결의를 금지하는 정관규정은 효력이 없다. ( )

통신수단에 의한 결의는 정관으로 배제가능하다.

제391조(이사회의 결의방법)
② 정관에서 달리 정하는 경우를 제외하고 이사회는 이사의 전부 또는 일부가 직접 회의에 출석하지 아니하고 모든 이사가 음성을 동시에 송수신하는 원격통신수단에 의하여 결의에 참가하는 것을 허용할 수 있다. 이 경우 당해 이사는 이사회에 직접 출석한 것으로 본다.

0516 | 2014, 2015 |
대표이사 해임을 위한 이사회 결의요건은 정관에서 달리 정하지 않은 이상 이사 과반수의 출석과 출석이사의 과반수로 하여야 한다. ( )

> 주식회사에서 이사회결의의 가중요건(이사 2/3 이상)은 (i) 감사위원회 위원의 해임, (ii) 이사의 자기거래 승인, (iii) 회사의 기회 및 유용에 대한 승인의 3가지에 한정된다. 「감/자/용」으로 정리하자.
>
> **제389조(대표이사)** ① 회사는 이사회의 결의로 회사를 대표할 이사를 선정하여야 한다. 그러나 정관으로 주주총회에서 이를 선정할 것을 정할 수 있다.
>
> **제391조(이사회의 결의방법)** ① 이사회의 결의는 이사과반수의 출석과 출석이사의 과반수로 하여야 한다. 그러나 정관으로 그 비율을 높게 정할 수 있다.

0517 | 2016 |
이사회를 두고 있는 회사의 대표이사가 회사의 중요한 자산을 처분하려면 이사회의 결의가 있어야 한다. ( )

> 중요한 자산의 처분 및 양도는 이사회의 결의사항이다. 만약 중요한 자산의 처분 등을 통해 영업을 폐지하는 결과가 발생한다면 주주총회의 특별결의를 거쳐야 한다.
>
> **제393조(이사회의 권한)** ① 중요한 자산의 처분 및 양도, 대규모 재산의 차입, 지배인의 선임 또는 해임과 지점의 설치·이전 또는 폐지 등 회사의 업무집행은 이사회의 결의로 한다.

0518 | 2023 |
자본금 10억원인 비상장주식회사의 대규모 재산의 차입은 이사회의 결의로 한다. ( )

> 자본금 10억원인 비상장주식회사는 「소규모회사가 아닌」 회사를 말한다. 상법에서 특별히 주주총회 결의사항으로 규정한 것을 제외하고는, 대부분의 중요한 경영상 의사결정은 이사회 결의로 한다.
>
> **제393조(이사회의 권한)** ① 중요한 자산의 처분 및 양도, 대규모 재산의 차입, 지배인의 선임 또는 해임과 지점의 설치·이전 또는 폐지 등 회사의 업무집행은 이사회의 결의로 한다.

0519 | 2021 |
이사회 의사록에는 의사의 안건, 경과요령, 그 결과, 반대하는 자와 그 반대이유를 기재하고, 출석한 이사 및 감사가 기명날인 또는 서명하여야 한다. ( )

> 이사뿐만 아니라 감사의 기명날인(또는 서명)이 필요하다는 점도 주의해야 한다.
>
> **제391조의3(이사회의 의사록)** ① 이사회의 의사에 관하여는 의사록을 작성하여야 한다.
> ② 의사록에는 의사의 안건, 경과요령, 그 결과, 반대하는 자와 그 반대이유를 기재하고 출석한 이사 및 감사가 기명날인 또는 서명하여야 한다.
> ③ 주주는 영업시간내에 이사회의사록의 열람 또는 등사를 청구할 수 있다.
> ④ 회사는 제3항의 청구에 대하여 이유를 붙여 이를 거절할 수 있다. 이 경우 주주는 법원의 허가를 얻어 이사회의사록을 열람 또는 등사할 수 있다.

답 0516 ○ 0517 ○ 0518 ○ 0519 ○

0520 |2022|

자본금이 10억 원인 주식회사의 경우, 대표이사가 지배인의 선임 또는 해임을 하기 위하여는 이사회의 결의를 얻어야 한다. ( )

> 상법상 자본금 총액이 10억원 '미만'인 회사를 「소규모회사」라 해서, 이사를 1인 또는 2인으로 할 수 있어 이사회가 임의기관에 불과하다. 문제에서 자본금 총액이 10억원이라 했으니 이사회는 필수기관이다.
>
> **제383조(원수, 임기)** ① 이사는 3명 이상이어야 한다. 다만, 자본금 총액이 10억원 미만인 회사는 1명 또는 2명으로 할 수 있다.
>
> **제393조(이사회의 권한)** ① 중요한 자산의 처분 및 양도, 대규모 재산의 차입, 지배인의 선임 또는 해임과 지점의 설치·이전 또는 폐지 등 회사의 업무집행은 이사회의 결의로 한다.
> ② 이사회는 이사의 직무의 집행을 감독한다.
> ③ 이사는 대표이사로 하여금 다른 이사 또는 피용자의 업무에 관하여 이사회에 보고할 것을 요구할 수 있다.

03 | 위원회

0521 |2007|

이사회는 정관에서 정하는 바에 따라 2인 이상의 이사로 구성하는 위원회를 설치할 수 있다. ( )

> 정관이 정하는 바에 따라 2인 이상의 이사로 구성하는 위원회를 설치할 수 있다.
>
> **제393조의2(이사회내 위원회)** ① 이사회는 정관이 정한 바에 따라 위원회를 설치할 수 있다.
> ② 이사회는 다음 각호의 사항을 제외하고는 그 권한을 위원회에 위임할 수 있다.
> 1. 주주총회의 승인을 요하는 사항의 제안
> 2. 대표이사의 선임 및 해임
> 3. 위원회의 설치와 그 위원의 선임 및 해임
> 4. 정관에서 정하는 사항
> ③ 위원회는 2인 이상의 이사로 구성한다.
> ④ 위원회는 결의된 사항을 각 이사에게 통지하여야 한다. 이 경우 이를 통지받은 각 이사는 이사회의 소집을 요구할 수 있으며, 이사회는 위원회가 결의한 사항에 대하여 다시 결의할 수 있다.
> ⑤ 제386조제1항·제390조·제391조·제391조의3 및 제392조의 규정은 위원회에 관하여 이를 준용한다.

0522 |2007|

자본금총액이 10억원 미만인 회사에서 이사의 수를 1인 또는 2인으로 한 경우에는 위원회를 설치할 수 없다. ( )

> 이 경우 이사의 수가 1인이라면 이사회나 위원회 자체를 구성할 수 없고, 이사의 수가 2인인 경우에는 이사회와 위원회의 구성원이 동일하므로 위원회를 구성하는 건 무의미하다.

0523 |2007|

위원회의 위원은 이사의 자격을 전제로 하기 때문에 그 자격을 주주로 제한하는 사항을 정관으로 따로 정할 수 없다. ( )

답 0520 ○ 0521 ○ 0522 ○ 0523 ×

이사의 자격을 주주로 제한할 수 있으므로 이와 같은 제한 역시 가능하다.

제387조(자격주) 정관으로 이사가 가질 주식의 수를 정한 경우에 다른 규정이 없는 때에는 이사는 그 수의 주권을 감사에게 공탁하여야 한다.

0524 |2007, 2010, 2014|
이사회는 주주총회의 승인을 요하는 사항의 제안, 대표이사의 선임과 해임, 위원회의 설치와 그 위원의 선임 및 해임, 정관에서 정하는 사항을 제외하고는 그 권한을 위원회에 위임할 수 있다. (   )

이사회가 그 권한을 위원회에 위임할 수 없는 4가지 경우를 반드시 기억하여야 한다.

제393조의2(이사회내 위원회) ① 이사회는 정관이 정한 바에 따라 위원회를 설치할 수 있다.
② 이사회는 다음 각호의 사항을 제외하고는 그 권한을 위원회에 위임할 수 있다.
1. 주주총회의 승인을 요하는 사항의 제안
2. 대표이사의 선임 및 해임
3. 위원회의 설치와 그 위원의 선임 및 해임
4. 정관에서 정하는 사항

0525 |2007, 2014|
위원회는 결의된 사항을 각 이사에게 통지하여야 하는데 이를 통지받은 이사는 이사회의 소집을 요구할 수 있으며, 이사회는 위원회가 결의한 사항에 대하여 다시 결의할 수 있다. (   )

이사회의 재결의가 있는 경우 이사회의 결의만 효력이 있다.

제393조의2(이사회내 위원회) ④ 위원회는 결의된 사항을 각 이사에게 통지하여야 한다. 이 경우 이를 통지받은 각 이사는 이사회의 소집을 요구할 수 있으며, 이사회는 위원회가 결의한 사항에 대하여 다시 결의할 수 있다.

0526 |2010|
이사회는 정관에 규정이 없더라도 주주총회의 특별결의를 얻어 위원회를 설치할 수 있다. (   )

위원회를 설치하기 위해서는 정관에 근거규정이 있어야 한다.

제393조의2(이사회내 위원회) ① 이사회는 정관이 정한 바에 따라 위원회를 설치할 수 있다.

0527 |2010|
감사위원회는 3인 이상의 이사로 구성되고, 위원의 3분의 1은 사외이사이어야 한다. (   )

감사위원회 위원의 2/3 이상이 사외이사이어야 한다.

제415조의2(감사위원회) ② 감사위원회는 제393조의2제3항에도 불구하고 3명 이상의 이사로 구성한다. 다만, 사외이사가 위원의 3분의 2 이상이어야 한다.

답 0524 ○ 0525 ○ 0526 × 0527 ×

0528 | 2010 |

위원의 원수가 3인 이상인 때에 위원회의 결의는 위원 과반수의 출석과 출석위원 과반수의 찬성으로 하며, 정관으로 그 비율을 낮게 정할 수 있다. ( )

> 정관으로 그 비율을 높일 수는 있지만 낮출 수는 없다. 낮출 경우에는 다수결이 아니라 소수결이 되어버린다.
>
> **제393조의2(이사회내 위원회)** ⑤ 제386조제1항·제390조·제391조·제391조의3 및 제392조의 규정은 위원회에 관하여 이를 준용한다.
>
> **제391조(이사회의 결의방법)** ① 이사회의 결의는 이사과반수의 출석과 출석이사의 과반수로 하여야 한다. 그러나 정관으로 그 비율을 높게 정할 수 있다.
> ② 정관에서 달리 정하는 경우를 제외하고 이사회는 이사의 전부 또는 일부가 직접 회의에 출석하지 아니하고 모든 이사가 음성을 동시에 송수신하는 원격통신수단에 의하여 결의에 참가하는 것을 허용할 수 있다. 이 경우 당해 이사는 이사회에 직접 출석한 것으로 본다.
> ③ 제368조제3항 및 제371조제2항의 규정은 제1항의 경우에 이를 준용한다.

0529 | 2010, 2023 |

위원회의 결의는 이사회의 결의와 동일한 효력이 있으며, 이사회는 감사위원회가 결의한 사항에 대하여 다시 결의할 수 없다. ( )

> 통상의 위원회가 결의한 사항은 이사회가 다시 결의할 수 있으나, 감사위원회에는 적용하지 않는다.
>
> **제393조의2(이사회내 위원회)** ④ 위원회는 결의된 사항을 각 이사에게 통지하여야 한다. 이 경우 이를 통지받은 각 이사는 이사회의 소집을 요구할 수 있으며, 이사회는 위원회가 결의한 사항에 대하여 다시 결의할 수 있다.
> ⑤ 제386조제1항·제390조·제391조·제391조의3 및 제392조의 규정은 위원회에 관하여 이를 준용한다.
>
> **제415조의2(감사위원회)** ⑥ 감사위원회에 대하여는 제393조의2제4항 후단을 적용하지 아니 한다.

0530 | 2013 |

이사회 내 위원회의 결의절차에 대한 하자는 결의취소의 소를 제기할 수 있고 그 결의내용의 중대한 하자는 결의무효확인의 소를 제기할 수 있다. ( )

> 이사회(및 이사회 내 위원회)의 결의에 대한 소송은 회사법상 소송이 아니다. 상법에 별도로 규정을 두고 있지 않으므로 민사소송의 일반법리에 따라 소송이 진행된다.
>
> **[대법원 1988.04.25, 선고, 87누399, 판결]**
> 이사회의 결의에 하자가 있는 경우에 관하여 상법은 아무런 규정을 두고 있지 아니하나 그 결의에 무효사유가 있는 경우에는 이해관계인은 언제든지 또 어떤 방법에 의하든지 그 무효를 주장할 수 있다고 할 것이지만 이와 같은 무효 주장의 방법으로서 이사회결의무효확인소송이 제기되어 승소확정판결을 받은 경우, 그 판결의 효력에 관하여는 주주총회결의무효확인소송 등과는 달리 상법 제190조가 준용될 근거가 없으므로 대세적 효력은 없다.

답 0528 × 0529 ○ 0530 ×

3. 대표이사

01 | 선임 및 권한

0531 |2020, 2023|
회사는 이사회의 결의로 대표이사를 선정해야 하는 것이 원칙이나, 정관으로 주주총회에서 이를 선정할 것을 정할 수 있다. ( )

> 이사회 결의사항은 정관에 의해 주주총회의 권한으로 정할 수 있다.
> **제389조(대표이사)** ① 회사는 이사회의 결의로 회사를 대표할 이사를 선정하여야 한다. 그러나 정관으로 주주총회에서 이를 선정할 것을 정할 수 있다.
> ② 전항의 경우에는 수인의 대표이사가 공동으로 회사를 대표할 것을 정할 수 있다.

0532 |2011, 2022|
대표이사는 대외적으로 회사를 대표하여 회사의 영업에 관하여 재판상 또는 재판외의 모든 행위를 할 권한이 있다. ( )

> 대표권의 「포괄정형성」에 대한 설명이다.
> **제389조(대표이사)** ① 회사는 이사회의 결의로 회사를 대표할 이사를 선정하여야 한다. 그러나 정관으로 주주총회에서 이를 선정할 것을 정할 수 있다.
> ② 전항의 경우에는 수인의 대표이사가 공동으로 회사를 대표할 것을 정할 수 있다.
> ③ 제208조제2항, 제209조, 제210조와 제386조의 규정은 대표이사에 준용한다.
> **제209조(대표사원의 권한)** ① 회사를 대표하는 사원은 회사의 영업에 관하여 재판상 또는 재판외의 모든 행위를 할 권한이 있다.
> ② 전항의 권한에 대한 제한은 선의의 제3자에게 대항하지 못한다.

0533 |2011, 2016, 2020|
주식회사가 수인의 대표이사를 둔 경우에는 원칙적으로 각 대표이사가 단독으로 회사를 대표하지만, 예외적으로 공동으로 회사를 대표할 것을 정할 수 있다. ( )

> 각자대표가 원칙이고, 예외적으로 공동대표로 정할 수 있다.
> **제389조(대표이사)** ① 회사는 이사회의 결의로 회사를 대표할 이사를 선정하여야 한다. 그러나 정관으로 주주총회에서 이를 선정할 것을 정할 수 있다.
> ② 전항의 경우에는 수인의 대표이사가 공동으로 회사를 대표할 것을 정할 수 있다.

0534 |2011|
공동대표이사의 정함이 있는 경우 회사가 어음을 발행하려면 공동대표이사 전원의 기명날인 또는 서명이 있어야 한다. ( )

회사가 의사표시를 하는 경우(능동대표)에는 공동대표이사 전원이 의사표시(어음행위의 경우에는 기명날인 또는 서명)를 해야 한다. 다만 회사가 의사표시를 받는 경우(수동대표)는 공동대표이사 중 1인에 대하여 하는 것도 회사에 효력이 있다.

제208조(공동대표) ① 회사는 정관 또는 총사원의 동의로 수인의 사원이 공동으로 회사를 대표할 것을 정할 수 있다.
② 전항의 경우에도 제3자의 회사에 대한 의사표시는 공동대표의 권한있는 사원 1인에 대하여 이를 함으로써 그 효력이 생긴다.

0535 |2011|

공동대표이사가 있는 회사에 대한 의사표시는 공동대표이사 전원에 대하여 하여야 한다. ( )

회사가 의사표시를 하는 경우(능동대표)에는 공동대표이사 전원이 의사표시(어음행위의 경우에는 기명날인 또는 서명)를 해야 한다. 다만 회사가 의사표시를 받는 경우(수동대표)는 공동대표이사 중 1인에 대하여 하는 것도 회사에 효력이 있다.

제208조(공동대표) ① 회사는 정관 또는 총사원의 동의로 수인의 사원이 공동으로 회사를 대표할 것을 정할 수 있다.
② 전항의 경우에도 제3자의 회사에 대한 의사표시는 공동대표의 권한있는 사원 1인에 대하여 이를 함으로써 그 효력이 생긴다.

0536 |2011|

판례에 의하면 공동대표이사 1인이 그 대표권의 행사를 다른 공동대표이사에게 일반적·포괄적으로 위임함은 허용되지 않는다. ( )

대표권의 포괄적인 위임은 사실상 단독대표권을 부여하는 것과 같은 결과가 되어서 회사가 공동대표이사를 선정한 취지에 반하기 때문에 허용할 수 없다.

[대법원 1989.5.23. 선고, 89다카3677, 판결]
주식회사에 있어서의 공동대표제도는 대외 관계에서 수인의 대표이사가 공동으로만 대표권을 행사할 수 있게 하여 업무집행의 통일성을 확보하고, 대표권 행사의 신중을 기함과 아울러 대표이사 상호간의 견제에 의하여 대표권의 남용 내지는 오용을 방지하여 회사의 이익을 도모하려는데 그 취지가 있으므로 공동대표이사의 1인이 그 대표권의 행사를 특정사항에 관하여 개별적으로 다른 공동대표이사에게 위임함은 별론으로 하고, 일반적, 포괄적으로 위임함은 허용되지 아니한다.

0537 |2012|

소규모회사에서 1명의 이사가 선임된 경우 그 이사가 회사를 대표하지만 2명의 이사가 선임된 경우 정관에 따라 대표이사를 정한 때를 제외하고는 각 이사가 회사를 대표한다. ( )

주식회사의 이사는 원칙적으로 3명 이상이어야 한다. 다만 자본금 총액이 10억원 미만인 회사는 1명 또는 2명으로 할 수도 있는데, 이 경우에는 정관으로 대표이사를 정하지 않은 이상 원칙적으로 각 이사가 회사를 대표한다.

제383조(원수, 임기) ① 이사는 3명 이상이어야 한다. 다만, 자본금 총액이 10억원 미만인 회사는 1명 또는 2명으로 할 수 있다.

답 0535 × 0536 ○ 0537 ○

⑥ 제1항 단서의 경우에는 각 이사(정관에 따라 대표이사를 정한 경우에는 그 대표이사를 말한다)가 회사를 대표하며 제343조제1항 단서, 제346조제3항, 제362조, 제363조의2제3항, 제366조제1항, 제368조의4제1항, 제393조제1항, 제412조의3제1항 및 제462조의3제1항에 따른 이사회의 기능을 담당한다.

0538 | 2013, 2022, 2023 |

甲회사가 甲회사의 감사위원회 위원 B에게 소송을 제기하는 경우에는 대표이사 A가 당연히 甲회사를 대표한다.
(   )

감사위원회 위원은 이사의 지위를 전제로 한다. 소의 당사자가 감사위원회 위원인 경우에는 감사위원회 또는 이사는 법원에 회사를 대표할 자를 선임하여 줄 것을 신청하여야 한다. 회사소송의 대표권자는 「대/감/법//대/리」로 정리하자.

제394조(이사와 회사간의 소에 관한 대표) ① 회사가 이사에 대하여 또는 이사가 회사에 대하여 소를 제기하는 경우에 감사는 그 소에 관하여 회사를 대표한다. 회사가 제403조제1항의 청구를 받음에 있어서도 같다.
② 제415조의2의 규정에 의한 감사위원회의 위원이 소의 당사자인 경우에는 감사위원회 또는 이사는 법원에 회사를 대표할 자를 선임하여 줄 것을 신청하여야 한다.

0539 | 2013 |

소액의 대표이사 직무수행자금 조달을 위한 신주발행은 정관규정이나 이사회의 결의 없이 대표이사의 결정만으로 할 수 있다.
(   )

신주발행은 이사회 승인 사항이다. 반면 사채발행은 이사회가 대표이사에게 위임할 수 있다.

제416조(발행사항의 결정) 회사가 그 성립 후에 주식을 발행하는 경우에는 다음의 사항으로서 정관에 규정이 없는 것은 이사회가 결정한다. 다만, 이 법에 다른 규정이 있거나 정관으로 주주총회에서 결정하기로 정한 경우에는 그러하지 아니하다.
1. 신주의 종류와 수
2. 신주의 발행가액과 납입기일
2의2. 무액면주식의 경우에는 신주의 발행가액 중 자본금으로 계상하는 금액
3. 신주의 인수방법
4. 현물출자를 하는 자의 성명과 그 목적인 재산의 종류, 수량, 가액과 이에 대하여 부여할 주식의 종류와 수
5. 주주가 가지는 신주인수권을 양도할 수 있는 것에 관한 사항
6. 주주의 청구가 있는 때에만 신주인수권증서를 발행한다는 것과 그 청구기간

답 0538 × 0539 ×

02 | 위법한 대표행위

0540 |2011, 2019, 2022, 2023|
회사는 대표이사의 대표권의 제한을 이유로 선의의 제3자에게 대항할 수 있다.   (   )

> 대표이사의 대표권은 포괄정형성을 띄기 때문에 내부적인 제한으로 선의의 제3자의 이익을 해할 수는 없다.
>
> **제389조(대표이사)** ① 회사는 이사회의 결의로 회사를 대표할 이사를 선정하여야 한다. 그러나 정관으로 주주총회에서 이를 선정할 것을 정할 수 있다.
> ② 전항의 경우에는 수인의 대표이사가 공동으로 회사를 대표할 것을 정할 수 있다.
> ③ 제208조제2항, 제209조, 제210조와 제386조의 규정은 대표이사에 준용한다.
>
> **제209조(대표사원의 권한)** ① 회사를 대표하는 사원은 회사의 영업에 관하여 재판상 또는 재판외의 모든 행위를 할 권한이 있다.
> ② 전항의 권한에 대한 제한은 선의의 제3자에게 대항하지 못한다.

0541 |2011, 2013, 2016|
판례에 의하면 대표이사가 대표권의 범위 내에서 한 행위는 대표권을 남용한 것이라도 상대방이 대표이사의 진의를 알았거나 알 수 있었을 경우가 아니라면 유효하다.   (   )

> 적법한 대표행위로서의 객관적 요건은 갖추었으나 회사가 아닌 대표이사 자신 또는 제3자의 이익을 위한 목적이었던 경우를 「대표권 남용」이라 한다. 이 경우 선의의 제3자에게는 대항하지 못한다.
>
> **[대법원 1997.8.29. 선고, 97다18059, 판결]**
> 주식회사의 대표이사가 그 대표권의 범위 내에서 한 행위는 설사 대표이사가 회사의 영리목적과 관계없이 자기 또는 제3자의 이익을 도모할 목적으로 그 권한을 남용한 것이라 할지라도 일단 회사의 행위로서 유효하고, 다만 그 행위의 상대방이 대표이사의 진의를 알았거나 알 수 있었을 때에는 회사에 대하여 무효가 되는 것이다.

0542 |2011, 2022|
판례에 의하면 대표이사가 이사회의 결의를 거쳐야 할 대외적 거래행위를 이사회 결의 없이 하였더라도 상대방이 이를 알았거나 모른데 중대한 과실이 있는 경우가 아니라면 유효하다.   (   )

> 이른바 '전단적 대표행위'에 대한 설명이다. (ⅰ) 과거 판례는 거래상대방이 보호받기 위한 요건으로 선의 및 무과실을 요구하였으나, (ⅱ) 2021년 전원합의체 판결을 통해 거래상대방이 중과실이 아닌 단순한 경과실의 경우에는 보호받을 수 있다고 판례를 변경하였다.
>
> **[대법원 2021. 2. 18., 선고, 2015다45451, 전원합의체 판결]**
> 거래행위의 상대방인 제3자가 상법 제209조 제2항에 따라 보호받기 위하여 선의 이외에 무과실까지 필요하지는 않지만, 중대한 과실이 있는 경우에는 제3자의 신뢰를 보호할 만한 가치가 없다고 보아 거래행위가 무효라고 해석함이 타당하다. 중과실이란 제3자가 조금만 주의를 기울였더라면 이사회 결의가 없음을 알 수 있었는데도 만연히 이사회 결의가 있었다고 믿음으로써 거래통념상 요구되는 주의의무를 현저히 위반하는 것으로, 거의 고의에 가까운 정도로 주의를 게을리하여 공평의 관점에서 제3자를 구태여 보호할 필요가 없다고 볼 수 있는 상태를 말한다. 제3자에게 중과실이 있는지는 이사회 결의가 없다는 점에 대한 제3자의 인식가능성, 회사와 거래한 제3자의 경험과 지위, 회사와 제3자의 종래 거래관계, 대표이사가 한 거래행위가 경험칙상 이례에 속하는 것인지 등 여러 가지 사정을 종

답 0540 × 0541 ○ 0542 ○

합적으로 고려하여 판단하여야 한다. 그러나 제3자가 회사 대표이사와 거래행위를 하면서 회사의 이사회 결의가 없었다고 의심할 만한 특별한 사정이 없다면, 일반적으로 이사회 결의가 있었는지를 확인하는 등의 조치를 취할 의무까지 있다고 볼 수는 없다.

03 | 표현대표이사

0543 | 2010, 2015 |

대표권이 없는 사장이 회사 명의로 발행한 약속어음을 악의의 수취인에게 교부한 경우, 회사를 발행인으로 믿고 동 어음을 과실없이 취득한 제3자에 대하여 회사는 책임을 진다. ( )

표현대표이사의 법리에 의해 보호받는 제3자는 표현대표이사와 거래한 직접의 상대방뿐 아니라, 이 행위와 관련하여 표현적 명칭을 신뢰한 그 후의 모든 취득자를 포함한다(제3취득자 포함설). 어음의 유통성 보호의 취지로 이해하면 된다.

[대법원 2003.9.26. 선고, 2002다65073, 판결]
회사를 대표할 권한이 없는 표현대표이사가 다른 대표이사의 명칭을 사용하여 어음행위를 한 경우, 회사가 책임을 지는 선의의 제3자의 범위에는 표현대표이사로부터 직접 어음을 취득한 상대방뿐만 아니라, 그로부터 어음을 다시 배서양도받은 제3취득자도 포함된다.

0544 | 2010, 2018 |

회사가 이사의 자격도 없는 자에게 표현대표이사의 명칭을 사용하게 허락한 경우에는 표현대표이사에 관한 규정이 유추적용된다. ( )

상법 제395조에서는 표현대표이사가 적용되기 위해서는 이사의 지위에 있을 것을 요구하고 있으나, 판례는 이사 아닌 자의 행위에 대해서도 표현대표이사가 적용된다고 보고 있다.

제395조(표현대표이사의 행위와 회사의 책임) 사장, 부사장, 전무, 상무 기타 회사를 대표할 권한이 있는 것으로 인정될 만한 명칭을 사용한 이사의 행위에 대하여는 그 이사가 회사를 대표할 권한이 없는 경우에도 회사는 선의의 제3자에 대하여 그 책임을 진다.

[대법원 1992. 7. 28., 선고, 91다35816, 판결]
상법 제395조가 회사를 대표할 권한이 있는 것으로 인정될 만한 명칭을 사용한 이사의 행위에 대한 회사의 책임을 규정한 것이어서, 표현대표이사가 이사의 자격을 갖출 것을 그 요건으로 하고 있으나, 이 규정은 표시에 의한 금반언의 법리나 외관이론에 따라 대표이사로서의 외관을 신뢰한 제3자를 보호하기 위하여 그와 같은 외관의 존재에 관하여 귀책사유가 있는 회사로 하여금 선의의 제3자에 대하여 그들의 행위에 관한 책임을 지도록 하려는 것이므로, 회사가 이사의 자격이 없는 자에게 표현대표이사의 명칭을 사용하게 허용한 경우는 물론, 이사의 자격도 없는 사람이 임의로 표현대표이사의 명칭을 사용하고 있는 것을 회사가 알면서도 아무런 조치를 취하지 아니한 채 그대로 방치하여 소극적으로 묵인한 경우에도, 위 규정이 유추적용되는 것으로 해석함이 상당하다.

0545 | 2015 |

판례에 의하면 부존재하는 주주총회 결의에 의하여 선임된 이사의 행위에 대하여도 표현대표이사에 관한 상법 제395조를 유추적용한다. ( )

표현대표이사에 관한 상법 제395조를 적용함에 있어 이사임을 전제로 하지 않는다.

답 0543 ○ 0544 ○ 0545 ○

[대법원 1985.6.11. 선고, 84다카963, 판결]
상법 제395조는 표현대리이사가 이사의 자격을 갖출 것을 형식상의 요건으로 하고 있으나, 위 규정은 법일반에 공통되는 거래의 안전의 보호와 금반언의 원칙에서 나온 것으로서 이사의 자격이 없는 자에게 회사의 표현대표이사의 명칭을 사용케 한 경우나 이사자격없이 표현대표이사의 명칭을 사용하는 것을 회사가 알고도 그대로 두거나 아무런 조치도 쓰지 않고 용인상태에 놓아둔 경우에도 위 규정이 유추적용되는 것으로 해석함이 상당하다.

0546 | 2015, 2018 |

제3자가 회사의 대표이사가 아닌 이사와 거래행위를 함에 있어 그 이사가 회사를 대표할 권한이 있다고 믿었을지라도 그와 같은 믿음에 중대한 과실이 있는 때에는 회사는 그 제3자에 대하여 책임을 지지 않는다. (　　　)

중대한 과실은 악의와 동일시된다.

[대법원 1999.11.12. 선고, 99다19797, 판결]
상법 제395조가 규정하는 표현대표이사의 행위로 인한 주식회사의 책임이 성립하기 위하여 법률행위의 상대방이 된 제3자의 선의 이외에 무과실까지도 필요로 하는 것은 아니지만, 그 규정의 취지는 회사의 대표이사가 아닌 이사가 외관상 회사의 대표권이 있는 것으로 인정될 만한 명칭을 사용하여 거래행위를 하고, 이러한 외관이 생겨난 데에 관하여 회사에 귀책사유가 있는 경우에 그 외관을 믿은 선의의 제3자를 보호함으로써 상거래의 신뢰와 안전을 도모하려는 데에 있다 할 것인바, 그와 같은 제3자의 신뢰는 보호할 만한 가치가 있는 정당한 것이어야 할 것이므로 설령 제3자가 회사의 대표이사가 아닌 이사가 그 거래행위를 함에 있어서 회사를 대표할 권한이 있다고 믿었다 할지라도 그와 같이 믿음에 있어서 중대한 과실이 있는 경우에는 회사는 그 제3자에 대하여는 책임을 지지 아니한다.

0547 | 2010 |

대표이사의 성명을 등기한 후에는 선의의 제3자에게 대항할 수 있다는 상업등기제도와 상관없이 표현대표이사 책임은 인정될 수 있다. (　　　)

진정한 대표이사의 성명을 등기한 후에는 이러한 사실을 알지 못하고 대표이사가 아닌 자와 거래한 선의의 제3자에게 대해서 회사는「상법 제37조 제1항에 따라」대항할 수 있다. 하지만 이 경우에 대표이사가 아니면서 대표이사처럼 법률행위를 한 자가 표현대표이사의 요건을 충족한다면「상법 제395조에 따라」선의의 제3자에게 대항할 수 없다. 즉 상법 제37조 제1항과 제395조는 별개이다(이차원설).

제37조(등기의 효력) ① 등기할 사항은 이를 등기하지 아니하면 선의의 제3자에게 대항하지 못한다.
② 등기한 후라도 제3자가 정당한 사유로 인하여 이를 알지 못한 때에는 제1항과 같다.
제395조(표현대표이사의 행위와 회사의 책임) 사장, 부사장, 전무, 상무 기타 회사를 대표할 권한이 있는 것으로 인정될 만한 명칭을 사용한 이사의 행위에 대하여는 그 이사가 회사를 대표할 권한이 없는 경우에도 회사는 선의의 제삼자에 대하여 그 책임을 진다.

0548 | 2015 |

제3자가 법인등기부 등기를 열람하지 않고 회사와 거래한다면 표현대표이사 성립에 있어서 중대한 과실이 있다. (　　　)

등기여부는 고려대상이 아니다. 이른바 이(異)차원설.

[대법원 1979.2.13, 선고, 77다2436, 판결]
또 상법 제395조와 상업등기와의 관계를 헤아려 보면, 본조는 상업등기와는 다른 차원에서 회사의 표현책임을 인정한 규정이라고 해야 옳으리니 이 책임을 물음에 상업등기가 있는 여부는 고려의 대상에 넣어서는 아니 된다고 하겠다.

0549 | 2011, 2018 |
회사가 공동대표이사에게 단순한 대표이사라는 명칭을 사용하여 법률행위를 하는 것을 용인한 경우에도 회사는 표현대표이사에 관한 규정에 따른 책임을 질 수 있다. ( )

공동대표이사 중 1인의 단독대표행위에 대해서도 표현대표이사의 규정을 적용한다(확장설).

[대법원 1992.10.27, 선고, 92다19033, 판결]
회사가 공동대표이사에게 단순한 대표이사라는 명칭을 사용하여 법률행위를 하는 것을 용인 내지 방임한 경우에도 회사는 상법 제395조에 의한 표현책임을 면할 수 없다.

0550 | 2010, 2015, 2018 |
회사가 표현대표이사의 행위에 대하여 책임을 지기 위해서는 표현대표이사의 명칭사용을 명시적으로나 묵시적으로 승인함으로써 대표자격의 외관 현출에 대한 책임이 인정되어야 한다. ( )

명시적이건 묵시적이건 최소한 회사가 표현적 명칭사용을 알고 있었어야 하며, 모르고 방치한 경우에는 회사의 귀책사유를 인정하지 않는다.

[대법원 1992.9.22, 선고, 91다5365, 판결]
상법 제395조에 의하여 회사가 표현대표이사의 행위에 대하여 책임을 지기 위하여는 표현대표이사의 행위에 대하여 그를 믿었던 제3자가 선의이었어야 하고 또한 회사가 적극적 또는 묵시적으로 표현대표를 허용한 경우에 한한다고 할 것이며, 이 경우 회사가 표현대표를 허용하였다고 하기 위하여는 진정한 대표이사가 이를 허용하거나, 이사 전원이 아닐지라도 적어도 이사회의 결의의 성립을 위하여 회사의 정관에서 정한 이사의 수, 그와 같은 정관의 규정이 없다면 최소한 이사 정원의 과반수의 이사가 적극적 또는 묵시적으로 표현대표를 허용한 경우이어야 할 것이므로, 대표이사로 선임등기된 자가 부적법한 대표이사로서 사실상의 대표이사에 불과한 경우에 있어서는 먼저 위 대표이사의 선임에 있어 회사에 귀책사유가 있는지를 살피고 이에 따라 회사에게 표현대표이사로 인한 책임이 있는지 여부를 가려야 할 것이다.

0551 | 2018 |
회사의 진정한 대표이사가 아닌 지배주주가 표현대표이사의 명칭 사용을 허용한 경우에도 회사의 귀책사유가 인정된다. ( )

표현대표이사의 명칭을 허락한 주체는 "진정한 대표이사"이거나, 최소한 "이사 정원의 과반수"가 허락하였어야 한다.

[대법원 1992.9.22, 선고, 91다5365, 판결]
상법 제395조에 의하여 회사가 표현대표이사의 행위에 대하여 책임을 지기 위하여는 표현대표이사의 행위에 대하여 그를 믿었던 제3자가 선의이었어야 하고 또한 회사가 적극적 또는 묵시적으로 표현대표를 허용한 경우에 한한다고 할 것이며, 이 경우 회사가 표현대표를 허용하였다고 하기 위하여는 진정한 대표이사가 이를 허용하거나, 이사 전원이 아닐지라도 적어도 이사회의 결의의 성립을 위하여 회사의 정관에서 정한 이사의 수, 그와 같은 정관의 규정

이 없다면 최소한 이사 정원의 과반수의 이사가 적극적 또는 묵시적으로 표현대표를 허용한 경우이어야 할 것이므로, 대표이사로 선임등기된 자가 부적법한 대표이사로서 사실상의 대표이사에 불과한 경우에 있어서는 먼저 위 대표이사의 선임에 있어 회사에 귀책사유가 있는지를 살피고 이에 따라 회사에게 표현대표이사로 인한 책임이 있는지 여부를 가려야 할 것이다.

4. 집행임원

0552 | 2014, 2018, 2019 |
회사의 성립 이후에는 이사는 주주총회에서 선임되지만 집행임원은 이사회에서 선임된다. （　　）

제408조의2(집행임원 설치회사, 집행임원과 회사의 관계)
③ 집행임원 설치회사의 이사회는 다음의 권한을 갖는다.
1. 집행임원과 대표집행임원의 선임·해임
2. 집행임원의 업무집행 감독
3. 집행임원과 집행임원 설치회사의 소송에서 집행임원 설치회사를 대표할 자의 선임
4. 집행임원에게 업무집행에 관한 의사결정의 위임(이 법에서 이사회 권한사항으로 정한 경우는 제외한다)
5. 집행임원이 여러 명인 경우 집행임원의 직무 분담 및 지휘·명령관계, 그 밖에 집행임원의 상호관계에 관한 사항의 결정
6. 정관에 규정이 없거나 주주총회의 승인이 없는 경우 집행임원의 보수 결정

0553 | 2014, 2023 |
회사는 집행임원을 둘 수 있고 집행임원 설치회사는 대표이사를 두지 못한다. （　　）

제408조의2(집행임원 설치회사, 집행임원과 회사의 관계) ① 회사는 집행임원을 둘 수 있다. 이 경우 집행임원을 둔 회사(이하 "집행임원 설치회사"라 한다)는 대표이사를 두지 못한다.

0554 | 2023 |
회사와 집행임원의 관계는 「민법」 중 위임에 관한 규정을 준용한다. （　　）

집행임원과 회사의 관계는 민법의 위임에 관한 규정을 준용하므로, 집행임원은 회사에 대하여 선량한 관리자의 주의의무를 부담한다는 내용으로 연결된다.

제408조의2(집행임원 설치회사, 집행임원과 회사의 관계) ① 회사는 집행임원을 둘 수 있다. 이 경우 집행임원을 둔 회사(이하 "집행임원 설치회사"라 한다)는 대표이사를 두지 못한다.
② 집행임원 설치회사와 집행임원의 관계는 「민법」 중 위임에 관한 규정을 준용한다.

0555 | 2014, 2018 |
이사는 집행임원으로 선임되지 못하며 집행임원 설치회사는 이사회의 회의를 주관하기 위하여 이사회의 의장을 둘 수 있다. （　　）

답　0552 ○　0553 ○　0554 ○　0555 ×

(ⅰ) 이사의 집행임원 취임은 제한이 없다. (ⅱ) 이사회 의장을 「둘 수 있다」가 아니라 「두어야 한다」.

제408조의2(집행임원 설치회사, 집행임원과 회사의 관계)
④ 집행임원 설치회사는 이사회의 회의를 주관하기 위하여 이사회 의장을 두어야 한다. 이 경우 이사회 의장은 정관의 규정이 없으면 이사회 결의로 선임한다.

0556 |2014|
집행임원 설치회사에서 집행임원을 3인 이상 선임하는 경우에는 집행임원회를 설치하여야 한다. (   )

집행임원회를 구성하지 않고 각자 그 권한을 행사한다. 집행임원이 2명 이상이면 대표집행임원을 선임하여야 한다.

제408조의4(집행임원의 권한) 집행임원의 권한은 다음 각 호의 사항으로 한다.
1. 집행임원 설치회사의 업무집행
2. 정관이나 이사회의 결의에 의하여 위임받은 업무집행에 관한 의사결정

제408조의5(대표집행임원) ① 2명 이상의 집행임원이 선임된 경우에는 이사회 결의로 집행임원 설치회사를 대표할 대표집행임원을 선임하여야 한다. 다만, 집행임원이 1명인 경우에는 그 집행임원이 대표집행임원이 된다.
② 대표집행임원에 관하여는 이 법에 다른 규정이 없으면 주식회사의 대표이사에 관한 규정을 준용한다.
③ 집행임원 설치회사에 대하여는 제395조를 준용한다.

0557 |2018|
2명 이상의 집행임원이 선임된 경우에는 이사회 결의로 회사를 대표할 대표집행임원을 선임하여야 한다. (   )

집행임원이 2명 이상이면 대표집행임원을 선임하여야 한다.

제408조의5(대표집행임원) ① 2명 이상의 집행임원이 선임된 경우에는 이사회 결의로 집행임원 설치회사를 대표할 대표집행임원을 선임하여야 한다. 다만, 집행임원이 1명인 경우에는 그 집행임원이 대표집행임원이 된다.
② 대표집행임원에 관하여는 이 법에 다른 규정이 없으면 주식회사의 대표이사에 관한 규정을 준용한다.
③ 집행임원 설치회사에 대하여는 제395조를 준용한다.

0558 |2018|
집행임원을 설치한 회사는 이사회의 회의를 주관하기 위하여 이사회 의장을 두어야 하고 이 경우 이사회 의장은 사외이사 중에서 선임한다. (   )

이사회의 회의를 주관하기 위하여 이사회 의장을 두어야 하는 것은 맞지만, 이사회 의장이 사외이사일 것을 요하는 규정은 없다.

제408조의2(집행임원 설치회사, 집행임원과 회사의 관계)
④ 집행임원 설치회사는 이사회의 회의를 주관하기 위하여 이사회 의장을 두어야 한다. 이 경우 이사회 의장은 정관의 규정이 없으면 이사회 결의로 선임한다.

답 0556 × 0557 ○ 0558 ×

0559 |2013, 2014, 2018, 2019|
집행임원의 임기는 3년을 초과하지 못하지만 정관으로 그 임기 중의 최종의 결산기에 관한 정기주주총회의 종결에 이르기까지 연장할 수 있다. （　　）

(ⅰ) 집행임원의 임기는 "3년"이 아니라 "2년"을 초과하지 못하고, (ⅱ) 정관으로 임기 중의 최종의 결산기에 관한 "정기주총"의 종결시까지 연장하는 것이 아니라 "정기주총 종결 후 가장 먼저 소집하는 이사회"의 종결시까지 연장할 수 있다. (ⅲ) 정관에 다른 규정이 있으면 2년을 초과할 수도 있다.

제408조의3(집행임원의 임기) ① 집행임원의 임기는 정관에 다른 규정이 없으면 2년을 초과하지 못한다.
② 제1항의 임기는 정관에 그 임기 중의 최종 결산기에 관한 정기주주총회가 종결한 후 가장 먼저 소집하는 이사회의 종결 시까지로 정할 수 있다.

0560 |2019|
집행임원은 이사회의 요구가 있으면 언제든지 이사회에 출석하여 요구한 사항을 보고하여야 한다. （　　）

집행임원의 수시보고의무에 대한 설명이다.

제408조의6(집행임원의 이사회에 대한 보고) ① 집행임원은 3개월에 1회 이상 업무의 집행상황을 이사회에 보고하여야 한다.
② 집행임원은 제1항의 경우 외에도 이사회의 요구가 있으면 언제든지 이사회에 출석하여 요구한 사항을 보고하여야 한다.
③ 이사는 대표집행임원으로 하여금 다른 집행임원 또는 피용자의 업무에 관하여 이사회에 보고할 것을 요구할 수 있다.

5. 이사의 의무

01 | 선관주의의무 및 충실의무

0561 |2011, 2020, 2021|
이사와 회사의 관계는 민법의 위임에 관한 규정을 준용하므로 이사는 회사에 대하여 선량한 관리자의 주의의무를 부담한다. （　　）

제382조(이사의 선임, 회사와의 관계 및 사외이사) ① 이사는 주주총회에서 선임한다.
② 회사와 이사의 관계는 「민법」의 위임에 관한 규정을 준용한다.

■ 민법
제681조(수임인의 선관의무) 수임인은 위임의 본지에 따라 선량한 관리자의 주의로써 위임사무를 처리하여야 한다.

0562 |2020, 2021|
이사는 법령과 정관의 규정에 따라 회사를 위하여 그 직무를 충실하게 수행하여야 한다. （　　）

이를 이사의 「충실의무」라 하는데 그 내용은 「선관주의의무」와 별반 다르지 않다.
제382조의3(이사의 충실의무) 이사는 법령과 정관의 규정에 따라 회사를 위하여 그 직무를 충실하게 수행하여야 한다.

답　0559 ×　0560 ○　0561 ○　0562 ○

02 | 경업회피의무

0563 | 2011, 2021, 2023 |
이사는 이사회의 승인이 없으면 자기 또는 제3자의 계산으로 회사의 영업부류에 속한 거래를 하거나 동종영업을 목적으로 하는 다른 회사의 무한책임사원이나 이사가 되지 못한다. （　　）

이사의 경업금지의무를 의미한다.

제397조(경업금지) ① 이사는 이사회의 승인이 없으면 자기 또는 제3자의 계산으로 회사의 영업부류에 속한 거래를 하거나 동종영업을 목적으로 하는 다른 회사의 무한책임사원이나 이사가 되지 못한다.
② 이사가 제1항의 규정에 위반하여 거래를 한 경우에 회사는 이사회의 결의로 그 이사의 거래가 자기의 계산으로 한 것인 때에는 이를 회사의 계산으로 한 것으로 볼 수 있고 제3자의 계산으로 한 것인 때에는 그 이사에 대하여 이로 인한 이득의 양도를 청구할 수 있다.
③ 제2항의 권리는 거래가 있은 날로부터 1년을 경과하면 소멸한다.

0564 | 2007 |
이사는 자신의 회사와 업종이 다른 합자회사의 무한책임사원이 되기 위해 이사회의 승인을 얻을 필요가 없다. （　　）

이사의 겸직금지의무는 동종영업에 한한다.

제397조(경업금지) ① 이사는 이사회의 승인이 없으면 자기 또는 제3자의 계산으로 회사의 영업부류에 속한 거래를 하거나 동종영업을 목적으로 하는 다른 회사의 무한책임사원이나 이사가 되지 못한다.

0565 | 2011 |
이사가 경업금지의무를 위반하여 거래를 한 경우 회사는 이사회의 결의로 직접 그 이사가 한 거래의 당사자가 될 수 있다. （　　）

이사가 경업금지의무에 위반한 경우에 회사는 개입권을 행사할 수 있다. 여기에서 개입권이란, 거래의 경제적 효과 즉, 실질상의 이득을 회사에게 귀속시킬 의무만을 부담할 뿐(실질적 개입권), 이로 인해 회사가 이사의 거래상대방에 대하여 직접 법률행위의 당사자가 되는 것(전면적 개입권)은 아니다.

제397조(경업금지) ② 이사가 제1항의 규정에 위반하여 거래를 한 경우에 회사는 이사회의 결의로 그 이사의 거래가 자기의 계산으로 한 것인 때에는 이를 회사의 계산으로 한 것으로 볼 수 있고 제3자의 계산으로 한 것인 때에는 그 이사에 대하여 이로 인한 이득의 양도를 청구할 수 있다.

0566 | 2016 |
이사의 경업거래금지의무위반에 대한 주식회사의 개입권은 그 거래가 있은 날로부터 1년이 경과하면 소멸한다. （　　）

이사의 경업금지위반에 관한 개입권은 (거래가 있는 날로부터) 1년의 제척기간만을 적용하며, 다른 경우의 개입권과 달리 (안 때로부터) 2주의 제척기간은 적용하지 않는다.

답 0563 ○　0564 ○　0565 ×　0566 ○

제397조(경업금지) ① 이사는 이사회의 승인이 없으면 자기 또는 제3자의 계산으로 회사의 영업부류에 속한 거래를 하거나 동종영업을 목적으로 하는 다른 회사의 무한책임사원이나 이사가 되지 못한다.
② 이사가 제1항의 규정에 위반하여 거래를 한 경우에 회사는 이사회의 결의로 그 이사의 거래가 자기의 계산으로 한 것인 때에는 이를 회사의 계산으로 한 것으로 볼 수 있고 제3자의 계산으로 한 것인 때에는 그 이사에 대하여 이로 인한 이득의 양도를 청구할 수 있다.
③ 제2항의 권리는 거래가 있은 날로부터 1년을 경과하면 소멸한다.

0567 | 2019 |

이사가 경업금지의무를 위반한 경우 회사는 그 거래를 안 날로부터 1년 내에 개입권을 행사할 수 있다. ( )

거래를 안 날이 아니라 거래가 있는 날로부터 기산한다.

제397조(경업금지) ① 이사는 이사회의 승인이 없으면 자기 또는 제3자의 계산으로 회사의 영업부류에 속한 거래를 하거나 동종영업을 목적으로 하는 다른 회사의 무한책임사원이나 이사가 되지 못한다.
② 이사가 제1항의 규정에 위반하여 거래를 한 경우에 회사는 이사회의 결의로 그 이사의 거래가 자기의 계산으로 한 것인 때에는 이를 회사의 계산으로 한 것으로 볼 수 있고 제3자의 계산으로 한 것인 때에는 그 이사에 대하여 이로 인한 이득의 양도를 청구할 수 있다.
③ 제2항의 권리는 거래가 있은 날로부터 1년을 경과하면 소멸한다.

0568 | 2019 |

이사는 이사 3분의 2 이상의 수에 의한 이사회의 승인을 얻은 때에 한하여 동종영업을 목적으로 하는 다른 회사의 이사의 직을 겸할 수 있다. ( )

경업회피의무와 관련해서는 이사회결의의 가중정족수가 적용되지 않는다. 따라서 이사 과반수의 출석과 출석이사 과반수의 찬성으로 결의한다.

제397조(경업금지) ① 이사는 이사회의 승인이 없으면 자기 또는 제3자의 계산으로 회사의 영업부류에 속한 거래를 하거나 동종영업을 목적으로 하는 다른 회사의 무한책임사원이나 이사가 되지 못한다.

03 | 사업기회유용금지의무

0569 | 2015, 2021 |

이사는 이사회의 승인 없이 현재 또는 장래에 회사의 이익이 될 수 있는 회사의 사업기회를 자기 또는 제3자의 이익을 위하여 이용하여서는 안 된다. ( )

회사의 기회 및 자산의 유용 금지

제397조의2(회사의 기회 및 자산의 유용 금지) ① 이사는 이사회의 승인 없이 현재 또는 장래에 회사의 이익이 될 수 있는 다음 각 호의 어느 하나에 해당하는 회사의 사업기회를 자기 또는 제3자의 이익을 위하여 이용하여서는 아니 된다. 이 경우 이사회의 승인은 이사 3분의 2 이상의 수로써 하여야 한다.
1. 직무를 수행하는 과정에서 알게 되거나 회사의 정보를 이용한 사업기회

답 0567 × 0568 × 0569 ○

2. 회사가 수행하고 있거나 수행할 사업과 밀접한 관계가 있는 사업기회
② 제1항을 위반하여 회사에 손해를 발생시킨 이사 및 승인한 이사는 연대하여 손해를 배상할 책임이 있으며 이로 인하여 이사 또는 제3자가 얻은 이익은 손해로 추정한다.

0570　|2017|

이사가 직무를 수행하는 과정에서 알게 된 회사의 이익이 될 수 있는 사업기회를 자기의 이익을 위하여 이용하기 위해서는 이사 과반수에 의한 이사회의 승인을 받아야 한다.　　　　　　　　　　(　　　)

사업기회의 이용을 승인하는 때에는 이사 「3분의 2」 이상의 찬성으로 한다.

제397조의2(회사의 기회 및 자산의 유용 금지) ① 이사는 이사회의 승인 없이 현재 또는 장래에 회사의 이익이 될 수 있는 다음 각 호의 어느 하나에 해당하는 회사의 사업기회를 자기 또는 제3자의 이익을 위하여 이용하여서는 아니 된다. 이 경우 이사회의 승인은 이사 3분의 2 이상의 수로써 하여야 한다.
1. 직무를 수행하는 과정에서 알게 되거나 회사의 정보를 이용한 사업기회
2. 회사가 수행하고 있거나 수행할 사업과 밀접한 관계가 있는 사업기회

0571　|2013|

상법 제397조의2(회사의 기회 및 자산의 유용 금지) 제1항에서 금지의 대상이 되는 회사기회를 자기의 이익을 위하여 이용하려는 이사는 그 승인을 위한 이사회에서 의결권을 행사할 수 없다.　　　　　(　　　)

회사의 자산 내지 기회를 유용하려는 이사는 특별이해관계인에 해당한다.

0572　|2013|

이사가 이사회의 승인 없이 회사가 수행할 사업과 밀접한 관계가 있는 사업기회로서 장래에 회사의 이익이 될 수 있는 기회를 자기의 이익을 위하여 이용하여 거래를 한 경우에는, 그 거래가 회사의 영업부류에 속하는 거래가 아닌 경우에도 회사는 이사회의 결의로 그 거래를 회사의 계산으로 할 수 있다.　　　　　(　　　)

회사의 기회유용금지의 경우에 해당한다. 이 경우는 이사해임 내지 손해배상청구가 가능할 뿐이고 개입권은 인정되지 않는다. 개입권 행사는 경업거래금지의무 위반시에 인정한다.

제397조(경업금지) ① 이사는 이사회의 승인이 없으면 자기 또는 제3자의 계산으로 회사의 영업부류에 속한 거래를 하거나 동종영업을 목적으로 하는 다른 회사의 무한책임사원이나 이사가 되지 못한다.
② 이사가 제1항의 규정에 위반하여 거래를 한 경우에 회사는 이사회의 결의로 그 이사의 거래가 자기의 계산으로 한 것인 때에는 이를 회사의 계산으로 한 것으로 볼 수 있고 제3자의 계산으로 한 것인 때에는 그 이사에 대하여 이로 인한 이득의 양도를 청구할 수 있다.
③ 제2항의 권리는 거래가 있은 날로부터 1년을 경과하면 소멸한다.

제397조의2(회사의 기회 및 자산의 유용 금지) ① 이사는 이사회의 승인 없이 현재 또는 장래에 회사의 이익이 될 수 있는 다음 각 호의 어느 하나에 해당하는 회사의 사업기회를 자기 또는 제3자의 이익을 위하여 이용하여서는 아니 된다. 이 경우 이사회의 승인은 이사 3분의 2 이상의 수로써 하여야 한다.
1. 직무를 수행하는 과정에서 알게 되거나 회사의 정보를 이용한 사업기회
2. 회사가 수행하고 있거나 수행할 사업과 밀접한 관계가 있는 사업기회

답　0570 ✕　0571 ○　0572 ✕

② 제1항을 위반하여 회사에 손해를 발생시킨 이사 및 승인한 이사는 연대하여 손해를 배상할 책임이 있으며 이로 인하여 이사 또는 제3자가 얻은 이익은 손해로 추정한다.

0573 | 2019 |

회사의 사업기회유용금지의무를 위반하여 회사에 손해를 발생시킨 이사 및 승인한 이사는 연대하여 손해를 배상할 책임이 있으며, 이로 인해 이사 또는 제3자가 얻은 이익은 손해로 추정한다. ( )

옳은 내용이다.

제397조의2(회사의 기회 및 자산의 유용 금지) ① 이사는 이사회의 승인 없이 현재 또는 장래에 회사의 이익이 될 수 있는 다음 각 호의 어느 하나에 해당하는 회사의 사업기회를 자기 또는 제3자의 이익을 위하여 이용하여서는 아니 된다. 이 경우 이사회의 승인은 이사 3분의 2 이상의 수로써 하여야 한다.
1. 직무를 수행하는 과정에서 알게 되거나 회사의 정보를 이용한 사업기회
2. 회사가 수행하고 있거나 수행할 사업과 밀접한 관계가 있는 사업기회

② 제1항을 위반하여 회사에 손해를 발생시킨 이사 및 승인한 이사는 연대하여 손해를 배상할 책임이 있으며 이로 인하여 이사 또는 제3자가 얻은 이익은 손해로 추정한다.

04 | 자기거래금지의무

0574 | 2016 |

회사와 이익상충의 우려가 있는 이사의 자기거래는 미리 이사회에서 그 거래에 관한 중요사실을 밝히고 이사회의 승인을 받아야 한다. ( )

제398조(이사 등과 회사 간의 거래) 다음 각 호의 어느 하나에 해당하는 자가 자기 또는 제3자의 계산으로 회사와 거래를 하기 위하여는 미리 이사회에서 해당 거래에 관한 중요사실을 밝히고 이사회의 승인을 받아야 한다. 이 경우 이사회의 승인은 이사 3분의 2 이상의 수로써 하여야 하고, 그 거래의 내용과 절차는 공정하여야 한다.
1. 이사 또는 제542조의8제2항제6호에 따른 주요주주
2. 제1호의 자의 배우자 및 직계존비속
3. 제1호의 자의 배우자의 직계존비속
4. 제1호부터 제3호까지의 자가 단독 또는 공동으로 의결권 있는 발행주식 총수의 100분의 50 이상을 가진 회사 및 그 자회사
5. 제1호부터 제3호까지의 자가 제4호의 회사와 합하여 의결권 있는 발행주식총수의 100분의 50 이상을 가진 회사

0575 | 2013 |

이사가 자기의 계산으로 회사와 거래를 함에 있어 그 거래의 내용과 절차가 공정하면 이사회의 승인이 필요 없다. ( )

형식적으로 이사회의 승인을 거치는 것과는 별개로, 실질적으로 그 거래의 내용과 절차가 공정해야 한다.

제398조(이사 등과 회사 간의 거래) 다음 각 호의 어느 하나에 해당하는 자가 자기 또는 제3자의 계산으로 회사와 거래를 하기 위하여는 미리 이사회에서 해당 거래에 관한 중요사실을 밝히고 이사회의 승인을 받아야 한다. 이 경우 이사회의 승인은 이사 3분의 2 이상의 수로써 하여야 하고, 그 거래의 내용과 절차는 공정하여야 한다.

답 0573 ○ 0574 ○ 0575 ×

1. 이사 또는 제542조의8제2항제6호에 따른 주요주주
2. 제1호의 자의 배우자 및 직계존비속
3. 제1호의 자의 배우자의 직계존비속
4. 제1호부터 제3호까지의 자가 단독 또는 공동으로 의결권 있는 발행주식 총수의 100분의 50 이상을 가진 회사 및 그 자회사
5. 제1호부터 제3호까지의 자가 제4호의 회사와 합하여 의결권 있는 발행주식총수의 100분의 50 이상을 가진 회사

0576 |2013|

판례에 따르면 회사는 정관으로 이사의 계산으로 이루어지는 회사와 이사 간의 거래의 승인을 주주총회 결의사항으로 할 수 있다. ( )

정관규정을 통해 이사회 승인사항을 주총결의사항으로 바꾸는 것은 가능하다.

[대법원 2007.05.10. 선고, 2005다4284, 판결]
이사와 회사 사이의 이익상반거래에 대한 승인은 주주 전원의 동의가 있다거나 그 승인이 정관에 주주총회의 권한사항으로 정해져 있다는 등의 특별한 사정이 없는 한 이사회의 전결사항이라 할 것이므로, 이사회의 승인을 받지 못한 이익상반거래에 대하여 아무런 승인 권한이 없는 주주총회에서 사후적으로 추인 결의를 하였다 하여 그 거래가 유효하게 될 수는 없다.

0577 |2017|

이사가 이사회의 승인 없이 제3자의 계산으로 회사의 영업부류에 속한 거래를 한 경우 회사는 이사회의 결의로 이를 회사의 계산으로 한 것으로 볼 수 있다. ( )

이사의 경업거래금지의무 위반시 이사 「자신의 계산」으로 한 경우와 「제3자의 계산」으로 경업거래를 한 경우에 개입권의 내용이 다르다. 이사 「자신의 계산」으로 한 것인 때에는 이를 회사의 계산으로 한 것으로 볼 수 있고, 「제3자의 계산」으로 한 것인 때에는 그 이사에 대하여 이로 인한 이득(보수)의 양도를 청구할 수 있다.

제397조(경업금지) ② 이사가 제1항의 규정에 위반하여 거래를 한 경우에 회사는 이사회의 결의로 그 이사의 거래가 자기의 계산으로 한 것인 때에는 이를 회사의 계산으로 한 것으로 볼 수 있고 제삼자의 계산으로 한 것인 때에는 그 이사에 대하여 이로 인한 이득의 양도를 청구할 수 있다.

0578 |2017, 2019|

이사의 배우자가 자기 또는 제3자의 계산으로 회사와 자기거래를 하기 위하여는 미리 이사회에서 그 거래에 관한 중요사실을 밝히고 이사회의 승인을 받아야 한다. ( )

이사의 배우자 등 특수관계자의 경우에도 회사와의 거래(자기거래)에 제한을 받는다.

제398조(이사 등과 회사 간의 거래) 다음 각 호의 어느 하나에 해당하는 자가 자기 또는 제3자의 계산으로 회사와 거래를 하기 위하여는 미리 이사회에서 해당 거래에 관한 중요사실을 밝히고 이사회의 승인을 받아야 한다. 이 경우 이사회의 승인은 이사 3분의 2 이상의 수로써 하여야 하고, 그 거래의 내용과 절차는 공정하여야 한다.
1. 이사 또는 제542조의8제2항제6호에 따른 주요주주
2. 제1호의 자의 배우자 및 직계존비속

0579 | 2019 |

이사의 직계존속은 주식회사에서 자기 또는 제3자의 계산으로 회사와 거래를 하기 위하여 미리 이사회에서 해당 거래에 관한 중요사실을 밝히고 이사회의 승인을 받아야 한다. ( )

> **제2호**
>
> **제398조(이사 등과 회사 간의 거래)** 다음 각 호의 어느 하나에 해당하는 자가 자기 또는 제3자의 계산으로 회사와 거래를 하기 위하여는 미리 이사회에서 해당 거래에 관한 중요사실을 밝히고 이사회의 승인을 받아야 한다. 이 경우 이사회의 승인은 이사 3분의 2 이상의 수로써 하여야 하고, 그 거래의 내용과 절차는 공정하여야 한다.
> 1. 이사 또는 제542조의8제2항제6호에 따른 주요주주
> 2. 제1호의 자의 배우자 및 직계존비속
> 3. 제1호의 자의 배우자의 직계존비속
> 4. 제1호부터 제3호까지의 자가 단독 또는 공동으로 의결권 있는 발행주식 총수의 100분의 50 이상을 가진 회사 및 그 자회사
> 5. 제1호부터 제3호까지의 자가 제4호의 회사와 합하여 의결권 있는 발행주식총수의 100분의 50 이상을 가진 회사

0580 | 2022 |

비상장주식회사인 A회사의 이사 甲의 직계비속 乙이 소유하는 부동산을 乙이 A회사에 매도하는 경우에는 A회사의 이사회 승인이 필요하지 않다. ( )

> **제398조 제2호**
>
> **제398조(이사 등과 회사 간의 거래)** 다음 각 호의 어느 하나에 해당하는 자가 자기 또는 제3자의 계산으로 회사와 거래를 하기 위하여는 미리 이사회에서 해당 거래에 관한 중요사실을 밝히고 이사회의 승인을 받아야 한다. 이 경우 이사회의 승인은 이사 3분의 2 이상의 수로써 하여야 하고, 그 거래의 내용과 절차는 공정하여야 한다.
> 1. 이사 또는 제542조의8제2항제6호에 따른 주요주주
> 2. 제1호의 자의 배우자 및 직계존비속
> 3. 제1호의 자의 배우자의 직계존비속
> 4. 제1호부터 제3호까지의 자가 단독 또는 공동으로 의결권 있는 발행주식 총수의 100분의 50 이상을 가진 회사 및 그 자회사
> 5. 제1호부터 제3호까지의 자가 제4호의 회사와 합하여 의결권 있는 발행주식총수의 100분의 50 이상을 가진 회사

0581 | 2019 |

주식회사에서 이사의 배우자의 직계비속은 자기 또는 제3자의 계산으로 회사와 거래를 하기 위하여 미리 이사회에서 해당 거래에 관한 중요사실을 밝히고 이사회의 승인을 받아야 한다. ( )

> **제3호**
>
> **제398조(이사 등과 회사 간의 거래)** 다음 각 호의 어느 하나에 해당하는 자가 자기 또는 제3자의 계산으로 회사와 거래를 하기 위하여는 미리 이사회에서 해당 거래에 관한 중요사실을 밝히고 이사회의 승인을 받아야 한다. 이 경우 이사회의 승인은 이사 3분의 2 이상의 수로써 하여야 하고, 그 거래의 내용과 절차는 공정하여야 한다.
> 1. 이사 또는 제542조의8제2항제6호에 따른 주요주주
> 2. 제1호의 자의 배우자 및 직계존비속

답 0579 ○ 0580 × 0581 ○

3. 제1호의 자의 배우자의 직계존비속
4. 제1호부터 제3호까지의 자가 단독 또는 공동으로 의결권 있는 발행주식 총수의 100분의 50 이상을 가진 회사 및 그 자회사
5. 제1호부터 제3호까지의 자가 제4호의 회사와 합하여 의결권 있는 발행주식총수의 100분의 50 이상을 가진 회사

0582 |2019|

주식회사에서 이사의 직계비속의 배우자는 자기 또는 제3자의 계산으로 회사와 거래를 하기 위하여 미리 이사회에서 해당 거래에 관한 중요사실을 밝히고 이사회의 승인을 받아야 한다. ( )

이사의 직계비속의 배우자(며느리 또는 사위)는 자기거래금지대상에 해당하지 않는다.

제398조(이사 등과 회사 간의 거래) 다음 각 호의 어느 하나에 해당하는 자가 자기 또는 제3자의 계산으로 회사와 거래를 하기 위하여는 미리 이사회에서 해당 거래에 관한 중요사실을 밝히고 이사회의 승인을 받아야 한다. 이 경우 이사회의 승인은 이사 3분의 2 이상의 수로써 하여야 하고, 그 거래의 내용과 절차는 공정하여야 한다.
1. 이사 또는 제542조의8제2항제6호에 따른 주요주주
2. 제1호의 자의 배우자 및 직계존비속
3. 제1호의 자의 배우자의 직계존비속
4. 제1호부터 제3호까지의 자가 단독 또는 공동으로 의결권 있는 발행주식 총수의 100분의 50 이상을 가진 회사 및 그 자회사
5. 제1호부터 제3호까지의 자가 제4호의 회사와 합하여 의결권 있는 발행주식총수의 100분의 50 이상을 가진 회사

0583 |2022|

비상장주식회사인 A회사의 이사 甲의 배우자의 직계존속 丙이 소유하는 부동산을 丙이 A회사에 매도하는 경우에는 A회사의 이사회 승인이 필요하지 않다. ( )

제398조 제3호

제398조(이사 등과 회사 간의 거래) 다음 각 호의 어느 하나에 해당하는 자가 자기 또는 제3자의 계산으로 회사와 거래를 하기 위하여는 미리 이사회에서 해당 거래에 관한 중요사실을 밝히고 이사회의 승인을 받아야 한다. 이 경우 이사회의 승인은 이사 3분의 2 이상의 수로써 하여야 하고, 그 거래의 내용과 절차는 공정하여야 한다.
1. 이사 또는 제542조의8제2항제6호에 따른 주요주주
2. 제1호의 자의 배우자 및 직계존비속
3. 제1호의 자의 배우자의 직계존비속
4. 제1호부터 제3호까지의 자가 단독 또는 공동으로 의결권 있는 발행주식 총수의 100분의 50 이상을 가진 회사 및 그 자회사
5. 제1호부터 제3호까지의 자가 제4호의 회사와 합하여 의결권 있는 발행주식총수의 100분의 50 이상을 가진 회사

0584 |2022|

비상장주식회사인 A회사의 이사 甲이 B회사의 의결권 있는 발행주식총수의 100분의 50 이상을 가지는 때에, B회사가 A회사와 거래하는 경우에는 A회사의 이사회 승인이 필요하지 않다. ( )

제398조 제4호

답 0582 × 0583 × 0584 ×

제398조(이사 등과 회사 간의 거래) 다음 각 호의 어느 하나에 해당하는 자가 자기 또는 제3자의 계산으로 회사와 거래를 하기 위하여는 미리 이사회에서 해당 거래에 관한 중요사실을 밝히고 이사회의 승인을 받아야 한다. 이 경우 이사회의 승인은 이사 3분의 2 이상의 수로써 하여야 하고, 그 거래의 내용과 절차는 공정하여야 한다.
1. 이사 또는 제542조의8제2항제6호에 따른 주요주주
2. 제1호의 자의 배우자 및 직계존비속
3. 제1호의 자의 배우자의 직계존비속
4. 제1호부터 제3호까지의 자가 단독 또는 공동으로 의결권 있는 발행주식 총수의 100분의 50 이상을 가진 회사 및 그 자회사
5. 제1호부터 제3호까지의 자가 제4호의 회사와 합하여 의결권 있는 발행주식총수의 100분의 50 이상을 가진 회사

0585 | 2019 |

주식회사에서 이사의 배우자의 직계존속이 의결권 있는 발행주식 총수의 50% 이상을 가진 회사의 자회사는 자기 또는 제3자의 계산으로 회사와 거래를 하기 위하여 미리 이사회에서 해당 거래에 관한 중요사실을 밝히고 이사회의 승인을 받아야 한다. ( )

제5호

제398조(이사 등과 회사 간의 거래) 다음 각 호의 어느 하나에 해당하는 자가 자기 또는 제3자의 계산으로 회사와 거래를 하기 위하여는 미리 이사회에서 해당 거래에 관한 중요사실을 밝히고 이사회의 승인을 받아야 한다. 이 경우 이사회의 승인은 이사 3분의 2 이상의 수로써 하여야 하고, 그 거래의 내용과 절차는 공정하여야 한다.
1. 이사 또는 제542조의8제2항제6호에 따른 주요주주
2. 제1호의 자의 배우자 및 직계존비속
3. 제1호의 자의 배우자의 직계존비속
4. 제1호부터 제3호까지의 자가 단독 또는 공동으로 의결권 있는 발행주식 총수의 100분의 50 이상을 가진 회사 및 그 자회사
5. 제1호부터 제3호까지의 자가 제4호의 회사와 합하여 의결권 있는 발행주식총수의 100분의 50 이상을 가진 회사

0586 | 2015 |

이사가 1인인 주식회사에서 이사가 자기 또는 제3자의 계산으로 회사와 거래하기 위해서는 미리 주주총회에서 해당 거래에 관한 중요사실을 밝히고 주주총회의 승인을 받아야 한다. ( )

이사가 1인인 경우의 자기거래는 주주총회의 승인이 필요하다.

제383조(원수, 임기) ① 이사는 3명 이상이어야 한다. 다만, 자본금 총액이 10억원 미만인 회사는 1명 또는 2명으로 할 수 있다.
④ 제1항 단서의 경우에는 제302조제2항제5호의2, 제317조제2항제3호의2, 제335조제1항 단서 및 제2항, 제335조의2제1항·제3항, 제335조의3제1항·제2항, 제335조의7제1항, 제340조의3제1항제5호, 제356조제6호의2, 제397조제1항·제2항, 제397조의2제1항, 제398조, 제416조 본문, 제451조제2항, 제461조제1항 본문 및 제3항, 제462조의3제1항, 제464조의2제1항, 제469조, 제513조제2항 본문 및 제516조의2제2항 본문(준용되는 경우를 포함한다) 중 "이사회"는 각각 "주주총회"로 보며, 제360조의5제1항 및 제522조의3제1항 중 "이사회의 결의가 있는 때"는 "제363조제1항에 따른 주주총회의 소집통지가 있는 때"로 본다.

제398조 (이사 등과 회사 간의 거래) 다음 각 호의 어느 하나에 해당하는 자가 자기 또는 제3자의 계산으로 회사와 거래를 하기 위하여는 미리 이사회에서 해당 거래에 관한 중요사실을 밝히고 이사회의 승인을 받아야 한다. 이 경우 이사회의 승인은 이사 3분의 2 이상의 수로써 하여야 하고, 그 거래의 내용과 절차는 공정하여야 한다.

0587 |2013|

회사가 이사와 납품계약을 맺으면서 그 대가로 약속어음을 발행하는 경우에는 그 이사는 사전에 이사회에서 회사의 약속어음발행에 대하여 그 중요사실을 밝히고 이사 3분의 2 이상의 수로 승인을 얻어야 하고, 그 거래의 내용과 절차는 공정하여야 한다. (　　　)

회사에 손해가 될 수 있는 거래이므로 자기거래금지의 대상이다.

제398조(이사 등과 회사 간의 거래) 다음 각 호의 어느 하나에 해당하는 자가 자기 또는 제3자의 계산으로 회사와 거래를 하기 위하여는 미리 이사회에서 해당 거래에 관한 중요사실을 밝히고 이사회의 승인을 받아야 한다. 이 경우 이사회의 승인은 이사 3분의 2 이상의 수로써 하여야 하고, 그 거래의 내용과 절차는 공정하여야 한다.

0588 |2007, 2013|

이사가 개인적으로 부담하는 금융기관에 대한 채무를 이사가 재직하고 있는 회사가 적법하게 연대보증하려면 그 이사는 사전에 이사회에서 해당거래의 중요사실을 밝히고 이사 3분의 2 이상의 수로 승인을 얻어야 하고, 그 거래의 내용과 절차는 공정하여야 한다. (　　　)

회사에 손해가 될 수 있는 거래이므로 자기거래금지의 대상이다.

제398조(이사 등과 회사 간의 거래) 다음 각 호의 어느 하나에 해당하는 자가 자기 또는 제3자의 계산으로 회사와 거래를 하기 위하여는 미리 이사회에서 해당 거래에 관한 중요사실을 밝히고 이사회의 승인을 받아야 한다. 이 경우 이사회의 승인은 이사 3분의 2 이상의 수로써 하여야 하고, 그 거래의 내용과 절차는 공정하여야 한다.

[대법원 1980.7.22, 선고, 80다828, 판결]
주식회사의 이사가 타인에게 금원을 대여함에 있어 회사가 그 채무를 연대보증 하였다면 이는 이사와 회사 사이의 이익 상반되는 거래행위이므로 이사회의 승인이 없는 한 위 연대보증 행위는 무효이다.

0589 |2007|

판례에 의하면, 대표이사가 개인적 용도에 사용할 목적으로 타인이 발행한 약속어음에 회사명의의 배서를 해주기 위해서는 이사회의 승인을 얻어야 한다. (　　　)

이 경우 이사의 자기거래에 해당한다.

[대법원 1989.1.31, 선고, 87누760, 판결]
주식회사의 대표이사가 그의 개인적인 용도에 사용할 목적으로 회사명의의 수표를 발행하거나 타인이 발행한 약속어음에 회사명의의 배서를 해주어 회사가 그 지급책임을 부담 이행하여 손해를 입은 경우에는 당해 주식회사는 대표이사의 위와 같은 행위가 상법 제398조 소정의 이사와 회사간의 이해상반하는 거래행위에 해당한다 하여 이사회의 승인여부에 불구하고 같은 법 제399조 소정의 손해배상청구권을 행사할 수 있음은 물론이고 대표권의 남용에 따른 불법행위를 이유로 한 손해배상청구권도 행사할 수 있다.

답　0587 ○　0588 ○　0589 ○

0590 |2021|

이사와 회사 사이의 거래인 경우에는 양자 사이의 이해가 상반되지 않고 회사에 불이익을 초래할 우려가 없는 때에도 미리 이사회에서 해당 거래에 관한 중요사실을 밝히고 이사회의 승인을 받아야 한다. ( )

> 이사의 자기거래를 제한하는 취지는 이사와 회사의 이익이 충돌될 때 회사의 이익이 침해되는 것을 막기 위함이다. 따라서 이러한 이익충돌의 우려가 없는 거래에 대해서는 자기거래금지규정이 적용되지 않는다.
>
> [대법원 2010. 3. 11., 선고, 2007다71271, 판결]
> 주식회사의 이사가 자신을 피보험자 및 수익자로 하여 회사 명의로 퇴직보험에 가입한 사안에서, 회사가 이사를 피보험자로 하여 퇴직보험계약을 체결한 것은 임원퇴직금지급규정상 임원의 보수를 지급하기 위한 수단에 불과하고, 회사에게 퇴직금을 조성하기 위한 일반적인 자금 운영의 범위를 넘는 실질적인 불이익을 초래할 우려가 없으므로, 이에 관하여 이사회의 승인을 얻을 필요가 없다.

0591 |2007|

판례에 의하면, 대표이사가 자기 회사의 채무를 담보하기 위하여 자신에게 회사명의의 약속어음을 발행하는 경우에는 이사회의 승인을 얻어야 한다. ( )

> 대표이사가 회사의 채무를 담보하는 것이므로 회사에 불이익이 되는 거래가 아니다.
>
> [대법원 1962.3.13, 선고, 62라1, 판결]
> 주식회사의 대표취체역이 회사의 타인에 대한 채무를 담보하기 위하여 자기 앞으로 회사명의의 약속어음을 발행하고 즉시 이를 타인에게 배서한 경우에는 회사와 대표취체역 사이에 이해가 상반되는 경우라고 볼 수 없다.

0592 |2022|

비상장주식회사인 A회사의 이사 甲이 A회사에 대하여 이자 약정이나 담보 약정 없이 금전을 대여하는 경우에는 A회사의 이사회 승인이 필요하지 않다.
( )

> 불필요하다. 이사의 회사에 대한 무이자대여는 회사에게 이익이 되기 때문이다.
>
> [대법원 2010. 1. 14., 선고, 2009다55808, 판결]
> 상법 제398조에서 이사와 회사 사이의 거래에 관하여 이사회의 승인을 얻도록 규정하고 있는 취지는, 이사가 그 지위를 이용하여 회사와 거래를 함으로써 자기 또는 제3자의 이익을 도모하고 회사 나아가 주주에게 불측의 손해를 입히는 것을 방지하고자 함에 있으므로, 회사와 이사 사이에 이해가 충돌될 염려가 있는 이사의 회사에 대한 금전대여행위는 상법 제398조 소정의 이사의 자기거래행위에 해당하여 이사회의 승인을 거쳐야 하고, 다만 이사가 회사에 대하여 담보 약정이나 이자 약정 없이 금전을 대여하는 행위와 같이 성질상 회사와 이사 사이의 이해충돌로 인하여 회사에 불이익이 생길 염려가 없는 경우에는 이사회의 승인을 거칠 필요가 없다.

0593 |2014|

판례에 의하면 甲과 乙 두 회사의 대표이사를 겸하는 A가 甲회사 이사회의 승인 없이 甲회사를 대표하여 乙회사의 채무를 보증한 경우에도 A는 甲회사에 대하여 자기거래금지를 위반한 것은 아니다. ( )

> 자기거래의 유형 중 「쌍방대리」에 해당한다.

답 0590 × 0591 × 0592 ○ 0593 ×

[대법원 1984.12.11, 선고, 84다카1591, 판결]
상법 제398조에서 말하는 거래에는 이사와 회사사이에 직접 성립하는 이해상반하는 행위뿐만 아니라 이사가 회사를 대표하여 자기를 위하여 자기개인 채무의 채권자인 제3자와의 사이에 자기개인채무의 연대보증을 하는 것과 같은 이사개인에게 이익이 되고 회사에 불이익을 주는 행위도 포함하는 것이라 할 것이므로 별개 두 회사의 대표이사를 겸하고 있는 자가 어느 일방 회사의 채무에 관하여 나머지 회사를 대표하여 연대보증을 한 경우에도 역시 상법 제398조의 규정이 적용되는 것으로 보아야 한다.

0594 |2014|

이사가 미리 이사회에서 해당 거래에 관한 중요 사실을 밝히고 이사회의 승인을 받아 자기거래를 하였으나 불공정한 거래로 회사에 손해가 발생한 경우 이사의 책임은 회사의 정관이 정하는 바에 따라 감면될 수 있다. (   )

그 거래의 내용이 공정하지 않아 이사의 자기거래 금지의무를 위반한 경우이므로 감면규정은 적용하지 않는다.

제400조(회사에 대한 책임의 감면) ① 제399조에 따른 이사의 책임은 주주 전원의 동의로 면제할 수 있다.
② 회사는 정관으로 정하는 바에 따라 제399조에 따른 이사의 책임을 이사가 그 행위를 한 날 이전 최근 1년간의 보수액(상여금과 주식매수선택권의 행사로 인한 이익 등을 포함한다)의 6배(사외이사의 경우는 3배)를 초과하는 금액에 대하여 면제할 수 있다. 다만, 이사가 고의 또는 중대한 과실로 손해를 발생시킨 경우와 제397조, 제397조의2 및 제398조에 해당하는 경우에는 그러하지 아니하다.

제398조(이사 등과 회사 간의 거래) 다음 각 호의 어느 하나에 해당하는 자가 자기 또는 제3자의 계산으로 회사와 거래를 하기 위하여는 미리 이사회에서 해당 거래에 관한 중요사실을 밝히고 이사회의 승인을 받아야 한다. 이 경우 이사회의 승인은 이사 3분의 2 이상의 수로써 하여야 하고, 그 거래의 내용과 절차는 공정하여야 한다.
1. 이사 또는 제542조의8제2항제6호에 따른 주요주주
2. 제1호의 자의 배우자 및 직계존비속
3. 제1호의 자의 배우자의 직계존비속
4. 제1호부터 제3호까지의 자가 단독 또는 공동으로 의결권 있는 발행주식 총수의 100분의 50 이상을 가진 회사 및 그 자회사
5. 제1호부터 제3호까지의 자가 제4호의 회사와 합하여 의결권 있는 발행주식총수의 100분의 50 이상을 가진 회사

0595 |2019|

이사의 자기거래에 대하여 사전에 1인 주주의 동의가 있었다면 그 1인 주식회사는 이사회의 승인이 없었음을 이유로 책임을 회피할 수 없다. (   )

[대법원 2002. 7. 12., 선고, 2002다20544, 판결]
회사의 채무부담행위가 상법 제398조 소정의 이사의 자기거래에 해당하여 이사회의 승인을 요한다고 할지라도, 위 규정의 취지가 회사 및 주주에게 예치치 못한 손해를 끼치는 것을 방지함에 있다고 할 것이므로, 그 채무부담행위에 대하여 사전에 주주 전원의 동의가 있었다면 회사는 이사회의 승인이 없었음을 이유로 그 책임을 회피할 수 없다.

0594 × 0595 ○

0596 |2017|

판례에 의하면 이사가 이사회의 승인 없이 한 자기거래는 회사의 이익을 해할 가능성이 크므로 이사와 회사 사이는 물론 제3자에 대하여도 그의 선의와 악의를 묻지 않고 효력이 없다. ( )

> 이사회의 승인 없는 자기거래는 회사와 이사 간에는 무효이지만 제3자에 대하여는 그가 악의라는 것을 증명하지 못하는 한 무효를 주장할 수 없다(상대적 무효설).
>
> [대법원 2004.3.25, 선고, 2003다64688, 판결]
> 회사의 대표이사가 이사회의 승인 없이 한 이른바 자기거래행위는 회사와 이사 간에서는 무효이지만, 회사가 위 거래가 이사회의 승인을 얻지 못하여 무효라는 것을 제3자에 대하여 주장하기 위해서는 거래의 안전과 선의의 제3자를 보호할 필요상 이사회의 승인을 얻지 못하였다는 것 외에 제3자가 이사회의 승인 없음을 알았다는 사실을 입증하여야 할 것이고, 비록 제3자가 선의였다 하더라도 이를 알지 못한 데 중대한 과실이 있음을 입증한 경우에는 악의인 경우와 마찬가지라고 할 것이며, 이 경우 중대한 과실이라 함은 제3자가 조금만 주의를 기울였더라면 그 거래가 이사와 회사간의 거래로서 이사회의 승인이 필요하다는 점과 이사회의 승인을 얻지 못하였다는 사정을 알 수 있었음에도 불구하고, 만연히 이사회의 승인을 얻은 것으로 믿는 등 거래통념상 요구되는 주의의무에 현저히 위반하는 것으로서 공평의 관점에서 제3자를 구태여 보호할 필요가 없다고 봄이 상당하다고 인정되는 상태를 말한다.

0597 |2017|

판례에 의하면 이사가 이사회의 승인 없이 자기거래를 한 경우 회사는 물론 거래의 상대방이나 제3자도 회사의 이익을 위하여 그 거래의 무효를 주장할 수 있다. ( )

> 이사회 승인이 없었음을 이유로 자기거래의 무효를 주장할 수 있는 자는 어디까지나 회사이지, 이사나 제3자가 무효를 주장할 수는 없다.
>
> [대법원 2012.12.27, 선고, 2011다67651, 판결]
> 상법 제398조가 이사와 회사 사이의 거래에 관하여 이사회의 승인을 얻도록 한 것은, 이사가 그 지위를 이용하여 회사와 직접 거래를 하거나 이사 자신의 이익을 위하여 회사와 제3자 사이의 거래를 함으로써 이사 자신의 이익을 도모하고 회사 및 주주에게 손해를 입히는 것을 방지하고자 하는 것이므로(대법원 1973. 10. 31. 선고 73다954 판결, 대법원 2010. 3. 11. 선고 2007다71271 판결 등 참조), 그 규정 취지에 비추어 이사와 회사 사이의 거래가 상법 제398조를 위반하였음을 이유로 무효임을 주장할 수 있는 자는 회사에 한정되고 특별한 사정이 없는 한 거래의 상대방이나 제3자는 그 무효를 주장할 이익이 없다고 보아야 하므로, 거래의 상대방인 당해 이사 스스로가 위 규정 위반을 내세워 그 거래의 무효를 주장하는 것은 허용되지 않는다 할 것이다.

05 | 감시의무

0598 |2007|

판례에 의하면, 대표권도 없고 업무도 담당하지 않는 평이사는 이사회를 통하지 않고도 다른 업무담당이사의 업무집행을 전반적으로 감시할 의무가 있다. ( )

> 평이사는 이사회에 부의되지 않은 사항, 즉 회사의 업무 전반에 대해서도 일반적인 감시의무를 부담한다.

[대법원 1985.6.25. 선고, 84다카1954, 판결]
주식회사의 업무집행을 담당하지 아니한 평이사는 이사회의 일원으로서 이사회를 통하여 대표이사를 비롯한 업무담당이사의 업무집행을 감시하는 것이 통상적이긴 하나 평이사의 임무는 단지 이사회에 상정된 의안에 대하여 찬부의 의사표시를 하는데에 그치지 않으며 대표이사를 비롯한 업무담당이사의 전반적인 업무집행을 감시할 수 있는 것이므로, 업무담당 이사의 업무집행이 위법하다고 의심할만한 사유가 있음에도 불구하고 평이사가 감시의무를 위반하여 이를 방치한 때에는 이로 말미암아 회사가 입은 손해에 대하여 배상책임을 면할 수 없다.

0599 |2011, 2016|
판례에 의하면 대표이사가 다른 업무담당이사의 업무집행이 위법하다고 의심할 만한 사유가 있음에도 감시의무를 위반하여 이를 방치하였다면 그로 인한 회사의 손해를 배상할 책임이 있다. ( )

주식회사의 이사는 (대표이사뿐 아니라 평이사의 경우에도) 위임관계에 근거한 감시의무를 부담한다.

[대법원 2007.9.20. 선고, 2007다25865, 판결]
주식회사의 이사는 이사회의 일원으로서 이사회에 상정된 의안에 대하여 찬부의 의사표시를 하는 데 그치지 않고, 담당업무는 물론 다른 업무담당이사의 업무집행을 전반적으로 감시할 의무가 있으므로, 주식회사의 이사가 다른 업무담당이사의 업무집행이 위법하다고 의심할 만한 사유가 있음에도 불구하고 이를 방치한 때에는 이사에게 요구되는 선관주의의무 내지 감시의무를 해태한 것이므로 이로 말미암아 회사가 입은 손해에 대하여 배상책임을 면할 수 없다.

06 | 그 밖의 의무

0600 |2019|
자본금 총액이 10억원 미만으로서 2인의 이사를 둔 회사의 이사는 3개월에 1회 이상 업무의 집행상황을 이사회가 아닌 주주총회에 보고하여야 한다. ( )

상법상 자본금 총액이 10억원 미만인 회사(소규모 주식회사)는 이사를 1인 또는 2인으로 할 수 있으므로 이사회가 임의기관에 불과하여 이사의 이사회 보고에 관한 규정은 존재하지 않는다. 따라서 이사회 보고의무를 전제로 한 주주총회 보고에 관한 규정도 존재할 수 없다.

제383조(원수, 임기) ① 이사는 3명 이상이어야 한다. 다만, 자본금 총액이 10억원 미만인 회사는 1명 또는 2명으로 할 수 있다.
⑤ 제1항 단서의 경우에는 제341조제2항 단서, 제390조, 제391조, 제391조의2, 제391조의3, 제392조, 제393조제2항부터 제4항까지, 제399조제2항, 제408조의2제3항·제4항, 제408조의3제2항, 제408조의4제2호, 제408조의5제1항, 제408조의6, 제408조의7, 제412조의4, 제449조의2, 제462조제2항 단서, 제526조제3항, 제527조제4항, 제527조의2, 제527조의3제1항 및 제527조의5제2항은 적용하지 아니한다.
제393조(이사회의 권한) ① 중요한 자산의 처분 및 양도, 대규모 재산의 차입, 지배인의 선임 또는 해임과 지점의 설치·이전 또는 폐지 등 회사의 업무집행은 이사회의 결의로 한다.
② 이사회는 이사의 직무의 집행을 감독한다.
③ 이사는 대표이사로 하여금 다른 이사 또는 피용자의 업무에 관하여 이사회에 보고할 것을 요구할 수 있다.
④ 이사는 3월에 1회 이상 업무의 집행상황을 이사회에 보고하여야 한다.

0601 | 2023 |
자본금 10억원인 비상장주식회사의 이사는 3월에 1회 이상 업무의 집행상황을 이사회에 보고하여야 한다.
( )

> 자본금 10억원인 비상장주식회사는 「소규모회사가 아닌」 회사를 말한다. 이사의 정기적 보고의무에 대한 설명이다.
> **제393조(이사회의 권한)** ④ 이사는 3월에 1회 이상 업무의 집행상황을 이사회에 보고하여야 한다.

0602 | 2019, 2021, 2023 |
이사는 직무상 알게 된 회사의 영업상 비밀을 재임 중에 한하여 누설하여서는 아니된다. ( )

> 이사의 비밀유지의무는 재임 중뿐만 아니라 퇴임 후도 요구된다. 퇴임 후 비밀유지의무가 요구되는 경우 5가지(**대**리상, **가**맹상, **이**사 및 감사, **집**행임원, **준**법지원인)는 별도로 정리하여야 한다.
> **제382조의4(이사의 비밀유지의무)** 이사는 재임중 뿐만 아니라 퇴임후에도 직무상 알게된 회사의 영업상 비밀을 누설하여서는 아니된다.

6. 이사의 책임

01 | 자본충실책임

0603 | 2009, 2014, 2015 |
신주의 인수인이 그 인수한 신주에 대한 인수가액을 납입하지 아니한 때에는 이사가 연대하여 납입할 책임이 있다.
( )

> 신주인수인이 인수가액을 납입하지 않으면 당연히 실권되는 것이기 때문에 이사가 납입할 이유가 없다. 참고로 신수인수인이 납입하지 않았음에도 납입한 것으로 증자등기가 이루어진 경우에는 이사는 「납입담보책임」이 아니라 「인수담보책임」을 부담한다.
> **제428조(이사의 인수담보책임)** ① 신주의 발행으로 인한 변경등기가 있은 후에 아직 인수하지 아니한 주식이 있거나 주식인수의 청약이 취소된 때에는 이사가 이를 공동으로 인수한 것으로 본다.
> ② 전항의 규정은 이사에 대한 손해배상의 청구에 영향을 미치지 아니한다.

0604 | 2015, 2019, 2021 |
이사는 신주발행으로 인한 변경등기 후 아직 인수하지 않은 주식이 있거나 주식인수의 청약이 취소된 때에는 과실유무를 불문하고 이를 공동으로 인수할 책임이 있다. ( )

> 이사의 인수담보책임에 대한 설명이다. 자본충실책임은 무과실책임이므로 이사의 고의 또는 과실 여부를 불문한다.
> **제428조(이사의 인수담보책임)** ① 신주의 발행으로 인한 변경등기가 있은 후에 아직 인수하지 아니한 주식이 있거나 주식인수의 청약이 취소된 때에는 이사가 이를 공동으로 인수한 것으로 본다.

답 0601 ○ 0602 × 0603 × 0604 ○

02 | 손해배상책임

0605 |2009, 2016, 2022|
이사가 경과실로 그 임무를 게을리한 경우 이사는 회사에 대하여 손해배상책임을 부담하지 않는다.
( )

이사의 회사에 대한 손해배상책임은 단순한 임무해태, 즉 경과실의 경우에도 발생한다.

제399조(회사에 대한 책임) ① 이사가 고의 또는 과실로 법령 또는 정관에 위반한 행위를 하거나 그 임무를 게을리한 경우에는 그 이사는 회사에 대하여 연대하여 손해를 배상할 책임이 있다.
② 전항의 행위가 이사회의 결의에 의한 것인 때에는 그 결의에 찬성한 이사도 전항의 책임이 있다.
③ 전항의 결의에 참가한 이사로서 이의를 한 기재가 의사록에 없는 자는 그 결의에 찬성한 것으로 추정한다.

0606 |2009, 2015, 2023|
이사가 고의 또는 중대한 과실로 인하여 그 임무를 게을리 한 때에는 제3자에 대하여 연대하여 손해배상책임을 부담한다.
( )

제3자에 대한 손해배상책임은 회사에 대한 책임과는 달리 「고의 또는 중대한 과실」인 경우에 한정됨을 주의하여야 한다.

제401조(제3자에 대한 책임) ① 이사가 고의 또는 중대한 과실로 그 임무를 게을리한 때에는 그 이사는 제3자에 대하여 연대하여 손해를 배상할 책임이 있다.

0607 |2009, 2017|
판례에 의하면, 회사에 대한 임무해태로 인한 이사의 손해배상책임은 위임관계로 인한 채무불이행책임이므로 10년의 소멸시효가 적용된다.
( )

제399조에 따른 손해배상책임의 소멸시효는 10년이다.

[대법원 1985.6.25. 선고, 84다카1954, 판결]
주식회사의 이사 또는 감사의 회사에 대한 임무해태로 인한 손해배상책임은 일반불법행위 책임이 아니라 위임관계로 인한 채무불이행 책임이므로 그 소멸시효기간은 일반채무의 경우와 같이 10년이라고 보아야 한다.

0608 |2011|
판례에 의하면 이사가 주주총회 또는 이사회의 결의에 따라 업무를 집행하였더라도 그 결의내용이 위법 또는 불공정한 것이라면 책임을 면할 수 없다.
( )

그 결의내용이 위법 또는 불공정한 경우라면 적법한 절차를 거쳤다고 하더라도 회사에 대한 손해배상책임을 부담한다. 이 경우 이사회에서 결의에 찬성한 이사는 연대하여 변제할 책임이 있다.

제399조(회사에 대한 책임) ① 이사가 고의 또는 과실로 법령 또는 정관에 위반한 행위를 하거나 그 임무를 게을리한 경우에는 그 이사는 회사에 대하여 연대하여 손해를 배상할 책임이 있다.
② 전항의 행위가 이사회의 결의에 의한 것인 때에는 그 결의에 찬성한 이사도 전항의 책임이 있다.

0605 × **0606** ○ **0607** ○ **0608** ○

0609 | 2013, 2014, 2016, 2017 |

판례에 따르면 배당가능이익이 없음에도 대표이사가 재무제표를 허위 작성하여 이익배당이 이루어져 회사에 손해가 발생한 경우에는 그 대표이사의 책임과 관련하여 경영판단의 원칙이 적용되지 않는다.　　(　　)

> 배당가능이익이 없음에도 재무제표를 허위작성하여 이익배당을 한 경우 「법령에 위반한 행위」이므로 경영판단의 원칙이 적용되지 않는다.
>
> **[대법원 2007.7.26, 선고, 2006다33609, 판결]**
> 상법 제399조는 이사가 법령에 위반한 행위를 한 경우에 회사에 대하여 손해배상책임을 지도록 규정하고 있는데, 이사가 임무를 수행함에 있어서 위와 같이 법령에 위반한 행위를 한 때에는 그 행위 자체가 회사에 대하여 채무불이행에 해당하므로, 그로 인하여 회사에 손해가 발생한 이상 특별한 사정이 없는 한 손해배상책임을 면할 수 없다. 한편, 이사가 임무를 수행함에 있어서 선량한 관리자의 주의의무를 위반하여 임무위반으로 인한 손해배상책임이 문제되는 경우에도, 통상의 합리적인 금융기관의 임원이 그 당시의 상황에서 적합한 절차에 따라 회사의 최대이익을 위하여 신의성실에 따라 직무를 수행하였고 그 의사결정과정 및 내용이 현저하게 불합리하지 않다면, 그 임원의 행위는 경영판단이 허용되는 재량범위 내에 있다고 할 것이나, 위와 같이 <u>이사가 법령에 위반한 행위에 대하여는 원칙적으로 경영판단의 원칙이 적용되지 않는다.</u>

0610 | 2013 |

판례에 따르면 이사가 정당한 사유 없이 이사회에 참석하지 않고 이사회 결의를 사후적으로 추인하는 등 실질적으로 이사의 임무를 전혀 수행하지 않았다면 그 같은 불출석행위 자체가 이사의 임무해태에 해당할 수 있다.
(　　)

> 이사로서의 임무를 전혀 수행하지 않았다면 이사의 임무해태에 해당한다.
>
> **[대법원 2008.12.11, 선고, 2005다51471, 판결]**
> 주식회사의 이사는 이사회의 일원으로서 이사회에 상정된 의안에 대하여 찬부의 의사표시를 하는데 그치지 않고, 담당업무는 물론 다른 업무담당 이사의 업무집행을 전반적으로 감시할 의무가 있고 이러한 의무는 비상근 이사라고 하여 면할 수 있는 것은 아니므로 <u>주식회사의 이사가 이사회에 참석하지도 않고 사후적으로 이사회의 결의를 추인하는 등으로 실질적으로 이사의 임무를 전혀 수행하지 않은 이상 그 자체로서 임무해태가 된다고 할 것이다.</u>

0611 | 2021, 2022 |

이사가 고의 또는 과실로 그 임무를 게을리 한 경우에 지는 회사에 대한 손해배상책임은 주주 전원의 동의로 면제할 수 있다.　　(　　)

> 이사의 회사에 대한 손해배상책임은 총주주의 동의로 면제할 수 있다. 이 경우에는 그 사유를 불문하므로 고의이건 과실이건, 「경/용/자」 위반이건 따지지 않는다.
>
> **제399조(회사에 대한 책임)** ① 이사가 고의 또는 과실로 법령 또는 정관에 위반한 행위를 하거나 그 임무를 게을리한 경우에는 그 이사는 회사에 대하여 연대하여 <u>손해를 배상할 책임이 있다.</u>
>
> **제400조(회사에 대한 책임의 감면)** ① <u>제399조에 따른 이사의 책임은 주주 전원의 동의로 면제할 수 있다.</u>

0612 |2020|

판례에 의하면, 이사가 회사에 손해를 발생시킨 경우 회사는 이사의 책임을 그 이사의 최근 1년간의 보수액의 6배 이하의 금액에 대하여 감경할 수 있을 뿐이고, 법원이 재량으로 더 이상 감경할 수는 없다. ( )

2군데가 잘못되었다. (ⅰ) 이사가 회사에 손해를 발생시킨 경우 회사는 정관으로 정하는 바에 따라 이사의 최근 1년간의 보수액의 6배를 초과하는 금액에 대하여 책임을 면제할 수 있다. 즉 6배 이하가 아니라 6배 초과이다. (ⅱ) 또한 제반사정을 참작하여 법원이 재량으로 더 감경할 수도 있다.

제400조(회사에 대한 책임의 감면) ① 제399조에 따른 이사의 책임은 주주 전원의 동의로 면제할 수 있다.
② 회사는 정관으로 정하는 바에 따라 제399조에 따른 이사의 책임을 이사가 그 행위를 한 날 이전 최근 1년간의 보수액(상여금과 주식매수선택권의 행사로 인한 이익 등을 포함한다)의 6배(사외이사의 경우는 3배)를 초과하는 금액에 대하여 면제할 수 있다. 다만, 이사가 고의 또는 중대한 과실로 손해를 발생시킨 경우와 제397조 제397조의2 및 제398조에 해당하는 경우에는 그러하지 아니하다.

[대법원 2004. 12. 10., 선고, 2002다60467, 판결]
이사가 법령 또는 정관에 위반한 행위를 하거나 그 임무를 해태함으로써 회사에 대하여 손해를 배상할 책임이 있는 경우에 그 손해배상의 범위를 정함에 있어서는, 당해 사업의 내용과 성격, 당해 이사의 임무위반의 경위 및 임무위반행위의 태양, 회사의 손해 발생 및 확대에 관여된 객관적인 사정이나 그 정도, 평소 이사의 회사에 대한 공헌도, 임무위반행위로 인한 당해 이사의 이득 유무, 회사의 조직체계의 흠결 유무나 위험관리체제의 구축 여부 등 제반 사정을 참작하여 손해분담의 공평이라는 손해배상제도의 이념에 비추어 그 손해배상액을 제한할 수 있다.

0613 |2013|

회사에 대한 사외이사의 손해배상책임을 사외이사가 그 행위를 한 날 이전 최근 1년간의 보수액(상여금과 주식매수선택권의 행사로 인한 이익 등을 포함함)의 6배를 초과하는 금액을 면제하는 어느 회사의 정관규정은 적법하다. ( )

이사의 책임감면의 경우에도 사외이사는 최소한 보수액의 3배까지는 책임을 져야 하므로, 6배 이내로 제한하는 정관규정은 유효하다.

제400조(회사에 대한 책임의 감면) ① 제399조에 따른 이사의 책임은 주주 전원의 동의로 면제할 수 있다.
② 회사는 정관으로 정하는 바에 따라 제399조에 따른 이사의 책임을 이사가 그 행위를 한 날 이전 최근 1년간의 보수액(상여금과 주식매수선택권의 행사로 인한 이익 등을 포함한다)의 6배(사외이사의 경우는 3배)를 초과하는 금액에 대하여 면제할 수 있다. 다만, 이사가 고의 또는 중대한 과실로 손해를 발생시킨 경우와 제397조 제397조의2 및 제398조에 해당하는 경우에는 그러하지 아니하다.

0614 |2017|

고의 또는 중대한 과실로 임무를 게을리한 이사의 행위가 이사회의 결의에 의한 것인 때에는 그 결의에 찬성한 이사도 제3자에 대하여 연대하여 손해를 배상할 책임이 있다. ( )

제399조 제2항
제399조(회사에 대한 책임) ① 이사가 고의 또는 과실로 법령 또는 정관에 위반한 행위를 하거나 그 임무를 게을리한 경우에는 그 이사는 회사에 대하여 연대하여 손해를 배상할 책임이 있다.
② 전항의 행위가 이사회의 결의에 의한 것인 때에는 그 결의에 찬성한 이사도 전항의 책임이 있다.

답 0612 × 0613 ○ 0614 ○

0615 | 2013, 2020, 2022 |

이사의 임무해태가 이사회의 결의에 의한 경우 그 이사회 결의에는 참여하였으나 의사록에 이의의 기재가 없는 이사에 대하여는 회사채권자가 결의에서의 찬성을 입증하지 못하는 한 그 이사에 대하여 직접 손해배상책임을 추궁할 수 없다. (　　　)

> 이사회 의사록에 이의를 한 기재가 없는 자는 그 결의에 찬성한 것으로 추정한다. 따라서 해당 이사가 결의에 찬성하지 않았음을 증명해야 한다.
>
> **제399조(회사에 대한 책임)** ① 이사가 고의 또는 과실로 법령 또는 정관에 위반한 행위를 하거나 그 임무를 게을리한 경우에는 그 이사는 회사에 대하여 연대하여 손해를 배상할 책임이 있다.
> ② 전항의 행위가 이사회의 결의에 의한 것인 때에는 그 결의에 찬성한 이사도 전항의 책임이 있다.
> ③ 전항의 결의에 참가한 이사로서 이의를 한 기재가 의사록에 없는 자는 그 결의에 찬성한 것으로 추정한다.

0616 | 2022 |

이사회 결의에 참가한 이사로서 이의를 한 기재가 의사록에 없는 이사에게 손해배상책임을 부과하기 위하여는 그 이사가 결의에 찬성한 사실을 회사가 증명하여야 한다. (　　　)

> 이사에게 증명책임이 있다. 결의에 참가한 이사로서 이의를 한 기재가 의사록에 없는 자는 그 결의에 찬성한 것으로 추정하기 때문이다.
>
> **제399조(회사에 대한 책임)** ① 이사가 고의 또는 과실로 법령 또는 정관에 위반한 행위를 하거나 그 임무를 게을리한 경우에는 그 이사는 회사에 대하여 연대하여 손해를 배상할 책임이 있다.
> ② 전항의 행위가 이사회의 결의에 의한 것인 때에는 그 결의에 찬성한 이사도 전항의 책임이 있다.
> ③ 전항의 결의에 참가한 이사로서 이의를 한 기재가 의사록에 없는 자는 그 결의에 찬성한 것으로 추정한다.

0617 | 2022 |

이사가 이사회에 출석하여 결의에 기권하였다고 의사록에 기재된 경우에는 그 이사가 이의를 한 기재가 의사록에 없는 자라고 볼 수 없으므로, 이사회의 결의에 찬성한 것으로 추정할 수 없다. (　　　)

> 결의에 찬성한 이사만 책임을 진다. 의사록에 기권의 의사가 명시적으로 기재가 되어 있다면 찬성으로 추정되지 않으므로 손해배상책임을 인정할 수 없다.
>
> **[대법원 2019. 5. 16., 선고, 2016다260455, 판결]**
> 상법 제399조 제1항은 "이사가 고의 또는 과실로 법령 또는 정관에 위반한 행위를 하거나 그 임무를 게을리한 경우에는 그 이사는 회사에 대하여 연대하여 손해를 배상할 책임이 있다."라고 규정하고, 같은 조 제2항은 "전항의 행위가 이사회의 결의에 의한 것인 때에는 그 결의에 찬성한 이사도 전항의 책임이 있다.", 같은 조 제3항은 "전항의 결의에 참가한 이사로서 이의를 한 기재가 의사록에 없는 자는 그 결의에 찬성한 것으로 추정한다."라고 규정하고 있다. 이와 같이 상법 제399조 제2항은 같은 조 제1항이 규정한 이사의 임무 위반행위가 이사회 결의에 의한 것일 때 결의에 찬성한 이사에 대하여도 손해배상책임을 지우고 있고, 상법 제399조 제3항은 같은 조 제2항을 전제로 하면서, 이사의 책임을 추궁하는 자로서는 어떤 이사가 이사회 결의에 찬성하였는지를 알기 어려워 증명이 곤란한 경우가 있음을 고려하여 증명책임을 이사에게 전가하는 규정이다. 그렇다면 이사가 이사회에 출석하여 결의에 기권하였다고 의사록에 기재된 경우에 그 이사는 "이의를 한 기재가 의사록에 없는 자"라고 볼 수 없으므로, 상법 제399조 제3항에 따라 이사회 결의에 찬성한 것으로 추정할 수 없고, 따라서 같은 조 제2항의 책임을 부담하지 않는다고 보아야 한다.

답　0615 ×　0616 ×　0617 ○

0618 | 2014, 2017 |

이사가 제3자에 대해 상법상 손해배상책임을 지는 경우 회사는 정관의 정함에 의하여 그 이사가 원인된 행위를 한 날 이전 최근 1년간 보수액의 6배를 초과하는 금액에 대하여 면제할 수 있다. ( )

이사의 제3자에 대한 손해배상청구에 대해서는 감면이 불가능하다.

제400조(회사에 대한 책임의 감면) ① 제399조에 따른 이사의 책임은 주주 전원의 동의로 면제할 수 있다.
② 회사는 정관으로 정하는 바에 따라 제399조에 따른 이사의 책임을 이사가 그 행위를 한 날 이전 최근 1년간의 보수액(상여금과 주식매수선택권의 행사로 인한 이익 등을 포함한다)의 6배(사외이사의 경우는 3배)를 초과하는 금액에 대하여 면제할 수 있다. 다만, 이사가 고의 또는 중대한 과실로 손해를 발생시킨 경우와 제397조 제397조의2 및 제398조에 해당하는 경우에는 그러하지 아니하다.

0619 | 2013, 2015 |

이사가 자기거래 금지의무를 위반한 경우 회사는 정관규정으로 이사가 그 행위를 한 날 이전 최근 1년간의 보수액의 6배를 초과하는 금액에 대하여 그 이사의 회사에 대한 손해배상책임을 면제할 수 있다. ( )

고의 또는 중과실, 경업거래, 회사기회 유용, 자기거래의 경우에는 이사의 손해배상책임이 감면되지 않는다.

제400조(회사에 대한 책임의 감면) ② 회사는 정관으로 정하는 바에 따라 제399조에 따른 이사의 책임을 이사가 그 행위를 한 날 이전 최근 1년간의 보수액(상여금과 주식매수선택권의 행사로 인한 이익 등을 포함한다)의 6배(사외이사의 경우는 3배)를 초과하는 금액에 대하여 면제할 수 있다. 다만, 이사가 고의 또는 중대한 과실로 손해를 발생시킨 경우와 제397조 제397조의2 및 제398조에 해당하는 경우에는 그러하지 아니하다.

0620 | 2016, 2019 |

감사를 두고 있는 회사가 이사에 대하여 손해배상책임을 추궁하는 소를 제기하는 경우 그 소에서 회사를 대표할 자는 감사이다. ( )

제394조(이사와 회사간의 소에 관한 대표) ① 회사가 이사에 대하여 또는 이사가 회사에 대하여 소를 제기하는 경우에 감사는 그 소에 관하여 회사를 대표한다. 회사가 제403조제1항의 청구를 받음에 있어서도 같다.
② 제415조의2의 규정에 의한 감사위원회의 위원이 소의 당사자인 경우에는 감사위원회 또는 이사는 법원에 회사를 대표할 자를 선임하여 줄 것을 신청하여야 한다.

0621 | 2020 |

판례에 의하면, 해임된 이사에 대하여 회사가 소를 제기하는 경우에 감사는 그 소에 관하여 회사를 대표한다.
( )

대표이사가 회사를 대표한다.

제394조(이사와 회사간의 소에 관한 대표) ① 회사가 이사에 대하여 또는 이사가 회사에 대하여 소를 제기하는 경우에 감사는 그 소에 관하여 회사를 대표한다. 회사가 제403조제1항의 청구를 받음에 있어서도 같다.
② 제415조의2의 규정에 의한 감사위원회의 위원이 소의 당사자인 경우에는 감사위원회 또는 이사는 법원에 회사를 대표할 자를 선임하여 줄 것을 신청하여야 한다.

0618 × 0619 × 0620 ○ 0621 ×

[대법원 2002. 3. 15., 선고, 2000다9086, 판결]
상법 제394조 제1항에서는 이사와 회사 사이의 소에 있어서 양자 간에 이해의 충돌이 있기 쉬우므로 그 충돌을 방지하고 공정한 소송수행을 확보하기 위하여 비교적 객관적 지위에 있는 감사로 하여금 그 소에 관하여 회사를 대표하도록 규정하고 있는바, 소송의 목적이 되는 권리관계가 이사의 재직중에 일어난 사유로 인한 것이라 할지라도 회사가 그 사람을 이사의 자격으로 제소하는 것이 아니고 이사가 이미 이사의 자리를 떠난 경우에 회사가 그 사람을 상대로 제소하는 경우에는 특별한 사정이 없는 한 위 상법 제394조 제1항은 적용되지 않는다고 할 것이다(대법원 1977. 6. 28. 선고 77다295 판결 참조).

0622 | 2013, 2016, 2021 |
판례에 의하면 대표이사가 회사의 재산을 횡령하여 기존의 주주가 간접적인 손해를 입은 경우 주주는 그 대표이사를 상대로 자신에게 직접 그 손해를 배상할 것을 청구할 수 있다.   (   )

주주의 직접손해(예컨대 주식의 인수과정상의 기망행위로 인한 경우)가 아니라 간접손해(예컨대 회사의 주가폭락에 따른 주주의 자산가치 하락)의 경우는 상법 제401조의 제3자에 대한 손해배상책임의 경우에 해당하지 않는다.

[대법원 1993.1.26, 선고, 91다36093, 판결]
주식회사의 주주가 대표이사의 악의 또는 중대한 과실로 인한 임무해태행위로 직접 손해를 입은 경우에는 이사와 회사에 대하여 상법 제401조, 제389조 제3항, 제210조에 의하여 손해배상을 청구할 수 있으나, 대표이사가 회사재산을 횡령하여 회사재산이 감소함으로써 회사가 손해를 입고 결과적으로 주주의 경제적 이익이 침해되는 손해와 같은 간접적인 손해는 상법 제401조 제1항에서 말하는 손해의 개념에 포함되지 아니하므로 이에 대하여는 위 법조항에 의한 손해배상을 청구할 수 없고, 이와 같은 법리는 주주가 중소기업창업지원법상의 중소기업창업투자회사라고 하여도 다를 바 없다.

0623 | 2016 |
회사는 분식결산을 실행한 대표이사에게 분식결산으로 인하여 납부하게 된 과징금 상당액의 손해를 배상할 것을 청구할 수 있다.   (   )

이사의 고의 또는 과실이 있는 경우 회사에 대한 손해배상책임을 부담한다. 분식결산을 실행한 대표이사는 고의로 법령을 위반한 경우에 해당한다.

제399조(회사에 대한 책임) ① 이사가 고의 또는 과실로 법령 또는 정관에 위반한 행위를 하거나 그 임무를 게을리한 경우에는 그 이사는 회사에 대하여 연대하여 손해를 배상할 책임이 있다.
② 전항의 행위가 이사회의 결의에 의한 것인 때에는 그 결의에 찬성한 이사도 전항의 책임이 있다.
③ 전항의 결의에 참가한 이사로서 이의를 한 기재가 의사록에 없는 자는 그 결의에 찬성한 것으로 추정한다.

0624 | 2016 |
주주총회에서 분식결산된 재무제표를 승인한 후 2년 내에 다른 결의가 없으면 회사는 대표이사의 책임을 해제한 것으로 본다.   (   )

분식결산은 이사의 부정행위이므로 책임이 해제되지 않는다.

제450조(이사, 감사의 책임해제) 정기총회에서 전조제1항의 승인을 한 후 2년내에 다른 결의가 없으면 회사는 이사와 감사의 책임을 해제한 것으로 본다. 그러나 이사 또는 감사의 부정행위에 대하여는 그러하지 아니하다.

답 0622 ×   0623 ○   0624 ×

0625 | 2017 |
주주총회가 재무제표를 승인한 후 2년 내에 이사의 책임을 추궁하는 결의를 할 때 당해 이사가 주주인 경우는 주주총회에서 의결권을 행사할 수 있다. ( )

재무제표의 승인과 관련하여 주주총회에서 이사의 책임해제를 유보하는 결의를 하는 경우에 당사자인 이사가 동시에 주주라면 이러한 주주는 「특별이해관계인」에 해당하므로 의결권을 행사하지 못한다.

제450조(이사, 감사의 책임해제) 정기총회에서 전조제1항의 승인을 한 후 2년내에 다른 결의가 없으면 회사는 이사와 감사의 책임을 해제한 것으로 본다. 그러나 이사 또는 감사의 부정행위에 대하여는 그러하지 아니하다.

제368조(총회의 결의방법과 의결권의 행사) ③ 총회의 결의에 관하여 특별한 이해관계가 있는 자는 의결권을 행사하지 못한다.

7. 업무집행지시자 등

0626 | 2009, 2016, 2017, 2021 |
회사에 대한 자신의 영향력을 이용하여 이사에게 업무집행을 지시한 자는 그 지시받은 업무집행 행위로 인하여 회사 또는 제3자에게 손해배상책임을 지는 이사와 연대하여 책임을 진다. ( )

업무집행지시자 등의 유형 중에서 업무집행지시자(제1호)에 관한 내용이다.

제401조의2(업무집행지시자 등의 책임) ① 다음 각호의 1에 해당하는 자는 그 지시하거나 집행한 업무에 관하여 제399조·제401조 및 제403조의 적용에 있어서 이를 이사로 본다.
1. 회사에 대한 자신의 영향력을 이용하여 이사에게 업무집행을 지시한 자
2. 이사의 이름으로 직접 업무를 집행한 자
3. 이사가 아니면서 명예회장·회장·사장·부사장·전무·상무·이사 기타 회사의 업무를 집행할 권한이 있는 것으로 인정될 만한 명칭을 사용하여 회사의 업무를 집행한 자
② 제1항의 경우에 회사 또는 제3자에 대하여 손해를 배상할 책임이 있는 이사는 제1항에 규정된 자와 연대하여 그 책임을 진다.

0627 | 2013 |
회사의 경영에 대하여 영향력을 가진 주주가 이사의 명의로 고의로 위법한 업무를 직접 집행한 경우에는 그로 인하여 회사에 손해가 발생하여도 상법 제399조(회사에 대한 책임)의 책임을 부담하지 않는다. ( )

업무집행지시자 등의 유형 중에서 무권대행자(제2호)에 해당한다.

제401조의2(업무집행지시자 등의 책임) ① 다음 각호의 1에 해당하는 자는 그 지시하거나 집행한 업무에 관하여 제399조·제401조 및 제403조의 적용에 있어서 이를 이사로 본다.
1. 회사에 대한 자신의 영향력을 이용하여 이사에게 업무집행을 지시한 자
2. 이사의 이름으로 직접 업무를 집행한 자
3. 이사가 아니면서 명예회장·회장·사장·부사장·전무·상무·이사 기타 회사의 업무를 집행할 권한이 있는 것으로 인정될 만한 명칭을 사용하여 회사의 업무를 집행한 자

답 0625 × 0626 ○ 0627 ×

0628 |2014|

이사가 아니면서 회장의 명칭을 사용하여 회사의 업무를 집행한 자는 이사의 회사에 대한 손해배상책임 및 제3자에 대한 손해배상책임의 적용에 있어서 이를 이사로 본다. ( )

> 업무집행지시자 등의 유형 중 표현이사(제3호)에 해당한다.
>
> **제401조의2(업무집행지시자 등의 책임)** ① 다음 각호의 1에 해당하는 자는 그 지시하거나 집행한 업무에 관하여 제399조·제401조 및 제403조의 적용에 있어서 이를 이사로 본다.
> 1. 회사에 대한 자신의 영향력을 이용하여 이사에게 업무집행을 지시한 자
> 2. 이사의 이름으로 직접 업무를 집행한 자
> 3. 이사가 아니면서 명예회장·회장·사장·부사장·전무·상무·이사 기타 회사의 업무를 집행할 권한이 있는 것으로 인정될 만한 명칭을 사용하여 회사의 업무를 집행한 자
> ② 제1항의 경우에 회사 또는 제3자에 대하여 손해를 배상할 책임이 있는 이사는 제1항에 규정된 자와 연대하여 그 책임을 진다.

0629 |2016|

회사는 회사의 업무를 집행할 권한이 있는 것으로 인정될 만한 '상무'라는 명칭을 사용하여 분식결산을 실행한 자(이사로 등기되지 않음)에게 그로 인한 손해의 배상을 청구할 수 있다. ( )

> 이 경우 표현이사(제3호)로써 책임을 지게 된다.
>
> **제401조의2(업무집행지시자 등의 책임)** ① 다음 각호의 1에 해당하는 자는 그 지시하거나 집행한 업무에 관하여 제399조·제401조 및 제403조의 적용에 있어서 이를 이사로 본다.
> 1. 회사에 대한 자신의 영향력을 이용하여 이사에게 업무집행을 지시한 자
> 2. 이사의 이름으로 직접 업무를 집행한 자
> 3. 이사가 아니면서 명예회장·회장·사장·부사장·전무·상무·이사 기타 회사의 업무를 집행할 권한이 있는 것으로 인정될 만한 명칭을 사용하여 회사의 업무를 집행한 자

8. 주주의 감독

01 | 위법행위유지청구권

0630 |2007, 2021|

위법행위유지청구권은 그 청구 당시 발행주식총수의 100분의 1 이상에 해당하는 주식을 가진 주주와 감사가 행사할 수 있다. ( )

> (ⅰ) 이 경우 소수주주의 지분비율을 계산함에 있어 의결권 유무는 고려하지 않는다. (ⅱ) 위법행위유지청구권은 소수주주뿐만 아니라 감사에게도 인정된다.
>
> **제402조(유지청구권)** 이사가 법령 또는 정관에 위반한 행위를 하여 이로 인하여 회사에 회복할 수 없는 손해가 생길 염려가 있는 경우에는 감사 또는 발행주식의 총수의 100분의 1 이상에 해당하는 주식을 가진 주주는 회사를 위하여 이사에 대하여 그 행위를 유지할 것을 청구할 수 있다.

0631 |2007, 2018|
위법행위유지청구는 이사가 법령 또는 정관에 위반한 행위를 하여 이로 인하여 회사에 회복할 수 없는 손해가 생길 염려가 있는 경우에 할 수 있다. ( )

> 이사가 법령 또는 정관에 위반한 행위를 한 것만으로는 부족하고, 이로 인하여 회사에 회복할 수 없는 손해가 생길 염려가 있는 경우라야 한다.
>
> **제402조(유지청구권)** 이사가 법령 또는 정관에 위반한 행위를 하여 이로 인하여 회사에 회복할 수 없는 손해가 생길 염려가 있는 경우에는 감사 또는 발행주식의 총수의 100분의 1 이상에 해당하는 주식을 가진 주주는 회사를 위하여 이사에 대하여 그 행위를 유지할 것을 청구할 수 있다.

0632 |2018|
위법행위유지청구는 회사를 위하여 이사에 대하여 그 행위를 유지할 것을 청구하는 것이다. ( )

> 위법행위유지청구는 "회사를 위하여", "이사에 대하여" 그 행위를 유지할 것을 청구하는 것이다. 즉 수익자는 회사이고, 청구의 상대방은 이사이다.
>
> **제402조(유지청구권)** 이사가 법령 또는 정관에 위반한 행위를 하여 이로 인하여 회사에 회복할 수 없는 손해가 생길 염려가 있는 경우에는 감사 또는 발행주식의 총수의 100분의 1 이상에 해당하는 주식을 가진 주주는 회사를 위하여 이사에 대하여 그 행위를 유지할 것을 청구할 수 있다.

02 | 대표소송

0633 |2012, 2022|
대표소송은 감사 또는 의결권 있는 발행주식총수의 100분의 1 이상에 해당하는 주식을 소유하는 주주가 제기할 수 있다. ( )

> 대표소송의 제소권자는 주주이지 감사가 아니다. 그리고 주주의 경우 지분비율 1/100을 계산함에 있어 의결권 유무는 따지지 않는다.
>
> **제403조(주주의 대표소송)** ① 발행주식의 총수의 100분의 1 이상에 해당하는 주식을 가진 주주는 회사에 대하여 이사의 책임을 추궁할 소의 제기를 청구할 수 있다.
> ② 제1항의 청구는 그 이유를 기재한 서면으로 하여야 한다.
> ③ 회사가 전항의 청구를 받은 날로부터 30일내에 소를 제기하지 아니한 때에는 제1항의 주주는 즉시 회사를 위하여 소를 제기할 수 있다.

0634 |2008, 2015, 2016, 2020|
대표소송을 제기한 주주의 보유주식이 제소 후 발행주식총수의 100분의 1 미만으로 감소한 경우는 물론이고 발행주식을 보유하지 않게 되더라도 제소의 효력에는 영향이 없다. ( )

> 보유주식이 발행주식총수의 1/100 미만으로 감소한 경우에는 제소의 효력에는 영향이 없다. 하지만 발행주식을 보유하지 않게 된 경우에는 주주가 아니므로 원고적격을 상실하여 소송은 각하된다.

0631 O 0632 O 0633 × 0634 ×

제403조(주주의 대표소송) ① 발행주식의 총수의 100분의 1 이상에 해당하는 주식을 가진 주주는 회사에 대하여 이사의 책임을 추궁할 소의 제기를 청구할 수 있다.
② 제1항의 청구는 그 이유를 기재한 서면으로 하여야 한다.
③ 회사가 전항의 청구를 받은 날로부터 30일내에 소를 제기하지 아니한 때에는 제1항의 주주는 즉시 회사를 위하여 소를 제기할 수 있다.
④ 제3항의 기간의 경과로 인하여 회사에 회복할 수 없는 손해가 생길 염려가 있는 경우에는 전항의 규정에 불구하고 제1항의 주주는 즉시 소를 제기할 수 있다.
⑤ 제3항과 제4항의 소를 제기한 주주의 보유주식이 제소후 발행주식총수의 100분의 1 미만으로 감소한 경우(發行株式을 보유하지 아니하게 된 경우를 제외한다)에도 제소의 효력에는 영향이 없다.

0635 |2008|

판례에 의하면, 대표소송에 의하여 추궁할 수 있는 책임의 범위는 회사의 이익과 관련되는 한 계약에 의한 채무불이행 등 일반거래로 인한 채무도 모두 포함된다. ( )

이사의 회사에 대한 책임을 추궁하는 것이므로 책임의 종류를 가릴 이유가 없다.

0636 |2020|

대표소송을 제기한 주주는 소를 제기한 후 지체없이 회사에 대하여 그 소송의 고지를 하여야 한다.( )

대표소송은 승소, 패소를 불문하고 언제나 회사에 그 효력이 미친다. 따라서 주주가 제기한 대표소송에 회사가 참가할 수 있도록 소송을 제기한 주주는 회사에 이러한 사실을 고지하여야 한다.

제404조(대표소송과 소송참가, 소송고지) ① 회사는 전조 제3항과 제4항의 소송 참가할 수 있다.
② 전조 제3항과 제4항의 소를 제기한 주주는 소를 제기한 후 지체없이 회사에 대하여 그 소송의 고지를 하여야 한다.

0637 |2022|

회사가 대표소송에 참가하는 경우 그 참가의 법적 성질은 공동소송참가에 해당한다. ( )

「공동소송참가」란 참가인이 원·피고에 준하는 지위에서 소송에 참가하는 것을 말한다. 주주(원고)가 이사 등(피고)을 상대로 대표소송을 제기하는 경우, 회사는 자신의 이익을 보호하기 위해 주주 측에 참가하여 원고에 준하는 지위에서 소송을 진행하게 된다.

[대법원 2002. 3. 15., 선고, 2000다9086, 판결]
주주의 대표소송에 있어서 원고 주주가 원고로서 제대로 소송수행을 하지 못하거나 혹은 상대방이 된 이사와 결탁함으로써 회사의 권리보호에 미흡하여 회사의 이익이 침해될 염려가 있는 경우 그 판결의 효력을 받는 권리귀속주체인 회사가 이를 막거나 자신의 권리를 보호하기 위하여 소송수행권한을 가진 정당한 당사자로서 그 소송에 참가할 필요가 있으며, 회사가 대표소송에 당사자로서 참가하는 경우 소송경제가 도모될 뿐만 아니라 판결의 모순·저촉을 유발할 가능성도 없다는 사정과, 상법 제404조 제1항에서 특별히 참가에 관한 규정을 두어 주주의 대표소송의 특성을 살려 회사의 권익을 보호하려한 입법 취지를 함께 고려할 때, 상법 제404조 제1항에서 규정하고 있는 회사의 참가는 공동소송참가를 의미하는 것으로 해석함이 타당하고, 나아가 이러한 해석이 중복제소를 금지하고 있는 민사소송법 제234조에 반하는 것도 아니다.

0638 |2012|

이사의 책임발생 이후에 주식을 취득한 자도 원고가 될 수 있으며 재임 중의 행위에 의하여 책임이 있는 퇴임한 이사도 피고가 될 수 있다. ( )

> 원고는 제소 당시에 주주이기만 하면 된다. 피고는 회사에 대하여 책임이 있는 이사 또는 이사였던 자이다.

0639 |2008, 2012, 2016, 2018, 2020|

주주의 청구에 따라 회사가 소를 제기하거나 주주가 대표소송을 제기한 경우 당사자는 총주주의 동의를 얻지 아니하고는 소의 취하, 청구의 포기나 인락, 화해를 할 수 없다. ( )

> 「총주주의 동의」가 아니라 「법원의 허가」를 얻어야 한다.
>
> **제403조(주주의 대표소송)** ⑥ 회사가 제1항의 청구에 따라 소를 제기하거나 주주가 제3항과 제4항의 소를 제기한 경우 당사자는 법원의 허가를 얻지 아니하고는 소의 취하, 청구의 포기·인락·화해를 할 수 없다.

0640 |2008, 2012, 2014, 2020, 2022|

개정된 상법에 의하면, 지배회사의 주주는 종속회사의 이사 등에 대하여 책임을 추궁하는 대표소송을 제기할 수 있다. ( )

> 2020. 12. 29. 시행되는 개정상법에서 「다중대표소송」이 도입되었다. 이에 따라 모회사 발행주식의 소수주주가 자회사 이사의 책임을 추궁하는 소송을 제기할 수 있다.
>
> **제406조의2(다중대표소송)** ① 모회사 발행주식총수의 100분의 1 이상에 해당하는 주식을 가진 주주는 자회사에 대하여 자회사 이사의 책임을 추궁할 소의 제기를 청구할 수 있다.
> ② 제1항의 주주는 자회사가 제1항의 청구를 받은 날부터 30일 내에 소를 제기하지 아니한 때에는 즉시 자회사를 위하여 소를 제기할 수 있다.
> ③ 제1항 및 제2항의 소에 관하여는 제176조제3항·제4항, 제403조제2항, 같은 조 제4항부터 제6항까지 및 제404조부터 제406조까지의 규정을 준용한다.
> ④ 제1항의 청구를 한 후 모회사가 보유한 자회사의 주식이 자회사 발행주식총수의 100분의 50 이하로 감소한 경우(발행주식을 보유하지 아니하게 된 경우를 제외한다)에도 제1항 및 제2항에 따른 제소의 효력에는 영향이 없다.
> ⑤ 제1항 및 제2항의 소는 자회사의 본점소재지의 지방법원의 관할에 전속한다.

0641 |2022|

회사는 대표소송을 제기한 주주의 악의를 소명하여 그 주주에게 상당한 담보를 제공하게 할 것을 법원에 청구할 수 있다. ( )

> 「담보제공명령」에 대한 설명이다.
>
> **제403조(주주의 대표소송)** ① 발행주식의 총수의 100분의 1 이상에 해당하는 주식을 가진 주주는 회사에 대하여 이사의 책임을 추궁할 소의 제기를 청구할 수 있다. (중략)
> ⑦ 제176조제3항, 제4항과 제186조의 규정은 본조의 소에 준용한다.

답 0638 ○ 0639 × 0640 ○ 0641 ○

제176조(회사의 해산명령) ③ 이해관계인이 제1항의 청구를 한 때에는 법원은 회사의 청구에 의하여 상당한 담보를 제공할 것을 명할 수 있다.
④ 회사가 전항의 청구를 함에는 이해관계인의 청구가 악의임을 소명하여야 한다.

0642 | 2015 |
대표소송에서 소를 제기한 주주가 승소한 경우에는 회사에 대하여 소송비용 및 소송으로 인하여 지출한 비용 중 상당한 금액의 지급을 청구할 수 있다. (　　)

승소한 제소주주는 회사에 대해서 실비지급을 청구할 수 있다.

제405조(제소주주의 권리의무) ① 제403조제3항과 제4항의 규정에 의하여 소를 제기한 주주가 승소한 때에는 그 주주는 회사에 대하여 소송 비용 및 그 밖에 소송으로 인하여 지출한 비용 중 상당한 금액의 지급을 청구할 수 있다. 이 경우 소송비용을 지급한 회사는 이사 또는 감사에 대하여 구상권이 있다.

0643 | 2008, 2015, 2020 |
대표소송에서 패소한 주주는 경과실이 있는 때에는 회사에 대하여 손해를 배상할 책임이 없다. (　　)

주주들이 손해배상책임의 부담 때문에 대표소송을 회피하는 일이 없도록, 소를 제기한 주주가 악의인 경우 외에는 손해배상책임이 없다.

제405조(제소주주의 권리의무) ② 제403조제3항과 제4항의 규정에 의하여 소를 제기한 주주가 패소한 때에는 악의인 경우 외에는 회사에 대하여 손해를 배상할 책임이 없다.

0644 | 2015 |
대표소송에 있어서 원고와 피고가 공모하여 회사의 권리를 사해할 목적으로 판결을 하게 한 때에는 회사는 확정된 종국판결에 대하여 재심의 소를 제기할 수 있다. (　　)

주주대표소송은 소수주주권이지만, 사해판결이 이루어진 경우 재심의 소는 단독주주도 제기할 수 있다.

제406조(대표소송과 재심의 소) ① 제403조의 소가 제기된 경우에 원고와 피고의 공모로 인하여 소송의 목적인 회사의 권리를 사해할 목적으로써 판결을 하게 한 때에는 회사 또는 주주는 확정한 종국 판결에 대하여 재심의 소를 제기할 수 있다.

0645 | 2018 |
판례에 의하면 타인의 승낙을 얻어 그 타인의 명의로 주식을 취득한 명의차용인은 주주명부에 명의개서를 하지 않더라도 대표소송을 제기할 수 있다. (　　)

명의대여의 경우 원칙적으로 주주명부상 명의주주만이 주주로서의 권리를 행사할 수 있다.

[대법원 2017.3.23. 선고, 2015다248342, 전원합의체 판결]
주식을 양수하였으나 아직 주주명부에 명의개서를 하지 아니하여 주주명부에는 양도인이 주주로 기재되어 있는 경우뿐만 아니라, 주식을 인수하거나 양수하려는 자가 타인의 명의를 빌려 회사의 주식을 인수하거나 양수하고 타인의 명의로 주주명부에의 기재까지 마치는 경우에도, 회사에 대한 관계에서는 주주명부상 주주만이 주주로서 의결권 등 주주권을 적법하게 행사할 수 있다.

답　0642 ○　0643 ○　0644 ○　0645 ×

0646 |2018|

감사가 선임된 회사에서 주주가 대표소송의 제기에 앞서 회사에 대하여 이사의 책임을 추궁할 소의 제기를 청구하는 경우 그 청구를 받음에 있어서는 감사가 회사를 대표한다. ( )

> 이사와 회사 간의 소송의 경우에는 대표이사가 아니라 감사가 회사를 대표한다.
>
> **제394조(이사와 회사간의 소에 관한 대표)** ① 회사가 이사에 대하여 또는 이사가 회사에 대하여 소를 제기하는 경우에 감사는 그 소에 관하여 회사를 대표한다. 회사가 제403조제1항의 청구를 받음에 있어서도 같다.

0647 |2012, 2018|

회사가 주주의 권리행사와 관련하여 재산상의 이익을 공여한 경우 주주는 회사를 위하여 그 이익을 공여받은 자에 대하여 이의 반환을 청구하는 대표소송을 제기할 수 있다. ( )

> 회사로부터 주주의 권리행사와 관련하여 이익을 공여받은 자는 회사에 그 이익을 반환해야 한다. 그럼에도 이를 반환하지 않은 경우 이익을 공여받은 자도 대표소송의 피고가 될 수 있다.
>
> **제467조의2(이익공여의 금지)**
> ③ 회사가 제1항의 규정에 위반하여 재산상의 이익을 공여한 때에는 그 이익을 공여받은 자는 이를 회사에 반환하여야 한다. 이 경우 회사에 대하여 대가를 지급한 것이 있는 때에는 그 반환을 받을 수 있다.
> ④ 제403조 내지 제406조의 규정은 제3항의 이익의 반환을 청구하는 소에 대하여 이를 준용한다.
>
> **제403조(주주의 대표소송)** ① 발행주식의 총수의 100분의 1 이상에 해당하는 주식을 가진 주주는 회사에 대하여 이사의 책임을 추궁할 소의 제기를 청구할 수 있다.

0648 |2022|

청산인의 회사에 대한 손해배상책임을 추궁하기 위한 대표소송은 허용되지 않는다. ( )

> 주주대표소송의 상대방은 (ⅰ) 회사 내부자(이사, 감사, 발기인, 집행임원, 청산인, 업무집행지시자등) 뿐만 아니라 (ⅱ) 회사 외부자(통모인수인, 주주권행사 관련 이익을 공여받은 자)도 가능하다.
>
> **제542조(준용규정)** ②제362조, 제363조의2, 제366조, 제367조, 제373조, 제376조, 제377조, 제382조제2항, 제386조, 제388조 내지 제394조, 제396조, 제398조부터 제406조까지, 제406조의2, 제407조, 제408조, 제411조 내지 제413조, 제414조제3항, 제449조제3항, 제450조와 제466조는 청산인에 준용한다.
>
> **제403조(주주의 대표소송)** ① 발행주식의 총수의 100분의 1 이상에 해당하는 주식을 가진 주주는 회사에 대하여 이사의 책임을 추궁할 소의 제기를 청구할 수 있다.

답 0646 ○ 0647 ○ 0648 ×

03 | 열람 및 등사청구권

0649 | 2012, 2013 |

회사는 주주총회 및 이사회의 의사록을 서면 또는 전자문서로 작성하여 주주 또는 채권자가 열람할 수 있도록 비치할 의무가 있다. ( )

> (ⅰ) 상법상 (주주총회이건 이사회이건) 의사록을 전자문서로 작성하게 하는 규정은 없다. (ⅱ) 이사회의사록은 비치대상도 아니다. (ⅲ) 주총의사록과는 달리 이사회 의사록은 채권자에게 열람등사청구권도 인정되지 않는다. 채권자에게 열람등사청구권이 인정되는 경우는 「채열/분합계/재/주/부/부/정」으로 정리하자.
>
> **제373조(총회의 의사록)** ① 총회의 의사에는 의사록을 작성하여야 한다.
> ② 의사록에는 의사의 경과요령과 그 결과를 기재하고 의장과 출석한 이사가 기명날인 또는 서명하여야 한다.
>
> **제391조의3(이사회의 의사록)** ① 이사회의 의사에 관하여는 의사록을 작성하여야 한다.
> ② 의사록에는 의사의 안건, 경과요령, 그 결과, 반대하는 자와 그 반대이유를 기재하고 출석한 이사 및 감사가 기명날인 또는 서명하여야 한다.
> ③ 주주는 영업시간내에 이사회의사록의 열람 또는 등사를 청구할 수 있다.
> ④ 회사는 제3항의 청구에 대하여 이유를 붙여 이를 거절할 수 있다. 이 경우 주주는 법원의 허가를 얻어 이사회의사록을 열람 또는 등사할 수 있다.
>
> **제396조(정관 등의 비치, 공시의무)** ① 이사는 회사의 정관, <u>주주총회의 의사록을 본점과 지점에</u>, 주주명부, 사채원부를 본점에 <u>비치하여야 한다</u>. 이 경우 명의개서대리인을 둔 때에는 주주명부나 사채원부 또는 그 복본을 명의개서대리인의 영업소에 비치할 수 있다.
> ② 주주와 회사채권자는 영업시간 내에 언제든지 제1항의 서류의 열람 또는 등사를 청구할 수 있다.

0650 | 2023 |

상법상 비상장주식회사가 명의개서대리인을 둔 때에는 주주명부나 사채원부 또는 그 복본을 명의개서대리인의 영업소에 비치할 수 있다. ( )

> 옳은 내용이다.
>
> **제396조(정관 등의 비치, 공시의무)** ① 이사는 회사의 정관, 주주총회의 의사록을 본점과 지점에, 주주명부, 사채원부를 본점에 비치하여야 한다. 이 경우 <u>명의개서대리인을 둔 때에는 주주명부나 사채원부 또는 그 복본을 명의개서대리인의 영업소에 비치할 수 있다.</u>

0651 | 2011 |

이사는 회사의 정관·주주총회 의사록·이사회 의사록을 본점과 지점에 비치하여야 한다. ( )

> 이사회 의사록은 비치하지 않는다.
>
> **제396조(정관 등의 비치, 공시의무)** ① 이사는 <u>회사의 정관, 주주총회의 의사록을 본점과 지점에</u>, 주주명부, 사채원부를 본점에 비치하여야 한다. 이 경우 명의개서대리인을 둔 때에는 주주명부나 사채원부 또는 그 복본을 명의개서대리인의 영업소에 비치할 수 있다.

답 0649 × 0650 ○ 0651 ×

0652 | 2018 |

주주총회의사록은 본점과 지점에 비치해야 하고 회사채권자는 영업시간 내에 언제든지 이의 열람을 청구할 수 있다. ( )

채권자에게 열람등사청구권이 인정되는 서류는 별도로 반드시 정리해야 한다(채열분합계재주부부정).

제396조(정관 등의 비치, 공시의무) ① 이사는 회사의 정관, 주주총회의 의사록을 본점과 지점에, 주주명부, 사채원부를 본점에 비치하여야 한다. 이 경우 명의개서대리인을 둔 때에는 주주명부나 사채원부 또는 그 복본을 명의개서대리인의 영업소에 비치할 수 있다.
② 주주와 회사채권자는 영업시간 내에 언제든지 제1항의 서류의 열람 또는 등사를 청구할 수 있다.

0653 | 2018 |

감사보고서는 정기총회회일의 1주간 전부터 본점에 5년간 비치하여야 하고 주주는 영업시간 내에 언제든지 이를 열람할 수 있다. ( )

본점에 5년간, 지점에 3년간 비치해야 한다는 점도 기억할 필요가 있다.

제448조(재무제표 등의 비치·공시) ① 이사는 정기총회회일의 1주간전부터 제447조 및 제447조의2의 서류와 감사보고서를 본점에 5년간, 그 등본을 지점에 3년간 비치하여야 한다.
② 주주와 회사채권자는 영업시간내에 언제든지 제1항의 비치서류를 열람할 수 있으며 회사가 정한 비용을 지급하고 그 서류의 등본이나 초본의 교부를 청구할 수 있다.

0654 | 2011, 2022 |

주주와 회사채권자는 회사가 정한 비용을 지급하고 재무제표·영업보고서·감사보고서의 등본이나 초본의 교부를 청구할 수 있다. ( )

재무제표의 경우 주주뿐만 아니라 회사채권자에게도 재무제표 등의 열람등사청구권이 인정된다. 회사채권자에게 열람등사청구권이 인정되는 경우는 "채열/분합계/재/주/부/부/정"으로 정리하자.

제448조(재무제표 등의 비치·공시) ② 주주와 회사채권자는 영업시간내에 언제든지 제1항의 비치서류를 열람할 수 있으며 회사가 정한 비용을 지급하고 그 서류의 등본이나 초본의 교부를 청구할 수 있다.

0655 | 2018, 2020 |

주주는 그 보유주식 수와 상관없이 영업시간 내에 이사회의사록의 열람을 청구할 수 있고, 회사는 그 청구에 대하여 이유를 붙여 거절할 수 있다. ( )

제391조의3(이사회의 의사록) ① 이사회의 의사에 관하여는 의사록을 작성하여야 한다.
② 의사록에는 의사의 안건, 경과요령, 그 결과, 반대하는 자와 그 반대이유를 기재하고 출석한 이사 및 감사가 기명날인 또는 서명하여야 한다.
③ 주주는 영업시간내에 이사회의사록의 열람 또는 등사를 청구할 수 있다.
④ 회사는 제3항의 청구에 대하여 이유를 붙여 이를 거절할 수 있다. 이 경우 주주는 법원의 허가를 얻어 이사회의 사록을 열람 또는 등사할 수 있다.

	공개		비공개	
대상	재무제표 등	주총의사록	회계장부	이사회 의사록
청구권자	단독주주, 채권자	단독주주, 채권자	소수주주(3/100)	단독주주, ~~채권자~~
이유제시	불필요	불필요	필요	필요
방법	구두가능	구두가능	서면만	구두가능
회사의 거부권	×	×	○	○
근거	제448조 ①	제396조 ②	제446조	제391조 ③

0656 | 2019 |

상법상 회사에 대한 주주의 회계감독권 중 회계장부 열람권은 단독주주권이다.　　　(　　)

회계장부열람권은 3/100의 지분비율이 요구되는 소수주주권이다. 이 경우 의결권 여부는 불문한다.

제466조(주주의 회계장부열람권) ① 발행주식의 총수의 100분의 3 이상에 해당하는 주식을 가진 주주는 이유를 붙인 서면으로 회계의 장부와 서류의 열람 또는 등사를 청구할 수 있다.
② 회사는 제1항의 주주의 청구가 부당함을 증명하지 아니하면 이를 거부하지 못한다.

0657 | 2022 |

비상장주식회사 발행주식총수의 100분의 3 이상의 주식을 보유한 주주가 회계장부의 열람을 재판상 청구한 경우, 소송이 계속되는 동안 그 주식보유 요건이 계속 구비될 필요는 없다.　　　(　　)

(ⅰ) 위법행위유지청구권과 대표소송의 경우에는 소제기 당시에만 1/100의 지분비율을 충족하면 되지만, (ⅱ) 그 밖의 소수주주권의 경우에는 소송이 계속되는 동안 지분비율을 유지하여야 한다.

[대법원 2017. 11. 9., 선고, 2015다252037, 판결]
발행주식의 총수의 100분의 3 이상에 해당하는 주식을 가진 주주는 상법 제466조 제1항에 따라 이유를 붙인 서면으로 회계의 장부와 서류의 열람 또는 등사를 청구할 수 있다. 열람과 등사에 시간이 소요되는 경우에는 열람·등사를 청구한 주주가 전 기간을 통해 발행주식 총수의 100분의 3 이상의 주식을 보유하여야 하고, 회계장부의 열람·등사를 재판상 청구하는 경우에는 소송이 계속되는 동안 위 주식 보유요건을 구비하여야 한다.

0658 | 2019 |

상법상 회사에 대한 주주의 회계감독권 중 대차대조표 열람권은 단독주주권이다.　　　(　　)

재무제표 등의 열람등사청구권은 단독주주권이다.

제447조(재무제표의 작성) ① 이사는 결산기마다 다음 각 호의 서류와 그 부속명세서를 작성하여 이사회의 승인을 받아야 한다.
1. 대차대조표
2. 손익계산서
3. 그 밖에 회사의 재무상태와 경영성과를 표시하는 것으로서 대통령령으로 정하는 서류

답　0656 ×　0657 ×　0658 ○

② 대통령령으로 정하는 회사의 이사는 연결재무제표(聯結財務諸表)를 작성하여 이사회의 승인을 받아야 한다.
제447조의2(영업보고서의 작성) ① 이사는 매결산기에 영업보고서를 작성하여 이사회의 승인을 얻어야 한다.
② 영업보고서에는 대통령령이 정하는 바에 의하여 영업에 관한 중요한 사항을 기재하여야 한다.
제448조(재무제표 등의 비치·공시) ① 이사는 정기총회회일의 1주간전부터 제447조 및 제447조의2의 서류와 감사보고서를 본점에 5년간, 그 등본을 지점에 3년간 비치하여야 한다.
② 주주와 회사채권자는 영업시간내에 언제든지 제1항의 비치서류를 열람할 수 있으며 회사가 정한 비용을 지급하고 그 서류의 등본이나 초본의 교부를 청구할 수 있다.

0659 |2018|

회사채권자는 이유를 붙인 서면으로 회계의 장부와 서류의 열람을 청구할 수 있다. ( )

회계장부는 소수주주(3/100)만이 열람·등사청구할 수 있다. 채권자에게 열람·등사청구권이 인정되는 서류는 별도로 반드시 정리해야 한다(채열분합계재주부부정).

제466조(주주의 회계장부열람권) ① 발행주식의 총수의 100분의 3 이상에 해당하는 주식을 가진 주주는 이유를 붙인 서면으로 회계의 장부와 서류의 열람 또는 등사를 청구할 수 있다.
② 회사는 제1항의 주주의 청구가 부당함을 증명하지 아니하면 이를 거부하지 못한다.

0660 |2007|

단 1주라도 보유한 주주는 언제든지 회사의 재무제표, 영업보고서 및 감사보고서의 열람을 청구할 수 있다. ( )

재무제표 등의 열람권은 단독주주권이다.

제448조(재무제표 등의 비치·공시) ① 이사는 정기총회회일의 1주간전부터 제447조 및 제447조의2의 서류와 감사보고서를 본점에 5년간, 그 등본을 지점에 3년간 비치하여야 한다.
② 주주와 회사채권자는 영업시간내에 언제든지 제1항의 비치서류를 열람할 수 있으며 회사가 정한 비용을 지급하고 그 서류의 등본이나 초본의 교부를 청구할 수 있다.

0661 |2017|

주주는 영업시간 내에 언제든지 재무제표를 열람할 수 있으며 회사가 정한 비용을 지급하고 그 서류의 등본이나 초본의 교부를 청구할 수 있다. ( )

제448조(재무제표 등의 비치·공시) ① 이사는 정기총회회일의 1주간전부터 제447조 및 제447조의2의 서류와 감사보고서를 본점에 5년간, 그 등본을 지점에 3년간 비치하여야 한다.
② 주주와 회사채권자는 영업시간내에 언제든지 제1항의 비치서류를 열람할 수 있으며 회사가 정한 비용을 지급하고 그 서류의 등본이나 초본의 교부를 청구할 수 있다.

0662 |2007, 2011, 2021|

발행주식총수의 100분의 1 이상에 해당하는 주식을 가진 주주와 회사채권자는 영업시간 내에 언제든지 회계의 장부와 서류의 열람을 청구할 수 있다. ( )

답 0659 × 0660 ○ 0661 ○ 0662 ×

(ⅰ) 회계장부열람권은 소수주주권으로 주주의 지분비율은 100분의 3이어야 한다. 이 경우 의결권 여부는 불문한다. (ⅱ) 회사채권자에게는 회계장부열람청구권을 인정하지 않는다.

제466조(주주의 회계장부열람권) ① 발행주식의 총수의 100분의 3 이상에 해당하는 주식을 가진 주주는 이유를 붙인 서면으로 회계의 장부와 서류의 열람 또는 등사를 청구할 수 있다.

0663 |2007|

판례에 의하면, 자회사의 회계장부를 모회사가 보관하고 있고, 모회사의 회계 상황을 파악하기 위해 필요한 경우 모회사의 소수주주는 모회사의 회계서류로서 자회사의 회계장부 및 서류의 열람·등사를 청구할 수 있다.
( )

일정한 조건(모회사에 보관, 모회사의 회계상황을 파악하기 위해 실질적으로 필요)이 충족되는 경우 모회사의 회계서류로서 자회사의 회계서류를 열람할 수 있다.

[대법원 2001.10.26. 선고, 99다58051, 판결]
상법 제466조 제1항에서 정하고 있는 소수주주의 열람·등사청구의 대상이 되는 '회계의 장부 및 서류'에는 소수주주가 열람·등사를 구하는 이유와 실질적으로 관련이 있는 회계장부와 그 근거자료가 되는 회계서류를 가리키는 것으로서, 그것이 회계서류인 경우에는 그 작성명의인이 반드시 열람·등사제공의무를 부담하는 회사로 국한되어야 하거나, 원본에 국한되는 것은 아니며, 열람·등사제공의무를 부담하는 회사의 출자 또는 투자로 성립한 자회사의 회계장부라 할지라도 그것이 모자관계에 있는 모회사에 보관되어 있고, 또한 모회사의 회계상황을 파악하기 위한 근거자료로서 실질적으로 필요한 경우에는 모회사의 회계서류로서 모회사 소수주주의 열람·등사청구의 대상이 될 수 있다.

0664 |2007|

소수주주가 회사에 회계장부와 서류의 열람을 청구하기 위해서는 그 청구가 정당함을 증명하여야 한다.
( )

회계장부열람청구의 정당 여부에 관한 증명책임은 회사가 부담한다.

제466조(주주의 회계장부열람권) ② 회사는 제1항의 주주의 청구가 부당함을 증명하지 아니하면 이를 거부하지 못한다.

답 0663 ○ 0664 ×

제3관 감사와 감사위원회

1. 감사

0665 |2009|
감사 및 감사위원회 위원은 모두 주주총회에서 선임한다. ( )

> 감사는 주주총회에서 선임하지만, 감사위원회 위원은 이사의 자격이 있는 자 중에서 이사회에서 선임한다. 참고로 대규모상장회사(자산규모 2조원 이상)의 감사위원은 주주총회에서 선임한다.
>
> **제409조(선임)** ① 감사는 주주총회에서 선임한다.
>
> **제415조의2(감사위원회)** ① 회사는 정관이 정한 바에 따라 감사에 갈음하여 제393조의2의 규정에 의한 위원회로서 감사위원회를 설치할 수 있다. 감사위원회를 설치한 경우에는 감사를 둘 수 없다.
>
> **제393조의2(이사회내 위원회)** ① 이사회는 정관이 정한 바에 따라 위원회를 설치할 수 있다.
> ② 이사회는 다음 각호의 사항을 제외하고는 그 권한을 위원회에 위임할 수 있다.
> 1. 주주총회의 승인을 요하는 사항의 제안
> 2. 대표이사의 선임 및 해임
> 3. 위원회의 설치와 그 위원의 선임 및 해임
> 4. 정관에서 정하는 사항
>
> **제542조의12(감사위원회의 구성 등)** ① 제542조의11제1항의 상장회사의 경우 제393조의2에도 불구하고 감사위원회 위원을 선임하거나 해임하는 권한은 주주총회에 있다.

0666 |2017, 2019, 2023|
판례에 의하면 주주총회에서 감사선임결의가 있고 선임된 사람의 동의가 있으면 임용계약이 체결되지 않더라도 감사로서의 지위를 갖게 된다. ( )

> 변경된 판례에 따르면, 감사의 지위는 주주총회 선임결의 후에 피선임자가 이에 동의하면 발생하는 것이지, 피선임자와 회사 간의 임용계약 체결여부는 감사지위의 발생과 관련이 없다. 기존의 경영진이 반대파 측에서 선임한 이사의 권한행사를 막기 위해 임용계약체결을 미루는 사례가 빈발하여 아래와 같은 판례가 나오게 되었다.
>
> **[대법원 2017. 3. 23. 선고 2016다251215 전원합의체 판결]**
> 이사·감사의 지위가 주주총회의 선임결의와 별도로 대표이사와 사이에 임용계약이 체결되어야만 비로소 인정된다고 보는 것은, 이사·감사의 선임을 주주총회의 전속적 권한으로 규정하여 주주들의 단체적 의사결정 사항으로 정한 상법의 취지에 배치된다. 또한 상법상 대표이사는 회사를 대표하며, 회사의 영업에 관한 재판상 또는 재판 외의 모든 행위를 할 권한이 있으나(제389조 제3항, 제209조 제1항), 이사·감사의 선임이 여기에 속하지 아니함은 법문상 분명하다. 그러므로 이사·감사의 지위는 주주총회의 선임결의가 있고 선임된 사람의 동의가 있으면 취득된다고 보는 것이 옳다.

답 0665 × 0666 ○

0667 | 2009, 2017 |
감사의 임기는 취임 후 3년 내의 최종의 결산기에 관한 정기총회의 종결시까지이다. (　　　)

> 이사의 임기는 3년을 초과하지 않는 범위 내에서 자유롭게 정할 수 있지만, 감사의 임기는 「취임 후 3년내의 최종의 결산기에 관한 정기총회의 종결시」로 확정되어 있다.
>
> **제410조(임기)** 감사의 임기는 취임 후 3년내의 최종의 결산기에 관한 정기총회의 종결시까지로 한다.

0668 | 2011, 2016, 2017 |
최근 사업연도 말 현재 자산총액 1천억원 이상의 상장회사는 감사위원회를 둔 경우가 아닌 한 상근감사를 1명 이상 두어야 한다. (　　　)

> 자산총액 1천억원 이상인 상장회사는 상근감사 또는 감사위원회 중 반드시 하나를 두어야 한다.
>
> **제542조의10(상근감사)** ① 대통령령으로 정하는 상장회사는 주주총회 결의에 의하여 회사에 상근하면서 감사업무를 수행하는 감사(이하 "상근감사"라고 한다)를 1명 이상 두어야 한다. 다만, 이 절 및 다른 법률에 따라 감사위원회를 설치한 경우(감사위원회 설치 의무가 없는 상장회사가 이 절의 요건을 갖춘 감사위원회를 설치한 경우를 포함한다)에는 그러하지 아니하다.
>
> ▪ **상법 시행령**
>
> **제36조(상근감사)** ① 법 제542조의10제1항 본문에서 "대통령령으로 정하는 상장회사"란 최근 사업연도 말 현재의 자산총액이 1천억원 이상인 상장회사를 말한다.

0669 | 2019 |
상법상 주주총회의 결의에 의하여 상근감사를 두어야 하는 주식회사에서 미성년자, 피성년후견인 또는 피한정후견인은 상근감사로 선임될 자격이 있다. (　　　)

> 제542조의10 제2항 제1호, 제542조의8 제2항 제1호
>
> **제542조의10(상근감사)** ② 다음 각 호의 어느 하나에 해당하는 자는 제1항 본문의 상장회사의 상근감사가 되지 못하며, 이에 해당하게 되는 경우에는 그 직을 상실한다.
> 1. 제542조의8 제2항 제1호부터 제4호까지 및 제6호에 해당하는 자
> 2. 회사의 상무(常務)에 종사하는 이사·집행임원 및 피용자 또는 최근 2년 이내에 회사의 상무에 종사한 이사·집행임원 및 피용자. 다만, 이 절에 따른 감사위원회위원으로 재임 중이거나 재임하였던 이사는 제외한다.
> 3. 제1호 및 제2호 외에 회사의 경영에 영향을 미칠 수 있는 자로서 대통령령으로 정하는 자
>
> **제542조의8(사외이사의 선임)** ② 상장회사의 사외이사는 제382조제3항 각 호 뿐만 아니라 다음 각 호의 어느 하나에 해당되지 아니하여야 하며, 이에 해당하게 된 경우에는 그 직을 상실한다.
> 1. 미성년자, 피성년후견인 또는 피한정후견인
> 2. 파산선고를 받고 복권되지 아니한 자
> 3. 금고 이상의 형을 선고받고 그 집행이 끝나거나 집행이 면제된 후 2년이 지나지 아니한 자
> 4. 대통령령으로 별도로 정하는 법률을 위반하여 해임되거나 면직된 후 2년이 지나지 아니한 자

답 0667 ○　0668 ○　0669 ×

5. 상장회사의 주주로서 의결권 없는 주식을 제외한 발행주식총수를 기준으로 본인 및 그와 대통령령으로 정하는 특수한 관계에 있는 자(이하 "특수관계인"이라 한다)가 소유하는 주식의 수가 가장 많은 경우 그 본인(이하 "최대주주"라 한다) 및 그의 특수관계인
6. 누구의 명의로 하든지 자기의 계산으로 의결권 없는 주식을 제외한 발행주식총수의 100분의 10 이상의 주식을 소유하거나 이사·집행임원·감사의 선임과 해임 등 상장회사의 주요 경영사항에 대하여 사실상의 영향력을 행사하는 주주(이하 "주요주주"라 한다) 및 그의 배우자와 직계 존속·비속
7. 그 밖에 사외이사로서의 직무를 충실하게 수행하기 곤란하거나 상장회사의 경영에 영향을 미칠 수 있는 자로서 대통령령으로 정하는 자

0670 |2019|

상법상 주주총회의 결의에 의하여 상근감사를 두어야 하는 주식회사에서 이사의 직계존속은 상근감사로 선임될 자격이 있다. ( )

제542조의10 제2항 제3호, 상법시행령 제36조 제2항 제1호

제542조의10(상근감사) ② 다음 각 호의 어느 하나에 해당하는 자는 제1항 본문의 상장회사의 상근감사가 되지 못하며, 이에 해당하게 되는 경우에는 그 직을 상실한다.
1. 제542조의8 제2항 제1호부터 제4호까지 및 제6호에 해당하는 자
2. 회사의 상무(常務)에 종사하는 이사·집행임원 및 피용자 또는 최근 2년 이내에 회사의 상무에 종사한 이사·집행임원 및 피용자. 다만, 이 절에 따른 감사위원회위원으로 재임 중이거나 재임하였던 이사는 제외한다.
3. 제1호 및 제2호 외에 회사의 경영에 영향을 미칠 수 있는 자로서 대통령령으로 정하는 자

■ 상법시행령

제36조(상근감사) ① 법 제542조의10제1항 본문에서 "대통령령으로 정하는 상장회사"란 최근 사업연도 말 현재의 자산총액이 1천억원 이상인 상장회사를 말한다.
② 법 제542조의10 제2항 제3호에서 "대통령령으로 정하는 자"란 다음 각 호의 어느 하나에 해당하는 자를 말한다.
1. 해당 회사의 상무에 종사하는 이사·집행임원의 배우자 및 직계존속·비속
2. 계열회사의 상무에 종사하는 이사·집행임원 및 피용자이거나 최근 2년 이내에 상무에 종사한 이사·집행임원 및 피용자

0671 |2019|

파산선고를 받고 복권되지 아니한 자는 상법상 주주총회의 결의에 의하여 상근감사를 두어야 하는 주식회사에서 상근감사로 선임될 자격이 있다. ( )

제542조의10(상근감사) ① 대통령령으로 정하는 상장회사는 주주총회 결의에 의하여 회사에 상근하면서 감사업무를 수행하는 감사(이하 "상근감사"라고 한다)를 1명 이상 두어야 한다. 다만, 이 절 및 다른 법률에 따라 감사위원회를 설치한 경우(감사위원회 설치 의무가 없는 상장회사가 이 절의 요건을 갖춘 감사위원회를 설치한 경우를 포함한다)에는 그러하지 아니하다.
② 다음 각 호의 어느 하나에 해당하는 자는 제1항 본문의 상장회사의 상근감사가 되지 못하며, 이에 해당하게 되는 경우에는 그 직을 상실한다.
1. 제542조의8제2항제1호부터 제4호까지 및 제6호에 해당하는 자

답 0670 × 0671 ×

2. 회사의 상무(常務)에 종사하는 이사·집행임원 및 피용자 또는 최근 2년 이내에 회사의 상무에 종사한 이사·집행임원 및 피용자. 다만, 이 절에 따른 감사위원회위원으로 재임 중이거나 재임하였던 이사는 제외한다.
3. 제1호 및 제2호 외에 회사의 경영에 영향을 미칠 수 있는 자로서 대통령령으로 정하는 자

제542조의8(사외이사의 선임) ② 상장회사의 사외이사는 제382조제3항 각 호 뿐만 아니라 다음 각 호의 어느 하나에 해당되지 아니하여야 하며, 이에 해당하게 된 경우에는 그 직을 상실한다.
1. 미성년자, 피성년후견인 또는 피한정후견인
2. 파산선고를 받고 복권되지 아니한 자
3. 금고 이상의 형을 선고받고 그 집행이 끝나거나 집행이 면제된 후 2년이 지나지 아니한 자
4. 대통령령으로 별도로 정하는 법률을 위반하여 해임되거나 면직된 후 2년이 지나지 아니한 자
5. 상장회사의 주주로서 의결권 없는 주식을 제외한 발행주식총수를 기준으로 본인 및 그와 대통령령으로 정하는 특수한 관계에 있는 자(이하 "특수관계인"이라 한다)가 소유하는 주식의 수가 가장 많은 경우 그 본인(이하 "최대주주"라 한다) 및 그의 특수관계인
6. 누구의 명의로 하든지 자기의 계산으로 의결권 없는 주식을 제외한 발행주식총수의 100분의 10 이상의 주식을 소유하거나 이사·집행임원·감사의 선임과 해임 등 상장회사의 주요 경영사항에 대하여 사실상의 영향력을 행사하는 주주(이하 "주요주주"라 한다) 및 그의 배우자와 직계 존속·비속
7. 그 밖에 사외이사로서의 직무를 충실하게 수행하기 곤란하거나 상장회사의 경영에 영향을 미칠 수 있는 자로서 대통령령으로 정하는 자

0672 | 2019 |

상장회사의 특례에 따른 감사위원회의 위원으로 재임하였던 자는 상법상 주주총회의 결의에 의하여 상근감사를 두어야 하는 주식회사에서 상근감사로 선임될 자격이 있다. (   )

감사위원회위원으로 재임 중이거나 재임하였던 이사는 상근감사가 될 수 있다.

제542조의10(상근감사) ② 다음 각 호의 어느 하나에 해당하는 자는 제1항 본문의 상장회사의 상근감사가 되지 못하며, 이에 해당하게 되는 경우에는 그 직을 상실한다.
1. 제542조의8 제2항 제1호부터 제4호까지 및 제6호에 해당하는 자
2. 회사의 상무(常務)에 종사하는 이사·집행임원 및 피용자 또는 최근 2년 이내에 회사의 상무에 종사한 이사·집행임원 및 피용자. 다만, 이 절에 따른 감사위원회위원으로 재임 중이거나 재임하였던 이사는 제외한다.
3. 제1호 및 제2호 외에 회사의 경영에 영향을 미칠 수 있는 자로서 대통령령으로 정하는 자

0673 | 2019 |

금고 이상의 형을 선고받고 그 집행이 끝나거나 집행이 면제된 후 2년이 지나지 아니한 자는 상법상 주주총회의 결의에 의하여 상근감사를 두어야 하는 주식회사에서 상근감사로 선임될 자격이 있다. (   )

제542조의10(상근감사) ① 대통령령으로 정하는 상장회사는 주주총회 결의에 의하여 회사에 상근하면서 감사업무를 수행하는 감사(이하 "상근감사"라고 한다)를 1명 이상 두어야 한다. 다만, 이 절 및 다른 법률에 따라 감사위원회를 설치한 경우(감사위원회 설치 의무가 없는 상장회사가 이 절의 요건을 갖춘 감사위원회를 설치한 경우를 포함한다)에는 그러하지 아니하다.
② 다음 각 호의 어느 하나에 해당하는 자는 제1항 본문의 상장회사의 상근감사가 되지 못하며, 이에 해당하게 되는 경우에는 그 직을 상실한다.

답 0672 ○ 0673 ×

1. 제542조의8제2항제1호부터 제4호까지 및 제6호에 해당하는 자
2. 회사의 상무(常務)에 종사하는 이사·집행임원 및 피용자 또는 최근 2년 이내에 회사의 상무에 종사한 이사·집행임원 및 피용자. 다만, 이 절에 따른 감사위원회위원으로 재임 중이거나 재임하였던 이사는 제외한다.
3. 제1호 및 제2호 외에 회사의 경영에 영향을 미칠 수 있는 자로서 대통령령으로 정하는 자

제542조의8(사외이사의 선임) ② 상장회사의 사외이사는 제382조제3항 각 호 뿐만 아니라 다음 각 호의 어느 하나에 해당되지 아니하여야 하며, 이에 해당하게 된 경우에는 그 직을 상실한다.
1. 미성년자, 피성년후견인 또는 피한정후견인
2. 파산선고를 받고 복권되지 아니한 자
3. 금고 이상의 형을 선고받고 그 집행이 끝나거나 집행이 면제된 후 2년이 지나지 아니한 자
4. 대통령령으로 별도로 정하는 법률을 위반하여 해임되거나 면직된 후 2년이 지나지 아니한 자
5. 상장회사의 주주로서 의결권 없는 주식을 제외한 발행주식총수를 기준으로 본인 및 그와 대통령령으로 정하는 특수한 관계에 있는 자(이하 "특수관계인"이라 한다)가 소유하는 주식의 수가 가장 많은 경우 그 본인(이하 "최대주주"라 한다) 및 그의 특수관계인
6. 누구의 명의로 하든지 자기의 계산으로 의결권 없는 주식을 제외한 발행주식총수의 100분의 10 이상의 주식을 소유하거나 이사·집행임원·감사의 선임과 해임 등 상장회사의 주요 경영사항에 대하여 사실상의 영향력을 행사하는 주주(이하 "주요주주"라 한다) 및 그의 배우자와 직계 존속·비속
7. 그 밖에 사외이사로서의 직무를 충실하게 수행하기 곤란하거나 상장회사의 경영에 영향을 미칠 수 있는 자로서 대통령령으로 정하는 자

0674 | 2023 |
자회사의 감사는 모회사의 사내이사를 겸직할 수 없다. ( )

(ⅰ) 모회사의 감사는 자회사의 이사의 직무를 겸할 수 없으나(상법 제411조), (ⅱ) 반대로 자회사의 감사는 모회사의 이사의 직무를 겸할 수 있다. 모회사의 임직원이 자회사의 감사를 겸하는 경우는 실무상 자주 발생한다.

0675 | 2013, 2019, 2020 |
甲주식회사의 대표이사 A는 甲회사의 모회사인 乙주식회사의 감사의 직무를 겸할 수 있다. ( )

겸임금지의무와 관련하여, 감사는 소속된 회사뿐만 아니라 자회사에 대해서도 이사 또는 지배인 기타 사용인의 직무를 겸할 수 없음을 주의해야 한다.

제411조(겸임금지) 감사는 회사 및 자회사의 이사 또는 지배인 기타의 사용인의 직무를 겸하지 못한다.

0676 | 2014 |
甲회사의 정관에서 의결권 없는 주식을 제외한 발행주식총수의 100분의 5를 초과하는 수의 주식을 가진 주주는 그 초과하는 주식에 관하여 감사선임시 의결권을 행사할 수 없다고 규정한 경우 그러한 정관규정은 유효하다.
( )

감사선임시 3% 초과주주의 의결권 제한은 그 비율을 낮추는 것만 가능하다.

제409조(선임) ① 감사는 주주총회에서 선임한다.

② 의결권없는 주식을 제외한 발행주식의 총수의 100분의 3(정관에서 더 낮은 주식 보유비율을 정할 수 있으며, 정관에서 더 낮은 주식 보유비율을 정한 경우에는 그 비율로 한다)을 초과하는 수의 주식을 가진 주주는 그 초과하는 주식에 관하여 제1항의 감사의 선임에 있어서는 의결권을 행사하지 못한다.

0677 |2023|

감사를 여러 명 선임한 경우 이들은 회의체를 구성하므로 다수결에 의한 결의를 거쳐야 감사업무를 수행할 수 있다. ( )

감사는 수인이 있는 경우에도 개개의 감사가 독립하여 개별적으로 그 권한을 행사하고(독임제기관) 회의체를 구성하는 것은 아니다.

0678 |2022|

감사록에는 감사의 실시요령과 그 결과를 기재해야 하고, 감사를 실시하지 않은 감사도 기명날인 또는 서명하여야 한다. ( )

감사를 실시한 감사가 기명날인 또는 서명한다.

제413조의2(감사록의 작성) ① 감사는 감사에 관하여 감사록을 작성하여야 한다.
② 감사록에는 감사의 실시요령과 그 결과를 기재하고 감사를 실시한 감사가 기명날인 또는 서명하여야 한다.

0679 |2022|

감사는 언제든지 이사에 대하여 영업에 관한 보고를 요구하거나 회사의 업무와 재산상태를 조사할 수 있다. ( )

감사의 보고요구 및 조사권에 대한 설명이다.

제412조(감사의 직무와 보고요구, 조사의 권한) ① 감사는 이사의 직무의 집행을 감사한다.
② 감사는 언제든지 이사에 대하여 영업에 관한 보고를 요구하거나 회사의 업무와 재산상태를 조사할 수 있다.
③ 감사는 회사의 비용으로 전문가의 도움을 구할 수 있다.

0680 |2014, 2022|

모회사와 자회사는 법인격이 다르므로 모회사의 감사는 자회사의 이사에 대하여 영업의 보고를 요구하거나 자회사의 재무와 재산상태를 조사할 수가 없다. ( )

모회사의 감사를 수행하기 위해 필요하다면 자회사에 대해서 영업의 보고 요구 및 조사가 가능하다.

제412조의5(자회사의 조사권) ① 모회사의 감사는 그 직무를 수행하기 위하여 필요한 때에는 자회사에 대하여 영업의 보고를 요구할 수 있다.
② 모회사의 감사는 제1항의 경우에 자회사가 지체없이 보고를 하지 아니할 때 또는 그 보고의 내용을 확인할 필요가 있는 때에는 자회사의 업무와 재산상태를 조사할 수 있다.
③ 자회사는 정당한 이유가 없는 한 제1항의 규정에 의한 보고 또는 제2항의 규정에 의한 조사를 거부하지 못한다.

답 0677 × 0678 × 0679 ○ 0680 ×

0681 |2022|

감사는 이사가 주주총회에 제출할 의안 및 서류를 조사하여 법령 또는 정관에 위반하거나 현저하게 부당한 사항이 있는지의 여부에 관하여 주주총회에 그 의견을 진술하여야 한다. ( )

> 감사의 조사 및 보고의무에 대한 설명이다. 감사가 이 의무를 해태할 경우 회사에 대한 손해배상책임이 문제될 수 있다.
>
> **제413조(조사·보고의 의무)** 감사는 이사가 주주총회에 제출할 의안 및 서류를 조사하여 법령 또는 정관에 위반하거나 현저하게 부당한 사항이 있는지의 여부에 관하여 주주총회에 그 의견을 진술하여야 한다.

0682 |2014|

감사는 주주대표소송으로 책임추궁을 받지 않고 정관에 규정을 두어 책임을 경감받을 수 없다. ( )

> 감사 역시 대표소송의 대상이 되고 책임경감도 허용된다.
>
> **제415조(준용규정)** 제382조제2항, 제382조의4, 제385조, 제386조, 제388조, 제400조, 제401조와 제403조 내지 제407조의 규정은 감사에 준용한다.
>
> **제400조(회사에 대한 책임의 감면)** ① 제399조에 따른 이사의 책임은 주주 전원의 동의로 면제할 수 있다.
> ② 회사는 정관으로 정하는 바에 따라 제399조에 따른 이사의 책임을 이사가 그 행위를 한 날 이전 최근 1년간의 보수액(상여금과 주식매수선택권의 행사로 인한 이익 등을 포함한다)의 6배(사외이사의 경우는 3배)를 초과하는 금액에 대하여 면제할 수 있다. 다만, 이사가 고의 또는 중대한 과실로 손해를 발생시킨 경우와 제397조 제397조의2 및 제398조에 해당하는 경우에는 그러하지 아니하다.
>
> **제403조(주주의 대표소송)** ① 발행주식의 총수의 100분의 1 이상에 해당하는 주식을 가진 주주는 회사에 대하여 이사의 책임을 추궁할 소의 제기를 청구할 수 있다.
> ② 제1항의 청구는 그 이유를 기재한 서면으로 하여야 한다.
> ③ 회사가 전항의 청구를 받은 날로부터 30일내에 소를 제기하지 아니한 때에는 제1항의 주주는 즉시 회사를 위하여 소를 제기할 수 있다.
> ④ 제3항의 기간의 경과로 인하여 회사에 회복할 수 없는 손해가 생길 염려가 있는 경우에는 전항의 규정에 불구하고 제1항의 주주는 즉시 소를 제기할 수 있다.
> ⑤ 제3항과 제4항의 소를 제기한 주주의 보유주식이 제소후 발행주식총수의 100분의 1 미만으로 감소한 경우(발행주식을 보유하지 아니하게 된 경우를 제외한다)에도 제소의 효력에는 영향이 없다.
> ⑥ 회사가 제1항의 청구에 따라 소를 제기하거나 주주가 제3항과 제4항의 소를 제기한 경우 당사자는 법원의 허가를 얻지 아니하고는 소의 취하, 청구의 포기·인락·화해를 할 수 없다.
> ⑦ 제176조제3항, 제4항과 제186조의 규정은 본조의 소에 준용한다.

0683 |2016|

자본금의 총액이 10억원 미만인 회사는 감사를 두지 않을 수 있다. ( )

> 소규모 주식회사의 경우에 감사가 임의기관이다. 덧붙여 이사회도 임의기관이다.
>
> **제409조(선임)** ① 감사는 주주총회에서 선임한다.
> ④ 제1항, 제296조제1항 및 제312조에도 불구하고 자본금의 총액이 10억원 미만인 회사의 경우에는 감사를 선임하지 아니할 수 있다.

0684 | 2018 |

감사를 선임하지 아니한 회사가 이사에 대하여 소를 제기하는 경우에 주주총회에서 회사를 대표할 자를 선임한다.
( )

> 법원에 회사를 대표할 자의 선임을 신청하여야 한다.
> **제409조(선임)** ④ 제1항, 제296조제1항 및 제312조에도 불구하고 자본금의 총액이 10억원 미만인 회사의 경우에는 감사를 선임하지 아니할 수 있다.
> ⑤ 제4항에 따라 감사를 선임하지 아니한 회사가 이사에 대하여 또는 이사가 그 회사에 대하여 소를 제기하는 경우에 회사, 이사 또는 이해관계인은 법원에 회사를 대표할 자를 선임하여 줄 것을 신청하여야 한다.

0685 | 2015 |

상법은 이사가 2인인 주식회사에서 감사는 이사가 법령 또는 정관에 위반한 행위를 하거나 그 행위를 할 염려가 있다고 인정되는 경우 주주총회를 소집하여 이를 보고하도록 규정하고 있다. ( )

> 이사가 법령 또는 정관에 위반한 행위를 하거나 그 행위를 할 염려가 있는 경우에 감사는 이를 이사회에 보고하여야 한다(제391조의2 제2항). 다만 상법상 자본금 총액이 10억원 미만인 회사(소규모 주식회사)는 이사회 및 감사가 임의기관에 불과하여(제409조 제4항), 감사의 이사회(또는 주주총회) 보고에 관한 규정은 존재하지 않는다.
> **제383조(원수, 임기)** ① 이사는 3명 이상이어야 한다. 다만, 자본금 총액이 10억원 미만인 회사는 1명 또는 2명으로 할 수 있다.
> ⑤ 제1항 단서의 경우에는 제341조제2항 단서, 제390조, 제391조, 제391조의2, 제391조의3, 제392조, 제393조제2항부터 제4항까지, 제399조제2항, 제408조의2제3항·제4항, 제408조의3제2항, 제408조의4제2호, 제408조의5제1항, 제408조의6, 제408조의7, 제412조의4, 제449조의2, 제462조제2항 단서, 제526조제3항, 제527조제4항, 제527조의2, 제527조의3제1항 및 제527조의5제2항은 적용하지 아니한다.
> **제391조의2(감사의 이사회출석·의견진술권)** ① 감사는 이사회에 출석하여 의견을 진술할 수 있다.
> ② 감사는 이사가 법령 또는 정관에 위반한 행위를 하거나 그 행위를 할 염려가 있다고 인정한 때에는 이사회에 이를 보고하여야 한다.
> **제409조 (선임)** ④ 제1항, 제296조제1항 및 제312조에도 불구하고 자본금의 총액이 10억원 미만인 회사의 경우에는 감사를 선임하지 아니할 수 있다.

0686 | 2017 |

비상장회사의 감사를 해임하는 경우 의결권없는 주식을 제외한 발행주식총수의 100분의 3을 초과하는 수의 주식을 가진 주주는 그 초과하는 주식에 관하여 의결권을 행사하지 못한다. ( )

> (i)「비상장회사」의 경우 감사의 선임결의(제409조 제2항)와 달리 「해임결의」에 대해서는 의결권 제한규정이 없다.
> (ii)「상장회사」의 경우에는 감사(위원회위원)의 「선임결의」뿐만 아니라 「해임결의」를 할 때에도 의결권 없는 주식을 제외한 발행주식총수의 100분의 3을 초과하는 부분으로는 의결권을 행사하지 못한다(제542조의12 제4항).
> **제409조(선임)** ② 의결권없는 주식을 제외한 발행주식의 총수의 100분의 3(정관에서 더 낮은 주식 보유비율을 정할 수 있으며, 정관에서 더 낮은 주식 보유비율을 정한 경우에는 그 비율로 한다)을 초과하는 수의 주식을 가진 주주는 그 초과하는 주식에 관하여 제1항의 감사의 선임에 있어서는 의결권을 행사하지 못한다.

0684 × 0685 × 0686 ×

제542조의12(감사위원회의 구성 등) ④ 제1항에 따른 감사위원회위원을 선임 또는 해임할 때에는 상장회사의 의결권 없는 주식을 제외한 발행주식총수의 100분의 3(정관에서 더 낮은 주식 보유비율을 정할 수 있으며, 정관에서 더 낮은 주식 보유비율을 정한 경우에는 그 비율로 한다)을 초과하는 수의 주식을 가진 주주(최대주주인 경우에는 사외이사가 아닌 감사위원회위원을 선임 또는 해임할 때에 그의 특수관계인, 그 밖에 대통령령으로 정하는 자가 소유하는 주식을 합산한다)는 그 초과하는 주식에 관하여 의결권을 행사하지 못한다.
⑦ 제4항은 상장회사가 감사를 선임하거나 해임할 때에 준용한다. 이 경우 주주가 최대주주인 경우에는 그의 특수관계인, 그 밖에 대통령령으로 정하는 자가 소유하는 주식을 합산한다.

0687 | 2023 |
감사의 해임은 상법상 주주총회 특별결의사항이다. ( )

특별결의사항이다.

제415조(준용규정) 제382조제2항, 제382조의4, 제385조, 제386조, 제388조, 제400조, 제401조, 제403조부터 제406조까지, 제406조의2 및 제407조는 감사에 준용한다.

제385조(해임) ① 이사는 언제든지 제434조의 규정에 의한 주주총회의 결의로 이를 해임할 수 있다. 그러나 이사의 임기를 정한 경우에 정당한 이유없이 그 임기만료전에 이를 해임한 때에는 그 이사는 회사에 대하여 해임으로 인한 손해의 배상을 청구할 수 있다.

0688 | 2016 |
회사가 감사의 임기 내에 정당한 이유 없이 감사를 해임하더라도 그 감사는 회사에 대하여 해임으로 인한 손해배상을 청구할 수 없다. ( )

감사에 대해서도 이사의 해임에 관한 규정을 준용하여, 정당한 이유 없이 임기만료 전에 해임한 경우에는 손해배상청구가 가능하다.

제385조(해임) ① 이사는 언제든지 제434조의 규정에 의한 주주총회의 결의로 이를 해임할 수 있다. 그러나 이사의 임기를 정한 경우에 정당한 이유없이 그 임기만료전에 이를 해임한 때에는 그 이사는 회사에 대하여 해임으로 인한 손해의 배상을 청구할 수 있다.
제415조(준용규정) 제382조제2항, 제382조의4, 제385조, 제386조, 제388조, 제400조, 제401조와 제403조 내지 제407조의 규정은 감사에 준용한다.

0689 | 2021 |
감사해임청구권은 상법상 비상장 주식회사에서 발행주식총수의 100분의 3에 해당하는 주식을 가진 주주가 행사할 수 있는 권리이다. ( )

이사 해임청구권 규정을 준용한다.

제415조(준용규정) 제382조제2항, 제382조의4, 제385조, 제386조, 제388조, 제400조, 제401조, 제403조부터 제406조까지, 제406조의2 및 제407조는 감사에 준용한다.

답 0687 ○ 0688 × 0689 ○

제385조(해임) ② 이사가 그 직무에 관하여 부정행위 또는 법령이나 정관에 위반한 중대한 사실이 있음에도 불구하고 주주총회에서 그 해임을 부결한 때에는 발행주식의 총수의 100분의 3 이상에 해당하는 주식을 가진 주주는 총회의 결의가 있은 날부터 1월내에 그 이사의 해임을 법원에 청구할 수 있다.

0690 | 2011, 2016 |
상장회사는 주주총회에서 감사의 보수와 이사의 보수를 단일 안건으로 상정하여 그 총액을 의결할 수 있다. ( )

감사의 선임 또는 감사의 보수의 결정을 위한 의안을 상정하려는 경우 이사의 선임 또는 보수의 결정을 위한 의안을 상정하려는 경우 이사의 선임 또는 보수의 결정을 위한 의안과는 「별도로」 상정하여 의결하여야 한다. 동시에 의결하게 되면 감사가 이사에 종속될 우려가 있기 때문이다.

제542조의12(감사위원회의 구성 등) ⑤ 상장회사가 주주총회의 목적사항으로 감사의 선임 또는 감사의 보수결정을 위한 의안을 상정하려는 경우에는 이사의 선임 또는 이사의 보수결정을 위한 의안과는 별도로 상정하여 의결하여야 한다.

2. 감사위원회

0691 | 2023 |
자본금 10억원인 비상장주식회사는 감사위원회를 설치한 경우 감사위원회 위원은 이사회의 구성원이 아니다. ( )

자본금 10억원인 비상장주식회사는 「소규모회사가 아닌」 회사를 말한다. 감사위원회는 이사회내의 위원회의 일종이므로 그 위원의 선임은 이사회의 일반적인 결의로 하며 감사위원회의 위원은 이사의 자격을 전제로 한다. 따라서 감사위원회 위원은 이사로서 당연히 이사회의 구성원이 된다.

0692 | 2009, 2019 |
감사와 달리 감사위원회 위원에 대하여는 경업금지의무가 적용된다. ( )

이사 중에서 감사위원을 선임하기 때문에 감사위원에 대하여는 이사의 의무(경업금지의무, 회사의 사업기회유용금지의무, 자기거래금지의무)가 적용된다.

제397조(경업금지) ① 이사는 이사회의 승인이 없으면 자기 또는 제3자의 계산으로 회사의 영업부류에 속한 거래를 하거나 동종영업을 목적으로 하는 다른 회사의 무한책임사원이나 이사가 되지 못한다.

0693 | 2009, 2017 |
감사위원회는 3인 이상의 이사로 구성하며 사외이사가 위원의 3분의 2 이상이어야 한다. ( )

제415조의2(감사위원회) ② 감사위원회는 제393조의2제3항에도 불구하고 3명 이상의 이사로 구성한다. 다만, 사외이사가 위원의 3분의 2 이상이어야 한다.

답 0690 × 0691 × 0692 ○ 0693 ○

0694 |2009, 2017|
감사위원회 위원의 해임에 관한 이사회 결의는 이사 총수의 3분의 2 이상의 결의로 한다. ( )

이사 총수의 2/3 이상의 결의가 필요한 경우는 (ⅰ) 이사의 자기거래 승인, (ⅱ) 회사의 사업기회의 이용 승인, (ⅲ) 감사위원회 위원의 해임 이렇게 3가지이다.

제415조의2(감사위원회) ③ 감사위원회의 위원의 해임에 관한 이사회의 결의는 이사 총수의 3분의 2 이상의 결의로 하여야 한다.

0695 |2011|
감사위원회 설치의무가 있는 상장회사가 감사위원회를 두는 경우 그 위원 중 1명 이상은 회계 또는 재무전문가이어야 한다. ( )

감사위원회 설치의무가 있는 상장회사는 자산총액 2조 이상의 대규모 상장회사이다.

제542조의11(감사위원회) ① 자산 규모 등을 고려하여 대통령령으로 정하는 상장회사는 감사위원회를 설치하여야 한다.
② 제1항의 상장회사의 감사위원회는 제415조의2제2항의 요건 및 다음 각 호의 요건을 모두 갖추어야 한다.
1. 위원 중 1명 이상은 대통령령으로 정하는 회계 또는 재무 전문가일 것
2. 감사위원회의 대표는 사외이사일 것

■ 상법 시행령
제37조(감사위원회) ① 법 제542조의11제1항에서 "대통령령으로 정하는 상장회사"란 최근 사업연도 말 현재의 자산총액이 2조원 이상인 상장회사를 말한다.

0696 |2011|
비상장회사가 감사에 갈음하여 감사위원회를 두는 경우 감사위원회 위원을 선임하거나 해임하는 권한은 주주총회에 전속한다. ( )

감사위원회는 이사회 내 위원회이므로 비상장회사의 감사위원회의 위원의 선임과 해임은 이사회의 권한이다. 다만 대규모 상장회사의 경우에는 주주총회에서 감사위원회 위원을 선임하거나 해임한다.

제415조의2(감사위원회) ① 회사는 정관이 정한 바에 따라 감사에 갈음하여 제393조의2의 규정에 의한 위원회로서 감사위원회를 설치할 수 있다. 감사위원회를 설치한 경우에는 감사를 둘 수 없다.
② 감사위원회는 제393조의2제3항에도 불구하고 3명 이상의 이사로 구성한다. 다만, 사외이사가 위원의 3분의 2 이상이어야 한다.
③ 감사위원회의 위원의 해임에 관한 이사회의 결의는 이사 총수의 3분의 2 이상의 결의로 하여야 한다.

제393조의2(이사회내 위원회) ① 이사회는 정관이 정한 바에 따라 위원회를 설치할 수 있다.
② 이사회는 다음 각호의 사항을 제외하고는 그 권한을 위원회에 위임할 수 있다.
1. 주주총회의 승인을 요하는 사항의 제안
2. 대표이사의 선임 및 해임
3. 위원회의 설치와 그 위원의 선임 및 해임
4. 정관에서 정하는 사항

0694 ○ 0695 ○ 0696 ✕

제542조의12(감사위원회의 구성 등) ① 제542조의11제1항의 상장회사의 경우 제393조의2에도 불구하고 감사위원회 위원을 선임하거나 해임하는 권한은 주주총회에 있다.

0697 | 2011 |

감사위원회 설치의무가 있는 상장회사는 주주총회에서 이사를 선출함에 있어 감사위원회 위원 중 1명은 다른 이사들과 분리하여 선출하여야 한다. ( )

감사위원회 위원은 이사의 자격을 전제로 한다. 감사위원회 설치의무가 있는 상장회사(대규모 상장회사)의 경우에는 선임된 이사 중에서 감사위원회 위원을 선임한다. 다만 감사위원회 위원 중 1명은 다른 이사들과 분리하여 감사위원회 위원이 되는 이사로 선임해야 한다. 이를 「분리선출」이라 하며, 주주들은 3%를 초과하는 부분의 의결권을 행사할 수 없다. 대주주가 뽑은 이사 중에서 감사위원을 선출하지 않고 대주주로부터 독립적인 지위를 갖도록 감사위원을 별도로 선임해 감사위원회 위원의 독립성을 확보하기 위한 것이다.

제542조의12(감사위원회의 구성 등) ② 제542조의11제1항의 상장회사는 주주총회에서 이사를 선임한 후 선임된 이사 중에서 감사위원회위원을 선임하여야 한다. 다만, 감사위원회위원 중 1명(정관에서 2명 이상으로 정할 수 있으며, 정관으로 정한 경우에는 그에 따른 인원으로 한다)은 주주총회 결의로 다른 이사들과 분리하여 감사위원회위원이 되는 이사로 선임하여야 한다.

0698 | 2014 |

감사위원회 설치의무가 있는 상장회사에서 A가 그 회사 감사위원회의 대표라면 A는 사외이사이어야 한다. ( )

자산총액 2조 이상의 상장회사의 감사위원회의 대표는 사외이사이어야 한다.

제542조의11(감사위원회) ① 자산 규모 등을 고려하여 대통령령으로 정하는 상장회사는 감사위원회를 설치하여야 한다.
② 제1항의 상장회사의 감사위원회는 제415조의2제2항의 요건 및 다음 각 호의 요건을 모두 갖추어야 한다.
1. 위원 중 1명 이상은 대통령령으로 정하는 회계 또는 재무 전문가일 것
2. 감사위원회의 대표는 사외이사일 것

■ 상법시행령
제37조(감사위원회) ① 법 제542조의11제1항에서 "대통령령으로 정하는 상장회사"란 최근 사업연도 말 현재의 자산총액이 2조원 이상인 상장회사를 말한다.

0699 | 2016, 2019 |

최근 사업연도 말 현재의 자산총액이 2조원 이상인 상장회사의 감사위원회 위원을 선임하거나 해임하는 권한은 이사회에 있다. ( )

대규모상장회사의 경우 감사위원의 선임 및 해임 권한은 주주총회에 있다.

제542조의12(감사위원회의 구성 등) ① 제542조의11제1항의 상장회사의 경우 제393조의2에도 불구하고 감사위원회 위원을 선임하거나 해임하는 권한은 주주총회에 있다.

0697 ○ 0698 ○ 0699 ✕

0700 | 2014 |

최근 사업연도 말 현재의 자산총액이 3천억원인 상장회사의 경우 감사위원회 위원은 이사회에서 선임하고 해임한다. ( )

> 자산총액 2조 이상의 대규모회사(대규모상장회사)의 경우에는 주주총회에서 선임 및 해임한다. 자산총액 1천억원 이상 2조원 미만인 상장회사는 감사위원회 설치의무는 없고 상근감사를 두어야 한다(제542조의10 제1항 본문). 그러나 이 회사가 대규모상장회사의 특례규정에 의한 감사위원회(즉, 위원을 주주총회에서 선임하는)를 두는 경우에는 상근감사를 두지 않을 수는 있다(동항 단서).
>
> **제542조의10(상근감사)** ① 대통령령으로 정하는 상장회사는 주주총회 결의에 의하여 회사에 상근하면서 감사업무를 수행하는 감사(이하 "상근감사"라고 한다)를 1명 이상 두어야 한다. 다만, 이 절 및 다른 법률에 따라 감사위원회를 설치한 경우(감사위원회 설치 의무가 없는 상장회사가 이 절의 요건을 갖춘 감사위원회를 설치한 경우를 포함한다)에는 그러하지 아니하다.
>
> **제542조의12(감사위원회의 구성 등)** ① 제542조의11제1항의 상장회사의 경우 제393조의2에도 불구하고 감사위원회 위원을 선임하거나 해임하는 권한은 주주총회에 있다.
>
> ■ 상법시행령
>
> **제36조(상근감사)** ① 법 제542조의10제1항 본문에서 "대통령령으로 정하는 상장회사"란 최근 사업연도 말 현재의 자산총액이 1천억원 이상인 상장회사를 말한다.

0701 | 2023 |

회사가 전자적 방법으로 주주총회에서 의결권을 행사할 수 있도록 한 경우에는 출석한 주주의 의결권의 과반수로써 감사의 선임을 결의할 수 있다. ( )

> 감사위원 선임시 전자투표에 의하는 경우에는 주주총회 보통결의 요건 중 출석주주의 과반수 찬성만 충족하면 되고, 발행주식총수의 1/4이라는 요건은 갖추지 않아도 된다.
>
> **제542조의12(감사위원회의 구성 등)** ⑧ 회사가 제368조의4제1항에 따라 전자적 방법으로 의결권을 행사할 수 있도록 한 경우에는 제368조제1항에도 불구하고 출석한 주주의 의결권의 과반수로써 제1항에 따른 감사위원회위원의 선임을 결의할 수 있다.
>
> **제368조의4(전자적 방법에 의한 의결권의 행사)** ① 회사는 이사회의 결의로 주주가 총회에 출석하지 아니하고 전자적 방법으로 의결권을 행사할 수 있음을 정할 수 있다.

3. 준법지원인

0702 | 2013 |

상법 이외의 법률이 준법지원인의 임기를 2년으로 규정하여도 상법이 우선하여 적용되어 준법지원인의 임기는 3년이다. ( )

> **제542조의13(준법통제기준 및 준법지원인)** ① 자산 규모 등을 고려하여 대통령령으로 정하는 상장회사는 법령을 준수하고 회사경영을 적정하게 하기 위하여 임직원이 그 직무를 수행할 때 따라야 할 준법통제에 관한 기준 및 절차(이하 "준법통제기준"이라 한다)를 마련하여야 한다.

답 0700 × 0701 ○ 0702 ○

② 제1항의 상장회사는 준법통제기준의 준수에 관한 업무를 담당하는 사람(이하 "준법지원인"이라 한다)을 1명 이상 두어야 한다.
③ 준법지원인은 준법통제기준의 준수여부를 점검하여 그 결과를 이사회에 보고하여야 한다.
④ 제1항의 상장회사는 준법지원인을 임면하려면 이사회 결의를 거쳐야 한다.
⑤ 준법지원인은 다음 각 호의 사람 중에서 임명하여야 한다.
1. 변호사 자격을 가진 사람
2. 「고등교육법」 제2조에 따른 학교에서 법률학을 가르치는 조교수 이상의 직에 5년 이상 근무한 사람
3. 그 밖에 법률적 지식과 경험이 풍부한 사람으로서 대통령령으로 정하는 사람
⑥ <u>준법지원인의 임기는 3년</u>으로 하고, 준법지원인은 상근으로 한다.
⑦ 준법지원인은 선량한 관리자의 주의로 그 직무를 수행하여야 한다.
⑧ 준법지원인은 재임 중뿐만 아니라 퇴임 후에도 직무상 알게 된 회사의 영업상 비밀을 누설하여서는 아니 된다.
⑨ 제1항의 상장회사는 준법지원인이 그 직무를 독립적으로 수행할 수 있도록 하여야 하고, 제1항의 상장회사의 임직원은 준법지원인이 그 직무를 수행할 때 자료나 정보의 제출을 요구하는 경우 이에 성실하게 응하여야 한다.
⑩ 제1항의 상장회사는 준법지원인이었던 사람에 대하여 그 직무수행과 관련된 사유로 부당한 인사상의 불이익을 주어서는 아니 된다.
⑪ <u>준법지원인에 관하여 다른 법률에 특별한 규정이 있는 경우를 제외하고는 이 법에서 정하는 바에 따른다. 다만, 다른 법률의 규정이 준법지원인의 임기를 제6항보다 단기로 정하고 있는 경우에는 제6항을 다른 법률에 우선하여 적용한다.</u>

제4절 자본금의 변동

제1관 자본금의 증가

1. 신주발행의 절차

0703 |2019|
회사성립 후 주식을 발행하는 경우 신주의 인수방법에 관한 사항에 대하여 정관에 정함이 없으면 반드시 주주총회의 특별결의로 이를 정하여야 한다. ( )

> 신주발행 및 사채발행은 모두 자금조달에 관한 사항이므로 정관에 다른 규정이 없는 한 이사회에서 결정한다.
> **제416조(발행사항의 결정)** 회사가 그 성립 후에 주식을 발행하는 경우에는 다음의 사항으로서 정관에 규정이 없는 것은 이사회가 결정한다. 다만, 이 법에 다른 규정이 있거나 정관으로 주주총회에서 결정하기로 정한 경우에는 그러하지 아니하다.
> 1. 신주의 종류와 수
> 2. 신주의 발행가액과 납입기일
> 2의2. 무액면주식의 경우에는 신주의 발행가액 중 자본금으로 계상하는 금액
> 3. 신주의 인수방법
> 4. 현물출자를 하는 자의 성명과 그 목적인 재산의 종류, 수량, 가액과 이에 대하여 부여할 주식의 종류와 수
> 5. 주주가 가지는 신주인수권을 양도할 수 있는 것에 관한 사항
> 6. 주주의 청구가 있는 때에만 신주인수권증서를 발행한다는 것과 그 청구기간

0704 |2022|
신주의 인수인이 현물출자의 이행을 한 때에는 그 이행을 한 날로부터 주주의 권리의무가 있다. ( )

> 납입기일의 "다음 날"부터 주주가 된다.
> **제423조(주주가 되는 시기, 납입해태의 효과)** ① 신주의 인수인은 납입 또는 현물출자의 이행을 한 때에는 납입기일의 다음 날로부터 주주의 권리의무가 있다.

0705 |2021|
수인이 공동으로 주식을 인수한 자는 연대하여 납입할 책임이 있다. ( )

> 옳은 내용이다.
> **제333조(주식의 공유)** ① 수인이 공동으로 주식을 인수한 자는 연대하여 납입할 책임이 있다.

0706 |2021|
주식이 수인의 공유에 속하는 때 공유자는 주주의 권리를 행사할 자 1인을 정하여야 하고, 주주의 권리를 행사할 자가 없는 때에는 공유자에 대한 통지는 공유자 전원에 대하여 하여야 한다. ( )

답 0703 × 0704 × 0705 ○ 0706 ×

주주가 사망하여 여러 명의 상속인들이 주식을 공동소유하는 경우를 생각해보면 된다.

제333조(주식의 공유) ② 주식이 수인의 공유에 속하는 때에는 공유자는 주주의 권리를 행사할 자 1인을 정하여야 한다.
③ 주주의 권리를 행사할 자가 없는 때에는 공유자에 대한 통지나 최고는 그 1인에 대하여 하면 된다.

0707 | 2010, 2020 |
납입기일 이후 납입을 한 신주의 인수인은 납입을 완료한 날의 다음 날로부터 주주의 권리의무가 있다. ( )

설립시 주식인수인이 실권절차를 거쳐 실권하는 것과는 달리, 유상증자의 경우에는 납입기일에 납입하지 않으면 바로 실권한다. 이를 「당연실권」이라 한다.

제423조(주주가 되는 시기, 납입해태의 효과) ① 신주의 인수인은 납입 또는 현물출자의 이행을 한 때에는 납입기일의 다음 날로부터 주주의 권리의무가 있다.
② 신주의 인수인이 납입기일에 납입 또는 현물출자의 이행을 하지 아니한 때에는 그 권리를 잃는다.
③ 제2항의 규정은 신주의 인수인에 대한 손해배상의 청구에 영향을 미치지 아니한다.

0708 | 2010 |
신주의 인수인이 납입기일에 납입 또는 현물출자의 이행을 하지 아니하더라도 손해배상책임을 부담하지 않는다. ( )

납입해태로 인해 회사에 손해가 생겼다면 회사는 실권과는 별도로 인수인에게 손해배상을 청구할 수 있다.

제423조(주주가 되는 시기, 납입해태의 효과) ② 신주의 인수인이 납입기일에 납입 또는 현물출자의 이행을 하지 아니한 때에는 그 권리를 잃는다.
③ 제2항의 규정은 신주의 인수인에 대한 손해배상의 청구에 영향을 미치지 아니한다.

0709 | 2021 |
신주의 인수인이 납입기일에 납입하지 아니한 때에는 그 권리를 잃는다. ( )

납입을 해태한 경우 별도의 의사표시 없이 주식인수는 '당연실권'된다. 설립시 납입해태의 경우에 별도의 실권절차가 필요한 것과 비교된다.

제423조(주주가 되는 시기, 납입해태의 효과) ① 신주의 인수인은 납입 또는 현물출자의 이행을 한 때에는 납입기일의 다음 날로부터 주주의 권리의무가 있다.
② 신주의 인수인이 납입기일에 납입 또는 현물출자의 이행을 하지 아니한 때에는 그 권리를 잃는다.
③ 제2항의 규정은 신주의 인수인에 대한 손해배상의 청구에 영향을 미치지 아니한다.

0710 | 2011, 2017 |
성립 후의 회사에서 신주의 인수인이 납입기일에 납입을 하지 아니한 경우 곧바로 이사는 연대하여 납입할 책임을 진다. ( )

답 0707 × 0708 × 0709 ○ 0710 ×

납입기일까지 납입하지 아니하면 곧바로 「실권」된다. 즉 이사의 납입담보책임은 존재하지 않는다. 이사의 인수담보책임이 문제되는 경우는 실권되었음에도 불구하고 납입이 된 것처럼 「변경등기」가 이루어진 경우(변경등기를 한 날로부터 1년 내에 주식인수가 취소된 경우 등)이다.

제423조(주주가 되는 시기, 납입해태의 효과) ② 신주의 인수인이 납입기일에 납입 또는 현물출자의 이행을 하지 아니한 때에는 그 권리를 잃는다.

제428조(이사의 인수담보책임) ① 신주의 발행으로 인한 변경등기가 있은 후에 아직 인수하지 아니한 주식이 있거나 주식인수의 청약이 취소된 때에는 이사가 이를 공동으로 인수한 것으로 본다.
② 전항의 규정은 이사에 대한 손해배상의 청구에 영향을 미치지 아니한다.

0711 |2021|

신주의 발행으로 인한 변경등기를 한 날로부터 1년을 경과한 후에는 신주를 인수한 자는 주식청약서의 요건의 흠결을 이유로 하여 그 인수의 무효를 주장할 수 없다. ( )

단체법적 관계의 안정을 기하기 위함이다. 참고로 설립시 주식발행의 경우에는 설립등기가 이루어지고 나면 인수의 무효 또는 취소를 행사할 수 없다.

제427조(인수의 무효주장, 취소의 제한) 신주의 발행으로 인한 변경등기를 한 날로부터 1년을 경과한 후에는 신주를 인수한 자는 주식청약서 또는 신주인수권증서의 요건의 흠결을 이유로 하여 그 인수의 무효를 주장하거나 사기, 강박 또는 착오를 이유로 하여 그 인수를 취소하지 못한다. 그 주식에 대하여 주주의 권리를 행사한 때에도 같다.

0712 |2011|

발행된 신주에 대하여 주주의 권리를 행사하였더라도 변경등기를 한 날로부터 1년 이내라면 신주인수인은 사기, 강박 또는 착오를 이유로 하여 그 인수를 취소할 수 있다. ( )

주주의 권리를 행사한 경우에는 취소권을 행사할 수 없다.

제427조(인수의 무효주장, 취소의 제한) 신주의 발행으로 인한 변경등기를 한 날로부터 1년을 경과한 후에는 신주를 인수한 자는 주식청약서 또는 신주인수권증서의 요건의 흠결을 이유로 하여 그 인수의 무효를 주장하거나 사기, 강박 또는 착오를 이유로 하여 그 인수를 취소하지 못한다. 그 주식에 대하여 주주의 권리를 행사한 때에도 같다.

0713 |2014|

신주의 발행시기가 다르거나 종류가 다른 주식은 이사회에서 각기 발행가를 달리 정할 수 있다. ( )

주식의 발행시기나 그 주식이 가지는 권리의 내용에 따라 주식의 가치가 달라질 수 있기 때문이다. 다만 액면가는 모두 균일하여야 한다.

0714 |2010|

액면미달발행의 경우 회사는 법원의 인가를 얻은 날로부터 1월 내에 주식을 발행해야 하고, 법원은 그 기간을 연장하여 인가할 수 있다. ( )

제417조(액면미달의 발행) ① 회사가 성립한 날로부터 2년을 경과한 후에 주식을 발행하는 경우에는 회사는 제434조의 규정에 의한 주주총회의 결의와 법원의 인가를 얻어서 주식을 액면미달의 가액으로 발행할 수 있다.

답 0711 ○ 0712 × 0713 ○ 0714 ○

② 전항의 주주총회의 결의에서는 주식의 최저발행가액을 정하여야 한다.
③ 법원은 회사의 현황과 제반사정을 참작하여 최저발행가액을 변경하여 인가할 수 있다. 이 경우에 법원은 회사의 재산상태 기타 필요한 사항을 조사하게 하기 위하여 검사인을 선임할 수 있다.
④ 제1항의 주식은 법원의 인가를 얻은 날로부터 1월내에 발행하여야 한다. 법원은 이 기간을 연장하여 인가할 수 있다.

0715 | 2011, 2014, 2017, 2019, 2020, 2023 |

비상장회사가 액면미달발행을 하려면 회사성립 후 2년이 경과하여야 하고 주주총회의 특별결의를 얻은 후 법원의 인가를 받아야 한다. ( )

제417조(액면미달의 발행) ① 회사가 성립한 날로부터 2년을 경과한 후에 주식을 발행하는 경우에는 회사는 제434조의 규정에 의한 주주총회의 결의와 법원의 인가를 얻어서 주식을 액면미달의 가액으로 발행할 수 있다.
② 전항의 주주총회의 결의에서는 주식의 최저발행가액을 정하여야 한다.
③ 법원은 회사의 현황과 제반사정을 참작하여 최저발행가액을 변경하여 인가할 수 있다. 이 경우에 법원은 회사의 재산상태 기타 필요한 사항을 조사하게 하기 위하여 검사인을 선임할 수 있다.
④ 제1항의 주식은 법원의 인가를 얻은 날로부터 1월내에 발행하여야 한다. 법원은 이 기간을 연장하여 인가할 수 있다.

0716 | 2014 |

회사는 신주배정기준일을 정하고 그 날의 주주명부에 기재된 주주가 신주인수권을 가진다는 뜻을 그 날의 2주간 전에 공고하여야 한다(주주명부폐쇄 제외). ( )

제418조(신주인수권의 내용 및 배정일의 지정·공고) ③ 회사는 일정한 날을 정하여 그 날에 주주명부에 기재된 주주가 제1항의 권리를 가진다는 뜻과 신주인수권을 양도할 수 있을 경우에는 그 뜻을 그 날의 2주간 전에 공고하여야 한다. 그러나 그 날이 제354조제1항의 기간 중인 때에는 그 기간의 초일의 2주간 전에 이를 공고하여야 한다.
④ 제2항에 따라 주주 외의 자에게 신주를 배정하는 경우 회사는 제416조제1호, 제2호, 제2호의2, 제3호 및 제4호에서 정하는 사항을 그 납입기일의 2주 전까지 주주에게 통지하거나 공고하여야 한다.

0717 | 2017, 2018, 2019, 2021, 2022 |

신주의 인수인은 회사의 동의를 얻더라도 납입채무와 회사에 대한 채권을 상계할 수 없다. ( )

회사의 동의를 얻어 상계할 수 있다. 참고로 설립시 납입의 경우에는 회사의 동의 없이도 상계가 가능하다고 본다. 사채의 경우에는 동의가 없더라도 상계할 수 있다.

제421조(주식에 대한 납입) ① 이사는 신주의 인수인으로 하여금 그 배정한 주수(株數)에 따라 납입기일에 그 인수한 주식에 대한 인수가액의 전액을 납입시켜야 한다.
② 신주의 인수인은 회사의 동의 없이 제1항의 납입채무와 주식회사에 대한 채권을 상계할 수 없다.

답 0715 ○ 0716 ○ 0717 ×

0718 |2021|

이사는 신주의 인수인으로 하여금 그 배정한 주수에 따라 납입기일에 그 인수한 주식에 대한 인수가액의 전액을 납입시켜야 한다. (   )

이 경우 일부납입은 안되고 전액납입이어야 한다.

제421조(주식에 대한 납입) ① 이사는 신주의 인수인으로 하여금 그 배정한 주수(株數)에 따라 납입기일에 그 인수한 주식에 대한 인수가액의 전액을 납입시켜야 한다.

2. 신주인수권

0719 |2022|

회사는 신주의 인수권을 가진 자에 대하여 그 인수권을 가지는 주식의 종류 및 수와 일정한 기일까지 주식인수의 청약을 하지 아니하면 그 권리를 잃는다는 뜻을 통지하여야 한다. (   )

이를 「실권예고부 최고」라 한다.

제419조(신주인수권자에 대한 최고) ① 회사는 신주의 인수권을 가진 자에 대하여 그 인수권을 가지는 주식의 종류 및 수와 일정한 기일까지 주식인수의 청약을 하지 아니하면 그 권리를 잃는다는 뜻을 통지하여야 한다. 이 경우 제416조제5호 및 제6호에 규정한 사항의 정함이 있는 때에는 그 내용도 통지하여야 한다.

0720 |2010|

회사의 경영상 목적을 달성하기 위하여 필요한 경우에는 정관의 규정이 없더라도 주주총회의 보통결의로 주주 외의 자에게 신주를 배정할 수 있다. (   )

회사가 주주 외의 제3자에게 신주를 배정하려면 법률이나 정관에 근거가 있어야 한다.

제418조(신주인수권의 내용 및 배정일의 지정·공고) ① 주주는 그가 가진 주식 수에 따라서 신주의 배정을 받을 권리가 있다.
② 회사는 제1항의 규정에 불구하고 정관에 정하는 바에 따라 주주 외의 자에게 신주를 배정할 수 있다. 다만, 이 경우에는 신기술의 도입, 재무구조의 개선 등 회사의 경영상 목적을 달성하기 위하여 필요한 경우에 한한다.

0721 |2017, 2022|

회사는 신기술의 도입, 재무구조의 개선 등 회사의 경영상 목적을 달성하기 위하여 필요한 경우 정관이 정하는 바에 따라 주주 외의 자에게 신주를 배정할 수 있다. (   )

제3자에게 신주를 배정하기 위해서는 (i) 정관에 근거규정이 있어야 하고(형식적 요건), (ii) 경영상 목적을 달성하기 위해 필요한 경우라야 한다(실질적 요건).

제418조(신주인수권의 내용 및 배정일의 지정·공고) ② 회사는 제1항의 규정에 불구하고 정관에 정하는 바에 따라 주주 외의 자에게 신주를 배정할 수 있다. 다만, 이 경우에는 신기술의 도입, 재무구조의 개선 등 회사의 경영상 목적을 달성하기 위하여 필요한 경우에 한한다.

답 0718 ○ 0719 ○ 0720 × 0721 ○

0722 | 2023 |

비상장주식회사의 이사회가 신주 발행과 관련하여 주주가 가지는 신주인수권을 양도할 수 있는 것에 관한 사항을 적법하게 정한 경우, 이사회는 주주의 청구가 있는 때에만 신주인수권증서를 발행할 수 있다는 것과 그 청구기간을 정할 수 있다. ( )

> 신주인수권증서는 해당 유가증권의 양도를 통해 「주주」의 투하자본을 회수함을 목적으로 하기 때문이다.
>
> **제416조(발행사항의 결정)** 회사가 그 성립 후에 주식을 발행하는 경우에는 다음의 사항으로서 정관에 규정이 없는 것은 이사회가 결정한다. 다만, 이 법에 다른 규정이 있거나 정관으로 주주총회에서 결정하기로 정한 경우에는 그러하지 아니하다.
> 1. 신주의 종류와 수
> 2. 신주의 발행가액과 납입기일
> 2의2. 무액면주식의 경우에는 신주의 발행가액 중 자본금으로 계상하는 금액
> 3. 신주의 인수방법
> 4. 현물출자를 하는 자의 성명과 그 목적인 재산의 종류, 수량, 가액과 이에 대하여 부여할 주식의 종류와 수
> 5. 주주가 가지는 신주인수권을 양도할 수 있는 것에 관한 사항
> 6. 주주의 청구가 있는 때에만 신주인수권증서를 발행한다는 것과 그 청구기간

0723 | 2007 |

신주인수권증서의 청구기간을 정한 때에는 그 기간 내에 청구한 주주에 대하여 신주인수권증서를 발행해야 하고, 그 기간을 정하지 않은 때에는 신주청약기일의 2주간 전에 주주의 청구와 관계없이 이를 발행해야 한다. ( )

> 신주인수권증서의 발행은 두 가지 방법에 의한다. 청구기간을 정한 때와 청구기간을 정하지 않은 때. 청구기간을 정한 때에는 주주의 청구가 있는 경우에 발행하지만, 청구기간을 정하지 않은 경우에는 청약기일의 2주 전에 모든 주주에게 발행해 준다.
>
> **제420조의2(신주인수권증서의 발행)** ① 제416조제5호에 규정한 사항을 정한 경우에 회사는 동조 제6호의 정함이 있는 때에는 그 정함에 따라, 그 정함이 없는 때에는 제419조제1항의 기일의 2주간전에 신주인수권증서를 발행하여야 한다.
> ② 신주인수권증서에는 다음 사항과 번호를 기재하고 이사가 기명날인 또는 서명하여야 한다.
> 1. 신주인수권증서라는 뜻의 표시
> 2. 제420조에 규정한 사항
> 3. 신주인수권의 목적인 주식의 종류와 수
> 4. 일정기일까지 주식의 청약을 하지 아니할 때에는 그 권리를 잃는다는 뜻
>
> **제416조(발행사항의 결정)** 회사가 그 성립 후에 주식을 발행하는 경우에는 다음의 사항으로서 정관에 규정이 없는 것은 이사회가 결정한다. 다만, 이 법에 다른 규정이 있거나 정관으로 주주총회에서 결정하기로 정한 경우에는 그러하지 아니하다.
> 1. 신주의 종류와 수
> 2. 신주의 발행가액과 납입기일
> 2의2. 무액면주식의 경우에는 신주의 발행가액 중 자본금으로 계상하는 금액

3. 신주의 인수방법
4. 현물출자를 하는 자의 성명과 그 목적인 재산의 종류, 수량, 가액과 이에 대하여 부여할 주식의 종류와 수
5. 주주가 가지는 신주인수권을 양도할 수 있는 것에 관한 사항
6. 주주의 청구가 있는 때에만 신주인수권증서를 발행한다는 것과 그 청구기간

제419조(신주인수권자에 대한 최고) ① 회사는 신주의 인수권을 가진 자에 대하여 그 인수권을 가지는 주식의 종류 및 수와 일정한 기일까지 주식인수의 청약을 하지 아니하면 그 권리를 잃는다는 뜻을 통지하여야 한다. 이 경우 제416조제5호 및 제6호에 규정한 사항의 정함이 있는 때에는 그 내용도 통지하여야 한다.

제420조의2(신주인수권증서의 발행) ① 제416조제5호에 규정한 사항을 정한 경우에 회사는 동조제6호의 정함이 있는 때에는 그 정함에 따라, 그 정함이 없는 때에는 제419조제1항의 기일의 2주간전에 신주인수권증서를 발행하여야 한다.
② 신주인수권증서에는 다음 사항과 번호를 기재하고 이사가 기명날인 또는 서명하여야 한다.
1. 신주인수권증서라는 뜻의 표시
2. 제420조에 규정한 사항
3. 신주인수권의 목적인 주식의 종류와 수
4. 일정기일까지 주식의 청약을 하지 아니할 때에는 그 권리를 잃는다는 뜻

0724 |2007|

신주인수권증서는 주주의 청구가 있어야 발행할 수 있으며, 주주는 신주인수권증서가 발행되면 그 증서에 의해 주식의 청약을 한다. ( )

회사는 「주주의 청구와 무관하게」 일률적으로 청약기일의 2주간 전에 발행할 수도 있다(제420조의 2 제1항).

제420조의2(신주인수권증서의 발행) ① 제416조제5호에 규정한 사항을 정한 경우에 회사는 동조 제6호의 정함이 있는 때에는 그 정함에 따라, 그 정함이 없는 때에는 제419조제1항의 기일의 2주간전에 신주인수권증서를 발행하여야 한다.

0725 |2007|

판례에 의하면, 신주인수권증서가 발행되지 아니한 경우 신주인수권의 양도는 지명채권 양도의 일반원칙에 따른다. ( )

신주인수권의 양도에 관한 이사회의 정함이 없는 경우에도 지명채권양도 방식에 의하여 양도하고 회사의 승낙이 있으면 양도가 유효하다.

[대법원 1995.5.23, 선고, 94다36421, 판결]
나. 상법 제416조 제5호에 의하면, 회사의 정관 또는 이사회의 결의로 주주가 가지는 신주인수권을 양도할 수 있는 것에 관한 사항을 결정하도록 되어있는바, 신주인수권의 양도성을 제한할 필요성은 주로 회사측의 신주발행사무의 편의를 위한 것에서 비롯된 것으로 볼 수 있고, 또 상법이 주권발행 전 주식의 양도는 회사에 대하여 효력이 없다고 엄격하게 규정한 것과는 달리 신주인수권의 양도에 대하여는 정관이나 이사회의 결의를 통하여 자유롭게 결정할수 있도록 한 점에 비추어 보면, 회사가 정관이나 이사회의 결의로 신주인수권의 양도에 관한 사항을 결정하지 아니하였다 하여 신주인수권의 양도가 전혀 허용되지 아니하는 것은 아니고, 회사가 그와 같은 양도를 승낙한 경우에는 회사에 대하여도 그 효력이 있다.

답 0724 × 0725 ○

다. 주권발행 전의 주식의 양도는 지명채권 양도의 일반원칙에 따르고, 신주인수권증서가 발행되지 아니한 신주인수권의 양도 또한 주권발행 전의 주식양도에 준하여 지명채권 양도의 일반원칙에 따른다고 보아야 하므로, 주권발행 전의 주식양도나 신주인수권증서가 발행되지 아니한 신주인수권 양도의 제3자에 대한 대항요건으로는 지명채권의 양도와 마찬가지로 확정일자 있는 증서에 의한 양도통지 또는 회사의 승낙이라고 보는 것이 상당하고, 주주명부상의 명의개서는 주식 또는 신주인수권의 양수인들 상호간의 대항요건이 아니라 적법한 양수인이 회사에 대한 관계에서 주주의 권리를 행사하기 위한 대항요건에 지나지 아니한다.

0726 |2012, 2020, 2021|

판례에 의하면 정관 또는 이사회의 결의로 신주인수권의 양도를 인정하고 있지 않은 경우에는 회사가 그 양도를 승낙하더라도 회사에 대하여는 양도의 효력이 없다. ( )

주주의 투하자본의 회수라는 취지에 비추어보면, 정관 또는 이사회의 결의로 신주인수권의 양도를 인정하지 않고 있는 경우에도 민법상 지명채권양도 방식에 의해서 신주인수권을 양도할 수 있다. 그리고 회사가 이러한 양도를 승낙하면 회사에 대해서도 효력이 있다.

[대법원 1995.5.23. 선고, 94다36421, 판결]
나. 상법 제416조 제5호에 의하면, 회사의 정관 또는 이사회의 결의로 주주가 가지는 신주인수권을 양도할 수 있는 것에 관한 사항을 결정하도록 되어있는바, 신주인수권의 양도성을 제한할 필요성은 주로 회사측의 신주발행사무의 편의를 위한 것에서 비롯된 것으로 볼 수 있고, 또 상법이 주권발행 전 주식의 양도는 회사에 대하여 효력이 없다고 엄격하게 규정한 것과는 달리 신주인수권의 양도에 대하여는 정관이나 이사회의 결의를 통하여 자유롭게 결정할 수 있도록 한 점에 비추어 보면, 회사가 정관이나 이사회의 결의로 신주인수권의 양도에 관한 사항을 결정하지 아니하였다 하여 신주인수권의 양도가 전혀 허용되지 아니하는 것은 아니고, 회사가 그와 같은 양도를 승낙한 경우에는 회사에 대하여도 그 효력이 있다.
다. 주권발행 전의 주식의 양도는 지명채권 양도의 일반원칙에 따르고, 신주인수권증서가 발행되지 아니한 신주인수권의 양도 또한 주권발행 전의 주식양도에 준하여 지명채권 양도의 일반원칙에 따른다고 보아야 하므로, 주권발행 전의 주식양도나 신주인수권증서가 발행되지 아니한 신주인수권 양도의 제3자에 대한 대항요건으로는 지명채권의 양도와 마찬가지로 확정일자 있는 증서에 의한 양도통지 또는 회사의 승낙이라고 보는 것이 상당하고, 주주명부상의 명의개서는 주식 또는 신주인수권의 양수인들 상호간의 대항요건이 아니라 적법한 양수인이 회사에 대한 관계에서 주주의 권리를 행사하기 위한 대항요건에 지나지 아니한다.

0727 |2007, 2012, 2015|

신주인수권증서를 상실한 경우 공시최고절차를 통한 제권판결에 의해 신주인수권증서의 재발행을 청구할 수 있다. ( )

제권판결을 하기 위해서는 3월 이상의 공시최고기간이 설정되어야 한다. 반면에 신주인수권증서는 그 유통기간이 약 2주에 불과하기 때문에 제권판결의 대상이 되지 않으므로, 재발행 없이 주식청약서로 청약한다.

제420조의2(신주인수권증서의 발행) ① 제416조제5호에 규정한 사항을 정한 경우에 회사는 동조 제6호의 정함이 있는 때에는 그 정함에 따라, 그 정함이 없는 때에는 제419조제1항의 기일의 2주간전에 신주인수권증서를 발행하여야 한다.

답 0726 × 0727 ×

■ 민사소송법
제481조(공시최고기간) 공시최고의 기간은 공고가 끝난 날부터 3월 뒤로 정하여야 한다.

0728 |2010|
주주는 그가 가진 주식 수에 따라 신주의 배정을 받을 권리와 의무가 있다. ( )

신주를 인수할 권리는 있으나 의무는 없다(주주유한책임). 따라서 주주는 스스로 신주인수권 행사를 포기하고 신주의 청약을 하지 않을 수 있다.

제418조(신주인수권의 내용 및 배정일의 지정·공고) ① 주주는 그가 가진 주식 수에 따라서 신주의 배정을 받을 권리가 있다.

0729 |2022|
현물출자자에 대하여 발행하는 신주에 대하여는 일반주주의 신주인수권이 미치지 않는다. ( )

현물출자는 물건을 사는데 돈을 대신해서 주식을 준다는 개념으로 이해하면 된다. 만약 이 경우에도 일반주주의 신주인수권이 미친다면, 현물출자를 통해 필요한 물건을 조달하는 것을 가로막게 된다.

[대법원 1989. 3. 14., 선고, 88누889, 판결]
주주의 신주인수권은 주주가 종래 가지고 있던 주식의 수에 비례하여 우선적으로 인수의 배정을 받을 수 있는 권리로서 주주의 자격에 기하여 법률상 당연히 인정되는 것이지만 현물출자자에 대하여 발행하는 신주에 대하여는 일반주주의 신주인수권이 미치지 않는다.

0730 |2011, 2023|
신주인수권증서가 발행된 경우 신주인수권의 양도는 신주인수권증서의 교부에 의하여서만 이를 행한다. ( )

제420조의3(신주인수권의 양도) ① 신주인수권의 양도는 신주인수권증서의 교부에 의하여서만 이를 행한다.

0731 |2012|
회사는 신주인수권의 양도를 인정한 경우에도 정관의 규정에 따라 신주인수권증서를 발행하지 아니할 수 있다. ( )

회사가 신주인수권의 양도를 인정한 경우라면 신주인수권증서를 발행해야 한다.

제420조의2(신주인수권증서의 발행) ① 제416조제5호에 규정한 사항을 정한 경우에 회사는 동조제6호의 정함이 있는 때에는 그 정함에 따라, 그 정함이 없는 때에는 제419조제1항의 기일의 2주간전에 신주인수권증서를 발행하여야 한다.

제416조(발행사항의 결정) 회사가 그 성립 후에 주식을 발행하는 경우에는 다음의 사항으로서 정관에 규정이 없는 것은 이사회가 결정한다. 다만, 이 법에 다른 규정이 있거나 정관으로 주주총회에서 결정하기로 정한 경우에는 그러하지 아니하다.
1. 신주의 종류와 수

답 0728 × 0729 ○ 0730 ○ 0731 ×

2. 신주의 발행가액과 납입기일
2의2. 무액면주식의 경우에는 신주의 발행가액 중 자본금으로 계상하는 금액
3. 신주의 인수방법
4. 현물출자를 하는 자의 성명과 그 목적인 재산의 종류, 수량, 가액과 이에 대하여 부여할 주식의 종류와 수
5. 주주가 가지는 신주인수권을 양도할 수 있는 것에 관한 사항
6. 주주의 청구가 있는 때에만 신주인수권증서를 발행한다는 것과 그 청구기간

제420조의3(신주인수권의 양도) ① 신주인수권의 양도는 신주인수권증서의 교부에 의하여서만 이를 행한다.

0732 | 2007, 2012, 2023 |
신주인수권증서의 점유자는 적법한 소지인으로 간주되므로 그 점유자로부터 신주인수권증서를 양수한 자가 선의·경과실이면 선의취득이 인정된다. (　　)

주권·신주인수권증서·신주인수권증권의 점유자는 적법한 소지인으로 「추정」된다.

제420조의3(신주인수권의 양도) ② 제336조제2항 및 수표법 제21조의 규정은 신주인수권증서에 관하여 이를 준용한다.

제336조(주식의 양도방법) ① 주식의 양도에 있어서는 주권을 교부하여야 한다.
② 주권의 점유자는 이를 적법한 소지인으로 추정한다.

0733 | 2014 |
주주의 신주인수권에 대해서만 신주인수권증서를 발행할 수 있고 제3자의 신주인수권에 대해서는 이를 발행할 수 없다. (　　)

신주인수권증서는 해당 유가증권의 양도를 통해 주주의 투하자본을 회수함을 목적으로 한다.

제416조(발행사항의 결정) 회사가 그 성립 후에 주식을 발행하는 경우에는 다음의 사항으로서 정관에 규정이 없는 것은 이사회가 결정한다. 다만, 이 법에 다른 규정이 있거나 정관으로 주주총회에서 결정하기로 정한 경우에는 그러하지 아니하다.
1. 신주의 종류와 수
2. 신주의 발행가액과 납입기일
2의2. 무액면주식의 경우에는 신주의 발행가액 중 자본금으로 계상하는 금액
3. 신주의 인수방법
4. 현물출자를 하는 자의 성명과 그 목적인 재산의 종류, 수량, 가액과 이에 대하여 부여할 주식의 종류와 수
5. 주주가 가지는 신주인수권을 양도할 수 있는 것에 관한 사항
6. 주주의 청구가 있는 때에만 신주인수권증서를 발행한다는 것과 그 청구기간

0734 | 2015 |
주주의 추상적 신주인수권은 법률상 당연히 인정되는 것이므로 주식과 분리하여 양도할 수 있다. (　　)

추상적 신주인수권은 주주가 갖는 권리가 아니라 주식이 갖는 권리이므로, 주식과 분리하여 추상적 신주인수권만을 양도할 수는 없다.

답 0732 × 0733 ○ 0734 ×

0735 | 2020, 2021 |
신주인수권증서를 상실한 자는 신주인수권증서를 재발급받아야만 주식의 청약을 할 수 있다. ( )

신주인수권증서의 재발급 없이도 주식청약서에 의하여 청약할 수 있다. 신주인수권증서는 주주에 대한 실권예고부 통지일로부터 신주의 청약기일까지 약 2주간만 유통되기 때문에 재발행이 인정되지 않는다.

제420조의5(신주인수권증서에 의한 청약) ② 신주인수권증서를 상실한 자는 주식청약서에 의하여 주식의 청약을 할 수 있다. 그러나 그 청약은 신주인수권증서에 의한 청약이 있는 때에는 그 효력을 잃는다.

0736 | 2017, 2018, 2023 |
신주인수권증서를 상실한 자는 주식청약서에 의하여 주식의 청약을 할 수 있지만 그 청약은 신주인수권증서에 의한 청약이 있는 때에는 그 효력을 잃는다. ( )

「신주인수권증서」가 「주식청약서」에 우선한다.

제420조의5(신주인수권증서에 의한 청약) ② 신주인수권증서를 상실한 자는 주식청약서에 의하여 주식의 청약을 할 수 있다. 그러나 그 청약은 신주인수권증서에 의한 청약이 있는 때에는 그 효력을 잃는다.

0737 | 2023 |
비상장주식회사의 이사회가 신주 발행과 관련하여 주주가 가지는 신주인수권을 양도할 수 있는 것에 관한 사항을 적법하게 정한 경우, 신주인수권증서의 소지인이 신주인수권증서에 기재된 기일까지 주식인수의 청약을 하지 않으면 신주인수권을 상실한다. ( )

「실권예고부최고」가 있었으므로, 증서에 기재된 기일까지 주식인수의 청약을 하지 않으면 「당연실권」된다.

제420조의2(신주인수권증서의 발행) ② 신주인수권증서에는 다음 사항과 번호를 기재하고 이사가 기명날인 또는 서명하여야 한다.
1. 신주인수권증서라는 뜻의 표시
2. 제420조에 규정한 사항
3. 신주인수권의 목적인 주식의 종류와 수
4. 일정기일까지 주식의 청약을 하지 아니할 때에는 그 권리를 잃는다는 뜻

제419조(신주인수권자에 대한 최고) ① 회사는 신주의 인수권을 가진 자에 대하여 그 인수권을 가지는 주식의 종류 및 수와 일정한 기일까지 주식인수의 청약을 하지 아니하면 그 권리를 잃는다는 뜻을 통지하여야 한다. 이 경우 제416조제5호 및 제6호에 규정한 사항의 정함이 있는 때에는 그 내용도 통지하여야 한다.
② 제1항의 통지는 제1항의 기일의 2주간전에 이를 하여야 한다.
③ 제1항의 통지에도 불구하고 그 기일까지 주식인수의 청약을 하지 아니한 때에는 신주의 인수권을 가진 자는 그 권리를 잃는다.

답 0735 × 0736 ○ 0737 ○

3. 위법·불공정한 신주발행에 대한 조치

01 | 신주발행유지청구권

0738 |2009|
신주발행유지의 청구는 소에 의할 수도 있고 소 이외의 방법에 의하여 할 수도 있다. ( )

> 신주발행유지청구는 소(신주발행금지가처분) 또는 소 외의 어느 방법(회사에 신주발행유지를 청구)으로도 할 수 있다.

0739 |2015, 2018, 2020, 2021|
신주발행유지청구권은 소수주주권이고 그 청구의 상대방은 현저하게 불공정한 방법으로 주식을 발행하는 이사이다. ( )

> 신주발행유지청구권은 단독주주권이고, 상대방은 주식을 발행하는 회사이다(제424조). 참고로 위법행위유지청구의 상대방은 위법행위를 하는 이사 또는 집행임원이다(제402조).
>
> **제424조(유지청구권)** 회사가 법령 또는 정관에 위반하거나 현저하게 불공정한 방법에 의하여 주식을 발행함으로써 주주가 불이익을 받을 염려가 있는 경우에는 그 주주는 회사에 대하여 그 발행을 유지할 것을 청구할 수 있다.
>
> **제402조(유지청구권)** 이사가 법령 또는 정관에 위반한 행위를 하여 이로 인하여 회사에 회복할 수 없는 손해가 생길 염려가 있는 경우에는 감사 또는 발행주식의 총수의 100분의 1 이상에 해당하는 주식을 가진 주주는 회사를 위하여 이사에 대하여 그 행위를 유지할 것을 청구할 수 있다.

0740 |2009, 2017, 2018|
신주발행유지청구는 회사가 법령 또는 정관에 위반하거나 현저하게 불공정한 방법에 의한 신주발행으로 주주가 불이익을 받을 염려가 있는 경우에 할 수 있다. ( )

> 신주발행유지청구가 인정되는 상황은 (ⅰ) 법령 또는 정관에 위반하거나 (ⅱ) 현저하게 불공정한 방법에 의하여 주식을 발행하는 경우이고, 이로 인하여 (ⅲ) 주주가 불이익을 받을 염려가 있는 경우라야 한다.
>
> **제424조(유지청구권)** 회사가 법령 또는 정관에 위반하거나 현저하게 불공정한 방법에 의하여 주식을 발행함으로써 주주가 불이익을 받을 염려가 있는 경우에는 그 주주는 회사에 대하여 그 발행을 유지할 것을 청구할 수 있다.

0741 |2019|
감사는 신주발행유지청구권과 이사에 대한 위법행위유지청구권을 행사할 수 없다. ( )

> 신주발행유지청구권은 주주에게만 인정되나, 위법행위유지청구권은 감사에게도 인정된다.
>
> **제402조(유지청구권)** 이사가 법령 또는 정관에 위반한 행위를 하여 이로 인하여 회사에 회복할 수 없는 손해가 생길 염려가 있는 경우에는 감사 또는 발행주식의 총수의 100분의 1 이상에 해당하는 주식을 가진 주주는 회사를 위하여 이사에 대하여 그 행위를 유지할 것을 청구할 수 있다.
>
> **제424조(유지청구권)** 회사가 법령 또는 정관에 위반하거나 현저하게 불공정한 방법에 의하여 주식을 발행함으로써 주주가 불이익을 받을 염려가 있는 경우에는 그 주주는 회사에 대하여 그 발행을 유지할 것을 청구할 수 있다.

답 0738 ○ 0739 × 0740 ○ 0741 ×

02 | 신주발행무효의 소

0742 |2020|
감사는 신주발행무효의 소를 그 제소기간 내에 제기할 수 있고, 이사에 대한 위법행위 유지청구권을 행사할 수도 있다. ( )

> 주주, 이사, 감사는 주식회사의 모든 회사소송의 제소권자임이 원칙이다(이른바 1군).
> **제429조(신주발행무효의 소)** 신주발행의 무효는 주주·이사 또는 감사에 한하여 신주를 발행한 날로부터 6월내에 소만으로 이를 주장할 수 있다.
> **제402조(유지청구권)** 이사가 법령 또는 정관에 위반한 행위를 하여 이로 인하여 회사에 회복할 수 없는 손해가 생길 염려가 있는 경우에는 감사 또는 발행주식의 총수의 100분의 1 이상에 해당하는 주식을 가진 주주는 회사를 위하여 이사에 대하여 그 행위를 유지할 것을 청구할 수 있다.

0743 |2009|
신주발행에 주식회사의 본질에 반하는 중대한 위법행위가 있는 경우 주주는 신주를 발행한 날로부터 6월 내에 회사를 상대로 하여 신주발행무효의 소를 제기할 수 있다. ( )

> 상법은 신주발행절차의 하자를 상법상의 소의 방식으로만 다투도록 할 뿐만 아니라 그 제소권자와 제소기간도 법정함으로써 신주발행과 관련된 단체적 법률관계의 안정을 꾀하고 있다.
> **제429조(신주발행무효의 소)** 신주발행의 무효는 주주·이사 또는 감사에 한하여 신주를 발행한 날로부터 6월내에 소만으로 이를 주장할 수 있다.

0744 |2009, 2017, 2019, 2021|
신주발행무효의 판결이 확정된 때에는 대세적 효력과 소급효가 인정되므로 회사는 신주의 주주에 대하여 납입금액을 환급하여야 한다. ( )

> 신주발행무효판결에 소급효는 인정하지 않는다. 따라서 신주발행의 유효를 전제로 판결시까지 행해진 모든 행위는 유효한 것으로 취급된다.
> **제431조(신주발행무효판결의 효력)** ① 신주발행무효의 판결이 확정된 때에는 신주는 장래에 대하여 그 효력을 잃는다.
> ② 전항의 경우에는 회사는 지체없이 그 뜻과 일정한 기간내에 신주의 주권을 회사에 제출할 것을 공고하고 주주명부에 기재된 주주와 질권자에 대하여는 각별로 그 통지를 하여야 한다. 그러나 그 기간은 3월 이상으로 하여야 한다.

0745 |2011, 2017, 2018|
확정된 신주발행무효의 판결은 제3자에게도 효력이 미치므로 그 판결의 확정 전에 행해진 신주의 제3자에 대한 양도행위의 효력도 상실된다. ( )

> 확정된 신주발행무효의 판결은 제3자에게도 효력이 미치지만(대세효), 그 판결확정 전에 이루어진 법률행위에는 영향을 미치지 않는다(불소급효).

답 0742 ○ 0743 ○ 0744 × 0745 ×

제431조(신주발행무효판결의 효력) ① 신주발행무효의 판결이 확정된 때에는 신주는 장래에 대하여 그 효력을 잃는다. ② 전항의 경우에는 회사는 지체없이 그 뜻과 일정한 기간내에 신주의 주권을 회사에 제출할 것을 공고하고 주주명부에 기재된 주주와 질권자에 대하여는 각별로 그 통지를 하여야 한다. 그러나 그 기간은 3월 이상으로 하여야 한다.

0746 | 2014 |

신주발행무효의 소의 판결은 소급효가 있으므로 판결시까지 이루어진 신주인수인의 주금납입이나 그 신주에 대한 이익배당은 무효가 된다. ( )

회사법상 소송 중에서 소급효가 인정되는 소송은 (i) 주총결의를 다투는 소송과 (ii) 감자무효의 소에 한한다.
제431조(신주발행무효판결의 효력) ① 신주발행무효의 판결이 확정된 때에는 신주는 장래에 대하여 그 효력을 잃는다.

0747 | 2015, 2017, 2018 |

신주발행의 무효는 주주, 이사, 감사 또는 회사채권자에 한하여 신주를 발행한 날로부터 6월 내에 소만으로 주장할 수 있다. ( )

회사채권자는 신주발행무효의 소의 제소권자가 아니다.
제429조(신주발행무효의 소) 신주발행의 무효는 주주·이사 또는 감사에 한하여 신주를 발행한 날로부터 6월내에 소만으로 이를 주장할 수 있다.

03 | 통모인수인의 책임

0748 | 2009 |

이사와 공모하여 현저하게 불공정한 가액으로 주식을 인수한 자는 회사에 대하여 공정한 발행가액과의 차액에 상당한 금액을 지급할 의무가 있다. ( )

주관적으로 이사와 공모하여야 하고, 객관적으로 현저하게 불공정한 발행가액이어야 한다.
제424조의2(불공정한 가액으로 주식을 인수한 자의 책임) ① 이사와 통모하여 현저하게 불공정한 발행가액으로 주식을 인수한 자는 회사에 대하여 공정한 발행가액과의 차액에 상당한 금액을 지급할 의무가 있다.

0749 | 2015, 2017, 2018, 2021 |

이사와 통모하여 현저하게 불공정한 발행가액으로 주식을 인수한 자에 대한 차액지급을 청구하는 소에 대하여는 주주대표소송에 관한 규정이 준용된다. ( )

(i) 통모인수인의 책임을 묻는 소송의 제소권자는 회사인데, (ii) 만약 회사의 대표이사가 이를 게을리할 경우에는 주주가 대표소송의 규정에 따라 회사를 대표하여 소를 제기할 수 있다.
제424조의2(불공정한 가액으로 주식을 인수한 자의 책임) ① 이사와 통모하여 현저하게 불공정한 발행가액으로 주식을 인수한 자는 회사에 대하여 공정한 발행가액과의 차액에 상당한 금액을 지급할 의무가 있다.
② 제403조 내지 제406조의 규정은 제1항의 지급을 청구하는 소에 관하여 이를 준용한다.
제403조(주주의 대표소송) ① 발행주식의 총수의 100분의 1 이상에 해당하는 주식을 가진 주주는 회사에 대하여 이사의 책임을 추궁할 소의 제기를 청구할 수 있다.

답 0746 × 0747 × 0748 ○ 0749 ○

제2관 자본금의 감소

0750 | 2010, 2022 |
회사가 자본금감소 절차로서 주식을 소각하는 경우에는 원칙적으로 총회특별결의와 채권자보호절차를 거쳐야 한다. ( )

> 참고로 결손보전을 위한 자본금감소는 주총 보통결의로 할 수 있고, 이 경우에는 채권자 보호절차도 필요 없다.
>
> **제343조(주식의 소각)** ① 주식은 자본금 감소에 관한 규정에 따라서만 소각(消却)할 수 있다. 다만, 이사회의 결의에 의하여 회사가 보유하는 자기주식을 소각하는 경우에는 그러하지 아니하다.
> ② 자본금감소에 관한 규정에 따라 주식을 소각하는 경우에는 제440조 및 제441조를 준용한다.
>
> **제438조(자본금 감소의 결의)** ① 자본금의 감소에는 제434조에 따른 결의가 있어야 한다.
> ② 제1항에도 불구하고 결손의 보전(補塡)을 위한 자본금의 감소는 제368조제1항의 결의에 의한다.
> ③ 자본금의 감소에 관한 의안의 주요내용은 제363조에 따른 통지에 적어야 한다.
>
> **제434조(정관변경의 특별결의)** 제433조제1항의 결의는 출석한 주주의 의결권의 3분의 2 이상의 수와 발행주식총수의 3분의 1 이상의 수로써 하여야 한다.
>
> **제439조(자본금 감소의 방법, 절차)** ① 자본금 감소의 결의에서는 그 감소의 방법을 정하여야 한다.
> ② 자본금 감소의 경우에는 제232조를 준용한다. 다만, 결손의 보전을 위하여 자본금을 감소하는 경우에는 그러하지 아니하다.
> ③ 사채권자가 이의를 제기하려면 사채권자집회의 결의가 있어야 한다. 이 경우에는 법원은 이해관계인의 청구에 의하여 사채권자를 위하여 이의 제기 기간을 연장할 수 있다.
>
> **제232조(채권자의 이의)** ① 회사는 합병의 결의가 있은 날부터 2주내에 회사채권자에 대하여 합병에 이의가 있으면 일정한 기간내에 이를 제출할 것을 공고하고 알고 있는 채권자에 대하여는 따로따로 이를 최고하여야 한다. 이 경우 그 기간은 1월 이상이어야 한다.
> ② 채권자가 제1항의 기간내에 이의를 제출하지 아니한 때에는 합병을 승인한 것으로 본다.
> ③ 이의를 제출한 채권자가 있는 때에는 회사는 그 채권자에 대하여 변제 또는 상당한 담보를 제공하거나 이를 목적으로 하여 상당한 재산을 신탁회사에 신탁하여야 한다.

0751 | 2016 |
주주총회는 자본금의 감소를 결의하면서 감소의 방법을 전혀 정하지 않고 추후 이사회가 정하게 할 수 있다. ( )

> 주주총회에서 자본금의 감소를 결의할 때에는 그 감소의 방법을 정하여야 한다.
>
> **제439조(자본금 감소의 방법, 절차)** ① 자본금 감소의 결의에서는 그 감소의 방법을 정하여야 한다.

0752 | 2016, 2018, 2019 |
자본금 감소의 채권자보호절차에서 사채권자가 이의를 제기하려면 사채권자집회의 결의가 있어야 한다. ( )

> 사채권자가 이의를 제기하기 위해서는 사채권자집회의 결의가 있어야 한다.

답 0750 ○ 0751 × 0752 ○

제439조(자본금 감소의 방법, 절차) ③ 사채권자가 이의를 제기하려면 사채권자집회의 결의가 있어야 한다. 이 경우에는 법원은 이해관계인의 청구에 의하여 사채권자를 위하여 이의 제기 기간을 연장할 수 있다.

0753 | 2016, 2022 |

자본금 감소의 무효를 인정하는 판결이 확정되면 그 판결은 제3자에 대하여도 효력이 있지만 소급효는 없다.　　　　　　　　　　　　　　　　　　　　　　　　　　　(　)

제446조에서는 제190조 본문(대세효)만 준용할 뿐 단서(불소급효)는 준용하지 않는다. 따라서 자본금 감소 무효의 소는 민사소송법의 일반원칙에 따라 판결의 소급효가 인정된다. 회사법상 소급효가 인정되는 소송으로는 주총결의 하자를 다투는 소송과 감자무효의 소가 있다(소/결/감 으로 정리하자).

제445조(감자무효의 소) 자본금 감소의 무효는 주주·이사·감사·청산인·파산관재인 또는 자본금의 감소를 승인하지 아니한 채권자만이 자본금 감소로 인한 변경등기가 된 날부터 6개월 내에 소(訴)만으로 주장할 수 있다.

제446조(준용규정) 제186조 내지 제189조·제190조 본문·제191조·제192조 및 제377조의 규정은 제445조의 소에 관하여 이를 준용한다.

제190조(판결의 효력) 설립무효의 판결 또는 설립취소의 판결은 제3자에 대하여도 그 효력이 있다. 그러나 판결확정 전에 생긴 회사와 사원 및 제3자간의 권리의무에 영향을 미치지 아니한다.

0754 | 2022 |

감자무효의 소는 청산인, 파산관재인 또는 자본금의 감소를 승인하지 아니한 채권자도 제기할 수 있으며, 자본금감소로 인한 변경등기가 된 날부터 6개월 내에 소만으로 주장할 수 있다.　　　　　　(　)

(i) 주주·이사·감사뿐만 아니라 청산인·파산관재인 또는 자본금의 감소를 승인하지 아니한 채권자 역시 제소권자이다. (ii) 회사법상 소송의 원칙적인 제소기간은 6개월이다. (iii) 제소기간의 기산점은 감자변경등기일이다.

제445조(감자무효의 소) 자본금 감소의 무효는 주주·이사·감사·청산인·파산관재인 또는 자본금의 감소를 승인하지 아니한 채권자만이 자본금 감소로 인한 변경등기가 된 날부터 6개월 내에 소(訴)만으로 주장할 수 있다.

0755 | 2016, 2018 |

결손의 보전을 위하여 자본금을 감소하는 경우에는 주주총회의 결의를 거치지 않아도 된다.　(　)

결손보전감자의 경우 주주총회의 보통결의를 거쳐야 한다.

제438조(자본금 감소의 결의) ① 자본금의 감소에는 제434조에 따른 결의가 있어야 한다.
② 제1항에도 불구하고 결손의 보전(補塡)을 위한 자본금의 감소는 제368조제1항의 결의에 의한다.
③ 자본금의 감소에 관한 의안의 주요내용은 제363조에 따른 통지에 적어야 한다.
제434조(정관변경의 특별결의) 제433조제1항의 결의는 출석한 주주의 의결권의 3분의 2 이상의 수와 발행주식총수의 3분의 1 이상의 수로써 하여야 한다.
제368조(총회의 결의방법과 의결권의 행사) ① 총회의 결의는 이 법 또는 정관에 다른 정함이 있는 경우를 제외하고는 출석한 주주의 의결권의 과반수와 발행주식총수의 4분의 1 이상의 수로써 하여야 한다.

0753 × 　 0754 ○ 　 0755 ×

0756 |2019|
회사가 결손의 보전을 위하여 감자하는 경우 그에 관한 의안의 주요내용은 주주총회 소집통지에 기재하여야 한다. ( )

자본금의 감소는 주주총회 결의사항인바, 주총소집통지를 함에 있어 의제뿐만 아니라 의안의 주요내용까지 소집통지에 기재하여야 한다.

제363조(소집의 통지) ① 주주총회를 소집할 때에는 주주총회일의 2주 전에 각 주주에게 서면으로 통지를 발송하거나 각 주주의 동의를 받아 전자문서로 통지를 발송하여야 한다. 다만, 그 통지가 주주명부상 주주의 주소에 계속 3년간 도달하지 아니한 경우에는 회사는 해당 주주에게 총회의 소집을 통지하지 아니할 수 있다.

0757 |2016, 2022|
회사는 결손의 보전을 위한 자본금의 감소를 결의한 날부터 2주 내에 회사채권자에 대하여 1월 이상의 기간을 정하여 그 기간 내에 이의를 제출할 것을 공고해야 한다. ( )

결손보전 목적의 감자는 채권자보호절차를 필요로 하지 않는다.

제439조(자본금 감소의 방법, 절차) ① 자본금 감소의 결의에서는 그 감소의 방법을 정하여야 한다.
② 자본금 감소의 경우에는 제232조를 준용한다. 다만, 결손의 보전을 위하여 자본금을 감소하는 경우에는 그러하지 아니하다.
③ 사채권자가 이의를 제기하려면 사채권자집회의 결의가 있어야 한다. 이 경우에는 법원은 이해관계인의 청구에 의하여 사채권자를 위하여 이의 제기 기간을 연장할 수 있다.

제232조(채권자의 이의) ① 회사는 합병의 결의가 있은 날부터 2주내에 회사채권자에 대하여 합병에 이의가 있으면 일정한 기간내에 이를 제출할 것을 공고하고 알고 있는 채권자에 대하여는 따로따로 이를 최고하여야 한다. 이 경우 그 기간은 1월 이상이어야 한다.
② 채권자가 제1항의 기간내에 이의를 제출하지 아니한 때에는 합병을 승인한 것으로 본다.
③ 이의를 제출한 채권자가 있는 때에는 회사는 그 채권자에 대하여 변제 또는 상당한 담보를 제공하거나 이를 목적으로 하여 상당한 재산을 신탁회사에 신탁하여야 한다.

0758 |2018, 2022|
판례에 의하면 주주총회의 자본금감소결의에 하자가 있더라도 그 하자가 극히 중대하여 자본금감소가 존재하지 아니하는 정도에 이르는 등의 특별한 사정이 없는 한 자본금감소의 효력이 발생한 후에는 감자무효의 소에 의해서만 다툴 수 있다. ( )

반대해석하면, 자본감소의 하자가 극히 중대한 경우에는 감자부존재확인의 소를 제기하거나 다른 법률관계에 관한 소송에서 선결문제로서 감자의 부존재를 주장할 수도 있다.

[대법원 2010. 2. 11., 선고, 2009다83599, 판결]
상법 제445조는 자본감소의 무효는 주주 등이 자본감소로 인한 변경등기가 있은 날로부터 6월 내에 소만으로 주장할 수 있다고 규정하고 있으므로, 설령 주주총회의 자본감소 결의에 취소 또는 무효의 하자가 있다고 하더라도 그 하자가 극히 중대하여 자본감소가 존재하지 아니하는 정도에 이르는 등의 특별한 사정이 없는 한 자본감소의 효력이 발생한 후에는 자본감소 무효의 소에 의해서만 다툴 수 있다.

답 0756 ○ 0757 × 0758 ○

0759 | 2018 |

자본금감소를 위한 채권자보호절차에서 이의를 제기하지 않은 채권자는 감자무효의 소를 제기할 수 없다.
( )

> 채권자보호절차에 따라 이의제출을 최고하였으나 이의를 제출하지 않은 경우에는 자본감 감소를 승인한 것으로 보아 감자무효의 소를 제기할 수 없다(제445조, 제439조 제2항, 제232조 제2항).
>
> **제445조(감자무효의 소)** 자본금 감소의 무효는 주주·이사·감사·청산인·파산관재인 또는 자본금의 감소를 승인하지 아니한 채권자만이 자본금 감소로 인한 변경등기가 된 날부터 6개월 내에 소(訴)만으로 주장할 수 있다.
>
> **제439조(자본금 감소의 방법, 절차)** ① 자본금 감소의 결의에서는 그 감소의 방법을 정하여야 한다.
> ② 자본금 감소의 경우에는 제232조를 준용한다. 다만, 결손의 보전을 위하여 자본금을 감소하는 경우에는 그러하지 아니하다.
> ③ 사채권자가 이의를 제기하려면 사채권자집회의 결의가 있어야 한다. 이 경우에는 법원은 이해관계인의 청구에 의하여 사채권자를 위하여 이의 제기 기간을 연장할 수 있다.
>
> **제232조(채권자의 이의)** ① 회사는 합병의 결의가 있는 날부터 2주내에 회사채권자에 대하여 합병에 이의가 있으면 일정한 기간내에 이를 제출할 것을 공고하고 알고 있는 채권자에 대하여는 따로따로 이를 최고하여야 한다. 이 경우 그 기간은 1월 이상이어야 한다.
> ② 채권자가 제1항의 기간내에 이의를 제출하지 아니한 때에는 합병을 승인한 것으로 본다.

0760 | 2018 |

감자무효의 소가 그 심리 중에 원인이 된 하자가 보완되고 회사의 현황과 제반사정을 참작하여 감자를 무효로 하는 것이 부적당하다고 인정한 때에는 법원은 그 청구를 기각할 수 있다.
( )

> 재량기각에 대한 설명이다.
>
> **제445조(감자무효의 소)** 자본금 감소의 무효는 주주·이사·감사·청산인·파산관재인 또는 자본금의 감소를 승인하지 아니한 채권자만이 자본금 감소로 인한 변경등기가 된 날부터 6개월 내에 소(訴)만으로 주장할 수 있다.
>
> **제446조(준용규정)** 제186조 내지 제189조·제190조 본문·제191조·제192조 및 제377조의 규정은 제445조의 소에 관하여 이를 준용한다.
>
> **제189조(하자의 보완 등과 청구의 기각)** 설립무효의 소 또는 설립취소의 소가 그 심리중에 원인이 된 하자가 보완되고 회사의 현황과 제반사정을 참작하여 설립을 무효 또는 취소하는 것이 부적당하다고 인정한 때에는 법원은 그 청구를 기각할 수 있다.

답 0759 ○ 0760 ○

제5절 정관의 변경

0761 |2007|
정관의 절대적 기재사항인 회사의 본점 소재지를 변경하는 경우에 주주총회의 특별결의를 거치지 않더라도 정관변경의 효력이 발생한다. ( )

본점소재지(제289조 제1항 6호)는 정관기재사항이므로 이를 변경하기 위해서는 주주총회의 특별결의를 거쳐야 한다.

제289조(정관의 작성, 절대적 기재사항) ① 발기인은 정관을 작성하여 다음의 사항을 적고 각 발기인이 기명날인 또는 서명하여야 한다.
1. 목적
2. 상호
3. 회사가 발행할 주식의 총수
4. 액면주식을 발행하는 경우 1주의 금액
5. 회사의 설립 시에 발행하는 주식의 총수
6. 본점의 소재지
7. 회사가 공고를 하는 방법
8. 발기인의 성명·주민등록번호 및 주소

제433조(정관변경의 방법) ① 정관의 변경은 주주총회의 결의에 의하여야 한다.
② 정관의 변경에 관한 의안의 요령은 제363조에 따른 통지에 기재하여야 한다.

제434조(정관변경의 특별결의) 제433조제1항의 결의는 출석한 주주의 의결권의 3분의 2 이상의 수와 발행주식총수의 3분의 1 이상의 수로써 하여야 한다.

0762 |2007|
정관변경은 공증인의 인증을 받지 않더라도 주주총회의 특별결의만으로 그 효력이 발생한다. ( )

원시정관 외에 창립총회나 주주총회에 의한 변경은 공증인의 인증이 필요하지 않다.

0763 |2007|
정관의 절대적 기재사항인 수권주식총수를 증가시키고자 하는 경우에는 반드시 주주총회의 특별결의를 거쳐야 정관변경의 효력이 발생한다. ( )

발행예정주식 총수(동조 제1항 3호)는 정관기재사항이므로 이를 변경하기 위해서는 주주총회의 특별결의를 거쳐야 한다.

제289조(정관의 작성, 절대적 기재사항) ① 발기인은 정관을 작성하여 다음의 사항을 적고 각 발기인이 기명날인 또는 서명하여야 한다.
1. 목적
2. 상호
3. 회사가 발행할 주식의 총수
4. 액면주식을 발행하는 경우 1주의 금액

답 0761 × 0762 ○ 0763 ○

5. 회사의 설립 시에 발행하는 주식의 총수
6. 본점의 소재지
7. 회사가 공고를 하는 방법
8. 발기인의 성명·주민등록번호 및 주소

제433조(정관변경의 방법) ① 정관의 변경은 주주총회의 결의에 의하여야 한다.
② 정관의 변경에 관한 의안의 요령은 제363조에 따른 통지에 기재하여야 한다.

제434조(정관변경의 특별결의) 제433조제1항의 결의는 출석한 주주의 의결권의 3분의 2 이상의 수와 발행주식총수의 3분의 1 이상의 수로써 하여야 한다.

0764 | 2007, 2011, 2016 |

정관의 변경으로 어느 종류의 주주에게 손해를 입히게 될 때에는 그 종류의 주주총회 결의가 있어야만 정관변경의 효력이 발생한다. ( )

이 경우 종류주주총회의 결의는 정관변경이라는 법률효과가 발생하기 위한 하나의 특별요건이다.

제435조(종류주주총회) ① 회사가 종류주식을 발행한 경우에 정관을 변경함으로써 어느 종류주식의 주주에게 손해를 미치게 될 때에는 주주총회의 결의 외에 그 종류주식의 주주의 총회의 결의가 있어야 한다.
② 제1항의 결의는 출석한 주주의 의결권의 3분의 2 이상의 수와 그 종류의 발행주식총수의 3분의 1 이상의 수로써 하여야 한다.
③ 주주총회에 관한 규정은 의결권없는 종류의 주식에 관한 것을 제외하고 제1항의 총회에 준용한다.

0765 | 2009 |

정관의 기재사항을 일부 삭제하거나 수정하는 것도 정관의 변경에 해당된다. ( )

정관의 내용이 바뀌는 것이 정관변경이므로, 기재사항의 수정·삭제·추가가 모두 정관변경이다.

0766 | 2009, 2016 |

정관의 변경에 관한 의안의 요령은 주주총회의 소집통지에 기재하여야 한다. ( )

정관변경을 위해 주주총회를 소집할 때 그 통지서에 「정관변경의 건」이라고만 기재하는 것으로는 부족하고, 어떠한 내용으로 정관을 변경할 것인지 그 의안의 요령까지 기재하여야 한다.

제433조(정관변경의 방법) ② 정관의 변경에 관한 의안의 요령은 제363조에 따른 통지에 기재하여야 한다.

제363조(소집의 통지) ① 주주총회를 소집할 때에는 주주총회일의 2주 전에 각 주주에게 서면으로 통지를 발송하거나 각 주주의 동의를 받아 전자문서로 통지를 발송하여야 한다. 다만, 그 통지가 주주명부상 주주의 주소에 계속 3년간 도달하지 아니한 경우에는 회사는 해당 주주에게 총회의 소집을 통지하지 아니할 수 있다.

0767 | 2009 |

정관의 임의적 기재사항 변경은 주주총회의 특별결의를 거치지 않아도 된다. ( )

정관변경은 주주총회의 특별결의 사항이다. 절대적 기재사항의 변경뿐만 아니라, 일단 정관의 내용이 된 이상 상대적·임의적 기재사항을 변경하는 경우에도 주주총회 특별결의를 거쳐야 한다.

답 0764 ○ 0765 ○ 0766 ○ 0767 ×

제433조(정관변경의 방법) ① 정관의 변경은 주주총회의 결의에 의하여야 한다.
② 정관의 변경에 관한 의안의 요령은 제363조에 따른 통지에 기재하여야 한다.

0768 |2009|
설립당시의 원시정관에 기재된 발기인·설립시 발행한 주식총수 및 변태설립사항은 역사적 사실로서 정관변경의 대상이 아니다. ( )

역사적 사실의 기재를 변경하는 것은 법적으로 아무런 의미가 없다.

0769 |2009|
법령의 개정 또는 지명의 변경에 의하여 정관의 기재사항이 변경되는 경우는 상법상의 정관변경에 해당하지 않는다. ( )

법령이 개정되거나 지명이 변경되어 정관에 기재된 내용이 바뀌는 경우에는 주주총회의 특별결의를 요하지 않는다.

0770 |2016|
정관의 변경은 이를 등기해야 하며 등기를 함으로써 정관변경의 효력이 발생한다. ( )

정관변경의 등기는 대항요건에 불과하므로 정관변경의 효력은 결의한 때 발생한다. 회사설립시에 작성하는 원시정관(제292조 본문)과 달리 변경정관에는 공증인의 인증도 필요하지 않다.

0771 |2016|
대규모상장회사의 경우 주주총회에 집중투표를 배제하기 위한 정관변경 의안을 상정하려는 경우 그 밖의 사항의 정관 변경에 관한 의안과 별도로 상정하여야 한다. ( )

자산총액 2조원 이상 대규모상장회사의 경우에는 해당 의안을 다른 정관변경의 의안과 별도로 상정하여야 한다. 주주의 보유주식 중 3% 초과분의 경우 의결권이 제한되므로, 다른 안건들과는 의결정족수가 달라지기 때문이다.

제542조의7(집중투표에 관한 특례) ② 자산 규모 등을 고려하여 대통령령으로 정하는 상장회사의 의결권 없는 주식을 제외한 발행주식총수의 100분의 1 이상에 해당하는 주식을 보유한 자는 제382조의2에 따라 집중투표의 방법으로 이사를 선임할 것을 청구할 수 있다.
③ 제2항의 상장회사가 정관으로 집중투표를 배제하거나 그 배제된 정관을 변경하려는 경우에는 의결권 없는 주식을 제외한 발행주식총수의 100분의 3을 초과하는 수의 주식을 가진 주주는 그 초과하는 주식에 관하여 의결권을 행사하지 못한다. 다만, 정관에서 이보다 낮은 주식 보유비율을 정할 수 있다.
④ 제2항의 상장회사가 주주총회의 목적사항으로 제3항에 따른 집중투표 배제에 관한 정관 변경에 관한 의안을 상정하려는 경우에는 그 밖의 사항의 정관 변경에 관한 의안과 별도로 상정하여 의결하여야 한다.

답 0768 ○ 0769 ○ 0770 × 0771 ○

제6절 회사의 회계

1. 재무제표의 승인 및 주주의 경리감독

0772 |2022|
상법에는 비상장주식회사의 회계는 상법과 대통령령으로 규정한 것을 제외하고는 일반적으로 공정하고 타당한 회계의 관행에 따른다고 규정되어 있다. ( )

> 회계관행보다 법령이 우선한다는 것도 알고 있어야 한다.
>
> **제446조의2(회계의 원칙)** 회사의 회계는 이 법과 대통령령으로 규정한 것을 제외하고는 일반적으로 공정하고 타당한 회계관행에 따른다.

0773 |2007|
소수주주가 회사의 업무 및 재산상태를 조사하기 위하여 법원에 검사인의 선임을 청구하는 때에는 그 사유를 구체적으로 증명하여야 한다. ( )

> 검사인선임청구를 할 때에는 제467조의 요건인 「법령이나 정관에 위반한 중대한 사실」을 청구서에 기재해야 한다. 이때 그 사유는 구체적으로 명확히 적시하여야 한다.
>
> **[대법원 1985.7.31, 자, 85마214, 결정]**
> 상법 제467조 제1항이 규정하고 있는 검사인 선임 청구사유인 "업무집행에 관한 부정행위 또는 법령이나 정관에 위반한 중대한 사실"에 대하여는 그 내용을 구체적으로 명확히 적시하여야 하고 단순히 결산보고서의 내용이 실지 재산상태와 일치하는지 여부에 의심이 간다는 정도의 막연한 것으로 그 사유를 삼을 수는 없다.
>
> **제467조(회사의 업무, 재산상태의 검사)** ① 회사의 업무집행에 관하여 부정행위 또는 법령이나 정관에 위반한 중대한 사실이 있음을 의심할 사유가 있는 때에는 발행주식의 총수의 100분의 3 이상에 해당하는 주식을 가진 주주는 회사의 업무와 재산상태를 조사하게 하기 위하여 법원에 검사인의 선임을 청구할 수 있다.
> ② 검사인은 그 조사의 결과를 법원에 보고하여야 한다.
> ③ 법원은 제2항의 보고에 의하여 필요하다고 인정한 때에는 대표이사에게 주주총회의 소집을 명할 수 있다. 제310조제2항의 규정은 이 경우에 준용한다.
> ④ 이사와 감사는 지체없이 제3항의 규정에 의한 검사인의 보고서의 정확여부를 조사하여 이를 주주총회에 보고하여야 한다.

0774 |2017, 2022|
이사는 매 결산기에 영업보고서를 작성하여 주주총회의 승인을 얻어야 한다. ( )

> 재무제표는 정기주총의 「승인」을 얻어야 하나, 영업보고서는 정기주총에 「보고」만 하면 된다.
>
> **제447조(재무제표의 작성)** ① 이사는 결산기마다 다음 각 호의 서류와 그 부속명세서를 작성하여 이사회의 승인을 받아야 한다.
> 1. 대차대조표
> 2. 손익계산서

답 0772 ○ 0773 ○ 0774 ×

3. 그 밖에 회사의 재무상태와 경영성과를 표시하는 것으로서 대통령령으로 정하는 서류
② 대통령령으로 정하는 회사의 이사는 연결재무제표(聯結財務諸表)를 작성하여 이사회의 승인을 받아야 한다.

제447조의2(영업보고서의 작성) ① 이사는 매결산기에 영업보고서를 작성하여 이사회의 승인을 얻어야 한다.
② 영업보고서에는 대통령령이 정하는 바에 의하여 영업에 관한 중요한 사항을 기재하여야 한다.

제449조(재무제표 등의 승인·공고) ① 이사는 제447조의 각 서류를 정기총회에 제출하여 그 승인을 요구하여야 한다.
② 이사는 제447조의2의 서류를 정기총회에 제출하여 그 내용을 보고하여야 한다.
③ 이사는 제1항의 서류에 대한 총회의 승인을 얻은 때에는 지체없이 대차대조표를 공고하여야 한다.

0775 | 2011, 2022 |
이사는 정기총회에서 재무제표를 승인하면 그 다음 날부터 재무제표·영업보고서·감사보고서를 본점에 3년간 비치하여야 한다. ( )

정기총회 승인 후가 아니라 정기총회 1주 전부터, 비치기간은 본점에 5년간·지점에 3년간이다.

제448조(재무제표 등의 비치·공시) ① 이사는 정기총회회일의 1주간 전부터 제447조 및 제447조의2의 서류와 감사보고서를 본점에 5년간, 그 등본을 지점에 3년간 비치하여야 한다.

0776 | 2011 |
이사는 재무제표에 대한 정기총회의 승인을 얻은 경우 지체없이 대차대조표와 손익계산서를 공고하여야 한다. ( )

공고의 대상은 대차대조표만이다.

제449조(재무제표 등의 승인·공고) ③ 이사는 제1항의 서류에 대한 총회의 승인을 얻은 때에는 지체없이 대차대조표를 공고하여야 한다.

0777 | 2014 |
이사는 정기총회회일의 6주간 전에 재무제표 및 영업보고서를 작성하여 이사회의 승인을 받은 후 감사 또는 감사위원회에 제출하여야 한다. ( )

제447조(재무제표의 작성) ① 이사는 결산기마다 다음 각 호의 서류와 그 부속명세서를 작성하여 이사회의 승인을 받아야 한다.
1. 대차대조표
2. 손익계산서
3. 그 밖에 회사의 재무상태와 경영성과를 표시하는 것으로서 대통령령으로 정하는 서류
② 대통령령으로 정하는 회사의 이사는 연결재무제표(聯結財務諸表)를 작성하여 이사회의 승인을 받아야 한다.

제447조의2(영업보고서의 작성) ① 이사는 매결산기에 영업보고서를 작성하여 이사회의 승인을 얻어야 한다.
② 영업보고서에는 대통령령이 정하는 바에 의하여 영업에 관한 중요한 사항을 기재하여야 한다.

제447조의3(재무제표등의 제출) 이사는 정기총회회일의 6주간전에 제447조 및 제447조의2의 서류를 감사에게 제출하여야 한다.

답 0775 × 0776 × 0777 ○

0778 |2014, 2019|

감사 또는 감사위원회는 이사에게 감사보고서를 주주총회일의 1주전까지 제출할 수 있다. (   )

> 감사는 이사로부터 재무제표와 영업보고서를 제출받은 날로부터 「4주 내에」 감사보고서를 작성하여 이사에게 제출해야 한다(제447조의4 제1항). 다만 상장회사의 경우에는 감사보고서를 「주총 1주 전까지」 제출할 수 있도록 하는 특례규정이 있다.
>
> **제447조의4(감사보고서)** ① 감사는 제447조의3의 서류를 받은 날부터 4주 내에 감사보고서를 이사에게 제출하여야 한다.
>
> **제542조의12(감사위원회의 구성 등)**
> ⑥ 상장회사의 감사 또는 감사위원회는 제447조의4제1항에도 불구하고 이사에게 감사보고서를 주주총회일의 1주 전까지 제출할 수 있다.

2. 준비금

0779 |2014, 2017|

회사는 자본거래에서 발생한 잉여금을 자본준비금으로 적립하여야 한다. (   )

> **제459조(자본준비금)** ① 회사는 자본거래에서 발생한 잉여금을 대통령령으로 정하는 바에 따라 자본준비금으로 적립하여야 한다.
> ② 합병이나 제530조의2에 따른 분할 또는 분할합병의 경우 소멸 또는 분할되는 회사의 이익준비금이나 그 밖의 법정준비금은 합병·분할·분할합병 후 존속되거나 새로 설립되는 회사가 승계할 수 있다.

0780 |2020|

회사는 주식배당의 경우를 제외하고는 그 자본금의 2분의 1이 될 때까지 매 결산기 이익배당액의 10분의 1 이상을 이익준비금으로 적립하여야 한다. (   )

> 맞는 내용이다.
>
> **제458조(이익준비금)** 회사는 그 자본금의 2분의 1이 될 때까지 매 결산기 이익배당액의 10분의 1 이상을 이익준비금으로 적립하여야 한다. 다만, 주식배당의 경우에는 그러하지 아니하다.

0781 |2020|

이익준비금으로 자본금의 결손 보전에 충당하고도 부족한 경우에만 자본준비금으로 결손 보전에 충당할 수 있다. (   )

> 법정준비금을 결손보전에 충당하는데 그 순서와 한도에는 제한이 없다. 이익준비금과 자본준비금 중 어느 것을 먼저 사용해도 무방하다.

답 0778 ×   0779 ○   0780 ○   0781 ×

0782 |2012|
자본준비금과 이익준비금은 어느 것이나 순서에 관계없이 그 전부 또는 일부의 자본금 전입이 가능하다.
( )

법정준비금을 자본금으로 전입할 때에 자본준비금과 이익준비금의 순서는 불문한다.
제461조(준비금의 자본금 전입) ① 회사는 이사회의 결의에 의하여 준비금의 전부 또는 일부를 자본금에 전입할 수 있다. 그러나 정관으로 주주총회에서 결정하기로 정한 경우에는 그러하지 아니하다.

0783 |2017, 2022|
회사는 정관이 정하는 바에 따라 주주총회의 결의로 준비금의 전부 또는 일부를 자본금에 전입할 수 있다.
( )

준비금의 자본금 전입은 자본조달에 관한 사항이므로 원칙적으로 이사회에서 결정하고, 다만 정관에 규정이 있는 경우에는 주주총회에서 결정한다.
제461조(준비금의 자본금 전입) ① 회사는 이사회의 결의에 의하여 준비금의 전부 또는 일부를 자본금에 전입할 수 있다. 그러나 정관으로 주주총회에서 결정하기로 정한 경우에는 그러하지 아니하다.

0784 |2023|
신주 발행을 수반하지 않아도 법정준비금을 자본금으로 전입할 수 있다. ( )

법정준비금을 자본금으로 전입하면 그만큼 발행주식수가 늘어나게 된다.
제461조(준비금의 자본금 전입) ① 회사는 이사회의 결의에 의하여 준비금의 전부 또는 일부를 자본금에 전입할 수 있다. 그러나 정관으로 주주총회에서 결정하기로 정한 경우에는 그러하지 아니하다.
② 제1항의 경우에는 주주에 대하여 그가 가진 주식의 수에 따라 주식을 발행하여야 한다. 이 경우 1주에 미달하는 단수에 대하여는 제443조제1항의 규정을 준용한다.

0785 |2023|
법정준비금을 자본금으로 전입하는 경우 줄어드는 법정준비금과 늘어나는 자본금이 같은 금액일 필요는 없다.
( )

준비금의 자본금 전입이란 회사의 법정준비금을 자본금 항목으로 이체하는 것을 말하므로 개념상 줄어드는 준비금과 늘어나는 자본금의 금액은 같다.

0786 |2023|
법정준비금을 자본금의 결손보전에 충당하는 경우 회사의 순자산이 회사 밖으로 유출된다. ( )

법정준비금을 자본금의 결손보전에 충당하면 (−)항목인 결손금이 줄어들고 (+)항목인 준비금이 감소한다. 따라서 순자산에는 아무런 변동이 없다.

답 0782 ○ 0783 ○ 0784 × 0785 × 0786 ×

제460조(법정준비금의 사용) 제458조 및 제459조의 준비금은 자본금의 결손 보전에 충당하는 경우 외에는 처분하지 못한다.

0787 | 2012, 2023 |

준비금의 자본금 전입에 의해 발행된 신주의 효력이 발생하는 시기는 이사회의 결의에 의한 경우 그 결의일이고 주주총회의 결의에 의한 경우는 배정기준일이다. ( )

(ⅰ) 이사회 결의로 전입하는 경우에는 배정기준일, (ⅱ) 주주총회 결의로 전입하는 경우는 결의일이다.

제461조(준비금의 자본금 전입) ① 회사는 이사회의 결의에 의하여 준비금의 전부 또는 일부를 자본금에 전입할 수 있다. 그러나 정관으로 주주총회에서 결정하기로 정한 경우에는 그러하지 아니하다.
② 제1항의 경우에는 주주에 대하여 그가 가진 주식의 수에 따라 주식을 발행하여야 한다. 이 경우 1주에 미달하는 단수에 대하여는 제443조제1항의 규정을 준용한다.
③ 제1항의 이사회의 결의가 있은 때에는 회사는 일정한 날을 정하여 그 날에 주주명부에 기재된 주주가 제2항의 신주의 주주가 된다는 뜻을 그 날의 2주간전에 공고하여야 한다. 그러나 그 날이 제354조제1항의 기간 중인 때에는 그 기간의 초일의 2주간전에 이를 공고하여야 한다.
④ 제1항 단서의 경우에 주주는 주주총회의 결의가 있은 때로부터 제2항의 신주의 주주가 된다.

0788 | 2012 |

종전 주식에 대하여 약식질이 설정되어 있는 경우 등록질이 설정된 경우와 마찬가지로 준비금의 자본금 전입에 의해 발행된 신주에 물상대위가 인정된다. ( )

등록질과 약식질을 불문하고 신주에도 질권의 효력이 미친다(물상대위).

제461조(준비금의 자본금 전입) ② 제1항의 경우에는 주주에 대하여 그가 가진 주식의 수에 따라 주식을 발행하여야 한다. 이 경우 1주에 미달하는 단수에 대하여는 제443조제1항의 규정을 준용한다.
⑦ 제339조의 규정은 제2항의 규정에 의하여 주식의 발행이 있는 경우에 이를 준용한다.

제339조(질권의 물상대위) 주식의 소각, 병합, 분할 또는 전환이 있는 때에는 이로 인하여 종전의 주주가 받을 금전이나 주식에 대하여도 종전의 주식을 목적으로 한 질권을 행사할 수 있다.

0789 | 2014, 2017, 2020, 2022 |

회사의 법정준비금의 총액이 자본금의 1.5배를 초과하는 경우 주주총회의 보통결의에 따라 그 초과한 금액 범위에서 자본준비금과 이익준비금을 감액할 수 있다. ( )

준비금의 감액에 대한 설명이다. 법정준비금의 사용은 (ⅰ) 결손의 전보(제460조), (ⅱ) 자본금 전입(제461조), (ⅲ) 준비금의 감액(제461조의2)의 3가지로 한정된다.

제461조의2(준비금의 감소) 회사는 적립된 자본준비금 및 이익준비금의 총액이 자본금의 1.5배를 초과하는 경우에 주주총회의 결의에 따라 그 초과한 금액 범위에서 자본준비금과 이익준비금을 감액할 수 있다.

답 0787 × 0788 ○ 0789 ○

0790 | 2023 |
법정준비금의 감소는 상법상 주주총회 특별결의사항이다. ( )

> 보통결의사항이다. 법정준비금의 사용방법은 (ⅰ) 결손의 보전(제460조), (ⅱ) 자본금 전입(제461조), (ⅲ) 준비금 감액(제461조의2)의 3가지가 있다. 그 중 준비금 감액만 이사회 결의가 아닌 주주총회 결의사항이다.
>
> **제461조의2(준비금의 감소)** 회사는 적립된 자본준비금 및 이익준비금의 총액이 자본금의 1.5배를 초과하는 경우에 주주총회의 결의에 따라 그 초과한 금액 범위에서 자본준비금과 이익준비금을 감액할 수 있다.

0791 | 2014, 2023 |
회사가 액면주식을 발행하고 있는 경우 법정준비금을 자본금으로 전입하면 신주가 발행되므로 순자산이 그 만큼 증가한다. ( )

> 틀린 내용이다. 신주가 발행된 만큼 발행주식수가 늘어나므로 자본금이 증가하나, 그만큼 법정준비금이 감소하므로 순자산은 증가하지 않는다.
>
> **제461조(준비금의 자본금 전입)** ① 회사는 이사회의 결의에 의하여 준비금의 전부 또는 일부를 자본금에 전입할 수 있다. 그러나 정관으로 주주총회에서 결정하기로 정한 경우에는 그러하지 아니하다.
> ② 제1항의 경우에는 주주에 대하여 그가 가진 주식의 수에 따라 주식을 발행하여야 한다. 이 경우 1주에 미달하는 단수에 대하여는 제443조제1항의 규정을 준용한다.

0792 | 2016 |
소규모회사의 경우 자본금 총액이 10억원 미만인 회사가 이사를 1명으로 선임한 경우 주주총회가 준비금의 자본금 전입을 결정한다. ( )

> 소규모회사의 특례에 관한 내용으로 옳은 내용이다.
>
> **제383조(원수, 임기)** ④ 제1항 단서의 경우에는 제302조제2항제5호의2, 제317조제2항제3호의2, 제335조제1항 단서 및 제2항, 제335조의2제1항·제3항, 제335조의3제1항·제2항, 제335조의7제1항, 제340조의3제1항제5호, 제356조제6호의2, 제397조제1항·제2항, 제397조의2제1항, 제398조, 제416조 본문, 제451조제2항, 제461조제1항 본문 및 제3항, 제462조의3제1항, 제464조의2제1항, 제469조, 제513조제2항 본문 및 제516조의2제2항 본문(준용되는 경우를 포함한다) 중 "이사회"는 각각 "주주총회"로 보며, 제360조의5제1항 및 제522조의3제1항 중 "이사회의 결의가 있는 때"는 "제363조제1항에 따른 주주총회의 소집통지가 있는 때"로 본다.
>
> **제461조(준비금의 자본금 전입)** ① 회사는 이사회의 결의에 의하여 준비금의 전부 또는 일부를 자본금에 전입할 수 있다. 그러나 정관으로 주주총회에서 결정하기로 정한 경우에는 그러하지 아니하다.

0793 | 2022 |
비상장주식회사가 무액면주식을 발행하는 경우, 주식의 발행가액 중 자본금으로 계상하지 아니하는 금액은 자본준비금으로 계상하여야 한다. ( )

> 무액면주식 발행시 자본금은 발행가액의 1/2 이상의 금액으로서 이사회가 정한 금액으로 한다.
>
> **제451조(자본금)** ① 회사의 자본금은 이 법에서 달리 규정한 경우 외에는 발행주식의 액면총액으로 한다.

답 0790 × 0791 × 0792 ○ 0793 ○

② 회사가 무액면주식을 발행하는 경우 회사의 자본금은 주식 발행가액의 2분의 1 이상의 금액으로서 이사회(제416조 단서에서 정한 주식발행의 경우에는 주주총회를 말한다)에서 자본금으로 계상하기로 한 금액의 총액으로 한다. 이 경우 주식의 발행가액 중 자본금으로 계상하지 아니하는 금액은 자본준비금으로 계상하여야 한다.
③ 회사의 자본금은 액면주식을 무액면주식으로 전환하거나 무액면주식을 액면주식으로 전환함으로써 변경할 수 없다.

3. 이익배당

01 | 의 의

0794 | 2010, 2017 |

이익배당은 각 주주가 가진 주식의 수에 따라 지급되기 때문에, 여러 종류의 주식이 발행되어 있더라도 그 주식의 종류에 따라 배당에 관하여 다른 정함을 할 수 없다. ( )

주식의 종류에 따라 배당에 관하여 다른 정함을 할 수 있다. 주주평등원칙의 「법률상」 예외에 해당한다.

제464조(이익배당의 기준) 이익배당은 각 주주가 가진 주식의 수에 따라 한다. 다만, 제344조제1항을 적용하는 경우에는 그러하지 아니하다.

제344조(종류주식) ① 회사는 이익의 배당, 잔여재산의 분배, 주주총회에서의 의결권의 행사, 상환 및 전환 등에 관하여 내용이 다른 종류의 주식(이하 "종류주식"이라 한다)을 발행할 수 있다.

0795 | 2014 |

회사의 배당가능이익은 대차대조표의 순자산액에서 자본금의 액, 그 결산기까지 적립된 자본준비금과 이익준비금의 합계액, 그 결산기에 적립하여야 할 이익준비금의 액 및 대통령령으로 정하는 미실현이익을 공제한 액을 한도로 할 수 있다. ( )

제462조(이익의 배당) ① 회사는 대차대조표의 순자산액으로부터 다음의 금액을 공제한 액을 한도로 하여 이익배당을 할 수 있다.
1. 자본금의 액
2. 그 결산기까지 적립된 자본준비금과 이익준비금의 합계액
3. 그 결산기에 적립하여야 할 이익준비금의 액
4. 대통령령으로 정하는 미실현이익

0796 | 2017 |

회사가 이익배당안을 결의한 경우 주주의 배당금 지급청구권은 주식과 독립하여 양도할 수 있고 5년의 소멸시효가 적용된다. ( )

구체적 배당금지급청구권의 소멸시효는 5년이다.

제464조의2(이익배당의 지급시기) ② 제1항의 배당금의 지급청구권은 5년간 이를 행사하지 아니하면 소멸시효가 완성한다.

답 0794 × 0795 ○ 0796 ○

0797 |2017|

판례에 의하면 대주주가 스스로 배당받을 권리를 포기하거나 소액주주의 배당률보다 낮게 하기 위하여 주주총회에서 차등배당을 하기로 한 결의는 유효하다. ( )

> 대주주 스스로 이익배당청구권의 전부 또는 일부를 일반주주에게 양도한 것으로서 허용된다.
>
> **[대법원 1980. 8. 26. 선고 80다1263 판결]**
> 주주총회에서 대주주에게는 30프로, 소주주에게는 33프로의 이익배당을 하기로 결의한 것은 대주주가 자기들이 배당받을 몫의 일부를 떼내어 소주주들에게 고루 나누어 주기로 한 것이니, 이는 주주 스스로 그 배당받을 권리를 포기하거나 양도하는 것과 마찬가지여서 상법 제464조에 위반된다고 할 수 없다.

0798 |2017|

회사가 정관으로 금전 외의 재산으로 배당할 것을 정한 경우 일정 수 미만의 주식을 보유한 주주에게 금전 외의 재산 대신 금전을 지급하기로 정할 수 없다. ( )

> 어느 주주의 보유주식수가 매우 영세하여 그에 대한 배당액수가 배당에 사용할 현물의 최소단위에 미달하는 경우를 고려하여 위와 같이 정할 수 있다.
>
> **제462조의4(현물배당)** ② 제1항에 따라 배당을 결정한 회사는 다음 사항을 정할 수 있다.
> 2. 일정 수 미만의 주식을 보유한 주주에게 금전 외의 재산 대신 금전을 지급하기로 한 경우에는 그 일정 수 및 금액

02 _ 중간배당

0799 |2010, 2014, 2020|

연 1회의 결산기를 정한 회사는 영업연도 중 1회에 한하여 이사회의 결의로 일정한 날을 정하여 그 날의 주주에 대해 이익을 배당할 수 있음을 정관으로 정할 수 있다. ( )

> 중간배당은 정관으로 정한다. 연 1회만 가능하다는 점도 주의하여야 한다.
>
> **제462조의3(중간배당)** ① 년 1회의 결산기를 정한 회사는 영업년도중 1회에 한하여 이사회의 결의로 일정한 날을 정하여 그 날의 주주에 대하여 이익을 배당(이하 이 條에서 "中間配當"이라 한다)할 수 있음을 정관으로 정할 수 있다.

0800 |2010|

중간배당은 금전배당만이 가능하고 금전 외의 재산으로 배당할 수는 없다. ( )

> 현물배당을 정기배당의 경우에 한정하는 규정은 존재하지 않는다. 정리하면, 중간배당은 주식배당은 불가능하나 현물배당은 가능하다.
>
> **제462조의4(현물배당)** ① 회사는 정관으로 금전 외의 재산으로 배당을 할 수 있음을 정할 수 있다.
> ② 제1항에 따라 배당을 결정한 회사는 다음 사항을 정할 수 있다.
> 1. 주주가 배당되는 금전 외의 재산 대신 금전의 지급을 회사에 청구할 수 있도록 한 경우에는 그 금액 및 청구할 수 있는 기간
> 2. 일정 수 미만의 주식을 보유한 주주에게 금전 외의 재산 대신 금전을 지급하기로 한 경우에는 그 일정 수 및 금액

답 0797 ◯ 0798 × 0799 ◯ 0800 ×

03 | 주식배당

0801 |2007|
상법상 액면주식을 발행한 비상장주식회사에서 주식배당을 통해 자본금이 증가하면, 그 금액만큼 회사의 법정준비금이 감소한다. ( )

> 주식배당의 재원은 배당가능이익이다. 즉 배당가능이익(이익잉여금)이 자본금으로 계정대체되는 것이므로 자본금이 증가한다.

0802 |2023|
상법상 액면주식을 발행한 비상장주식회사에서 주식배당을 통해 자본금이 증가하면, 그 금액만큼 회사의 법정준비금이 감소한다. ( )

> 주식배당은 그 재원이 배당가능이익이므로 이익잉여금이 감소하는 것이지 준비금이 감소하지 않는다. 준비금을 재원으로 하는 경우는 무상증자이다.

0803 |2007|
주식배당으로 발행하는 주식의 발행가액은 주식의 권면액이며, 종류주식을 발행하는 경우에 우선주에 대하여는 우선주로 배당할 수 있다. ( )

> **제462조의2(주식배당)** ② 제1항의 배당은 주식의 권면액으로 하며, 회사가 종류주식을 발행한 때에는 각각 그와 같은 종류의 주식으로 할 수 있다.

0804 |2015|
주식배당에 의한 신주의 발행가액은 주주총회의 특별결의로 주식의 시가로 결정할 수 있다. ( )

> 주식의 권면액으로 한다. 시가배당은 허용되지 않는다.
>
> **제462조의2(주식배당)** ② 제1항의 배당은 주식의 권면액으로 하며, 회사가 종류주식을 발행한 때에는 각각 그와 같은 종류의 주식으로 할 수 있다.

0805 |2007, 2015, 2022|
주식의 등록질의 경우에 질권자는 주식배당에 의해 주주가 받을 주식에 대하여도 질권을 행사할 수 있다. ( )

> 주식에 대한 등록질권자의 권리는 주식배당을 통해 발행되는 신주에 미친다(물상대위). 약식질의 경우에는 주식배당에 대해 물상대위가 인정되지 않는다고 본다.

답 0801 × 0802 × 0803 ○ 0804 × 0805 ○

< 주식배당과 준비금의 자본금 전입 >

	주식배당	준비금의 자본금전입(무상증자)
성격	이익배당(과실)	주식분할(원본)
재원	배당가능이익	법정준비금
절차	주총보통결의	이사회결의
시기	정기주총	언제라도
물상대위	등록질만	등록질, 약식질 불문

제462조의2(주식배당) ① 회사는 주주총회의 결의에 의하여 이익의 배당을 새로이 발행하는 주식으로써 할 수 있다. 그러나 주식에 의한 배당은 이익배당총액의 2분의 1에 상당하는 금액을 초과하지 못한다.
⑥ 제340조제1항의 질권자의 권리는 제1항의 규정에 의한 주주가 받을 주식에 미친다. 이 경우 제340조제3항의 규정을 준용한다.

제340조(주식의 등록질) ① 주식을 질권(質權)의 목적으로 한 경우에 회사가 질권설정자의 청구에 따라 그 성명과 주소를 주주명부에 덧붙여 쓰고 그 성명을 주권(株券)에 적은 경우에는 질권자는 회사로부터 이익배당, 잔여재산의 분배 제339조에 따른 금전의 지급을 받아 다른 채권자에 우선하여 자기채권의 변제에 충당할 수 있다.
② 민법 제353조제3항의 규정은 전항의 경우에 준용한다.
③ 제1항의 질권자는 회사에 대하여 전조의 주식에 대한 주권의 교부를 청구할 수 있다.

0806 |2023|
상법상 액면주식을 발행한 비상장주식회사에서 재무제표를 이사회 결의로 승인할 수 있도록 정관 규정을 둔 회사의 경우 주식배당은 이사회 결의로 할 수 있다. (   )

제462조의2의 조문구조상 이사회 결의로는 할 수 없다.
제462조의2(주식배당) ① 회사는 주주총회의 결의에 의하여 이익의 배당을 새로이 발행하는 주식으로써 할 수 있다. 그러나 주식에 의한 배당은 이익배당총액의 2분의 1에 상당하는 금액을 초과하지 못한다.

0807 |2007, 2010, 2012, 2017, 2022|
주식배당에는 주주총회의 특별결의를 요하며, 그 한도는 이익배당총액의 2분의 1에 상당하는 금액을 초과하지 못한다. (   )

(ⅰ) 주식배당은 재무제표의 승인을 요하는 이익배당에 해당하므로 주주총회의 보통결의 사항이다. (ⅱ) 이익배당총액의 2분의 1에 상당하는 금액을 초과하지 못하도록 하는 것은 주주에게 금전배당을 받을 권리를 보장하여 주주의 이익배당청구권을 보호하려는 취지이다.
제462조의2(주식배당) ① 회사는 주주총회의 결의에 의하여 이익의 배당을 새로이 발행하는 주식으로써 할 수 있다. 그러나 주식에 의한 배당은 이익배당총액의 2분의 1에 상당하는 금액을 초과하지 못한다.

0808 |2007, 2012, 2015, 2023|
주식배당을 받은 주주는 주식배당의 결의를 한 주주총회가 종결한 날의 다음 날부터 신주의 주주가 된다 (   )

0806 × 0807 × 0808 ×

주주총회가 종결한 때부터 주주가 된다. 주식배당의 경우 납입의 문제가 발생하지 않으므로, 다음날일 필요가 없다.

제462조의2(주식배당) ④ 주식으로 배당을 받은 주주는 제1항의 결의가 있는 주주총회가 종결한 때부터 신주의 주주가 된다.

0809 | 2012 |
주식배당은 이익배당에 해당하고 유상증자가 아니므로 발행예정주식총수 중에 미발행부분이 남아있지 않더라도 신주의 발행이 가능하다. ( )

주식배당은 이익배당에 해당하고 유상증자가 아니라는 점은 맞다. 다만 주식배당도 신주발행이므로 발행예정주식총수 가운데 미발행주식이 남아있어야 한다.

0810 | 2023 |
상법상 액면주식을 발행한 비상장주식회사에서 주식배당이 완료된 후에도 변경등기는 필요하지 않다. ( )

주식배당으로 발행주식수와 자본금이 증가하므로 당연히 변경등기가 필요하다.

제317조(설립의 등기) ② 제1항의 설립등기에 있어서는 다음의 사항을 등기하여야 한다.
1. 제289조제1항제1호 내지 제4호, 제6호와 제7호에 게기한 사항
2. 자본금의 액
3. 발행주식의 총수, 그 종류와 각종주식의 내용과 수
3의2. 주식의 양도에 관하여 이사회의 승인을 얻도록 정한 때에는 그 규정
3의3. 주식매수선택권을 부여하도록 정한 때에는 그 규정
3의4. 지점의 소재지
4. 회사의 존립기간 또는 해산사유를 정한 때에는 그 기간 또는 사유
5. 삭제 〈2011.4.14.〉
6. 주주에게 배당할 이익으로 주식을 소각할 것을 정한 때에는 그 규정

0811 | 2012 |
주식배당의 요건을 위반한 경우 신주발행 무효의 소를 제기할 수 있고 주식배당이 있기 전에는 신주발행의 유지를 청구할 수 있다. ( )

주식배당도 신주발행의 일종이므로 위법한 주식배당에 대해서는 신주발행유지청구권(사전적 구제수단), 신주발행 무효의 소(사후적 구제수단)이 가능하다.

0812 | 2012 |
배당가능이익이 없는 주식배당의 경우 금전배당의 경우와 마찬가지로 채권자는 자신의 채권액을 한도로 주주에 대해 배당받은 주식을 회사에 반환할 것을 청구할 수 있다. ( )

0809 × 0810 × 0811 ○ 0812 ×

주식배당의 경우에도 금전배당과 마찬가지로 회사채권자에게 위법배당 반환청구권이 인정되는지는 견해의 대립이 있다. 다만 회사채권자의 반환청구는 「자신의 채권액」을 한도로 하는 것이 아니라 「위법배당총액」을 대상으로 하기 때문에 틀린 지문임은 분명하다.

제462조(이익의 배당) ① 회사는 대차대조표의 순자산액으로부터 다음의 금액을 공제한 액을 한도로 하여 이익배당을 할 수 있다.
1. 자본금의 액
2. 그 결산기까지 적립된 자본준비금과 이익준비금의 합계액
3. 그 결산기에 적립하여야 할 이익준비금의 액
4. 대통령령으로 정하는 미실현이익
② 이익배당은 주주총회의 결의로 정한다. 다만, 제449조의2제1항에 따라 재무제표를 이사회가 승인하는 경우에는 이사회의 결의로 정한다.
③ 제1항을 위반하여 이익을 배당한 경우에 회사채권자는 배당한 이익을 회사에 반환할 것을 청구할 수 있다.

0813 | 2015 |
이사는 주식배당에 관한 주주총회의 결의가 있을 때 지체 없이 배당받을 주주와 주주명부에 기재된 질권자에게 그 주주가 받을 주식의 종류와 수를 통지하여야 한다. ( )

제462조의2(주식배당) ⑤ 이사는 제1항의 결의가 있는 때에는 지체없이 배당을 받을 주주와 주주명부에 기재된 질권자에게 그 주주가 받을 주식의 종류와 수를 통지하여야 한다.

04 | 현물배당

0814 | 2014, 2015, 2023 |
주식배당은 회사가 새로이 발행하는 주식으로 배당하는 것이고 그 회사가 이미 가지고 있는 자기주식으로 배당하는 것은 현물배당에 해당한다. ( )

주식배당은 새로이 발행하는 주식으로써만 가능하다. 만약 회사가 자기주식으로 배당을 한다면 현물배당에 해당한다.

제462조의2(주식배당) ① 회사는 주주총회의 결의에 의하여 이익의 배당을 새로이 발행하는 주식으로써 할 수 있다. 그러나 주식에 의한 배당은 이익배당총액의 2분의 1에 상당하는 금액을 초과하지 못한다.

0815 | 2014, 2020 |
회사는 정관의 정함이 없어도 이사회의 결의에 의하여 금전 외의 재산으로 배당할 수 있다. ( )

틀린 내용이다. 현물배당을 하기 위해서는 정관의 정함이 필요하다(상대적 기재사항).

제462조의4(현물배당) ① 회사는 정관으로 금전 외의 재산으로 배당을 할 수 있음을 정할 수 있다.

답 0813 ○ 0814 ○ 0815 ×

05 | 위법배당

0816 |2008|
배당가능이익을 초과하거나 또는 배당가능이익이 없음에도 불구하고 이익배당을 한 경우는 위법배당이 된다.
( )

> 협의의 위법배당의 개념이다.
>
> **제462조(이익의 배당)** ① 회사는 대차대조표의 순자산액으로부터 다음의 금액을 공제한 액을 한도로 하여 이익배당을 할 수 있다.
> 1. 자본금의 액
> 2. 그 결산기까지 적립된 자본준비금과 이익준비금의 합계액
> 3. 그 결산기에 적립하여야 할 이익준비금의 액
> 4. 대통령령으로 정하는 미실현이익
> ③ 제1항을 위반하여 이익을 배당한 경우에 회사채권자는 배당한 이익을 회사에 반환할 것을 청구할 수 있다.

0817 |2008|
위법배당은 무효이므로 회사는 주주에 대하여 부당이득의 반환을 청구할 수 있으며, 이 경우 주주의 선의 또는 악의는 불문한다.
( )

> 배당행위 자체가 위법한 경우이므로 주주의 선의, 악의는 묻지 않는다.

0818 |2014|
배당가능이익이 없는데도 금전배당을 한 경우에 회사채권자는 주주에게 배당받은 이익을 회사에 반환할 것을 청구할 수 있다.
( )

> 이른바 「협의의 위법배당」에 해당하는 경우에 회사채권자는 배당의 반환을 청구할 수 있다.
>
> **제462조(이익의 배당)** ① 회사는 대차대조표의 순자산액으로부터 다음의 금액을 공제한 액을 한도로 하여 이익배당을 할 수 있다.
> 1. 자본금의 액
> 2. 그 결산기까지 적립된 자본준비금과 이익준비금의 합계액
> 3. 그 결산기에 적립하여야 할 이익준비금의 액
> 4. 대통령령으로 정하는 미실현이익
> ② 이익배당은 주주총회의 결의로 정한다. 다만, 제449조의2제1항에 따라 재무제표를 이사회가 승인하는 경우에는 이사회의 결의로 정한다.
> ③ 제1항을 위반하여 이익을 배당한 경우에 회사채권자는 배당한 이익을 회사에 반환할 것을 청구할 수 있다.
> ④ 제3항의 청구에 관한 소에 대하여는 제186조를 준용한다.

답 0816 ○ 0817 ○ 0818 ○

0819 |2008|
위법배당시의 회사채권자뿐만 아니라 그 후의 모든 회사채권자도 위법배당을 받은 주주에 대하여 그 배당금을 회사에 반환할 것을 청구할 수 있다. ( )

위법배당 당시의 채권자가 아니라 (회사의 책임재산감소로 채무불이행의 위험에 노출된) 현재의 채권자를 보호하기 위함이다.

0820 |2008|
회사채권자의 반환청구권은 채권액과 관계없이 위법배당액의 전액에 대하여 인정되며 채권 보전의 필요성은 문제되지 않는다. ( )

(ⅰ) 채권액의 범위는 불문한다. 위법배당의 반환은 채권자에게 이루어지는 것이 아니라 회사에게 이루어지는 것이기 때문이다. (ⅱ) 채권보전의 필요성이란 쉽게 말해 회사채권자의 채권이 회수되지 못할 위험성을 말한다. 배당가능이익을 초과한 위법배당이 이루어지면 회사채권자는 자기 채권의 회수가능성을 따지지 않고 반환을 청구할 수 있다.

0821 |2008|
이사가 고의 또는 중대한 과실에 의한 임무해태로 위법배당을 함으로써 회사채권자에게 손해를 입힌 경우 회사채권자는 직접 당해 이사를 상대로 손해배상을 청구할 수 없다. ( )

제3자에 대한 손해배상책임의 조건을 충족시키는 경우이므로 손해배상청구 가능하다.

제401조(제3자에 대한 책임) ① 이사가 고의 또는 중대한 과실로 그 임무를 게을리한 때에는 그 이사는 제3자에 대하여 연대하여 손해를 배상할 책임이 있다.

0822 |2013|
정관에 의하여 중간배당이 가능한 회사가 중간배당을 현물배당으로 했다면 그 외의 소정의 요건을 갖추어도 위법한 배당이 된다. ( )

중간배당은 현물배당이 가능하다. 참고로 중간배당을 주식배당으로 하는 것은 불가능하다. 주식배당은 주총결의에 의하여야 하므로 이사회의 결의로 이루어지는 중간배당은 불가능하기 때문이다.

462조의2(주식배당) ① 회사는 주주총회의 결의에 의하여 이익의 배당을 새로이 발행하는 주식으로써 할 수 있다. 그러나 주식에 의한 배당은 이익배당총액의 2분의 1에 상당하는 금액을 초과하지 못한다.

제462조의3(중간배당) ① 년 1회의 결산기를 정한 회사는 영업년도중 1회에 한하여 이사회의 결의로 일정한 날을 정하여 그 날의 주주에 대하여 이익을 배당(이하 이 조에서 "중간배당"이라 한다)할 수 있음을 정관으로 정할 수 있다.

제462조의4(현물배당) ① 회사는 정관으로 금전 외의 재산으로 배당을 할 수 있음을 정할 수 있다.
② 제1항에 따라 배당을 결정한 회사는 다음 사항을 정할 수 있다.
1. 주주가 배당되는 금전 외의 재산 대신 금전의 지급을 회사에 청구할 수 있도록 한 경우에는 그 금액 및 청구할 수 있는 기간
2. 일정 수 미만의 주식을 보유한 주주에게 금전 외의 재산 대신 금전을 지급하기로 한 경우에는 그 일정 수 및 금액

0823 |2013|
배당가능이익 없이 주식배당이 이루어진 경우에는 회사채권자도 신주발행무효의 소를 제기할 수 있다.
(　　)

> 주식배당의 경우에는 자산의 사외유출이 없으므로 채권자에게 손해가 발생한 바 없다. 신주발행무효의 소는 주주, 이사, 감사에 한한다(상429조).
>
> **제429조(신주발행무효의 소)** 신주발행의 무효는 주주·이사 또는 감사에 한하여 신주를 발행한 날로부터 6월내에 소만으로 이를 주장할 수 있다.

0824 |2013|
상법 제462조 제1항의 배당가능이익의 범위 내에서 이익배당한 경우에도 그 절차나 시기가 위법한 경우에는 회사나 채권자는 주주에게 위법배당금을 회사에 반환할 것을 청구할 수 있다.
(　　)

> 배당가능이익의 범위 내에서 배당이 이루어진 한(협의의 위법배당이 아닌 한), 배당의 절차나 시기가 위법한 것에 불과하다면(광의의 위법배당) 회사채권자에게 제소권이 인정되지 않는다.

0825 |2013|
위법한 주식배당으로 신주발행이 무효가 되면 회사는 배당받았던 주주에게 신주의 액면총액을 환급해 주어야 한다.
(　　)

> 주식배당의 경우에는 주주가 납입한 금액이 없으므로 환급의 문제가 발생하지 않는다.

0826 |2013|
대표이사가 이익배당에 관한 주주총회나 이사회에서 현물배당에 관한 결의가 없었음에도 정관규정만을 근거로 현물배당을 한 경우 회사는 주주에 대하여 지급한 현물의 반환을 청구할 수 있다.
(　　)

> 배당결의 없이 현물배당이 이루어졌다면 (광의의) 위법한 배당이므로 회사는 주주에 대해서 지급한 현물의 반환을 청구할 수 있다.

답 0823 × 0824 × 0825 × 0826 ○

제7절 사 채

1. 사채 일반

0827 |2017, 2022|
사채를 발행하기 위하여는 주주총회의 결의가 필요하다. ( )

> 사채발행은 자본조달에 관한 사항이므로 이사회의 결의로 발행한다.
> **제469조(사채의 발행)** ① 회사는 이사회의 결의에 의하여 사채(社債)를 발행할 수 있다.

0828 |2010|
각 사채권자는 그가 가지는 해당 종류의 사채 금액의 합계액에 따라 의결권을 가진다. ( )

> **제492조(의결권)** ① 각 사채권자는 그가 가지는 해당 종류의 사채 금액의 합계액(상환받은 액은 제외한다)에 따라 의결권을 가진다.
> ② 무기명식의 채권을 가진 자는 회일로부터 1주간전에 채권을 공탁하지 아니하면 그 의결권을 행사하지 못한다.

0829 |2010, 2022|
이권(利券)있는 무기명식의 사채를 상환하는 경우, 이권이 흠결된 때에는 그 이권에 상당한 금액을 상환액으로부터 공제한다. ( )

> 이권(利券)이란 무기명사채에서 각 이자의 지급시기별로 이자지급청구권을 나타내는 유가증권이다. 무기명사채에서 이권이 흠결되어 있다면(즉 쿠폰이 뜯어져 있다면), 이권 소지인이 언제든지 회사에 이권과 상환으로 이자의 지급을 청구할 수 있는 것이기 때문에(제486조 제2항), 원금 상환시 해당 부분은 공제해야 한다.
> **제486조(이권흠결의 경우)** ① 이권 있는 무기명식의 사채를 상환하는 경우에 이권이 흠결된 때에는 그 이권에 상당한 금액을 상환액으로부터 공제한다.
> ② 전항의 이권소지인은 언제든지 그 이권과 상환하여 공제액의 지급을 청구할 수 있다.

0830 |2010|
사채의 모집을 위탁받은 회사가 사채의 일부를 인수하는 경우에는 반드시 사채청약서에 의해 청약을 하여야 한다. ( )

> 사채모집의 위탁을 받은 회사가 사채의 일부를 인수하는 경우에는 그 해당부분에 대해서는 사채청약서에 의하여 인수할 필요가 없다.
> **제474조(공모발행, 사채청약서)** ① 사채의 모집에 응하고자 하는 자는 사채청약서 2통에 그 인수할 사채의 수와 주소를 기재하고 기명날인 또는 서명하여야 한다.
> **제475조(총액인수의 방법)** 전조의 규정은 계약에 의하여 사채의 총액을 인수하는 경우에는 이를 적용하지 아니한다. 사채모집의 위탁을 받은 회사가 사채의 일부를 인수하는 경우에는 그 일부에 대하여도 같다.

답 0827 × 0828 ○ 0829 ○ 0830 ×

0831 |2022|

사채의 모집이 완료한 때에는 이사는 지체없이 인수인에 대하여 각 사채의 전액 또는 제1회의 납입을 시켜야 한다. ( )

덧붙여 "제1회의 납입을 시켜야 한다"는 말은 분할납입이 가능하다는 뜻이다. 주식과 달리 사채는 분할납입이 가능하다.

제476조(납입) ① 사채의 모집이 완료한 때에는 이사는 지체없이 인수인에 대하여 각 사채의 전액 또는 제1회의 납입을 시켜야 한다.
② 사채모집의 위탁을 받은 회사는 그 명의로 위탁회사를 위하여 제474조제2항과 전항의 행위를 할 수 있다.

0832 |2010|

회사는 전에 모집한 사채의 총액의 납입이 완료된 후가 아니라도 다시 사채를 모집할 수 있다. ( )

과거에는 종전에 모집한 사채 총액의 납입이 완료된 후가 아니면 다시 사채를 모집하지 못했지만, 현재는 이러한 제한이 폐지되었다.

0833 |2017|

사채권자는 이사회의 승인을 받아야 기명식의 채권을 무기명식으로 할 것을 회사에 청구할 수 있다. ( )

사채권자는 「언제든지」 기명식의 채권을 무기명식으로, 무기명식의 채권을 기명식으로 전환할 것을 회사에 청구할 수 있다.

제480조(기명식, 무기명식간의 전환) 사채권자는 언제든지 기명식의 채권을 무기명식으로, 무기명식의 채권을 기명식으로 할 것을 회사에 청구할 수 있다. 그러나 채권을 기명식 또는 무기명식에 한할 것으로 정한 때에는 그러하지 아니하다.

0834 |2022|

회사가 채권을 기명식에 한할 것을 정한 때에도, 사채권자가 기명식의 채권을 무기명식으로 할 것을 회사에 청구하면 회사는 사채권자의 청구대로 이를 변경하여야 한다. ( )

사채권자는 "언제든지" 기명식의 채권을 무기명식으로, 무기명식의 채권을 기명식으로 전환할 것을 회사에 청구할 수 있다. 그러나 기명식 또는 무기명식에 "한할 것으로" 정한 때에는 그러하지 아니하다.

제480조(기명식, 무기명식간의 전환) 사채권자는 언제든지 기명식의 채권을 무기명식으로, 무기명식의 채권을 기명식으로 할 것을 회사에 청구할 수 있다. 그러나 채권을 기명식 또는 무기명식에 한할 것으로 정한 때에는 그러하지 아니하다.

0835 |2014, 2016, 2021|

이사회는 정관의 규정에 따라 대표이사에게 사채의 금액 및 종류를 정하여 1년을 초과하지 아니하는 기간 내에 사채를 발행할 것을 위임할 수 있다. ( )

이사회가 대표이사에게 사채발행을 위임하려면 3가지 요건이 충족되어야 한다.

0831 ○ 0832 ○ 0833 × 0834 × 0835 ○

(ⅰ) 정관의 규정에 따라, (ⅱ) 사채의 금액 및 종류를 정하여, (ⅲ) 1년의 범위내에서.

제469조(사채의 발행) ① 회사는 이사회의 결의에 의하여 사채(社債)를 발행할 수 있다.
② 제1항의 사채에는 다음 각 호의 사채를 포함한다.
1. 이익배당에 참가할 수 있는 사채
2. 주식이나 그 밖의 다른 유가증권으로 교환 또는 상환할 수 있는 사채
3. 유가증권이나 통화 또는 그 밖에 대통령령으로 정하는 자산이나 지표 등의 변동과 연계하여 미리 정하여진 방법에 따라 상환 또는 지급금액이 결정되는 사채
③ 제2항에 따라 발행하는 사채의 내용 및 발행 방법 등 발행에 필요한 구체적인 사항은 대통령령으로 정한다.
④ 제1항에도 불구하고 정관으로 정하는 바에 따라 이사회는 대표이사에게 사채의 금액 및 종류를 정하여 1년을 초과하지 아니하는 기간 내에 사채를 발행할 것을 위임할 수 있다.

0836 |2013|
사채권자의 청구에 의해 회사가 기존의 보유 주식으로 교환해 주게 되는 사채의 발행은 정관의 규정이 없어도 이사회의 결의만으로 대표이사에게 발행의 권한을 위임할 수 있다. ( )

「정관의 규정으로」 사채의 금액 및 종류를 정하여 1년 이내의 기간 내에 위임할 수 있다(상469④).

제469조(사채의 발행) ① 회사는 이사회의 결의에 의하여 사채(社債)를 발행할 수 있다.
② 제1항의 사채에는 다음 각 호의 사채를 포함한다.
1. 이익배당에 참가할 수 있는 사채
2. 주식이나 그 밖의 다른 유가증권으로 교환 또는 상환할 수 있는 사채
3. 유가증권이나 통화 또는 그 밖에 대통령령으로 정하는 자산이나 지표 등의 변동과 연계하여 미리 정하여진 방법에 따라 상환 또는 지급금액이 결정되는 사채
③ 제2항에 따라 발행하는 사채의 내용 및 발행 방법 등 발행에 필요한 구체적인 사항은 대통령령으로 정한다.
④ 제1항에도 불구하고 정관으로 정하는 바에 따라 이사회는 대표이사에게 사채의 금액 및 종류를 정하여 1년을 초과하지 아니하는 기간 내에 사채를 발행할 것을 위임할 수 있다.

0837 |2017|
사채관리회사가 둘 이상 있을 때에는 그 권한에 속하는 행위는 공동으로 하여야 한다. ( )

제485조(둘 이상의 사채관리회사가 있는 경우의 권한과 의무) ① 사채관리회사가 둘 이상 있을 때에는 그 권한에 속하는 행위는 공동으로 하여야 한다.

0838 |2013|
사채관리회사는 사채권자집회의 동의가 없어도 부득이한 사유가 있는 경우 법원의 허가를 얻으면 사임할 수 있다. ( )

제481조(사채관리회사의 사임) 사채관리회사는 사채를 발행한 회사와 사채권자집회의 동의를 받아 사임할 수 있다. 부득이한 사유가 있어 법원의 허가를 받은 경우에도 같다.

답 0836 × 0837 ○ 0838 ○

0839 | 2013 |

사채관리회사가 해당 사채 전부에 대한 지급의 유예를 하는 경우(사채에 관한 채권을 변제받거나 채권의 실현을 보전하기 위한 행위는 제외한다)에는 사채권자집회의 결의가 필요하다. (   )

> 제484조(사채관리회사의 권한) ① 사채관리회사는 사채권자를 위하여 사채에 관한 채권을 변제받거나 채권의 실현을 보전하기 위하여 필요한 재판상 또는 재판 외의 모든 행위를 할 수 있다.
> ② 사채관리회사는 제1항의 변제를 받으면 지체 없이 그 뜻을 공고하고, 알고 있는 사채권자에게 통지하여야 한다.
> ③ 제2항의 경우에 사채권자는 사채관리회사에 사채 상환액 및 이자 지급을 청구할 수 있다. 이 경우 사채권이 발행된 때에는 사채권과 상환하여 상환액지급청구를 하고, 이권(利券)과 상환하여 이자지급청구를 하여야 한다.
> ④ 사채관리회사가 다음 각 호의 어느 하나에 해당하는 행위(사채에 관한 채권을 변제받거나 채권의 실현을 보전하기 위한 행위는 제외한다)를 하는 경우에는 사채권자집회의 결의에 의하여야 한다. 다만, 사채를 발행하는 회사는 제2호의 행위를 사채관리회사가 사채권자집회결의에 의하지 아니하고 할 수 있음을 정할 수 있다.
> 1. 해당 사채 전부에 대한 지급의 유예, 그 채무의 불이행으로 발생한 책임의 면제 또는 화해
> 2. 해당 사채 전부에 관한 소송행위 또는 채무자회생 및 파산에 관한 절차에 속하는 행위
> ⑤ 사채관리회사가 제4항 단서에 따라 사채권자집회의 결의에 의하지 아니하고 제4항제2호의 행위를 한 때에는 지체 없이 그 뜻을 공고하고, 알고 있는 사채권자에게는 따로 통지하여야 한다.
> ⑥ 제2항과 제5항의 공고는 사채를 발행한 회사가 하는 공고와 같은 방법으로 하여야 한다.
> ⑦ 사채관리회사는 그 관리를 위탁받은 사채에 관하여 제1항 또는 제4항 각 호에서 정한 행위를 위하여 필요하면 법원의 허가를 받아 사채를 발행한 회사의 업무와 재산상태를 조사할 수 있다.

0840 | 2013 |

특정 종류의 사채총액(상환받은 액은 제외함)의 10분의 1 이상에 해당하는 사채를 가진 사채권자는 회의목적사항과 소집이유를 적은 서면을 발행회사나 사채관리회사에 제출하여 사채권자집회의 소집을 청구할 수 있다. (   )

> 제491조(소집권자) ① 사채권자집회는 사채를 발행한 회사 또는 사채관리회사가 소집한다.
> ② 사채의 종류별로 해당 종류의 사채 총액(상환받은 액은 제외한다)의 10분의 1 이상에 해당하는 사채를 가진 사채권자는 회의 목적인 사항과 소집 이유를 적은 서면 또는 전자문서를 사채를 발행한 회사 또는 사채관리회사에 제출하여 사채권자집회의 소집을 청구할 수 있다.
> ③ 제366조제2항의 규정은 전항의 경우에 준용한다.
> ④ 무기명식의 채권을 가진 자는 그 채권을 공탁하지 아니하면 전2항의 권리를 행사하지 못한다.

0841 | 2014, 2020, 2021 |

사채는 회사의 자금조달이 목적이기 때문에 사채의 납입은 분할납입이 인정되지 않고 전액을 납입하여야 한다. (   )

> 주식발행의 경우와 달리 사채발행의 경우에는 자본충실의 원칙이 적용되지 않으므로 분할납입을 허용한다. 채권(債券)은 사채 전액의 납입이 완료된 후가 아니면 이를 발행하지 못한다는 말은, 사채의 분할납입이 가능함을 전제로 한 규정이다.
> 제478조(채권의 발행) ① 채권은 사채전액의 납입이 완료한 후가 아니면 이를 발행하지 못한다.

답 0839 ○   0840 ○   0841 ×

② 채권에는 다음의 사항을 적고 대표이사가 기명날인 또는 서명하여야 한다.
1. 채권의 번호
2. 제474조제2항제1호·제4호·제5호·제7호·제8호·제10호·제13호·제13호의2 및 제13호의3에 규정된 사항
③ 회사는 제1항의 채권(債券)을 발행하는 대신 정관으로 정하는 바에 따라 전자등록기관의 전자등록부에 채권(債權)을 등록할 수 있다. 이 경우 제356조의2제2항부터 제4항까지의 규정을 준용한다.

0842 | 2017 |
사채의 납입에는 분할납입이 가능하지만 사채의 상환에는 분할상환이 인정되지 않는다. ( )

사채의 분할납입도 가능하고(제474조 제2항 9호), 분할상환도 가능하다(동항 8호).

제474조(공모발행, 사채청약서) ② 사채청약서는 이사가 작성하고 다음의 사항을 적어야 한다.
8. 사채의 상환과 이자지급의 방법과 기한
9. 사채를 수회에 분납할 것을 정한 때에는 그 분납금액과 시기

0843 | 2014 |
회사는 사채권자에게 사채의 이율에 의한 확정이자를 지급하는 외에도 배당가능이익이 있는 경우 발행회사의 이익배당에도 참가할 수 있는 권리를 부여한 사채를 발행할 수 있다. ( )

이익참가부사채에 관한 설명이다.

제469조(사채의 발행) ① 회사는 이사회의 결의에 의하여 사채(社債)를 발행할 수 있다.
② 제1항의 사채에는 다음 각 호의 사채를 포함한다.
1. 이익배당에 참가할 수 있는 사채
2. 주식이나 그 밖의 다른 유가증권으로 교환 또는 상환할 수 있는 사채
3. 유가증권이나 통화 또는 그 밖에 대통령령으로 정하는 자산이나 지표 등의 변동과 연계하여 미리 정하여진 방법에 따라 상환 또는 지급금액이 결정되는 사채
③ 제2항에 따라 발행하는 사채의 내용 및 발행 방법 등 발행에 필요한 구체적인 사항은 대통령령으로 정한다.

■ 상법시행령
제21조(이익참가부사채의 발행) ① 법 제469조제2항제1호에 따라 사채권자가 그 사채발행회사의 이익배당에 참가할 수 있는 사채(이하 "이익참가부사채"라 한다)를 발행하는 경우에 다음 각 호의 사항으로서 정관에 규정이 없는 사항은 이사회가 결정한다. 다만, 정관에서 주주총회에서 이를 결정하도록 정한 경우에는 그러하지 아니하다.

0844 | 2016 |
사채를 발행하는 회사는 사채권자의 보호를 위하여 반드시 사채관리회사를 정하여 사채의 관리를 위탁해야 한다.
( )

사채관리회사를 두는 것은 기채회사의 선택사항(사채의 관리를 위탁할 수 있다)에 해당한다.

제480조의2(사채관리회사의 지정·위탁) 회사는 사채를 발행하는 경우에 사채관리회사를 정하여 변제의 수령, 채권의 보전, 그 밖에 사채의 관리를 위탁할 수 있다.

답 0842 × 0843 ○ 0844 ×

0845 |2016, 2020|
사채의 인수인이 은행인 경우 인수인도 그 사채의 사채관리회사가 될 수 있다. (　　)

> 사채의 인수인과 대통령령으로 정한 사채발행회사의 특수관계인은 사채관리회사가 될 수 없다.
>
> **제480조의3(사채관리회사의 자격)** ① 은행, 신탁회사, 그 밖에 대통령령으로 정하는 자가 아니면 사채관리회사가 될 수 없다.
> ② 사채의 인수인은 그 사채의 사채관리회사가 될 수 없다.
> ③ 사채를 발행한 회사와 특수한 이해관계가 있는 자로서 대통령령으로 정하는 자는 사채관리회사가 될 수 없다.

0846 |2016, 2020|
사채관리회사는 사채권자를 위하여 사채에 관한 채권을 변제받기 위하여 필요한 재판상의 행위를 할 수 없다.
(　　)

> 채권을 변제받거나 채권의 실현을 보전하기 위하여 필요한 재판상 또는 재판 외의 모든 행위를 할 수 있다.
>
> **제484조(사채관리회사의 권한)** ① 사채관리회사는 사채권자를 위하여 사채에 관한 채권을 변제받거나 채권의 실현을 보전하기 위하여 필요한 재판상 또는 재판 외의 모든 행위를 할 수 있다.

0847 |2010, 2016, 2021|
사채권자집회의 결의는 사채권자 전원이 찬성하더라도 법원의 인가가 있어야 효력이 발생한다. (　　)

> 사채권자집회의 결의는 「소수사채권자의 보호를 위해」 법원이 인가를 얻어야 효력이 발생하는 것이 원칙이나, 사채권자 전원이 동의한 결의는 그러하지 아니한다.
>
> **제498조(결의의 효력)** ① 사채권자집회의 결의는 법원의 인가를 받음으로써 그 효력이 생긴다. 다만, 그 종류의 사채권자 전원이 동의한 결의는 법원의 인가가 필요하지 아니하다.
> ② 사채권자집회의 결의는 그 종류의 사채를 가진 모든 사채권자에게 그 효력이 있다.

0848 |2020|
기명사채의 이전은 취득자의 성명과 주소를 사채원부에 기재하고 그 성명을 채권에 기재하지 아니하면, 그 취득자는 회사에 대항하지 못하지만 제3자에게는 대항할 수 있다. (　　)

> 주식과 차이가 있다. 주식의 경우 회사에 대한 대항요건은 명의개서이고 제3자에 대한 대항요건은 주권의 점유이지만, 기명사채의 경우에는 회사와 제3자 모두에 대하여 사채원부에의 기재가 대항요건이다.
>
> **제479조(기명사채의 이전)** ① 기명사채의 이전은 취득자의 성명과 주소를 사채원부에 기재하고 그 성명을 채권에 기재하지 아니하면 회사 기타의 제3자에게 대항하지 못한다.
> ② 제337조제2항의 규정은 기명사채의 이전에 대하여 이를 준용한다.

0845 × **0846** × **0847** × **0848** ×

0849 |2017|
사채의 상환청구권은 5년간 행사하지 아니하면 소멸시효가 완성된다. ( )

> 사채(원금)의 상환청구권은 「10년」의 시효로 소멸한다.
> **제487조(원리청구권의 시효)** ① 사채의 상환청구권은 10년간 행사하지 아니하면 소멸시효가 완성한다.

2. 특수사채

01 | 전환사채

0850 |2007|
주주 이외의 자에 대하여 전환사채를 발행하는 경우, 정관의 규정이 없으면 주주총회의 보통결의로써 이를 정하여야 한다. ( )

> 주주총회의 특별결의사항이다.
> **제513조(전환사채의 발행)** ① 회사는 전환사채를 발행할 수 있다.
> ② 제1항의 경우에 다음의 사항으로서 정관에 규정이 없는 것은 이사회가 이를 결정한다. 그러나 정관으로 주주총회에서 이를 결정하기로 정한 경우에는 그러하지 아니하다.
> 1. 전환사채의 총액
> 2. 전환의 조건
> 3. 전환으로 인하여 발행할 주식의 내용
> 4. 전환을 청구할 수 있는 기간
> 5. 주주에게 전환사채의 인수권을 준다는 뜻과 인수권의 목적인 전환사채의 액
> 6. 주주외의 자에게 전환사채를 발행하는 것과 이에 대하여 발행할 전환사채의 액
> ③ 주주외의 자에 대하여 전환사채를 발행하는 경우에 그 발행할 수 있는 전환사채의 액, 전환의 조건, 전환으로 인하여 발행할 주식의 내용과 전환을 청구할 수 있는 기간에 관하여 정관에 규정이 없으면 제434조의 결의로써 이를 정하여야 한다. 이 경우 제418조제2항 단서의 규정을 준용한다.
> ④ 제3항의 결의에 있어서 전환사채의 발행에 관한 의안의 요령은 제363조의 규정에 의한 통지에 기재하여야 한다.
> **제434조(정관변경의 특별결의)** 제433조제1항의 결의는 출석한 주주의 의결권의 3분의 2 이상의 수와 발행주식총수의 3분의 1 이상의 수로써 하여야 한다.

0851 |2007|
전환사채의 전환으로 회사의 발행주식총수는 증가하지만, 회사의 자본금이 그만큼 증가하는 것은 아니다. ( )

> 전환사채의 전환으로 사채가 줄어들기 때문에 부채는 감소하고, 주식이 새로 발행되기 때문에 발행되는 주식의 액면총액만큼 자본금이 증가한다.

답 0849 × 0850 × 0851 ×

0852 | 2007, 2013 |

전환사채의 질권자는 전환에 의하여 주주가 받을 주식에 대해 물상대위를 주장할 수 있다. ( )

> 제516조(준용규정) ② 제339조, 제348조, 제350조 및 제351조의 규정은 사채의 전환의 경우에 이를 준용한다.
>
> 제339조(질권의 물상대위) 주식의 소각, 병합, 분할 또는 전환이 있는 때에는 이로 인하여 종전의 주주가 받을 금전이나 주식에 대하여도 종전의 주식을 목적으로한 질권을 행사할 수 있다.

0853 | 2007 |

판례에 의하면, 회사가 법령 또는 정관에 위반되거나 현저하게 불공정한 방법에 의하여 전환사채를 발행한 경우에는 주주, 이사 또는 감사는 전환사채발행무효의 소를 제기할 수 있다. ( )

> 에버랜드 전환사채 발행사건에서의 판례의 태도이다.
>
> [대법원 2004.6.25. 선고, 2000다37326, 판결]
> 상법은 제516조 제1항에서 신주발행의 유지청구권에 관한 제424조 및 불공정한 가액으로 주식을 인수한 자의 책임에 관한 제424조의2 등을 전환사채의 발행의 경우에 준용한다고 규정하면서도 신주발행무효의 소에 관한 제429조의 준용 여부에 대해서는 아무런 규정을 두고 있지 않으나, 전환사채는 전환권의 행사에 의하여 장차 주식으로 전환될 수 있는 권리가 부여된 사채로서, 이러한 전환사채의 발행은 주식회사의 물적 기초와 기존 주주들의 이해관계에 영향을 미친다는 점에서 사실상 신주를 발행하는 것과 유사하므로, 전환사채의 발행의 경우에도 신주발행무효의 소에 관한 상법 제429조가 유추적용된다고 봄이 상당하고, 이 경우 당사자가 주장하는 개개의 공격방법으로서의 구체적인 무효원인은 각각 어느 정도 개별성을 가지고 판단할 수밖에 없는 것이기는 하지만, 전환사채의 발행에 무효원인이 있다는 것이 전체로서 하나의 청구원인이 된다는 점을 감안할 때 전환사채의 발행을 무효라고 볼 것인지 여부를 판단함에 있어서는 구체적인 무효원인에 개재된 여러 위법 요소가 종합적으로 고려되어야 한다.

0854 | 2008, 2019 |

전환사채권자는 주주명부폐쇄기간 중에도 전환을 청구하여 주주가 될 수 있지만, 그 기간 중의 주주총회의 결의에 관하여 의결권을 행사할 수 없다. ( )

> 전환종류주식에 대한 전환권 행사의 경우와 마찬가지이다.
>
> 제516조(준용규정) ② 제339조, 제348조, 제350조 및 제351조의 규정은 사채의 전환의 경우에 이를 준용한다.
>
> 제350조(전환의 효력발생) ① 주식의 전환은 주주가 전환을 청구한 경우에는 그 청구한 때에, 회사가 전환을 한 경우에는 제346조제3항제2호의 기간이 끝난 때에 그 효력이 발생한다.
> ② 제354조제1항의 기간 중에 전환된 주식의 주주는 그 기간 중의 총회의 결의에 관하여는 의결권을 행사할 수 없다.
> ③ 전환에 의하여 발행된 주식의 이익배당에 관하여는 주주가 전환을 청구한 때 또는 제346조제3항제2호의 기간이 끝난 때가 속하는 영업연도 말에 전환된 것으로 본다. 이 경우 신주에 대한 이익배당에 관하여는 정관으로 정하는 바에 따라 그 청구를 한 때 또는 제346조제3항제2호의 기간이 끝난 때가 속하는 영업연도의 직전 영업연도 말에 전환된 것으로 할 수 있다.

0855 |2008, 2018|
제3자에 대한 전환사채의 배정은 신기술의 도입, 재무구조의 개선 등 회사의 경영상 목적달성을 위하여 필요한 경우에 한한다. ( )

> **제513조(전환사채의 발행)** ③ 주주외의 자에 대하여 전환사채를 발행하는 경우에 그 발행할 수 있는 전환사채의 액, 전환의 조건, 전환으로 인하여 발행할 주식의 내용과 전환을 청구할 수 있는 기간에 관하여 정관에 규정이 없으면 제434조의 결의로써 이를 정하여야 한다. 이 경우 제418조제2항 단서의 규정을 준용한다.
>
> **제418조(신주인수권의 내용 및 배정일의 지정·공고)** ② 회사는 제1항의 규정에 불구하고 정관에 정하는 바에 따라 주주 외의 자에게 신주를 배정할 수 있다. 다만, 이 경우에는 신기술의 도입, 재무구조의 개선 등 회사의 경영상 목적을 달성하기 위하여 필요한 경우에 한한다.

0856 |2019|
주주 외의 자에 대하여 전환사채를 발행하는 경우 회사는 전환으로 인하여 발행할 주식의 종류와 수를 주주에게 통지하여야 한다. ( )

> (ⅰ) 주주 외의 자에게 "전환사채"를 발행하는 경우에는 정관에 규정을 두거나 주주총회의 특별결의를 거쳐야 하는 것이고, 별도로 주주에 대해 통지한다는 규정은 없다. 다만 주주총회의 특별결의에 의하는 경우에는 소집통지서를 통해 이러한 내용이 통지될 것이다(제513조 제4항). (ⅱ) 반면에 주주 외의 자에게 "신주"를 발행하는 경우에는 정관에 규정을 두는 방식만 인정되고 주주총회의 특별결의를 거치는 방식은 인정되지 않는다. 따라서 제3자 신주발행 시에는 이에 대한 내용을 주주에게 통지하여야 한다(제418조 제4항).
>
> **제513조(전환사채의 발행)** ③ 주주외의 자에 대하여 전환사채를 발행하는 경우에 그 발행할 수 있는 전환사채의 액, 전환의 조건, 전환으로 인하여 발행할 주식의 내용과 전환을 청구할 수 있는 기간에 관하여 정관에 규정이 없으면 제434조의 결의로써 이를 정하여야 한다. 이 경우 제418조제2항 단서의 규정을 준용한다.
> ④ 제3항의 결의에 있어서 전환사채의 발행에 관한 의안의 요령은 제363조의 규정에 의한 통지에 기재하여야 한다.
>
> **제418조(신주인수권의 내용 및 배정일의 지정·공고)** ④ 제2항에 따라 주주 외의 자에게 신주를 배정하는 경우 회사는 제416조제1호, 제2호, 제2호의2, 제3호 및 제4호에서 정하는 사항을 그 납입기일의 2주 전까지 주주에게 통지하거나 공고하여야 한다.

0857 |2008, 2011|
회사가 전환사채를 발행하는 경우에는 전환청구기간 동안 발행 예정주식총수 중 전환으로 인하여 발행할 주식의 수만큼 그 발행을 유보하여야 한다. ( )

> 전환종류주식의 경우와 마찬가지로, 전환사채의 경우에도 전환권 행사로 인해 발행예정주식 총수를 넘게 되는 결과를 가져오지 않도록 회사가 미리 주식발행을 일정부분 유보해야 한다.
>
> **제516조(준용규정)** ① 제346조제4항, 제424조 및 제424조의2의 규정은 전환사채의 발행의 경우에 이를 준용한다.
>
> **제346조(주식의 전환에 관한 종류주식)** ④ 제344조제2항에 따른 종류주식의 수 중 새로 발행할 주식의 수는 전환청구기간 또는 전환의 기간 내에는 그 발행을 유보(留保)하여야 한다.

답 0855 ○ 0856 × 0857 ○

O858 |2008|
전환사채권자는 전환청구와 동시에 사채권자의 지위를 상실하지만, 정관에 다른 규정이 없는 한 그 청구를 한 때가 속하는 영업연도말까지 전환사채의 이자를 지급받을 수 있다.   (   )

> 전환사채권자가 전환청구를 하여 사채권자에서 주주로 지위가 전환되었다면, 전환된 이후에는 이자를 지급받을 수 없다.
>
> **제516조(준용규정)** ② 제339조, 제348조, 제350조 및 제351조의 규정은 사채의 전환의 경우에 이를 준용한다.
>
> **제350조(전환의 효력발생)** ① 주식의 전환은 주주가 전환을 청구한 경우에는 그 청구한 때에, 회사가 전환을 한 경우에는 제346조제3항제2호의 기간이 끝난 때에 그 효력이 발생한다.

O859 |2008|
전환사채발행사항에 관하여 정관에 특별한 정함이 없는 회사가 주주배정의 전환사채를 발행하는 경우에 전환조건에 관하여 정관에 규정이 없으면 주주총회의 결의로 정하여야 한다.   (   )

> 전환사채를 주주들에게 배정하는 경우, 전환의 조건을 비롯하여 전환사채발행에 관한 중요사항으로서 정관에 규정이 없는 것은 원칙적으로 '이사회'가 결정한다.
>
> **제513조(전환사채의 발행)** ① 회사는 전환사채를 발행할 수 있다.
> ② 제1항의 경우에 다음의 사항으로서 정관에 규정이 없는 것은 이사회가 이를 결정한다. 그러나 정관으로 주주총회에서 이를 결정하기로 정한 경우에는 그러하지 아니하다.
> 1. 전환사채의 총액
> 2. 전환의 조건
> 3. 전환으로 인하여 발행할 주식의 내용
> 4. 전환을 청구할 수 있는 기간
> 5. 주주에게 전환사채의 인수권을 준다는 뜻과 인수권의 목적인 전환사채의 액
> 6. 주주외의 자에게 전환사채를 발행하는 것과 이에 대하여 발행할 전환사채의 액

O860 |2011|
전환사채는 주식으로 전환될 수 있는 권리가 부착된 특수한 사채이므로 주주총회의 결의에 의해서만 발행할 수 있다.   (   )

> 전환사채는 원칙적으로 이사회 결의로 발행한다.
>
> **제513조(전환사채의 발행)** ② 제1항의 경우에 다음의 사항으로서 정관에 규정이 없는 것은 이사회가 이를 결정한다. 그러나 정관으로 주주총회에서 이를 결정하기로 정한 경우에는 그러하지 아니하다.
> 1. 전환사채의 총액
> 2. 전환의 조건
> 3. 전환으로 인하여 발행할 주식의 내용
> 4. 전환을 청구할 수 있는 기간
> 5. 주주에게 전환사채의 인수권을 준다는 뜻과 인수권의 목적인 전환사채의 액
> 6. 주주외의 자에게 전환사채를 발행하는 것과 이에 대하여 발행할 전환사채의 액

답 O858 ×   O859 ×   O860 ×

0861 |2011, 2019|

전환사채의 발행에는 전환사채발행유지청구권이 인정되나 불공정한 가액으로 인수한 자의 책임은 인정되지 않는다. ( )

> 불공정한 가액으로 인수한 자의 책임에 관한 규정도 준용한다.
>
> **제516조(준용규정)** ① 제346조제4항, 제424조 및 제424조의2의 규정은 전환사채의 발행의 경우에 이를 준용한다.
>
> **제424조의2(불공정한 가액으로 주식을 인수한 자의 책임)** ① 이사와 통모하여 현저하게 불공정한 발행가액으로 주식을 인수한 자는 회사에 대하여 공정한 발행가액과의 차액에 상당한 금액을 지급할 의무가 있다.
> ② 제403조 내지 제406조의 규정은 제1항의 지급을 청구하는 소에 관하여 이를 준용한다.
> ③ 제1항 및 제2항의 규정은 이사의 회사 또는 주주에 대한 손해배상의 책임에 영향을 미치지 아니한다.

0862 |2012, 2014, 2020|

상법은 전환사채의 발행 무효의 주장방법으로 전환사채발행 무효의 소를 명문으로 인정하고 그 구체적인 내용에 관하여는 신주발행 무효의 소에 관한 규정을 준용한다. ( )

> 전환사채발행 무효의 소에 관한 독자적인 규정이 없다. 뿐만 아니라 위법·불공정한 신주발행을 다투는 수단으로서 신주발행무효의 소는 전환사채 발행에 대하여 준용규정이 존재하지 않는다. 따라서 판례는 신주발행무효의 소의 규정을 「유추적용」한다.
>
> **[대법원 2004.8.16, 선고, 2003다9636, 판결]**
> 상법은 제516조 제1항에서 신주발행의 유지청구권에 관한 제424조 및 불공정한 가액으로 주식을 인수한 자의 책임에 관한 제424조의2 등을 전환사채의 발행의 경우에 준용한다고 규정하면서도, 신주발행무효의 소에 관한 제429조의 준용 여부에 대해서는 아무런 규정을 두고 있지 않으나, 전환사채는 전환권의 행사에 의하여 장차 주식으로 전환될 수 있는 권리가 부여된 사채로서, 이러한 전환사채의 발행은 주식회사의 물적 기초와 기존 주주들의 이해관계에 영향을 미친다는 점에서 사실상 신주를 발행하는 것과 유사하므로, 전환사채 발행의 경우에도 신주발행무효의 소에 관한 상법 제429조가 유추적용된다.

0863 |2012|

전환사채발행 무효의 소에 대한 원고 승소판결은 형성판결로서 대세적 효력이 있으며 전환권 행사에 의해 발행된 신주는 소급하여 무효가 된다. ( )

> 신주발행 무효를 유추적용하는 것이므로 소급효는 인정하지 않는다.
>
> **제431조(신주발행무효판결의 효력)** ① 신주발행무효의 판결이 확정된 때에는 신주는 장래에 대하여 그 효력을 잃는다.

0864 |2012|

판례에 의하면 전환사채발행의 무효원인이 이사회결의 하자에서 비롯된 경우 이사회결의 하자의 소 또는 전환사채발행 무효의 소 중에서 선택하여 다툴 수 있다. ( )

> 전환사채의 효력이 발생한 후에는 이사회 결의의 하자는 전환사채발행절차의 하자로 흡수되므로(흡수설) 전환사채 발행무효의 소를 통해서만 다툴 수 있다.

답 0861 × 0862 × 0863 × 0864 ×

0865 |2011, 2012|
전환사채발행 무효의 소는 6개월의 제소기간이 적용된다. ( )

전환사채 발행의 경우에도 신주발행무효의 소에 관한 상법 제429조가 유추적용되므로 전환사채발행무효 확인의 소에 있어서도 상법 제429조 소정의 6월의 제소기간의 제한이 적용된다.

제429조(신주발행무효의 소) 신주발행의 무효는 주주·이사 또는 감사에 한하여 신주를 발행한 날로부터 6월내에 소만으로 이를 주장할 수 있다.

0866 |2012|
전환사채발행 부존재확인의 소는 6개월의 제소기간이 적용된다. ( )

전환사채발행 부존재확인의 소는 전환사채 발행의 실체가 없음에도 전환사채발행의 등기가 되어있는 경우에 제기하는 소이다. 전환사채발행 무효확인의 소의 제소기간이 6개월인 것과는 달리, 부존재확인의 소는 제소기간의 제한이 없다.

[대법원 2004.8.16, 선고, 2003다9636, 판결]
전환사채 발행의 경우에도 신주발행무효의 소에 관한 상법 제429조가 유추적용되므로 전환사채발행무효 확인의 소에 있어서도 상법 제429조 소정의 6월의 제소기간의 제한이 적용된다 할 것이나, 이와 달리 전환사채 발행의 실체가 없음에도 전환사채 발행의 등기가 되어 있는 외관이 존재하는 경우 이를 제거하기 위한 전환사채발행부존재확인의 소에 있어서는 상법 제429조 소정의 6월의 제소기간의 제한이 적용되지 아니한다.

0867 |2015|
전환사채의 인수권을 가진 주주는 그가 가진 주식의 수에 따라서 전환사채의 배정을 받을 권리가 있으나 각 전환사채의 금액 중 최저액에 미달하는 단수에 대하여는 그러하지 아니하다. ( )

제513조의2(전환사채의 인수권을 가진 주주의 권리) ① 전환사채의 인수권을 가진 주주는 그가 가진 주식의 수에 따라서 전환사채의 배정을 받을 권리가 있다. 그러나 각 전환사채의 금액 중 최저액에 미달하는 단수에 대하여는 그러하지 아니하다.

0868 |2015|
판례에 의하면 경영권방어만을 목적으로 전환사채를 우호세력에게 제3자 배정방식으로 발행하는 것은 무효이다. ( )

전환사채발행무효의 소의 대상이 된다.
[대법원 2009.1.30, 선고, 2008다50776, 판결]
[1] 주식회사가 신주를 발행함에 있어 신기술의 도입, 재무구조의 개선 등 회사의 경영상 목적을 달성하기 위하여 필요한 범위 안에서 정관이 정한 사유가 없는데도, 회사의 경영권분쟁이 현실화된 상황에서 경영진의 경영권이나 지배권 방어라는 목적을 달성하기 위하여 제3자에게 신주를 배정하는 것은 상법 제418조 제2항을 위반하여 주주의 신주인수권을 침해하는 것이다.
[2] 신주발행을 사후에 무효로 하는 경우 거래의 안전과 법적 안정성을 해할 우려가 큰 점을 고려할 때 신주발행무효의 소에서 그 무효원인은 가급적 엄격하게 해석하여야 한다.

답 0865 ○ 0866 × 0867 ○ 0868 ○

그러나 신주발행에 법령이나 정관의 위반이 있고 그것이 주식회사의 본질 또는 회사법의 기본원칙에 반하거나 <u>기존 주주들의 이익과 회사의 경영권 내지 지배권에 중대한 영향을 미치는 경우로서 주식에 관련된 거래의 안전, 주주 기타 이해관계인의 이익 등을 고려하더라도 도저히 묵과할 수 없는 정도라고 평가되는 경우에는 그 신주의 발행을 무효라고 하지 않을 수 없다.</u>

0869 |2018|

전환사채를 발행한 때에는 전환사채의 납입이 완료된 날로부터 2주간 내에 본점의 소재지에서 전환사채의 등기를 하여야 한다. (   )

특수사채(전환사채, 신주인수권부사채, 이익참가부사채)의 발행은 등기사항이다.

제514조의2(전환사채의 등기) ① 회사가 전환사채를 발행한 때에는 <u>제476조의 규정에 의한 납입이 완료된 날로부터 2주간내에 본점의 소재지에서 전환사채의 등기를 하여야 한다.</u>
② 제1항의 규정에 의하여 등기할 사항은 다음 각호와 같다.
1. 전환사채의 총액
2. 각 전환사채의 금액
3. 각 전환사채의 납입금액
4. 제514조제1호 내지 제4호에 정한 사항
③ 제183조의 규정은 제2항의 등기에 대하여 이를 준용한다.
④ 외국에서 전환사채를 모집한 경우에 등기할 사항이 외국에서 생긴 때에는 등기기간은 그 통지가 도달한 날로부터 기산한다.

0870 |2019|

회사가 전환사채를 발행한 때에는 그 납입이 완료된 날로부터 본점소재지에서는 2주간 내 지점소재지에서는 3주간 내에 전환사채의 등기를 하여야 한다. (   )

본점 소재지에서 등기하는 것이고 지점에서의 등기는 요하지 않는다.

제514조의2(전환사채의 등기) ① 회사가 전환사채를 발행한 때에는 <u>제476조의 규정에 의한 납입이 완료된 날로부터 2주간내에 본점의 소재지에서 전환사채의 등기를 하여야 한다.</u>

0871 |2018, 2019|

전환사채권자가 전환을 청구하는 경우 그 청구한 때에 전환의 효력이 발생한다. (   )

전환주식에 관한 규정을 준용하여, 전환사채의 전환은 주주가 청구를 한 때부터 전환의 효력이 발생한다(형성권).

제516조(준용규정) ① 제346조제4항, 제424조 및 제424조의2의 규정은 전환사채의 발행의 경우에 이를 준용한다.
② 제339조, 제348조, <u>제350조</u> 및 제351조의 규정은 사채의 전환의 경우에 이를 준용한다.

제350조(전환의 효력발생) ① 주식의 전환은 <u>주주가 전환을 청구한 경우에는 그 청구한 때에</u>, 회사가 전환을 한 경우에는 제346조제3항제2호의 기간이 끝난 때에 그 <u>효력이 발생한다.</u>

답 0869 ○ 0870 ✕ 0871 ○

02 | 신주인수권부사채

0872 |2009|
정관에 다른 규정이 없으면 이사회가 신주인수권부사채의 발행사항을 결정한다. ( )

> (자기자본이건 타인자본이건) 자본조달에 관한 사항은 수권된 범위 내에서 이사회 결의사항이다.
> **제516조의2(신주인수권부사채의 발행)** ① 회사는 신주인수권부사채를 발행할 수 있다.
> ② 제1항의 경우에 다음의 사항으로서 정관에 규정이 없는 것은 이사회가 이를 결정한다. 그러나 정관으로 주주총회에서 이를 결정하도록 정한 경우에는 그러하지 아니하다.
> 1. 신주인수권부사채의 총액
> 2. 각 신주인수권부사채에 부여된 신주인수권의 내용
> 3. 신주인수권을 행사할 수 있는 기간
> 4. 신주인수권만을 양도할 수 있는 것에 관한 사항
> 5. 신주인수권을 행사하려는 자의 청구가 있는 때에는 신주인수권부사채의 상환에 갈음하여 그 발행가액으로 제516조의9제1항의 납입이 있는 것으로 본다는 뜻
> 6. 삭제
> 7. 주주에게 신주인수권부사채의 인수권을 준다는 뜻과 인수권의 목적인 신주인수권부사채의 액
> 8. 주주외의 자에게 신주인수권부사채를 발행하는 것과 이에 대하여 발행할 신주인수권부사채의 액

0873 |2021, 2022|
주주 이외의 자에게 신주인수권부사채를 발행하는 경우, 신주인수권의 내용에 관하여 정관에 규정이 없으면 주주총회의 특별결의로써 이를 정하여야 한다. ( )

> (ⅰ) 신주의 제3자 배정의 경우에는 반드시 정관규정이 요구되나, (ⅱ) 전환사채와 신주인수권부사채의 제3자 배정의 경우에는 정관규정이 없으면 주총특별결의로도 가능하다.
> **제516조의2(신주인수권부사채의 발행)** ④ 주주외의 자에 대하여 신주인수권부사채를 발행하는 경우에 그 발행할 수 있는 신주인수권부사채의 액, 신주인수권의 내용과 신주인수권을 행사할 수 있는 기간에 관하여 정관에 규정이 없으면 제434조의 결의로써 이를 정하여야 한다. 이 경우 제418조제2항 단서의 규정을 준용한다.
> **제434조(정관변경의 특별결의)** 제433조제1항의 결의는 출석한 주주의 의결권의 3분의 2 이상의 수와 발행주식총수의 3분의 1 이상의 수로써 하여야 한다.

0874 |2019|
신주인수권부사채권자가 회사에 신주인수권을 행사하여 발행되는 신주의 효력발생시기는 신주의 발행가액의 전액을 납입한 때이다. ( )

> 전환사채의 경우와는 달리 권리 행사만으로는 부족하고 실제로 납입이 이루어져야 한다.
> **제516조의10(주주가 되는 시기)** 제516조의9제1항에 따라 신주인수권을 행사한 자는 동항의 납입을 한 때에 주주가 된다. 이 경우 제350조제2항을 준용한다.

0875 | 2009, 2018 |
각 신주인수권부사채에 부여된 신주인수권의 행사로 발행할 주식의 발행가액의 합계액은 각 신주인수권부사채의 금액을 초과하지 못한다. ( )

사채권자가 회사의 자금조달에 기여한 범위를 넘어 과다하게 신주인수권을 부여받는 것을 방지하려는 취지이다.

제516조의2(신주인수권부사채의 발행) ③ 각 신주인수권부사채에 부여된 신주인수권의 행사로 인하여 발행할 주식의 발행가액의 합계액은 각 신주인수권부사채의 금액을 초과할 수 없다.

0876 | 2009 |
신주인수권부사채의 발행가액을 납입하지 않을 경우 회사는 사채권자의 청구가 없더라도 사채의 상환에 갈음하여 대용납입 처리할 수 있다. ( )

대용납입은 신주인수권을 행사하려는 사채권자의 청구에 의해 이루어지는 것이지 납입을 하지 않은 때에 당연히 대용납입이 되는 것이 아니다.

제516조의2(신주인수권부사채의 발행) ① 회사는 신주인수권부사채를 발행할 수 있다.
② 제1항의 경우에 다음의 사항으로서 정관에 규정이 없는 것은 이사회가 이를 결정한다. 그러나 정관으로 주주총회에서 이를 결정하도록 정한 경우에는 그러하지 아니하다.
1. 신주인수권부사채의 총액
2. 각 신주인수권부사채에 부여된 신주인수권의 내용
3. 신주인수권을 행사할 수 있는 기간
4. 신주인수권만을 양도할 수 있는 것에 관한 사항
5. 신주인수권을 행사하려는 자의 청구가 있는 때에는 신주인수권부사채의 상환에 갈음하여 그 발행가액으로 제516조의9제1항의 납입이 있는 것으로 본다는 뜻

0877 | 2012 |
신주인수권부 사채권자는 이사회가 정한 발행조건에 따라 신주인수권만을 따로 양도할 수 있으며 이 경우 신주인수권의 양도는 신주인수권 증권의 교부에 의한다. ( )

신주인수권부사채를 「분리형」으로 발행한 경우에 대한 설명이다.

제516조의2(신주인수권부사채의 발행) ① 회사는 신주인수권부사채를 발행할 수 있다.
② 제1항의 경우에 다음의 사항으로서 정관에 규정이 없는 것은 이사회가 이를 결정한다. 그러나 정관으로 주주총회에서 이를 결정하도록 정한 경우에는 그러하지 아니하다.
1. 신주인수권부사채의 총액
2. 각 신주인수권부사채에 부여된 신주인수권의 내용
3. 신주인수권을 행사할 수 있는 기간
4. 신주인수권만을 양도할 수 있는 것에 관한 사항

제516조의6(신주인수권의 양도) ① 신주인수권증권이 발행된 경우에 신주인수권의 양도는 신주인수권증권의 교부에 의하여서만 이를 행한다.

0878 | 2009 |

분리형 신주인수권부사채의 경우 신주인수권을 행사하고자 하는 사채권자는 청구서 2통에 신주인수권증권을 첨부하여 회사에 제출하여야 한다. ( )

> 신주인수권을 행사하려는 자는 신주의 발행가액 전액을 납입하면서 청구서 2통과 함께 신주인수권증권을 제출하거나(분리형), 채권을 제시하여야 한다(비분리형).
>
> 제516조의9(신주인수권의 행사) ① 신주인수권을 행사하려는 자는 청구서 2통을 회사에 제출하고, 신주의 발행가액의 전액을 납입하여야 한다.
> ② 제1항의 규정에 의하여 청구서를 제출하는 경우에 신주인수권증권이 발행된 때에는 신주인수권증권을 첨부하고, 이를 발행하지 아니한 때에는 채권을 제시하여야 한다. 다만, 제478조제3항 또는 제516조의7에 따라 채권(債券)이나 신주인수권증권을 발행하는 대신 전자등록기관의 전자등록부에 채권(債權)이나 신주인수권을 등록한 경우에는 그 채권이나 신주인수권을 증명할 수 있는 자료를 첨부하여 회사에 제출하여야 한다.

0879 | 2009 |

일반사채와 달리 신주인수권부사채를 발행한 때에는 등기하여야 한다. ( )

> 전환사채, 신주인수권부사채, 이익참가부사채의 발행은 등기사항이다.
>
> 제516조의8(신주인수권부사채의 등기) ① 회사가 신주인수권부사채를 발행한 때에는 다음의 사항을 등기하여야 한다.
> 1. 신주인수권부사채라는 뜻
> 2. 신주인수권의 행사로 인하여 발행할 주식의 발행가액의 총액
> 3. 각 신주인수권부사채의 금액
> 4. 각 신주인수권부사채의 납입금액
> 5. 제516조의2제2항제1호 내지 제3호에 정한 사항

0880 | 2014 |

신주인수권부사채를 분리형으로 발행하는 경우 정관에 이에 관한 규정이 없으면 이사회에서 신주인수권만을 양도할 수 있다는 사항을 결정하여야 한다. ( )

> 제516조의2(신주인수권부사채의 발행) ① 회사는 신주인수권부사채를 발행할 수 있다.
> ② 제1항의 경우에 다음의 사항으로서 정관에 규정이 없는 것은 이사회가 이를 결정한다. 그러나 정관으로 주주총회에서 이를 결정하도록 정한 경우에는 그러하지 아니하다.
> 1. 신주인수권부사채의 총액
> 2. 각 신주인수권부사채에 부여된 신주인수권의 내용
> 3. 신주인수권을 행사할 수 있는 기간
> 4. 신주인수권만을 양도할 수 있는 것에 관한 사항
> 5. 신주인수권을 행사하려는 자의 청구가 있는 때에는 신주인수권부사채의 상환에 갈음하여 그 발행가액으로 제516조의9제1항의 납입이 있는 것으로 본다는 뜻
> 6. 삭제
> 7. 주주에게 신주인수권부사채의 인수권을 준다는 뜻과 인수권의 목적인 신주인수권부사채의 액
> 8. 주주외의 자에게 신주인수권부사채를 발행하는 것과 이에 대하여 발행할 신주인수권부사채의 액

답 0878 ○ 0879 ○ 0880 ○

0881 |2015|

신주인수권부사채의 신주인수권이란 신주의 발행을 청구할 수 있는 권리를 의미하고 사채권자가 이를 행사하면 회사는 당연히 신주를 발행하여야 한다. ( )

> 신주인수권에 기한 청약에는 당연배정이 이루어진다.

0882 |2015|

신주인수권부사채는 사채권과 신주인수권증권을 분리하여 발행하는 것이 원칙이다. ( )

> 분리형과 비분리형이 모두 가능하다.
>
> **제516조의2(신주인수권부사채의 발행)** ② 제1항의 경우에 다음의 사항으로서 정관에 규정이 없는 것은 이사회가 이를 결정한다. 그러나 정관으로 주주총회에서 이를 결정하도록 정한 경우에는 그러하지 아니하다.
> 1. 신주인수권부사채의 총액
> 2. 각 신주인수권부사채에 부여된 신주인수권의 내용
> 3. 신주인수권을 행사할 수 있는 기간
> 4. 신주인수권만을 양도할 수 있는 것에 관한 사항

0883 |2018|

판례에 의하면 신주인수권부사채 발행의 경우에는 신주발행무효의 소에 관한 상법 제429조가 유추적용되지 않는다. ( )

> 에버랜드 전환사채 발행사건에서의 판례의 태도로서, 신주인수권부사채의 경우에도 마찬가지이다.
>
> **[대법원 2004.6.25, 선고, 2000다37326, 판결]**
> 상법은 제516조 제1항에서 신주발행의 유지청구권에 관한 제424조 및 불공정한 가액으로 주식을 인수한 자의 책임에 관한 제424조의2 등을 전환사채의 발행의 경우에 준용한다고 규정하면서도 신주발행무효의 소에 관한 제429조의 준용 여부에 대해서는 아무런 규정을 두고 있지 않으나, 전환사채는 전환권의 행사에 의하여 장차 주식으로 전환될 수 있는 권리가 부여된 사채로서, 이러한 전환사채의 발행은 주식회사의 물적 기초와 기존 주주들의 이해관계에 영향을 미친다는 점에서 사실상 신주를 발행하는 것과 유사하므로, 전환사채의 발행의 경우에도 신주발행무효의 소에 관한 상법 제429조가 유추적용된다고 봄이 상당하고, 이 경우 당사자가 주장하는 개개의 공격방법으로서의 구체적인 무효원인은 각각 어느 정도 개별성을 가지고 판단할 수밖에 없는 것이기는 하지만, 전환사채의 발행에 무효원인이 있다는 것이 전체로서 하나의 청구원인이 된다는 점을 감안할 때 전환사채의 발행을 무효라고 볼 것인지 여부를 판단함에 있어서는 구체적인 무효원인에 개재된 여러 위법 요소가 종합적으로 고려되어야 한다.

답 0881 O 0882 × 0883 ×

CHAPTER 03 그 밖의 회사

제1절 합명회사

0884 |2018, 2019|
합명회사 사원의 입사는 정관기재사항으로서 입사의 시점은 총사원의 동의가 있는 때가 아니라 그 변경내용을 등기한 때로 본다. ( )

> 합명회사 사원의 성명이 정관의 절대적 기재사항이기는 하나, 정관변경이 없더라도 총사원의 동의만 있으면 사원으로서의 지위를 취득한다.
>
> **[대법원 1996. 10. 29., 선고, 96다19321, 판결]**
> 합자회사의 성립 후에 신입사원이 입사하여 사원으로서의 지위를 취득하기 위하여는 정관변경을 요하고 따라서 총사원의 동의를 얻어야 하지만, 정관변경은 회사의 내부관계에서는 총사원의 동의만으로 그 효력을 발생하는 것이므로 신입사원은 총사원의 동의가 있으면 정관인 서면의 경정이나 등기부에의 기재를 기다리지 않고 그 동의가 있는 시점에 곧바로 사원으로서의 지위를 취득한다.

0885 |2007|
사원이 아닌 자가 타인에게 자기를 사원이라고 오인시키는 행위를 하였을 때에는 오인으로 인하여 회사와 거래한 자에 대하여 사원과 동일한 책임을 진다. ( )

> 「자칭사원」의 책임에 관한 내용이다.
>
> **제215조(자칭사원의 책임)** 사원이 아닌 자가 타인에게 자기를 사원이라고 오인시키는 행위를 하였을 때에는 오인으로 인하여 회사와 거래한 자에 대하여 사원과 동일한 책임을 진다.

0886 |2007, 2021, 2022|
사원이 회사채무에 관하여 변제의 청구를 받은 때에는 회사가 주장할 수 있는 항변으로 그 채권자에게 대항할 수 있다. ( )

> 회사가 공급받은 물건이 불량품이라서 회사가 변제를 거부할 수 있다면, 사원 역시 이를 이유로 변제를 거부할 수 있다. 사원이 회사보다 더 무거운 책임을 부담할 이유가 없기 때문이다.
>
> **제214조(사원의 항변)** ① 사원이 회사채무에 관하여 변제의 청구를 받은 때에는 회사가 주장할 수 있는 항변으로 그 채권자에게 대항할 수 있다.
> ② 회사가 그 채권자에 대하여 상계, 취소 또는 해제할 권리가 있는 경우에는 사원은 전항의 청구에 대하여 변제를 거부할 수 있다.

답 0884 × 0885 ○ 0886 ○

0887 | 2007, 2014, 2021 |
회사성립 후에 가입한 사원은 그 가입 전에 생긴 회사 채무에 대하여도 책임이 있다. (　　　)

제213조(신입사원의 책임) 회사성립후에 가입한 사원은 그 가입 전에 생긴 회사채무에 대하여 다른 사원과 동일한 책임을 진다.

0888 | 2007 |
퇴사한 사원은 본점소재지에서 퇴사등기를 하기 전에 생긴 회사채무에 대하여는 등기 후 2년 내에는 다른 사원과 동일한 책임이 있다. (　　　)

퇴사원의 책임으로 옳은 내용이다.

제225조(퇴사원의 책임) ① 퇴사한 사원은 본점소재지에서 퇴사등기를 하기 전에 생긴 회사채무에 대하여는 등기 후 2년 내에는 다른 사원과 동일한 책임이 있다.
② 전항의 규정은 지분을 양도한 사원에 준용한다.

0889 | 2008 |
합명회사의 사원은 회사의 업무집행권과 대표권을 갖는 대신, 회사채권자에 대하여 직접 연대하여 무한책임을 진다. (　　　)

제200조(업무집행의 권리의무) ① 각 사원은 정관에 다른 규정이 없는 때에는 회사의 업무를 집행할 권리와 의무가 있다.
② 각 사원의 업무집행에 관한 행위에 대하여 다른 사원의 이의가 있는 때에는 곧 행위를 중지하고 총사원과반수의 결의에 의하여야 한다.

제207조(회사대표) 정관으로 업무집행사원을 정하지 아니한 때에는 각 사원은 회사를 대표한다. 수인의 업무집행사원을 정한 경우에 각 업무집행사원은 회사를 대표한다. 그러나 정관 또는 총사원의 동의로 업무집행사원중 특히 회사를 대표할 자를 정할 수 있다.

제212조(사원의 책임) ① 회사의 재산으로 회사의 채무를 완제할 수 없는 때에는 각 사원은 연대하여 변제할 책임이 있다.
② 회사재산에 대한 강제집행이 주효하지 못한 때에도 전항과 같다.
③ 전항의 규정은 사원이 회사에 변제의 자력이 있으며 집행이 용이한 것을 증명한 때에는 적용하지 아니한다.

0890 | 2015 |
합명회사 설립의 무효는 그 사원에 한하여, 설립의 취소는 그 취소권있는 자에 한하여 회사성립의 날로부터 2년 내에 소만으로 이를 주장할 수 있다. (　　　)

설립취소의 소에서 취소권자는 무능력자, 하자 있는 의사표시를 한 자, 그 대리인 또는 승계인을 말한다(민법 제140조).

제184조(설립무효, 취소의 소) ① 회사의 설립의 무효는 그 사원에 한하여, 설립의 취소는 그 취소권있는 자에 한하여 회사성립의 날로부터 2년내에 소만으로 이를 주장할 수 있다.
② 민법 제140조의 규정은 전항의 설립의 취소에 준용한다.

0891 |2019|

회사설립의 취소는 취소권 있는 사원에 한하여 회사성립의 날로부터 2년 내에 소만으로 이를 주장할 수 있다. ( )

> 주식회사를 제외하고는, 사원의 주관적 하자(제한능력, 사기·강박·착오의 경우)를 이유로 하는 설립취소의 소가 인정된다. 이 경우 제소권자는 취소권 있는 자이다. 지문의 경우 '취소권 있는 사원'을 '취소권 있는 자'로 바꾸어야 옳은 지문이 된다. 취소권 있는 자는 (ⅰ) 미성년자가 성년자가 된 경우뿐만 아니라, (ⅱ) 미성년자의 법정대리인도 가능하다.
>
> **제184조(설립무효, 취소의 소)** ① 회사의 설립의 무효는 그 사원에 한하여, 설립의 취소는 그 취소권있는 자에 한하여 회사성립의 날로부터 2년내에 소만으로 이를 주장할 수 있다.

0892 |2009, 2016|

미성년자가 법정대리인의 동의 없이 합명회사를 설립한 경우 사원은 회사를 상대로 회사설립무효의 소를 제기할 수 있다. ( )

> 주식회사를 제외하고는, 사원의 주관적 하자(제한능력, 사기·강박·착오의 경우)를 이유로 하는 설립취소의 소가 인정된다. 이 경우 제소권자는 취소권 있는 자이다. 지문의 경우 「사원」을 「취소권 있는 자」로, 「설립무효의 소」를 「설립취소의 소」로 바꾸어야 옳은 지문이 된다. 여기서 취소권 있는 자는 미성년자 및 그 법정대리인이 된다.
>
> **제184조(설립무효, 취소의 소)** ① 회사의 설립의 무효는 그 사원에 한하여, 설립의 취소는 그 취소권있는 자에 한하여 회사성립의 날로부터 2년내에 소만으로 이를 주장할 수 있다.
> ② 민법 제140조의 규정은 전항의 설립의 취소에 준용한다.
>
> ■ 민법
> **제140조(법률행위의 취소권자)** 취소할 수 있는 법률행위는 제한능력자, 착오로 인하거나 사기·강박에 의하여 의사표시를 한 자, 그의 대리인 또는 승계인만이 취소할 수 있다.

0893 |2009, 2017|

합명회사의 사원이 그 채권자를 해할 것을 알고 회사를 설립한 때에는 채권자는 그 사원과 회사에 대한 소로 회사의 설립취소를 청구할 수 있다. ( )

> 사해설립취소의 소에 대한 설명이다. 이 경우에는 「사원의 채권자」가 원고가 되고, 「사원과 회사」가 공동피고가 된다는 점을 유의하여야 한다.
>
> **제185조(채권자에 의한 설립취소의 소)** 사원이 그 채권자를 해할 것을 알고 회사를 설립한 때에는 채권자는 그 사원과 회사에 대한 소로 회사의 설립취소를 청구할 수 있다.

0894 |2009|

설립무효의 소에서 원고승소 판결이 확정되면 제3자도 설립의 유효를 주장할 수 없다. ( )

> 원고승소 판결에는 대세적 효력이 인정되므로 제3자에 대해서도 그 효력이 있다.
>
> **제190조(판결의 효력)** 설립무효의 판결 또는 설립취소의 판결은 제3자에 대하여도 그 효력이 있다. 그러나 판결확정 전에 생긴 회사와 사원 및 제3자간의 권리의무에 영향을 미치지 아니한다.

답 0891 × 0892 × 0893 ○ 0894 ○

0895 |2010, 2018|
사원은 출자의무를 부담하지만, 정관의 규정에 의해 그 출자의무가 면제되는 경우도 있다. ( )

사원의 출자의무는 면제할 수 없다. (신용이건 노무건 간에) 출자를 하지 않으면 사원이 아니다.

제179조(정관의 절대적 기재사항) 정관에는 다음의 사항을 기재하고 총사원이 기명날인 또는 서명하여야 한다.
1. 목적
2. 상호
3. 사원의 성명·주민등록번호 및 주소
4. 사원의 출자의 목적과 가격 또는 그 평가의 표준
5. 본점의 소재지
6. 정관의 작성년월일

0896 |2010|
사원의 출자의무 불이행으로 인해 회사가 최고하여 발생한 구체적 출자의무는 사원 자격의 상실과 함께 소멸된다. ( )

출자의무는 사원의 지위를 상실하면 출자의무도 없어지는 것이 원칙이지만, 이미 출자시기가 도래한 구체적 출자의무는 소멸하지 않는다.

0897 |2007, 2010|
사원이 출자한 채권이 변제기에 변제되지 아니한 경우 그 사원은 회사에 대하여 변제책임은 물론 이자지급과 손해배상의 책임을 부담한다. ( )

변제기에 이행되지 않았으므로 구체적 출자의무를 제대로 이행하지 않은 것이고, 이에 대한 변제책임 및 손해배상책임을 부담한다.

제196조(채권출자) 채권을 출자의 목적으로 한 사원은 그 채권이 변제기에 변제되지 아니한 때에는 그 채권액을 변제할 책임을 진다. 이 경우에는 이자를 지급하는 외에 이로 인하여 생긴 손해를 배상하여야 한다.

0898 |2010|
정관의 규정 또는 총사원의 동의가 있는 경우에는 합명회사 사원이 아닌 자에게도 업무집행을 맡길 수 있다. ( )

업무집행권은 사원만 갖는다.

제200조(업무집행의 권리의무) ① 각 사원은 정관에 다른 규정이 없는 때에는 회사의 업무를 집행할 권리와 의무가 있다.
② 각 사원의 업무집행에 관한 행위에 대하여 다른 사원의 이의가 있는 때에는 곧 행위를 중지하고 총사원과반수의 결의에 의하여야 한다.

답 0895 × 0896 × 0897 ○ 0898 ×

0899 | 2016 |

업무집행에 관한 의사결정은 원칙적으로 총사원의 과반수로 정하고 따로 업무집행사원을 정한 때에는 업무집행사원 전원의 동의로 정하여야 한다. (   )

> 따로 업무집행사원을 정한 경우 업무집행사원 과반수의 동의로 정한다.
>
> **제195조(준용법규)** 합명회사의 내부관계에 관하여는 정관 또는 본법에 다른 규정이 없으면 조합에 관한 민법의 규정을 준용한다.
>
> ▪ 민법
>
> **제706조(사무집행의 방법)** ① 조합계약으로 업무집행자를 정하지 아니한 경우에는 조합원의 3분의 2 이상의 찬성으로써 이를 선임한다.
> ② 조합의 업무집행은 조합원의 과반수로써 결정한다. 업무집행자 수인인 때에는 그 과반수로써 결정한다.
> ③ 조합의 통상사무는 전항의 규정에 불구하고 각 조합원 또는 각 업무집행자가 전행할 수 있다. 그러나 그 사무의 완료전에 다른 조합원 또는 다른 업무집행자의 이의가 있는 때에는 즉시 중지하여야 한다.

0900 | 2010, 2019 |

사원 중 일부가 업무집행사원인 경우 그 각 사원의 업무집행에 관한 행위에 대하여 다른 사원의 이의가 있는 때에는 곧 행위를 중지하고 총사원의 과반수의 결의에 따라야 한다. (   )

> (ⅰ) 이의권은 업무집행권이 있는 사원에 한정된다. (ⅱ)「총사원」이 아니라「업무집행사원」의 과반수에 의한다.
>
> **제201조(업무집행사원)** ① 정관으로 사원의 1인 또는 수인을 업무집행사원으로 정한 때에는 그 사원이 회사의 업무를 집행할 권리와 의무가 있다.
> ② 수인의 업무집행사원이 있는 경우에 그 각 사원의 업무집행에 관한 행위에 대하여 다른 업무집행사원의 이의가 있는 때에는 곧 그 행위를 중지하고 업무집행사원 과반수의 결의에 의하여야 한다.

0901 | 2014 |

사원은 설립등기 이전에 출자의무를 현실적으로 전부 이행할 필요는 없다. (   )

> 인적회사(합명회사, 합자회사)의 경우에는 전액납입주의가 적용되지 않는다.

0902 | 2018, 2021 |

합명회사의 사원은 신용 또는 노무는 물론 채권을 출자의 목적으로 할 수 있다. (   )

> 합명회사의 사원(및 합자회사의 무한책임사원)의 출자의 목적에는 제한이 없다.
>
> **제179조(정관의 절대적 기재사항)** 정관에는 다음의 사항을 기재하고 총사원이 기명날인 또는 서명하여야 한다.
> 1. 목적
> 2. 상호
> 3. 사원의 성명·주민등록번호 및 주소
> 4. 사원의 출자의 목적과 가격 또는 그 평가의 표준
> 5. 본점의 소재지
> 6. 정관의 작성년월일

답 0899 ×   0900 ×   0901 ○   0902 ○

0903 |2014|
정관에 다른 정함이 없으면 퇴사한 사원은 노무를 출자의 목적으로 한 경우에 그 지분의 환급을 받을 수 있다. （　　）

여기서 "지분의 환급"이란 금전으로 환급받는 것을 의미한다.
제222조(지분의 환급) 퇴사한 사원은 노무 또는 신용으로 출자의 목적으로 한 경우에도 그 지분의 환급을 받을 수 있다. 그러나 정관에 다른 규정이 있는 때에는 그러하지 아니하다.

0904 |2014|
사원이 자신의 지분을 타인에게 양도하는 경우에는 다른 사원 전원의 동의를 필요로 한다. （　　）

사원의 지분의 양도에는 다른 사원 전원의 동의가 필요하며, 지분의 입질에도 다른 사원 전원의 동의가 필요하다.
제197조(지분의 양도) 사원은 다른 사원의 동의를 얻지 아니하면 그 지분의 전부 또는 일부를 타인에게 양도하지 못한다.

0905 |2012|
합명회사의 사원은 부득이한 사유가 있는 경우 다른 사원의 동의를 받지 않고 언제든지 퇴사할 수 있다. （　　）

제217조(사원의 퇴사권) ① 정관으로 회사의 존립기간을 정하지 아니하거나 어느 사원의 종신까지 존속할 것을 정한 때에는 사원은 영업년도말에 한하여 퇴사할 수 있다. 그러나 6월전에 이를 예고하여야 한다.
② 사원이 부득이한 사유가 있을 때에는 언제든지 퇴사할 수 있다.

0906 |2016|
정관으로 회사의 존립기간을 정하지 아니하거나 어느 사원의 종신까지 존속할 것을 정한 경우에는 사원은 원칙적으로 6월 전에 예고하고 언제든지 퇴사할 수 있다. （　　）

6개월 전에 예고하고 「언제든지」가 아니라 「영업연도 말에 한하여」 퇴사하는 것이 원칙이다. 다만 부득이한 사유가 있을 때에는 언제든지 퇴사할 수 있다.
제217조(사원의 퇴사권) ① 정관으로 회사의 존립기간을 정하지 아니하거나 어느 사원의 종신까지 존속할 것을 정한 때에는 사원은 영업년도말에 한하여 퇴사할 수 있다. 그러나 6월전에 이를 예고하여야 한다.
② 사원이 부득이한 사유가 있을 때에는 언제든지 퇴사할 수 있다.

0907 |2012|
합명회사 사원의 지분을 압류한 채권자는 회사와 그 사원에 대하여 6개월 전에 예고하고 영업연도 말에 그 사원을 퇴사시킬 수 있다. （　　）

지분압류채권자에 의한 퇴사청구를 말한다.
제224조(지분 압류채권자에 의한 퇴사청구) ① 사원의 지분을 압류한 채권자는 영업년도 말에 그 사원을 퇴사시킬 수 있다. 그러나 회사와 그 사원에 대하여 6월전에 그 예고를 하여야 한다.
② 전항 단서의 예고는 사원이 변제를 하거나 상당한 담보를 제공한 때에는 그 효력을 잃는다.

답 0903 ○　0904 ○　0905 ○　0906 ×　0907 ○

0908 | 2019 |
사원은 다른 사원 전원의 동의가 없으면 업무집행권 또는 회사대표권을 가지는지 여부에 관계없이 경업이 금지된다.　　　　　　　　　　　　　　　　　　　　　　　　　　　　　　　　　　　　(　　)

> 사원은 다른 사원 전원의 동의가 없으면 (업무집행권 또는 회사대표권을 가지는지 여부에 관계없이) 경업이 금지된다.
> **제198조(사원의 경업의 금지)** ① 사원은 다른 사원의 동의가 없으면 자기 또는 제3자의 계산으로 회사의 영업부류에 속하는 거래를 하지 못하며 동종영업을 목적으로 하는 다른 회사의 무한책임사원 또는 이사가 되지 못한다.

0909 | 2012 |
합명회사의 사원에게 경업금지의무 위반의 사유가 있는 경우 회사는 다른 사원 과반수의 결의에 의하여 그 사원의 제명선고를 법원에 청구할 수 있다.　　　　　　　　　　　　　　　　　　　　　　　(　　)

> **제220조(제명의 선고)** ① 사원에게 다음의 사유가 있는 때에는 회사는 다른 사원 과반수의 결의에 의하여 그 사원의 제명의 선고를 법원에 청구할 수 있다.
> 1. 출자의 의무를 이행하지 아니한 때
> 2. 제198조 제1항의 규정에 위반한 행위가 있는 때
> 3. 회사의 업무집행 또는 대표에 관하여 부정한 행위가 있는 때, 권한없이 업무를 집행하거나 회사를 대표한 때
> 4. 기타 중요한 사유가 있는 때
>
> **제198조(사원의 경업의 금지)** ① 사원은 다른 사원의 동의가 없으면 자기 또는 제3자의 계산으로 회사의 영업부류에 속하는 거래를 하지 못하며 동종영업을 목적으로 하는 다른 회사의 무한책임사원 또는 이사가 되지 못한다.

0910 | 2016 |
사원은 다른 사원 과반수의 결의가 있는 때에 한하여 자기 또는 제3자의 계산으로 회사와 거래를 할 수 있다.　　(　　)

> 사원의 자기거래의 승인은 사원 과반수 결의로 승인한다. 이 경우 당해 사원은 특별이해관계인이므로 당해 결의에 의결권이 없다.
> **제199조(사원의 자기거래)** 사원은 다른 사원 과반수의 결의가 있는 때에 한하여 자기 또는 제3자의 계산으로 회사와 거래를 할 수 있다. 이 경우에는 민법 제124조의 규정을 적용하지 아니한다.

0911 | 2014 |
합명회사의 경우 지배인의 선임과 해임은 정관에 다른 정함이 없으면 총사원 전원의 동의가 있어야 한다.
　　　(　　)

> 합명회사의 경우 지배인의 선임과 해임은 업무집행사원이 있어도 총사원 과반수의 결의에 의한다.
> **제203조(지배인의 선임과 해임)** 지배인의 선임과 해임은 정관에 다른 정함이 없으면 업무집행사원이 있는 경우에도 총사원 과반수의 결의에 의하여야 한다.
> 참고로 각종 회사에 대한 지배인의 선임과 해임의 절차는 다음과 같다.
> 주식회사 – 이사회의 결의(제393조), 유한회사 – 이사 과반수의 결의(제564조), 합명(합자)회사 – 업무집행사원이 있는 경우에도 총사원(무한책임사원)의 과반수, 유한책임회사는 합명회사 규정 준용(제287의6).

0908 ○　0909 ○　0910 ○　0911 ×

0912 |2014|
사원이 사망한 경우에 정관에 다른 정함이 없으면 그 사원의 지분은 상속되지 않는다. ( )

기존 사원과 사망한 사원의 상속인 간에는 인적 신뢰관계가 인정되지 않기 때문이다.

제218조(퇴사원인) 사원은 전조의 경우 외에 다음의 사유로 인하여 퇴사한다.
1. 정관에 정한 사유의 발생
2. 총사원의 동의
3. 사망
4. 성년후견개시
5. 파산
6. 제명

0913 |2007, 2019|
청산 중의 합명회사의 사원이 사망한 경우에는 정관의 규정이 없더라도 당연히 지분을 상속할 수 있다. ( )

합명회사의 사원이 사망하면 퇴사의 원인이 되어 그 상속인은 사원의 출자가액을 환급받는 것이 원칙이다(제218조 제3호). 다만 정관으로 상속인이 사망한 사원의 권리의무를 상속하는 것으로 정할 수도 있다(제219조). 한편 회사가 해산한 후에 사원이 사망한 경우에는 정관의 규정이 없어도 지분이 상속된다. 해산 후에는 영업을 하지 못하고 잔여재산분배의 문제만 발생하기 때문에 사원의 개성이 중요하지 않아서이다.

제218조(퇴사원인) 사원은 전조의 경우외에 다음의 사유로 인하여 퇴사한다.
1. 정관에 정한 사유의 발생
2. 총사원의 동의
3. 사망
4. 성년후견개시
5. 파산
6. 제명

제219조(사원사망 시 권리승계의 통지) ① 정관으로 사원이 사망한 경우에 그 상속인이 회사에 대한 피상속인의 권리의무를 승계하여 사원이 될 수 있음을 정한 때에는 상속인은 상속의 개시를 안 날로부터 3월내에 회사에 대하여 승계 또는 포기의 통지를 발송하여야 한다.
② 상속인이 전항의 통지 없이 3월을 경과한 때에는 사원이 될 권리를 포기한 것으로 본다.

제246조(수인의 지분상속인이 있는 경우) 회사의 해산후 사원이 사망한 경우에 그 상속인이 수인인 때에는 청산에 관한 사원의 권리를 행사할 자 1인을 정하여야 한다. 이를 정하지 아니한 때에는 회사의 통지 또는 최고는 그 중의 1인에 대하여 하면 전원에 대하여 그 효력이 있다.

0914 |2016|
합명회사의 원시정관은 공증인의 인증을 받지 않으면 법적 효력이 발생하지 않는다. ( )

주식회사와 유한회사를 제외한 나머지 회사의 원시정관은 공증인의 인증을 요하지 않는다.

답 0912 ○ 0913 ○ 0914 ×

제2절 합자회사

0915 |2008|
합자회사에 대하여는 별도의 규정이 없는 한 합명회사에 관한 규정을 준용한다. (　　)

> **제269조(준용규정)** 합자회사에는 본장에 다른 규정이 없는 사항은 합명회사에 관한 규정을 준용한다.

0916 |2011, 2014, 2018, 2020, 2022|
무한책임사원은 신용 또는 노무를 출자의 목적으로 하지 못한다. (　　)

> 합명회사의 사원의 규정을 준용하는 무한책임사원(제269조, 제22조)은 유한책임사원(제272조)과 달리 노무나 신용을 출자의 목적으로 할 수 있다. 신용 또는 노무를 출자할 수 있는 사원은 합명회사의 사원과 합자회사의 무한책임사원에 한한다.
> **제222조(지분의 환급)** 퇴사한 사원은 노무 또는 신용으로 출자의 목적으로 한 경우에도 그 지분의 환급을 받을 수 있다. 그러나 정관에 다른 규정이 있는 때에는 그러하지 아니하다.
> **제269조(준용규정)** 합자회사에는 본장에 다른 규정이 없는 사항은 합명회사에 관한 규정을 준용한다.
> **제272조(유한책임사원의 출자)** 유한책임사원은 신용 또는 노무를 출자의 목적으로 하지 못한다.

0917 |2023|
합자회사의 무한책임사원은 정관에 다른 규정이 없는 때에는 각자가 회사의 업무를 집행할 권리와 의무가 있다. (　　)

> 합명회사의 사원과 합자회사의 무한책임사원은 원칙적으로 각자가 업무집행권이 있다.
> **제273조(업무집행의 권리의무)** 무한책임사원은 정관에 다른 규정이 없는 때에는 각자가 회사의 업무를 집행할 권리와 의무가 있다.

0918 |2023|
합명회사에서 수인의 업무집행사원을 정한 경우에 정관 또는 총사원의 동의로 특히 회사를 대표할 자를 정할 수 있다. (　　)

> 옳은 내용이다.
> **제207조(회사대표)** 정관으로 업무집행사원을 정하지 아니한 때에는 각 사원은 회사를 대표한다. 수인의 업무집행사원을 정한 경우에 각 업무집행사원은 회사를 대표한다. 그러나 정관 또는 총사원의 동의로 업무집행사원중 특히 회사를 대표할 자를 정할 수 있다.

답 0915 ○ 0916 × 0917 ○ 0918 ○

0919 | 2022 |
합자회사의 정관에는 각 사원의 무한책임 또는 유한책임인 것을 기재하여야 한다. (　　)

제179조는 합명회사와 합자회사에 공통된 정관의 절대적 기재사항이고, 합자회사는 합명회사와의 구별을 위해 각 사원이 무한책임사원인지 유한책임사원인지 여부를 정관에 기재하여야 한다.

제270조(정관의 절대적 기재사항) 합자회사의 정관에는 제179조에 게기한 사항외에 각 사원의 무한책임 또는 유한책임인 것을 기재하여야 한다.

제179조(정관의 절대적 기재사항) 정관에는 다음의 사항을 기재하고 총사원이 기명날인 또는 서명하여야 한다.
1. 목적
2. 상호
3. 사원의 성명·주민등록번호 및 주소
4. 사원의 출자의 목적과 가격 또는 그 평가의 표준
5. 본점의 소재지
6. 정관의 작성년월일

0920 | 2007, 2009, 2014, 2018, 2020, 2021 |
판례에 의하면, 합자회사의 무한책임사원이 지분을 양도하는 경우 유한책임사원을 포함한 모든 사원의 동의를 요하지만, 유한책임사원이 지분을 양도하는 경우에는 무한책임사원 전원의 동의만 있으면 족하다. (　　)

유한책임사원의 지분양도에는 사원 전원의 동의가 아니라 무한책임사원 전원의 동의로 충분하다.

제197조(지분의 양도) 사원은 다른 사원의 동의를 얻지 아니하면 그 지분의 전부 또는 일부를 타인에게 양도하지 못한다.

제269조(준용규정) 합자회사에는 본장에 다른 규정이 없는 사항은 합명회사에 관한 규정을 준용한다.

제276조(유한책임사원의 지분양도) 유한책임사원은 무한책임사원 전원의 동의가 있으면 그 지분의 전부 또는 일부를 타인에게 양도할 수 있다. 지분의 양도에 따라 정관을 변경하여야 할 경우에도 같다.

0921 | 2007, 2013, 2017, 2022 |
유한책임사원이 사망한 때에는 상속인이 그 지분을 승계하여 사원이 된다. (　　)

합자회사의 유한책임사원이 사망한 때에는 그 상속인이 그 지분을 승계하여 사원이 된다. 즉, 합자회사 유한책임사원의 사망은 (무한책임사원의 경우와는 달리) 퇴사원인이 아니다.

제283조(유한책임사원의 사망) ① 유한책임사원이 사망한 때에는 그 상속인이 그 지분을 승계하여 사원이 된다.

0922 | 2012, 2018 |
유한책임사원은 성년후견개시심판 또는 파산선고를 받는 경우에도 법률상 당연히 퇴사하지 아니한다. (　　)

성년후견개시는 퇴사사유가 아니지만 파산은 퇴사사유에 해당한다.

제269조(준용규정) 합자회사에는 본장에 다른 규정이 없는 사항은 합명회사에 관한 규정을 준용한다.

답 0919 ○　0920 ○　0921 ○　0922 ×

> 제218조(퇴사원인) 사원은 전조의 경우 외에 다음의 사유로 인하여 퇴사한다.
> 1. 정관에 정한 사유의 발생
> 2. 총사원의 동의
> 3. 사망
> 4. 성년후견개시
> 5. 파산
> 6. 제명
>
> 제284조(유한책임사원의 성년후견개시) 유한책임사원은 성년후견개시 심판을 받은 경우에도 퇴사되지 아니한다.

0923 | 2008 |
합자회사의 유한책임사원은 유한회사의 사원과 마찬가지로 회사채권자에 대하여 직접 연대책임을 부담한다. (　　)

> 합자회사의 유한책임사원이 회사채권자에 대하여 직접책임(제279조)을 지는 것과는 달리, 유한회사의 사원은 간접책임(제553조)을 진다.
>
> 제279조(유한책임사원의 책임) ① 유한책임사원은 그 출자가액에서 이미 이행한 부분을 공제한 가액을 한도로 하여 회사채무를 변제할 책임이 있다.
> ② 회사에 이익이 없음에도 불구하고 배당을 받은 금액은 변제책임을 정함에 있어서 이를 가산한다.
>
> 제553조(사원의 책임) 사원의 책임은 본법에 다른 규정이 있는 경우 외에는 그 출자금액을 한도로 한다.

0924 | 2014 |
유한책임사원은 그 출자가액에서 이미 이행한 부분을 공제한 가액을 한도로 하여 회사채무를 변제할 책임이 있다. (　　)

> 제279조(유한책임사원의 책임) ① 유한책임사원은 그 출자가액에서 이미 이행한 부분을 공제한 가액을 한도로 하여 회사채무를 변제할 책임이 있다.
> ② 회사에 이익이 없음에도 불구하고 배당을 받은 금액은 변제책임을 정함에 있어서 이를 가산한다.

0925 | 2007, 2009, 2021 |
합자회사의 유한책임사원은 다른 사원의 동의 없이 동종영업을 목적으로 하는 다른 회사의 무한책임사원이 될 수 있다. (　　)

> 경업회피의무를 부담하는 것은 무한책임사원이고, 유한책임사원은 경업거래도 가능하고 겸직도 가능하다.
>
> 제275조(유한책임사원의 경업의 자유) 유한책임사원은 다른 사원의 동의없이 자기 또는 제3자의 계산으로 회사의 영업부류에 속하는 거래를 할 수 있고 동종영업을 목적으로 하는 다른 회사의 무한책임사원 또는 이사가 될 수 있다.

답 0923 × 0924 ○ 0925 ○

0926 |2009, 2011, 2013|
유한책임사원이 회사의 이익이 없음에도 불구하고 배당을 받은 경우에 그 배당받은 금액은 변제책임을 정함에 있어서 이를 가산한다. ( )

> 위법배당(이익초과배당)금액은 변제책임을 정할 때 이를 가산한다.
>
> **제279조(유한책임사원의 책임)** ① 유한책임사원은 그 출자가액에서 이미 이행한 부분을 공제한 가액을 한도로 하여 회사채무를 변제할 책임이 있다.
> ② 회사에 이익이 없음에도 불구하고 배당을 받은 금액은 변제책임을 정함에 있어서 이를 가산한다.

0927 |2007, 2009, 2013, 2023|
판례에 의하면, 유한책임사원이 다른 사원 전원의 동의로 대표권을 부여받은 경우 그 등기를 한 때부터 회사를 대표하는 행위를 할 수 있다. ( )

> 유한책임사원은 회사의 업무집행이나 대표행위를 하지 못한다(제278조). 다만 제278조를 해석함에 있어 내부적인 '업무집행권'을 유한책임사원에게 부여할 수는 있으나, 외부관계에 관한 규정은 강행법규이기 때문에 정관의 규정이나 총사원의 동의로도 유한책임사원에게 '대표권'을 위임할 수는 없다.
>
> **제278조(유한책임사원의 업무집행, 회사대표의 금지)** 유한책임사원은 회사의 업무집행이나 대표행위를 하지 못한다.
>
> [대법원 1966.1.25. 선고, 65다2128, 판결]
> 합자회사의 유한책임사원이 정관 또는 총사원의 동의로서 회사의 대표자로 지정되어 그와 같은 등기까지 경유되었다 하더라도 회사대표권을 가질 수 없다.

0928 |2011, 2014|
합자회사는 그 사원 전원이 동의하는 경우 또는 유한책임사원 전원이 퇴사하고 무한책임사원 전원이 동의하는 경우에 합명회사로 변경할 수 있다. ( )

> **제286조(조직변경)** ① 합자회사는 사원전원의 동의로 그 조직을 합명회사로 변경하여 계속할 수 있다.
> ② 유한책임사원전원이 퇴사한 경우에도 무한책임사원은 그 전원의 동의로 합명회사로 변경하여 계속할 수 있다.
> ③ 전2항의 경우에는 본점소재지에서는 2주간내, 지점소재지에서는 3주간내에 합자회사에 있어서는 해산등기를, 합명회사에 있어서는 설립등기를 하여야 한다.

0929 |2018|
업무집행사원이 업무를 집행함에 현저하게 부적임하거나 중대한 의무에 위반한 행위가 있는 때에는 유한책임사원도 법원에 업무집행권한의 상실선고를 청구할 수 있다. ( )

> 합자회사의 사원이기만 하면(무한책임사원과 유한책임사원 모두) 업무집행사원에 대하여 업무집행권한의 상실을 법원에 청구할 수 있다. 주식회사의 주주에게 이사의 해임판결청구권이 인정되는 것과 같은 맥락에서 이해하면 된다.
>
> **제269조(준용규정)** 합자회사에는 본장에 다른 규정이 없는 사항은 합명회사에 관한 규정을 준용한다.
>
> **제205조(업무집행사원의 권한상실선고)** ① 사원이 업무를 집행함에 현저하게 부적임하거나 중대한 의무에 위반한 행위가 있는 때에는 법원은 사원의 청구에 의하여 업무집행권한의 상실을 선고할 수 있다.
> ② 전항의 판결이 확정된 때에는 본점과 지점의 소재지에서 등기하여야 한다.

답 0926 ○ 0927 × 0928 ○ 0929 ○

0930 |2011|

판례에 의하면 무한책임사원이 1인인 경우라도 그가 업무를 집행함에 현저하게 부적임하다면 법원은 해당 사원의 업무집행권한의 상실을 선고할 수 있다. ( )

> 무한집행사원이 1인인 경우에는 설령 현저한 부적임 또는 중대한 의무위반의 사정이 있더라도 그 권한상실의 선고를 할 수 없다. 합자회사는 최소한 무한책임사원 1인, 유한책임사원 1인을 요건으로 하기 때문이다.
> **[대법원 1977.4.26, 선고, 75다1341, 판결]**
> 상법 205조가 규정하고 있는 합자회사의 업무집행 사원의 권한상실선고 제도는 회사의 운영에 있어서 장애사유를 제거하는데 목적이 있고 회사를 해산상태로 몰고 가자는데 목적이 있는 것이 아니므로 무한책임사원 1인 뿐인 합자회사에서 업무집행사원에 대한 권한상실신고는 회사의 업무집행사원 및 대표사원이 없는 상태로 돌아가게 되어 권한상실제도의 취지에 어긋나게 되어 회사를 운영할 수 없으므로 이를 할 수 없다.

0931 |2009|

정관변경에 의하여 무한책임사원이 된 유한책임사원은 변경 전 회사채무에 대하여 다른 무한책임사원과 동일한 책임을 진다. ( )

> 책임이 증가하는 경우로서 변경 전에 생긴 회사채무에 대하여도 무한책임을 부담한다.
> **제282조(책임을 변경한 사원의 책임)** 제213조의 규정은 유한책임사원이 무한책임사원으로 된 경우에, 제225조의 규정은 무한책임사원이 유한책임사원으로 된 경우에 준용한다.
> **제213조(신입사원의 책임)** 회사성립후에 가입한 사원은 그 가입전에 생긴 회사채무에 대하여 다른 사원과 동일한 책임을 진다.

0932 |2011|

퇴사한 무한책임사원은 본점소재지에서 퇴사등기를 하기 전에 생긴 회사채무에 대하여 등기후 2년 내에는 다른 무한책임사원과 동일한 책임이 있다. ( )

> 합명회사 사원 퇴사시의 책임과 동일하다.
> **제269조(준용규정)** 합자회사에는 본장에 다른 규정이 없는 사항은 합명회사에 관한 규정을 준용한다.
> **제225조(퇴사원의 책임)** ① 퇴사한 사원은 본점소재지에서 퇴사등기를 하기 전에 생긴 회사채무에 대하여는 등기후 2년내에는 다른 사원과 동일한 책임이 있다.
> ② 전항의 규정은 지분을 양도한 사원에 준용한다.

0933 |2013|

유한책임사원은 무한책임사원의 업무집행을 감시할 수 있으며 업무집행에 이의를 제기한 경우 업무집행사원은 업무집행행위를 곧 중지하여야 한다. ( )

> 이의권은 업무집행권이 있는 사원에게 인정된다.
> **제200조(업무집행의 권리의무)** ① 각 사원은 정관에 다른 규정이 없는 때에는 회사의 업무를 집행할 권리와 의무가 있다.

답 0930 ✕ 0931 ○ 0932 ○ 0933 ✕

② 각 사원의 업무집행에 관한 행위에 대하여 다른 사원의 이의가 있는 때에는 곧 행위를 중지하고 총사원 과반수의 결의에 의하여야 한다.

제201조(업무집행사원) ① 정관으로 사원의 1인 또는 수인을 업무집행사원으로 정한 때에는 그 사원이 회사의 업무를 집행할 권리와 의무가 있다.
② 수인의 업무집행사원이 있는 경우에 그 각 사원의 업무집행에 관한 행위에 대하여 다른 업무집행사원의 이의가 있는 때에는 곧 그 행위를 중지하고 업무집행사원 과반수의 결의에 의하여야 한다.

제269조(준용규정) 합자회사에는 본장에 다른 규정이 없는 사항은 합명회사에 관한 규정을 준용한다.

0934 | 2018, 2020 |

유한책임사원은 언제든지 영업시간 내에 한하여 회사의 회계장부와 대차대조표 및 기타의 서류를 열람할 수 있고 회사의 업무와 재산상태를 검사할 수 있다.　　　　　　　　　　　　　　　　　　　　　　　　　(　　)

유한책임사원의 감시권에 대한 설명이다. 원칙은 "영업연도 말"에 가능하지만, 중요한 사유가 있으면 법원의 허가를 얻어 "언제든지" 검사할 수 있다.

제277조(유한책임사원의 감시권) ① 유한책임사원은 영업년도말에 있어서 영업시간 내에 한하여 회사의 회계장부·대차대조표 기타의 서류를 열람할 수 있고 회사의 업무와 재산상태를 검사할 수 있다.
② 중요한 사유가 있는 때에는 유한책임사원은 언제든지 법원의 허가를 얻어 제1항의 열람과 검사를 할 수 있다.

0935 | 2013 |

유한책임사원이 무한책임사원으로 변동되는 것은 회사채권자보호에 유리하므로 총사원의 동의가 필요 없다.　　　　　　　　　　　　　　　　　　　　　　　　　　　　　　　　　(　　)

유한책임사원이 무한책임사원으로 변경되면 업무집행 및 대표행위가 가능해지므로 총사원의 동의가 필요하다.

0936 | 2014 |

유한책임사원이 타인에게 자기를 무한책임사원이라고 오인시키는 행위를 한 경우에도 오인으로 인하여 회사와 거래를 한 자에 대하여 무한책임사원과 동일한 책임은 없다.　　　　　　　　　　　　　(　　)

이른바 「자칭 무한책임사원」의 경우에는 무한책임사원의 책임을 진다.

제281조(자칭 무한책임사원의 책임) ① 유한책임사원이 타인에게 자기를 무한책임사원이라고 오인시키는 행위를 한 때에는 오인으로 인하여 회사와 거래를 한 자에 대하여 무한책임사원과 동일한 책임이 있다.
② 전항의 규정은 유한책임사원이 그 책임의 한도를 오인시키는 행위를 한 경우에 준용한다.

0937 | 2018 |

무한책임사원은 다른 무한책임사원 과반수의 결의가 있는 때에 한하여 자기 또는 제3자의 계산으로 회사와 거래를 할 수 있다.　　　　　　　　　　　　　　　　　　　　　　　　　　　　　　　(　　)

"다른 무한책임사원 과반수"가 아니라 "다른 사원 과반수"의 결의를 요한다.

제269조(준용규정) 합자회사에는 본장에 다른 규정이 없는 사항은 합명회사에 관한 규정을 준용한다.

답　0934 ×　0935 ×　0936 ×　0937 ×

제199조(사원의 자기거래) 사원은 다른 사원 과반수의 결의가 있는 때에 한하여 자기 또는 제3자의 계산으로 회사와 거래를 할 수 있다. 이 경우에는 민법 제124조의 규정을 적용하지 아니한다.

0938 | 2020, 2022 |

합자회사에서 지배인의 선임과 해임은 사원 전원의 과반수의 결의에 의한다. ( )

업무집행사원이 별도로 있는 경우에도 무한책임사원 과반수의 결의에 의한다.

제274조(지배인의 선임, 해임) 지배인의 선임과 해임은 업무집행사원이 있는 경우에도 무한책임사원 과반수의 결의에 의하여야 한다.

0939 | 2007 |

인적회사가 존속 중에 영업양도를 하기 위해서는 총사원의 동의가 있어야 한다. ( )

인적회사(합명회사, 합자회사)가 영업을 양도한다면 이는 회사의 목적을 변경해야 할 사유가 되기 때문에 정관변경의 요건인 총사원의 동의를 얻어야 한다. 해산 후에 청산인이 그 영업을 양도하는 경우에는 총사원 과반수의 결의로 한다.

제179조(정관의 절대적 기재사항) 정관에는 다음의 사항을 기재하고 총사원이 기명날인 또는 서명하여야 한다.
1. 목적

제204조(정관의 변경) 정관을 변경함에는 총사원의 동의가 있어야 한다.

제257조(영업의 양도) 청산인이 회사의 영업의 전부 또는 일부를 양도함에는 총사원 과반수의 결의가 있어야 한다.

제269조(준용규정) 합자회사에는 본장에 다른 규정이 없는 사항은 합명회사에 관한 규정을 준용한다.

답 0938 × 0939 ○

제3절　유한책임회사

0940 |2018|
유한책임회사의 외부관계에 관하여는 정관이나 상법에 다른 규정이 없으면 합명회사에 관한 규정을 준용한다.
(　　)

> 외부관계가 아니라 내부관계에 관하여 합명회사에 관한 규정을 준용한다.
>
> **제287조의18(준용규정)** 유한책임회사의 내부관계에 관하여는 정관이나 이 법에 다른 규정이 없으면 합명회사에 관한 규정을 준용한다.

0941 |2022|
유한책임회사의 경우, 사원의 책임은 상법에 다른 규정이 있는 경우 외에는 그 출자금액을 한도로 한다.
(　　)

> 회사의 이름 그대로 사원은 유한책임을 부담한다.
>
> **제287조의7(사원의 책임)** 사원의 책임은 이 법에 다른 규정이 있는 경우 외에는 그 출자금액을 한도로 한다.

0942 |2022|
유한책임회사의 경우, 사원의 성명·주민등록번호 및 주소는 정관에 반드시 기재되어야 하므로 1인 사원만으로 회사를 설립할 수 없다.
(　　)

> (ⅰ) 사원의 성명·주민등록번호 및 주소가 정관에 반드시 기재되어야 하는 것은 맞다.
>
> **제287조의3(정관의 기재사항)** 정관에는 다음 각 호의 사항을 적고 각 사원이 기명날인하거나 서명하여야 한다.
> 1. 제179조 제1호부터 제3호까지, 제5호 및 제6호에서 정한 사항
> 2. 사원의 출자의 목적 및 가액
> 3. 자본금의 액
> 4. 업무집행자의 성명(법인인 경우에는 명칭) 및 주소
>
> **제179조(정관의 절대적 기재사항)** 정관에는 다음의 사항을 기재하고 총사원이 기명날인 또는 서명하여야 한다.
> 1. 목적
> 2. 상호
> 3. 사원의 성명·주민등록번호 및 주소
>
> (ⅱ) 인적회사(합명회사, 합자회사)를 제외하고는 1인 회사가 가능하다.
>
> **제287조의2(정관의 작성)** 유한책임회사를 설립할 때에는 사원은 정관을 작성하여야 한다.
>
> **제178조(정관의 작성)** 합명회사의 설립에는 2인 이상의 사원이 공동으로 정관을 작성하여야 한다.
>
> **제268조(회사의 조직)** 합자회사는 무한책임사원과 유한책임사원으로 조직한다.

답　0940 ×　0941 ○　0942 ×

0943 | 2022 |

유한책임회사의 경우, 회사 성립 후에 업무집행자를 변경하려면 정관변경의 절차가 필요하다. (   )

> 유한책임회사의 업무집행자의 성명은 정관기재사항이다.
>
> **제287조의3(정관의 기재사항)** 정관에는 다음 각 호의 사항을 적고 각 사원이 기명날인하거나 서명하여야 한다.
> 1. 제179조제1호부터 제3호까지, 제5호 및 제6호에서 정한 사항
> 2. 사원의 출자의 목적 및 가액
> 3. 자본금의 액
> 4. 업무집행자의 성명(법인인 경우에는 명칭) 및 주소

0944 | 2013, 2021 |

업무집행자를 포함한 사원 과반수의 동의가 있으면 정관변경 없이도 새로운 사원을 가입시킬 수 있다. (   )

> 새로운 사원을 가입시키기 위해서는 정관변경이 필요하다.
>
> **제287조의23(사원의 가입)** ① 유한책임회사는 정관을 변경함으로써 새로운 사원을 가입시킬 수 있다.
> ② 제1항에 따른 사원의 가입은 정관을 변경한 때에 효력이 발생한다. 다만, 정관을 변경한 때에 해당 사원이 출자에 관한 납입 또는 재산의 전부 또는 일부의 출자를 이행하지 아니한 경우에는 그 납입 또는 이행을 마친 때에 사원이 된다.
> ③ 사원 가입 시 현물출자를 하는 사원에 대하여는 제287조의4제3항을 준용한다.

0945 | 2019 |

업무를 집행하지 않는 사원은 업무를 집행하는 사원의 과반수 동의가 있으면 그 지분의 전부 또는 일부를 타인에게 양도할 수 있다. (   )

> 업무집행사원 '과반수'가 아니라 '전원'의 동의를 받아야 한다.
>
> **제287조의8(지분의 양도)** ① 사원은 다른 사원의 동의를 받지 아니하면 그 지분의 전부 또는 일부를 타인에게 양도하지 못한다.
> ② 제1항에도 불구하고 업무를 집행하지 아니한 사원은 업무를 집행하는 사원 전원의 동의가 있으면 지분의 전부 또는 일부를 타인에게 양도할 수 있다. 다만, 업무를 집행하는 사원이 없는 경우에는 사원 전원의 동의를 받아야 한다.
> ③ 제1항과 제2항에도 불구하고 정관으로 그에 관한 사항을 달리 정할 수 있다.

0946 | 2017 |

유한책임회사의 사원은 업무를 집행하는 사원이 없는 경우에는 사원 과반수의 동의를 받아야 그 지분의 전부 또는 일부를 타인에게 양도할 수 있다. (   )

> 업무집행사원이 없는 경우에는 사원 전원의 동의를 받아야 한다.
>
> **제287조의8(지분의 양도)** ① 사원은 다른 사원의 동의를 받지 아니하면 그 지분의 전부 또는 일부를 타인에게 양도하지 못한다.

0943 ○ 0944 × 0945 × 0946 ×

② 제1항에도 불구하고 업무를 집행하지 아니한 사원은 업무를 집행하는 사원 전원의 동의가 있으면 지분의 전부 또는 일부를 타인에게 양도할 수 있다. 다만, 업무를 집행하는 사원이 없는 경우에는 사원 전원의 동의를 받아야 한다.
③ 제1항과 제2항에도 불구하고 정관으로 그에 관한 사항을 달리 정할 수 있다.

0947 | 2013, 2022 |

유한책임회사를 대표하는 업무집행자가 그 업무집행으로 인하여 타인에게 손해를 입힌 경우에는 회사는 그 업무집행자와 연대하여 손해를 배상할 책임이 있다. ( )

회사의 종류를 막론하고 회사 대표자의 업무집행에 따른 손해에 대하여 회사는 연대책임이 있다.

제287조의20(손해배상책임) 유한책임회사를 대표하는 업무집행자가 그 업무집행으로 타인에게 손해를 입힌 경우에는 회사는 그 업무집행자와 연대하여 배상할 책임이 있다.

0948 | 2013 |

회사가 자기 지분을 취득하는 경우 그 지분은 취득한 때에 소멸하며 그만큼 자본금이 감소한다. ( )

(ⅰ) 유한책임회사가 지분을 취득하는 경우에 그 지분은 취득한 때에 소멸한다. (ⅱ) 자본금감소를 위해서는 정관변경과 채권자보호절차(감소 후의 자본금이 순자산액 미만인 경우)가 필요하다.

제287조의9(유한책임회사에 의한 지분양수의 금지) ① 유한책임회사는 그 지분의 전부 또는 일부를 양수할 수 없다.
② 유한책임회사가 지분을 취득하는 경우에 그 지분은 취득한 때에 소멸한다.

제287조의36(자본금의 감소) ① 유한책임회사는 정관 변경의 방법으로 자본금을 감소할 수 있다.
② 제1항의 경우에는 제232조를 준용한다. 다만, 감소 후의 자본금의 액이 순자산액 이상인 경우에는 그러하지 아니하다.

제232조(채권자의 이의) ① 회사는 합병의 결의가 있은 날부터 2주내에 회사채권자에 대하여 합병에 이의가 있으면 일정한 기간내에 이를 제출할 것을 공고하고 알고 있는 채권자에 대하여는 따로따로 이를 최고하여야 한다. 이 경우 그 기간은 1월 이상이어야 한다.
② 채권자가 제1항의 기간내에 이의를 제출하지 아니한 때에는 합병을 승인한 것으로 본다.
③ 이의를 제출한 채권자가 있는 때에는 회사는 그 채권자에 대하여 변제 또는 상당한 담보를 제공하거나 이를 목적으로 하여 상당한 재산을 신탁회사에 신탁하여야 한다.

0949 | 2019, 2021 |

회사는 사원 전원의 동의로 그 지분의 일부를 취득할 수 있으며 회사가 지분을 취득하는 경우 그 지분은 지체 없이 처분하여야 한다. ( )

유한책임회사가 지분을 취득하는 경우에 그 지분은 취득한 때에 소멸한다. 즉 유한책임회사는 자기회사의 지분을 취득할 수 없다.

제287조의9(유한책임회사에 의한 지분양수의 금지) ① 유한책임회사는 그 지분의 전부 또는 일부를 양수할 수 없다.
② 유한책임회사가 지분을 취득하는 경우에 그 지분은 취득한 때에 소멸한다.

답 0947 ○ 0948 × 0949 ×

0950 |2013|

사원이 출자한 금전이나 그 밖의 재산의 가액과 잉여금의 합을 자본금으로 한다. (　　)

> 출자한 금액만 자본금이다.
>
> **제287조의35(자본금의 액)** 사원이 출자한 금전이나 그 밖의 재산의 가액을 유한책임회사의 자본금으로 한다.

0951 |2015|

업무집행자 중 사원이 아닌 자는 설립무효의 소의 제소권자가 아니다. (　　)

> 설립무효의 소는 사원 및 업무집행자가 제기할 수 있다.
>
> **제287조의6(준용규정)** 유한책임회사의 설립의 무효와 취소에 관하여는 제184조부터 제194조까지의 규정을 준용한다. 이 경우 제184조 중 "사원"은 "사원 및 업무집행자"로 본다.
>
> **제184조 (설립무효, 취소의 소)**
> ① 회사의 설립의 무효는 그 사원에 한하여, 설립의 취소는 그 취소권있는 자에 한하여 회사성립의 날로부터 2년내에 소만으로 이를 주장할 수 있다.

0952 |2023|

유한책임회사는 정관으로 사원이 아닌 자를 업무집행자로 정할 수 없다. (　　)

> (합명회사나 합자회사와는 달리) 유한책임회사는 사원이 아닌 자를 업무집행자로 정할 수 있다.
>
> **제287조의12(업무의 집행)** ① 유한책임회사는 정관으로 사원 또는 사원이 아닌 자를 업무집행자로 정하여야 한다.

0953 |2015, 2021|

사원이 아닌 자도 업무집행자인 때에는 대표로 될 수도 있다. (　　)

> 업무집행자가 유한책임회사를 대표하며, 사원이 아닌 제3자도 업무진행자가 될 수 있다.
>
> **제287조의19(유한책임회사의 대표)** ① 업무집행자는 유한책임 회사를 대표한다.
> ② 업무집행자가 둘 이상인 경우 정관 또는 총사원의 동의로 유한책임회사를 대표할 업무집행자를 정할 수 있다.
> ③ 유한책임회사는 정관 또는 총사원의 동의로 둘 이상의 업무집행자가 공동으로 회사를 대표할 것을 정할 수 있다.
> ④ 제3항의 경우에 제3자의 유한책임회사에 대한 의사표시는 공동대표의 권한이 있는 자 1인에 대하여 함으로써 그 효력이 생긴다.
> ⑤ 유한책임회사를 대표하는 업무집행자에 대하여는 제209조를 준용한다.
>
> **제287조의12(업무의 집행)** ① 유한책임회사는 정관으로 사원 또는 사원이 아닌 자를 업무집행자로 정하여야 한다.

0954 |2015|

잉여금은 각 사원이 출자한 가액에 비례하여 분배하며 정관에 달리 정할 수 없다. (　　)

> 정관으로 다른 정함이 가능하다.
>
> **제287조의37(잉여금의 분배)**
> ④ 잉여금은 정관에 다른 규정이 없으면 각 사원이 출자한 가액에 비례하여 분배한다.

답　0950 ×　0951 ×　0952 ×　0953 ○　0954 ×

0955 |2019, 2022|
유한책임회사의 경우, 회사가 잉여금을 한도로 하여 분배할 수 있다는 상법 규정을 위반하여 잉여금을 분배한 경우에는 회사의 채권자는 그 잉여금을 분배받은 자에 대하여 회사에 반환할 것을 청구할 수 있다. (   )

> 물적회사의 경우 회사채권자는 사원 개개인에 대해서는 책임을 물을 수 없는데, 잉여금을 초과하여 사원에게 분배가 이루어지면 회사채권자의 이익을 해하기 때문이다.
>
> **제287조의37(잉여금의 분배)** ① 유한책임회사는 대차대조표상의 순자산액으로부터 자본금의 액을 뺀 액(이하 이 조에서 "잉여금"이라 한다)을 한도로 하여 잉여금을 분배할 수 있다.
> ② 제1항을 위반하여 잉여금을 분배한 경우에는 유한책임회사의 채권자는 그 잉여금을 분배받은 자에 대하여 회사에 반환할 것을 청구할 수 있다.
> ③ 제2항의 청구에 관한 소는 본점소재지의 지방법원의 관할에 전속한다.
> ④ 잉여금은 정관에 다른 규정이 없으면 각 사원이 출자한 가액에 비례하여 분배한다.
> ⑤ 잉여금의 분배를 청구하는 방법이나 그 밖에 잉여금의 분배에 관한 사항은 정관으로 정할 수 있다.
> ⑥ 사원의 지분의 압류는 잉여금의 배당을 청구하는 권리에 대하여도 그 효력이 있다.

0956 |2015, 2021|
사원이 부득이한 사유가 있을 때에는 언제든지 퇴사할 수 있으나, 지분압류채권자에 의한 퇴사청구는 인정하지 않는다. (   )

> 합명회사의 퇴사사유 중 부득이한 사유를 원인으로 한 퇴사규정(제217조 제2항)은 적용하지 않는다. 반면 지분압류채권자에 의한 퇴사청구는 인정한다.
>
> **제287조의24(사원의 퇴사권)** 사원의 퇴사에 관하여는 정관으로 달리 정하지 아니하는 경우에는 제217조제1항을 준용한다.
> **제217조(사원의 퇴사권)** ① 정관으로 회사의 존립기간을 정하지 아니하거나 어느 사원의 종신까지 존속할 것을 정한 때에는 사원은 영업년도말에 한하여 퇴사할 수 있다. 그러나 6월전에 이를 예고하여야 한다.
> ② 사원이 부득이한 사유가 있을 때에는 언제든지 퇴사할 수 있다.
> **제287조의29(지분압류채권자에 의한 퇴사)** 사원의 지분을 압류한 채권자가 그 사원을 퇴사시키는 경우에는 제224조를 준용한다.
> **제224조 (지분압류채권자에 의한 퇴사청구)** ① 사원의 지분을 압류한 채권자는 영업년도말에 그 사원을 퇴사시킬 수 있다. 그러나 회사와 그 사원에 대하여 6월전에 그 예고를 하여야 한다.
> ② 전항 단서의 예고는 사원이 변제를 하거나 상당한 담보를 제공한 때에는 그 효력을 잃는다.

0957 |2018|
유한책임회사의 사원의 지분을 압류한 채권자는 6개월 전에 예고하고 영업연도말에 그 사원을 퇴사시킬 수 있다. (   )

> 합명회사와 같이 지분압류채권자에 의한 퇴사청구를 허용한다.
>
> **제287조의29(지분압류채권자에 의한 퇴사)** 사원의 지분을 압류한 채권자가 그 사원을 퇴사시키는 경우에는 제224조를 준용한다.

답 0955 ○ 0956 × 0957 ○

제224조 (지분압류채권자에 의한 퇴사청구) ① 사원의 지분을 압류한 채권자는 영업년도말에 그 사원을 퇴사시킬 수 있다. 그러나 회사와 그 사원에 대하여 6월전에 그 예고를 하여야 한다.
② 전항 단서의 예고는 사원이 변제를 하거나 상당한 담보를 제공한 때에는 그 효력을 잃는다.

0958 | 2019 |

업무집행자는 다른 사원 과반수의 동의가 있는 경우에만 자기 또는 제3자의 계산으로 회사의 영업부류에 속한 거래를 할 수 있다. ( )

다른 사원 '전원'의 동의를 얻어야 한다.

제287조의10(업무집행자의 경업 금지) ① 업무집행자는 사원 전원의 동의를 받지 아니하고는 자기 또는 제3자의 계산으로 회사의 영업부류(營業部類)에 속한 거래를 하지 못하며, 같은 종류의 영업을 목적으로 하는 다른 회사의 업무집행자·이사 또는 집행임원이 되지 못한다.
② 업무집행자가 제1항을 위반하여 거래를 한 경우에는 제198조제2항부터 제4항까지의 규정을 준용한다.

0959 | 2018 |

유한책임회사의 사원이 경업금지의무를 위반한 경우 회사는 다른 사원 과반수의 결의에 의하여 그 사원의 제명의 선고를 법원에 청구할 수 있다. ( )

이 경우 합명회사에 관한 규정을 준용한다.

제287조의27(제명의 선고) 사원의 제명에 관하여는 제220조를 준용한다. 다만, 사원의 제명에 필요한 결의는 정관으로 달리 정할 수 있다.

제220조(제명의 선고) ① 사원에게 다음의 사유가 있는 때에는 회사는 다른 사원 과반수의 결의에 의하여 그 사원의 제명의 선고를 법원에 청구할 수 있다.
1. 출자의 의무를 이행하지 아니한 때
2. 제198조 제1항의 규정에 위반한 행위가 있는 때
3. 회사의 업무집행 또는 대표에 관하여 부정한 행위가 있는 때, 권한없이 업무를 집행하거나 회사를 대표한 때
4. 기타 중요한 사유가 있는 때

제198조(사원의 경업의 금지) ① 사원은 다른 사원의 동의가 없으면 자기 또는 제3자의 계산으로 회사의 영업부류에 속하는 거래를 하지 못하며 동종영업을 목적으로 하는 다른 회사의 무한책임사원 또는 이사가 되지 못한다.

0960 | 2019 |

업무집행자의 업무집행을 정지하거나 직무대행자를 선임하는 가처분을 하거나 그 가처분을 변경 또는 취소하는 경우에는 본점 및 지점이 있는 곳의 등기소에서 등기하여야 한다. ( )

합명회사의 사원에 대한 업무집행정지가처분 등의 등기 규정이 준용된다.

제287조의18(준용규정) 유한책임회사의 내부관계에 관하여는 정관이나 이 법에 다른 규정이 없으면 합명회사에 관한 규정을 준용한다.

제183조의2(업무집행정지가처분 등의 등기) 사원의 업무집행을 정지하거나 직무대행자를 선임하는 가처분을 하거나 그 가처분을 변경·취소하는 경우에는 본점 및 지점이 있는 곳의 등기소에서 이를 등기하여야 한다.

답 0958 × 0959 ○ 0960 ○

0961 | 2013, 2016 |
유한책임회사의 사원은 노무나 신용의 출자가 가능하나 유한회사 사원의 경우에는 노무나 신용의 출자가 허용되지 않는다. ( )

> 유한책임회사(제287조의4 제1항)의 사원이나 유한회사(제548조 제1항)의 사원이나 노무나 신용의 출자가 허용되지 않는다. 노무나 신용의 출자는 합명회사 및 합자회사의 무한책임사원의 경우에만 가능하다.
>
> **제287조의4(설립 시의 출자의 이행)** ① <u>사원은 신용이나 노무를 출자의 목적으로 하지 못한다.</u>
> ② 사원은 정관의 작성 후 설립등기를 하는 때까지 금전이나 그 밖의 재산의 출자를 전부 이행하여야 한다.
> ③ 현물출자를 하는 사원은 납입기일에 지체 없이 유한책임회사에 출자의 목적인 재산을 인도하고, 등기, 등록, 그 밖의 권리의 설정 또는 이전이 필요한 경우에는 이에 관한 서류를 모두 갖추어 교부하여야 한다.
>
> **제548조(출자의 납입)** ① 이사는 사원으로 하여금 <u>출자전액의 납입 또는 현물출자의 목적인 재산전부의 급여</u>를 시켜야 한다.

0962 | 2016 |
유한책임회사의 사원은 출자의 전액을 현실적으로 납입할 필요가 없으나 유한회사의 사원은 출자의 전액을 현실적으로 납입하여야 한다. ( )

> 유한책임회사(제287조의4 제2항)의 사원이나 유한회사(제548조 제1항)의 사원이나 유한책임의 본질상 출자액 전액에 대한 현실적 납입이 필요하다.
>
> **제287조의4(설립 시의 출자의 이행)** ① 사원은 신용이나 노무를 출자의 목적으로 하지 못한다.
> ② <u>사원은 정관의 작성 후 설립등기를 하는 때까지 금전이나 그 밖의 재산의 출자를 전부 이행하여야 한다.</u>
> ③ 현물출자를 하는 사원은 납입기일에 지체 없이 유한책임회사에 출자의 목적인 재산을 인도하고, 등기, 등록, 그 밖의 권리의 설정 또는 이전이 필요한 경우에는 이에 관한 서류를 모두 갖추어 교부하여야 한다.
>
> **제548조(출자의 납입)** ① 이사는 사원으로 하여금 <u>출자전액의 납입 또는 현물출자의 목적인 재산전부의 급여</u>를 시켜야 한다.

0963 | 2016 |
사원이 사망한 경우 유한책임회사는 원칙적으로 지분이 상속되나 유한회사의 경우에는 지분의 상속이 허용되지 않는다. ( )

> 지문과 반대이다. 사원이 사망한 경우 유한책임회사는 사원의 퇴사원인이 되고 정관에 다른 규정이 없는 한 지분이 상속되지 않으나(제287조의26, 제219조), 유한회사의 경우에는 지분의 상속이 허용된다(제556조).
>
> **제287조의26(사원사망 시 권리승계의 통지)** 사원이 사망한 경우에는 <u>제219조를 준용</u>한다.
>
> **제218조(퇴사원인)** 사원은 전조의 경우외에 다음의 사유로 인하여 퇴사한다.
> 1. 정관에 정한 사유의 발생
> 2. 총사원의 동의
> 3. 사망
> 4. 성년후견개시
> 5. 파산
> 6. 제명

답 0961 × 0962 × 0963 ×

제219조(사원사망 시 권리승계의 통지) ① 정관으로 사원이 사망한 경우에 그 상속인이 회사에 대한 피상속인의 권리의무를 승계하여 사원이 될 수 있음을 정한 때에는 상속인은 상속의 개시를 안 날로부터 3월내에 회사에 대하여 승계 또는 포기의 통지를 발송하여야 한다.
② 상속인이 전항의 통지 없이 3월을 경과한 때에는 사원이 될 권리를 포기한 것으로 본다.
제556조(지분의 양도) 사원은 그 지분의 전부 또는 일부를 양도하거나 상속할 수 있다. 다만, 정관으로 지분의 양도를 제한할 수 있다.

0964 | 2016 |

유한책임회사와 유한회사의 사원이 성년후견개시 결정을 받더라도 상법상의 퇴사사유가 되지 않는다.
( )

회사와 사원 간의 관계는 「대내관계」의 문제이다. 유한회사의 사원은 성년후견이 개시되더라도 상법상의 퇴사사유가 되지 않는다. 반면에 유한책임회사의 내부관계는 합명회사에 관한 규정을 준용하기 때문에 유한책임회사 사원의 성년후견개시는 퇴사사유에 해당한다.

제287조의18(준용규정) 유한책임회사의 내부관계에 관하여는 정관이나 이 법에 다른 규정이 없으면 합명회사에 관한 규정을 준용한다.
제218조(퇴사원인) 사원은 전조의 경우외에 다음의 사유로 인하여 퇴사한다.
1. 정관에 정한 사유의 발생
2. 총사원의 동의
3. 사망
4. 성년후견개시
5. 파산
6. 제명

0965 | 2016 |

대표소송의 제기권은 유한책임회사의 경우에는 단독사원권이나 유한회사의 경우에는 자본금 총액의 100분의 3 이상에 해당하는 출자좌수를 요구하는 소수사원권이다.
( )

유한책임회사는 1인 1지분으로써 출자좌수에 대한 개념이 없이 각 사원이 권리를 행사하기 때문에 대표소송 역시 각 사원이 제기할 수 있다. 상법상으로 「사원은」이라고 규정하고 있다(제287조의22 제1항). 반면 유한회사의 경우 소수사원이 대표소송을 제기할 수 있는데, 이때의 소수사원은 자본금 총액의 3/100 이상에 해당하는 출자좌수를 가진 사원을 의미한다(제565조 제1항).

제287조의22(대표소송) ① 사원은 회사에 대하여 업무집행자의 책임을 추궁하는 소의 제기를 청구할 수 있다.
② 제1항의 소에 관하여는 제403조제2항부터 제4항까지, 제6항, 제7항 및 제404조부터 제406조까지의 규정을 준용한다.
제565조(사원의 대표소송) ① 자본금 총액의 100분의 3 이상에 해당하는 출자좌수를 가진 사원은 회사에 대하여 이사의 책임을 추궁할 소의 제기를 청구할 수 있다.
② 제403조제2항 내지 제7항과 제404조 내지 제406조의 규정은 제1항의 경우에 준용한다.

답 0964 × 0965 ○

0966 |2018|

유한책임회사가 총사원의 동의에 의하여 주식회사로 변경하는 경우 조직변경할 때 발행하는 주식의 발행가액 총액은 회사에 현존하는 순재산액을 초과하지 못한다. ( )

> 조직변경을 하는 과정에서 자본충실의 원칙을 해하는 상황이 발생하는 것을 막기 위함이다.
>
> **제287조의44(준용규정)** 유한책임회사의 조직의 변경에 관하여는 제232조 및 제604조부터 제607조까지의 규정을 준용한다.
>
> **제607조(유한회사의 주식회사로의 조직변경)** ① 유한회사는 총사원의 일치에 의한 총회의 결의로 주식회사로 조직을 변경할 수 있다. 다만, 회사는 그 결의를 정관으로 정하는 바에 따라 제585조의 사원총회의 결의로 할 수 있다.
> ② 제1항에 따라 조직을 변경할 때 발행하는 주식의 발행가액의 총액은 회사에 현존하는 순재산액을 초과하지 못한다.
> ③ 제1항의 조직변경은 법원의 인가를 받지 아니하면 효력이 없다.

제4절 유한회사

0967 |2007|

유한회사가 영업의 중요한 일부를 양도할 때에는 사원총회의 특별결의가 있어야 한다. ( )

> 주식회사의 주주총회 특별결의에 관한 규정이 준용되어, 사원총회의 특별결의를 거쳐야 한다.
>
> **제374조(영업양도, 양수, 임대등)** ① 회사가 다음 각 호의 어느 하나에 해당하는 행위를 할 때에는 제434조에 따른 결의가 있어야 한다.
> 1. 영업의 전부 또는 중요한 일부의 양도
> 2. 영업 전부의 임대 또는 경영위임, 타인과 영업의 손익 전부를 같이 하는 계약, 그 밖에 이에 준하는 계약의 체결·변경 또는 해약
> 3. 회사의 영업에 중대한 영향을 미치는 다른 회사의 영업 전부 또는 일부의 양수
> ② 제1항의 행위에 관한 주주총회의 소집의 통지를 하는 때에는 제374조의2제1항 및 제2항의 규정에 의한 주식매수청구권의 내용 및 행사방법을 명시하여야 한다.
>
> **제576조(유한회사의 영업양도 등에 특별결의를 받아야 할 사항)** ① 유한회사가 제374조제1항제1호부터 제3호까지의 규정에 해당되는 행위를 하려면 제585조에 따른 총회의 결의가 있어야 한다.
> ② 전항의 규정은 유한회사가 그 성립 후 2년 내에 성립 전으로부터 존재하는 재산으로서 영업을 위하여 계속하여 사용할 것을 자본금의 20분의 1 이상에 상당한 대가로 취득하는 계약을 체결하는 경우에 준용한다.
>
> **제585조(정관변경의 특별결의)** ① 전조의 결의는 총사원의 반수 이상이며 총사원의 의결권의 4분의 3 이상을 가지는 자의 동의로 한다.
> ② 전항의 규정을 적용함에 있어서는 의결권을 행사할 수 없는 사원은 이를 총사원의 수에, 그 행사할 수 없는 의결권은 이를 의결권의 수에 산입하지 아니한다.

답 0966 ○ 0967 ○

0968 | 2008 |

유한회사는 주식회사의 모집설립에 해당하는 방법으로 설립할 수 없다. (　　)

> 유한회사는 소규모·폐쇄성을 그 특징으로 한다. 따라서 정관에 사원의 성명이 기재되어 모집을 할 수 없다. 증자의 경우에도 공모는 허용하지 않는다. 주식회사로 치면 발기설립에 해당하는 방법만 가능하다.
>
> **제543조(정관의 작성, 절대적 기재사항)** ② <u>정관에는 다음의 사항을 기재하고 각 사원이 기명날인 또는 서명하여야 한다.</u>
> 1. 제179조제1호 내지 제3호에 정한 사항
> 2. 자본금의 총액
> 3. 출자1좌의 금액
> 4. 각 사원의 출자좌수
> 5. 본점의 소재지
>
> **제179조(정관의 절대적 기재사항)** 정관에는 다음의 사항을 기재하고 총사원이 기명날인 또는 서명하여야 한다.
> 1. 목적
> 2. 상호
> 3. 사원의 성명·주민등록번호 및 주소
> 4. 사원의 출자의 목적과 가격 또는 그 평가의 표준
> 5. 본점의 소재지
> 6. 정관의 작성년월일
>
> **제589조(출자인수의 방법)** ②유한회사는 광고 기타의 방법에 의하여 인수인을 공모하지 못한다.

0969 | 2008 |

유한회사는 사원의 지분에 관하여 무기명식의 증권발행이 금지된다. (　　)

> 지분에 관한 증권발행은 주식회사만 허용한다. 유한회사는 소규모·폐쇄성을 그 특성으로 하므로 불특정다수인으로부터 자본을 조달할 수 없다.
>
> **제555조(지분에 관한 증권)** 유한회사는 사원의 지분에 관하여 지시식 또는 무기명식의 증권을 발행하지 못한다.

0970 | 2020 |

유한회사에서 정관으로 이사를 정하지 아니한 때에는 회사성립 전에 사원총회를 열어 이를 선임하여야 한다. (　　)

> 초대이사의 선임에 대한 설명이다.
>
> **제547조(초대이사의 선임)** ① <u>정관으로 이사를 정하지 아니한 때에는 회사성립전에 사원총회를 열어 이를 선임하여야 한다.</u>
> ② 전항의 사원총회는 각 사원이 소집할 수 있다.

답　0968 ○　0969 ○　0970 ○

0971 | 2017, 2020, 2021 |
유한회사에서 이사가 수인인 경우에 정관에 다른 정함이 없으면 사원총회에서 회사를 대표할 이사를 선정하여야 한다. ( )

> 유한회사는 주식회사와는 달리 이사회가 없기 때문이다.
>
> **제562조(회사대표)** ① 이사는 회사를 대표한다.
> ② 이사가 수인인 경우에 정관에 다른 정함이 없으면 사원총회에서 회사를 대표할 이사를 선정하여야 한다.
> ③ 정관 또는 사원총회는 수인의 이사가 공동으로 회사를 대표할 것을 정할 수 있다.
> ④ 제208조제2항의 규정은 전항의 경우에 준용한다.

0972 | 2017 |
유한회사의 경우 이사는 감사가 있는 경우에도 사원총회의 승인이 있는 때에 한하여 자기 또는 제3자의 계산으로 회사와 거래를 할 수 있다. ( )

> 유한회사의 이사가 회사와 자기거래를 하려면 감사가 있는 경우에는 감사의 승인, 감사가 없는 때에는 사원총회의 승인을 받아야 한다.
>
> **제564조(업무집행의 결정, 이사와 회사간의 거래)** ③ 이사는 감사가 있는 때에는 그 승인이, 감사가 없는 때에는 사원총회의 승인이 있는 때에 한하여 자기 또는 제삼자의 계산으로 회사와 거래를 할 수 있다. 이 경우에는 민법 제124조의 규정을 적용하지 아니한다.

0973 | 2020 |
유한회사에서 감사가 없는 경우, 이사는 이사 전원의 승인이 있는 때에 한하여 자기 또는 제3자의 계산으로 회사와 거래를 할 수 있다. ( )

> 유한회사의 이사가 회사와 자기거래를 하려면 감사가 있는 경우에는 감사의 승인, 감사가 없는 때에는 (이사 전원의 승인이 아니라) 사원총회의 승인을 받아야 한다.
>
> **제564조(업무집행의 결정, 이사와 회사간의 거래)** ③ 이사는 감사가 있는 때에는 그 승인이, 감사가 없는 때에는 사원총회의 승인이 있는 때에 한하여 자기 또는 제삼자의 계산으로 회사와 거래를 할 수 있다. 이 경우에는 민법 제124조의 규정을 적용하지 아니한다.

0974 | 2008, 2017 |
유한회사는 사원총회의 특별결의에 의하여 자본금을 증가할 수 있으며, 그 결의를 한 때에 자본금증가의 효력이 생긴다. ( )

> (i) 유한회사의 자본금은 정관기재사항이므로 그 증가는 정관변경절차에 의하여야 한다. 따라서 사원총회의 특별결의를 요한다. (ii) 한편 증자의 효력은 증자결의시가 아니라 그 변경등기(증자등기)시에 발생한다. 즉 등기의 「창설적 효력」이 인정된다.
>
> **제543조(정관의 작성, 절대적 기재사항)** ① 유한회사를 설립함에는 사원이 정관을 작성하여야 한다.
> ② 정관에는 다음의 사항을 기재하고 각 사원이 기명날인 또는 서명하여야 한다.

답 0971 ○ 0972 × 0973 × 0974 ×

1. 제179조제1호 내지 제3호에 정한 사항
2. 자본금의 총액
3. 출자1좌의 금액
4. 각 사원의 출자좌수
5. 본점의 소재지

제584조(정관변경의 방법) 정관을 변경함에는 사원총회의 결의가 있어야 한다.

제585조(정관변경의 특별결의) ① 전조의 결의는 총사원의 반수 이상이며 총사원의 의결권의 4분의 3 이상을 가지는 자의 동의로 한다.
② 전항의 규정을 적용함에 있어서는 의결권을 행사할 수 없는 사원은 이를 총사원의 수에, 그 행사할 수 없는 의결권은 이를 의결권의 수에 산입하지 아니한다.

제591조(자본금 증가의 등기) 유한회사는 자본금 증가로 인한 출자 전액의 납입 또는 현물출자의 이행이 완료된 날부터 2주 내에 본점소재지에서 자본금 증가로 인한 변경등기를 하여야 한다.

제592조(자본금 증가의 효력발생) 자본금의 증가는 본점소재지에서 제591조의 등기를 함으로써 효력이 생긴다.

0975 |2008, 2020|

유한회사의 설립시 자본금 결함이 있는 경우에 회사성립 당시의 사원은 회사에 대하여 그 부족액을 연대하여 지급할 책임이 있다.   (   )

제550조(현물출자 등에 관한 회사성립시의 사원의 책임) ① 제544조제1호와 제2호의 재산의 회사성립당시의 실가가 정관에 정한 가격에 현저하게 부족한 때에는 회사성립당시의 사원은 회사에 대하여 그 부족액을 연대하여 지급할 책임이 있다.
② 전항의 사원의 책임은 면제하지 못한다.

제551조(출자미필액에 대한 회사성립시의 사원 등의 책임) ① 회사성립후에 출자금액의 납입 또는 현물출자의 이행이 완료되지 아니하였음이 발견된 때에는 회사성립당시의 사원, 이사와 감사는 회사에 대하여 그 납입되지 아니한 금액 또는 이행되지 아니한 현물의 가액을 연대하여 지급할 책임이 있다.
② 전항의 사원의 책임은 면제하지 못한다.
③ 제1항의 이사와 감사의 책임은 총사원의 동의가 없으면 면제하지 못한다.

0976 |2017|

유한회사의 경우 자본금증가 후에 아직 인수되지 아니한 출자가 있는 때에는 자본금증가결의에 동의한 사원과 이사, 감사가 인수되지 아니한 출자를 공동으로 인수한 것으로 본다.   (   )

이사·감사의 자본충실책임 중 미필출자에 따른 인수담보책임에 관한 내용이다. (ⅰ) 설립시 미필출자의 경우에는 성립 당시의 사원과 이사·감사가 연대하여 자본충실책임을 지지만(제551조), (ⅱ) 증자시 미필출자에 대해서는 이사와 감사가 연대하여 자본충실책임을 진다(제594조 제1항).

제551조(출자미필액에 대한 회사성립시의 사원 등의 책임) ① 회사성립 후에 출자금액의 납입 또는 현물출자의 이행이 완료되지 아니하였음이 발견된 때에는 회사성립당시의 사원, 이사와 감사는 회사에 대하여 그 납입되지 아니한 금액 또는 이행되지 아니한 현물의 가액을 연대하여 지급할 책임이 있다.

답 0975 ○   0976 ×

제594조(미인수출자 등에 관한 이사 등의 책임) ① 자본금 증가후에 아직 인수되지 아니한 출자가 있는 때에는 이사와 감사가 공동으로 이를 인수한 것으로 본다.

0977 |2021|

유한회사의 경우 현물출자의 목적인 재산의 자본금 증가 당시의 실가가 자본금 증가의 결의에 의하여 정한 가격에 현저하게 부족한 때에는 그 결의에 동의한 사원은 회사에 대하여 그 부족액을 연대하여 지급할 책임이 있다. ( )

「현물출자 등에 관한 사원의 책임」에 대한 설명이다.

제593조(현물출자등에 관한 사원의 책임) ① 제586조제1호와 제2호의 재산의 자본금 증가당시의 실가가 자본금 증가의 결의에 의하여 정한 가격에 현저하게 부족한 때에는 그 결의에 동의한 사원은 회사에 대하여 그 부족액을 연대하여 지급할 책임이 있다.

0978 |2009, 2010, 2014|

사원은 1출좌 1의결권을 행사할 수 있지만 정관의 정함에 의하여 출자 1좌에 대하여 복수의 의결권을 행사할 수 있다. ( )

주식회사의 경우 1주 1의결권의 원칙에 대한 제한은 「법령」으로만 가능하지만, 유한회사의 경우에는 「정관」의 규정으로도 가능하다.

제575조(사원의 의결권) 각 사원은 출자1좌마다 1개의 의결권을 가진다. 그러나 정관으로 의결권의 수에 관하여 다른 정함을 할 수 있다.

0979 |2017|

유한회사의 각 사원은 이사가 법령 또는 정관에 위반한 행위를 하여 이로 인하여 회사에 회복할 수 없는 손해가 생길 염려가 있는 경우에는 회사를 위하여 이사에 대하여 그 행위를 유지할 것을 청구할 수 있다. ( )

위법행위유지청구권은 각 사원에게 인정되는 단독주주권이 아니라 소수주주권이다.

제564조의2(유지청구권) 이사가 법령 또는 정관에 위반한 행위를 하여 이로 인하여 회사에 회복할 수 없는 손해가 생길 염려가 있는 경우에는 감사 또는 자본금 총액의 100분의 3 이상에 해당하는 출자좌수를 가진 사원은 회사를 위하여 이사에 대하여 그 행위를 유지할 것을 청구할 수 있다.

0980 |2009|

사원은 그 지분의 전부 또는 일부를 사원 외의 자에게 입질할 수 있는 것이 원칙이나, 다만 정관으로 입질을 제한하는 것은 가능하다. ( )

지분의 양도에 관한 제556조는 지분의 입질의 경우에 준용된다.

제556조(지분의 양도) 사원은 그 지분의 전부 또는 일부를 양도하거나 상속할 수 있다. 다만, 정관으로 지분의 양도를 제한할 수 있다.

답 0977 ○ 0978 ○ 0979 × 0980 ○

제559조(지분의 입질) ① 지분은 질권의 목적으로 할 수 있다.
② 제556조와 제557조의 규정은 지분의 입질에 준용한다.

0981 |2009|
지분을 이전하는 경우 양수인은 그의 성명·주소·출자좌수를 사원명부에 기재하여야 회사 및 제3자에게 대항할 수 있다. ( )

유한회사의 지분에 대해서는 증권발행이 인정되지 않으므로, 회사뿐만 아니라 제3자에 대한 관계에서도 사원명부의 기재가 대항요건이다.

제557조(지분이전의 대항요건) 지분의 이전은 취득자의 성명, 주소와 그 목적이 되는 출자좌수를 사원명부에 기재하지 아니하면 이로써 회사와 제3자에게 대항하지 못한다.

0982 |2009|
사원총회의 결의의 목적사항에 관하여 총사원이 서면으로 동의한 때에는 서면에 의한 결의가 있는 것으로 본다. ( )

(ⅰ) 1인 주식회사, (ⅱ) 자본금 10억원 미만 주식회사에서 주주 전원이 동의한 경우, (ⅲ) 유한회사의 총사원이 동의한 경우에는 서면결의가 가능하다.

제577조(서면에 의한 결의) ① 총회의 결의를 하여야 할 경우에 총사원의 동의가 있는 때에는 서면에 의한 결의를 할 수 있다.
② 결의의 목적사항에 대하여 총사원이 서면으로 동의를 한 때에는 서면에 의한 결의가 있은 것으로 본다.
③ 서면에 의한 결의는 총회의 결의와 동일한 효력이 있다.
④ 총회에 관한 규정은 서면에 의한 결의에 준용한다.

0983 |2010|
총회의 결의를 하여야 할 경우에 총사원의 동의가 있는 때에는 서면결의를 할 수 있지만, 그 결의는 특정사항에 관하여 하는 경우에만 인정된다. ( )

「결의의 목적사항에 대하여」 총사원이 서면으로 동의를 한 경우라야 한다는 의미이다.

제577조(서면에 의한 결의) ① 총회의 결의를 하여야 할 경우에 총사원의 동의가 있는 때에는 서면에 의한 결의를 할 수 있다.
② 결의의 목적사항에 대하여 총사원이 서면으로 동의를 한 때에는 서면에 의한 결의가 있은 것으로 본다.

0984 |2010|
회사 성립 당시 현물출자는 법원이 선임한 검사인의 조사를 받아야 하고, 영업 전부의 양도의 경우에는 사원총회의 특별결의를 얻어야 한다. ( )

(ⅰ) 유한회사의 변태설립사항에 대해서는 주식회사의 경우와는 달리 법원이 선임한 검사인의 조사절차에 관한 규정이 없다. (ⅱ) 영업 전부의 양도가 사원총회의 특별결의사항이라는 부분은 맞는 내용이다.

답 0981 ○ 0982 ○ 0983 ○ 0984 ×

제544조(변태설립사항)
다음의 사항은 정관에 기재함으로써 그 효력이 있다.
1. 현물출자를 하는 자의 성명과 그 목적인 재산의 종류, 수량, 가격과 이에 대하여 부여하는 출자좌수
2. 회사의 성립 후에 양수할 것을 약정한 재산의 종류, 수량, 가격과 그 양도인의 성명
3. 회사가 부담할 설립비용

제576조(유한회사의 영업양도 등에 특별결의를 받아야 할 사항) ① 유한회사가 제374조제1항제1호부터 제3호까지의 규정에 해당되는 행위를 하려면 제585조에 따른 총회의 결의가 있어야 한다.
② 전항의 규정은 유한회사가 그 성립후 2년내에 성립전으로부터 존재하는 재산으로서 영업을 위하여 계속하여 사용할 것을 자본금의 20분의 1 이상에 상당한 대가로 취득하는 계약을 체결하는 경우에 준용한다.

0985 | 2009, 2010, 2021 |
유한회사의 이사가 회사에 대하여 소를 제기하는 경우에는 감사가 그 소에 관하여 회사를 대표할 자를 선정하여야 한다.   ( )

주식회사의 경우와는 달리 유한회사의 감사는 임의기관에 불과하다. 따라서 유한회사와 이사 간에 소송을 할 때에는 사원총회가 그 소에 관하여 회사를 대표할 자를 선정하도록 하고 있다.

제568조(감사) ① 유한회사는 정관에 의하여 1인 또는 수인의 감사를 둘 수 있다.

제563조(이사, 회사간의 소에 관한 대표) 회사가 이사에 대하여 또는 이사가 회사에 대하여 소를 제기하는 경우에는 사원총회는 그 소에 관하여 회사를 대표할 자를 선정하여야 한다.

0986 | 2012, 2021 |
유한회사의 설립취소는 그 사원·이사·감사에 한하여 회사설립일로부터 2년 내에 소로서만 주장할 수 있다.   ( )

설립무효의 소는 사원·이사·감사에 한하여 제기할 수 있으나, 설립취소의 소의 경우에는 취소권 있는 자가 제소권자이다.

제552조(설립무효, 취소의 소) ① 회사의 설립의 무효는 그 사원, 이사와 감사에 한하여 설립의 취소는 그 취소권 있는 자에 한하여 회사설립의 날로부터 2년내에 소만으로 이를 주장할 수 있다.
② 제184조제2항과 제185조 내지 제193조의 규정은 전항의 소에 준용한다.

0987 | 2015 |
주식회사와 달리 설립취소의 소가 인정되며 그 절차는 합명회사와 같다.   ( )

설립취소의 소가 인정되지 않는 회사는 주식회사에 한한다. 설립취소의 소에 관한 규정은 합명회사의 규정을 준용한다.

제552조(설립무효, 취소의 소) ① 회사의 설립의 무효는 그 사원, 이사와 감사에 한하여 설립의 취소는 그 취소권있는 자에 한하여, 회사설립의 날로부터 2년내에 소만으로 이를 주장할 수 있다.
② 제184조제2항과 제185조 내지 제193조의 규정은 전항의 소에 준용한다.

답 0985 × 0986 × 0987 ○

0988 |2020|

유한회사에서 회사설립의 무효는 그 사원, 이사와 감사에 한하여 회사성립의 날로부터 2년 내에 소만으로 이를 주장할 수 있다. ( )

> 설립무효의 소의 경우에는 사원·이사·감사, 설립취소의 소의 경우에는 취소권 있는 자가 제소권자이다.
>
> **제552조(설립무효, 취소의 소)** ① 회사의 설립의 무효는 그 사원, 이사와 감사에 한하여 설립의 취소는 그 취소권 있는 자에 한하여 회사설립의 날로부터 2년 내에 소만으로 이를 주장할 수 있다.
> ② 제184조제2항과 제185조 내지 제193조의 규정은 전항의 소에 준용한다.

0989 |2008, 2012, 2018|

사원은 사원총회의 특별결의가 있는 때에 한하여 그 지분의 전부 또는 일부를 타인에게 양도할 수 있다. ( )

> 유한회사는 물적회사이므로 사원의 지분은 원칙적으로 양도와 상속이 가능하다. 다만 정관으로 지분의 양도를 제한할 수 있다.
>
> **제556조(지분의 양도)** 사원은 그 지분의 전부 또는 일부를 양도하거나 상속할 수 있다. 다만, 정관으로 지분의 양도를 제한할 수 있다.

0990 |2012|

이사가 수인인 경우 정관에 다른 정함이 없으면 회사의 업무집행은 이사 과반수의 출석과 출석이사 과반수의 찬성에 의한다. ( )

> 유한회사는 이사회가 존재하지 않으므로 몇 명의 이사가 출석하였는지와 무관하게 이사 전원의 과반수 결의에 의한다.
>
> **제564조(업무집행의 결정, 이사와 회사간의 거래)** ① 이사가 수인인 경우에 정관에 다른 정함이 없으면 회사의 업무집행, 지배인의 선임 또는 해임과 지점의 설치·이전 또는 폐지는 이사 과반수의 결의에 의하여야 한다.

0991 |2023|

유한회사에서 이사가 수인인 경우 정관에 다른 정함이 없으면 지점의 설치·이전 또는 폐지는 이사 과반수의 결의에 의하여야 한다. ( )

> 유한회사의 경우 (ⅰ) 원칙적으로 이사 각자가 업무집행권을 가지지만, (ⅱ) 수인의 이사가 있는 경우에 (유한회사에는 이사회가 별도로 분화되어 있지 않기 때문에) 정관에 다른 정함이 없으면 지배인의 선임·해임, 지점의 설치·이전·폐지 등 회사의 업무집행은 원칙적으로 이사 과반수의 결의에 의하여야 한다.
>
> **제564조(업무집행의 결정, 이사와 회사간의 거래)** ① 이사가 수인인 경우에 정관에 다른 정함이 없으면 회사의 업무집행, 지배인의 선임 또는 해임과 지점의 설치·이전 또는 폐지는 이사 과반수의 결의에 의하여야 한다.

답 0988 ○ 0989 × 0990 × 0991 ○

0992 |2012|
정관변경을 위한 사원총회의 결의는 총사원의 반수 이상이며 출석한 사원의 의결권의 4분의 3 이상을 가지는 자의 동의로 한다. ( )

> 총사원의 반수 이상이며, 출석한 사원이 아니라 총사원의 의결권의 4분의 3 이상이다. 즉 유한회사의 경우에는 인원 기준과 의결권 기준이 모두 적용된다.
>
> **제585조(정관변경의 특별결의)** ① 전조의 결의는 <u>총사원의 반수 이상이며 총사원의 의결권의 4분의 3 이상</u>을 가지는 자의 동의로 한다.

0993 |2014|
유한회사는 1인 사원에 의한 설립이 가능하며 사원의 수에 제한이 없다. ( )

> 인적회사(합명회사, 합자회사)를 제외하고는 1인회사의 설립이 가능하다.
>
> **제543조(정관의 작성, 절대적 기재사항)** ① 유한회사를 설립함에는 <u>사원이</u> 정관을 작성하여야 한다.

0994 |2009, 2014|
업무집행기관은 이사이고 감사는 임의기관으로 되어 있으며 감사위원회제도는 인정되지 않는다. ( )

> 유한회사의 경우 「이사회」 및 「감사위원회」에 대해서는 규정 자체가 존재하지 않는다.
>
> **제562조(회사대표)** ① 이사는 회사를 대표한다.
> ② 이사가 수인인 경우에 정관에 다른 정함이 없으면 사원총회에서 회사를 대표할 이사를 선정하여야 한다.
> ③ 정관 또는 사원총회는 수인의 이사가 공동으로 회사를 대표할 것을 정할 수 있다.
> ④ 제208조제2항의 규정은 전항의 경우에 준용한다.
>
> **제568조(감사)** ① 유한회사는 정관에 의하여 1인 또는 수인의 감사를 둘 수 있다.
> ② 제547조의 규정은 정관에서 감사를 두기로 정한 경우에 준용한다.

0995 |2015|
정관규정에 따라 감사를 둔 경우 소수사원은 감사해임의 소를 제기할 수 없다. ( )

> 이사의 경우 소수주주에 의한 해임청구 규정을 준용하고 있으나, 유한회사의 경우 감사는 임의기관이기 때문에 그러한 준용규정이 없다.
>
> **제385조(해임)** ① 이사는 언제든지 제434조의 규정에 의한 주주총회의 결의로 이를 해임할 수 있다. 그러나 이사의 임기를 정한 경우에 정당한 이유없이 그 임기만료전에 이를 해임한 때에는 그 이사는 회사에 대하여 해임으로 인한 손해의 배상을 청구할 수 있다.
> ② 이사가 그 직무에 관하여 부정행위 또는 법령이나 정관에 위반한 중대한 사실이 있음에도 불구하고 주주총회에서 그 해임을 부결한 때에는 발행주식의 총수의 100분의 3 이상에 해당하는 주식을 가진 주주는 총회의 결의가 있은 날부터 1월내에 그 이사의 해임을 법원에 청구할 수 있다. 〈개정 1998.12.28.〉
> ③ 제조의 규정은 전항의 경우에 준용한다.
>
> **제567조(준용규정)** 제209조, 제210조, 제382조, 제385조, 제386조, 제388조, 제395조, 제397조, 제399조 내지 제401조, 제407조와 제408조의 규정은 <u>유한회사의 이사에 준용한다.</u> 이 경우 제397조의 "이사회"는 이를 "사원총회"로 한다.

답 0992 × 0993 ○ 0994 ○ 0995 ○

0996 | 2012, 2014 |
출자 1좌의 금액은 100원 이상 균일하여야 하며 자본금의 총액은 제한이 없다. ( )

> 주식회사와 유한회사 모두 최저자본금의 제한은 폐지되었다.
>
> **제546조(출자 1좌의 금액의 제한)** 출자 1좌의 금액은 100원 이상으로 균일하게 하여야 한다.

0997 | 2021 |
유한회사의 경우 금전출자에 의한 자본금 증가의 경우에 출자의 인수를 한 자는 그 자본금 증가의 등기일로부터 이익배당에 관하여 사원과 동일한 권리를 가진다. ( )

> 증자등기일이 아니라 납입한 날부터 배당에 관하여 권리를 가지게 된다.
>
> **제590조(출자인수인의 지위)** 자본금 증가의 경우에 출자의 인수를 한 자는 출자의 납입의 기일 또는 현물출자의 목적인 재산의 급여의 기일로부터 이익배당에 관하여 사원과 동일한 권리를 가진다.

0998 | 2010 |
자본금증가의 무효는 사원, 이사, 감사에 한하여 자본금증가의 등기를 한 날로부터 6월 내에 소만으로 주장할 수 있다. ( )

> 이를 「증자무효의 소」라 한다.
>
> **제595조(증자무효의 소)** ① 자본금증가의 무효는 사원, 이사 또는 감사에 한하여 제591조의 규정에 의한 본점소재지에서의 등기를 한 날로부터 6월내에 소만으로 이를 주장할 수 있다.

0999 | 2014 |
유한회사는 자본금을 증가하거나 사채발행을 통하여 필요한 자금을 조달할 수 있다. ( )

> 소규모·폐쇄성을 특징으로 하는 유한회사는 불특정·다수인으로부터의 자금조달절차인 사채발행이 금지된다.
>
> **제604조(주식회사의 유한회사에의 조직변경)** ① 주식회사는 총주주의 일치에 의한 총회의 결의로 그 조직을 변경하여 이를 유한회사로 할 수 있다. 그러나 사채의 상환을 완료하지 아니한 경우에는 그러하지 아니한다.

1000 | 2015 |
사후증자에는 정관변경을 위한 특별결의와 같은 요건의 의결정족수가 필요하다. ( )

> 「사후증자」란 유한회사가 증자 후 2년 내에 증자 전부터 존재하는 재산으로서 영업을 위하여 계속하여 사용할 것을 "증자 후" 자본금의 20분의 1 이상의 대가로 취득하는 계약을 말한다(제596조, 제576조 제2항). 주식회사의 「사후설립」에 대응되는 개념이다. 이 경우 사원총회의 특별결의에 의하여야 한다(제576조 제1항).
>
> **제596조(준용규정)** 제421조제2항, 제548조와 제576조제2항의 규정은 자본금 증가의 경우에 준용한다.
>
> **제576조 (유한회사의 영업양도 등에 특별결의를 받아야 할 사항)** ① 유한회사가 제374조제1항제1호부터 제3호까지의 규정에 해당되는 행위를 하려면 제585조에 따른 총회의 결의가 있어야 한다.

답 0996 ○ 0997 × 0998 ○ 0999 × 1000 ○

② 전항의 규정은 유한회사가 그 성립후 2년내에 성립전으로부터 존재하는 재산으로서 영업을 위하여 계속하여 사용할 것을 자본금의 20분의 1이상에 상당한 대가로 취득하는 계약을 체결하는 경우에 준용한다.

제585조(정관변경의 특별결의) ① 전조의 결의는 총사원의 반수 이상이며 총사원의 의결권의 4분의 3 이상을 가지는 자의 동의로 한다.

1001 |2015|
사원의 권리행사와 관련하여 주식회사의 주주에 대한 이익공여금지규정이 준용된다.   (   )

준용규정이 존재하지 않는다.

1002 |2015|
유한회사는 분할 또는 분할합병 할 수 없으므로 이를 이유로 해산할 수 없다.   (   )

회사의 분할은 주식회사에 대해서만 인정된다.

답 1001 × 1002 ○

제5절 외국회사

1003 |2017|
상법상의 외국회사는 다른 법률의 적용에 있어서는 법률에 다른 규정이 있는 경우 외에는 대한민국에서 성립된 주식회사로 본다. ( )

> 대한민국에서 성립된「동종 또는 가장 유사한 회사」로 본다.
>
> **제621조(외국회사의 지위)** 외국회사는 다른 법률의 적용에 있어서는 법률에 다른 규정이 있는 경우외에는 <u>대한민국에서 성립된 동종 또는 가장 유사한 회사로 본다.</u>

1004 |2009|
외국회사가 대한민국 내에서 영업을 하고자 하는 때에는 대한민국에서의 대표자를 정하고 영업소를 설치한 후 이를 등기하여야 한다. ( )

> 외국회사가 대한민국에서 영업을 할 경우에 대한민국에 꼭 영업소를 설치해야만 하는 것은 아니다. 대표자 중 1명 이상의 주소를 대한민국에 두는 것으로 대신할 수도 있다.
>
> **제614조(대표자, 영업소의 설정과 등기)** ① 외국회사가 대한민국에서 영업을 하려면 대한민국에서의 <u>대표자를 정하고 대한민국 내에 영업소를 설치하거나 대표자 중 1명 이상이 대한민국에 그 주소를 두어야 한다.</u>
> ② 전항의 경우에는 외국회사는 그 영업소의 설치에 관하여 대한민국에서 설립되는 동종의 회사 또는 가장 유사한 회사의 지점과 동일한 등기를 하여야 한다.
> ③ 전항의 등기에서는 회사설립의 준거법과 대한민국에서의 대표자의 성명과 그 주소를 등기하여야 한다.
> ④ 제209조와 제210조의 규정은 외국회사의 대표자에게 준용한다.

1005 |2009|
외국에서 설립된 회사라도 대한민국에서 영업할 것을 주된 목적으로 하는 경우 대한민국 국내법을 준거법으로 적용한다. ( )

> 외국에서 설립된 회사라도 대한민국에서 영업할 것을 주된 목적으로 하는 경우를 유사외국회사라고 하는바, 대한민국에서 설립된 회사와 같은 규정에 따라야 한다. 대한민국의 상법규정을 잠탈하는 행위를 방지하기 위해서이다.
>
> **제617조(유사외국회사)** 외국에서 설립된 회사라도 대한민국에 그 본점을 설치하거나 대한민국에서 영업할 것을 주된 목적으로 하는 때에는 대한민국에서 설립된 회사와 같은 규정에 따라야 한다.

1006 |2009|
외국회사의 한국 내 대표자에 대하여는 합명회사의 대표사원의 권한과 손해배상책임에 관한 규정을 준용한다. ( )

> 합명회사에 관한 제209조(대표사원의 권한)와 제210조(손해배상책임)를 준용한다. 무한책임을 진다는 의미는 아니다.
>
> **제614조(대표자, 영업소의 설정과 등기)** ④ <u>제209조와 제210조의 규정은 외국회사의 대표자에게 준용한다.</u>

탭 1003 × 1004 × 1005 ○ 1006 ○

제209조(대표사원의 권한) ① 회사를 대표하는 사원은 회사의 영업에 관하여 재판상 또는 재판외의 모든 행위를 할 권한이 있다.
② 전항의 권한에 대한 제한은 선의의 제3자에게 대항하지 못한다.
제210조(손해배상책임) 회사를 대표하는 사원이 그 업무집행으로 인하여 타인에게 손해를 가한 때에는 회사는 그 사원과 연대하여 배상할 책임이 있다.

1007 |2009|
외국회사가 국내 영업소 설치등기 후 정당한 사유 없이 1년 내에 영업을 개시하지 않는 경우에도 법원이 직권으로 영업소의 폐쇄를 명할 수는 없다. ( )

이해관계인 또는 검사의 청구에 의하여야 하고, 법원이 직권으로 영업소의 폐쇄를 명할 수는 없다.
제619조(영업소폐쇄명령) ① 외국회사가 대한민국에 영업소를 설치한 경우에 다음의 사유가 있는 때에는 법원은 이해관계인 또는 검사의 청구에 의하여 그 영업소의 폐쇄를 명할 수 있다.
1. 영업소의 설치목적이 불법한 것인 때
2. 영업소의 설치등기를 한 후 정당한 사유없이 1년내에 영업을 개시하지 아니하거나 1년 이상 영업을 휴지한 때 또는 정당한 사유없이 지급을 정지한 때
3. 회사의 대표자 기타 업무를 집행하는 자가 법령 또는 선량한 풍속 기타 사회질서에 위반한 행위를 한 때

1008 |2009|
외국회사의 영업소를 폐쇄하는 경우 법원은 대한민국에 있는 그 외국회사 재산 전부에 대해 청산의 개시를 명할 수 있다. ( )

제620조(한국에 있는 재산의 청산) ① 전조 제1항의 규정에 의하여 영업소의 폐쇄를 명한 경우에는 법원은 이해관계인의 신청에 의하여 또는 직권으로 대한민국에 있는 그 회사재산의 전부에 대한 청산의 개시를 명할 수 있다. 이 경우에는 법원은 청산인을 선임하여야 한다.

답 1007 ○ 1008 ○

CHAPTER 04 회사의 특수문제

제1절 조직변경

1009 |2008|
합자회사를 주식회사로 조직변경을 하는 것은 총사원의 동의가 있으면 가능하다. ( )

> 합자회사는 합명회사로만 조직변경이 가능하다. 인적회사와 물적회사 상호간의 조직변경을 허용하지 않는다. 단, 유한책임회사와 주식회사의 조직변경은 가능하다.

1010 |2015, 2020, 2021|
주식회사에서 유한책임회사로의 조직변경은 허용되나, 유한회사에서 유한책임회사로의 조직변경은 허용되지 않는다. ( )

> 유한책임회사는 주식회사로만 조직변경이 가능하다. 유한회사와 유한책임회사 간 조직변경이 인정되지 않는 것은 법리적인 이유때문이 아니라 법조문에 규정이 없기 때문이다.
> 제287조의43(조직의 변경) ① 주식회사는 총회에서 총주주의 동의로 결의한 경우에는 그 조직을 변경하여 이 장에 따른 유한책임회사로 할 수 있다.
> ② 유한책임회사는 총사원의 동의에 의하여 주식회사로 변경할 수 있다.

1011 |2008, 2009|
사채의 상환을 완료하지 아니한 주식회사도 총주주 일치의 총회결의에 따라 유한회사로 조직을 변경할 수 있다. ( )

> 사채상환이 완료된 경우에만 가능하다.
> 제604조(주식회사의 유한회사에의 조직변경) ① 주식회사는 총주주의 일치에 의한 총회의 결의로 그 조직을 변경하여 이를 유한회사로 할 수 있다. 그러나 사채의 상환을 완료하지 아니한 경우에는 그러하지 아니하다.

1012 |2008, 2009|
유한회사는 총사원의 일치에 의한 총회의 결의가 있는 경우에는 법원의 인가를 얻지 아니하고도 주식회사로의 조직변경이 가능하다. ( )

> 유한회사는 총사원의 일치 외에 법원의 인가를 얻어야 주식회사로 조직변경이 가능하다.
> 제607조(유한회사의 주식회사로의 조직변경) ① 유한회사는 총사원의 일치에 의한 총회의 결의로 주식회사로 조직을 변경할 수 있다. 다만, 회사는 그 결의를 정관으로 정하는 바에 따라 제585조의 사원총회의 결의로 할 수 있다.
> ② 제1항에 따라 조직을 변경할 때 발행하는 주식의 발행가액의 총액은 회사에 현존하는 순재산액을 초과하지 못한다.
> ③ 제1항의 조직변경은 법원의 인가를 받지 아니하면 효력이 없다.

답 1009 × 1010 ○ 1011 × 1012 ×

1013 |2020|

주식회사에서 유한회사로의 조직변경을 위해서는 법원의 인가가 필요하지 않으나, 유한회사에서 주식회사로의 조직변경을 위해서는 법원의 인가가 필요하다. ( )

> 주식회사에서 유한회사로의 조직변경을 위해서는 사채상환이 완료되어야 하고, 유한회사에서 주식회사로의 조직변경을 위해서는 법원의 인가가 필요하다.
>
> **제607조(유한회사의 주식회사로의 조직변경)** ① 유한회사는 총사원의 일치에 의한 총회의 결의로 주식회사로 조직을 변경할 수 있다. 다만, 회사는 그 결의를 정관으로 정하는 바에 따라 제585조의 사원총회의 결의로 할 수 있다.
> ② 제1항에 따라 조직을 변경할 때 발행하는 주식의 발행가액의 총액은 회사에 현존하는 순재산액을 초과하지 못한다.
> ③ 제1항의 조직변경은 법원의 인가를 받지 아니하면 효력이 없다.

1014 |2008|

합명회사를 합자회사로 조직변경하는 경우 기존의 무한책임사원이 유한책임사원으로 된 때에 그 사원은 모든 회사채무에 대하여 조직변경의 등기를 한 때로부터 유한책임을 부담한다. ( )

> 책임변경등기 후 2년간 등기 전 채무에 대해서 무한책임을 부담한다.
>
> **제244조(조직변경에 의하여 유한책임사원이 된 자의 책임)** 합명회사사원으로서 제242조제1항의 규정에 의하여 유한책임사원이 된 자는 전조의 규정에 의한 본점등기를 하기 전에 생긴 회사채무에 대하여는 등기 후 2년내에는 무한책임사원의 책임을 면하지 못한다.
>
> **제242조(조직변경)** ① 합명회사는 총사원의 동의로 일부사원을 유한책임사원으로 하거나 유한책임사원을 새로 가입시켜서 합자회사로 변경할 수 있다.
> ② 전항의 규정은 제229조제2항의 규정에 의하여 회사를 계속하는 경우에 준용한다.

1015 |2009|

합자회사가 합명회사로 조직변경을 하는 경우에는 회사채권자를 보호하는 별도의 조치가 필요하지 않다. ( )

> 어차피 무한책임을 지는 사원들이 존재하기 때문에 회사채권자에게 불리할 게 없기 때문이다.

1016 |2008, 2018|

유한회사 또는 유한책임회사가 주식회사로 조직변경하는 경우에는 합병에서와 같은 채권자보호절차를 거치지 않아도 된다. ( )

> 물적회사의 조직변경에는 채권자보호절차가 필요하다.
>
> **제608조(준용규정)** 제232조의 규정은 제604조와 제607조의 조직변경의 경우에 준용한다.
>
> **제232조(채권자의 이의)** ① 회사는 합병의 결의가 있은 날부터 2주내에 회사채권자에 대하여 합병에 이의가 있으면 일정한 기간내에 이를 제출할 것을 공고하고 알고 있는 채권자에 대하여는 따로따로 이를 최고하여야 한다. 이 경우 그 기간은 1월 이상이어야 한다.

1013 ○   1014 ×   1015 ○   1016 ×

② 채권자가 제1항의 기간내에 이의를 제출하지 아니한 때에는 합병을 승인한 것으로 본다.
③ 이의를 제출한 채권자가 있는 때에는 회사는 그 채권자에 대하여 변제 또는 상당한 담보를 제공하거나 이를 목적으로 하여 상당한 재산을 신탁회사에 신탁하여야 한다.

1017 | 2009, 2020 |

합자회사는 유한책임사원 전원의 동의로 유한책임사원을 무한책임사원으로 변경하여 합명회사로 조직을 변경할 수 있다. ( )

유한책임사원 전원의 동의가 아니라 총사원의 동의를 얻어야 한다.

제286조(조직변경) ① 합자회사는 <u>사원전원의 동의로 그 조직을 합명회사로 변경</u>하여 계속할 수 있다.
② <u>유한책임사원전원이 퇴사한 경우에도 무한책임사원은 그 전원의 동의로 합명회사로 변경</u>하여 계속할 수 있다.
③ 전2항의 경우에는 본점소재지에서는 2주간내, 지점소재지에서는 3주간내에 합자회사에 있어서는 해산등기를, 합명회사에 있어서는 설립등기를 하여야 한다.

1018 | 2017 |

유한회사의 경우 정관으로 정한 경우에 사원총회의 특별결의로 주식회사로 그 조직을 변경할 수 있다. ( )

유한회사가 주식회사로 조직변경을 하는 것은 원칙적으로 총사원의 일치에 의한 총회결의로 하지만, 정관으로 정한 경우에는 사원총회의 특별결의로 할 수도 있다.

제607조(유한회사의 주식회사로의 조직변경) ① 유한회사는 총사원의 일치에 의한 총회의 결의로 주식회사로 조직을 변경할 수 있다. 다만, 회사는 <u>그 결의를 정관으로 정하는 바에 따라 제585조의 사원총회의 결의로 할 수 있다.</u>
제585조(정관변경의 특별결의) ① 전조의 결의는 총사원의 반수 이상이며 총사원의 의결권의 4분의 3 이상을 가지는 자의 동의로 한다.

1019 | 2018 |

주식회사가 유한회사로 변경하는 경우에는 사채의 상환을 완료한 때에 한하여 주주총회에 출석한 주주의 의결권의 3분의 2 이상의 수와 발행주식총수의 3분의 1 이상의 수의 결의로 그 조직을 변경할 수 있다. ( )

총주주의 동의를 요한다.

제604조(주식회사의 유한회사에의 조직변경) ① <u>주식회사는 총주주의 일치에 의한 총회의 결의로 그 조직을 변경하여 이를 유한회사로 할 수 있다.</u> 그러나 사채의 상환을 완료하지 아니한 경우에는 그러하지 아니하다.

1020 | 2009 |

유한회사를 주식회사로 조직변경하는 경우 유한회사에 현존하는 순재산액이 조직변경으로 발행하는 주식의 발행가액 총액에 미달하면 그 조직변경은 무효이다. ( )

조직변경이 무효가 되는 것이 아니라, 결의 당시의 이사, 감사와 사원이 회사에 대하여 연대하여 그 부족액을 지급할 책임을 진다.

답 1017 × 1018 ○ 1019 × 1020 ×

제607조(유한회사의 주식회사로의 조직변경) ① 유한회사는 총사원의 일치에 의한 총회의 결의로 주식회사로 조직을 변경할 수 있다. 다만, 회사는 그 결의를 정관으로 정하는 바에 따라 제585조의 사원총회의 결의로 할 수 있다.
④ 제1항에 따라 조직을 변경하는 경우 회사에 현존하는 순재산액이 조직변경으로 발행하는 주식의 발행가액 총액에 부족할 때에는 제1항의 결의 당시의 이사, 감사 및 사원은 연대하여 회사에 그 부족액을 지급할 책임이 있다. 이 경우에 제550조제2항 및 제551조제2항·제3항을 준용한다.

1021 |2018|

유한회사가 주식회사로 그 조직을 변경하는 경우 회사에 현존하는 순재산액이 조직변경으로 발행하는 주식의 발행가액 총액에 부족할 때에는 조직변경된 주식회사의 이사 및 감사는 연대하여 회사에 그 부족액을 지급할 책임이 있다. ( )

"조직변경된 주식회사의 이사 및 감사"가 아니라 "조직변경 결의 당시 유한회사의 이사, 감사 및 사원"이 연대하여 책임을 진다.

제607조(유한회사의 주식회사로의 조직변경) ① 유한회사는 총사원의 일치에 의한 총회의 결의로 주식회사로 조직을 변경할 수 있다. 다만, 회사는 그 결의를 정관으로 정하는 바에 따라 제585조의 사원총회의 결의로 할 수 있다.
② 제1항에 따라 조직을 변경할 때 발행하는 주식의 발행가액의 총액은 회사에 현존하는 순재산액을 초과하지 못한다.
③ 제1항의 조직변경은 법원의 인가를 받지 아니하면 효력이 없다.
④ 제1항에 따라 조직을 변경하는 경우 회사에 현존하는 순재산액이 조직변경으로 발행하는 주식의 발행가액 총액에 부족할 때에는 제1항의 결의 당시의 이사, 감사 및 사원은 연대하여 회사에 그 부족액을 지급할 책임이 있다. 이 경우에 제550조제2항 및 제551조제2항·제3항을 준용한다.

답 1021 ×

제2절 합병

1022 |2008|
상법상 회사는 어느 종류의 회사와도 합병할 수 있다. ( )

> 상법상으로 합병의 상대방에는 제한이 없다. 단, 합병 후 존속하는 회사는 물적회사 측(주식회사, 유한회사, 유한책임회사)이어야 한다.
>
> **제174조(회사의 합병)** ① 회사는 합병을 할 수 있다.
> ② 합병을 하는 회사의 일방 또는 쌍방이 주식회사, 유한회사 또는 유한책임회사인 경우에는 합병 후 존속하는 회사나 합병으로 설립되는 회사는 주식회사, 유한회사 또는 유한책임회사이어야 한다.
> ③ 해산후의 회사는 존립 중의 회사를 존속하는 회사로 하는 경우에 한하여 합병을 할 수 있다.

1023 |2015, 2022|
합병을 하는 회사의 일방 또는 쌍방이 주식회사, 유한회사 또는 유한책임회사인 경우에는 합병 후 존속하는 회사나 합병으로 설립되는 회사는 주식회사, 유한회사 또는 유한책임회사이어야 한다. ( )

> 인적회사와 물적회사(유한책임회사 포함)의 합병 자체는 가능하나 합병 후 회사는 물적회사(유한책임회사 포함)라야 한다.
>
> **제174조(회사의 합병)** ② 합병을 하는 회사의 일방 또는 쌍방이 주식회사, 유한회사 또는 유한책임회사인 경우에는 합병 후 존속하는 회사나 합병으로 설립되는 회사는 주식회사, 유한회사 또는 유한책임회사이어야 한다.

1024 |2015, 2021|
유한회사가 주식회사와 합병하는 경우에 합병 후 존속하는 회사가 유한회사인 때에는 법원의 인가를 얻지 아니하면 합병의 효력이 없다. ( )

> 주식회사와 유한회사간 합병에 있어 (ⅰ) 합병 후 존속하는 회사가 주식회사인 때에는 법원의 인가를 얻어야 한다(제1항). 주식회사 설립의 엄격성을 잠탈하는 것을 방지하기 위함이다. (ⅱ) 합병 후 존속하는 회사가 유한회사인 때에는 사채의 상환을 완료하여야 한다(제2항). 유한회사는 소규모·폐쇄적인 회사이므로 사채를 발행할 수 없기 때문이다.
>
> **제600조(유한회사와 주식회사의 합병)** ① 유한회사가 주식회사와 합병하는 경우에 합병후 존속하는 회사 또는 합병으로 인하여 설립되는 회사가 주식회사인 때에는 법원의 인가를 얻지 아니하면 합병의 효력이 없다.
> ② 합병을 하는 회사의 일방이 사채의 상환을 완료하지 아니한 주식회사인 때에는 합병후 존속하는 회사 또는 합병으로 인하여 설립되는 회사는 유한회사로 하지 못한다.

1025 |2018|
유한회사가 주식회사와 합병하여 합병 후 존속하는 회사가 주식회사인 경우에는 이를 법원에 신고하여야 한다. ( )

> 법원에 신고함으로 족한 것이 아니라 법원의 인가를 얻어야 한다. 주식회사 설립의 엄격성을 잠탈하는 것을 방지하기 위함이다.

답 1022 ○ 1023 ○ 1024 × 1025 ×

제600조(유한회사와 주식회사의 합병) ① 유한회사가 주식회사와 합병하는 경우에 합병후 존속하는 회사 또는 합병으로 인하여 설립되는 회사가 주식회사인 때에는 법원의 인가를 얻지 아니하면 합병의 효력이 없다.

1026 |2023|
합자회사와 주식회사의 합병으로 인하여 신회사를 설립하는 경우에는 정관의 작성 기타 설립에 관한 행위는 주식회사에서 선임한 설립위원이 단독으로 하여야 한다. ( )

각 회사에서 선인함 설립위원이 공동으로 하여야 한다.

제175조(동전-설립위원) ① 회사의 합병으로 인하여 신회사를 설립하는 경우에는 정관의 작성 기타 설립에 관한 행위는 각 회사에서 선임한 설립위원이 공동으로 하여야 한다.

1027 |2020, 2021, 2023|
해산 후의 회사는 존립 중의 회사를 존속하는 회사로 하는 경우에는 합병할 수 없다. ( )

해산 후의 회사는 청산절차를 거쳐 소멸해야 하기 때문에 존속회사가 될 수 없다. 바꾸어 말하면 해산 후의 회사는 존립 중의 회사를 존속회사로 하는 경우에는 합병할 수 있다.

제174조(회사의 합병) ① 회사는 합병을 할 수 있다.
② 합병을 하는 회사의 일방 또는 쌍방이 주식회사, 유한회사 또는 유한책임회사인 경우에는 합병 후 존속하는 회사나 합병으로 설립되는 회사는 주식회사, 유한회사 또는 유한책임회사이어야 한다.
③ 해산후의 회사는 존립 중의 회사를 존속하는 회사로 하는 경우에 한하여 합병을 할 수 있다.

1028 |2017|
흡수합병의 경우 존속회사는 소멸회사의 주주에게 합병대가의 전부 또는 일부로서 금전이나 그 밖의 재산을 제공할 수 있다. ( )

합병대가는 합병교부주식으로 지급하는 것이 원칙이지만(제523조 제3호), 금전이나 그 밖의 재산으로 제공할 수도 있다(동조 제4호).

제523조(흡수합병의 합병계약서) 합병할 회사의 일방이 합병 후 존속하는 경우에는 합병계약서에 다음의 사항을 적어야 한다.
3. 존속하는 회사가 합병을 하면서 신주를 발행하거나 자기주식을 이전하는 경우에는 발행하는 신주 또는 이전하는 자기주식의 총수, 종류와 수 및 합병으로 인하여 소멸하는 회사의 주주에 대한 신주의 배정 또는 자기주식의 이전에 관한 사항
4. 존속하는 회사가 합병으로 소멸하는 회사의 주주에게 제3호에도 불구하고 그 대가의 전부 또는 일부로서 금전이나 그 밖의 재산을 제공하는 경우에는 그 내용 및 배정에 관한 사항

1029 |2013, 2104, 2020|
합병으로 존속하는 회사는 소멸회사의 주주에게 합병대가의 전부를 금전으로 지급하여 주주의 구성을 그대로 유지할 수 있다. ( )

답 1026 × 1027 × 1028 ○ 1029 ○

합병으로 소멸하는 회사의 주주에게 지급할 합병대가는 주식(합병교부주식)일 수도 있고 금전(합병교부금)일 수도 있다.

제523조(흡수합병의 합병계약서) 합병할 회사의 일방이 합병 후 존속하는 경우에는 합병계약서에 다음의 사항을 적어야 한다.
1. 존속하는 회사가 합병으로 인하여 그 발행할 주식의 총수를 증가하는 때에는 그 증가할 주식의 총수, 종류와 수
2. 존속하는 회사의 증가할 자본금과 준비금의 총액
3. 존속하는 회사가 합병당시에 발행하는 신주의 총수, 종류와 수 및 합병으로 인하여 소멸하는 회사의 주주에 대한 신주의 배정에 관한 사항
4. 존속하는 회사가 합병으로 소멸하는 회사의 주주에게 제3호에도 불구하고 그 대가의 전부 또는 일부로서 금전이나 그 밖의 재산을 제공하는 경우에는 그 내용 및 배정에 관한 사항
5. 각 회사에서 합병의 승인결의를 할 사원 또는 주주의 총회의 기일
6. 합병을 할 날
7. 존속하는 회사가 합병으로 인하여 정관을 변경하기로 정한 때에는 그 규정
8. 각 회사가 합병으로 이익배당을 할 때에는 그 한도액
9. 합병으로 인하여 존속하는 회사에 취임할 이사와 감사 또는 감사위원회의 위원을 정한 때에는 그 성명 및 주민등록번호

1030 | 2023 |

A주식회사가 B주식회사를 흡수합병하면서 B회사의 주주들에게 A회사의 자기주식과 금전으로만 합병의 대가를 지급하기로 한 경우, 상법상 합병계약서에 A회사의 증가할 자본금에 관한 사항을 기재해야 한다.
( )

합병대가를 존속회사의 자기주식과 금전으로만 한다면 신주를 발행하지 않는다. 따라서 자본금이 증가하지 않으므로 증가할 자본금에 관한 사항은 합병계약서에 기재할 사항에 해당하지 않는다.

제523조(흡수합병의 합병계약서) 합병할 회사의 일방이 합병 후 존속하는 경우에는 합병계약서에 다음의 사항을 적어야 한다.
1. 존속하는 회사가 합병으로 인하여 그 발행할 주식의 총수를 증가하는 때에는 그 증가할 주식의 총수, 종류와 수
2. 존속하는 회사의 자본금 또는 준비금이 증가하는 경우에는 증가할 자본금 또는 준비금에 관한 사항
3. 존속하는 회사가 합병을 하면서 신주를 발행하거나 자기주식을 이전하는 경우에는 발행하는 신주 또는 이전하는 자기주식의 총수, 종류와 수 및 합병으로 인하여 소멸하는 회사의 주주에 대한 신주의 배정 또는 자기주식의 이전에 관한 사항
4. 존속하는 회사가 합병으로 소멸하는 회사의 주주에게 제3호에도 불구하고 그 대가의 전부 또는 일부로서 금전이나 그 밖의 재산을 제공하는 경우에는 그 내용 및 배정에 관한 사항
5. 각 회사에서 합병의 승인결의를 할 사원 또는 주주의 총회의 기일
6. 합병을 할 날
7. 존속하는 회사가 합병으로 인하여 정관을 변경하기로 정한 때에는 그 규정
8. 각 회사가 합병으로 이익배당을 할 때에는 그 한도액
9. 합병으로 인하여 존속하는 회사에 취임할 이사와 감사 또는 감사위원회의 위원을 정한 때에는 그 성명 및 주민등록번호

1030 ×

1031 | 2017, 2022 |
판례에 의하면 주주는 합병비율이 현저하게 불공정한 경우 합병무효의 소를 제기할 수 있다. ( )

> 합병비율의 현저한 불공정은 합병무효의 사유이고, 이 경우 당사회사의 주주는 그 소를 제기할 수 있다.
> **[대법원 2008. 1. 10. 선고 2007다64136 판결]**
> 합병비율을 정하는 것은 합병계약의 가장 중요한 내용이고, 그 합병비율은 합병할 각 회사의 재산 상태와 그에 따른 주식의 실제적 가치에 비추어 공정하게 정함이 원칙이며, 만일 그 비율이 합병할 각 회사의 일방에게 불리하게 정해진 경우에는 그 회사의 주주가 합병 전 회사의 재산에 대하여 가지고 있던 지분비율을 합병 후에 유지할 수 없게 됨으로써 실질적으로 주식의 일부를 상실케 되는 결과를 초래하므로, 현저하게 불공정한 합병비율을 정한 합병계약은 사법관계를 지배하는 신의성실의 원칙이나 공평의 원칙 등에 비추어 무효이고, 따라서 합병비율이 현저하게 불공정한 경우 합병할 각 회사의 주주 등은 상법 제529조에 의하여 소로써 합병의 무효를 구할 수 있다.

1032 | 2013, 2022 |
합병의 무효는 합병등기가 있는 날로부터 6월내에 소만으로 이를 주장할 수 있다. ( )

> 회사법상 소송의 원칙적인 제소기간은 "6월"로 정리하자. 합병무효의 소도 마찬가지이고, 그 기산점은 합병등기일이 된다.
> **제236조(합병무효의 소의 제기)** ① 회사의 합병의 무효는 각 회사의 사원, 청산인, 파산관재인 또는 합병을 승인하지 아니한 회사채권자에 한하여 소만으로 이를 주장할 수 있다.
> ② 전항의 소는 제233조의 등기가 있는 날로부터 6월내에 제기하여야 한다.

1033 | 2008 |
합병을 승인한 회사채권자도 그 승인 후 합병요건에 중대한 하자가 있음을 안 때에는 합병무효의 소를 제기할 수 있다. ( )

> 합병불승인의 채권자만이 제소권자이다.
> **제236조(합병무효의 소의 제기)** ① 회사의 합병의 무효는 각 회사의 사원, 청산인, 파산관재인 또는 합병을 승인하지 아니한 회사채권자에 한하여 소만으로 이를 주장할 수 있다.
> ② 전항의 소는 제233조의 등기가 있는 날로부터 6월내에 제기하여야 한다.

1034 | 2008 |
존속회사의 발행주식 총수의 100분의 20 이상을 소유한 주주가 반대하는 의사를 통지한 때에는 소규모합병을 할 수 없다. ( )

> **제527조의3(소규모합병)** ① 합병 후 존속하는 회사가 합병으로 인하여 발행하는 신주 및 이전하는 자기주식의 총수가 그 회사의 발행주식총수의 100분의 10을 초과하지 아니하는 경우에는 그 존속하는 회사의 주주총회의 승인은 이를 이사회의 승인으로 갈음할 수 있다. 다만, 합병으로 인하여 소멸하는 회사의 주주에게 제공할 금전이나 그 밖의 재산을 정한 경우에 그 금액 및 그 밖의 재산의 가액이 존속하는 회사의 최종 대차대조표상으로 현존하는 순자산액의 100분의 5를 초과하는 경우에는 그러하지 아니하다.

답 1031 ○ 1032 ○ 1033 × 1034 ○

② 제1항의 경우에 존속하는 회사의 합병계약서에는 주주총회의 승인을 얻지 아니하고 합병을 한다는 뜻을 기재하여야 한다.
③ 제1항의 경우에 존속하는 회사는 합병계약서를 작성한 날부터 2주내에 소멸하는 회사의 상호 및 본점의 소재지, 합병을 할 날, 주주총회의 승인을 얻지 아니하고 합병을 한다는 뜻을 공고하거나 주주에게 통지하여야 한다.
④ 합병 후 존속하는 회사의 발행주식총수의 100분의 20 이상에 해당하는 주식을 소유한 주주가 제3항의 규정에 의한 공고 또는 통지를 한 날부터 2주내에 회사에 대하여 서면으로 제1항의 합병에 반대하는 의사를 통지한 때에는 제1항 본문의 규정에 의한 합병을 할 수 없다.
⑤ 제1항 본문의 경우에는 제522조의3의 규정은 이를 적용하지 아니한다.

1035 | 2015, 2018 |

주식회사 간 흡수합병의 경우 소멸회사 총주주의 동의가 있거나 그 회사 발행주식총수의 90% 이상을 존속회사가 소유하고 있는 때에는 존속회사 주주총회 승인을 이사회 승인으로 갈음할 수 있다. ( )

간이합병의 경우, 소멸회사 주주총회의 승인을 이사회 승인으로 갈음할 수 있다.

제527조의2(간이합병) ① 합병할 회사의 일방이 합병후 존속하는 경우에 합병으로 인하여 소멸하는 회사의 총주주의 동의가 있거나 그 회사의 발행주식총수의 100분의 90이상을 합병후 존속하는 회사가 소유하고 있는 때에는 합병으로 인하여 소멸하는 회사의 주주총회의 승인은 이를 이사회의 승인으로 갈음할 수 있다.

1036 | 2012, 2018 |

소규모합병의 경우와 달리 간이합병의 경우는 이사회의 승인결의가 있는 날로부터 2주간 내에 채권자에 대하여 이의를 제출할 것을 공고 또는 최고하여야 한다. ( )

간이합병(제527조의2)이건 소규모합병(제527조의3)이건 채권자보호절차는 필요하다. 이사회결의 후 2주 내에 공고·최고를 하면 된다. 이 경우 공고와 최고는 선택사항이 아니라 둘 다 필요하다

제527조의5(채권자보호절차) ① 회사는 제522조의 주주총회의 승인결의가 있은 날부터 2주내에 채권자에 대하여 합병에 이의가 있으면 1월이상의 기간내에 이를 제출할 것을 공고하고 알고 있는 채권자에 대하여는 따로따로 이를 최고하여야 한다.
② 제1항의 규정을 적용함에 있어서 제527조의2 및 제527조의3의 경우에는 이사회의 승인결의를 주주총회의 승인결의로 본다.

1037 | 2020 |

소규모합병의 경우에는 존속회사는 채권자보호절차를 거치지 않아도 된다. ( )

소규모합병의 경우의 특례는 (ⅰ) 존속회사의 주주총회 결의를 이사회 결의로 갈음할 수 있다는 것과 (ⅱ) 반대주주의 주식매수청구가 인정되지 않는다는 것이다. 소규모합병의 경우에도 채권자보호절차는 반드시 이행해야 한다.

제527조의5(채권자보호절차) ① 회사는 제522조의 주주총회의 승인결의가 있은 날부터 2주내에 채권자에 대하여 합병에 이의가 있으면 1월이상의 기간내에 이를 제출할 것을 공고하고 알고 있는 채권자에 대하여는 따로따로 이를 최고하여야 한다.

답 1035 × 1036 × 1037 ×

② 제1항의 규정을 적용함에 있어서 제527조의2 및 제527조의3의 경우에는 이사회의 승인결의를 주주총회의 승인 결의로 본다.

제527조의3(소규모합병) ① 합병 후 존속하는 회사가 합병으로 인하여 발행하는 신주 및 이전하는 자기주식의 총수가 그 회사의 발행주식총수의 100분의 10을 초과하지 아니하는 경우에는 그 존속하는 회사의 주주총회의 승인은 이를 이사회의 승인으로 갈음할 수 있다. 다만, 합병으로 인하여 소멸하는 회사의 주주에게 제공할 금전이나 그 밖의 재산을 정한 경우에 그 금액 및 그 밖의 재산의 가액이 존속하는 회사의 최종 대차대조표상으로 현존하는 순자산액의 100분의 5를 초과하는 경우에는 그러하지 아니하다.

1038 |2017, 2019|

간이합병에 반대하는 소멸회사의 주주로서 의결권이 없거나 제한되는 주주는 주식매수청구권을 행사할 수 없다. ( )

(ⅰ) 의결권 없는 주주도 합병에 대하여 주식매수청구권을 행사할 수 있으며(제522조의3 제1항), (ⅱ) 간이합병의 경우에는 (소규모합병과는 달리) 주식매수청구권 행사가 가능하다(제522조의3 제2항, 제527조의2). 주식매수청구권이 인정되지 않는 경우는 소규모 3종세트(소규모합병, 소규모분할합병, 소규모주식교환)으로 정리하자.

제522조의3(합병반대주주의 주식매수청구권) ① 제522조제1항에 따른 결의사항에 관하여 이사회의 결의가 있는 때에 그 결의에 반대하는 주주(의결권이 없거나 제한되는 주주를 포함한다. 이하 이 조에서 같다)는 주주총회 전에 회사에 대하여 서면으로 그 결의에 반대하는 의사를 통지한 경우에는 그 총회의 결의일부터 20일 이내에 주식의 종류와 수를 기재한 서면으로 회사에 대하여 자기가 소유하고 있는 주식의 매수를 청구할 수 있다.
② 제527조의2제2항의 공고 또는 통지를 한 날부터 2주내에 회사에 대하여 서면으로 합병에 반대하는 의사를 통지한 주주는 그 기간이 경과한 날부터 20일 이내에 주식의 종류와 수를 기재한 서면으로 회사에 대하여 자기가 소유하고 있는 주식의 매수를 청구할 수 있다.

제527조의2(간이합병) ① 합병할 회사의 일방이 합병후 존속하는 경우에 합병으로 인하여 소멸하는 회사의 총주주의 동의가 있거나 그 회사의 발행주식총수의 100분의 90이상을 합병후 존속하는 회사가 소유하고 있는 때에는 합병으로 인하여 소멸하는 회사의 주주총회의 승인은 이를 이사회의 승인으로 갈음할 수 있다.
② 제1항의 경우에 합병으로 인하여 소멸하는 회사는 합병계약서를 작성한 날부터 2주내에 주주총회의 승인을 얻지 아니하고 합병을 한다는 뜻을 공고하거나 주주에게 통지하여야 한다. 다만, 총주주의 동의가 있는 때에는 그러하지 아니하다.

1039 |2014, 2021, 2022|

존속회사가 합병으로 인하여 발행하는 신주의 총수가 그 회사의 발행주식총수의 100분의 10을 초과하지 않는 경우 그 합병에 반대하는 존속회사의 주주는 주식매수청구권을 행사할 수 있다. ( )

소규모합병의 경우 (ⅰ) 존속회사의 주주에게는 주식매수청구권이 인정되지 않지만, (ⅱ) 소멸회사의 주주에게는 (소규모합병이 아니므로) 주식매수청구권이 인정된다.
• 반대주주에게 주식매수청구권이 인정되지 않는 경우 - 소규모합병, 소규모분할합병, 소규모주식교환.

제527조의3(소규모합병) ① 합병 후 존속하는 회사가 합병으로 인하여 발행하는 신주 및 이전하는 자기주식의 총수가 그 회사의 발행주식총수의 100분의 10을 초과하지 아니하는 경우에는 그 존속하는 회사의 주주총회의 승인은 이를 이사회의 승인으로 갈음할 수 있다. 다만, 합병으로 인하여 소멸하는 회사의 주주에게 제공할 금전이나 그 밖의 재

산을 정한 경우에 그 금액 및 그 밖의 재산의 가액이 존속하는 회사의 최종 대차대조표상으로 현존하는 순자산액의 100분의 5를 초과하는 경우에는 그러하지 아니하다.
② 제1항의 경우에 존속하는 회사의 합병계약서에는 주주총회의 승인을 얻지 아니하고 합병을 한다는 뜻을 기재하여야 한다.
③ 제1항의 경우에 존속하는 회사는 합병계약서를 작성한 날부터 2주내에 소멸하는 회사의 상호 및 본점의 소재지, 합병을 할 날, 주주총회의 승인을 얻지 아니하고 합병을 한다는 뜻을 공고하거나 주주에게 통지하여야 한다.
④ 합병후 존속하는 회사의 발행주식총수의 100분의 20 이상에 해당하는 주식을 소유한 주주가 제3항의 규정에 의한 공고 또는 통지를 한 날부터 2주내에 회사에 대하여 서면으로 제1항의 합병에 반대하는 의사를 통지한 때에는 제1항 본문의 규정에 의한 합병을 할 수 없다.
⑤ 제1항 본문의 경우에는 제522조의3의 규정은 이를 적용하지 아니한다.

제522조의3(합병반대주주의 주식매수청구권) ① 제522조제1항의 규정에 의한 결의사항에 관하여 이사회의 결의가 있는 때에 그 결의에 반대하는 주주는 주주총회전에 회사에 대하여 서면으로 그 결의에 반대하는 의사를 통지한 경우에는 그 총회의 결의일부터 20일 이내에 주식의 종류와 수를 기재한 서면으로 회사에 대하여 자기가 소유하고 있는 주식의 매수를 청구할 수 있다.
② 제527조의2제2항의 공고 또는 통지를 한 날부터 2주내에 회사에 대하여 서면으로 합병에 반대하는 의사를 통지한 주주는 그 기간이 경과한 날부터 20일 이내에 주식의 종류와 수를 기재한 서면으로 회사에 대하여 자기가 소유하고 있는 주식의 매수를 청구할 수 있다.

1040 |2017, 2020|

소멸회사의 주주에게 제공할 금전의 금액이 존속회사의 최종 대차대조표상으로 현존하는 순자산액의 100분의 5를 초과하는 경우에는 소규모합병을 할 수 없다. (   )

상법상 소규모합병의 제한에 해당한다. (ⅰ)합병교부주식의 발행주식의 10/100을 초과하는 경우, (ⅱ) 합병교부금이 순자산액의 5/100을 초과하는 경우에는 소규모합병이 허용되지 않는다.

제527조의3(소규모합병) ① 합병 후 존속하는 회사가 합병으로 인하여 발행하는 신주 및 이전하는 자기주식의 총수가 그 회사의 발행주식총수의 100분의 10을 초과하지 아니하는 경우에는 그 존속하는 회사의 주주총회의 승인은 이를 이사회의 승인으로 갈음할 수 있다. 다만, 합병으로 인하여 소멸하는 회사의 주주에게 제공할 금전이나 그 밖의 재산을 정한 경우에 그 금액 및 그 밖의 재산의 가액이 존속하는 회사의 최종 대차대조표상으로 현존하는 순자산액의 100분의 5를 초과하는 경우에는 그러하지 아니하다.

1041 |2008|

합병무효판결은 확정판결 전에 생긴 존속회사와 사원 및 제3자간의 권리의무에 영향을 미치지 않는다. (   )

주총결의의 하자를 다투는 소송과 감자무효의 소를 제외하고는 회사법상의 소에 대해서는 소급효가 제한된다.

제240조(준용규정) 제186조 내지 제191조의 규정은 합병무효의 소에 준용한다.
제190조(판결의 효력) 설립무효의 판결 또는 설립취소의 판결은 제3자에 대하여도 그 효력이 있다. 그러나 판결확정 전에 생긴 회사와 사원 및 제3자간의 권리의무에 영향을 미치지 아니한다.

1042 |2012|
흡수합병의 경우 소멸회사가 보유한 소멸회사의 자기주식은 물론이고 존속회사가 보유한 존속회사의 자기주식도 소멸한다. ( )

> 소멸회사는 법인격이 소멸하므로 그 자기주식 역시 소멸하여야 하나, 존속회사의 자기주식은 소멸하지 않는다.

1043 |2012|
합병 후 존속하는 회사의 이사로서 합병 전에 취임한 자는 합병계약서에 다른 정함이 없는 한 합병 후 최초로 도래하는 결산기의 정기주주총회가 종료하는 때에 퇴임한다. ( )

> 합병 전에 선임된 이사와 감사는 합병 후 존속회사의 주주가 되는 소멸회사의 주주의 의사에 따라 선임된 것이 아니기 때문에, 새로운 주주를 포함시켜 존속회사의 주주 전원으로 구성된 주주총회의 의사를 임원의 선임에 반영시키려는 취지이다.
>
> **제527조의4(이사·감사의 임기)** ① 합병을 하는 회사의 일방이 합병후 존속하는 경우에 존속하는 회사의 이사 및 감사로서 합병전에 취임한 자는 합병계약서에 다른 정함이 있는 경우를 제외하고는 합병후 최초로 도래하는 결산기의 정기총회가 종료하는 때에 퇴임한다.

1044 |2008, 2012, 2021|
판례에 의하면 주주총회의 합병결의에 무효원인이 있는 경우 합병등기 전에는 주주총회결의 무효의 소에 의하고 합병등기 후에는 주주총회결의 무효의 소와 합병무효의 소가 모두 가능하다. ( )

> (ⅰ) 합병등기 전에는 주주총회결의 무효의 소에 의하고, (ⅱ) 합병등기 후에는 합병무효의 소만 가능하다(흡수설).
>
> [대법원 1993.5.27. 선고, 92누14908, 판결]
> 회사합병에 있어서 합병등기에 의하여 합병의 효력이 발생한 후에는 합병무효의 소를 제기하는 외에 합병결의무효확인청구만을 독립된 소로서 구할 수 없다.

1045 |2012, 2021, 2023|
합병무효의 원고승소 판결이 있으면 존속회사 또는 신설회사가 합병 후에 취득한 재산은 합병당사회사의 합유가 되고 합병 후에 부담한 채무는 연대채무가 된다. ( )

> (ⅰ) 합병 후 취득한 재산은 합병당사회사의 공유로 한다. 합유는 민법상 조합의 소유관계이다. (ⅱ) 합병 후 부담한 채무는 합병당사회사의 연대채무로 한다.
>
> **제239조(무효판결확정과 회사의 권리의무의 귀속)** ② 합병후 존속한 회사 또는 합병으로 인하여 설립한 회사의 합병후 취득한 재산은 합병을 한 회사의 공유로 한다.
>
> **제530조(준용규정)** ② 제234조, 제235조, 제237조 내지 제240조, 제329조의2, 제374조제2항, 제374조의2제2항 내지 제5항 및 제439조제3항의 규정은 주식회사의 합병에 관하여 이를 준용한다.

답 1042 × 1043 ○ 1044 × 1045 ×

1046 | 2014, 2015, 2022 |
자회사(甲)가 다른 회사(乙)를 흡수합병하면서 소멸되는 회사(乙)의 주주에게 모회사(丙)의 주식을 교부하고 합병할 수 있다. ( )

> 이른바 「삼각합병」에 해당한다. 소멸회사의 주주에게 제공하는 합병교부주식은 존속회사의 주식뿐만 아니라 존속회사의 모회사의 주식도 가능하다.
>
> **제523조의2(합병대가가 모회사주식인 경우의 특칙)** ① 제342조의2에도 불구하고 제523조제4호에 따라 소멸하는 회사의 주주에게 제공하는 재산이 존속하는 회사의 모회사주식을 포함하는 경우에는 존속하는 회사는 그 지급을 위하여 모회사주식을 취득할 수 있다.
> ② 존속하는 회사는 제1항에 따라 취득한 모회사의 주식을 합병 후에도 계속 보유하고 있는 경우 합병의 효력이 발생하는 날부터 6개월 이내에 그 주식을 처분하여야 한다.

1047 | 2014 |
합병무효는 각 회사의 주주 또는 이사나 감사가 소만으로 이를 주장할 수 있지만 합병을 승인하지 아니한 채권자는 합병무효의 소를 제기할 수 없다. ( )

> 합병불승인의 채권자도 합병무효의 소의 제소권자에 해당한다.
>
> **제529조(합병무효의 소)** ① 합병무효는 각 회사의 주주·이사·감사·청산인·파산관재인 또는 합병을 승인하지 아니한 채권자에 한하여 소만으로 이를 주장할 수 있다.
> ② 제1항의 소는 제528조의 등기가 있은 날로부터 6월내에 제기하여야 한다.

1048 | 2014 |
사채권자가 합병결의에 이의를 제기하는 경우 그 사채권자는 단독으로 이의제기할 수 있다. ( )

> 사채권자가 이의를 제기하려면 사채권자집회의 결의가 있어야 한다.
>
> **제530조(준용규정)** ① 삭제
> ② 제234조, 제235조, 제237조 내지 제240조, 제329조의2, 제374조제2항, 제374조의2제2항 내지 제5항 및 제439조제3항의 규정은 주식회사의 합병에 관하여 이를 준용한다.
>
> **제439조(자본금 감소의 방법, 절차)** ① 자본금 감소의 결의에서는 그 감소의 방법을 정하여야 한다.
> ② 자본금 감소의 경우에는 제232조를 준용한다. 다만, 결손의 보전을 위하여 자본금을 감소하는 경우에는 그러하지 아니하다.
> ③ 사채권자가 이의를 제기하려면 사채권자집회의 결의가 있어야 한다. 이 경우에는 법원은 이해관계인의 청구에 의하여 사채권자를 위하여 이의 제기 기간을 연장할 수 있다.

1049 | 2013, 2022 |
비상장주식회사의 합병에서 합병 후 존속하는 회사가 주식회사인 경우에, 합병할 회사의 일방이 합명회사 또는 합자회사인 때에는 총사원의 동의를 얻어 합병계약서를 작성하여야 한다. ( )

> 인적회사와 주식회사가 합병하는 경우, 인적회사에서는 총사원의 동의로 합병결의를 해야 하는 것은 물론이거니와, 합병계약서의 작성에 있어서도 총사원의 동의가 필요하다.

1046 ○ 1047 × 1048 × 1049 ○

제525조(합명회사, 합자회사의 합병계약서) ① 합병후 존속하는 회사 또는 합병으로 인하여 설립되는 회사가 주식회사인 경우에 합병할 회사의 일방 또는 쌍방이 합명회사 또는 합자회사인 때에는 <u>총사원의 동의를 얻어 합병계약서를 작성</u>하여야 한다.

1050 |2013|
합명회사의 합병결의는 총사원의 동의가 있어야 하며 합명회사 간에는 간이합병이나 소규모합병은 인정되지 아니한다. ( )

간이합병 및 소규모합병은 주식회사의 흡수합병의 경우에서만 인정된다.

1051 |2013|
회사가 채권자이의기간 내에 이의를 제출할 것을 공고한 이상 알고 있는 채권자에 대하여 따로따로 이를 최고할 필요는 없다. ( )

합병결의의 공고와는 별도로, 회사는 알고 있는 채권자에 대해서는 따로따로 최고하여야 한다.

제232조(채권자의 이의) ① 회사는 합병의 결의가 있은 날부터 2주내에 회사채권자에 대하여 합병에 이의가 있으면 일정한 기간내에 이를 제출할 것을 공고하고 <u>알고 있는 채권자에 대하여는 따로따로 이를 최고하여야 한다.</u> 이 경우 그 기간은 1월 이상이어야 한다.
② 채권자가 제1항의 기간내에 이의를 제출하지 아니한 때에는 합병을 승인한 것으로 본다.
③ 이의를 제출한 채권자가 있는 때에는 회사는 그 채권자에 대하여 변제 또는 상당한 담보를 제공하거나 이를 목적으로 하여 상당한 재산을 신탁회사에 신탁하여야 한다.

1052 |2018|
합병계약서를 승인하기 위하여 주주총회를 소집하는 경우 소집통지에 합병계약의 요령을 기재하여야 한다. ( )

주주들이 합병주총결의에서 의결권을 행사하는데 필요한 정보를 제공받아야 하기 때문이다.

제522조(합병계약서와 그 승인결의) ① 회사가 합병을 함에는 합병계약서를 작성하여 주주총회의 승인을 얻어야 한다.
② <u>합병계약의 요령은 제363조에 정한 통지에 기재하여야 한다.</u>
③ 제1항의 승인결의는 제434조의 규정에 의하여야 한다.

제363조(소집의 통지) ① 주주총회를 소집할 때에는 주주총회일의 2주 전에 각 주주에게 서면으로 통지를 발송하거나 각 주주의 동의를 받아 전자문서로 통지를 발송하여야 한다. 다만, 그 통지가 주주명부상 주주의 주소에 계속 3년간 도달하지 아니한 경우에는 회사는 해당 주주에게 총회의 소집을 통지하지 아니할 수 있다.

1053 |2021|
비상장 주식회사의 경우 주주총회의 목적사항에 합병계약서 승인사항이 포함된 경우, 의결권 없는 주주에게는 총회소집을 통지하지 않아도 된다. ( )

(ⅰ) 의결권 없는 주주는 원칙적으로 주주총회소집통지의 상대방이 아니다(제/집/감/**통**/주/선). (ⅱ) 합병결의 등 반대주주의 주식매수청구권이 인정되는 사항에 관하여 주주총회를 개최하는 경우에는 의결권 없는 주주에게도 소집통지를 해야 한다.

제363조(소집의 통지) ① 주주총회를 소집할 때에는 주주총회일의 2주 전에 각 주주에게 서면으로 통지를 발송하거나 각 주주의 동의를 받아 전자문서로 통지를 발송하여야 한다. 다만, 그 통지가 주주명부상 주주의 주소에 계속 3년간 도달하지 아니한 경우에는 회사는 해당 주주에게 총회의 소집을 통지하지 아니할 수 있다.
② 제1항의 통지서에는 회의의 목적사항을 적어야 한다.
③ 제1항에도 불구하고 자본금 총액이 10억원 미만인 회사가 주주총회를 소집하는 경우에는 주주총회일의 10일 전에 각 주주에게 서면으로 통지를 발송하거나 각 주주의 동의를 받아 전자문서로 통지를 발송할 수 있다.
④ 자본금 총액이 10억원 미만인 회사는 주주 전원의 동의가 있을 경우에는 소집절차 없이 주주총회를 개최할 수 있고, 서면에 의한 결의로써 주주총회의 결의를 갈음할 수 있다. 결의의 목적사항에 대하여 주주 전원이 서면으로 동의를 한 때에는 서면에 의한 결의가 있는 것으로 본다.
⑤ 제4항의 서면에 의한 결의는 주주총회의 결의와 같은 효력이 있다.
⑥ 서면에 의한 결의에 대하여는 주주총회에 관한 규정을 준용한다.
⑦ 제1항부터 제4항까지의 규정은 의결권 없는 주주에게는 적용하지 아니한다. 다만, 제1항의 통지서에 적은 회의의 목적사항에 제360조의5, 제360조의22, 제374조의2, <u>제522조의3</u> 또는 제530조의11에 따라 반대주주의 주식매수청구권이 인정되는 사항이 포함된 경우에는 그러하지 아니하다.

제522조의2(합병계약서 등의 공시) ① 이사는 제522조제1항의 주주총회 회일의 2주 전부터 합병을 한 날 이후 6개월이 경과하는 날까지 다음 각 호의 서류를 본점에 비치하여야 한다.
1. 합병계약서
2. 합병을 위하여 신주를 발행하거나 자기주식을 이전하는 경우에는 합병으로 인하여 소멸하는 회사의 주주에 대한 신주의 배정 또는 자기주식의 이전에 관하여 그 이유를 기재한 서면
3. 각 회사의 최종의 대차대조표와 손익계산서
② 주주 및 회사채권자는 영업시간내에는 언제든지 제1항 각호의 서류의 열람을 청구하거나, 회사가 정한 비용을 지급하고 그 등본 또는 초본의 교부를 청구할 수 있다.

1054 |2018|

존속회사 또는 신설회사가 합병으로 인하여 전환사채 또는 신주인수권부사채를 승계한 때에는 합병의 등기와 동시에 사채의 등기를 하여야 한다. ( )

전환사채와 신주인수권부사채의 발행은 등기사항이므로, 합병에 의해 해당사채를 승계한 경우에도 이를 등기하여야 한다.

제528조(합병의 등기) ① 회사가 합병을 한 때에는 제526조의 주주총회가 종결한 날 또는 보고에 갈음하는 공고일, 제527조의 창립총회가 종결한 날 또는 보고에 갈음하는 공고일부터 본점소재지에서는 2주내, 지점소재지에서는 3주내에 합병후 존속하는 회사에 있어서는 변경의 등기, 합병으로 인하여 소멸하는 회사에 있어서는 해산의 등기, 합병으로 인하여 설립된 회사에 있어서는 제317조에 정하는 등기를 하여야 한다.
② <u>합병후 존속하는 회사 또는 합병으로 인하여 설립된 회사가 합병으로 인하여 전환사채 또는 신주인수권부사채를 승계한 때에는 제1항의 등기와 동시에 사채의 등기를 하여야 한다.</u>

답 1054 ○

1055 |2018|

합병계약서는 합병을 한 날 이후 6개월이 경과하는 날까지 본점에 비치하여야 하고 회사채권자는 영업시간 내에 언제든지 이의 열람을 청구할 수 있다. ( )

「채열/분합계/재/주/부/부/정」으로 정리하자.

제522조의2(합병계약서 등의 공시) ① 이사는 제522조제1항의 주주총회 회일의 2주 전부터 합병을 한 날 이후 6개월이 경과하는 날까지 다음 각 호의 서류를 본점에 비치하여야 한다.
1. 합병계약서
2. 합병을 위하여 신주를 발행하거나 자기주식을 이전하는 경우에는 합병으로 인하여 소멸하는 회사의 주주에 대한 신주의 배정 또는 자기주식의 이전에 관하여 그 이유를 기재한 서면
3. 각 회사의 최종의 대차대조표와 손익계산서
② 주주 및 회사채권자는 영업시간내에는 언제든지 제1항 각호의 서류의 열람을 청구하거나, 회사가 정한 비용을 지급하고 그 등본 또는 초본의 교부를 청구할 수 있다.

제3절 분 할

1056 |2009|

회사의 분할은 기업의 구조조정을 제도적으로 지원하기 위한 것으로 상법상 주식회사와 유한회사에 한하여 인정하고 있다. ( )

회사분할은 주식회사에 대해서만 인정된다.

1057 |2023|

분할합병에서 분할승계회사는 분할회사의 주주에게 신주를 발행하거나 자기주식을 이전하지 않고 그 대가의 전부를 금전이나 그 밖의 재산으로 지급할 수는 없다. ( )

합병에서와 마찬가지로, 회사가 분할을 할 때에도 (단순분할과 분할합병을 불문하고) 분할회사의 주주에게 금전이나 그 밖의 재산을 제공하는 이른바 '교부금분할'과 '현물분할'이 가능하다.

제530조의5(분할계획서의 기재사항) ① 분할에 의하여 회사를 설립하는 경우에는 분할계획서에 다음 각 호의 사항을 기재하여야 한다.
5. 분할회사의 주주에게 제4호에도 불구하고 금전이나 그 밖의 재산을 제공하는 경우에는 그 내용 및 배정에 관한 사항
제530조의6(분할합병계약서의 기재사항 및 분할합병대가가 모회사주식인 경우의 특칙) ① 분할회사의 일부가 다른 회사와 합병하여 그 다른 회사(이하 "분할합병의 상대방 회사"라 한다)가 존속하는 경우에는 분할합병계약서에 다음 각 호의 사항을 기재하여야 한다.
4. 분할승계회사가 분할회사의 주주에게 제3호에도 불구하고 그 대가의 전부 또는 일부로서 금전이나 그 밖의 재산을 제공하는 경우에는 그 내용 및 배정에 관한 사항

1058 | 2017 |
분할계획서에 다른 정함이 없으면 분할회사와 단순분할신설회사는 분할 전의 분할회사 채무에 관하여 연대하여 변제할 책임이 있다. ( )

> 이를 분할관련회사의 연대책임이라 한다.
>
> **제530조의9(분할 및 분할합병 후의 회사의 책임)** ① 분할회사, 단순분할신설회사, 분할승계회사 또는 분할합병신설회사는 분할 또는 분할합병 전의 분할회사 채무에 관하여 연대하여 변제할 책임이 있다.

1059 | 2020 |
단순분할신설회사는 분할회사의 권리와 의무를 분할계획서에서 정하는 바에 따라 승계한다. ( )

> 분할계획서에서 정하는 바에 따라 승계한다.
>
> **제530조의10(분할 또는 분할합병의 효과)** 단순분할신설회사, 분할승계회사 또는 분할합병신설회사는 분할회사의 권리와 의무를 분할계획서 또는 분할합병계약서에서 정하는 바에 따라 승계한다.

1060 | 2020 |
단순분할신설회사가 분할회사의 분할 전 채무에 대해 연대책임을 지는 경우, 분할회사는 이의를 제기하는 채권자에 대해서 변제 또는 상당한 담보를 제공하거나 이를 목적으로 하여 상당한 재산을 신탁회사에 신탁하여야 한다. ( )

> 단순분할신설회사가 분할회사의 분할 전 채무에 대해 연대책임을 지는 경우에는 채권자보호절차가 불필요하다(제530조의9 제1항). 따라서 채권자가 이의를 제기하는 경우는 발생하지 않는다. 반면에 책임의 분리가 이루어지는 경우에는 채권자보호절차가 필요하므로 채권자가 이의를 제기하는 경우가 발생할 수 있다(제530조의9 제2항, 동조 제4항, 제527조의5).
>
> **제530조의9(분할 및 분할합병 후의 회사의 책임)** ① 분할회사, 단순분할신설회사, 분할승계회사 또는 분할합병신설회사는 분할 또는 분할합병 전의 분할회사 채무에 관하여 연대하여 변제할 책임이 있다.
> ② 제1항에도 불구하고 분할회사가 제530조의3제2항에 따른 결의로 분할에 의하여 회사를 설립하는 경우에는 단순분할신설회사는 분할회사의 채무 중에서 분할계획서에 승계하기로 정한 채무에 대한 책임만을 부담하는 것으로 정할 수 있다. 이 경우 분할회사가 분할 후에 존속하는 경우에는 단순분할신설회사가 부담하지 아니하는 채무에 대한 책임만을 부담한다.
> ③ 분할합병의 경우에 분할회사는 제530조의3제2항에 따른 결의로 분할합병에 따른 출자를 받는 분할승계회사 또는 분할합병신설회사가 분할회사의 채무 중에서 분할합병계약서에 승계하기로 정한 채무에 대한 책임만을 부담하는 것으로 정할 수 있다. 이 경우 제2항 후단을 준용한다.
> ④ 제2항의 경우에는 제439조제3항 및 제527조의5를 준용한다.
>
> **제527조의5(채권자보호절차)** ① 회사는 제522조의 주주총회의 승인결의가 있은 날부터 2주내에 채권자에 대하여 합병에 이의가 있으면 1월이상의 기간 내에 이를 제출할 것을 공고하고 알고 있는 채권자에 대하여는 따로따로 이를 최고하여야 한다.

답 1058 ○ 1059 ○ 1060 ×

1061 |2009, 2023|

분할로 인하여 설립되는 회사가 분할 전의 회사채무에 관하여 출자한 재산에 관한 채무만을 부담하는 경우 별도의 채권자보호절차를 요하지 않는다.   (   )

> 단순분할의 경우에는 원칙적으로 채권자보호절차가 필요하지 않다. 그러나 「분할채무결의(책임의 분리)」가 있는 경우에는 채권자보호절차를 요한다. 채권자보호절차를 이행하지 않은 경우에는 연대책임을 부담한다는 것이 판례의 입장이다.
>
> **제530조의9(분할 및 분할합병 후의 회사의 책임)** ② 제1항에도 불구하고 분할회사가 제530조의3제2항에 따른 결의로 분할에 의하여 회사를 설립하는 경우에는 단순분할신설회사는 분할회사의 채무 중에서 분할계획서에 승계하기로 정한 채무에 대한 책임만을 부담하는 것으로 정할 수 있다. 이 경우 분할회사가 분할 후에 존속하는 경우에는 단순분할신설회사가 부담하지 아니하는 채무에 대한 책임만을 부담한다.
> ④ 제2항의 경우에는 제439조제3항 및 제527조의5를 준용한다.
>
> **제527조의5(채권자보호절차)** ① 회사는 제522조의 주주총회의 승인결의가 있은 날부터 2주내에 채권자에 대하여 합병에 이의가 있으면 1월이상의 기간내에 이를 제출할 것을 공고하고 알고 있는 채권자에 대하여는 따로따로 이를 최고하여야 한다.
> ② 제1항의 규정을 적용함에 있어서 제527조의2 및 제527조의3의 경우에는 이사회의 승인결의를 주주총회의 승인결의로 본다.
> ③ 제232조제2항 및 제3항의 규정은 제1항 및 제2항의 경우에 이를 준용한다.
>
> [대법원 2004.8.30, 선고, 2003다25973, 판결]
> 분할되는 회사와 신설회사가 분할 전 회사의 채무에 대하여 연대책임을 지지 않는 경우에는 채무자의 책임재산에 변동이 생기게 되어 채권자의 이해관계에 중대한 영향을 미치므로 채권자의 보호를 위하여 분할되는 회사가 알고 있는 채권자에게 개별적으로 이를 최고하도록 규정하고 있는 것이고, 따라서 분할되는 회사와 신설회사의 채무관계가 분할채무관계로 바뀌는 것은 분할되는 회사가 자신이 알고 있는 채권자에게 개별적인 최고절차를 제대로 거쳤을 것을 요건으로 하는 것이라고 보아야 하며, 만약 그러한 개별적인 최고를 누락한 경우에는 그 채권자에 대하여 분할채무관계의 효력이 발생할 수 없고 원칙으로 돌아가 신설회사와 분할되는 회사가 연대하여 변제할 책임을 지게 되는 것이라고 해석하는 것이 옳다.

1062 |2010|

주주총회의 특별결의로 단순분할신설회사가 분할회사의 채무 중에서 분할계획서에 승계하기로 정한 채무에 대해서만 책임을 부담할 것을 정한 경우, 분할회사는 단순분할신설회사가 부담하지 않는 채무에 대한 책임만을 부담한다.   (   )

> 원칙은 연대채무이나 주주총회의 결의를 통해 분할채무관계로 만들 수 있다. 다만, 이 경우에는 채권자보호절차가 필요하다.
>
> **제530조의9(분할 및 분할합병 후의 회사의 책임)** ② 제1항에도 불구하고 분할회사가 제530조의3제2항에 따른 결의로 분할에 의하여 회사를 설립하는 경우에는 단순분할신설회사는 분할회사의 채무 중에서 분할계획서에 승계하기로 정한 채무에 대한 책임만을 부담하는 것으로 정할 수 있다. 이 경우 분할회사가 분할 후에 존속하는 경우에는 단순분할신설회사가 부담하지 아니하는 채무에 대한 책임만을 부담한다.

답 1061 × 1062 ○

1063 |2009, 2018, 2020|
단순분할시는 물론 분할합병의 경우에도 반대주주의 주식매수청구권이 인정되지 않는다. ( )

> 단순분할의 경우에는 반대주주의 주식매수청구권이 인정되지 않는다. 단순분할의 경우 회사의 법인격만 2개로 나누어질뿐 순자산의 감소가 없어 주주에게 손해가 발생하지 않기 때문이다. 반면 분할합병의 경우에는 합병의 경우와 마찬가지로 반대주주의 주식매수청구권이 인정된다.
>
> **제530조의11(준용규정)** ② 제374조제2항, 제439조제3항, 제522조의3, 제527조의2, 제527조의3 및 제527조의5의 규정은 분할합병의 경우에 이를 준용한다.
>
> **제374조(영업양도, 양수, 임대등)** ① 회사가 다음 각 호의 어느 하나에 해당하는 행위를 할 때에는 제434조에 따른 결의가 있어야 한다.
> 1. 영업의 전부 또는 중요한 일부의 양도
> 2. 영업 전부의 임대 또는 경영위임, 타인과 영업의 손익 전부를 같이 하는 계약, 그 밖에 이에 준하는 계약의 체결·변경 또는 해약
> 3. 회사의 영업에 중대한 영향을 미치는 다른 회사의 영업 전부 또는 일부의 양수
> ② 제1항의 행위에 관한 주주총회의 소집의 통지를 하는 때에는 제374조의2제1항 및 제2항의 규정에 의한 주식매수청구권의 내용 및 행사방법을 명시하여야 한다.
>
> **제374조의2(반대주주의 주식매수청구권)** ① 제374조에 따른 결의사항에 반대하는 주주(의결권이 없거나 제한되는 주주를 포함한다. 이하 이 조에서 같다)는 주주총회 전에 회사에 대하여 서면으로 그 결의에 반대하는 의사를 통지한 경우에는 그 총회의 결의일부터 20일 이내에 주식의 종류와 수를 기재한 서면으로 회사에 대하여 자기가 소유하고 있는 주식의 매수를 청구할 수 있다.

1064 |2009, 2017|
분할로 인하여 분할에 관련된 각 회사의 주주의 부담이 가중되는 경우에는 일반적인 분할승인 결의절차 외에 그 주주 전원의 동의가 있어야 한다. ( )

> 이때 주주의 부담을 가중시키는 것(주주가 추가출자를 하는 것)은 주주유한책임의 예외에 해당한다.
>
> **제530조의3(분할계획서·분할합병계약서의 승인)** ⑥ 회사의 분할 또는 분할합병으로 인하여 분할 또는 분할합병에 관련되는 각 회사의 주주의 부담이 가중되는 경우에는 제1항 및 제436조의 결의외에 그 주주 전원의 동의가 있어야 한다.

1065 |2010|
해산 후의 회사는 존립중의 회사를 존속하는 회사로 하거나 새로 회사를 설립하는 경우에 한하여 분할할 수 있다. ( )

> 즉 회사를 분할한 후에 「해산 후의 회사」를 남겨서는 안된다. 따라서 「존속분할」은 불가능하다.
>
> **제530조의2(회사의 분할·분할합병)** ④ 해산후의 회사는 존립중의 회사를 존속하는 회사로 하거나 새로 회사를 설립하는 경우에 한하여 분할 또는 분할합병할 수 있다.

답 1063 ×   1064 ○   1065 ○

1066 |2017|

회사는 분할에 의하여 1개 또는 수개의 존립 중의 회사와 합병할 수 있다. ( )

분할합병에 대한 설명이다.

제530조의2(회사의 분할·분할합병) ① 회사는 분할에 의하여 1개 또는 수개의 회사를 설립할 수 있다.
② 회사는 분할에 의하여 1개 또는 수개의 존립 중의 회사와 합병(이하 "分割合倂"이라 한다)할 수 있다.

1067 |2010|

회사가 단순분할을 할 때에는 원칙적으로 채권자보호절차를 요하지 않지만, 분할합병을 하는 경우에는 채권자보호절차를 거쳐야 한다. ( )

참고로 단순분할을 하는 경우에도 만약 주주총회에서 분할채무의 결의(책임의 분리)를 했다면 예외적으로 채권자보호절차가 필요하다.

제530조의9(분할 및 분할합병 후의 회사의 책임)
① 분할회사, 단순분할신설회사, 분할승계회사 또는 분할합병신설회사는 분할 또는 분할합병 전의 분할회사 채무에 관하여 연대하여 변제할 책임이 있다.
② 제1항에도 불구하고 분할회사가 제530조의3제2항에 따른 결의로 분할에 의하여 회사를 설립하는 경우에는 단순분할신설회사는 분할회사의 채무 중에서 분할계획서에 승계하기로 정한 채무에 대한 책임만을 부담하는 것으로 정할 수 있다. 이 경우 분할회사가 분할 후에 존속하는 경우에는 단순분할신설회사가 부담하지 아니하는 채무에 대한 책임만을 부담한다.
④ 제2항의 경우에는 제439조제3항 및 제527조의5를 준용한다.

제530조의11(준용규정)
② 제374조제2항, 제439조제3항, 제522조의3, 제527조의2, 제527조의3 및 제527조의5의 규정은 분할합병의 경우에 이를 준용한다.

제527조의5(채권자보호절차)
① 회사는 제522조의 주주총회의 승인결의가 있은 날 부터 2주내에 채권자에 대하여 합병에 이의가 있으면 1월이상의 기간내에 이를 제출할 것을 공고하고 알고 있는 채권자에 대하여는 따로따로 이를 최고하여야 한다.
② 제1항의 규정을 적용함에 있어서 제527조의2 및 제527조의3의 경우에는 이사회의 승인결의를 주주총회의 승인결의로 본다.
③ 제232조제2항 및 제3항의 규정은 제1항 및 제2항의 경우에 이를 준용한다.

1068 |2009, 2017, 2018, 2020|

회사분할의 승인을 위한 주주총회 특별결의에 관하여는 의결권이 배제되는 종류주식을 가진 주주도 의결권이 있다. ( )

합병과 달리 분할(또는 분할합병)의 경우에는 의결권이 배제되는 주주도 분할(또는 분할합병)을 승인하는 주총결의 시 의결권이 있다. "정/종/창/총/분/행사"로 정리하자.

제530조의3(분할계획서·분할합병계약서의 승인) ① 회사가 분할 또는 분할합병을 하는 때에는 분할계획서 또는 분할합병계약서를 작성하여 주주총회의 승인을 얻어야 한다.

② 제1항의 승인결의는 제434조의 규정에 의하여야 한다.
③ 제2항의 결의에 관하여는 제344조의3제1항에 따라 의결권이 배제되는 주주도 의결권이 있다.

1069 | 2010 |
회사가 종류주식을 발행한 경우에 분할로 인하여 어느 종류의 주주에게 손해를 미치게 될 때에는 그 종류주주총회의 결의를 요한다. ( )

제436조(준용규정) 제344조제3항에 따라 주식의 종류에 따라 특수하게 정하는 경우와 회사의 분할 또는 분할합병, 주식교환, 주식이전 및 회사의 합병으로 인하여 어느 종류의 주주에게 손해를 미치게 될 경우에는 제435조를 준용한다.

제435조(종류주주총회)
① 회사가 종류주식을 발행한 경우에 정관을 변경함으로써 어느 종류주식의 주주에게 손해를 미치게 될 때에는 주주총회의 결의 외에 그 종류주식의 주주의 총회의 결의가 있어야 한다.

1070 | 2023 |
분할합병의 상법상 절차를 종료한 분할승계회사의 이사회는 공고로써 분할승계회사의 주주총회에 대한 분할합병 관련 사항의 보고를 갈음할 수 있다. ( )

합병(분할합병)의 절차를 간소화한 규정이라고 이해하면 된다.

제530조의11(준용규정) ① 분할 또는 분할합병의 경우에는 제234조, 제237조부터 제240조까지, 제329조의2, 제440조부터 제443조까지, 제526조, 제527조, 제527조의6, 제528조 및 제529조를 준용한다. 다만, 제527조의 설립위원은 대표이사로 한다.
제526조(흡수합병의 보고총회) ① 합병을 하는 회사의 일방이 합병후 존속하는 경우에는 그 이사는 제527조의5의 절차의 종료후, 합병으로 인한 주식의 병합이 있을 때에는 그 효력이 생긴 후, 병합에 적당하지 아니한 주식이 있을 때에는 합병후, 존속하는 회사에 있어서는 제443조의 처분을 한 후, 소규모합병의 경우에는 제527조의3제3항 및 제4항의 절차를 종료한 후 지체없이 주주총회를 소집하고 합병에 관한 사항을 보고하여야 한다.
② 합병당시에 발행하는 신주의 인수인은 제1항의 주주총회에서 주주와 동일한 권리가 있다.
③ 제1항의 경우에 이사회는 공고로써 주주총회에 대한 보고에 갈음할 수 있다.

1071 | 2017 |
회사의 분할은 분할계획서에 정한 분할을 할 날에 그 효력이 발생한다. ( )

분할등기로써 그 효력이 발생한다.

제530조의11(준용규정) ① 분할 또는 분할합병의 경우에는 제234조, 제237조부터 제240조까지, 제329조의2, 제440조부터 제443조까지, 제526조, 제527조, 제527조의6, 제528조 및 제529조를 준용한다. 다만, 제527조의 설립위원은 대표이사로 한다.
제234조(합병의 효력발생) 회사의 합병은 합병후 존속하는 회사 또는 합병으로 인하여 설립되는 회사가 그 본점소재지에서 전조의 등기를 함으로써 그 효력이 생긴다.

답 1069 ○ 1070 ○ 1071 ×

1072 |2023|
분할회사의 주주는 분할등기가 이루어지기 전이라도 분할계획서에서 정하여진 분할을 할 날에 단순분할신설회사의 주주가 된다. ( )

> 회사분할등기는 이를 통해 회사분할의 효력이 발생하게 되는 즉, 「창설적 효력」을 갖는 상업등기이므로 분할 등기 전에는 신설회사의 주주가 될 수 없다.

1073 |2010|
분할되는 회사의 출자만으로 설립되는 회사의 경우, 분할되는 회사의 주주에게 지주비율에 따라 설립회사의 주식이 발행되는 때에는 검사인의 조사·보고절차를 밟아야 한다. ( )

> 회사를 분할할 때 분할회사의 출자만으로 회사가 설립되는 경우에는 변태설립사항이 포함되어 있더라도 검사인의 조사·보고가 필요하지 않다.
>
> **제530조의4(분할에 의한 회사의 설립)** 제530조의2에 따른 회사의 설립에 관하여는 이 장 제1절의 회사설립에 관한 규정을 준용한다. 다만, 분할되는 회사(이하 "분할회사"라 한다)의 출자만으로 회사가 설립되는 경우에는 제299조를 적용하지 아니한다.
>
> **제299조(검사인의 조사, 보고)** ① 검사인은 제290조 각 호의 사항과 제295조에 따른 현물출자의 이행을 조사하여 법원에 보고하여야 한다.

1074 |2013|
분할에 의하여 새로운 회사가 설립되는 경우에 설립위원은 분할되는 회사의 대표이사가 담당하므로 별도의 설립위원을 선임할 필요가 없다. ( )

> **제530조의11(준용규정)** ① 분할 또는 분할합병의 경우에는 제234조, 제237조부터 제240조까지, 제329조의2, 제440조부터 제443조까지, 제526조, 제527조, 제527조의6, 제528조 및 제529조를 준용한다. 다만, 제527조의 설립위원은 대표이사로 한다.
> ② 제374조제2항, 제439조제3항, 제522조의3, 제527조의2, 제527조의3 및 제527조의5의 규정은 분할합병의 경우에 이를 준용한다.
>
> **제527조(신설합병의 창립총회)** ① 합병으로 인하여 회사를 설립하는 경우에는 설립위원은 제527조의5의 절차의 종료 후, 합병으로 인한 주식의 병합이 있을 때에는 그 효력이 생긴 후, 병합에 적당하지 아니한 주식이 있을 때에는 제443조의 처분을 한 후 지체없이 창립총회를 소집하여야 한다.
> ② 창립총회에서는 정관변경의 결의를 할 수 있다. 그러나 합병계약의 취지에 위반하는 결의는 하지 못한다.
> ③ 제308조제2항, 제309조, 제311조, 제312조와 제316조제2항의 규정은 제1항의 창립총회에 준용한다.
> ④ 제1항의 경우에 이사회는 공고로써 주주총회에 대한 보고에 갈음할 수 있다.

답 1072 × 1073 × 1074 ○

1075 |2018|
인적분할의 경우 단순분할신설회사의 주식의 총수를 분할회사의 주주가 취득하므로 단순분할신설회사의 이사는 분할에 관한 사항을 기재한 서면을 일정기간 본점에 비치할 의무가 없다. ( )

> 인적분할·물적분할을 불문하고 분할계획서 등의 서류를 6개월간 본점에 비치하여야 한다.
>
> **제530조의7(분할대차대조표 등의 공시)** ① 분할회사의 이사는 제530조의3제1항에 따른 주주총회 회일의 2주 전부터 분할의 등기를 한 날 또는 분할합병을 한 날 이후 6개월 간 다음 각 호의 서류를 본점에 비치하여야 한다.
> 1. 분할계획서 또는 분할합병계약서
> 2. 분할되는 부분의 대차대조표
> 3. 분할합병의 경우 분할합병의 상대방 회사의 대차대조표
> 4. 분할 또는 분할합병을 하면서 신주가 발행되거나 자기주식이 이전되는 경우에는 분할회사의 주주에 대한 신주의 배정 또는 자기주식의 이전에 관하여 그 이유를 기재한 서면

제4절 완전모회사의 설립

1. 주식의 포괄적 교환

1076 |2008|
회사는 주식의 포괄적 교환에 의하여 다른 회사의 완전모회사가 될 수 있다. ( )

> **제360조의2(주식의 포괄적 교환에 의한 완전모회사의 설립)** ① 회사는 이 관의 규정에 의한 주식의 포괄적 교환에 의하여 다른 회사의 발행주식의 총수를 소유하는 회사(이하 "완전모회사"라 한다)가 될 수 있다. 이 경우 그 다른 회사를 "완전자회사"라 한다.

1077 |2019, 2021|
주식의 포괄적 교환에 의하여 완전자회사가 되는 회사의 주주가 가지는 그 회사의 주식은 주식을 교환하는 날에 주식교환에 의하여 완전모회사가 되는 회사에 이전한다. ( )

> 주식의 포괄적 교환의 경우에는 (주식의 포괄적 이전과는 달리) 변경등기일이 아니라 주식교환기일에 그 효력이 발생한다.
>
> **제360조의2(주식의 포괄적 교환에 의한 완전모회사의 설립)** ① 회사는 이 관의 규정에 의한 주식의 포괄적 교환에 의하여 다른 회사의 발행주식의 총수를 소유하는 회사(이하 "완전모회사"라 한다)가 될 수 있다. 이 경우 그 다른 회사를 "완전자회사"라 한다.
> ② 주식의 포괄적 교환(이하 이 관에서 "주식교환"이라 한다)에 의하여 완전자회사가 되는 회사의 주주가 가지는 그 회사의 주식은 주식을 교환하는 날에 주식교환에 의하여 완전모회사가 되는 회사에 이전하고, 그 완전자회사가 되는 회사의 주주는 그 완전모회사가 되는 회사가 주식교환을 위하여 발행하는 신주의 배정을 받거나 그 회사 자기주식의 이전을 받음으로써 그 회사의 주주가 된다.

답 1075 × 1076 ○ 1077 ○

1078 | 2022 |

간이주식교환도 아니고 소규모 주식교환도 아닌 경우, 주식의 포괄적 교환을 하고자 하는 회사는 주식교환계약서를 작성하여 주주총회의 특별결의로 승인을 얻어야 한다. ( )

> 주식의 포괄적 교환과 포괄적 이전 모두 주총특별결의사항이다.
>
> **제360조의3(주식교환계약서의 작성과 주주총회의 승인)** ① 주식교환을 하고자 하는 회사는 주식교환계약서를 작성하여 주주총회의 승인을 얻어야 한다.
> ② 제1항의 승인결의는 제434조의 규정에 의하여야 한다.
>
> **제434조(정관변경의 특별결의)** 제433조제1항의 결의는 출석한 주주의 의결권의 3분의 2 이상의 수와 발행주식총수의 3분의 1 이상의 수로써 하여야 한다.

1079 | 2023 |

상법상 A주식회사가 B주식회사를 완전자회사로 만드는 주식의 포괄적 교환을 하는 경우, 주식교환계약서에 대해 B회사의 주주총회 특별결의에 의한 승인이 필요하지만 A회사의 주주총회 특별결의에 의한 승인은 필요하지 않다. ( )

> 주식교환을 하는 당사회사 쌍방 모두 각각 주식교환계약서에 대하여 주주총회의 특별결의에 의한 승인을 얻어야 한다.
>
> **제360조의3(주식교환계약서의 작성과 주주총회의 승인 및 주식교환대가가 모회사 주식인 경우의 특칙)** ① 주식교환을 하고자 하는 회사는 주식교환계약서를 작성하여 주주총회의 승인을 얻어야 한다.
> ② 제1항의 승인결의는 제434조의 규정에 의하여야 한다.

1080 | 2008 |

완전자회사가 되는 회사의 발행주식총수의 100분의 90 이상을 완전모회사가 되는 회사가 소유하고 있는 때에는 완전자회사가 되는 회사의 주주총회의 승인은 이를 이사회의 승인으로 갈음할 수 있다. ( )

> 간이주식교환으로 간이합병과 같은 개념이다.
>
> **제360조의9(간이주식교환)** ① 완전자회사가 되는 회사의 총주주의 동의가 있거나 그 회사의 발행주식총수의 100분의 90 이상을 완전모회사가 되는 회사가 소유하고 있는 때에는 완전자회사가 되는 회사의 주주총회의 승인은 이를 이사회의 승인으로 갈음할 수 있다.

답 1078 ○ 1079 × 1080 ○

1081 |2020, 2021|

간이주식교환의 경우 완전자회사가 되는 회사의 주주총회의 승인은 이사회의 승인으로 갈음할 수 있고, 이에 반대하는 완전자회사가 되는 회사의 주주는 주식매수청구권을 행사할 수 있다. ( )

> 간이주식교환으로 간이합병과 같은 개념이다. 소규모 주식교환에는 주식매수청구권이 인정되지 않지만, 간이 주식교환에는 주식매수청구권이 인정된다.
>
> **제360조의5(반대주주의 주식매수청구권)** ① 제360조의3제1항의 규정에 의한 승인사항에 관하여 이사회의 결의가 있는 때에 그 결의에 반대하는 주주(의결권이 없거나 제한되는 주주를 포함한다. 이하 이 조에서 같다)는 주주총회전에 회사에 대하여 서면으로 그 결의에 반대하는 의사를 통지한 경우에는 그 총회의 결의일부터 20일 이내에 주식의 종류와 수를 기재한 서면으로 회사에 대하여 자기가 소유하고 있는 주식의 매수를 청구할 수 있다.
> ② 제360조의9제2항의 공고 또는 통지를 한 날부터 2주내에 회사에 대하여 서면으로 주식교환에 반대하는 의사를 통지한 주주는 그 기간이 경과한 날부터 20일 이내에 주식의 종류와 수를 기재한 서면으로 회사에 대하여 자기가 소유하고 있는 주식의 매수를 청구할 수 있다.
> ③ 제1항 및 제2항의 매수청구에 관하여는 제374조의2제2항 내지 제5항의 규정을 준용한다.
>
> **제360조의9(간이주식교환)** ① 완전자회사가 되는 회사의 총주주의 동의가 있거나 그 회사의 발행주식총수의 100분의 90 이상을 완전모회사가 되는 회사가 소유하고 있는 때에는 완전자회사가 되는 회사의 주주총회의 승인은 이를 이사회의 승인으로 갈음할 수 있다.

1082 |2008|

완전모회사가 되는 회사가 소유하는 자기주식을 완전자회사가 되는 회사의 주주에게 이전할 수도 있다. ( )

> 자기주식교부형의 주식교환도 가능하다.
>
> **제360조의3(주식교환계약서의 작성과 주주총회의 승인 및 주식교환대가가 모회사 주식인 경우의 특칙)** ③ 주식교환계약서에는 다음 각호의 사항을 적어야 한다.
> 1. 완전모회사가 되는 회사가 주식교환으로 인하여 정관을 변경하는 경우에는 그 규정
> 2. 완전모회사가 되는 회사가 주식교환을 위하여 신주를 발행하거나 자기주식을 이전하는 경우에는 발행하는 신주 또는 이전하는 자기주식의 총수·종류, 종류별 주식의 수 및 완전자회사가 되는 회사의 주주에 대한 신주의 배정 또는 자기주식의 이전에 관한 사항

1083 |2008, 2023|

주식의 포괄적 교환이 있는 경우에도 자회사가 모회사의 주식을 취득할 수는 있지만 그 주식을 취득한 날로부터 6월 이내에 처분해야 한다. ( )

> (ⅰ) 주식교환으로 〈인하여〉 자회사가 모회사 주식을 예외적으로 취득할 수 있다. 완전자회사의 자기주식 보유분에 대해서 완전모회사의 주식을 교부하는 경우를 생각하면 된다. 이 경우 완전자회사는 〈취득일로부터〉 6개월 이내에 완전모회사 주식을 처분하여야 한다(제342조의2 제2항).
> (ⅱ) 한편 〈삼각주식교환을 위하여〉 자회사가 미리 모회사의 주식을 취득할 수 있는데, 이 경우에는 〈주식교환의 효력이 발생하는 날로부터〉 6개월 내에 그 주식을 처분하여야 한다(제360조의3 제7항).

답 1081 ○ 1082 ○ 1083 ○

제342조의2(자회사에 의한 모회사주식의 취득) ① 다른 회사의 발행주식의 총수의 100분의 50을 초과하는 주식을 가진 회사(이하 "母會社"라 한다)의 주식은 다음의 경우를 제외하고는 그 다른 회사(이하 "子會社"라 한다)가 이를 취득할 수 없다.
1. 주식의 포괄적 교환, 주식의 포괄적 이전, 회사의 합병 또는 다른 회사의 영업전부의 양수로 인한 때
2. 회사의 권리를 실행함에 있어 그 목적을 달성하기 위하여 필요한 때
② 제1항 각호의 경우 자회사는 그 주식을 취득한 날로부터 6월 이내에 모회사의 주식을 처분하여야 한다.

제360조의3(주식교환계약서의 작성과 주주총회의 승인 및 주식교환대가가 모회사 주식인 경우의 특칙)
⑥ 제342조의2제1항에도 불구하고 제3항제4호에 따라 완전자회사가 되는 회사의 주주에게 제공하는 재산이 완전모회사가 되는 회사의 모회사 주식을 포함하는 경우에는 완전모회사가 되는 회사는 그 지급을 위하여 그 모회사의 주식을 취득할 수 있다.
⑦ 완전모회사가 되는 회사는 제6항에 따라 취득한 그 회사의 모회사 주식을 주식교환 후에도 계속 보유하고 있는 경우 주식교환의 효력이 발생하는 날부터 6개월 이내에 그 주식을 처분하여야 한다.

1084 |2011|

주식의 포괄적 교환의 경우 완전자회사가 되는 회사의 모든 주주는 교환계약에 정한 주식을 교환하는 날에 완전모회사가 되는 회사가 발행하는 주식을 배정받는 계약을 체결하게 된다. (   )

회사의 모든 주주는 완전모회사가 주식교환을 위해 교부하는 주식을 배정받는 것이고, 주식교환계약은 완전모회사와 완전자회사가 되는 회사 간에 체결한다.

1085 |2023|

상법상 A주식회사가 B주식회사를 완전자회사로 만드는 주식의 포괄적 교환을 하는 경우, B회사가 주주총회 특별결의로 주식교환계약서를 승인한 후 B회사 주주에게 주권을 제출할 것을 통지한 경우 B회사 주주가 주권을 제출하면 그 시점에 주권은 무효가 된다. (   )

「주식교환의 날」에 무효가 된다. 여기서 주식교환의 날이란 개개의 주식을 실제로 교환하는 날이 아니라, 주식교환계약서에 교환기일로 지정된 날을 말한다.

제360조의8(주권의 실효절차) ① 주식교환에 의하여 완전자회사가 되는 회사는 주주총회에서 제360조의3제1항의 규정에 의한 승인을 한 때에는 다음 각호의 사항을 주식교환의 날 1월전에 공고하고, 주주명부에 기재된 주주와 질권자에 대하여 따로 따로 그 통지를 하여야 한다.
1. 제360조의3제1항의 규정에 의한 승인을 한 뜻
2. 주식교환의 날의 전날까지 주권을 회사에 제출하여야 한다는 뜻
3. 주식교환의 날에 주권이 무효가 된다는 뜻

1086 |2013|

주식의 포괄적 교환으로 인하여 주식 교환 관련회사의 주주에게 부담이 가중되는 경우에는 그 주주 전원의 동의도 필요하다. (   )

답 1084 × 1085 × 1086 ○

제360조의3(주식교환계약서의 작성과 주주총회의 승인) ① 주식교환을 하고자 하는 회사는 주식교환계약서를 작성하여 주주총회의 승인을 얻어야 한다.
② 제1항의 승인결의는 제434조의 규정에 의하여야 한다.
③ 주식교환계약서에는 다음 각호의 사항을 적어야 한다. 〈개정 2011.4.14.〉
1. 완전모회사가 되는 회사가 주식교환으로 인하여 정관을 변경하는 경우에는 그 규정
2. 완전모회사가 되는 회사가 주식교환을 위하여 발행하는 신주의 총수·종류와 종류별 주식의 수 및 완전자회사가 되는 회사의 주주에 대한 신주의 배정에 관한 사항
3. 완전모회사가 되는 회사의 증가할 자본금과 자본준비금에 관한 사항
4. 완전자회사가 되는 회사의 주주에게 지급할 금액을 정한 때에는 그 규정
5. 각 회사가 제1항의 결의를 할 주주총회의 기일
6. 주식교환을 할 날
7. 각 회사가 주식교환을 할 날까지 이익배당을 할 때에는 그 한도액
8. 제360조의6의 규정에 의하여 회사가 자기의 주식을 이전하는 경우에는 이전할 주식의 총수·종류 및 종류별 주식의 수
9. 완전모회사가 되는 회사에 취임할 이사와 감사 또는 감사위원회의 위원을 정한 때에는 그 성명 및 주민등록번호
④ 회사는 제363조의 규정에 의한 통지에 다음 각호의 사항을 기재하여야 한다. 〈개정 2014.5.20.〉
1. 주식교환계약서의 주요내용
2. 제360조의5제1항의 규정에 의한 주식매수청구권의 내용 및 행사방법
3. 일방회사의 정관에 주식의 양도에 관하여 이사회의 승인을 요한다는 뜻의 규정이 있고 다른 회사의 정관에 그 규정이 없는 경우 그 뜻
⑤ 주식교환으로 인하여 주식교환에 관련되는 각 회사의 주주의 부담이 가중되는 경우에는 제1항 및 제436조의 결의 외에 그 주주 전원의 동의가 있어야 한다.

1087 |2022|

주식교환무효의 소는 완전모회사가 되는 회사의 본점소재지의 지방법원의 관할에 전속한다. (　　　)

완전모회사 본점소재지 지방법원의 전속관할이다.

제360조의14(주식교환무효의 소) ① 주식교환의 무효는 각 회사의 주주·이사·감사·감사위원회의 위원 또는 청산인에 한하여 주식교환의 날부터 6월내에 소만으로 이를 주장할 수 있다.
② 제1항의 소는 완전모회사가 되는 회사의 본점소재지의 지방법원의 관할에 전속한다.
③ 주식교환을 무효로 하는 판결이 확정된 때에는 완전모회사가 된 회사는 주식교환을 위하여 발행한 신주 또는 이전한 자기주식의 주주에 대하여 그가 소유하였던 완전자회사가 된 회사의 주식을 이전하여야 한다.
④ 제187조 내지 제189조, 제190조 본문, 제191조, 제192조, 제377조 및 제431조의 규정은 제1항의 소에, 제339조 및 제340조제3항의 규정은 제3항의 경우에 각각 이를 준용한다.

2. 주식의 포괄적 이전

1088 |2007|
주식의 포괄적 이전이란 기존의 회사가 완전모회사를 설립하여 그 회사의 완전자회사가 되는 절차이다.
(　　)

> **제360조의15(주식의 포괄적 이전에 의한 완전모회사의 설립)** ① 회사는 이 관의 규정에 의한 주식의 포괄적 이전(이하 이 관에서 "주식이전"이라 한다)에 의하여 완전모회사를 설립하고 완전자회사가 될 수 있다.
> ② 주식이전에 의하여 완전자회사가 되는 회사의 주주가 소유하는 그 회사의 주식은 주식이전에 의하여 설립하는 완전모회사에 이전하고, 그 완전자회사가 되는 회사의 주주는 그 완전모회사가 주식이전을 위하여 발행하는 주식의 배정을 받음으로써 그 완전모회사의 주주가 된다.

1089 |2019, 2021|
완전모회사가 되는 회사가 포괄적 주식이전을 위하여 완전자회사가 되는 회사의 주주에게 발행하는 주식의 효력발생시기는 주식이전계획서에서 정한 주식이전을 할 날이다.
(　　)

> 주식교환과는 달리 주식이전의 경우에는 완전모회사가 새로이 설립된다. 따라서 완전모회사의 설립등기가 이루어져야 주식이전의 효력이 발생한다(창설적 효력).
>
> **제360조의21(주식이전의 효력발생시기)** 주식이전은 이로 인하여 설립한 완전모회사가 그 본점소재지에서 제360조의20의 규정에 의한 등기를 함으로써 그 효력이 발생한다.

1090 |2007, 2019|
주식이전계획서의 승인을 위한 주주총회의 소집에 관하여 이사회의 결의가 있는 경우, 주식이전에 반대하는 주주는 서면으로 반대의사를 통지한 다음 총회결의일로부터 20일 내에 주식매수청구권을 행사할 수 있다.
(　　)

> **제360조의22(주식교환 규정의 준용)** 제360조의5, 제360조의11 및 제360조의12의 규정은 주식이전의 경우에 이를 준용한다.
>
> **제360조의5(반대주주의 주식매수청구권)** ① 제360조의3제1항의 규정에 의한 승인사항에 관하여 이사회의 결의가 있는 때에 그 결의에 반대하는 주주(의결권이 없거나 제한되는 주주를 포함한다. 이하 이 조에서 같다)는 주주총회전에 회사에 대하여 서면으로 그 결의에 반대하는 의사를 통지한 경우에는 그 총회의 결의일부터 20일 이내에 주식의 종류와 수를 기재한 서면으로 회사에 대하여 자기가 소유하고 있는 주식의 매수를 청구할 수 있다.
> ② 제360조의9제2항의 공고 또는 통지를 한 날부터 2주내에 회사에 대하여 서면으로 주식교환에 반대하는 의사를 통지한 주주는 그 기간이 경과한 날부터 20일 이내에 주식의 종류와 수를 기재한 서면으로 회사에 대하여 자기가 소유하고 있는 주식의 매수를 청구할 수 있다.
> ③ 제1항 및 제2항의 매수청구에 관하여는 제374조의2제2항 내지 제5항의 규정을 준용한다.

1088 ○   1089 ×   1090 ○

1091 |2007|

주식이전비율에 따라 단주가 발생한 경우에는 원칙적으로 이에 대하여 발행한 신주를 경매하여 각 주수에 따라 그 대금을 주주에게 지급하여야 한다. ( )

> **제360조의22(주식교환 규정의 준용)** 제360조의5, 제360조의11 및 제360조의12의 규정은 주식이전의 경우에 이를 준용한다.
>
> **제360조의11(단주처리 등에 관한 규정의 준용)** ① 제443조의 규정은 회사의 주식교환의 경우에 이를 준용한다.
> ② 제339조 및 제340조제3항의 규정은 주식교환의 경우에 완전자회사가 되는 회사의 주식을 목적으로 하는 질권에 이를 준용한다.
>
> **제443조(단주의 처리)** ① 병합에 적당하지 아니한 수의 주식이 있는 때에는 그 병합에 적당하지 아니한 부분에 대하여 발행한 신주를 경매하여 각 주수에 따라 그 대금을 종전의 주주에게 지급하여야 한다. 그러나 거래소의 시세있는 주식은 거래소를 통하여 매각하고, 거래소의 시세없는 주식은 법원의 허가를 받아 경매외의 방법으로 매각할 수 있다.

1092 |2022|

주식이전 무효의 판결은 대세적 효력과 불소급효가 있다. ( )

> (ⅰ) 회사법상 소송은 모두 대세효가 인정된다. (ⅱ) 회사법상 소송 중 소급효가 인정되는 것은 주총결의하자소송과 감자무효소송 뿐이다(소/결/감).

1093 |2007, 2021|

주식이전 무효의 소에서 원고가 승소하면, 설립무효판결의 불소급에 관한 규정이 준용되어 완전모회사는 그대로 존속한다. ( )

> 주식이전무효의 판결이 확정되면 설립무효의 소에 관한 규정이 준용되어 완전모회사는 청산절차를 거쳐 소멸한다.
>
> **제360조의23(주식이전무효의 소)** ① 주식이전의 무효는 각 회사의 주주·이사·감사·감사위원회의 위원 또는 청산인에 한하여 주식이전의 날부터 6월내에 소만으로 이를 주장할 수 있다.
> ② 제1항의 소는 완전모회사가 되는 회사의 본점소재지의 지방법원의 관할에 전속한다.
> ③ 주식이전을 무효로 하는 판결이 확정된 때에는 완전모회사가 된 회사는 주식이전을 위하여 발행한 주식의 주주에 대하여 그가 소유하였던 완전자회사가 된 회사의 주식을 이전하여야 한다.
> ④ 제187조 내지 제193조 및 제377조의 규정은 제1항의 소에, 제339조 및 제340조제3항의 규정은 제3항의 경우에 각각 이를 준용한다.
>
> **제193조(설립무효, 취소판결의 효과)** ① 설립무효의 판결 또는 설립취소의 판결이 확정된 때에는 해산의 경우에 준하여 청산하여야 한다.
> ② 전항의 경우에는 법원은 사원 기타의 이해관계인의 청구에 의하여 청산인을 선임할 수 있다.

1091 ○ 1092 ○ 1093 ✕

1094 |2011|

회사가 주식의 포괄적 이전을 하는 경우 그 회사의 모든 주주는 신설되는 다른 회사가 주식이전을 위하여 발행하는 주식에 대한 주금납입을 마침으로써 그 신설회사의 주주가 된다. (   )

> 완전자회사의 주주는 자신이 소유한 주식을 완전모회사에 이전하고 완전모회사가 되는 신설회사가 발행한 주식을 교부받아 주주가 되는 것이지 별도로 주금을 납입하는 것이 아니다.
>
> **제360조의15(주식의 포괄적 이전에 의한 완전모회사의 설립)** ① 회사는 이 관의 규정에 의한 주식의 포괄적 이전(이하 이 관에서 "주식이전"이라 한다)에 의하여 완전모회사를 설립하고 완전자회사가 될 수 있다.
> ② 주식이전에 의하여 완전자회사가 되는 회사의 주주가 소유하는 그 회사의 주식은 주식이전에 의하여 설립하는 완전모회사에 이전하고, 그 완전자회사가 되는 회사의 주주는 그 완전모회사가 주식이전을 위하여 발행하는 주식의 배정을 받음으로써 그 완전모회사의 주주가 된다.

1095 |2007, 2011, 2020|

주식의 포괄적 이전을 하는 경우 설립되는 회사의 자본금은 주식이전의 날에 완전자회사가 되는 회사에 현존하는 순자산액에서 그 완전자회사의 주주에게 지급할 금액을 공제한 액을 초과하지 못한다. (   )

> 주식이전에 의해 설립되는 완전모회사의 자본충실을 기하려는 취지이다(제360조의18). 주식교환의 경우(제360조의7)와 그 내용을 비교해둘 필요가 있다.
>
> **제360조의18(완전모회사의 자본금의 한도액)** 설립하는 완전모회사의 자본금은 주식이전의 날에 완전자회사가 되는 회사에 현존하는 순자산액에서 그 회사의 주주에게 제공할 금전 및 그 밖의 재산의 가액을 뺀 액을 초과하지 못한다.
>
> **제360조의7(완전모회사의 자본금 증가의 한도액)** ① 완전모회사가 되는 회사의 자본금은 주식교환의 날에 완전자회사가 되는 회사에 현존하는 순자산액에서 다음 각호의 금액을 뺀 금액을 초과하여 증가시킬 수 없다.
> 1. 완전자회사가 되는 회사의 주주에게 제공할 금전이나 그 밖의 재산의 가액
> 2. 제360조의3제3항제2호에 따라 완전자회사가 되는 회사의 주주에게 이전하는 자기주식의 장부가액의 합계액
> ② 완전모회사가 되는 회사가 주식교환 이전에 완전자회사가 되는 회사의 주식을 이미 소유하고 있는 경우에는 완전모회사가 되는 회사의 자본금은 주식교환의 날에 완전자회사가 되는 회사에 현존하는 순자산액에 그 회사의 발행주식총수에 대한 주식교환으로 인하여 완전모회사가 되는 회사에 이전하는 주식의 수의 비율을 곱한 금액에서 제1항 각호의 금액을 뺀 금액의 한도를 초과하여 이를 증가시킬 수 없다.

1096 |2011|

주식의 포괄적 교환 또는 이전에 관하여 이사회의 승인 결의가 있는 경우 그 결의에 반대하는 주주는 주주총회의 결의가 있기 전에 회사에 대하여 자기가 소유하는 주식의 매수를 청구할 수 있다. (   )

> 순서가 잘못되었다. 총회 전에 미리 반대의 의사를 서면으로 통지하고, 주총특별결의 후 20일 이내에 주식매수청구권을 행사한다.
>
> **제360조의5(반대주주의 주식매수청구권)** ① 제360조의3제1항의 규정에 의한 승인사항에 관하여 이사회의 결의가 있는 때에 그 결의에 반대하는 주주(의결권이 없거나 제한되는 주주를 포함한다. 이하 이 조에서 같다)는 주주총회전에 회사에 대하여 서면으로 그 결의에 반대하는 의사를 통지한 경우에는 그 총회의 결의일부터 20일 이내에 주식의 종류와 수를 기재한 서면으로 회사에 대하여 자기가 소유하고 있는 주식의 매수를 청구할 수 있다.

답 1094 × 1095 ○ 1096 ×

1097 |2022|

주식이전으로 인하여 어느 종류의 주주에게 손해를 미치게 될 경우에는 주주총회의 결의 외에 그 종류주식의 주주의 총회의 결의가 있어야 한다. (   )

> 종류주주총회가 필요한 경우는 (ⅰ) **정**관변경으로 종류주주에게 손해발생 우려, (ⅱ) 주식**배**정에 관하여 주식의 종류에 따라 달리 정하는 경우, (ⅲ) **합**병, 분할, 주식교환, 주식이전으로 종류주주에게 손해발생 우려의 3가지이다. "정/배/합"으로 정리하자.
>
> **제360조의3(주식교환계약서의 작성과 주주총회의 승인)** ⑤ 주식교환으로 인하여 주식교환에 관련되는 각 회사의 주주의 부담이 가중되는 경우에는 제1항 및 제436조의 결의 외에 그 주주 전원의 동의가 있어야 한다.

1098 |2008, 2020, 2021|

주식의 포괄적 교환 및 이전을 위해서는 채권자 보호절차가 필요하다. (   )

> 합병이나 회사분할(책임의 분리시)과는 달리 주식의 포괄적 교환·이전의 경우에는 채권자보호절차를 요하지 않는다. 기존 회사의 법인격이 소멸되지 않고 그대로 유지되기 때문이다. 채권자보호절차가 필요한 경우는 별도로 정리해야 한다.
>
> | 채권자 보호절차 요구되는 경우 | 인청 / 물조 / 분결 / 감 / 합 | • **인**적회사의 임의**청**산
• **물**적회사 **조**직변경
• **분**할시 책임분리**결**의
• **감**자
• **합**병 |
> |---|---|---|

1099 |2011|

주식의 포괄적 교환 또는 이전에 관한 무효는 각 회사의 주주·이사·감사·감사위원회의 위원 또는 청산인에 한하여 주주총회 승인결의의 날로부터 2개월 내에 소만으로 이를 주장할 수 있다. (   )

> 제소기간은 "교환의 날(주식교환기일)" 또는 "이전의 날(주식이전기일)"로부터 "6월 내"이다.
>
> **제360조의14(주식교환무효의 소)** ① 주식교환의 무효는 각 회사의 주주·이사·감사·감사위원회의 위원 또는 청산인에 한하여 주식교환의 날부터 6월내에 소만으로 이를 주장할 수 있다.
>
> **제360조의23(주식이전무효의 소)** ① 주식이전의 무효는 각 회사의 주주·이사·감사·감사위원회의 위원 또는 청산인에 한하여 주식이전의 날부터 6월내에 소만으로 이를 주장할 수 있다.

1100 |2023|

상법상 A주식회사가 B주식회사를 완전자회사로 만드는 주식의 포괄적 교환을 하는 경우, 주식교환무효의 소에서 주식교환 무효판결이 확정된 경우 A회사는 주식교환을 위하여 A회사로부터 신주를 발행받았거나 A회사의 자기주식을 이전받은 B회사의 주주에게 B회사 주식을 이전해야 한다. (   )

> 옳은 내용이다.

1097 ○ 1098 × 1099 × 1100 ○

제360조의14(주식교환무효의 소) ③ 주식교환을 무효로 하는 판결이 확정된 때에는 완전모회사가 된 회사는 주식교환을 위하여 발행한 신주 또는 이전한 자기주식의 주주에 대하여 그가 소유하였던 완전자회사가 된 회사의 주식을 이전하여야 한다.

1101 |2013|

법원은 주식의 포괄적 이전을 이유로 제기되는 주식이전무효의 소가 그 심리 중에 원인이 된 하자가 보완되고 회사의 현황과 제반사정을 참작하여 주식 이전을 무효로 하는 것이 부당하다고 인정한 때에는 그 청구를 기각할 수 있다. ( )

주식교환무효의 소와 주식이전무효의 소의 경우 이른바 「재량기각」이 가능하다.

제360조의23(주식이전무효의 소) ① 주식이전의 무효는 각 회사의 주주·이사·감사·감사위원회의 위원 또는 청산인에 한하여 주식이전의 날부터 6월내에 소만으로 이를 주장할 수 있다.
② 제1항의 소는 완전모회사가 되는 회사의 본점소재지의 지방법원의 관할에 전속한다.
③ 주식이전을 무효로 하는 판결이 확정된 때에는 완전모회사가 된 회사는 주식이전을 위하여 발행한 주식의 주주에 대하여 그가 소유하였던 완전자회사가 된 회사의 주식을 이전하여야 한다.
④ 제187조 내지 제193조 및 제377조의 규정은 제1항의 소에, 제339조 및 제340조제3항의 규정은 제3항의 경우에 각각 이를 준용한다.

제189조(하자의 보완 등과 청구의 기각) 설립무효의 소 또는 설립취소의 소가 그 심리중에 원인이 된 하자가 보완되고 회사의 현황과 제반사정을 참작하여 설립을 무효 또는 취소하는 것이 부적당하다고 인정한 때에는 법원은 그 청구를 기각할 수 있다.

제5절 회사의 해산과 청산

1102 |2010, 2015|
회사가 해산한 때에는 합병, 분할, 분할합병, 파산의 경우 외에는 이사가 청산인이 되지만, 정관에 다른 정함이 있거나 주주총회에서 타인을 선임한 때에는 그러하지 아니하다. ( )

> 회사가 합병·분할·분할합병에 의해 해산할 때는 해산 즉시 법인격이 소멸하여 청산절차에 들어가지 않으므로 청산인이 필요하지 않고, 파산의 경우에는 파산절차에 들어가 법원에 의해 파산관재인이 선임되므로 청산인이 필요치 않다. 그 이외의 경우에는 청산절차에 들어가는데, 원칙적으로 이사가 청산인이 된다.
>
> **제531조(청산인의 결정)** ① 회사가 해산한 때에는 합병·분할·분할합병 또는 파산의 경우 외에는 이사가 청산인이 된다. 다만, 정관에 다른 정함이 있거나 주주총회에서 타인을 선임한 때에는 그러하지 아니하다.

1103 |2010, 2014|
청산인은 알고 있는 채권자에 대하여는 각별로 그 채권의 신고를 최고하여야 하며, 그 채권자가 신고하지 아니한 경우에는 이를 청산에서 제외할 수 있다. ( )

> 알고 있는 채권자는 설사 채권신고를 하지 않은 경우에도 청산에서 제외하지 못한다.
>
> **제535조(회사채권자에의 최고)** ② 청산인은 알고 있는 채권자에 대하여는 각별로 그 채권의 신고를 최고하여야 하며 그 채권자가 신고하지 아니한 경우에도 이를 청산에서 제외하지 못한다.

1104 |2010, 2014|
청산에서 제외된 채권자는 분배되지 아니한 잔여재산에 대하여는 변제를 청구할 수 없다. ( )

> 청산에서 제외된 채권자는 분배되지 아니한 잔여재산에 대하여 변제를 청구할 수 있다.
>
> **제537조(제외된 채권자에 대한 변제)** ① 청산에서 제외된 채권자는 분배되지 아니한 잔여재산에 대하여서만 변제를 청구할 수 있다.

1105 |2021, 2022|
청산인해임청구권은 상법상 비상장 주식회사에서 발행주식총수의 100분의 3에 해당하는 주식을 가진 주주가 행사할 수 있는 권리이다. ( )

> (i) 비상장회사의 소수주주권의 원칙적인 지분비율인 3/100이 적용된다. (ii) 덧붙여 이사 해임청구권은 주주총회에서 해임결의가 부결된 경우에 보충적으로 인정되나, 청산인 해임청구권은 그러한 제한이 없다.
>
> **제539조(청산인의 해임)** ① 청산인은 법원이 선임한 경우 외에는 언제든지 주주총회의 결의로 이를 해임할 수 있다.
> ② 청산인이 그 업무를 집행함에 현저하게 부적임하거나 중대한 임무에 위반한 행위가 있는 때에는 발행주식의 총수의 100분의 3 이상에 해당하는 주식을 가진 주주는 법원에 그 청산인의 해임을 청구할 수 있다.
> ③ 제186조의 규정은 제2항의 청구에 관한 소에 준용한다.

답 1102 ○ 1103 × 1104 × 1105 ○

1106 |2010|
법원이 청산인을 선임한 경우 주주총회의 특별결의로 이를 해임할 수 있다. ( )

(ⅰ) 법원에서 선임한 청산인은 법원만이 해임할 수 있다. (ⅱ) 법원이 선임한 경우 외의 주주총회에서 해임하기 위한 결의요건은 특별결의가 아니라 보통결의이다.

제539조(청산인의 해임) ① 청산인은 법원이 선임한 경우외에는 언제든지 주주총회의 결의로 이를 해임할 수 있다.

1107 |2022|
비상장주식회사의 청산사무가 종료한 때에는 청산인은 지체없이 결산보고서를 작성하고 이를 주주총회에 제출하여 특별결의로 승인을 얻어야 한다. ( )

일반적인 재무제표등의 승인과 마찬가지로, 청산종결시 결산보고서 역시 주총 보통결의사항이다.

제540조(청산의 종결) ① 청산사무가 종결한 때에는 청산인은 지체없이 결산보고서를 작성하고 이를 주주총회에 제출하여 승인을 얻어야 한다.
② 전항의 승인이 있는 때에는 회사는 청산인에 대하여 그 책임을 해제한 것으로 본다. 그러나 청산인의 부정행위에 대하여는 그러하지 아니하다.

1108 |2022|
비상장주식회사의 감사가 있는 회사의 청산인은 정기총회 회일로부터 4주간 전에 대차대조표 및 그 부속명세서와 사무보고서를 작성하여 감사에게 제출하여야 한다. ( )

(ⅰ) 내용 자체는 이사의 감사에 대한 재무제표 등 제출의무와 내용이 다를 것이 없다. (ⅱ) 다만 이사의 경우 정기총회 회일로부터 「6주간」 전에 감사에게 제출하여야 하는데 반해, 청산인은 「4주간」 전에만 감사에게 제출하면 된다.

제534조(대차대조표·사무보고서·부속명세서의 제출·감사·공시·승인) ① 청산인은 정기총회회일로부터 4주간전에 대차대조표 및 그 부속명세서와 사무보고서를 작성하여 감사에게 제출하여야 한다.
② 감사는 정기총회회일로부터 1주간전에 제1항의 서류에 관한 감사보고서를 청산인에게 제출하여야 한다.
③ 청산인은 정기총회회일의 1주간전부터 제1항의 서류와 제2항의 감사보고서를 본점에 비치하여야 한다.
④ 제448조제2항의 규정은 제3항의 서류에 관하여 이를 준용한다.
⑤ 청산인은 대차대조표 및 사무보고서를 정기총회에 제출하여 그 승인을 요구하여야 한다.

1109 |2010|
청산사무의 종결 후 청산인이 결산보고서를 작성하고 주주총회에 제출하여 그 승인을 받은 경우, 회사는 청산인의 부정행위에 대하여 그 책임을 해제한 것으로 본다. ( )

청산인의 부정행위에 대해서는 책임이 해제되지 않는다.

제540조(청산의 종결) ① 청산사무가 종결한 때에는 청산인은 지체없이 결산보고서를 작성하고 이를 주주총회에 제출하여 승인을 얻어야 한다.
② 전항의 승인이 있는 때에는 회사는 청산인에 대하여 그 책임을 해제한 것으로 본다. 그러나 청산인의 부정행위에 대하여는 그러하지 아니하다.

답 1106 × 1107 × 1108 ○ 1109 ×

1110 |2012, 2022|

청산회사는 해산 후 청산의 목적을 위하여 존속하는 회사로서 그 목적이 청산의 범위 내에 한정된다는 점을 제외하고는 해산 전의 회사와 동일성이 인정된다. ( )

> 권리능력의 범위가 청산의 범위 내로 축소하기는 하지만 해산 전의 회사와 동일성이 인정된다.
>
> **제245조(청산 중의 회사)** 회사는 해산된 후에도 청산의 목적범위내에서 존속하는 것으로 본다.

1111 |2012|

회사의 해산 전에 직무집행정지 가처분과 함께 선임된 이사 직무대행자는 회사가 해산하는 경우 당연히 청산인 직무대행자가 된다. ( )

> 회사가 해산하면 합병·분할·분할합병·파산의 경우 외에는 이사가 청산인이 되므로, 이사직무대행자는 회사가 해산하면 당연히 청산인직무대행자가 된다.
>
> **[대법원 1991.12.24. 선고, 91다4355, 판결]**
> 회사의 이사에 대한 직무집행을 정지하고 그 직무대행자를 선임하는 법원의 가처분이 있는 경우 해산 당시의 이사의 직무는 그 직무대행자에 의하여 이루어지고 직무대행자의 직무행위의 내용은 직무집행이 정지된 이사의 그것과 일응 동일하므로 상법 제531조 제1항에 따라 해산 전 가처분에 의하여 선임된 이사 직무대행자는 회사가 해산하는 경우 당연히 청산인 직무대행자가 된다.

1112 |2015|

회사가 청산절차에 들어간 경우 종전의 감사는 그 지위를 상실한다. ( )

> 회사의 해산은 감사의 당연종임사유가 아니다. 반면 이사는 그 지위를 잃고 청산인이 업무를 수행한다.

1113 |2012|

법인이 해산한 경우에 청산인은 파산의 경우를 제외하고 해산등기를 하여야 하고 해산등기를 하기 전에는 제3자에게 해산사실을 대항할 수 없다. ( )

> **[대법원 1984.9.25. 선고, 84다카493, 판결]**
> 민법 제54조 제1항, 제85조 제1항의 규정에 따르면 법인이 해산한 경우에 청산인은 파산의 경우를 제외하고 해산등기를 하여야 하고 해산등기를 하기전에는 제3자에게 해산사실을 대항할 수 없다.

1114 |2012|

청산종결의 등기를 하였더라도 청산할 채권·채무가 남아 있는 이상 청산은 종료되지 않으므로 그 한도에서 청산법인은 당사자능력이 있다. ( )

> 회사가 해산하면 영업능력은 상실되지만 청산의 목적범위 내에서는 여전히 권리능력이 있다. 설사 청산종결의 등기를 하였더라도 청산할 채권·채무가 남아있는 이상 회사는 소멸하지 않고 당사자능력(소송의 당사자가 될 수 있는 권리능력)이 있다.

답 1110 ○ 1111 ○ 1112 × 1113 ○ 1114 ○

[대법원 1968.6.18. 선고, 67다2528, 판결]
청산결과의 등기를 하였더라도 채권이 있는 이상 청산은 종료되지 않으므로 그 한도에서 청산법인은 당사자 능력이 있다.

1115 |2012|
동업약정에 의해 회사가 설립되어 주식회사로서의 실체를 갖추고 있는 경우 상법상 주식회사의 청산절차에 의하지 않고 동업자들간의 합의로 청산이 이루어지면 동업자들은 잔여재산을 분배받을 수 있다. (   )

물적회사는 법정청산만이 가능하고 임의청산은 인정되지 않는다.

[대법원 2005.4.15. 선고, 2003도7773, 판결]
당사자 쌍방이 토지 등을 출자하여 공동으로 주식회사를 설립하여 운영하고, 그 회사를 공동으로 경영함에 따르는 비용의 부담과 이익의 분배를 지분 비율에 따라 할 것을 내용으로 하는 동업계약은 당사자들 사이에서 공동사업을 주식회사의 명의로 하고 대외관계 및 대내관계에서 주식회사의 법리에 따름을 전제로 하는 것이어서 이에 관한 청산도 주식회사의 청산에 관한 상법의 규정에 따라 이루어져야 하고, 따라서 그러한 동업약정에 따라 회사가 설립되어 그 실체가 갖추어진 이상, 주식회사의 청산에 관한 상법의 규정에 따라 청산절차가 이루어지지 않는 한 일방 당사자가 잔여재산을 분배받을 수도 없다.

1116 |2014|
주식회사의 경우에는 주주총회의 특별결의로 해산할 수 있다. (   )

제518조(해산의 결의) 해산의 결의는 제434조의 규정에 의하여야 한다.
제434조(정관변경의 특별결의) 제433조제1항의 결의는 출석한 주주의 의결권의 3분의 2 이상의 수와 발행주식총수의 3분의 1 이상의 수로써 하여야 한다.

1117 |2014, 2019|
회사가 해산하면 청산절차가 개시되지만 주식회사의 분할과 분할합병으로 해산하는 경우 청산절차가 개시되지 않는다. (   )

합병과 분할의 경우 회사는 청산절차 없이 소멸한다. 합병 후 회사 또는 분할 후 회사가 해산한 회사의 영업을 그대로 계속하기 때문에 청산절차를 거칠 필요가 없다.

제531조(청산인의 결정) ① 회사가 해산한 때에는 합병·분할·분할합병 또는 파산의 경우외에는 이사가 청산인이 된다. 다만, 정관에 다른 정함이 있거나 주주총회에서 타인을 선임한 때에는 그러하지 아니하다.
② 전항의 규정에 의한 청산인이 없는 때에는 법원은 이해관계인의 청구에 의하여 청산인을 선임한다.

1118 |2019|
주식회사의 파산의 경우에는 해산한 때에 청산절차에 들어가지 않는다. (   )

파산의 경우 청산절차가 아니라 파산법상 파산절차가 진행된다.

답 1115 × 1116 ○ 1117 ○ 1118 ○

1119 |2017|
법원은 회사의 설립목적이 불법한 것인 때에는 직권으로 회사의 해산을 명할 수 있다.   ( )

> **제176조(회사의 해산명령)** ① 법원은 다음의 사유가 있는 경우에는 이해관계인이나 검사의 청구에 의하여 또는 직권으로 회사의 해산을 명할 수 있다.
> 1. 회사의 설립목적이 불법한 것인 때
> 2. 회사가 정당한 사유없이 설립후 1년내에 영업을 개시하지 아니하거나 1년 이상 영업을 휴지하는 때
> 3. 이사 또는 회사의 업무를 집행하는 사원이 법령 또는 정관에 위반하여 회사의 존속을 허용할 수 없는 행위를 한 때

1120 |2017|
법원은 회사가 정당한 사유없이 1년 이상 영업을 휴지하는 때에는 이해관계인의 청구에 의하여 회사의 해산을 명할 수 있다.   ( )

> **제176조(회사의 해산명령)** ① 법원은 다음의 사유가 있는 경우에는 이해관계인이나 검사의 청구에 의하여 또는 직권으로 회사의 해산을 명할 수 있다.
> 1. 회사의 설립목적이 불법한 것인 때
> 2. 회사가 정당한 사유없이 설립후 1년내에 영업을 개시하지 아니하거나 1년 이상 영업을 휴지하는 때
> 3. 이사 또는 회사의 업무를 집행하는 사원이 법령 또는 정관에 위반하여 회사의 존속을 허용할 수 없는 행위를 한 때

1121 |2021, 2022|
회사가 정당한 사유없이 설립 후 1년 내에 영업을 개시하지 아니하는 때에는 법원은 직권으로 회사의 해산을 명할 수 있다.   ( )

> 해산명령에 대한 설명이다.
> **제176조(회사의 해산명령)** ① 법원은 다음의 사유가 있는 경우에는 이해관계인이나 검사의 청구에 의하여 또는 직권으로 회사의 해산을 명할 수 있다.
> 1. 회사의 설립목적이 불법한 것인 때
> 2. 회사가 정당한 사유없이 설립후 1년내에 영업을 개시하지 아니하거나 1년 이상 영업을 휴지하는 때
> 3. 이사 또는 회사의 업무를 집행하는 사원이 법령 또는 정관에 위반하여 회사의 존속을 허용할 수 없는 행위를 한 때

1122 |2023|
이해관계인이나 검사는 부득이한 사유가 있는 때에는 유한회사의 해산판결을 법원에 청구할 수 있다.   ( )

> 해산판결과 해산명령을 구분할 수 있어야 한다. "이해관계인이나 검사의 청구"는 해산명령에서 문제된다. 유한회사에서 해산판결의 청구는 "100분의 10 이상에 해당하는 출자좌수를 가진 사원"이 할 수 있다.
> **제613조(준용규정)** ① 제228조, 제245조, 제252조 내지 제255조, 제259조, 제260조, 제264조, 제520조, 제531조 내지 제537조, 제540조와 제541조의 규정은 유한회사에 준용한다.

답 1119 ○ 1120 ○ 1121 ○ 1122 ×

> **제520조(해산판결)** ① 다음의 경우에 부득이한 사유가 있는 때에는 발행주식의 총수의 100분의 10 이상에 해당하는 주식을 가진 주주는 회사의 해산을 법원에 청구할 수 있다.
> 1. 회사의 업무가 현저한 정돈상태를 계속하여 회복할 수 없는 손해가 생긴 때 또는 생길 염려가 있는 때
> 2. 회사재산의 관리 또는 처분의 현저한 실당으로 인하여 회사의 존립을 위태롭게 한 때

1123 | 2017, 2020 |

회사의 업무를 집행하는 사원이 정관에 위반하여 회사의 존속을 허용할 수 없는 행위를 한 때에는, 법원은 직권으로 회사의 해산을 명할 수 있다. ( )

> 회사의 해산명령사유에 대한 설명이다. 해산판결사유와 해산명령사유를 구별하여야 한다.
>
> **제176조(회사의 해산명령)** ① 법원은 다음의 사유가 있는 경우에는 이해관계인이나 검사의 청구에 의하여 또는 직권으로 회사의 해산을 명할 수 있다.
> 1. 회사의 설립목적이 불법한 것인 때
> 2. 회사가 정당한 사유없이 설립후 1년내에 영업을 개시하지 아니하거나 1년 이상 영업을 휴지하는 때
> 3. 이사 또는 회사의 업무를 집행하는 사원이 법령 또는 정관에 위반하여 회사의 존속을 허용할 수 없는 행위를 한 때
> ② 전항의 청구가 있는 때에는 법원은 해산을 명하기 전일지라도 이해관계인이나 검사의 청구에 의하여 또는 직권으로 관리인의 선임 기타 회사재산의 보전에 필요한 처분을 할 수 있다.
> ③ 이해관계인이 제1항의 청구를 한 때에는 법원은 회사의 청구에 의하여 상당한 담보를 제공할 것을 명할 수 있다.
> ④ 회사가 전항의 청구를 함에는 이해관계인의 청구가 악의임을 소명하여야 한다.

1124 | 2017 |

법원은 이해관계인이 회사의 해산을 청구한 때에는 직권으로 그 이해관계인에 대하여 상당한 담보를 제공할 것을 명할 수 있다. ( )

> 담보제공명령은 회사의 청구에 의하여 하는 것이지, 법원이 직권으로 할 수는 없다(동조 제3항). 해산명령 자체는 직권으로 할 수 있다는 것과 혼동하지 말아야 한다.
>
> **제176조(회사의 해산명령)** ③ 이해관계인이 제1항의 청구를 한 때에는 법원은 회사의 청구에 의하여 상당한 담보를 제공할 것을 명할 수 있다.

1125 | 2017 |

법원은 해산을 명하기 전이라도 이해관계인이나 검사의 청구 또는 직권으로 회사재산의 보전을 위하여 관리인을 선임할 수 있다. ( )

> **제176조(회사의 해산명령)** ① 법원은 다음의 사유가 있는 경우에는 이해관계인이나 검사의 청구에 의하여 또는 직권으로 회사의 해산을 명할 수 있다.
> 1. 회사의 설립목적이 불법한 것인 때
> 2. 회사가 정당한 사유없이 설립후 1년내에 영업을 개시하지 아니하거나 1년 이상 영업을 휴지하는 때
> 3. 이사 또는 회사의 업무를 집행하는 사원이 법령 또는 정관에 위반하여 회사의 존속을 허용할 수 없는 행위를 한 때

② 전항의 청구가 있는 때에는 법원은 해산을 명하기 전일지라도 이해관계인이나 검사의 청구에 의하여 또는 직권으로 관리인의 선임 기타 회사재산의 보전에 필요한 처분을 할 수 있다.

1126 | 2015, 2021 |

회사의 업무가 현저한 정돈상태를 계속하여 회복할 수 없는 손해가 생긴 경우 발행주식총수의 100분의 10 이상에 해당하는 주식을 가진 주주는 회사의 해산을 법원에 청구할 수 있다. ( )

(ⅰ) 해산판결의 사유에 해당한다. (ⅱ) 해산판결청구권은 10/100의 지분비율을 요구한다. 10/100의 비율을 요구하는 경우는 "해/상/선/채/소주"로 정리하자.

제520조(해산판결) ① 다음의 경우에 부득이한 사유가 있는 때에는 발행주식의 총수의 100분의 10 이상에 해당하는 주식을 가진 주주는 회사의 해산을 법원에 청구할 수 있다.
1. 회사의 업무가 현저한 정돈 상태를 계속하여 회복할 수 없는 손해가 생긴 때 또는 생길 염려가 있는 때
2. 회사재산의 관리 또는 처분의 현저한 실당으로 인하여 회사의 존립을 위태롭게 한 때

1127 | 2015 |

정관에 회사의 존립기간을 설립 후 10년으로 정한 경우 회사는 그 기간의 만료로 인하여 해산한다. ( )

제517조(해산사유) 주식회사는 다음의 사유로 인하여 해산한다.
1. 제227조제1호, 제4호 내지 제6호에 정한 사유
1의2. 제530조의2의 규정에 의한 회사의 분할 또는 분할합병

제227조(해산원인) 회사는 다음의 사유로 인하여 해산한다.
1. 존립기간의 만료 기타 정관으로 정한 사유의 발생

1128 | 2021 |

회사의 분할은 합자회사의 해산사유이다. ( )

회사의 분할은 주식회사에만 존재하는 제도이다.

제517조(해산사유) 주식회사는 다음의 사유로 인하여 해산한다.
1. 제227조제1호, 제4호 내지 제6호에 정한 사유
1의2. 제530조의2의 규정에 의한 회사의 분할 또는 분할합병

1129 | 2021 |

사원이 1인으로 된 때는 유한책임회사의 해산사유이다. ( )

사원이 1인으로 된 때에 해산하는 회사는 합명회사와 합자회사뿐이다. 유한책임회사는 사원이 없게 된 경우라야 해산한다.

제287조의38(해산 원인) 유한책임회사는 다음 각 호의 어느 하나에 해당하는 사유로 해산한다.
1. 제227조제1호·제2호 및 제4호부터 제6호까지에서 규정한 사항에 해당하는 경우
2. 사원이 없게 된 경우

답 1126 ○ 1127 ○ 1128 × 1129 ×

> **제227조(해산원인)** 회사는 다음의 사유로 인하여 해산한다.
> 1. 존립기간의 만료 기타 정관으로 정한 사유의 발생
> 2. 총사원의 동의
> 3. 사원이 1인으로 된 때
> 4. 합병
> 5. 파산
> 6. 법원의 명령 또는 판결

1130 | 2022 |
합자회사는 유한책임사원의 전원이 퇴사한 때에는 해산된다. ( )

> 합자회사는 무한책임사원과 유한책임사원의 2종의 사원으로 구성되는 것이 그 본질이기 때문이다.
>
> **제285조(해산, 계속)** ① 합자회사는 무한책임사원 또는 유한책임사원의 전원이 퇴사한 때에는 해산된다.
> ② 전항의 경우에 잔존한 무한책임사원 또는 유한책임사원은 전원의 동의로 새로 유한책임사원 또는 무한책임사원을 가입시켜서 회사를 계속할 수 있다.
> ③ 제213조와 제229조제3항의 규정은 전항의 경우에 준용한다.

1131 | 2021 |
휴면회사의 해산의제는 유한회사의 해산사유이다. ( )

> 휴면회사의 해산의제는 주식회사에만 존재하는 제도이다.
>
> **제520조의2(휴면회사의 해산)** ① 법원행정처장이 최후의 등기후 5년을 경과한 회사는 본점의 소재지를 관할하는 법원에 아직 영업을 폐지하지 아니하였다는 뜻의 신고를 할 것을 관보로써 공고한 경우에, 그 공고한 날에 이미 최후의 등기후 5년을 경과한 회사로써 공고한 날로부터 2월 이내에 대통령령이 정하는 바에 의하여 신고를 하지 아니한 때에는 그 회사는 그 신고기간이 만료된 때에 해산한 것으로 본다. 그러나 그 기간내에 등기를 한 회사에 대하여는 그러하지 아니하다.
> ② 제1항의 공고가 있는 때에는 법원은 해당 회사에 대하여 그 공고가 있었다는 뜻의 통지를 발송하여야 한다.
> ③ 제1항의 규정에 의하여 해산한 것으로 본 회사는 그 후 3년 이내에는 제434조의 결의에 의하여 회사를 계속할 수 있다.
> ④ 제1항의 규정에 의하여 해산한 것으로 본 회사가 제3항의 규정에 의하여 회사를 계속하지 아니한 경우에는 그 회사는 그 3년이 경과한 때에 청산이 종결된 것으로 본다.

답 1130 ○ 1131 ×

1132 | 2014 |
주식회사가 존립기간의 만료에 의하여 해산한 경우에는 주주총회의 특별결의로 회사를 계속할 수 있다.
( )

> 회사의 계속이 가능한 사유는 (ⅰ) 존립기간의 만료, (ⅱ) 정관에 정한 사유의 발생, (ⅲ) 해산결의에 의한 해산의 3가지가 있다. 법원의 해산명령 내지 해산판결에 의한 경우에는 회사의 계속이 허용되지 않는다.
> **제519조(회사의 계속)** 회사가 존립기간의 만료 기타 정관에 정한 사유의 발생 또는 주주총회의 결의에 의하여 해산한 경우에는 제434조의 규정에 의한 결의로 회사를 계속할 수 있다.

1133 | 2015 |
회사가 법원의 해산명령이나 해산판결에 의해 해산하는 경우에는 주주총회의 특별결의에 의하여도 회사를 계속할 수 없다.
( )

> 회사의 계속사유는 「존립기간의 만료 기타 정관에 정한 사유의 발생 또는 주주총회의 결의에 의하여 해산한 경우」이므로 법원의 결정에 따라 해산한 경우에는 회사를 계속할 수 없다.
> **제519조(회사의 계속)** 회사가 존립기간의 만료 기타 정관에 정한 사유의 발생 또는 주주총회의 결의에 의하여 해산한 경우에는 제434조의 규정에 의한 결의로 회사를 계속할 수 있다.

	합병	합자	LCC	유한회사	주식회사	회사의 계속
합병	○	○	○	○	○	不可(∵ 청산절차없이 소멸)
분할	×	×	×	×	○	不可(∵ 청산절차없이 소멸)
해산명령 해산판결 파산	○	○	○	○	○	不可(∵ 법원의 결정)
사원 1인	○	○	×	×	×	可
사원결의	전원동의		특별결의			可
정관사유	○	○	○	○	○	可
휴면회사의 해산의제	×	×	×	×	○	可

답 1132 ○ 1133 ○

2024 하루에 끝장내기
회계사 상법

PART 2 상법총칙·상행위

PART 2-1 상법총칙

CHAPTER 01 상법 서론

0001 | 2013 |
형식적 의의의 상법은 학문적 입장에서 통일성 및 체계성을 중요시하여 파악된 개념이다. ( )

> 형식적 의의의 상법이란 1962년 제정되고 1963. 1. 1.부터 시행하는 현행 상법전을 말한다.

0002 | 2013 |
계약자유의 원칙은 상법상의 원칙이 보편화되어 민법에 흡수된 경우이다. ( )

> 상법에서만 적용되던 제도들이 점차로 민법으로 이동되는 것을 「민법의 상화」라고 한다. 그 주요한 예로 「계약자유의 원칙」과 「동산의 선의취득제도」 등을 들 수 있다.

0003 | 2017 |
상사에 관하여 상법에 규정이 없으면 민법에 의하고 민법에 규정이 없으면 상관습법에 의한다. ( )

> 상법에 규정이 없으면 상관습법에 의하고 관습법이 없으면 민법에 의한다. 즉 상관습법이 민법에 우선하여 적용된다.
> **제1조(상사적용법규)** 상사에 관하여 본법에 규정이 없으면 상관습법에 의하고 상관습법이 없으면 민법의 규정에 의한다.

0004 | 2019 |
상법은 원칙적으로 회사정관에 우선하여 적용된다. ( )

> 상사자치법인 정관이 상법에 우선하여 적용된다. 다만 강행규정인 상법에는 반하지 않는 정관이어야 한다.

0005 | 2013 |
상사에 관한 특별한 법령은 새로운 상법이 시행된 후에는 그 효력이 없다. ( )

> 상사특별법은 상법에 우선하여 효력을 갖는다.

0006 | 2019 |
「자본시장과 금융투자업에 관한 법률」과 「채무자 회생 및 파산에 관한 법률」은 상법에 우선하여 적용된다. ( )

> 상사특별법(자본시장법, 파산법)은 상사일반법(상법)에 우선하여 적용된다.

답 0001 × 0002 ○ 0003 × 0004 × 0005 × 0006 ○

0007 |2013|

판례에 따르면 예금통장의 제시가 없어도 예금지급청구서에 찍힌 인영과 미리 계출된 인영이 맞기만 하면 예금을 지급하는 것은 은행거래에 있어서의 상관습법에 해당한다. ( )

> 실무관행에 불과하다는 것이 판례의 입장이다.
>
> [대법원 1962.1.11, 선고, 4294민상195, 판결]
> 예금통장의 제시가 없어도 예금지급청구서에 찍힌 인영과 미리 계출된 인영이 맞기만 하면 예금을 지급하는 것이 은행거래에 있어서의 상관습이라고 할 수 없다.

0008 |2013|

판례에 따르면 보통거래약관은 그 내용에 따라 계약당사자를 구속하기 때문에 해당 거래계에 있어서의 법규범으로 인정된다. ( )

> 판례는 보통거래약관의 법규성을 부인한다. 보통거래약관이 구속력을 가지는 이유는 당사자가 합의한 계약이기 때문이다.
>
> [대법원 2004.11.11, 선고, 2003다30807, 판결]
> <u>보통보험약관을 포함한 이른바 일반거래약관이 계약의 내용으로 되어 계약당사자에게 구속력을 갖게 되는 근거는 그 자체가 법규범 또는 법규범적 성질을 갖기 때문은 아니며</u> 계약당사자가 이를 계약의 내용으로 하기로 하는 명시적 또는 묵시적 합의를 하였기 때문이다.

0009 |2019|

기업의 영리성 보장에 관한 각종 제도는 기업의 존속 및 강화를 위한 것이다. ( )

> 상인의 보수청구권을 당연히 인정하는 등 기업 활동의 영리성을 실현시키고자 하는 규정을 통해 기업의 존속 및 강화에 기여할 수 있다.

0010 |2019|

공시제도 및 외관주의의 관철은 거래안전의 보호에 기여한다. ( )

> (ⅰ) 상업등기 등을 통해 기업의 중요한 사항을 공시함으로써 거래의 원활·신속·안전을 도모할 수 있다. (ⅱ) 대외적으로 표시된 사실과 진정한 법률관계가 불일치하는 경우에는 외관을 만들어낸 자에게 귀책사유가 있음을 들어 외관주의에 따라 거래상대방을 보호한다.

0011 |2019|

영업양도 및 회사의 합병·분할에 관한 제도는 기업의 유지라는 상법이념의 구체화라고 볼 수 있다. ( )

> 기업이 해체되면 기업주, 직원, 채권자 등 직접적인 이해관계인의 이익이 침해될 뿐만 아니라 국민경제적으로도 큰 손실이 생기므로 영업양도 및 회사의 합병·분할 등의 구조조정을 통해서라도 가능한 한 기업이 유지되도록 한다.

답 0007 × 0008 × 0009 ○ 0010 ○ 0011 ○

CHAPTER 02 상인과 설비

제1절 상인

1. 당연상인 및 의제상인

0012 | 2019 |
자기명의로 상법 제46조의 기본적 상행위를 하는 자는 당연상인이다. ( )

> **제4조(상인-당연상인)** 자기명의로 상행위를 하는 자를 상인이라 한다.
>
> **제46조(기본적 상행위)** 영업으로 하는 다음의 행위를 상행위라 한다. 그러나 오로지 임금을 받을 목적으로 물건을 제조하거나 노무에 종사하는 자의 행위는 그러하지 아니하다.
> 1. 동산, 부동산, 유가증권 기타의 재산의 매매
> 2. 동산, 부동산, 유가증권 기타의 재산의 임대차
> 3. 제조, 가공 또는 수선에 관한 행위
> 4. 전기, 전파, 가스 또는 물의 공급에 관한 행위
> 5. 작업 또는 노무의 도급의 인수
> 6. 출판, 인쇄 또는 촬영에 관한 행위
> 7. 광고, 통신 또는 정보에 관한 행위
> 8. 수신·여신·환 기타의 금융거래
> 9. 공중(公衆)이 이용하는 시설에 의한 거래
> 10. 상행위의 대리의 인수
> 11. 중개에 관한 행위
> 12. 위탁매매 기타의 주선에 관한 행위
> 13. 운송의 인수
> 14. 임치의 인수
> 15. 신탁의 인수
> 16. 상호부금 기타 이와 유사한 행위
> 17. 보험
> 18. 광물 또는 토석의 채취에 관한 행위
> 19. 기계, 시설, 그 밖의 재산의 금융리스에 관한 행위
> 20. 상호·상표 등의 사용허락에 의한 영업에 관한 행위
> 21. 영업상 채권의 매입·회수 등에 관한 행위
> 22. 신용카드, 전자화폐 등을 이용한 지급결제 업무의 인수

답 0012 ○

0013 | 2007 |
회사는 모두 당연상인이다. ( )

> 상사회사는 자기 명의로 「상행위」를 하는 자이므로 당연상인이지만(제4조), 민사회사는 의제상인이다(제5조 제2항).
> **제4조(상인-당연상인)** 자기명의로 상행위를 하는 자를 상인이라 한다.
> **제5조(동전-의제상인)** ① 점포 기타 유사한 설비에 의하여 상인적 방법으로 영업을 하는 자는 상행위를 하지 아니하더라도 상인으로 본다.
> ② 회사는 상행위를 하지 아니하더라도 전항과 같다.

0014 | 2019 |
회사는 상행위를 하지 아니하더라도 상인으로 본다. ( )

> 의제상인 중 민사회사라 한다.
> **제5조(동전-의제상인)** ① 점포 기타 유사한 설비에 의하여 상인적 방법으로 영업을 하는 자는 상행위를 하지 아니하더라도 상인으로 본다.
> ② 회사는 상행위를 하지 아니하더라도 전항과 같다.

0015 | 2007 |
자기명의로써 타인의 계산으로 물건의 매매를 영업으로 하는 자는 상인이라 할 수 없다. ( )

> 위탁매매인으로서 당연상인이다.
> **제101조(의의)** 자기명의로써 타인의 계산으로 물건 또는 유가증권의 매매를 영업으로 하는 자를 위탁매매인이라 한다.
> **제46조(기본적 상행위)** 영업으로 하는 다음의 행위를 상행위라 한다. 그러나 오로지 임금을 받을 목적으로 물건을 제조하거나 노무에 종사하는 자의 행위는 그러하지 아니하다.
> 12. 위탁매매 기타의 주선에 관한 행위

0016 | 2023 |
출판에 관한 행위를 영업으로 하는 자는 의제상인이다. ( )

> 출판에 관한 행위는 기본적 상행위이므로 이를 영업으로 하는 자는 의제상인이 아니라 「당연상인」이다.
> **제46조(기본적 상행위)** 영업으로 하는 다음의 행위를 상행위라 한다. 그러나 오로지 임금을 받을 목적으로 물건을 제조하거나 노무에 종사하는 자의 행위는 그러하지 아니하다.
> 6. 출판, 인쇄 또는 촬영에 관한 행위

답 0013 × 0014 ○ 0015 × 0016 ×

0017 |2008|

사무실과 종업원을 갖추고 "ㅇㅇ정보센터"라는 상호 아래 타인의 재산이나 신용상태를 조사해 주는 것을 영업으로 하는 자는 당연상인이다. ( )

> 신용조회는 제46조 7호의 「정보에 관한 행위」에 해당한다. 여기서 「정보」란 타인의 신용 또는 기밀을 탐지하여 통보하는 행위를 말하며, 이러한 상행위를 영업으로 하는 자는 제4조의 당연상인에 해당한다.
> **제4조(상인-당연상인)** 자기명의로 상행위를 하는 자를 상인이라 한다.
> **제46조(기본적 상행위)** 영업으로 하는 다음의 행위를 상행위라 한다. 그러나 오로지 임금을 받을 목적으로 물건을 제조하거나 노무에 종사하는 자의 행위는 그러하지 아니하다.
> 7. 광고, 통신 또는 정보에 관한 행위

0018 |2023|

자기명의로써 타인의 계산으로 물건의 매매를 영업으로 하는 자는 의제상인이다. ( )

> "자기명의로서 타인의 계산으로" 하는 법률행위를 「주선」이라 한다. 상법상 주선은 (i) 위탁매매, (ii) 준위탁매매, (iii) 운송주선의 3가지가 있다. 위탁매매행위는 기본적 상행위이므로 이를 영업으로 하는 자는 의제상인이 아니라 「당연상인」이다.
> **제46조(기본적 상행위)** 영업으로 하는 다음의 행위를 상행위라 한다. 그러나 오로지 임금을 받을 목적으로 물건을 제조하거나 노무에 종사하는 자의 행위는 그러하지 아니하다.
> 12. 위탁매매 기타의 주선에 관한 행위

0019 |2008|

광산업을 운영하는 회사는 민사회사로서 의제상인에 해당한다. ( )

> 의제상인이 아니라 당연상인이다. 광산업은 제46조 18호의 「광물 또는 토석의 채취에 관한 행위」에 해당하고, 이러한 상행위를 영업으로 하는 자는 제4조의 당연상인에 해당한다.
> **제46조(기본적 상행위)** 영업으로 하는 다음의 행위를 상행위라 한다. 그러나 오로지 임금을 받을 목적으로 물건을 제조하거나 노무에 종사하는 자의 행위는 그러하지 아니하다.
> 18. 광물 또는 토석의 채취에 관한 행위

0020 |2013|

자기명의로 신용카드, 전자화폐 등을 이용한 지급결제 업무의 인수를 영업으로 하는 자는 상법상의 당연상인이 아니다. ( )

> 당연상인이다.
> **제46조(기본적 상행위)** 영업으로 하는 다음의 행위를 상행위라 한다. 그러나 오로지 임금을 받을 목적으로 물건을 제조하거나 노무에 종사하는 자의 행위는 그러하지 아니하다.
> 22. 신용카드, 전자화폐 등을 이용한 지급결제 업무의 인수

답 0017 ○ 0018 × 0019 × 0020 ×

0021 |2009|

변호사는 상인적 방법에 의하여 영업을 하는 자라고 볼 수 없어 의제상인에 해당하지 않는다. (   )

[대법원 2007.7.26, 자, 2006마334, 결정]
변호사의 영리추구 활동을 엄격히 제한하고 그 직무에 관하여 고도의 공공성과 윤리성을 강조하는 변호사법의 여러 규정에 비추어 보면, 위임인·위촉인과의 개별적 신뢰관계에 기초하여 개개 사건의 특성에 따라 전문적인 법률지식을 활용하여 소송에 관한 행위 및 행정처분의 청구에 관한 대리행위와 일반 법률사무를 수행하는 변호사의 활동은, 간이·신속하고 외관을 중시하는 정형적인 영업활동을 벌이고, 자유로운 광고·선전활동을 통하여 영업의 활성화를 도모하며, 영업소의 설치 및 지배인 등 상업사용인의 선임, 익명조합, 대리상 등을 통하여 인적·물적 영업기반을 자유로이 확충하여 효율적인 방법으로 최대한의 영리를 추구하는 것이 허용되는 상인의 영업활동과는 본질적으로 차이가 있다 할 것이고, 변호사의 직무 관련 활동과 그로 인하여 형성된 법률관계에 대하여 상인의 영업활동 및 그로 인한 형성된 법률관계와 동일하게 상법을 적용하지 않으면 아니 될 특별한 사회경제적 필요 내지 요청이 있다고 볼 수도 없다. 따라서 근래에 전문직업인의 직무 관련 활동이 점차 상업적 성향을 띠게 됨에 따라 사회적 인식도 일부 변화하여 변호사가 유상의 위임계약 등을 통하여 사실상 영리를 목적으로 그 직무를 행하는 것으로 보는 경향이 생겨나고, 소득세법이 변호사의 직무수행으로 인하여 발생한 수익을 같은 법 제19조 제1항 제11호가 규정하는 '사업서비스업에서 발생하는 소득'으로 보아 과세대상으로 삼고 있는 사정 등을 감안한다 하더라도, 위에서 본 변호사법의 여러 규정과 제반 사정을 참작하여 볼 때, 변호사를 상법 제5조 제1항이 규정하는 '상인적 방법에 의하여 영업을 하는 자'라고 볼 수는 없다 할 것이므로, 변호사는 의제상인에 해당하지 아니한다.

2. 소상인

0022 |2019, 2021, 2022|

회사가 아닌 자본금액 1천만원 미만의 상인에 대해서는 지배인, 상호, 상업등기와 상업장부에 관한 규정을 적용하지 아니한다. (   )

소상인에 대한 설명이다. 소상인에게 적용되지 않는 규정은 "지/호/장/등"으로 기억하자.
제9조(소상인) 지배인, 상호, 상업장부와 상업등기에 관한 규정은 소상인에게 적용하지 아니한다.

■ 상법시행령
제2조(소상인의 범위)「상법」(이하 "법"이라 한다) 제9조에 따른 소상인은 자본금액이 1천만원에 미치지 못하는 상인으로서 회사가 아닌 자로 한다.

0023 |2007|

소상인은 회계장부나 대차대조표를 작성하지 못한다. (   )

상업장부(회계장부, 대차대조표)를 작성하지 못하는 것이 아니라 작성할 의무가 없는 것이다.
제9조(소상인) 지배인, 상호, 상업장부와 상업등기에 관한 규정은 소상인에게 적용하지 아니한다.

0024 | 2008 |
최저자본금액에 관한 규정이 없는 합명회사나 합자회사는 자본금 규모에 따라 소상인은 될 수 있다. ( )

소상인이란 자본금 1000만원 미만의, 「회사가 아닌 상인」을 말한다.

■ **상법시행령**
제2조(소상인의 범위) 「상법」(이하 "법"이라 한다) 제9조에 따른 소상인은 자본금액이 1천만원에 미치지 못하는 상인으로서 회사가 아닌 자로 한다.

3. 상인자격의 취득과 상실

0025 | 2017 |
미성년자가 영업을 하는 경우 법정대리인의 허락을 얻은 때에 비로소 상인자격을 취득한다. ( )

미성년자도 자연인인 이상 개업준비행위를 함으로써 그 영업의사를 상대방이 객관적으로 인식할 수 있게 된 때에 상인자격을 취득한다. 물론 미성년자는 영업능력이 없기 때문에 법정대리인이 허락을 하여야 하여야 하지만, 이러한 허락이 있는 때에 상인자격을 취득하는 것은 아니다.

0026 | 2023 |
미성년자에게 제조에 관한 행위를 영업으로 할 것을 허락한 법정대리인은 당연상인이다. ( )

허락을 얻어 실제로 영업행위를 하는 「미성년자가」 (당연)상인이다. 덧붙여 미성년자가 법정대리인의 허락을 얻어 영업을 하는 경우에는 등기를 하여야 한다.
제6조(미성년자의 영업과 등기) 미성년자가 법정대리인의 허락을 얻어 영업을 하는 때에는 등기를 하여야 한다.

0027 | 2008 |
법정대리인의 동의 없이 광고주선업을 영위하는 미성년자는 상인으로 인정되지 않는다. ( )

미성년자이건 피성년후견인이건 법정대리인의 동의 여부와 관계없이 상인이 될 수 있다(자연인이기만 하면). 다만 영업능력이 없으면 그 행위를 취소할 수 있을 뿐이다. 이 경우 광고주선업은 기본적 상행위(제46조 제12호)이므로 해당 미성년자는 당연상인이 된다.

■ **민법**
제5조(미성년자의 능력) ① 미성년자가 법률행위를 함에는 법정대리인의 동의를 얻어야 한다. 그러나 권리만을 얻거나 의무만을 면하는 행위는 그러하지 아니하다.
② 전항의 규정에 위반한 행위는 취소할 수 있다.
제10조(피성년후견인의 행위와 취소) ① 피성년후견인의 법률행위는 취소할 수 있다.
② 제1항에도 불구하고 가정법원은 취소할 수 없는 피성년후견인의 법률행위의 범위를 정할 수 있다.
③ 가정법원은 본인, 배우자, 4촌 이내의 친족, 성년후견인, 성년후견감독인, 검사 또는 지방자치단체의 장의 청구에 의하여 제2항의 범위를 변경할 수 있다.
④ 제1항에도 불구하고 일용품의 구입 등 일상생활에 필요하고 그 대가가 과도하지 아니한 법률행위는 성년후견인이 취소할 수 없다.

0028 |2017|

법정대리인이 피한정후견인을 위하여 영업을 하고자 하는 경우 이를 등기하는 때에 피한정후견인의 상인자격이 인정된다. ( )

> 피한정후견인의 경우에도 개업준비행위를 함으로써 그 영업의사를 상대방이 객관적으로 인식할 수 있게 된 때에 상인자격을 취득한다. 피한정후견인에 대하여 법정대리인의 영업대리시에는 등기가 필요하나, 이러한 등기가 있는 때에 상인자격을 취득하는 것은 아니다. 참고로 피한정후견인은 법정대리인의 허락 없이도 영업을 할 수 있으므로 영업허락등기는 필요하지 않다.
>
> **제8조(법정대리인에 의한 영업의 대리)** ① 법정대리인이 미성년자, 피한정후견인 또는 피성년후견인을 위하여 영업을 하는 때에는 등기를 하여야 한다.
> ② 법정대리인의 대리권에 대한 제한은 선의의 제3자에게 대항하지 못한다.

0029 |2007|

미성년자를 위하여 영업을 하는 법정대리인은 상인이 아니다. ( )

> 대리행위의 법률효과는 본인에게 미치기 때문에, 이 경우 미성년자가 상인이다.
>
> ■ 민법
>
> **제114조(대리행위의 효력)** ① 대리인이 그 권한 내에서 본인을 위한 것임을 표시한 의사표시는 직접 본인에게 대하여 효력이 생긴다.
> ② 전항의 규정은 대리인에게 대한 제3자의 의사표시에 준용한다.

0030 |2008|

피성년후견인은 영업능력이 인정되지 않기 때문에 상인자격을 취득할 수 없다. ( )

> 미성년자이건 피성년후견인이건 법정대리인의 동의 여부와 관계없이 상인이 될 수 있다(자연인이기만 하면). 다만 영업능력이 없으면 그 행위를 취소할 수 있을 뿐이다.
>
> ■ 민법
>
> **제5조(미성년자의 능력)** ① 미성년자가 법률행위를 함에는 법정대리인의 동의를 얻어야 한다. 그러나 권리만을 얻거나 의무만을 면하는 행위는 그러하지 아니하다.
> ② 전항의 규정에 위반한 행위는 취소할 수 있다.
>
> **제10조(피성년후견인의 행위와 취소)** ① 피성년후견인의 법률행위는 취소할 수 있다.
> ② 제1항에도 불구하고 가정법원은 취소할 수 없는 피성년후견인의 법률행위의 범위를 정할 수 있다.
> ③ 가정법원은 본인, 배우자, 4촌 이내의 친족, 성년후견인, 성년후견감독인, 검사 또는 지방자치단체의 장의 청구에 의하여 제2항의 범위를 변경할 수 있다.
> ④ 제1항에도 불구하고 일용품의 구입 등 일상생활에 필요하고 그 대가가 과도하지 아니한 법률행위는 성년후견인이 취소할 수 없다.

답 0028 × 0029 ○ 0030 ×

0031 |2009|

영업을 위한 준비행위를 하는 자연인은 영업으로 상행위를 할 의사를 실현하는 것이므로 그 준비행위를 한 때 상인자격을 취득한다. ( )

> 판례에 따르면, 영업의 준비행위를 개시함으로써 그의 영업의사를 상대방이 객관적으로 인식한 때에 상인자격을 취득한다.
>
> **[대법원 1999.1.19. 선고, 98다1584, 판결]**
> [1] 영업의 목적인 기본적 상행위를 개시하기 전에 영업을 위한 준비행위를 하는 자는 영업으로 상행위를 할 의사를 실현하는 것이므로 그 준비행위를 한 때 상인자격을 취득함과 아울러 이 개업준비행위는 영업을 위한 행위로서 그의 최초의 보조적 상행위가 되는 것이고, 이와 같은 개업준비행위는 반드시 상호등기·개업광고·간판부착 등에 의하여 영업의사를 일반적·대외적으로 표시할 필요는 없으나 점포구입·영업양수·상업사용인의 고용 등 그 준비행위의 성질로 보아 영업의사를 상대방이 객관적으로 인식할 수 있으면 당해 준비행위는 보조적 상행위로서 여기에 상행위에 관한 상법의 규정이 적용된다.
> [2] 부동산임대업을 개시할 목적으로 그 준비행위의 일환으로 당시 같은 영업을 하고 있던 자로부터 건물을 매수한 경우, 위 매수행위는 보조적 상행위로서의 개업준비행위에 해당하므로 위 개업준비행위에 착수하였을 때 상인 자격을 취득한다.

0032 |2009|

회사는 그 설립준비행위가 객관적으로 인정될 때에 상인자격을 취득하므로 설립 중의 회사도 상인자격이 있다. ( )

> 상인이라고 하기 위해서는 일단 권리능력이 인정되는 人(자연인이거나 법인)이어야 한다. 회사는 설립등기를 하여야 비로소 법인격을 취득함과 동시에 상인자격을 취득하게 된다.

0033 |2007|

설립중의 회사와 마찬가지로 청산중의 회사는 상인이 아니다. ( )

> 설립 중의 회사는 상인이 아니지만 청산 중의 회사는 상인이다. 회사의 경우 법인격이 있는 동안에는 상인자격이 인정된다. 따라서 회사는 법인격을 취득한 때, 즉 회사의 설립등기를 한 때에 상인자격을 취득하며, 회사의 권리능력이 소멸한 때, 즉 청산을 사실상 종결한 때 비로소 상인자격을 상실하게 된다.

0034 |2009|

행정관청에 대한 신고명의인이나 납세명의인이라도 그가 거래상 권리의무의 주체가 되지 않는 이상 상인이 되지 못한다. ( )

> 거래상 권리와 의무의 주체가 되는 자가 상인이 된다.
>
> **제4조(상인-당연상인)** 자기명의로 상행위를 하는 자를 상인이라 한다.

답 0031 ○ 0032 × 0033 × 0034 ○

[대법원 2008.12.11, 선고, 2007다66590, 판결]
상인은 자기 명의로 상행위를 하는 자를 의미하는데, 여기서 '자기 명의'란 상행위로부터 생기는 권리의무의 귀속주체로 된다는 뜻으로서 실질에 따라 판단하여야 하므로, 행정관청에 대한 인·허가 명의나 국세청에 신고한 사업자등록상의 명의와 실제 영업상의 주체가 다를 경우 후자가 상인이 된다.

0035 | 2013 |
판례에 따르면 세무서에 신고된 사업자등록상의 명의와 실제영업상의 주체가 다른 경우 실제 영업상의 주체가 상인으로 인정된다. ( )

[대법원 2008.12.11, 선고, 2007다66590, 판결]
상인은 자기 명의로 상행위를 하는 자를 의미하는데, 여기서 '자기 명의'란 상행위로부터 생기는 권리의무의 귀속주체로 된다는 뜻으로서 실질에 따라 판단하여야 하므로, 행정관청에 대한 인·허가 명의나 국세청에 신고한 사업자등록상의 명의와 실제 영업상의 주체가 다를 경우 후자가 상인이 된다.

0036 | 2011, 2023 |
자연인인 상인은 성년후견개시결정을 받음으로써 상인자격을 상실한다. ( )

상인자격은 권리능력의 문제이다. 자연인의 경우에는 사망하지만 않으면 권리능력은 존재한다. 성년후견개시결정을 받게 되면 영업능력을 상실하므로, 스스로 영업활동을 하지 못하고 법정대리인이 대리를 하는 것만 가능하다.
제8조(법정대리인에 의한 영업의 대리) ① 법정대리인이 미성년자, 피한정후견인 또는 피성년후견인을 위하여 영업을 하는 때에는 등기를 하여야 한다.
② 법정대리인의 대리권에 대한 제한은 선의의 제3자에게 대항하지 못한다.

0037 | 2011 |
모든 의제상인은 영업행위를 개시함으로써 상인자격을 취득한다. ( )

의제상인에는 설비상인과 민사회사가 있다. 설비상인은 영업을 위한 준비행위를 한 때에, 민사회사는 설립등기를 한 때에 각각 상인자격을 취득한다.
제5조(동전-의제상인) ① 점포 기타 유사한 설비에 의하여 상인적 방법으로 영업을 하는 자는 상행위를 하지 아니하더라도 상인으로 본다.
② 회사는 상행위를 하지 아니하더라도 전항과 같다.

0038 | 2011 |
영리법인으로서 회사는 청산등기를 함으로써 상인자격을 상실한다. ( )

회사는 청산사무를 사실상 종결한 때에 상인자격을 상실하고 소멸한다. 청산종결등기는 「보고적 효력」을 갖는데 불과하다.

답 0035 ○ 0036 × 0037 × 0038 ×

0039 |2011, 2017|
비영리법인으로서 공익법인은 설립등기를 함으로써 상인자격을 취득한다. ( )

> 공익법인은 설립등기를 한 때에 법인격을 취득한 것이고, 상인자격을 취득하는 때는 자연인과 마찬가지로 개업준비행위를 한 때이다.

0040 |2011|
국가는 영리사업을 함으로써 상인자격을 취득할 수 있다. ( )

> 국가의 경우에도 개업준비행위를 한 때에 상인자격을 취득한다.

0041 |2013, 2017|
판례에 따르면 농업협동조합법에 의하여 설립된 조합이 사업의 일환으로 조합원이 생산하는 물자의 판매사업을 하는 경우 상법상의 상인으로 볼 수 없다. ( )

> 농업협동조합의 경우 「비조합원」에 대해서 금전대출 등을 하는 경우에는 영리의 목적이 있으므로 상인이 될 수 있으나, 「조합원」을 위한 사업을 하는 경우에는 영리를 목적으로 하는 경우가 아니므로 상인성이 부정된다.
>
> [대법원 2000.2.11. 선고, 99다53292, 판결]
> 농업협동조합법에 의하여 설립된 조합이 영위하는 사업의 목적은 조합원을 위하여 차별 없는 최대의 봉사를 함에 있을 뿐 영리를 목적으로 하는 것이 아니므로, 동 조합이 그 사업의 일환으로 조합원이 생산하는 물자의 판매사업을 한다 하여도 동 조합을 상인이라 할 수는 없고, 따라서 그 물자의 판매대금 채권은 3년의 단기소멸시효가 적용되는 민법 제163조 제6호 소정의 '상인이 판매한 상품의 대가'에 해당하지 아니한다.

제2절 상업사용인

1. 지배인

0042 |2017|
지배인은 영업주에 갈음하여 그 영업에 관한 재판상 또는 재판외의 모든 행위를 할 수 있다. ( )

> 지배권의 포괄·정형성에 대한 설명이다.
>
> **제11조(지배인의 대리권)** ① 지배인은 영업주에 갈음하여 그 영업에 관한 재판상 또는 재판외의 모든 행위를 할 수 있다.

0043 |2023|
지배인은 영업주의 소송대리인이 될 수 있으나 영업과 관련하여 영업주의 소송대리인을 선임하지 못한다. ( )

> 지배인은 재판상 모든 행위를 할 수 있으며 이에는 소송대리인의 선임도 포함된다.
>
> **제11조(지배인의 대리권)** ① 지배인은 영업주에 갈음하여 그 영업에 관한 재판상 또는 재판외의 모든 행위를 할 수 있다.

답 0039 × 0040 ○ 0041 ○ 0042 ○ 0043 ×

0044 |2017|

판례에 의하면 표현지배인의 행위가 영업주의 영업에 관한 것인가의 여부는 표현지배인의 행위 당시의 주관적인 의사에 따라 구체적으로 판단하여야 한다. (   )

> 영업에 관한 행위인지 여부는 그 행위의 객관적 성질에 따라 판단하여야 한다.
>
> **[대법원 1997. 8. 26. 선고 96다36753 판결]**
> 지배인은 영업주에 갈음하여 그 영업에 관한 재판상 또는 재판 외의 모든 행위를 할 수 있고, 지배인의 대리권에 대한 제한은 선의의 제3자에게 대항하지 못하며, 여기서 지배인의 어떤 행위가 영업주의 영업에 관한 것인가의 여부는 지배인의 행위 당시의 주관적인 의사와는 관계없이 그 행위의 객관적 성질에 따라 추상적으로 판단되어야 한다.

0045 |2008, 2017|

지배인의 대리권의 범위는 법률에 정해져 있기 때문에 영업주는 이를 제한할 수 없다. (   )

> 지배인의 대리권은 제한할 수 있으나, 다만 선의의 제3자에게 대항하지 못한다.
>
> **제11조(지배인의 대리권)** ① 지배인은 영업주에 갈음하여 그 영업에 관한 재판상 또는 재판외의 모든 행위를 할 수 있다.
> ② 지배인은 지배인이 아닌 점원 기타 사용인을 선임 또는 해임할 수 있다.
> ③ 지배인의 대리권에 대한 제한은 선의의 제3자에게 대항하지 못한다.

0046 |2023|

지배인의 대리권에 대한 제한은 이를 등기하는 경우에 한하여 선의의 제3자에게 대항할 수 있다. (   )

> 지배인의 대리권 제한은 등기여부와 무관하게 선의의 제3자에게는 대항할 수 없다.
>
> **제11조(지배인의 대리권)** ③ 지배인의 대리권에 대한 제한은 선의의 제3자에게 대항하지 못한다.

0047 |2017|

판례에 의하면 지배인의 대리권 제한에 대항할 수 있는 제3자에는 그 지배인으로부터 직접 어음을 취득한 상대방은 물론 그로부터 어음을 다시 배서·양도받은 자도 포함된다. (   )

> 「제3취득자 포함설」에 대한 설명이다.
>
> **[대법원 1997.8.26. 선고, 96다36753, 판결]**
> 지배인이 내부적인 대리권 제한 규정에 위배하여 어음행위를 한 경우, 이러한 대리권의 제한에 대항할 수 있는 제3자의 범위에는 그 지배인으로부터 직접 어음을 취득한 상대방뿐만 아니라 그로부터 어음을 다시 배서양도받은 제3취득자도 포함된다.

0048 |2008|

지배인으로 선임될 수 있는 자는 자연인에 한정되지만, 반드시 행위능력자임을 요하지는 않는다. (   )

> 대리인은 행위능력자임을 요하지 않는다. 다만 대리인이 사후적으로 피성년후견인이 되면 종임사유일 뿐이다.

답 0044 × 0045 × 0046 × 0047 ○ 0048 ○

■ 민법
제117조(대리인의 행위능력) 대리인은 행위능력자임을 요하지 아니한다.

제127조(대리권의 소멸사유) 대리권은 다음 각 호의 어느 하나에 해당하는 사유가 있으면 소멸된다.
1. 본인의 사망
2. 대리인의 사망, 성년후견의 개시 또는 파산

0049 |2008|
수개의 영업소가 있는 경우 본점의 지배인은 원칙적으로 모든 지점에 대하여 지배권을 행사할 수 있다. ( )

지배인의 권한은 영업주의 영업에 관한 사항에 포괄적으로 미치지만, 이때의 영업은 영업주의 영업 전반에 관한 것이 아니라 상호 또는 영업소에 의하여 개별화된 특정한 영업을 의미한다. 다만 수개의 영업소를 총괄하는 총지배인을 따로 선임할 수 있다.

제10조(지배인의 선임) 상인은 지배인을 선임하여 본점 또는 지점에서 영업을 하게 할 수 있다.

0050 |2008, 2011|
수인의 지배인이 선임된 경우 특별한 사정이 없는 한 수인의 지배인은 각자 독립된 지배권을 갖는다. ( )

다른 정한 바가 없으면 공동대리가 아니라 각자대리가 원칙이다(민법 제119조). 이는 대리와 대표의 경우에 공통된 원칙이다.

■ 민법
제119조(각자대리) 대리인이 수인인 때에는 각자가 본인을 대리한다. 그러나 법률 또는 수권행위에 다른 정한 바가 있는 때에는 그러하지 아니하다.

■ 상법
제12조(공동지배인) ① 상인은 수인의 지배인에게 공동으로 대리권을 행사하게 할 수 있다.
② 전항의 경우에 지배인 1인에 대한 의사표시는 영업주에 대하여 그 효력이 있다.

0051 |2020|
상인이 수인의 지배인에게 공동으로 대리권을 행사하게 한 경우 및 이를 변경한 경우에는 그 사항을 등기하여야 한다. ( )

공동지배인의 선정 및 그 변경은 등기사항이다.

제12조(공동지배인) ① 상인은 수인의 지배인에게 공동으로 대리권을 행사하게 할 수 있다.
② 전항의 경우에 지배인 1인에 대한 의사표시는 영업주에 대하여 그 효력이 있다.

제13조(지배인의 등기) 상인은 지배인의 선임과 그 대리권의 소멸에 관하여 그 지배인을 둔 본점 또는 지점소재지에서 등기하여야 한다. 전조 제1항에 규정한 사항과 그 변경도 같다.

답 0049 × 0050 ○ 0051 ○

0052 |2019|
거래상대방이 영업주에게 하는 의사표시는 공동지배인 모두에게 하여야 영업주에게 효력이 있다. (   )

영업주와 거래하는 상대방이 의사표시를 하는 경우는 「수동대리」에 해당한다. 「능동대리」와는 달리 「수동대리」의 경우에는 공동지배인 가운데 그 1인에 대해서만 의사표시를 하여도 영업주에 대하여 효력이 발생한다.

제12조(공동지배인) ① 상인은 수인의 지배인에게 공동으로 대리권을 행사하게 할 수 있다.
② 전항의 경우에 지배인 1인에 대한 의사표시는 영업주에 대하여 그 효력이 있다.

0053 |2018|
甲회사의 공동지배인 A, B, C는 D와 물품매매계약을 체결하고 계약금을 공동으로 수령한 후 1개월 뒤 D가 B에게만 잔금을 지급하였다면 甲회사에 대해서는 잔금지급의 효력이 인정되지 않는다. (   )

당해 사안은 영업주와 거래하는 상대방이 의사표시를 하는 경우로서 「수동대리」에 해당한다. 「능동대리」와는 달리 「수동대리」의 경우에는 공동지배인 가운데 그 1인에 대해서만 의사표시를 하여도 영업주에 대하여 효력이 발생한다.

제12조(공동지배인) ① 상인은 수인의 지배인에게 공동으로 대리권을 행사하게 할 수 있다.
② 전항의 경우에 지배인 1인에 대한 의사표시는 영업주에 대하여 그 효력이 있다.

0054 |2011|
지배인으로 선임된 자는 그 선임등기를 함으로써 상법상의 지배인으로서의 권한을 갖는다. (   )

선임등기는 대항요건에 불과하다. 영업주의 선임행위가 있으면 이로써 즉시 지배인의 권한이 발생한다.

제37조(등기의 효력) ① 등기할 사항은 이를 등기하지 아니하면 선의의 제3자에게 대항하지 못한다.
② 등기한 후라도 제3자가 정당한 사유로 인하여 이를 알지 못한 때에는 제1항과 같다.

0055 |2018|
영업주로부터 지배인으로 선임된 A가 지배인 선임등기가 이루어지기 전에 B와 영업주의 영업상 거래를 한 경우 A와 B의 거래행위의 효력은 영업주에게 미친다. (   )

지배인의 선임과 종임은 등기하여야 하나(제13조), 등기는 효력요건이 아니라 대항요건에 불과하다(제37조 제1항). 따라서 등기를 아직 하지 않았더라도 선임 또는 종임의 사실만으로 지배권은 즉시 발생하거나 소멸한다.

제13조(지배인의 등기) 상인은 지배인의 선임과 그 대리권의 소멸에 관하여 그 지배인을 둔 본점 또는 지점소재지에서 등기하여야 한다. 전조 제1항에 규정한 사항과 그 변경도 같다.

제37조(등기의 효력) ① 등기할 사항은 이를 등기하지 아니하면 선의의 제3자에게 대항하지 못한다.
② 등기한 후라도 제3자가 정당한 사유로 인하여 이를 알지 못한 때에는 제1항과 같다.

답 0052 ×   0053 ×   0054 ×   0055 ○

0056 |2021|
상인은 지배인의 대리권의 소멸에 관하여 그 지배인을 둔 본점 또는 지점소재지에서 등기하여야 한다. ( )

> 지배인의 선임과 종임은 절대적 등기사항이다.
>
> **제13조(지배인의 등기)** 상인은 지배인의 선임과 그 대리권의 소멸에 관하여 그 지배인을 둔 본점 또는 지점소재지에서 등기하여야 한다. 전조 제1항에 규정한 사항과 그 변경도 같다.

0057 |2008, 2011, 2016, 2021, 2023|
표현지배인에 관한 상법규정은 영업주의 영업에 관한 재판상의 행위에 대해서는 적용되지 않는다. ( )

> 표현지배인 제도는 외관법리(외관을 신뢰한 선의의 제3자 보호)에 의한 것이다. 재판상 행위는 국가기관에 대한 것이어서 선의의 제3자 보호와는 무관하다.
>
> **제14조(표현지배인)** ① 본점 또는 지점의 본부장, 지점장, 그 밖에 지배인으로 인정될 만한 명칭을 사용하는 자는 본점 또는 지점의 지배인과 동일한 권한이 있는 것으로 본다. 다만, 재판상 행위에 관하여는 그러하지 아니하다.
> ② 제1항은 상대방이 악의인 경우에는 적용하지 아니한다.

0058 |2011|
영업과 관련한 자금의 차입이나 대여 또는 어음·수표의 발행은 지배인의 권한범위에 속한다. ( )

> 지배인은 그 영업에 관한 재판상 또는 재판 외의 모든 행위를 할 수 있으며, 영업관련 자금거래나 어음·수표의 발행은 영업관련성이 인정된다.
>
> **제11조(지배인의 대리권)** ① 지배인은 영업주에 갈음하여 그 영업에 관한 재판상 또는 재판외의 모든 행위를 할 수 있다.

0059 |2016|
지배인은 영업주의 허락 없이 영업주를 위하여 다른 영업을 양수하고 그 영업의 지배인을 선임할 수 있다. ( )

> 지배인은 영업에 관한 재판상·재판 외의 모든 권한을 가지고 있다. 다만 영업에 관한 행위라고 하더라도 다른 지배인을 선임할 수 없으며, 영업의 양도나 폐지 등 영업의 존재 자체를 좌우할 수 있는 행위는 그 권한 범위에 포함되지 않는다.
>
> **제11조(지배인의 대리권)** ① 지배인은 영업주에 갈음하여 그 영업에 관한 재판상 또는 재판외의 모든 행위를 할 수 있다.
> ② 지배인은 지배인이 아닌 점원 기타 사용인을 선임 또는 해임할 수 있다.
> ③ 지배인의 대리권에 대한 제한은 선의의 제3자에게 대항하지 못한다.

0060 |2009, 2021|
지배인은 부분적 포괄대리권을 가진 사용인을 선임 또는 해임할 수 있다. ( )

> 지배인은 지배인이 아닌 상업사용인은 선임 또는 해임할 수 있다.

답 0056 ○ 0057 ○ 0058 ○ 0059 × 0060 ○

제11조(지배인의 대리권) ① 지배인은 영업주에 갈음하여 그 영업에 관한 재판상 또는 재판외의 모든 행위를 할 수 있다.
② 지배인은 지배인이 아닌 점원 기타 사용인을 선임 또는 해임할 수 있다.
③ 지배인의 대리권에 대한 제한은 선의의 제3자에게 대항하지 못한다.

0061 | 2014 |
지배인의 대리권에 대한 제한을 등기하면 선의의 제3자에게 대항할 수 있다. ( )

지배인의 대리권에 대한 제한은 등기하지 못한다(1997.2.17. 등기 3402-14 질의 회답요약). 또한 그 제한을 이유로 선의의 제3자에 대항할 수 없다.

제11조(지배인의 대리권) ① 지배인은 영업주에 갈음하여 그 영업에 관한 재판상 또는 재판외의 모든 행위를 할 수 있다.
② 지배인은 지배인이 아닌 점원 기타 사용인을 선임 또는 해임할 수 있다.
③ 지배인의 대리권에 대한 제한은 선의의 제3자에게 대항하지 못한다.

0062 | 2016 |
주식회사의 지배인은 당해 회사의 감사의 직무를 겸할 수 있으며 지배인은 의사능력을 갖춘 자연인이어야 한다.
( )

지배인은 의사능력을 갖춘 자연인이어야 하지만, 행위능력자임은 요하지 않는다(민법 제117조). 다만 감사는 회사 및 자회사의 이사, 지배인, 기타사용인이 될 수 없다.

■ 민법
제117조(대리인의 행위능력) 대리인은 행위능력자임을 요하지 아니한다.

■ 상법
제411조(겸임금지) 감사는 회사 및 자회사의 이사 또는 지배인 기타의 사용인의 직무를 겸하지 못한다.

2. 부분적 포괄대리권을 가진 상업사용인

0063 | 2009, 2018, 2020, 2023 |
부분적 포괄대리권을 가진 상업사용인은 영업의 특정한 종류 또는 특정한 사항에 대하여 위임을 받은 사항에 관한 재판상 또는 재판외의 모든 행위를 할 수 있다. ( )

부분적 포괄대리권을 가진 상업사용인은 「재판상」의 행위는 할 수 없다. 재판상 행위는 영업주 본인과 지배인만 할 수 있다.

제15조(부분적 포괄대리권을 가진 사용인) ① 영업의 특정한 종류 또는 특정한 사항에 대한 위임을 받은 사용인은 이에 관한 재판외의 모든 행위를 할 수 있다.

답 0061 × 0062 × 0063 ×

0064 | 2009 |
판례에 의하면, 주식회사의 기관인 상무이사는 같은 회사의 부분적 포괄대리권을 가진 상업사용인의 지위를 겸할 수 없다. (   )

「감사」는 사용인의 직무를 겸할 수 없지만(제411조), 「이사」에 대해서는 이러한 제한이 없다.

제411조(겸임금지) 감사는 회사 및 자회사의 이사 또는 지배인 기타의 사용인의 직무를 겸하지 못한다.

[대법원 1996.8.23, 선고, 95다39472, 판결]
주식회사의 기관인 상무이사라 하더라도 상법 제15조 소정의 부분적 포괄대리권을 가지는 그 회사의 사용인을 겸임할 수 있다.

0065 | 2009 |
판례에 의하면, 주식회사의 경리부장은 자금차용에 관한 부분적 포괄대리권을 가진 상업사용인으로 볼 수 없다. (   )

일반적인 수입과 지출 관련 업무의 처리는 가능하나, 자금차입 등은 이사회의 결의가 필요한 것으로 보고 있기 때문에 독자적인 자금차입 권한은 없다고 본다.

[대법원 1990.1.23, 선고, 88다카3250, 판결]
일반적으로 주식회사의 경리부장은 경상자금의 수입과 지출, 은행거래, 경리장부의 작성 및 관리 등 경리사무 일체에 관하여 그 권한을 위임받은 것으로 봄이 타당하고 그 지위나 직책, 회사에 미치는 영향, 특히 회사의 자금차입을 위하여 이사회의 결의를 요하는 등의 사정에 비추어 보면 특별한 사정이 없는 한 독자적인 자금차용은 회사로부터 위임되어 있지 않다고 보아야 할 것이므로 경리부장에게 자금차용에 관한 상법 제15조의 부분적 포괄대리권이 있다고 할 수 없다.

0066 | 2009 |
판례에 의하면, 그 업무처리상 사장 등 상사의 결재를 받아 그 업무를 시행한 경우에도 부분적 포괄대리권을 가진 상업사용인의 성립에 지장이 없다. (   )

부분적 포괄대리권을 가진 상업사용인은 상사의 결재를 받아서 업무를 진행하는 것이 일반적이다.

[대법원 1989.8.8, 선고, 88다카23742, 판결]
회사의 영업부장과 과장대리가 거래선 선정 및 계약체결, 담보설정, 어물구매, 어물판매, 어물재고의 관리 등의 업무에 종사하고 있었다면 비록 상무, 사장 등의 결재를 받아 그 업무를 시행하였더라도 상법 제15조 소정의 "영업의 특정한 종류 또는 특정한 사항에 대한 위임을 받은 사용인"으로서 그 업무에 관한 부분적 포괄대리권을 가진 사용인이라 할 것이다.

0067 | 2020 |
부분적 포괄대리권을 가진 상업사용인의 대리권에 대한 제한은 선의의 제3자에게 대항하지 못한다. (   )

부분적이라도 포괄적인 대리권을 가지고 있기 때문에 이에 대한 상대방의 신뢰는 보호되어야 한다.

답 0064 × 0065 ○ 0066 ○ 0067 ○

제15조(부분적 포괄대리권을 가진 사용인) ① 영업의 특정한 종류 또는 특정한 사항에 대한 위임을 받은 사용인은 이에 관한 재판외의 모든 행위를 할 수 있다.
② 제11조제3항의 규정은 전항의 경우에 준용한다.

제11조(지배인의 대리권) ③ 지배인의 대리권에 대한 제한은 선의의 제3자에게 대항하지 못한다.

0068 | 2016 |
회사가 구매부장의 구매업무에 관한 대리권을 제한하더라도 이로써 선의의 제3자에게 대항하지 못한다.
(   )

구매부장은 구매업무에 관하여 부분적 포괄대리권을 가진 상업사용인에 해당한다. 부분적 포괄대리권을 가진 상업사용인의 권한의 내부적 제한은 선의의 제3자에게 대항하지 못한다.

제15조(부분적 포괄대리권을 가진 사용인) ① 영업의 특정한 종류 또는 특정한 사항에 대한 위임을 받은 사용인은 이에 관한 재판외의 모든 행위를 할 수 있다.
② 제11조제3항의 규정은 전항의 경우에 준용한다.

제11조(지배인의 대리권) ③ 지배인의 대리권에 대한 제한은 선의의 제3자에게 대항하지 못한다.

3. 물건판매점포의 사용인

0069 | 2014 |
물건판매점포사용인은 다른 상업사용인과 마찬가지로 법률행위에 대한 대리권의 수여행위가 있어야 한다.
(   )

물건판매점포 사용인은 대리권의 수여행위가 없어도 그 판매에 관한 모든 권한이 있는 것으로 본다.

제16조(물건판매점포의 사용인) ① 물건을 판매하는 점포의 사용인은 그 판매에 관한 모든 권한이 있는 것으로 본다.

0070 | 2018 |
A가 운영하는 전기제품 판매점의 점원인 B가 그 판매점에서 외상으로 제품을 구매하였던 C의 사무실을 찾아가 A의 허락없이 C로부터 외상대금을 수령한 경우 C의 B에 대한 외상대금의 변제행위는 유효하다. (   )

물건판매점포의 사용인은 점포 내에서 판매에 관한 모든 권한이 인정되는 것이고, 점포 외에서는 판매(대금수령) 권한이 없다.

제16조(물건판매점포의 사용인) ① 물건을 판매하는 점포의 사용인은 그 판매에 관한 모든 권한이 있는 것으로 본다.

0068 ○ 0069 × 0070 ×

4. 상업사용인의 의무

0071 |2007, 2020|
상업사용인은 영업주의 허락 없이는 자기 또는 제3자의 계산으로 영업주의 영업부류에 속하는 거래를 하지 못한다. ( )

상법사용인의 경업금지의무 중 거래금지의무에 대한 설명이다.

제17조(상업사용인의 의무) ① 상업사용인은 영업주의 허락없이 자기 또는 제3자의 계산으로 영업주의 영업부류에 속한 거래를 하거나 회사의 무한책임사원, 이사 또는 다른 상인의 사용인이 되지 못한다.
② 상업사용인이 전항의 규정에 위반하여 거래를 한 경우에 그 거래가 자기의 계산으로 한 것인 때에는 영업주는 이를 영업주의 계산으로 한 것으로 볼 수 있고 제3자의 계산으로 한 것인 때에는 영업주는 사용인에 대하여 이로 인한 이득의 양도를 청구할 수 있다.
③ 전항의 규정은 영업주로부터 사용인에 대한 계약의 해지 또는 손해배상의 청구에 영향을 미치지 아니한다.
④ 제2항에 규정한 권리는 영업주가 그 거래를 안 날로부터 2주간을 경과하거나 그 거래가 있은 날로부터 1년을 경과하면 소멸한다.

0072 |2007, 2011, 2017, 2018, 2021|
상업사용인은 영업주의 허락이 없어도 다른 회사의 무한책임사원이나 이사가 될 수 있다. ( )

상업사용인은 영업주의 허락이 없으면 다른 회사의 무한책임사원이나 이사가 될 수 없다(겸직금지의무). 상업사용인은 여타의 겸직금지의무와는 다르게 '동종·이종을 불문하고' 겸직이 금지된다는 점에도 주의하여야 한다.

제17조(상업사용인의 의무) ① 상업사용인은 영업주의 허락없이 자기 또는 제3자의 계산으로 영업주의 영업부류에 속한 거래를 하거나 회사의 무한책임사원, 이사 또는 다른 상인의 사용인이 되지 못한다.

0073 |2007|
영업주의 영업부류에 속한 거래는 영업의 목적인 거래를 의미하는 것으로 영업주의 이익과 충돌될 염려가 없는 행위는 제외된다. ( )

제17조는 영업주의 이익이 침해되는 것을 방지하려는데 주된 취지가 있기 때문에, 영업주의 이익과 충돌될 염려가 없는 행위는 제외된다.

제17조(상업사용인의 의무) ① 상업사용인은 영업주의 허락없이 자기 또는 제3자의 계산으로 영업주의 영업부류에 속한 거래를 하거나 회사의 무한책임사원, 이사 또는 다른 상인의 사용인이 되지 못한다.
② 상업사용인이 전항의 규정에 위반하여 거래를 한 경우에 그 거래가 자기의 계산으로 한 것인 때에는 영업주는 이를 영업주의 계산으로 한 것으로 볼 수 있고 제3자의 계산으로 한 것인 때에는 영업주는 사용인에 대하여 이로 인한 이득의 양도를 청구할 수 있다.
③ 전항의 규정은 영업주로부터 사용인에 대한 계약의 해지 또는 손해배상의 청구에 영향을 미치지 아니한다.
④ 제2항에 규정한 권리는 영업주가 그 거래를 안 날로부터 2주간을 경과하거나 그 거래가 있은 날로부터 1년을 경과하면 소멸한다.

답 0071 ○ 0072 × 0073 ○

0074 | 2007, 2019, 2023 |

상업사용인의 경업거래금지 의무위반이 있는 경우에 영업주는 개입권을 행사할 수 있으며, 손해배상청구권 및 계약해지권의 행사도 가능하다. (   )

> 거래금지의무 위반에 대해서 영업주는 상업사용인에 대해서 계약을 해지하거나 손해배상을 청구할 수 있고, 개입권의 행사도 가능하다(제17조 제2항). 다만 겸직금지의무 위반에 대해서는 명문의 규정이 없으므로, 계약을 해지하거나 손해배상을 청구할 수 있을 뿐이고, 개입권은 행사할 수 없다.
>
> **제17조(상업사용인의 의무)** ① 상업사용인은 영업주의 허락없이 자기 또는 제3자의 계산으로 영업주의 영업부류에 속한 거래를 하거나 회사의 무한책임사원, 이사 또는 다른 상인의 사용인이 되지 못한다.
> ② 상업사용인이 전항의 규정에 위반하여 거래를 한 경우에 그 거래가 자기의 계산으로 한 것인 때에는 영업주는 이를 영업주의 계산으로 한 것으로 볼 수 있고 제3자의 계산으로 한 것인 때에는 영업주는 사용인에 대하여 이로 인한 이득의 양도를 청구할 수 있다.
> ③ 전항의 규정은 영업주로부터 사용인에 대한 계약의 해지 또는 손해배상의 청구에 영향을 미치지 아니한다.
> ④ 제2항에 규정한 권리는 영업주가 그 거래를 안 날로부터 2주간을 경과하거나 그 거래가 있은 날로부터 1년을 경과하면 소멸한다.

0075 | 2012 |

상업사용인이 경업금지의무에 위반하여 거래한 경우 영업주의 개입권은 영업주가 그 거래를 안 날로부터 2주간을 경과하거나 그 거래가 있은 날로부터 1년을 경과하면 소멸한다. (   )

> **제17조(상업사용인의 의무)** ① 상업사용인은 영업주의 허락없이 자기 또는 제3자의 계산으로 영업주의 영업부류에 속한 거래를 하거나 회사의 무한책임사원, 이사 또는 다른 상인의 사용인이 되지 못한다.
> ② 상업사용인이 전항의 규정에 위반하여 거래를 한 경우에 그 거래가 자기의 계산으로 한 것인 때에는 영업주는 이를 영업주의 계산으로 한 것으로 볼 수 있고 제3자의 계산으로 한 것인 때에는 영업주는 사용인에 대하여 이로 인한 이득의 양도를 청구할 수 있다.
> ③ 전항의 규정은 영업주로부터 사용인에 대한 계약의 해지 또는 손해배상의 청구에 영향을 미치지 아니한다.
> ④ 제2항에 규정한 권리는 영업주가 그 거래를 안 날로부터 2주간을 경과하거나 그 거래가 있은 날로부터 1년을 경과하면 소멸한다.

0076 | 2014 |

상업사용인은 영업주의 허락없이 다른 합자회사의 유한책임사원이 될 수 없다. (   )

> 상업사용인이 유한책임사원이 되는 것은 가능하다.
>
> **제17조(상업사용인의 의무)** ① 상업사용인은 영업주의 허락없이 자기 또는 제3자의 계산으로 영업주의 영업부류에 속한 거래를 하거나 회사의 무한책임사원, 이사 또는 다른 상인의 사용인이 되지 못한다.

0077 | 2007, 2014 |

상업사용인이 경업금지의무를 위반하여 제3자와 거래를 한 경우에 그 거래는 제3자의 선의·악의를 불문하고 유효하다. (   )

답 0074 ○ 0075 ○ 0076 × 0077 ○

상업사용인의 경업거래금지의무는 그 요건·의무의 위반, 그 효과 모든 면에서 거래의 경제적 효과가 관심의 대상이 될 뿐이고 거래의 법률적 효과는 그대로 유효하다. 거래상대방을 보호하기 위함이다.

0078 |2016, 2020|
영업주는 상업사용인이 경업금지의무를 위반하여 한 거래행위가 제3자의 계산으로 한 경우 제3자에 대하여 그가 얻은 이득의 양도를 청구할 수 있다. (   )

상업사용인이 거래금지의무를 위반한 경우에 그 거래가 (ⅰ) 상업사용인 자기의 계산으로 한 것인 때에는 영업주는 이를 영업주의 계산으로 한 것으로 볼 수 있고, (ⅱ) 제3자의 계산으로 한 것인 때에는 영업주는 「상업사용인에 대하여」 이로 인한 이득의 양도를 청구할 수 있다.

제17조(상업사용인의 의무) ① 상업사용인은 영업주의 허락없이 자기 또는 제3자의 계산으로 영업주의 영업부류에 속한 거래를 하거나 회사의 무한책임사원, 이사 또는 다른 상인의 사용인이 되지 못한다.
② 상업사용인이 전항의 규정에 위반하여 거래를 한 경우에 그 거래가 자기의 계산으로 한 것인 때에는 영업주는 이를 영업주의 계산으로 한 것으로 볼 수 있고 제3자의 계산으로 한 것인 때에는 영업주는 사용인에 대하여 이로 인한 이득의 양도를 청구할 수 있다.

제3절 기업의 물적 설비

1. 상호

01 | 의의

0079 |2018|
상인의 상호는 영업내용 및 영업주의 실질과 일치하여야 한다. (   )

상호선정에 관한 입법주의로는 영업의 실체에 부합하는 상호만을 허용하는 「상호진실주의」와 어떠한 명칭이든 상호로 사용할 수 있는 「상호자유주의」가 있다. 우리 상법은 원칙적으로 「상호자유주의」를 택하고 있다.

제18조(상호선정의 자유) 상인은 그 성명 기타의 명칭으로 상호를 정할 수 있다.

0080 |2020|
상인은 그 성명 기타의 명칭으로 상호를 정할 수 있다. (   )

「상호자유주의」에 대한 설명이다.
제18조(상호선정의 자유) 상인은 그 성명 기타의 명칭으로 상호를 정할 수 있다.

답 0078 × 0079 × 0080 ○

0081 | 2010, 2018 |

회사가 아니면 상호에 회사임을 표시하는 문구를 사용하지 못하지만 회사의 영업을 양수한 경우에는 그러하지 아니하다. ( )

> 회사가 아니면 회사라는 문자를 사용하지 못한다. 회사의 영업을 양수한 경우에도 같다.
> **제20조(회사상호의 부당사용의 금지)** 회사가 아니면 상호에 회사임을 표시하는 문자를 사용하지 못한다. 회사의 영업을 양수한 경우에도 같다.

0082 | 2008, 2010, 2013, 2018, 2019 |

상인은 수개의 영업을 영위하는 경우 단일상호를 사용할 수도 있고 각 영업마다 별개의 상호를 사용하여도 무방하다. ( )

> 동일영업에는 단일상호를 사용하여야 한다. 즉 하나의 영업에 하나의 상호를 쓰라는 의미인데, (i) 하나의 영업에 대해 수개의 상호를 사용하는 것은 허용되지 않지만 (ii) 수개의 영업에 대해 하나의 동일한 상호를 사용하는 것은 가능하다. 다만 회사는 항상 하나의 상호만 사용하여야 한다.
> **제21조(상호의 단일성)** ① 동일한 영업에는 단일상호를 사용하여야 한다.

0083 | 2020 |

회사가 아닌 개인상인의 경우에는 동일한 영업에 대하여 단일상호를 사용하지 않아도 된다. ( )

> 회사이건 개인상인이건 동일한 영업에는 단일상호를 사용하여야 한다.
> **제21조(상호의 단일성)** ① 동일한 영업에는 단일상호를 사용하여야 한다.
> ② 지점의 상호에는 본점과의 종속관계를 표시하여야 한다.

0084 | 2018 |

동일한 영업에는 단일상호를 사용하여야 하며 지점의 상호에는 본점과의 종속관계를 표시하여야 한다. ( )

> 상호의 단일성에 대한 설명이다.
> **제21조(상호의 단일성)** ① 동일한 영업에는 단일상호를 사용하여야 한다.
> ② 지점의 상호에는 본점과의 종속관계를 표시하여야 한다.

0085 | 2008 |

개인상인인 경우에도 상호를 사용하는 한 등기하여야 한다. ( )

> 개인상인의 상호는 상대적 등기사항이므로 등기를 강제하지 않는다. 반면 회사의 상호는 반드시 등기하여야 한다(절대적 등기사항).
> **제180조(설립의 등기)** 합명회사의 설립등기에 있어서는 다음의 사항을 등기하여야 한다.

답 0081 × 0082 ○ 0083 × 0084 ○ 0085 ×

1. 제179조 제1호 내지 제3호 및 제5호의 사항과 지점을 둔 때에는 그 소재지. 다만, 회사를 대표할 사원을 정한 때에는 그 외의 사원의 주소를 제외한다.
2. 사원의 출자의 목적, 재산출자에는 그 가격과 이행한 부분
3. 존립기간 기타 해산사유를 정한 때에는 그 기간 또는 사유
4. 회사를 대표할 사원을 정한 경우에는 그 성명·주소 및 주민등록번호
5. 수인의 사원이 공동으로 회사를 대표할 것을 정한 때에는 그 규정

제179조(정관의 절대적 기재사항) 정관에는 다음의 사항을 기재하고 총사원이 기명날인 또는 서명하여야 한다.
1. 목적
2. 상호
3. 사원의 성명·주민등록번호 및 주소
4. 사원의 출자의 목적과 가격 또는 그 평가의 표준
5. 본점의 소재지
6. 정관의 작성년월일

0086 | 2012 |
변호사 사무실의 명칭은 상법상의 상호로서 상호등기부에 등기할 수 있다. ( )

변호사는 상인이 아니므로 상호등기를 허용하지 않는다. 변호사, 회계사, 예술가 등 자유직업인은 (이윤추구를 목적으로 하지 않으므로) 상인이 아니라는 것이 판례의 태도이다.

[대법원 2007.7.26, 자, 2006마334, 결정]
변호사는 그 직무수행과 관련하여 의제상인에 해당한다고 볼 수 없고, 조세정책적 필요에 의하여 변호사의 직무수행으로 발생한 소득을 사업소득으로 인정하여 종합소득세를 부과한다고 하여 이를 달리 볼 것은 아니며, 변호사가 상인이 아닌 이상 상호등기에 의하여 그 명칭을 보호할 필요가 있다고 볼 수 없으므로 등기관이 변호사의 상호등기 신청을 각하한 처분이 적법하다.

02 | 상호권

0087 | 2020 |
누구든지 부정한 목적으로 타인의 영업으로 오인할 수 있는 상호를 사용하지 못한다. ( )

누구든지, 즉 상인이건 비상인이건 주체를 오인시킬 상호는 사용할 수 없다.

제23조(주체를 오인시킬 상호의 사용금지) ① 누구든지 부정한 목적으로 타인의 영업으로 오인할 수 있는 상호를 사용하지 못한다.
② 제1항의 규정에 위반하여 상호를 사용하는 자가 있는 경우에 이로 인하여 손해를 받을 염려가 있는 자 또는 상호를 등기한 자는 그 폐지를 청구할 수 있다.
③ 제2항의 규정은 손해배상의 청구에 영향을 미치지 아니한다.
④ 동일한 특별시·광역시·시·군에서 동종영업으로 타인이 등기한 상호를 사용하는 자는 부정한 목적으로 사용하는 것으로 추정한다.

0088 | 2010, 2019 |
상호는 등기하지 아니하면 법적 보호를 받지 못한다. ( )

> 등기하지 않더라도 상호권은 보호받는다. 다만 등기를 하게 되면 상호전용권이 강화되어 더 강력한 보호를 받을 수 있다.
>
> **제23조(주체를 오인시킬 상호의 사용금지)** ① 누구든지 부정한 목적으로 타인의 영업으로 오인할 수 있는 상호를 사용하지 못한다.
> ② 제1항의 규정에 위반하여 상호를 사용하는 자가 있는 경우에 이로 인하여 손해를 받을 염려가 있는 자 또는 상호를 등기한 자는 그 폐지를 청구할 수 있다.
> ③ 제2항의 규정은 손해배상의 청구에 영향을 미치지 아니한다.
> ④ 동일한 특별시·광역시·시·군에서 동종영업으로 타인이 등기한 상호를 사용하는 자는 부정한 목적으로 사용하는 것으로 추정한다.

0089 | 2012 |
미등기상호를 사용하고 있는 자는 자신의 상호와 동일 또는 유사한 상호를 사용하는 타인에 대하여 그 사용에 부정한 목적이 없는 한 상호사용의 폐지를 청구할 수 없다. ( )

> 등기상호와는 달리 미등기상호의 경우에는 상대방의 부정한 목적이 추정되지 않으므로, 상호권자가 이를 증명하여야 한다.
>
> **제23조(주체를 오인시킬 상호의 사용금지)** ① 누구든지 부정한 목적으로 타인의 영업으로 오인할 수 있는 상호를 사용하지 못한다.
> ② 제1항의 규정에 위반하여 상호를 사용하는 자가 있는 경우에 이로 인하여 손해를 받을 염려가 있는 자 또는 상호를 등기한 자는 그 폐지를 청구할 수 있다.
> ③ 제2항의 규정은 손해배상의 청구에 영향을 미치지 아니한다.
> ④ 동일한 특별시·광역시·시·군에서 동종영업으로 타인이 등기한 상호를 사용하는 자는 부정한 목적으로 사용하는 것으로 추정한다.

0090 | 2014 |
타인이 등기한 상호는 동일한 특별시·광역시·시·군에서 다른 종류의 영업의 상호로 등기하지 못한다. ( )

> 선등기 상호의 등기배척권은 동종영업의 상호에 대해서만 인정된다.
>
> **제22조(상호등기의 효력)** 타인이 등기한 상호는 동일한 특별시·광역시·시·군에서 동종영업의 상호로 등기하지 못한다.

0091 | 2015 |
상법 제23조에서 말하는 타인의 영업으로 오인할 수 있는 상호란 그 타인의 영업과 동종영업에 사용되는 상호에 한정되지 않는다. ( )

> 「샤넬 유흥주점」이라는 상호는 의류브랜드 「샤넬」의 상호권을 침해한다.

답 0088 × 0089 ○ 0090 × 0091 ○

[대법원 2002.2.26, 선고, 2001다73879, 판결]
[1] 상법 제23조 제1항은 누구든지 부정한 목적으로 타인의 영업으로 오인할 수 있는 상호를 사용하지 못한다고 규정하고 있는바, 타인의 영업으로 오인할 수 있는 상호는 그 타인의 영업과 동종영업에 사용되는 상호만을 한정하는 것은 아니라고 할 것이나, 어떤 상호가 일반 수요자들로 하여금 영업주체를 오인·혼동시킬 염려가 있는 것인지를 판단함에 있어서는, 양 상호 전체를 비교 관찰하여 각 영업의 성질이나 내용, 영업방법, 수요자층 등에서 서로 밀접한 관련을 가지고 있는 경우로서 일반 수요자들이 양 업무의 주체가 서로 관련이 있는 것으로 생각하거나 또는 그 타인의 상호가 현저하게 널리 알려져 있어 일반 수요자들로부터 기업의 명성으로 인하여 절대적인 신뢰를 획득한 경우에 해당하는지 여부를 종합적으로 고려하여야 한다.

0092　|2013, 2015|

인접한 특별시·광역시·시·군에서 동종영업으로 타인이 등기한 상호를 사용하는 자는 부정목적으로 사용하는 것으로 추정되지 않는다.　　　　　　　　　　　　　　　　　　　　　　　　　　　（　　）

「동일한」 특별시 등에서 타인이 등기한 상호를 사용하는 경우에 부정한 목적이 추정된다.

제23조(주체를 오인시킬 상호의 사용금지) ① 누구든지 부정한 목적으로 타인의 영업으로 오인할 수 있는 상호를 사용하지 못한다.
② 제1항의 규정에 위반하여 상호를 사용하는 자가 있는 경우에 이로 인하여 손해를 받을 염려가 있는 자 또는 상호를 등기한 자는 그 폐지를 청구할 수 있다.
③ 제2항의 규정은 손해배상의 청구에 영향을 미치지 아니한다.
④ 동일한 특별시·광역시·시·군에서 동종영업으로 타인이 등기한 상호를 사용하는 자는 부정한 목적으로 사용하는 것으로 추정한다.

0093　|2015|

타인이 자신의 성명이나 명칭을 이용하여 주체를 오인시킬 상호를 사용하는 경우에 상인이 아닌 자는 상법 제23조를 근거로 그 상호사용의 폐지를 청구할 수 없다.　　　　　　　　　　　　　　　　　　　　（　　）

상호사용폐지청구권은 상인에게 한정되지 않는다.

제23조(주체를 오인시킬 상호의 사용금지)
① 누구든지 부정한 목적으로 타인의 영업으로 오인할 수 있는 상호를 사용하지 못한다.
② 제1항의 규정에 위반하여 상호를 사용하는 자가 있는 경우에 이로 인하여 손해를 받을 염려가 있는 자 또는 상호를 등기한 자는 그 폐지를 청구할 수 있다.

03 | 상호의 가등기

0094　|2018|

회사가 아닌 상인은 상호를 가등기할 수 없다.　　　　　　　　　　　　　　　　　　　　　　　（　　）

회사에 한하여 상호 가등기가 인정된다(제22조의2).

답　0092 ○　0093 ×　0094 ○

0095 | 2012, 2018 |
합명회사 또는 합자회사를 설립하는 경우 상호의 가등기는 인정되지 않는다. ( )

설립시의 상호의 가등기는 주식회사와 유한회사, 유한책임회사에만 인정된다.

제22조의2(상호의 가등기) ① 유한책임회사, 주식회사 또는 유한회사를 설립하고자 할 때에는 본점의 소재지를 관할하는 등기소에 상호의 가등기를 신청할 수 있다.

0096 | 2008 |
합명회사와 합자회사도 성립 후에는 상호의 가등기제도를 이용할 수 있다. ( )

설립시 상호의 가등기는 주식회사와 유한회사, 유한책임회사의 경우에만 가능하다. 반면에 설립 후 (ⅰ) 상호나 목적을 변경하거나 (ⅱ) 본점을 이전하는 경우에는 모든 종류의 회사가 상호의 가등기를 신청할 수 있다.

제22조의2(상호의 가등기) ① 유한책임회사, 주식회사 또는 유한회사를 설립하고자 할 때에는 본점의 소재지를 관할하는 등기소에 상호의 가등기를 신청할 수 있다.
② 회사는 상호나 목적 또는 상호와 목적을 변경하고자 할 때에는 본점의 소재지를 관할하는 등기소에 상호의 가등기를 신청할 수 있다.
③ 회사는 본점을 이전하고자 할 때에는 이전할 곳을 관할하는 등기소에 상호의 가등기를 신청할 수 있다.
④ 상호의 가등기는 제22조의 적용에 있어서는 상호의 등기로 본다.

0097 | 2012, 2018 |
상인은 다른 상인의 상호가 가등기되어 있더라도 이와 동일 또는 유사한 상호를 동일한 특별시·광역시·시·군에서 동종영업의 상호로 등기할 수 있다. ( )

타인이 먼저 가등기해둔 상호는 동일시군에서 동종영업의 상호로 등기할 수 없다. 한편 동일한 상호가 아니라 유사한 상호라면 등기할 수 있다. 이를 「선등기자의 등기배제청구권(등기배척권)」이라 한다.

제22조(상호등기의 효력) 타인이 등기한 상호는 동일한 특별시·광역시·시·군에서 동종영업의 상호로 등기하지 못한다.
제22조의2(상호의 가등기) ④ 상호의 가등기는 제22조의 적용에 있어서는 상호의 등기로 본다.

0098 | 2014 |
유한책임회사를 설립하고자 할 때에는 본점의 소재지를 관할하는 등기소에 상호의 가등기를 할 수 있다. ( )

상호의 가등기는 개인상인에게는 인정되지 않고, 회사에 대해서만 인정된다. 2020년 상법개정으로 유한책임회사의 경우에도 설립시 상호의 가등기가 인정된다.

제22조의2(상호의 가등기) ① 유한책임회사, 주식회사 또는 유한회사를 설립하고자 할 때에는 본점의 소재지를 관할하는 등기소에 상호의 가등기를 신청할 수 있다.
② 회사는 상호나 목적 또는 상호와 목적을 변경하고자 할 때에는 본점의 소재지를 관할하는 등기소에 상호의 가등기를 신청할 수 있다.

0095 ○   0096 ○   0097 ×   0098 ○

③ 회사는 본점을 이전하고자 할 때에는 이전할 곳을 관할하는 등기소에 상호의 가등기를 신청할 수 있다.
④ 상호의 가등기는 제22조의 적용에 있어서는 상호의 등기로 본다.

0099 | 2015, 2018 |
합명회사나 합자회사가 상호나 목적 또는 상호와 목적을 변경하는 경우에는 상호의 가등기를 신청할 수 없다.
(   )

회사 설립시에는 주식회사 또는 유한회사만 상호의 가등기 신청이 가능하나, 회사 설립 후에는 회사의 종류에 따른 제한은 없다.

제22조의2(상호의 가등기) ① 유한책임회사, 주식회사 또는 유한회사를 설립하고자 할 때에는 본점의 소재지를 관할하는 등기소에 상호의 가등기를 신청할 수 있다.
② 회사는 상호나 목적 또는 상호와 목적을 변경하고자 할 때에는 본점의 소재지를 관할하는 등기소에 상호의 가등기를 신청할 수 있다.
③ 회사는 본점을 이전하고자 할 때에는 이전할 곳을 관할하는 등기소에 상호의 가등기를 신청할 수 있다.
④ 상호의 가등기는 제22조의 적용에 있어서는 상호의 등기로 본다.

0100 | 2018 |
유한회사의 본점을 이전하고자 하는 경우에는 이전할 곳을 관할하는 등기소에 상호의 가등기를 신청할 수 있다.
(   )

회사 설립 후에는 상호 가등기를 함에 있어 회사의 종류에 따른 제한은 없다(동조 제2항 제3항).

0101 | 2019 |
주식회사, 유한회사는 설립시에 상호의 가등기를 신청할 수 있으나 상호와 목적을 변경할 때에는 상호의 가등기를 신청할 수 없다.
(   )

주식회사, 유한회사, 유한책임회사의 경우 회사 설립시 상호의 가등기 신청이 가능하다(제22조의2 제1항). 상호, 목적, 본점소재지를 변경하는 경우에는 회사의 종류에 따른 제한 없이 상호의 가등기 신청이 가능하다(동조 제2항).

제22조의2(상호의 가등기) ① 유한책임회사, 주식회사 또는 유한회사를 설립하고자 할 때에는 본점의 소재지를 관할하는 등기소에 상호의 가등기를 신청할 수 있다.
② 회사는 상호나 목적 또는 상호와 목적을 변경하고자 할 때에는 본점의 소재지를 관할하는 등기소에 상호의 가등기를 신청할 수 있다.
③ 회사는 본점을 이전하고자 할 때에는 이전할 곳을 관할하는 등기소에 상호의 가등기를 신청할 수 있다.
④ 상호의 가등기는 제22조의 적용에 있어서는 상호의 등기로 본다.

답 0099 × 0100 ○ 0101 ×

04 | 상호의 양도·상속·폐지

0102 | 2008 |
상호를 양도하는 경우 등기하지 아니하면 효력이 없다. ( )

> 상호양도의 등기는 효력요건이 아니라 대항요건에 불과하다.
> **제25조(상호의 양도)** ① 상호는 영업을 폐지하거나 영업과 함께 하는 경우에 한하여 이를 양도할 수 있다.
> ② 상호의 양도는 등기하지 아니하면 제3자에게 대항하지 못한다.

0103 | 2008 |
상호는 원칙적으로 영업과 분리하여 양도할 수 있다. ( )

> 상호만을 영업과 분리하여 따로 양도하지 못한다.
> **제25조(상호의 양도)** ① 상호는 영업을 폐지하거나 영업과 함께 하는 경우에 한하여 이를 양도할 수 있다.

0104 | 2018 |
상호를 등기한 자가 정당한 사유 없이 1년간 상호를 사용하지 아니하는 때에는 이를 폐지한 것으로 본다. ( )

> '1년'이 아니라 '2년'이다.
> **제26조(상호불사용의 효과)** 상호를 등기한 자가 정당한 사유없이 2년간 상호를 사용하지 아니하는 때에는 이를 폐지한 것으로 본다.

0105 | 2012, 2015, 2019 |
상호를 등기한 자가 정당한 사유 없이 2년간 상호를 사용하지 아니한 때에는 그 상호를 폐지한 것으로 추정한다. ( )

> 폐지한 것으로 「본다」, 즉 추정이 아니라 간주이다.
> **제26조(상호불사용의 효과)** 상호를 등기한 자가 정당한 사유없이 2년간 상호를 사용하지 아니하는 때에는 이를 폐지한 것으로 본다.

0106 | 2012 |
상호를 상속한 자는 상호상속의 사실을 등기하여야 상호이전의 효력을 제3자에게 주장할 수 있다. ( )

> 상속에 의한 이전(포괄승계)에는 상호이전의 대항력에 관한 제25조 제2항은 적용하지 않는다.
> **제25조(상호의 양도)** ② 상호의 양도는 등기하지 아니하면 제3자에게 대항하지 못한다.

답 0102 × 0103 × 0104 × 0105 × 0106 ×

0107 | 2014, 2020 |
상호를 등기한 자가 상호를 폐지한 경우 2년 이내에 폐지등기를 하지 않으면 이해관계인은 그 등기의 말소청구를 할 수 있다. ( )

> "2년"이 아니라 "2주" 내에 변경 또는 폐지의 등기를 하지 않으면 그 등기의 말소를 청구할 수 있다. "2년"은 상호불사용에 따른 상호폐지의제의 경우에 요구되는 기간이다.
>
> **제27조(상호등기의 말소청구)** 상호를 변경 또는 폐지한 경우에 2주간 내에 그 상호를 등기한 자가 변경 또는 폐지의 등기를 하지 아니하는 때에는 이해관계인은 그 등기의 말소를 청구할 수 있다.
>
> **제26조(상호불사용의 효과)** 상호를 등기한 자가 정당한 사유없이 2년간 상호를 사용하지 아니하는 때에는 이를 폐지한 것으로 본다.

0108 | 2020, 2023 |
등기된 상호의 경우 상호의 양도는 등기하지 아니하면 제3자에게 대항하지 못한다. ( )

> 상호의 양도는 이를 등기하지 아니하면 "선악을 불문하고" 제3자에게 대항할 수 없다. 선악을 불문하는 사유 중 중요한 사항은 별도로 정리해야 한다(상미/모/자/반환/가처분).
>
> **제25조(상호의 양도)** ① 상호는 영업을 폐지하거나 영업과 함께 하는 경우에 한하여 이를 양도할 수 있다.
> ② 상호의 양도는 등기하지 아니하면 제3자에게 대항하지 못한다.

0109 | 2016 |
상인이 등기된 상호를 A, B순으로 이중양도한 경우 선의의 B가 먼저 등기하더라도 A에게 이를 대항할 수 없다. ( )

> 상호의 양도는 이를 등기하지 아니하면 (선악을 불문하고) 제3자에게 대항할 수 없다.
>
> **제25조(상호의 양도)** ① 상호는 영업을 폐지하거나 영업과 함께 하는 경우에 한하여 이를 양도할 수 있다.
> ② 상호의 양도는 등기하지 아니하면 제3자에게 대항하지 못한다.

0110 | 2018 |
상인의 상호의 등기 여부는 자유이지만 등기한 상호에 대해서는 상법에 의한 보호를 받는다. ( )

> 개인상인의 상호는 그 등기가 강제되지 않으나, 회사의 상호는 반드시 등기하여야 한다(제180조, 제179조 제2호 등). 한편 상호는 등기 여부를 불문하고 상법에 의한 보호를 받으나, 상호를 등기하면 상호권의 내용이 더욱 강화된다(예컨대 제23조 제4항). 이를 상호의 「등기강화적 효력」이라 한다.
>
> **제179조(정관의 절대적 기재사항)** 정관에는 다음의 사항을 기재하고 총사원이 기명날인 또는 서명하여야 한다.
> 1. 목적
> 2. 상호
> 3. 사원의 성명·주민등록번호 및 주소
> 4. 사원의 출자의 목적과 가격 또는 그 평가의 표준

답 0107 × 0108 ○ 0109 × 0110 ×

5. 본점의 소재지
6. 정관의 작성년월일

제180조(설립의 등기) 합명회사의 설립등기에 있어서는 <u>다음의 사항을 등기하여야 한다.</u>
1. <u>제179조제1호 내지 제3호 및 제5호의 사항과 지점을 둔 때에는 그 소재지. 다만, 회사를 대표할 사원을 정한 때에는 그 외의 사원의 주소를 제외한다.</u>
2. 사원의 출자의 목적, 재산출자에는 그 가격과 이행한 부분
3. 존립기간 기타 해산사유를 정한 때에는 그 기간 또는 사유
4. 회사를 대표할 사원을 정한 경우에는 그 성명·주소 및 주민등록번호
5. 수인의 사원이 공동으로 회사를 대표할 것을 정한 때에는 그 규정

제23조(주체를 오인시킬 상호의 사용금지) ① 누구든지 부정한 목적으로 타인의 영업으로 오인할 수 있는 상호를 사용하지 못한다.
② 제1항의 규정에 위반하여 상호를 사용하는 자가 있는 경우에 이로 인하여 손해를 받을 염려가 있는 자 또는 상호를 등기한 자는 그 폐지를 청구할 수 있다.
③ 제2항의 규정은 손해배상의 청구에 영향을 미치지 아니한다.
④ <u>동일한 특별시·광역시·시·군에서 동종영업으로 타인이 등기한 상호를 사용하는 자는 부정한 목적으로 사용하는 것으로 추정한다.</u>

2. 명의대여자의 책임

0111 | 2009, 2022 |
자신의 명의를 사용하여 영업할 것을 허용한 명의대여자가 반드시 상인임을 요하는 것은 아니다. (   )

명의차용자(사단법인 한국병원관리연구소)는 영업의 주체로서 상인이어야 하지만, 명의대여자(인천직할시)는 영업주체로 오인될 수 있는 외관이 있는 한 상인이 아니라도 무방하다.

[대법원 1987.3.24. 선고, 85다카2219, 판결]
상법 제24조는 금반언의 법리 및 외관주의 법리에 따라 타인에게 명의를 대여하여 영업을 하게 한 경우 그 명의대여자가 영업주인 줄로 알고 거래한 선의의 제3자를 보호하기 위하여 그 거래로 인하여 발생한 명의차용자의 채무에 대하여는 그 외관을 만드는데에 원인을 제공한 명의대여자에게도 명의차용자와 같이 변제책임을 지우자는 것으로서 그 <u>명의대여자가 상인이 아니거나, 명의차용자의 영업이 상행위가 아니라 하더라도 위 법리를 적용하는데에 아무런 영향이 없다.</u>

0112 | 2010, 2019, 2022 |
명의대여자가 책임을 면하기 위하여는 명의차용자의 거래상대방에게 악의 또는 중과실이 있음을 입증해야 한다. (   )

명의차용자와 거래한 제3자가 악의 또는 중과실이라면 거래의 안전을 보호할 필요성이 없다. 이 경우 거래상대방의 선의·무중과실이 추정되므로 악의 내지 중과실에 대한 증명책임은 명의대여자가 부담한다.

[대법원 2008.1.24. 선고, 2006다21330, 판결]
상법 제24조에서 규정한 명의대여자의 책임은 명의자를 사업주로 오인하여 거래한 제3자를 보호하기 위한 것이므

로 거래 상대방이 명의대여사실을 알았거나 모른 데 대하여 중대한 과실이 있는 때에는 책임을 지지 않는바, 이때 거래의 상대방이 명의대여사실을 알았거나 모른 데 대한 중대한 과실이 있었는지 여부에 대하여는 면책을 주장하는 명의대여자가 입증책임을 부담한다.

0113 | 2010 |
명의자가 자기명의의 사용을 명시적·묵시적으로 허락하지 않은 경우 그 명의가 사용되면 명의대여자의 책임이 인정된다. (   )

명의자가 자기명의의 사용을 허락하지 않은 경우이므로 명의대여자에 해당조차 되지 않는다.

제24조(명의대여자의 책임) 타인에게 자기의 성명 또는 상호를 사용하여 영업을 할 것을 허락한 자는 자기를 영업주로 오인하여 거래한 제3자에 대하여 그 타인과 연대하여 변제할 책임이 있다.

0114 | 2010, 2022 |
다수설에 의하면, 교통사고와 같은 순수한 불법행위에 대하여는 명의대여자의 책임이 인정된다. (   )

사실행위적 불법행위에 대해서는 명의대여자의 책임이 인정되지 않는다. 명의대여자의 책임은 거래의 안전을 보호하기 위한 제도이기 때문이다.

[대법원 1998.3.24. 선고, 97다55621, 판결]
상법 제24조 소정의 명의대여자 책임은 명의차용인과 그 상대방의 거래행위에 의하여 생긴 채무에 관하여 명의대여자를 진실한 상대방으로 오인하고 그 신용·명의 등을 신뢰한 제3자를 보호하기 위한 것으로, 불법행위의 경우에는 설령 피해자가 명의대여자를 영업주로 오인하고 있었더라도 그와 같은 오인과 피해의 발생 사이에 아무런 인과관계가 없으므로, 이 경우 신뢰관계를 이유로 명의대여자에게 책임을 지워야 할 이유가 없다.

0115 | 2010 |
명의대여관계에 있을 때 민법상의 사용자책임이 적용될 경우는 존재하지 않는다. (   )

명의대여자와 명의차용자 간에 사용자와 피용자의 관계(지휘·감독관계)가 인정되는 경우라면 명의대여자가 사용자배상책임을 부담하게 된다.

■ 민법

제756조(사용자의 배상책임) ① 타인을 사용하여 어느 사무에 종사하게 한 자는 피용자가 그 사무집행에 관하여 제삼자에게 가한 손해를 배상할 책임이 있다. 그러나 사용자가 피용자의 선임 및 그 사무감독에 상당한 주의를 한 때 또는 상당한 주의를 하여도 손해가 있을 경우에는 그러하지 아니하다.

[대법원 2007.6.28. 선고, 2007다26929, 판결]
타인에게 어떤 사업에 관하여 자기의 명의를 사용할 것을 허용한 경우에 그 사업이 내부관계에 있어서는 타인의 사업이고 명의자의 고용인이 아니라 하더라도 외부에 대한 관계에 있어서는 그 사업이 명의자의 사업이고 또 그 타인은 명의자의 종업원임을 표명한 것과 다름이 없으므로, 명의사용을 허용받은 사람이 업무수행을 함에 있어 고의 또는 과실로 다른 사람에게 손해를 끼쳤다면 명의사용을 허용한 사람은 민법 제756조에 의하여 그 손해를 배상할 책임이 있고, 명의대여관계의 경우 민법 제756조가 규정하고 있는 사용자책임의 요건으로서의 사용관계가 있느냐 여부는 실제적으로 지휘·감독을 하였느냐의 여부에 관계없이 객관적·규범적으로 보아 사용자가 그 불법행위자를 지휘·감독해야 할 지위에 있었느냐의 여부를 기준으로 결정하여야 할 것이다.

답 0113 × 0114 × 0115 ×

0116 | 2010 |
명의대여자의 책임이 인정되면 명의차용자는 그 책임을 면한다. ( )

> 명의대여자와 명의차용자는 연대하여 변제할 책임이 있다.
> **제24조(명의대여자의 책임)** 타인에게 자기의 성명 또는 상호를 사용하여 영업을 할 것을 허락한 자는 자기를 영업주로 오인하여 거래한 제3자에 대하여 그 타인과 연대하여 변제할 책임이 있다.

0117 | 2022 |
농약판매등록명의자가 그 등록명의를 위법하게 대여한 경우 상법상 명의대여자의 책임이 성립할 수 있다.
( )

> 위법한 명의대여에 대하여 형사상 내지 행정상 제재를 받는 것과는 별개로, 명의대여자는 명의차용자와 거래한 상대방에 대하여 계약상 책임을 진다.
> **[대법원 1988. 2. 9., 선고, 87다카1304, 판결]**
> 가. 농약관리법 제10조에 의하면 농약판매업을 하고자 하는 자는 일정한 자격과 시설을 갖추어 등록을 하도록 되어 있는 바, 이는 농약의 성질로 보아 무자격자가 판매업을 할 경우, 국민보건에 위해를 끼칠 염려가 있기 때문이며 따라서 그 등록명의를 다른 사람에게 빌려준다든지 하는 일은 금지된다.
> 나. 농약판매등록명의자가 그 등록명의를 대여하였다거나 그 명의로 등록할 것을 다른사람에게 허락하였다면 농약의 판매업에 관한 한 등록명의자 스스로 영업주라는 것을 나타낸 것이라 할 것이므로 상법 제24조에 의한 명의대여자로서 농약거래로 인하여 생긴 채무를 변제할 책임이 있다.

3. 상업장부

0118 | 2008 |
상법상의 상업장부는 회계장부와 대차대조표만을 말한다. ( )

> 상법상의 상업장부란 회계장부와 대차대조표를 의미한다.
> **제29조(상업장부의 종류·작성원칙)** ① 상인은 영업상의 재산 및 손익의 상황을 명백히 하기 위하여 회계장부 및 대차대조표를 작성하여야 한다.

0119 | 2008, 2013 |
상법상의 모든 상인은 영업상의 재산 및 손익의 상황을 명백히 하기 위하여 회계장부 및 대차대조표를 작성하여야 한다. ( )

> 소상인은 상업장부(회계장부, 대차대조표)의 작성의무가 없다.
> **제9조(소상인)** 지배인, 상호, 상업장부와 상업등기에 관한 규정은 소상인에게 적용하지 아니한다.
> **제29조(상업장부의 종류·작성원칙)** ① 상인은 영업상의 재산 및 손익의 상황을 명백히 하기 위하여 회계장부 및 대차대조표를 작성하여야 한다.
> ② 상업장부의 작성에 관하여 이 법에 규정한 것을 제외하고는 일반적으로 공정·타당한 회계관행에 의한다.

답 0116 × 0117 ○ 0118 ○ 0119 ×

0120 |2008|
상업장부의 작성에 관하여 이 법에 규정한 것을 포함하여 일반적으로 공정·타당한 회계관행에 의한다. (   )

상업장부에 관하여 상법에 규정이 있는 경우에는 회계관행이 아니라 상법을 따라야 한다.

제29조(상업장부의 종류·작성원칙) ② 상업장부의 작성에 관하여 이 법에 규정한 것을 제외하고는 일반적으로 공정·타당한 회계관행에 의한다.

0121 |2008|
회사는 성립한 때와 매 결산기에 회계장부를 작성하고, 작성자가 이에 기명날인 또는 서명하여야 한다. (   )

성립한 때와 매 결산기에 회계장부를 작성하는 것이 아니라, 회계장부에 의하여 대차대조표를 작성하는 것이다. 회계장부는 영업의 동적 상태를 기록하는 장부이므로 거래와 영업상의 재산에 영향이 있는 사항이 발생하면 그때마다 기재하여야 한다.

제30조(상업장부의 작성방법) ① 회계장부에는 거래와 기타 영업상의 재산에 영향이 있는 사항을 기재하여야 한다.
② 상인은 영업을 개시한 때와 매년 1회 이상 일정시기에, 회사는 성립한 때와 매 결산기에 회계장부에 의하여 대차대조표를 작성하고, 작성자가 이에 기명날인 또는 서명하여야 한다.

0122 |2008|
상인은 상업장부와 영업에 관한 중요서류를 5년간 보존하여야 한다.   (   )

상업장부와 영업에 관한 중요한 서류는 「10년간」 보존하여야 한다. 전표 또는 이와 유사한 서류는 '5년간' 보존하여야 한다.

제33조(상업장부등의 보존) ① 상인은 10년간 상업장부와 영업에 관한 중요서류를 보존하여야 한다. 다만, 전표 또는 이와 유사한 서류는 5년간 이를 보존하여야 한다.
② 전항의 기간은 상업장부에 있어서는 그 폐쇄한 날로부터 기산한다.
③ 제1항의 장부와 서류는 마이크로필름 기타의 전산정보처리조직에 의하여 이를 보존할 수 있다.
④ 제3항의 규정에 의하여 장부와 서류를 보존하는 경우 그 보존방법 기타 필요한 사항은 대통령령으로 정한다.

0123 |2013, 2022|
상인은 상업장부와 영업에 관한 중요서류를 그 작성일로부터 10년간 보존하여야 하며, 전표 또는 이와 유사한 서류는 5년간 이를 보존하여야 한다.   (   )

(ⅰ) 전표(일정한 거래를 유형별로 기록 및 관리하기 위하여 회계거래에 대한 계정과목, 거래내용, 금액 등을 기재할 수 있도록 만든 서식) 또는 이와 유사한 서류는 "5년간" 보존하여야 한다. 한편 상업장부(회계장부, 대차대조표)와 영업에 관한 중요한 서류는 "10년간" 보존하여야 한다. (ⅱ) 상업장부의 작성일이 아니라 장부폐쇄일(결산마감일)로부터 10년을 기산한다.

제33조(상업장부등의 보존) ① 상인은 10년간 상업장부와 영업에 관한 중요서류를 보존하여야 한다. 다만, 전표 또는 이와 유사한 서류는 5년간 이를 보존하여야 한다.
② 전항의 기간은 상업장부에 있어서는 그 폐쇄한 날로부터 기산한다.

답 0120 × 0121 × 0122 × 0123 ×

③ 제1항의 장부와 서류는 마이크로필름 기타의 전산정보처리조직에 의하여 이를 보존할 수 있다.
④ 제3항의 규정에 의하여 장부와 서류를 보존하는 경우 그 보존방법 기타 필요한 사항은 대통령령으로 정한다.

0124 |2022|
회계장부에는 거래와 기타 영업상의 재산에 영향이 있는 사항을 기재하여야 한다. ( )

회계장부는 영업의 동적 상태를 기록하는 장부이므로 거래와 영업상의 재산에 영향이 있는 사항이 발생하면 그때마다 기재하여야 한다.

제30조(상업장부의 작성방법) ① 회계장부에는 거래와 기타 영업상의 재산에 영향이 있는 사항을 기재하여야 한다.
② 상인은 영업을 개시한 때와 매년 1회 이상 일정시기에, 회사는 성립한 때와 매 결산기에 회계장부에 의하여 대차대조표를 작성하고, 작성자가 이에 기명날인 또는 서명하여야 한다.

0125 |2022|
상인은 영업을 개시한 때와 매년 1회 이상 일정시기에, 회사는 성립한 때와 매 결산기에 대차대조표에 의하여 회계장부를 작성하여야 한다. ( )

회계장부와 대차대조표의 선후가 바뀌었다. "회계장부"에 의하여 "대차대조표"를 작성하는 것이다.

제30조(상업장부의 작성방법) ① 회계장부에는 거래와 기타 영업상의 재산에 영향이 있는 사항을 기재하여야 한다.
② 상인은 영업을 개시한 때와 매년 1회 이상 일정시기에, 회사는 성립한 때와 매 결산기에 회계장부에 의하여 대차대조표를 작성하고, 작성자가 이에 기명날인 또는 서명하여야 한다.

0126 |2022|
법원은 직권으로 소송당사자에게 상업장부의 제출을 명할 수 있다. ( )

당사자의 신청이 없어도 법원이 직권으로 명할 수 있는 사항은 "상/해/청/주/이/사비"로 정리하자.

제32조(상업장부의 제출) 법원은 신청에 의하여 또는 직권으로 소송당사자에게 상업장부 또는 그 일부분의 제출을 명할 수 있다.

정답 0124 ○ 0125 × 0126 ○

4. 영업소

0127 |2008, 2011, 2013, 2018|
채권자의 지점에서의 거래로 인한 채무이행의 장소가 그 행위의 성질 또는 당사자의 의사표시에 의하여 특정되지 아니한 경우 특정물 인도 외의 채무이행은 그 지점을 이행장소로 본다. ( )

> 특정물 인도채무는 특약이 없는 한 그 소재지가 이행장소가 된다.
>
> **제56조(지점거래의 채무이행장소)** 채권자의 지점에서의 거래로 인한 채무이행의 장소가 그 행위의 성질 또는 당사자의 의사표시에 의하여 특정되지 아니한 경우 특정물 인도 외의 채무이행은 그 지점을 이행장소로 본다.

0128 |2022, 2023|
채권자의 지점에서의 상거래로 인한 채무이행의 장소가 그 행위의 성질 또는 당사자의 의사표시에 의하여 특정되지 아니한 경우, 특정물 인도의 채무이행은 그 지점을 이행장소로 본다. ( )

> (ⅰ) 채권자의 지점에서의 거래는 "특정물 인도채무 외에는" 채권자의 그 지점이 이행장소가 된다. (ⅱ) 특정물을 인도하는 채무의 이행은 채무성립 당시 그 특정물이 있던 장소가 이행장소가 된다. 특정물이란 대체물 내지 불특정물과 대응되는 개념으로, 면적과 위치가 특정된 부동산을 생각해보면 된다.
>
> **제56조(지점거래의 채무이행장소)** 채권자의 지점에서의 거래로 인한 채무이행의 장소가 그 행위의 성질 또는 당사자의 의사표시에 의하여 특정되지 아니한 경우 특정물 인도 외의 채무이행은 그 지점을 이행장소로 본다.
>
> ■ 민법
> **제467조(변제의 장소)** ① 채무의 성질 또는 당사자의 의사표시로 변제장소를 정하지 아니한 때에는 특정물의 인도는 채권성립당시에 그 물건이 있던 장소에서 하여야 한다.
> ② 전항의 경우에 특정물인도 이외의 채무변제는 채권자의 현주소에서 하여야 한다. 그러나 영업에 관한 채무의 변제는 채권자의 현영업소에서 하여야 한다.

0129 |2015|
채무자의 지점에서의 거래로 인한 채무이행의 장소가 그 행위의 성질 또는 당사자의 의사표시에 의하여 특정되지 아니한 경우 특정물 인도 외의 채무이행은 그 지점을 이행장소로 본다. ( )

> 채무자의 지점이 아니라 채권자의 지점(지참채무원칙)
>
> **제56조(지점거래의 채무이행장소)** 채권자의 지점에서의 거래로 인한 채무이행의 장소가 그 행위의 성질 또는 당사자의 의사표시에 의하여 특정되지 아니한 경우 특정물 인도 외의 채무이행은 그 지점을 이행장소로 본다.

CHAPTER 03 영업의 공시와 양도

제1절 상업등기

1. 의의

0130 |2023|
상법에 따라 등기할 사항은 당사자의 신청에 의하여 영업소의 소재지를 관할하는 법원의 상업등기부에 등기한다. ( )

> 영업소의 소재지를 관할하는 법원에 신청해야 한다.
> **제34조(통칙)** 이 법에 따라 등기할 사항은 당사자의 신청에 의하여 영업소의 소재지를 관할하는 법원의 상업등기부에 등기한다.

0131 |2007|
회사의 상호는 절대적 등기사항으로 회사등기부에 등기한다. ( )

> 회사의 종류를 불문하고 상호는 절대적 등기사항이다.
> **제180조(설립의 등기)** 합명회사의 설립등기에 있어서는 다음의 사항을 등기하여야 한다.
> 1. 제179조제1호 내지 제3호 및 제5호의 사항과 지점을 둔 때에는 그 소재지. 다만, 회사를 대표할 사원을 정한 때에는 그 외의 사원의 주소를 제외한다.
> 2. 사원의 출자의 목적, 재산출자에는 그 가격과 이행한 부분
> 3. 존립기간 기타 해산사유를 정한 때에는 그 기간 또는 사유
> 4. 회사를 대표할 사원을 정한 경우에는 그 성명·주소 및 주민등록번호
> 5. 수인의 사원이 공동으로 회사를 대표할 것을 정한 때에는 그 규정
>
> **제179조(정관의 절대적 기재사항)** 정관에는 다음의 사항을 기재하고 총사원이 기명날인 또는 서명하여야 한다.
> 1. 목적
> 2. 상호
> 3. 사원의 성명·주민등록번호 및 주소
> 4. 사원의 출자의 목적과 가격 또는 그 평가의 표준
> 5. 본점의 소재지
> 6. 정관의 작성년월일

답 0130 ○ 0131 ○

0132　|2023|

본점의 소재지에서 등기할 사항은 다른 규정이 없으면 지점의 소재지에서도 등기하여야 한다.　(　　)

본점 등기사항은 본지점에 공통된 사항이기 때문이다.

제35조(지점소재지에서의 등기) 본점의 소재지에서 등기할 사항은 다른 규정이 없으면 지점의 소재지에서도 등기하여야 한다.

0133　|2023|

지점의 소재지에서 등기할 사항을 등기하지 아니한 경우 상업등기의 효력에 관한 상법 제37조의 규정은 그 지점의 거래에 한하여 적용한다.　(　　)

지배인의 선·해임이 대표적인 경우이다.

제37조(등기의 효력) ① 등기할 사항은 이를 등기하지 아니하면 선의의 제3자에게 대항하지 못한다.
② 등기한 후라도 제3자가 정당한 사유로 인하여 이를 알지 못한 때에는 제1항과 같다.

제38조(지점소재지에서의 등기의 효력) 지점의 소재지에서 등기할 사항을 등기하지 아니한 때에는 전조의 규정은 그 지점의 거래에 한하여 적용한다.

제13조(지배인의 등기) 상인은 지배인의 선임과 그 대리권의 소멸에 관하여 그 지배인을 둔 본점 또는 지점소재지에서 등기하여야 한다. 전조 제1항에 규정한 사항과 그 변경도 같다.

0134　|2010, 2014|

법정대리인이 미성년자를 대신하여 영업을 하는 경우 상법상 등기의무가 없다.　(　　)

법정대리인의 영업의 대리의 경우(제8조)나 미성년자의 영업허락의 경우(제6조)나 모두 등기하여야 한다.

제8조(법정대리인에 의한 영업의 대리) ① 법정대리인이 미성년자, 피한정후견인 또는 피성년후견인을 위하여 영업을 하는 때에는 등기를 하여야 한다.
② 법정대리인의 대리권에 대한 제한은 선의의 제3자에게 대항하지 못한다.

제6조(미성년자의 영업과 등기) 미성년자가 법정대리인의 허락을 얻어 영업을 하는 때에는 등기를 하여야 한다.

0135　|2016|

자본금액 2,000만원으로 미성년자가 법정대리인의 허락을 얻어 영업을 하는 때에는 등기를 하여야 하나 그 법정대리인이 미성년자를 위하여 영업을 하는 때에는 등기할 사항이 아니다.　(　　)

미성년자가 법정대리인의 허락을 얻어 영업을 하는 경우나(영업허락등기), 법정대리인이 미성년자를 위하여 영업을 하는 경우나(영업대리등기) 모두 등기를 하여야 한다. 다만 소상인의 경우라면 상업등기에 관한 규정의 적용이 제외되는데, 소상인은 자본금이 1,000만원에 미치지 못하는 경우라야 한다.

제6조(미성년자의 영업과 등기) 미성년자가 법정대리인의 허락을 얻어 영업을 하는 때에는 등기를 하여야 한다.

제8조(법정대리인에 의한 영업의 대리) ① 법정대리인이 미성년자, 피한정후견인 또는 피성년후견인을 위하여 영업을 하는 때에는 등기를 하여야 한다.

답　0132 ○　0133 ○　0134 ×　0135 ×

제9조(소상인) 지배인, 상호, 상업장부와 상업등기에 관한 규정은 소상인에게 적용하지 아니한다.

▪ **상법 시행령**
제2조(소상인의 범위)「상법」(이하 "법"이라 한다) 제9조에 따른 소상인은 자본금액이 1천만원에 미치지 못하는 상인으로서 회사가 아닌 자로 한다.

0136 |2007, 2016|
개인상인의 상호가 일단 등기된 후에 이루어진 상호의 변경 또는 소멸은 지체없이 등기를 해야 하는 절대적 등기사항이다.   (   )

회사의 상호는 절대적 등기사항인 반면(제179조 제2호), 개인상인의 상호등기는 의무사항이 아니다(상대적 등기사항). 그러나 일단 등기된 후에는 그 변경 또는 소멸은 지체 없이 등기해야 하는 절대적 등기사항이다.

제40조(변경, 소멸의 등기) 등기한 사항에 변경이 있거나 그 사항이 소멸한 때에는 당사자는 지체없이 변경 또는 소멸의 등기를 하여야 한다.

0137 |2016|
판례에 의하면 법원의 등기관은 등기신청요건에 관한 형식적 심사권은 물론 그 신청사항의 진위여부까지 심사할 실질적 심사권을 가진다.   (   )

상호등기를 포함한 상업등기에 관한 등기소의 심사권과 관련하여, 판례는 형식적 적법성(신청권한의 유무, 신청서 방식의 적합여부, 신청사항이 등기사항인지의 여부)만을 심사할 수 있다는「형식적 심사주의」를 택하고 있다.
[대법원 1995.1.20, 선고, 94마535, 판결]
등기공무원은 등기신청에 대하여 실체법상의 권리관계와 일치하는 여부를 심사할 실질적 심사권한은 없고 오직 신청서 및 그 첨부서류와 등기부에 의하여 등기요건에 합당하는지 여부를 심사할 형식적 심사권한 밖에는 없다.

2. 등기의 효력

0138 |2007|
상업등기에는 원칙적으로 등기의 공신력이 인정되지 않는다.   (   )

등기관에게 실질적 조사권이 없기 때문에, 상업등기에는 공신력이 인정되지 않는다.
[대법원 1996.10.29, 선고, 96다19321, 판결]
회사등기에는 공신력이 인정되지 아니하므로, 합자회사의 사원 지분등기가 불실등기인 경우 그 불실등기를 믿고 합자회사 사원의 지분을 양수하였다 하여 그 지분을 양수한 것으로는 될 수 없다.

0139 |2007|
등기사항을 등기한 후에는 이로써 선의의 제3자에게 대항하지 못한다. ( )

> 등기할 사항을 등기한 후에는 원칙적으로 선의의 제3자에게 대항할 수 있다. 다만 제3자에게 정당한 사유가 있다면 대항하지 못한다.
>
> **제37조(등기의 효력)** ① 등기할 사항은 이를 등기하지 아니하면 선의의 제3자에게 대항하지 못한다.
> ② 등기한 후라도 제3자가 정당한 사유로 인하여 이를 알지 못한 때에는 제1항과 같다.

0140 |2009|
지배인 甲의 해임등기를 하지 않아 그 사실을 모르고 甲과 거래한 乙에 대하여 영업주 A는 무권대리행위임을 주장할 수 없다. ( )

> 등기할 사항을 등기를 하지 않으면 선의의 제3자에게 대항하지 못한다는 상업등기의 「소극적 효력」을 의미한다.
>
> **제37조(등기의 효력)** ① 등기할 사항은 이를 등기하지 아니하면 선의의 제3자에게 대항하지 못한다.
> ② 등기한 후라도 제3자가 정당한 사유로 인하여 이를 알지 못한 때에는 제1항과 같다.

0141 |2009|
지배인 甲의 해임등기를 하지 않아 그 사실을 모르고 甲과 거래한 乙은 무권대리행위임을 주장할 수 있다. ( )

> 제37조 제1항은 제3자를 보호하기 위한 규정이므로, 제3자가 「등기되지 않은 사실」을 스스로 인정하여 등기의무자에게 주장하는 것은 가능하다. 즉 이 사안에서 乙은 甲이 무권대리임을 들어 거래행위의 효력을 부인할 수 있다.
>
> **제37조(등기의 효력)** ① 등기할 사항은 이를 등기하지 아니하면 선의의 제3자에게 대항하지 못한다.
> ② 등기한 후라도 제3자가 정당한 사유로 인하여 이를 알지 못한 때에는 제1항과 같다.

0142 |2009|
고의 또는 중과실이 있는 경우와는 달리 경과실로 인하여 사실과 상위한 사항을 등기한 자는 그 상위를 선의의 제3자에게 대항할 수 있다. ( )

> 제39조에서는 등기신청권자에게 「고의 또는 과실」이 있으면 선의의 제3자에게 대항하지 못한다고 규정하고 있다. 따라서 등기신청권자에게 「경과실」이 있는 경우에도 선의의 제3자에게 대항할 수 없다.
>
> **제39조(부실의 등기)** 고의 또는 과실로 인하여 사실과 상위한 사항을 등기한 자는 그 상위를 선의의 제3자에게 대항하지 못한다.

0143 |2023|
등기신청인이 제대로 신청하였음에도 등기공무원의 과실로 인하여 사실과 상위한 사항이 등기된 때에는 그 상위를 선의의 제3자에게 대항하지 못한다. ( )

답 0139 × 0140 ○ 0141 ○ 0142 × 0143 ×

사실과 상위한 등기가 이루어진 데 대해 등기신청권자(또는 그의 대리인)에게 고의 또는 과실이 있는 때에만 본조가 적용된다. 등기는 공신력이 없기 때문에, 등기신청권자에게 귀책사유가 없다면 부실등기를 신뢰한 선의의 제3자는 보호받을 수 없다.

제39조(부실의 등기) 고의 또는 과실로 인하여 사실과 상위한 사항을 등기한 자는 그 상위를 선의의 제3자에게 대항하지 못한다.

0144 |2009|
창설적 효력이 있는 회사의 설립등기와 회사의 합병등기에는 상업등기의 일반적 효력에 관한 상법 제37조는 적용되지 않는다. ( )

상업등기의 「일반적 효력」이란 상법 제37조에 규정된 대항력(보고적 효력)을 의미하는 반면, 상업등기의 「특수적 효력」이란 특정한 등기사항에 대해서만 인정되는 효력이다. 창설적 효력은 등기에 의하여 비로소 법률관계가 형성되는 효력을 말하며, 상법 제37조가 아닌 개별규정을 통해 규율하고 있다. 회사의 설립 등 등기(설립등기, 조직변경등기, 합병등기, 분할 또는 분할합병등기, 주식의 포괄적 이전 등기)가 그 예이다.

0145 |2012|
회사의 설립이나 합병의 경우 그 등기를 하기 전에는 제3자의 선의·악의를 불문하고 회사의 설립 또는 합병의 효력이 발생하지 않는다. ( )

회사의 설립 등 등기(설립등기, 합병등기, 분할등기, 조직변경등기, 주식의 포괄적 이전 등기)는 창설적 효력을 가진다.

0146 |2010|
다수설에 의하면, 등기소의 잘못으로 등기되지 않은 경우에도 상업등기의 소극적 공시의 원칙이 적용된다. ( )

등기할 사항이 등기되지 않은 것은 그 원인이 등기의무자에게 있든지 아니면 등기공무원에게 있든지 가리지 않는다.

제37조(등기의 효력) ① 등기할 사항은 이를 등기하지 아니하면 선의의 제3자에게 대항하지 못한다.
② 등기한 후라도 제3자가 정당한 사유로 인하여 이를 알지 못한 때에는 제1항과 같다.

0147 |2009, 2012, 2014|
판례에 의하면 법인등기부에 이사 또는 감사로 등재되어 있는 자는 특단의 사정이 없는 한 정당한 절차에 의하여 선임된 적법한 이사 또는 감사로 추정된다. ( )

상업등기부에 기재된 사항은 일단은 진실하다는 추정을 받는다.
[대법원 1991.12.27. 선고, 91다4409, 판결]
법인등기부에 이사 또는 감사로 등재되어 있는 경우에는 특단의 사정이 없는 한 정당한 절차에 의하여 선임된 적법한 이사 또는 감사로 추정된다고 할 것이다.

답 0144 ○ 0145 ○ 0146 ○ 0147 ○

0148 |2012|
판례에 의하면 국가에 의한 조세의 부과처분 등과 같은 공법적 관계에 대하여는 상업등기의 일반적 효력이 인정되지 않는다. ( )

상업등기의 일반적 효력은 거래의 안전을 보호하기 위한 규정이기 때문이다.

[대법원 1990.9.28. 선고, 90누4235, 판결]
가. 국세기본법 제39조 제1호에 의하여 법인의 무한책임사원에게 제2차 납세의무를 부과시키기 위하여는 체납국세의 납세의무 성립일 현재 실질적으로 무한책임사원으로서 그 법인의 운영에 관여할 수 있는 위치에 있음을 요하고, 단지 형식상으로 법인의 등기부상 무한책임사원으로 등재되어 있다는 사유만으로 곧 무한책임사원으로서 납세의무를 부과시킬 수 없다.
나. "등기할 사항은 등기와 공고후가 아니면 선의의 제3자에게 대항할 수 없다"는 상법 제37조 소정의 제3자라 함은 대등한 지위에서 하는 보통의 거래관계의 상대방을 말한다 할 것이고, 조세권에 기하여 조세의 부과처분을 하는 경우의 국가는 여기에 규정된 제3자라 할 수 없다.

0149 |2016|
상인이 A를 지배인으로 선임하였으나 과실로 B를 지배인으로 선임등기한 경우 B가 지배인이 아니라는 사실을 선의의 제3자에게 대항할 수 있다. ( )

고의 또는 과실로써 사실과 상위한 등기(부실등기)를 한 자는 선의의 제3자에게 그 상위를 대항할 수 없다.

제39조(부실의 등기) 고의 또는 과실로 인하여 사실과 상위한 사항을 등기한 자는 그 상위를 선의의 제3자에게 대항하지 못한다.

제2절 영업양도

1. 대내관계

0150 |2007|
회사의 일부합병은 인정되지 않지만, 영업의 일부양도는 인정된다. ( )

영업의 일부양도는 인정되지만 일부합병은 인정되지 않는다.

제235조(합병의 효과) 합병후 존속한 회사 또는 합병으로 인하여 설립된 회사는 합병으로 인하여 소멸된 회사의 권리의무를 승계한다.

제374조(영업양도, 양수, 임대등) ① 회사가 다음 각 호의 어느 하나에 해당하는 행위를 할 때에는 제434조에 따른 결의가 있어야 한다.
1. 영업의 전부 또는 중요한 일부의 양도

0151 | 2009 |
영업양도의 당사자는 회사 이외에 자연인도 될 수 있다. ( )

> 영업양도는 개인과 회사의 경우 모두 가능하다. 참고로 합병은 회사에 대해서만 가능하다.
>
> **제174조(회사의 합병)** ① <u>회사는 합병을 할 수 있다.</u>

0152 | 2018 |
영업양도계약에 있어 양수인은 반드시 상인일 필요가 없다. ( )

> 영업의 양도인은 기업을 운영하고 있는 자여야 하므로 반드시 상인일 것을 요한다. 반면에 영업의 양수인은 반드시 상인일 필요는 없으며, 해당 영업을 양도받은 이후에 영업을 개시하여 상인이 되는 것도 가능하다.

0153 | 2012 |
회사의 영업양도는 상법상 회사의 해산사유에 해당하지 않는다. ( )

> 회사의 해산사유는 상법 제227조, 제517조 등에 열거되어 있다. 영업을 양도하더라도 회사는 잔존영업을 수행하거나 혹은 새로운 영업을 하여 회사를 지속할 수 있다.
>
> **제227조(해산원인)** 회사는 다음의 사유로 인하여 해산한다.
> 1. 존립기간의 만료 기타 정관으로 정한 사유의 발생
> 2. 총사원의 동의
> 3. 사원이 1인으로 된 때
> 4. 합병
> 5. 파산
> 6. 법원의 명령 또는 판결
>
> **제517조(해산사유)** 주식회사는 다음의 사유로 인하여 해산한다.
> 1. 제227조제1호, 제4호 내지 제6호에 정한 사유
> 1의2. 제530조의2의 규정에 의한 회사의 분할 또는 분할합병
> 2. 주주총회의 결의

0154 | 2007, 2009, 2012, 2021 |
다른 약정이 없는 경우 양도인은 동일한 특별시·광역시·시·군 뿐만 아니라 인접 특별시·광역시·시·군에서도 10년간 경업금지의무를 진다. ( )

> 영업양도인의 경업금지의무는 「동일」시군뿐만 아니라 「인접」시군에도 미친다는 점에 주의하여야 한다.
>
> **제41조(영업양도인의 경업금지)** ① 영업을 양도한 경우에 <u>다른 약정이 없으면 양도인은 10년간 동일한 특별시·광역시·시·군과 인접 특별시·광역시·시·군에서 동종영업을 하지 못한다.</u>
> ② 양도인이 동종영업을 하지 아니할 것을 약정한 때에는 동일한 특별시·광역시·시·군과 인접 특별시·광역시·시·군에 한하여 20년을 초과하지 아니한 범위내에서 그 효력이 있다.

0155 |2015|
양도인이 동종영업을 하지 않을 것을 약정한 때에는 동일한 특별시·광역시·시·군과 인접 특별시·광역시·시·군에 한하여 20년을 초과하지 않는 범위 내에서 그 효력이 있다. ( )

> 약정이 없으면 10년간, 약정이 있으면 20년을 초과하지 않는 범위 내에서 경업이 금지된다.
>
> **제41조(영업양도인의 경업금지)** ① 영업을 양도한 경우에 다른 약정이 없으면 양도인은 10년간 동일한 특별시·광역시·시·군과 인접 특별시·광역시·시·군에서 동종영업을 하지 못한다.
> ② 양도인이 동종영업을 하지 아니할 것을 약정한 때에는 동일한 특별시·광역시·시·군과 인접 특별시·광역시·시·군에 한하여 20년을 초과하지 아니한 범위내에서 그 효력이 있다.

0156 |2021|
영업양도에서의 영업은 영리적 목적을 수행하기 위해 결합시킨 조직적 재산으로 개개의 영업용 재산 또는 단순한 영업용 재산만을 가리키는 것이다. ( )

> 영업양도란 개개의 영업용 재산만 이전하는 것이 아니라, 인적·물적 조직이 일체로서 이전하는 것을 말한다.
>
> [대법원 1991. 8. 9., 선고, 91다15225, 판결]
> 영업의 양도라 함은 일정한 영업목적에 의하여 조직화된 업체 즉 인적, 물적 조직을 그 동일성을 유지하면서 일체로서 이전하는 것을 말하고, 영업이 포괄적으로 양도되면 양도인과 근로자 간에 체결된 고용계약도 양수인에게 승계된다.

0157 |2015|
양도인이 영업재산의 이전의무를 이행함에 있어서는 특정승계의 방법에 의하여 재산의 종류에 따라 개별적으로 이전행위를 하여야 한다. ( )

> 영업양도는 특정승계이므로 개개의 권리이전절차를 거쳐야 한다.

0158 |2007|
양도인은 자신이 양도한 영업과 동종영업을 목적으로 하는 다른 회사의 무한책임사원이나 이사가 되지 못한다. ( )

> 상법상 영업양도인은 경업금지의무를 부담하나 이는 동일 또는 인접지역 내 동종영업을 하지 못하는 것이고, 상업사용인과는 달리 겸직제한의무를 부담하지는 않는다.
>
> **제41조(영업양도인의 경업금지)** ① 영업을 양도한 경우에 다른 약정이 없으면 양도인은 10년간 동일한 특별시·광역시·시·군과 인접 특별시·광역시·시·군에서 동종영업을 하지 못한다.
> ② 양도인이 동종영업을 하지 아니할 것을 약정한 때에는 동일한 특별시·광역시·시·군과 인접 특별시·광역시·시·군에 한하여 20년을 초과하지 아니한 범위내에서 그 효력이 있다.

답 0155 ○ 0156 × 0157 ○ 0158 ×

■ 영업양도인의 경업회피의무
- 내용
  - 경업거래금지의무 ○
  - 겸직금지의무 ×
- 기간
  - 약정 : Max 20년
  - 상법 : 10년
- 장소
  - 동일시군 : ○
  - 인접시군 : ○

2. 대외관계

0159 | 2021 |
상호를 속용하는 양수인의 책임에 있어서, 영업으로 인하여 발생한 양도인의 채무에는 영업상의 활동과 관련하여 발생한 불법행위로 인한 채무는 포함되지 않는다. ( )

양도인의 영업활동과 관련해서 발생한 채무인 이상, 거래상의 채무나 채무불이행으로 인한 손해배상채무에 한정되지 않고, 불법행위로 인한 손해배상채무도 포함된다. 음식점에서 고객이 식중독사고를 이유로 불법행위 손해배상을 청구하는 경우를 생각해보면 된다.

[대법원 1989. 3. 28. 선고 88다카12100 판결]
영업으로 인하여 발생한 채무란 영업상의 활동에 관하여 발생한 모든 채무를 말하는 것이므로 불법행위로 인한 손해배상채무도 이에 포함된다.

0160 | 2012 |
양수인은 양도인의 상호를 계속 사용하더라도 양도인의 영업상의 채무에 대하여 책임 없음을 광고한 때에는 양도인의 영업상의 채무에 대하여 책임이 없다. ( )

상호를 속용하는 양수인은 책임 없음의 등기 또는 통지를 하여야 면책될 수 있다.

제42조(상호를 속용하는 양수인의 책임) ① 영업양수인이 양도인의 상호를 계속 사용하는 경우에는 양도인의 영업으로 인한 제3자의 채권에 대하여 양수인도 변제할 책임이 있다.
② 전항의 규정은 양수인이 영업양도를 받은 후 지체없이 양도인의 채무에 대한 책임이 없음을 등기한 때에는 적용하지 아니한다. 양도인과 양수인이 지체없이 제3자에 대하여 그 뜻을 통지한 경우에 그 통지를 받은 제3자에 대하여도 같다.

0161 | 2021 |
양수인이 양도인의 상호를 속용하지 않는 경우, 양도인의 영업으로 인한 채무를 인수할 것을 광고한 때에는 양수인도 변제할 책임을 진다. ( )

"불광통(상호불사용시에도 채무인수 광고·통지를 하면 변제책임)"으로 정리하자.

제44조(채무인수를 광고한 양수인의 책임) 영업양수인이 양도인의 상호를 계속 사용하지 아니하는 경우에 양도인의 영업으로 인한 채무를 인수할 것을 광고한 때에는 양수인도 변제할 책임이 있다.

답 0159 × 0160 × 0161 ○

0162 | 2015, 2018 |

영업양도계약 당사자 간에 별도의 합의가 없는 한 양도인의 영업상 채무가 당연히 양수인에게 이전되는 것은 아닙니다. ( )

> 영업양도는 어디까지나 특정승계의 일종이기 때문에 양도인의 모든 영업상 채무가 무조건 양수인에게 이전되는 것은 아니다. 양도인과 양수인이 채무인수의 합의를 할 때 일부의 채무는 제외할 수도 있으며, 양수인에게 인수되지 아니한 채무는 여전히 양도인의 채무로 남게 된다.

0163 | 2012 |

판례에 의하면 영업을 현물출자하여 주식회사를 설립하고 기존 영업의 상호를 계속 사용하는 경우 새로 설립된 회사는 출자자의 영업상의 채무에 대하여 변제할 책임이 있다. ( )

> [대법원 1996.7.9. 선고, 96다13767, 판결]
> 상법 제42조 제1항은 영업양수인이 양도인의 상호를 계속 사용하는 경우에는 양도인의 영업으로 인한 제3자의 채권에 대하여 양수인도 변제할 책임이 있다고 규정하고 있는바, 영업을 출자하여 주식회사를 설립하고 그 상호를 계속 사용하는 경우에는 영업의 양도는 아니지만 출자의 목적이 된 영업의 개념이 동일하고 법률행위에 의한 영업의 이전이라는 점에서 영업의 양도와 유사하며 채권자의 입장에서 볼 때는 외형상의 양도와 출자를 구분하기 어려우므로 새로 설립된 법인은 상법 제42조 제1항의 규정의 유추적용에 의하여 출자자의 채무를 변제할 책임이 있고, 여기서 말하는 영업의 출자라 함은 일정한 영업목적에 의하여 조직화된 업체 즉 인적·물적 조직을 그 동일성을 유지하면서 일체로서 출자하는 것을 말한다.

0164 | 2015 |

상호의 속용으로 인하여 양수인이 양도인의 영업상 채무에 대하여 변제책임을 지는 경우 양수인은 지체 없이 채권자에게 영업상 채무에 대한 책임이 없음을 통지하면 통지를 받은 채권자에 대하여는 변제책임을 면한다. ( )

> 양도인과 양수인이 함께 통지하여야 한다.
> **제42조(상호를 속용하는 양수인의 책임)** ② 전항의 규정은 양수인이 영업양도를 받은 후 지체없이 양도인의 채무에 대한 책임이 없음을 등기한 때에는 적용하지 아니한다. 양도인과 양수인이 지체없이 제3자에 대하여 그 뜻을 통지한 경우에 그 통지를 받은 제3자에 대하여도 같다.

0165 | 2015, 2018 |

채무인수를 광고한 양수인이 양도인의 영업상 채무에 대하여 변제책임을 부담하는 경우 채권자에 대한 양도인의 채무는 영업양도 후 2년이 경과하면 소멸한다. ( )

> 제45조의 조문내용을 꼼꼼히 분석해야 하는 문제이다. (ⅰ) 영업양수인이 양도인의 상호를 계속 사용하는 경우에 양도인의 채무는 '영업양도 후' 2년이 경과하면 소멸하고, (ⅱ) 영업양수인이 양도인의 상호를 계속 사용하지 않으나 채무인수를 광고한 때 양도인의 채무는 '광고' 후 2년이 경과한 시점에 소멸한다.
> **제42조(상호를 속용하는 양수인의 책임)** ① 영업양수인이 양도인의 상호를 계속 사용하는 경우에는 양도인의 영업으로 인한 제3자의 채권에 대하여 양수인도 변제할 책임이 있다.

답 0162 ○ 0163 ○ 0164 × 0165 ×

제44조(채무인수를 광고한 양수인의 책임) 영업양수인이 양도인의 상호를 계속 사용하지 아니하는 경우에 양도인의 영업으로 인한 채무를 인수할 것을 광고한 때에는 양수인도 변제할 책임이 있다.

제45조(영업양도인의 책임의 존속기간) 영업양수인이 제42조제1항 또는 전조의 규정에 의하여 변제의 책임이 있는 경우에는 양도인의 제3자에 대한 채무는 영업양도 또는 광고 후 2년이 경과하면 소멸한다.

0166 | 2015, 2018 |

양수인이 양도인의 상호를 계속 사용하는 경우에 양도인의 영업으로 인한 채권에 대하여 채무자가 선의이며 중대한 과실 없이 양수인에게 변제한 때에는 그 효력이 있다. ( )

상호를 속용하는 양수인에 대한 양도인의 채무자의 변제는 선의이며 중과실이 없으면 유효하다.

제43조(영업양수인에 대한 변제) 전조 제1항의 경우에 양도인의 영업으로 인한 채권에 대하여 채무자가 선의이며 중대한 과실없이 양수인에게 변제한 때에는 그 효력이 있다.

0167 | 2021 |

양수인이 양도인의 상호를 속용하는 경우에는 채권의 양도가 없더라도 채권양도가 있는 것으로 간주되어 양도인의 채무자는 반드시 양수인에게 변제해야 한다. ( )

상호를 속용한다고 해도 채권양도가 간주되는 것은 아니다. 양도인의 채무자의 변제는 선의이며 중과실이 없으면 유효하다. 다시 말해서 채권양도가 없음을 양도인의 채무자가 알았다면(악의라면), 양도인에게 변제해야 한다.

제42조(상호를 속용하는 양수인의 책임) ① 영업양수인이 양도인의 상호를 계속 사용하는 경우에는 양도인의 영업으로 인한 제3자의 채권에 대하여 양수인도 변제할 책임이 있다.

제43조(영업양수인에 대한 변제) 전조 제1항의 경우에 양도인의 영업으로 인한 채권에 대하여 채무자가 선의이며 중대한 과실없이 양수인에게 변제한 때에는 그 효력이 있다.

0168 | 2018 |

판례에 의하면 영업이 양도되면 반대의 특약이 없는 한 양도인과 근로자 간의 근로관계도 원칙적으로 양수인에게 승계된다. ( )

[대법원 1991. 8. 9., 선고, 91다15225, 판결]
영업의 양도라 함은 일정한 영업목적에 의하여 조직화된 업체 즉 인적, 물적 조직을 그 동일성을 유지하면서 일체로서 이전하는 것을 말하고, 영업이 포괄적으로 양도되면 양도인과 근로자 간에 체결된 고용계약도 양수인에게 승계된다.

■ 비교판례

[대법원 2012. 5. 10., 선고, 2011다45217, 판결]
영업의 양도란 일정한 영업목적에 의하여 조직화된 업체 즉, 인적·물적 조직을 동일성은 유지하면서 일체로서 이전하는 것이어서 영업 일부만의 양도도 가능하고, 이러한 영업양도가 이루어진 경우에는 원칙적으로 해당 근로자들의 근로관계가 양수하는 기업에 포괄적으로 승계되지만 근로자가 반대 의사를 표시함으로써 양수기업에 승계되는 대신 양도기업에 잔류하거나 양도기업과 양수기업 모두에서 퇴직할 수도 있다. 또한 이와 같은 경우 근로자가 자의에 의하여 계속근로관계를 단절할 의사로 양도기업에서 퇴직하고 양수기업에 새로이 입사할 수도 있다.

답 0166 ○ 0167 × 0168 ○

PART 2-2 상행위

CHAPTER 01 상행위 총설

제1절 의의

0169 |2021|
상인의 행위는 영업을 위하여 하는 것으로 본다. ( )

> 상인이 하는 행위는 상행위일 수도 있지만(설비구입을 위한 자금대출), 아닐 수도 있다(신혼집 마련을 위한 자금대출). 따라서 상인이 하는 행위는 상행위로 추정할 뿐이고, 반대되는 증거를 통해 뒤집을 수도 있다.
>
> **제47조(보조적 상행위)** ① 상인이 영업을 위하여 하는 행위는 상행위로 본다.
> ② <u>상인의 행위는 영업을 위하여 하는 것으로 추정한다.</u>

0170 |2021|
상인이 영업을 위하여 하는 행위는 상행위로 추정한다. ( )

> ①「추정」은 반대되는 증거를 제시하여 뒤집을 수 있으나,「간주(의제)」는 뒤집을 수가 없다. 상인이 영업을 위하여 하는 행위라면 상행위로 보아야 한다(간주).
>
> **제47조(보조적 상행위)** ① <u>상인이 영업을 위하여 하는 행위는 상행위로 본다.</u>
> ② 상인의 행위는 영업을 위하여 하는 것으로 추정한다.

0171 |2021|
오로지 임금을 받을 목적으로 물건을 제조하거나 노무에 종사하는 자의 행위가 아닌 한, 영업으로 하는 상호부금은 기본적 상행위에 해당한다. ( )

>「상호부금」이란 일정한 기관을 정하여 정기적으로 돈을 납입하면 중도 또는 만기에 약정된 금액을 받는 예금제도이다. 정기적금과 비슷한 제도인데, 일정한 기간 이상 부금을 납입한 경우에는 대출받을 수 있는 권리가 보장되는 것이 특징이다. 상법에서는 금융기관의 상호부금 취급을 기본적 상행위로 규정하고 있다.
>
> **제46조(기본적 상행위)** 영업으로 하는 다음의 행위를 상행위라 한다. 그러나 <u>오로지 임금을 받을 목적으로 물건을 제조하거나 노무에 종사하는 자의 행위는 그러하지 아니하다.</u>
> 16. <u>상호부금 기타 이와 유사한 행위</u>

답 0169 × 0170 × 0171 ○

0172 | 2017 |
상인과 비상인 간의 상거래에 있어서 상인인 당사자에게는 상법이 적용되고 비상인인 당사자에게는 민법이 적용된다. ( )

> 당사자 중 일방의 행위가 상행위인 때에는 전원에 대해 상법을 적용한다.
>
> **제3조(일방적 상행위)** 당사자중 그 1인의 행위가 상행위인 때에는 전원에 대하여 본법을 적용한다.

0173 | 2017 |
공법인의 상행위에 대하여는 법령에 다른 규정이 있는 경우에도 상법이 우선 적용된다. ( )

> 「법령에 다른 규정이 없는 경우에 한하여」 상법을 적용한다. 이를테면 한국토지주택공사에 대해서는 「한국토지주택공사법」이 우선 적용된다.
>
> **제2조(공법인의 상행위)** 공법인의 상행위에 대하여는 법령에 다른 규정이 없는 경우에 한하여 본법을 적용한다.

0174 | 2013 |
판례에 따르면 대한광업진흥공사가 광업자금을 광산업자에게 융자하여 주고 소정의 금리에 따른 이자 및 연체이자를 지급받는다고 하더라도 이는 영리를 목적으로 하는 행위로 인정되지 않는다. ( )

> [대법원 1994.4.29, 선고, 93다54842, 판결]
> 어느 행위가 상법 제46조 소정의 기본적 상행위에 해당하기 위하여는 영업으로 같은 조 각호 소정의 행위를 하는 경우이어야 하고, 여기서 영업으로 한다고 함은 영리를 목적으로 동종의 행위를 계속 반복적으로 하는 것을 의미하는바, 구 대한광업진흥공사법의 제반 규정에 비추어 볼 때 대한광업진흥공사가 광업자금을 광산업자에게 융자하여 주고 소정의 금리에 따른 이자 및 연체이자를 지급받는다고 하더라도, 이와 같은 대금행위는 같은 법 제1조 소정의 목적인 민영광산의 육성 및 합리적인 개발을 지원하기 위하여 하는 사업이지 이를 '영리를 목적'으로 하는 행위라고 보기는 어렵다.

0175 | 2013 |
판례에 따르면 새마을금고가 이자를 받는 대가로 금고의 회원에게 자금을 대출하는 경우 이는 영리를 목적으로 하는 행위로 인정되지 않는다. ( )

> [대법원 1998.7.10, 선고, 98다10793, 판결]
> 새마을금고법의 제반 규정에 의하면 새마을금고는 우리 나라 고유의 상부상조 정신에 입각하여 자금의 조성 및 이용과 회원의 경제적·사회적·문화적 지위의 향상 및 지역사회개발을 통한 건전한 국민정신의 함양과 국가경제발전에 기여함을 목적으로 하는 비영리법인이므로, 새마을금고가 금고의 회원에게 자금을 대출하는 행위는 일반적으로는 영리를 목적으로 하는 행위라고 보기 어렵다.

답 0172 × 0173 × 0174 ○ 0175 ○

0176 | 2017, 2018 |

판례에 의하면 새마을금고가 상인인 회원에게 영업자금을 대출한 경우 그 대출금채권은 상사채권으로서 5년의 소멸시효기간이 적용된다. ( )

> 새마을금고가 그 회원에게 자금을 대출하는 행위는 영리를 목적으로 하는 행위는 아니지만, 이를 차입하는 상인의 입장에서는 영업을 위하여 하는 보조적 상행위가 된다. 그리고 상사소멸시효는 일방적 상행위에도 적용되므로, 이 대출금채권의 소멸시효는 5년이다.
>
> [대법원 1998.7.10, 선고, 98다10793, 판결]
> 당사자 쌍방에 대하여 모두 상행위가 되는 행위로 인한 채권뿐만 아니라 당사자 일방에 대하여만 상행위에 해당하는 행위로 인한 채권도 상법 제64조 소정의 5년의 소멸시효기간이 적용되는 상사채권에 해당하는 것이고 그 상행위에는 상법 제46조 각 호에 해당하는 기본적 상행위뿐만 아니라 상인이 영업을 위하여 하는 보조적 상행위도 포함되는 것이므로(위 93다54842 판결 참조) 새마을금고로부터 대출을 받은 회원이 상인으로서 그 영업을 위하여 대출을 받았다면 그 대출금채권은 상사채권이라고 보아야 할 것인바, 원심이 확정한 사실과 기록에 의하면, 원고로부터 대출을 받은 소외 천상수는 송죽휴게소를 운영하는 사람임을 알 수 있어 상인이라고 할 것이고, 상인인 천상수가 원고로부터 대출을 받았다면 특단의 사정이 없는 한 영업을 위하여 하는 것으로 추정되므로(상법 제47조 제2항) 천상수가 원고로부터 대출을 받은 것은 천상수에 대하여는 상행위에 해당되어 대출금채권의 변제기로부터 기산하면 이 사건 소제기 이전에 이미 5년의 상사시효기간이 경과되어 소멸되었다고 볼 여지가 충분하다.

0177 | 2017 |

민사회사는 영리를 목적으로 하지만 상행위를 하지 않으므로 상법이 아니라 민법이 적용된다. ( )

> 민사회사에도 상법이 적용된다.
>
> ■ 민법
> 제39조(영리법인) ① 영리를 목적으로 하는 사단은 상사회사설립의 조건에 좇아 이를 법인으로 할 수 있다.
> ② 전항의 사단법인에는 모두 상사회사에 관한 규정을 준용한다.

답 0176 ○ 0177 ×

제2절 상행위의 특칙

1. 상행위의 대리

0178 |2007, 2019|
상사대리인이 본인을 위한 것임을 표시하지 아니하여도 그 행위는 본인에 대하여 효력이 있다.   (   )

> 민사대리는 현명주의가 적용되나, 상사대리는 비현명도 가능하다.
>
> **제48조(대리의 방식)** 상행위의 대리인이 본인을 위한 것임을 표시하지 아니하여도 그 행위는 본인에 대하여 효력이 있다. 그러나 상대방이 본인을 위한 것임을 알지 못한 때에는 대리인에 대하여도 이행의 청구를 할 수 있다.

0179 |2007, 2008, 2020|
상사대리인은 위임의 본지에 반하더라도 필요한 때에는 위임받지 않은 행위를 할 수 있다.   (   )

> 「위임의 본지에 반하지 아니한 범위 내에서」 필요한 경우에 위임을 받지 아니한 행위를 할 수 있다.
>
> **제49조(위임)** 상행위의 위임을 받은 자는 위임의 본지에 반하지 아니한 범위 내에서 위임을 받지 아니한 행위를 할 수 있다.

0180 |2007, 2011, 2020|
상인이 그 영업에 관하여 수여한 대리권은 본인의 사망으로 인하여 소멸하지 아니한다.   (   )

> 민사대리의 경우 본인의 사망은 대리관계의 소멸원인이지만, 상사대리에서는 본인이 사망하더라도 대리권이 소멸하지 않는다. 민법상의 대리는 본인과 대리인의 개인적 신뢰관계가 본질적 요소인데 반해, 상사대리는 기업이 존속하는 이상 대리인에 의한 기업활동의 효력을 유지시키고 나아가 기업과 거래하는 제3자를 보호할 필요가 있기 때문이다.
>
> **제50조(대리권의 존속)** 상인이 그 영업에 관하여 수여한 대리권은 본인의 사망으로 인하여 소멸하지 아니한다.
>
> ■ 민법
> **제127조(대리권의 소멸사유)** 대리권은 다음 각 호의 어느 하나에 해당하는 사유가 있으면 소멸된다.
> 1. 본인의 사망
> 2. 대리인의 사망, 성년후견의 개시 또는 파산

0181 |2007, 2008, 2011, 2018, 2023|
상대방이 대리인을 본인으로 믿고 거래한 경우, 상대방은 선택에 따라 본인 또는 대리인에 대하여 이행을 청구할 수 있다.   (   )

> 이 경우 본인과 대리인이 (부진정)연대책임을 부담한다. 따라서 상대방은 본인은 물론 대리인에 대해서도 이행의 청구를 할 수 있다.
>
> **제48조(대리의 방식)** 상행위의 대리인이 본인을 위한 것임을 표시하지 아니하여도 그 행위는 본인에 대하여 효력이 있다. 그러나 상대방이 본인을 위한 것임을 알지 못한 때에는 대리인에 대하여도 이행의 청구를 할 수 있다.

답 0178 ○ 0179 × 0180 ○ 0181 ○

0182 |2011|

상행위의 대리에 있어서 비현명주의에 관한 상법규정은 기본적 상행위에 적용되며 보조적 상행위에는 적용되지 않는다. ( )

제48조에는 「상행위의 대리인이 본인을 위한 것임을 표시하지 아니하여도」라고만 하여 기본적 상행위와 보조적 상행위를 구별하지 않고 있다.

제48조(대리의 방식) 상행위의 대리인이 본인을 위한 것임을 표시하지 아니하여도 그 행위는 본인에 대하여 효력이 있다. 그러나 상대방이 본인을 위한 것임을 알지 못한 때에는 대리인에 대하여도 이행의 청구를 할 수 있다.

[대법원 1973.5.22. 선고, 72다2572, 판결]
지입차주가 그 차량에 대하여 수리를 하였다 하더라도 이는 자동차관리의 통상업무에 속하는 행위로서 회사를 대리한 행위라고 보아야 할 것이므로 피고회사는 그 수리비의 부담책임을 면할 수 없다.

0183 |2007, 2011|

상행위의 대리에 있어서 비현명주의에 관한 상법규정은 어음 및 수표행위에 적용된다. ( )

어음·수표행위는 엄격한 현명주의에 의하므로 어떠한 예외도 인정되지 않는다. 즉 대리인이 본인을 표시하지 않은 경우에는 본인은 어음·수표상 책임을 지지 않는다.

0184 |2011|

거래의 상대방은 대리인의 비현명 대리행위가 본인을 위한 것임을 알았다면 대리인에 대하여 이행을 청구할 수 없다. ( )

상대방이 본인을 위한 것임을 알지 못한 때에 대리인에 대하여도 이행의 청구를 할 수 있는 것이고, 본인을 위한 것임을 알았다면 본인에게만 청구할 수 있고 대리인에게는 청구할 수 없다.

제48조(대리의 방식) 상행위의 대리인이 본인을 위한 것임을 표시하지 아니하여도 그 행위는 본인에 대하여 효력이 있다. 그러나 상대방이 본인을 위한 것임을 알지 못한 때에는 대리인에 대하여도 이행의 청구를 할 수 있다.

2. 상사유치권

0185 |2017, 2020|

당사자 간 다른 약정이 없는 한 상인간의 상행위로 인한 채권이 변제기에 있는 경우 채권자는 변제를 받을 때까지 그 채무자에 대한 상행위로 인하여 자기가 점유하고 있는 채무자 소유의 물건 또는 유가증권을 유치할 수 있다. ( )

일반상사유치권에 대한 설명이다.

제58조(상사유치권) 상인간의 상행위로 인한 채권이 변제기에 있는 때에는 채권자는 변제를 받을 때까지 그 채무자에 대한 상행위로 인하여 자기가 점유하고 있는 채무자소유의 물건 또는 유가증권을 유치할 수 있다. 그러나 당사자간에 다른 약정이 있으면 그러하지 아니하다.

0186 |2008|

상인간의 상행위로 인하여 채권자가 유치권을 행사할 수 있는 목적물은 채무자 소유의 물건 또는 유가증권으로 그 점유하게 된 원인에는 특별한 제한이 없다. ( )

> 상사유치권은 상인이 상행위로 점유한 물건에 대해서만 인정한다.
> **제58조(상사유치권)** 상인간의 상행위로 인한 채권이 변제기에 있는 때에는 채권자는 변제를 받을 때까지 그 채무자에 대한 상행위로 인하여 자기가 점유하고 있는 채무자 소유의 물건 또는 유가증권을 유치할 수 있다. 그러나 당사자 간에 다른 약정이 있으면 그러하지 아니하다.

0187 |2012|

채권자와 채무자는 유치권의 성립시점에는 모두 상인이어야 하지만 유치권을 행사하는 시점에는 상인자격을 요하지 아니한다. ( )

> 상사유치권이 성립한 후에 어느 일방 당사자가 폐업 등으로 상인의 지위를 상실하였더라도 기왕에 성립한 상사유치권은 그대로 유지된다.

0188 |2012, 2022|

채권자는 유치의 목적물이 채무자 소유의 물건 또는 유가증권이 아니더라도 상사유치권을 행사할 수 있다. ( )

> 채무자 소유의 물건이나 유가증권만이 일반 상사유치권의 대상이다.
> **제58조(상사유치권)** 상인간의 상행위로 인한 채권이 변제기에 있는 때에는 채권자는 변제를 받을 때까지 그 채무자에 대한 상행위로 인하여 자기가 점유하고 있는 채무자 소유의 물건 또는 유가증권을 유치할 수 있다. 그러나 당사자간에 다른 약정이 있으면 그러하지 아니하다.

0189 |2012|

피담보채권은 상인 간의 쌍방적 상행위로 인하여 발생한 채권으로 유치권의 행사를 위하여는 변제기가 도래하여야 한다. ( )

> 쌍방적 상행위로 발생한 채권만이 일반 상사유치권의 대상이며, 유치권을 행사하기 위해서는 채권의 변제기가 도래하였음에도 채무자가 변제를 하지 않고 있어야 한다.
> **제58조(상사유치권)** 상인간의 상행위로 인한 채권이 변제기에 있는 때에는 채권자는 변제를 받을 때까지 그 채무자에 대한 상행위로 인하여 자기가 점유하고 있는 채무자 소유의 물건 또는 유가증권을 유치할 수 있다. 그러나 당사자간에 다른 약정이 있으면 그러하지 아니하다.

0190 |2012|

채권자는 유치의 목적물과 피담보채권 사이에 개별적 견련성이 없는 경우에도 유치권을 행사할 수 있다. ( )

> 개별적 견련성(관련성)을 요구하는 유치권은 「민사유치권」과 「운송(주선)인의 유치권」뿐이다.

답 0186 × 0187 ○ 0188 × 0189 ○ 0190 ○

0191 |2012|

채권자는 유치의 목적물의 점유를 채무자에 대한 상행위로 인하여 취득하여야 한다. ( )

> 목적물의 점유는 「채권자의 입장에서」 상행위로 인하여 취득한 것이면 된다.
> **제58조(상사유치권)** 상인간의 상행위로 인한 채권이 변제기에 있는 때에는 채권자는 변제를 받을 때까지 그 채무자에 대한 상행위로 인하여 자기가 점유하고 있는 채무자소유의 물건 또는 유가증권을 유치할 수 있다. 그러나 당사자간에 다른 약정이 있으면 그러하지 아니하다.

0192 |2022|

일반상사유치권은 당사자 사이의 약정에 의하여 배제할 수 있다. ( )

> 모든 유치권은 당사자 사이의 약정에 의하여 배제할 수 있다. "당/피/목/관/반"으로 정리하자.
> **제58조(상사유치권)** 상인간의 상행위로 인한 채권이 변제기에 있는 때에는 채권자는 변제를 받을 때까지 그 채무자에 대한 상행위로 인하여 자기가 점유하고 있는 채무자 소유의 물건 또는 유가증권을 유치할 수 있다. 그러나 당사자간에 다른 약정이 있으면 그러하지 아니하다.

0193 |2022|

채무자 소유의 부동산에 관하여 이미 선행저당권이 설정되어 있는 상태에서 일반상사유치권이 성립한 경우, 그 상사유치권자는 선행저당권자에 대한 관계에서도 상사유치권으로 대항할 수 있다. ( )

> 유치권과 저당권 모두 담보물권이다. 담보물권 상호 간에는 먼저 설정된 것의 효력이 우선한다.
> **[대법원 2013. 2. 28., 선고, 2010다57350, 판결]**
> 상사유치권은 민사유치권과 달리 피담보채권이 '목적물에 관하여' 생긴 것일 필요는 없지만 유치권의 대상이 되는 물건은 '채무자 소유'일 것으로 제한되어 있다(상법 제58조, 민법 제320조 제1항 참조). 이와 같이 상사유치권의 대상이 되는 목적물을 '채무자 소유의 물건'에 한정하는 취지는, 상사유치권의 경우에는 목적물과 피담보채권 사이의 견련관계가 완화됨으로써 피담보채권이 목적물에 대한 공익비용적 성질을 가지지 않아도 되므로 피담보채권이 유치권자와 채무자 사이에 발생하는 모든 상사채권으로 무한정 확장될 수 있고, 그로 인하여 이미 제3자가 목적물에 관하여 확보한 권리를 침해할 우려가 있어 상사유치권의 성립범위 또는 상사유치권으로 대항할 수 있는 범위를 제한한 것으로 볼 수 있다. 즉 상사유치권이 채무자 소유의 물건에 대해서만 성립한다는 것은, 상사유치권은 성립 당시 채무자가 목적물에 대하여 보유하고 있는 담보가치만을 대상으로 하는 제한물권이라는 의미를 담고 있다 할 것이고, 따라서 유치권 성립 당시에 이미 목적물에 대하여 제3자가 권리자인 제한물권이 설정되어 있다면, 상사유치권은 그와 같이 제한된 채무자의 소유권에 기초하여 성립할 뿐이고, 기존의 제한물권이 확보하고 있는 담보가치를 사후적으로 침탈하지는 못한다고 보아야 한다. 그러므로 채무자 소유의 부동산에 관하여 이미 선행(先行)저당권이 설정되어 있는 상태에서 채권자의 상사유치권이 성립한 경우, 상사유치권자는 채무자 및 그 이후 채무자로부터 부동산을 양수하거나 제한물권을 설정받는 자에 대해서는 대항할 수 있지만, 선행저당권자 또는 선행저당권에 기한 임의경매절차에서 부동산을 취득한 매수인에 대한 관계에서는 상사유치권으로 대항할 수 없다.

답 0191 ○ 0192 ○ 0193 ×

3. 보수 및 이자청구권

0194 | 2008, 2020 |
상인이 타인을 위하여 행위를 한 때에는 그 행위가 상인의 영업범위에 속하여야 이에 대하여 상당한 보수를 청구할 수 있다. ( )

> **제61조(상인의 보수청구권)** 상인이 그 영업범위 내에서 타인을 위하여 행위를 한 때에는 이에 대하여 상당한 보수를 청구할 수 있다.

0195 | 2008, 2021 |
자신의 영업범위 내에서 비상인을 위하여 금전을 체당한 상인은 특별한 약정이 없어도 체당일 이후의 법정이자를 청구할 수 있다. ( )

> 채권자가 상인인 경우에는 이자의 약정이 없어도 당연히 법정이자를 청구할 수 있다. 「체당」이란 금전소비대차(대여금계약)가 아니면서 타인의 채무의 변제로 금전을 지출하는 행위를 말한다.
>
> **제55조(법정이자청구권)** ① 상인이 그 영업에 관하여 금전을 대여한 경우에는 법정이자를 청구할 수 있다.
> ② 상인이 그 영업범위 내에서 타인을 위하여 금전을 체당(替當)하였을 때에는 체당한 날 이후의 법정이자를 청구할 수 있다.

0196 | 2008, 2011, 2014, 2015, 2019, 2022 |
상인이 그 영업에 관하여 금전을 대여한 경우 상대방이 상인이 아니어도 법정이자청구권을 가지며 법정이율은 연 5%이다. ( )

> 상대방이 비상인이라 하더라도 상인이 그 영업에 관하여 금전을 대여한 경우에는 법정이자 청구권을 인정한다. 이 경우 연 6%의 상사법정이율이 적용된다.
>
> **제55조(법정이자청구권)** ① 상인이 그 영업에 관하여 금전을 대여한 경우에는 법정이자를 청구할 수 있다.
> ② 상인이 그 영업범위 내에서 타인을 위하여 금전을 체당(替當)하였을 때에는 체당한 날 이후의 법정이자를 청구할 수 있다.
> **제54조(상사법정이율)** 상행위로 인한 채무의 법정이율은 연 6분으로 한다.

4. 청약의 효력

0197 | 2011 |
격지자간의 계약의 청약은 승낙기간이 없으면 상대방이 상당한 기간 내에 승낙의 통지를 발송하지 아니한 때에는 그 효력을 잃는다. ( )

> 격지자간의 청약에 관한 상법 특칙은 삭제되었으므로, 청약의 효력에 관한 일반규정인 민법 제529조가 적용된다. 따라서 승낙의 기간을 정하지 아니한 계약의 청약은 청약자가 상당한 기간 내에 승낙의 통지를 「받지 못한 때에는」 그 효력을 잃는다(발송이 아니라 도달).

답 0194 ○ 0195 ○ 0196 × 0197 ×

■ 민법
제529조(승낙기간을 정하지 아니한 계약의 청약) 승낙의 기간을 정하지 아니한 계약의 청약은 청약자가 상당한 기간내에 승낙의 통지를 받지 못한 때에는 그 효력을 잃는다.

0198 |2015, 2022|
대화자 간의 상사계약에 있어서 계약의 청약을 받은 자가 즉시 승낙을 하지 않은 때에는 그 청약은 효력을 잃는다. ( )

(ⅰ) 대화자간의 계약의 청약은 상대방이 "즉시" 승낙하지 않으면 효력을 잃는다. (ⅱ) 반면 격지자간의 계약의 청약은 승낙기간이 없으면 청약자가 "상당한 기간 내에" 승낙의 통지를 받지 못하면 그 효력을 잃는다.
제51조(대화자간의 청약의 구속력) 대화자간의 계약의 청약은 상대방이 즉시 승낙하지 아니한 때에는 그 효력을 잃는다.

0199 |2022, 2023|
상인이 상시 거래관계에 있는 자로부터 그 영업부류에 속한 계약의 청약을 받은 때에는 지체없이 낙부의 통지를 발송하여야 하고, 이를 해태한 때에는 승낙한 것으로 본다. ( )

상시거래관계에 있는 상대방은 상인이 아니어도 된다는 점도 기억해야 한다.
제53조(청약에 대한 낙부통지의무) 상인이 상시 거래관계에 있는 자로부터 그 영업부류에 속한 계약의 청약을 받은 때에는 지체없이 낙부의 통지를 발송하여야 한다. 이를 해태한 때에는 승낙한 것으로 본다.

5. 연대책임

0200 |2020|
수인이 그 1인 또는 전원에게 상행위가 되는 행위로 인하여 채무를 부담한 때에는 연대하여 변제할 책임이 있다. ( )

상법상 연대채무에 관한 제57조 제1항은 수인의 채무자 중 1인에게 상행위가 되는 행위로 채무가 발생한 경우에 적용된다. 채권자가 상인인지 또는 채권자의 입장에서 상행위가 되는지 여부는 불문한다. "무/상/연"으로 정리하자.
제57조(다수채무자간 또는 채무자와 보증인의 연대) ① 수인이 그 1인 또는 전원에게 상행위가 되는 행위로 인하여 채무를 부담한 때에는 연대하여 변제할 책임이 있다.
② 보증인이 있는 경우에 그 보증이 상행위이거나 주채무가 상행위로 인한 것인 때에는 주채무자와 보증인은 연대하여 변제할 책임이 있다.

0201 |2010|
다수채무자가 연대책임을 지기 위하여 채무자 중 1인은 반드시 상인이어야 한다. ( )

상법상 연대채무에 관한 제57조 제1항은 수인의 채무자 중 1인에게 상행위가 되는 행위로 채무가 발생한 경우에 적용된다.

제57조(다수채무자간 또는 채무자와 보증인의 연대) ① 수인이 그 1인 또는 전원에게 상행위가 되는 행위로 인하여 채무를 부담한 때에는 연대하여 변제할 책임이 있다.
② 보증인이 있는 경우에 그 보증이 상행위이거나 주채무가 상행위로 인한 것인 때에는 주채무자와 보증인은 연대하여 변제할 책임이 있다.

0202 | 2010, 2014 |
다수채무자가 연대책임을 지기 위하여 채권자는 상인이어야 한다. ( )

상법상 연대채무에 관한 제57조 제1항은 수인의 채무자 중 1인에게 상행위가 되는 행위로 채무가 발생한 경우에 적용된다. 채권자가 상인인지 또는 채권자의 입장에서 상행위가 되는지 여부는 불문한다.

제57조(다수채무자간 또는 채무자와 보증인의 연대) ① 수인이 그 1인 또는 전원에게 상행위가 되는 행위로 인하여 채무를 부담한 때에는 연대하여 변제할 책임이 있다.
② 보증인이 있는 경우에 그 보증이 상행위이거나 주채무가 상행위로 인한 것인 때에는 주채무자와 보증인은 연대하여 변제할 책임이 있다.

0203 | 2010 |
다수설에 의하면, 상행위로 인한 채무와 실질적으로 동일성을 갖는 원상회복의무도 연대채무의 적용대상이 된다. ( )

제57조 제1항의 연대책임 규정이 적용되는 상사채무는 (ⅰ) 상사계약의 채무불이행에 따른 손해배상청구권, (ⅱ) 상사계약의 해제에 따른 원상회복청구권, (ⅲ) 상사계약에 기초하여 이루어진 급부에 대한 부당이득반환청구권을 모두 포함한다.

0204 | 2010 |
판례에 의하면, 상행위로 인해 발생한 채무의 일부가 부당이득이 되는 경우 그 반환채무는 연대채무의 대상이 된다. ( )

제57조 제1항의 연대책임 규정이 적용되는 상사채무는 (ⅰ) 상사계약의 채무불이행에 따른 손해배상청구권, (ⅱ) 상사계약의 해제에 따른 원상회복청구권, (ⅲ) 상사계약에 기초하여 이루어진 급부에 대한 부당이득반환청구권을 모두 포함한다.

0205 | 2018, 2022, 2023 |
주채무가 상행위로 인한 것이더라도 그 보증이 상행위가 아닌 경우에는 보증인은 주채무자와 연대하여 책임을 지지는 않는다. ( )

(ⅰ) 보증이 상행위이거나 (ⅱ) 주채무가 상행위로 인한 것인 때에는 보증인은 주채무자와 연대하여 책임을 진다.

제57조(다수채무자간 또는 채무자와 보증인의 연대) ① 수인이 그 1인 또는 전원에게 상행위가 되는 행위로 인하여 채무를 부담한 때에는 연대하여 변제할 책임이 있다.
② 보증인이 있는 경우에 그 보증이 상행위이거나 주채무가 상행위로 인한 것인 때에는 주채무자와 보증인은 연대하여 변제할 책임이 있다.

답 0202 × 0203 ○ 0204 ○ 0205 ×

0206 | 2010 |
판례에 의하면, 조합채무가 조합원 전원을 위해 상행위가 되는 행위로 인하여 부담하게 된 것이라면 그 채무에 관하여 조합원들이 연대책임을 부담한다. ( )

> 쌀 소매업자들간의 공동사업을 동업관계로 인정하여 그 채무를 조합채무로 본 사례. 역시 "무/상/연"으로 정리하자.
> **[대법원 2001.11.13, 선고, 2001다55574, 판결]**
> 피고들은 상인으로서 송명재와 함께 한반도농산이라는 상호로 쌀을 공동구입하여 각자 판매하는 방식으로 쌀판매업을 동업하였고, 이는 민법상 조합의 성질을 갖는 것이며, 송명재 또는 피고 박병철이 조합의 업무집행으로서 원고로부터 쌀을 구입함으로써 부담하게 된 쌀 구입대금채무는 조합원 전원을 위한 상행위로 인하여 부담하게 된 조합채무이므로 조합원들인 피고들도 연대하여 원고에게 판시 쌀 구입대금을 지급할 의무가 있다.

6. 그 밖의 특칙

0207 | 2011, 2015, 2023 |
상인이 그 영업범위 내에서 물건의 임치를 받은 경우에는 보수를 받지 아니하는 때에도 자기재산과 동일한 주의를 하여야 한다. ( )

> 그 영업범위 내라면 보수를 받지 않은 경우에도 「선량한 관리자의 주의의무」를 다해야 한다. 「선량한 관리자의 주의」가 「자기재산과 동일한 주의」보다 의무의 정도가 더 높다. 이를테면 고객의 물건을 임치받은 백화점은 보수를 받지 않은 경우에도 임치물을 선량한 관리자의 주의로 보관하여야 한다.
> **제62조(임치를 받은 상인의 책임)** 상인이 그 영업범위 내에서 물건의 임치를 받은 경우에는 보수를 받지 아니하는 때에도 선량한 관리자의 주의를 하여야 한다.

0208 | 2008 |
고객의 물건을 임치받은 백화점은 보수를 받지 않은 경우에도 임치물을 선량한 관리자의 주의로 보관하여야 한다. ( )

> 상인이 그 영업범위 내에서 물건의 임치를 받은 경우에 해당하기 때문이다.
> **제62조(임치를 받은 상인의 책임)** 상인이 그 영업범위 내에서 물건의 임치를 받은 경우에는 보수를 받지 아니하는 때에도 선량한 관리자의 주의를 하여야 한다.

0209 | 2011 |
상인이 영업부류에 속한 계약의 청약과 함께 견품 기타의 물건을 받은 경우 그 청약을 거절하는 때에는 그 물건의 보관의무를 부담하지 않는다. ( )

> 청약을 거절한 때에도 청약자의 비용으로 그 물건을 보관하는 것이 원칙이다.
> **제60조(물건보관의무)** 상인이 그 영업부류에 속한 계약의 청약을 받은 경우에 견품 기타의 물건을 받은 때에는 그 청약을 거절한 때에도 청약자의 비용으로 그 물건을 보관하여야 한다. 그러나 그 물건의 가액이 보관의 비용을 상환하기에 부족하거나 보관으로 인하여 손해를 받을 염려가 있는 때에는 그러하지 아니하다.

답 0206 ○ 0207 × 0208 ○ 0209 ×

0210 | 2014 |

상인이 그 영업부류에 속한 계약의 청약을 받아 견품을 받은 경우 그 청약의 거절시 견품의 보관으로 인해 손해를 받을 염려가 있는 때에는 보관의무를 부담하지 않는다. ( )

> 물건의 가액이 보관의 비용을 상환하기에 부족하거나 보관으로 인하여 손해를 받을 염려가 있는 때에는 견품보관의무를 지지 않는다.
>
> **제60조(물건보관의무)** 상인이 그 영업부류에 속한 계약의 청약을 받은 경우에 견품 기타의 물건을 받은 때에는 그 청약을 거절한 때에도 청약자의 비용으로 그 물건을 보관하여야 한다. 그러나 그 물건의 가액이 보관의 비용을 상환하기에 부족하거나 보관으로 인하여 손해를 받을 염려가 있는 때에는 그러하지 아니하다.

0211 | 2014, 2019 |

상행위로 인한 채권은 다른 법령에 단기의 시효규정이 있는 경우에도 5년의 소멸시효가 적용된다. ( )

> 타 법령에 단기시효가 있으면 그 규정을 먼저 적용한다. 이를테면 근로자의 임금채권의 소멸시효는 3년이다.
>
> **제64조(상사시효)** 상행위로 인한 채권은 본법에 다른 규정이 없는 때에는 5년간 행사하지 아니하면 소멸시효가 완성한다. 그러나 다른 법령에 이보다 단기의 시효의 규정이 있는 때에는 그 규정에 의한다.

0212 | 2019, 2021 |

상행위로 인하여 생긴 채권을 담보하기 위한 유질계약은 허용되고, 이 경우 질권설정자는 반드시 상인이어야 한다. ( )

> (ⅰ) 「유질계약」이란 질권 설정자가 질권 설정 계약과 동시에 또는 채무 변제기 전의 계약으로써 변제에 갈음하여 질권자에게 질물(質物)의 소유권을 취득하게 하거나 기타 법률에 의한 방법에 의하지 아니하고 질물을 처분케 하는 약정을 말한다. 상사채권에 대해서는 유질계약이 허용된다.
>
> **제59조(유질계약의 허용)** 민법 제339조의 규정은 상행위로 인하여 생긴 채권을 담보하기 위하여 설정한 질권에는 적용하지 아니한다.
>
> (ⅱ) 유질계약은 쌍방적 상행위가 아니다. 피담보채권이 상행위로 인하여 생긴 채권이면 충분하고, 질권설정자가 상인이어야 하는 것은 아니다. 다시 말하면 질권자와 질권설정자 둘 중 하나만 상인이면 된다(일방적 상행위도 가능).
>
> [대법원 2017. 7. 18., 선고, 2017다207499, 판결]
> 질권설정계약에 포함된 유질약정이 상법 제59조에 따라 유효하기 위해서는 질권설정계약의 피담보채권이 상행위로 인하여 생긴 채권이면 충분하고, 질권설정자가 상인이어야 하는 것은 아니다. 또한 상법 제3조는 "당사자 중 그 1인의 행위가 상행위인 때에는 전원에 대하여 본법을 적용한다."라고 정하고 있으므로, 일방적 상행위로 생긴 채권을 담보하기 위한 질권에 대해서도 유질약정을 허용한 상법 제59조가 적용된다.

0210 ○ 0211 × 0212 ×

CHAPTER 02 상사매매

제1절 의의

0213 |2009|
통설에 의하면 상사매매에 관한 상법 규정은 대체로 매도인을 보호하기 위한 취지이며, 임의규정이므로 당사자 간의 특약으로 배제할 수 있다. ( )

> 상사매매에 관한 규정(제67조부터 71조까지) 중 확정기매매에 관한 규정(제68조)을 제외하고는 모두 매도인의 이익을 보호하기 위한 규정이다. 상사매매에 관한 규정은 모두 임의규정이므로 당사자가 반대약정을 한 때에는 그 적용이 배제된다.
>
> [대법원 2008.5.15. 선고, 2008다3671, 판결]
> 상인간의 매매에 있어서 매수인이 목적물을 수령한 때에는 지체없이 이를 검사하여야 하며 하자 또는 수량의 부족을 발견한 경우에는 즉시, 즉시 발견할 수 없는 하자가 있는 경우에는 6월 내에 매수인이 매도인에게 그 통지를 발송하지 아니하면 이로 인한 계약해제, 대금감액 또는 손해배상을 청구하지 못하도록 규정하고 있는 상법 제69조 제1항은 민법상의 매도인의 담보책임에 대한 특칙으로 전문적 지식을 가진 매수인에게 신속한 검사와 통지의 의무를 부과함으로써 상거래를 신속하게 결말짓도록 하기 위한 규정으로서 그 성질상 임의규정으로 보아야 할 것이고 따라서 당사자간의 약정에 의하여 이와 달리 정할 수 있다고 할 것이다.

제2절 매도인의 공탁·경매권

0214 |2020|
매수인이 목적물을 수령할 수 없는 경우에, 그 목적물이 멸실 또는 훼손될 염려가 있는 때에는 매도인은 최고없이 경매할 수 있다. ( )

> 부패가 우려되는 물건 등이라면 상당한 기간을 정하여 최고할 경우 오히려 손해가 확대될 수 있기 때문이다.
> **제67조(매도인의 목적물의 공탁, 경매권)** ① 상인간의 매매에 있어서 매수인이 목적물의 수령을 거부하거나 이를 수령할 수 없는 때에는 매도인은 그 물건을 공탁하거나 상당한 기간을 정하여 최고한 후 경매할 수 있다. 이 경우에는 지체없이 매수인에 대하여 그 통지를 발송하여야 한다.
> ② 전항의 경우에 매수인에 대하여 최고를 할 수 없거나 목적물이 멸실 또는 훼손될 염려가 있는 때에는 최고없이 경매할 수 있다.
> ③ 전2항의 규정에 의하여 매도인이 그 목적물을 경매한 때에는 그 대금에서 경매비용을 공제한 잔액을 공탁하여야 한다. 그러나 그 전부나 일부를 매매대금에 충당할 수 있다.

답 0213 ○ 0214 ○

0215 | 2009, 2014, 2018, 2020 |

매수인이 목적물의 수령을 거부하는 경우에는 매도인은 그 물건을 공탁하거나 상당한 기간을 정하여 최고한 후 법원의 허가를 얻어 목적물을 경매할 수 있다. (   )

> (ⅰ) 민법에서는 공탁이 원칙이고, 공탁에 적당하지 않은 때에는 「법원의 허가를 얻어서」 경매할 수 있다(민법 제490조).
> (ⅱ) 반면 상법은 민법에 비하여 경매가 용이하다. 상인간의 매매에 있어서는 매수인이 목적물의 수령을 거부하거나 이를 수령할 수 없는 때에는 매도인은 그 물건을 공탁하거나 상당한 기간을 정하여 최고한 후 「법원의 허가 없이」 경매할 수 있다. 최고는 상당한 기간을 정하여야 하고, 통지 발송은 지체없이 하여야 한다는 점을 주의하여야 한다.
>
> **제67조(매도인의 목적물의 공탁, 경매권)** ① 상인간의 매매에 있어서 매수인이 목적물의 수령을 거부하거나 이를 수령할 수 없는 때에는 매도인은 그 물건을 공탁하거나 상당한 기간을 정하여 최고한 후 경매할 수 있다. 이 경우에는 지체없이 매수인에 대하여 그 통지를 발송하여야 한다.
> ② 전항의 경우에 매수인에 대하여 최고를 할 수 없거나 목적물이 멸실 또는 훼손될 염려가 있는 때에는 최고없이 경매할 수 있다.
> ③ 전2항의 규정에 의하여 매도인이 그 목적물을 경매한 때에는 그 대금에서 경매비용을 공제한 잔액을 공탁하여야 한다. 그러나 그 전부나 일부를 매매대금에 충당할 수 있다.

0216 | 2020 |

매수인의 수령거부로 인하여 매도인이 목적물을 경매하는 경우에, 매도인은 지체없이 매수인에 대하여 그 통지를 발송하여야 한다. (   )

> 최고는 상당한 기간을 정하여야 하고, 통지 발송은 지체 없이 하여야 한다는 점을 주의하여야 한다.
>
> **제67조(매도인의 목적물의 공탁, 경매권)** ① 상인간의 매매에 있어서 매수인이 목적물의 수령을 거부하거나 이를 수령할 수 없는 때에는 매도인은 그 물건을 공탁하거나 상당한 기간을 정하여 최고한 후 경매할 수 있다. 이 경우에는 지체없이 매수인에 대하여 그 통지를 발송하여야 한다.

0217 | 2020 |

매수인의 수령거부로 인하여 매도인이 목적물을 경매한 때에는, 그 대금에서 경매비용을 공제한 잔액을 공탁하여야 하고, 그 전부나 일부를 매매대금에 충당할 수 없다. (   )

> 경매대금의 전부나 일부를 매매대금에 충당하는 방법으로 우선변제를 받을 수 있다.
>
> **제67조(매도인의 목적물의 공탁, 경매권)** ① 상인간의 매매에 있어서 매수인이 목적물의 수령을 거부하거나 이를 수령할 수 없는 때에는 매도인은 그 물건을 공탁하거나 상당한 기간을 정하여 최고한 후 경매할 수 있다. 이 경우에는 지체없이 매수인에 대하여 그 통지를 발송하여야 한다.
> ② 전항의 경우에 매수인에 대하여 최고를 할 수 없거나 목적물이 멸실 또는 훼손될 염려가 있는 때에는 최고없이 경매할 수 있다.
> ③ 전2항의 규정에 의하여 매도인이 그 목적물을 경매한 때에는 그 대금에서 경매비용을 공제한 잔액을 공탁하여야 한다. 그러나 그 전부나 일부를 매매대금에 충당할 수 있다.

답 0215 × 0216 ○ 0217 ×

제3절 확정기매매의 해제

0218 |2008, 2014, 2018, 2020|
상인간에 상행위가 되는 확정기매매에서 당사자의 일방이 이행시기를 경과한 때에는 상대방은 즉시 그 이행을 청구하지 아니하면 계약을 해제한 것으로 본다. (   )

> 매매의 성질 또는 당사자의 의사표시에 의하여 일정한 일시 또는 일정한 기간내에 이행하지 아니하면 계약의 목적을 달성할 수 없는 경우를 확정기매매라 한다.
>
> **제68조(확정기매매의 해제)** 상인간의 매매에 있어서 매매의 성질 또는 당사자의 의사표시에 의하여 일정한 일시 또는 일정한 기간내에 이행하지 아니하면 계약의 목적을 달성할 수 없는 경우에 당사자의 일방이 이행시기를 경과한 때에는 상대방은 즉시 그 이행을 청구하지 아니하면 계약을 해제한 것으로 본다.

0219 |2009|
확정기 매매에서는 이행시기가 도래하여도 채무자가 이행하지 않으면 이행의 최고 없이 해제의사표시로서 계약을 해제할 수 있다. (   )

> 해제의 의사표시가 필요 없다. 상대방이 즉시 그 이행을 청구하지 아니하면 계약을 해제한 것으로 본다.
>
> **제68조(확정기매매의 해제)** 상인간의 매매에 있어서 매매의 성질 또는 당사자의 의사표시에 의하여 일정한 일시 또는 일정한 기간내에 이행하지 아니하면 계약의 목적을 달성할 수 없는 경우에 당사자의 일방이 이행시기를 경과한 때에는 상대방은 즉시 그 이행을 청구하지 아니하면 계약을 해제한 것으로 본다.

제4절 매수인의 검사 · 하자통지의무

0220 |2009, 2014, 2015, 2018|
판례에 의하면, 목적물상 즉시 발견할 수 없는 하자에 대한 통지를 6월 내에 하지 않았다면 매수인은 매도인에 대하여 이로 인한 손해배상을 청구할 수 없다. (   )

> 즉시 발견할 수 없는 하자가 있는 경우에도 매수인은 6월 내에는 하자를 통지해야 계약해제나 대금감액·손해배상 청구를 할 수 있다.
>
> **제69조(매수인의 목적물의 검사와 하자통지의무)** ① 상인간의 매매에 있어서 매수인이 목적물을 수령한 때에는 지체없이 이를 검사하여야 하며 하자 또는 수량의 부족을 발견한 경우에는 즉시 매도인에게 그 통지를 발송하지 아니하면 이로 인한 계약해제, 대금감액 또는 손해배상을 청구하지 못한다. 매매의 목적물에 즉시 발견할 수 없는 하자가 있는 경우에 매수인이 6월내에 이를 발견한 때에도 같다.
> ② 전항의 규정은 매도인이 악의인 경우에는 적용하지 아니한다.

답 0218 ○ 0219 × 0220 ○

[대법원 1999.1.29. 선고, 98다1584, 판결]
상법 제69조는 상거래의 신속한 처리와 매도인의 보호를 위한 규정인 점에 비추어 볼 때, 상인간의 매매에 있어서 매수인은 목적물을 수령한 때부터 지체 없이 이를 검사하여 하자 또는 수량의 부족을 발견한 경우에는 즉시 매도인에게 그 통지를 발송하여야만 그 하자로 인한 계약해제, 대금감액 또는 손해배상을 청구할 수 있고, 설령 매매의 목적물에 상인에게 통상 요구되는 객관적인 주의의무를 다하여도 즉시 발견할 수 없는 하자가 있는 경우에도 매수인은 6월 내에 그 하자를 발견하여 지체 없이 이를 통지하지 아니하면 매수인은 과실의 유무를 불문하고 매도인에게 하자담보책임을 물을 수 없다고 해석함이 상당하다.

0221 | 2016 |
매수인의 목적물 검사 및 하자통지의무는 상인 간 매매에서 적용되고 상인과 비상인간의 매매에서는 적용되지 않는다. ( )

상사매매에 관한 특칙은 매도인과 매수인이 모두 상인자격을 가진 경우에만 적용된다.

제69조(매수인의 목적물의 검사와 하자통지의무) ① 상인간의 매매에 있어서 매수인이 목적물을 수령한 때에는 지체없이 이를 검사하여야 하며 하자 또는 수량의 부족을 발견한 경우에는 즉시 매도인에게 그 통지를 발송하지 아니하면 이로 인한 계약해제, 대금감액 또는 손해배상을 청구하지 못한다. 매매의 목적물에 즉시 발견할 수 없는 하자가 있는 경우에 매수인이 6월내에 이를 발견한 때에도 같다.
② 전항의 규정은 매도인이 악의인 경우에는 적용하지 아니한다.

0222 | 2016 |
판례에 의하면 매수인의 목적물 검사 및 하자통지의무는 특정한 주문자의 수요를 맞추기 위한 것과 같이 대체할 수 없는 물건을 제작 공급하는 계약에서는 적용되지 않는다. ( )

판례는 「제작물공급계약」에서 공급할 물건이 부대체물인 경우에 그 계약은 매매보다는 도급의 성질이 강할 뿐만 아니라, 제69조는 매도인이 전매의 기회를 잃는 것을 방지하려는 데 중요한 취지가 있으므로 전매가 용이하지 않은 부대체물의 공급계약은 상사매매규정이 당연히 적용되지는 않는다고 하였다.

[대법원 1987.7.21. 선고, 86다카2446, 판결]
당사자의 일방이 상대방의 주문에 따라 자기소유의 재료를 사용하여 만든 물건을 공급할 것을 약정하고 이에 대하여 상대방이 대가를 지급하기로 약정하는 이른바 제작물공급계약은 그 제작의 측면에서는 도급의 성질이 있고 공급의 측면에서는 매매의 성질이 있어 이러한 계약은 대체로 매매와 도급의 성질을 함께 가지고 있는 것으로서 그 적용법률은 계약에 의하여 제작공급하여야 할 물건이 대체물인 경우에는 매매로 보아서 매매에 관한 규정이 적용된다고 할 것이나 물건이 특정의 주문자의 수요를 만족시키기 위한 부대체물인 경우에는 당해 물건의 공급과 함께 그 제작이 계약의 주목적이 되어 도급의 성질을 강하게 띠고 있다 할 것이므로 이 경우에는 매매에 관한 규정이 당연히 적용된다고 할 수 없다.

0223 | 2016 |
매수인이 상법의 규정대로 목적물을 검사하고 하자통지의무를 행한 경우 선의의 매도인에게 손해배상 또는 대금감액을 청구할 수 있으나 계약해제는 할 수 없다. ( )

목적물의 검사 및 하자통지의무를 이행한 경우 대금감액, 손해배상청구는 물론 계약의 해제도 가능하다.

답 0221 ○ 0222 ○ 0223 ×

제69조(매수인의 목적물의 검사와 하자통지의무) ① 상인간의 매매에 있어서 매수인이 목적물을 수령한 때에는 지체없이 이를 검사하여야 하며 하자 또는 수량의 부족을 발견한 경우에는 즉시 매도인에게 그 통지를 발송하지 아니하면 이로 인한 계약해제, 대금감액 또는 손해배상을 청구하지 못한다. 매매의 목적물에 즉시 발견할 수 없는 하자가 있는 경우에 매수인이 6월내에 이를 발견한 때에도 같다.
② 전항의 규정은 매도인이 악의인 경우에는 적용하지 아니한다.

0224 |2016|

매수인이 목적물검사 및 하자통지의무를 위반한 경우 매수인은 선의의 매도인에 대하여 하자담보책임을 추궁할 수 없을 뿐 이로 인한 어떠한 책임이 생기는 것은 아니다. (   )

매수인이 목적물 검사 및 하자통지를 이행하지 않은 경우 그 권리를 상실할 뿐 별도의 책임이 발생하는 것은 아니다. 이와 같이 어떠한 의무를 이행하지 않더라도 의무자가 그로 인해 강제이행이나 손해배상청구를 당하지는 않고 다만 부수적인 불이익을 입는데 불과한 경우를 「간접의무」 또는 「책무」라고 한다.

0225 |2016|

판례에 의하면 상법 제69조 제1항은 임의규정으로 당사자는 그 적용을 배제하는 특약을 할 수 있다. (   )

상사매매에 관한 상법의 특칙은 모두 임의규정이므로 당사자가 반대약정을 한 때에는 그 적용이 배제된다.

제69조(매수인의 목적물의 검사와 하자통지의무) ① 상인간의 매매에 있어서 매수인이 목적물을 수령한 때에는 지체없이 이를 검사하여야 하며 하자 또는 수량의 부족을 발견한 경우에는 즉시 매도인에게 그 통지를 발송하지 아니하면 이로 인한 계약해제, 대금감액 또는 손해배상을 청구하지 못한다. 매매의 목적물에 즉시 발견할 수 없는 하자가 있는 경우에 매수인이 6월내에 이를 발견한 때에도 같다.

[대법원 2008.5.15. 선고, 2008다3671. 판결]
상인간의 매매에 있어서 매수인이 목적물을 수령한 때에는 지체없이 이를 검사하여야 하며 하자 또는 수량의 부족을 발견한 경우에는 즉시, 즉시 발견할 수 없는 하자가 있는 경우에는 6월 내에 매수인이 매도인에게 그 통지를 발송하지 아니하면 이로 인한 계약해제, 대금감액 또는 손해배상을 청구하지 못하도록 규정하고 있는 상법 제69조 제1항은 민법상의 매도인의 담보책임에 대한 특칙으로 전문적 지식을 가진 매수인에게 신속한 검사와 통지의 의무를 부과함으로써 상거래를 신속하게 결말짓도록 하기 위한 규정으로서 그 성질상 임의규정으로 보아야 할 것이고 따라서 당사자간의 약정에 의하여 이와 달리 정할 수 있다고 할 것이다.

제5절 매수인의 보관·공탁·경매의무

0226 |2018|
매수인이 목적물 검사의무와 하자통지의무를 이행하고 매매목적물의 하자를 원인으로 매매계약을 해제한 경우 매수인은 매도인의 비용으로 매매목적물을 보관하거나 공탁하여야 한다. ( )

> **제69조(매수인의 목적물의 검사와 하자통지의무)** ① 상인간의 매매에 있어서 매수인이 목적물을 수령한 때에는 지체없이 이를 검사하여야 하며 하자 또는 수량의 부족을 발견한 경우에는 즉시 매도인에게 그 통지를 발송하지 아니하면 이로 인한 계약해제, 대금감액 또는 손해배상을 청구하지 못한다. 매매의 목적물에 즉시 발견할 수 없는 하자가 있는 경우에 매수인이 6월내에 이를 발견한 때에도 같다.
> ② 전항의 규정은 매도인이 악의인 경우에는 적용하지 아니한다.
> **제70조(매수인의 목적물보관, 공탁의무)** ① 제69조의 경우에 매수인이 계약을 해제한 때에도 매도인의 비용으로 매매의 목적물을 보관 또는 공탁하여야 한다. 그러나 그 목적물이 멸실 또는 훼손될 염려가 있는 때에는 법원의 허가를 얻어 경매하여 그 대가를 보관 또는 공탁하여야 한다.

0227 |2008, 2018|
상사매매에서 목적물의 하자로 계약을 해제한 매수인은 목적물이 멸실 또는 훼손될 염려가 있으면 법원의 허가 없이 경매하여 그 대가를 보관 또는 공탁하면 된다. ( )

> 계약을 해제한 매수인이 제70조에 따라 경매를 하기 위해서는 (ⅰ) 멸실·훼손의 염려, (ⅱ) 법원의 허가, (ⅲ) 매도인에 대한 통지의 발송의 3가지 요건이 충족되어야 한다.
> **제69조(매수인의 목적물의 검사와 하자통지의무)** ① 상인간의 매매에 있어서 매수인이 목적물을 수령한 때에는 지체없이 이를 검사하여야 하며 하자 또는 수량의 부족을 발견한 경우에는 즉시 매도인에게 그 통지를 발송하지 아니하면 이로 인한 계약해제, 대금감액 또는 손해배상을 청구하지 못한다. 매매의 목적물에 즉시 발견할 수 없는 하자가 있는 경우에 매수인이 6월내에 이를 발견한 때에도 같다.
> ② 전항의 규정은 매도인이 악의인 경우에는 적용하지 아니한다.
> **제70조(매수인의 목적물보관, 공탁의무)** ① 제69조의 경우에 매수인이 계약을 해제한 때에도 매도인의 비용으로 매매의 목적물을 보관 또는 공탁하여야 한다. 그러나 그 목적물이 멸실 또는 훼손될 염려가 있는 때에는 법원의 허가를 얻어 경매하여 그 대가를 보관 또는 공탁하여야 한다.

0228 |2014|
매수인이 목적물을 수령하여 검사한 결과 수량초과를 발견한 경우에는 매수인은 그 초과부분에 대하여 매도인의 비용으로 지체없이 매도인에게 반환하여야 한다. ( )

> 목적물의 상위, 수량초과의 경우에도 상위 또는 초과분에 대해서는 반환이 아니라 보관·공탁하여야 하고, 예외적으로 경매가 가능하다.
> **제70조(매수인의 목적물보관, 공탁의무)** ① 제69조의 경우에 매수인이 계약을 해제한 때에도 매도인의 비용으로 매매의 목적물을 보관 또는 공탁하여야 한다. 그러나 그 목적물이 멸실 또는 훼손될 염려가 있는 때에는 법원의 허가를 얻어 경매하여 그 대가를 보관 또는 공탁하여야 한다.

답 0226 ○ 0227 × 0228 ×

② 제1항의 규정에 의하여 매수인이 경매한 때에는 지체없이 매도인에게 그 통지를 발송하여야 한다.
③ 제1항 및 제2항의 규정은 목적물의 인도장소가 매도인의 영업소 또는 주소와 동일한 특별시·광역시·시·군에 있는 때에는 이를 적용하지 아니한다.

제71조(동전 – 수량초과 등의 경우) 전조의 규정은 매도인으로부터 매수인에게 인도한 물건이 매매의 목적물과 상위하거나 수량이 초과한 경우에 그 상위 또는 초과한 부분에 대하여 준용한다.

0229 | 2009, 2014 |

매수인은 목적물의 인도장소가 매도인의 영업소 또는 주소와 동일한 특별시·광역시·시·군에 있는 때에는 목적물 보관·공탁의무를 부담하지 않는다. ( )

목적물의 인도장소가 매도인의 영업소 또는 주소와 동일한 특별시·광역시·시·군에 있는 경우에는 매도인에게 반송하면 된다.

제70조(매수인의 목적물보관, 공탁의무) ① 제69조의 경우에 매수인이 계약을 해제한 때에도 매도인의 비용으로 매매의 목적물을 보관 또는 공탁하여야 한다. 그러나 그 목적물이 멸실 또는 훼손될 염려가 있는 때에는 법원의 허가를 얻어 경매하여 그 대가를 보관 또는 공탁하여야 한다.
② 제1항의 규정에 의하여 매수인이 경매한 때에는 지체없이 매도인에게 그 통지를 발송하여야 한다.
③ 제1항 및 제2항의 규정은 목적물의 인도장소가 매도인의 영업소 또는 주소와 동일한 특별시·광역시·시·군에 있는 때에는 이를 적용하지 아니한다.

답 0229 ○

CHAPTER 03 상법상의 특수한 계약

제1절 상호계산

0230 | 2007, 2019 |
상호계산은 상인 간에만 인정되는 쌍방적 상행위이다. ( )

> 당사자 쌍방이 모두 상인일 필요는 없고, 당사자의 1인만 상인이면 된다.
> **제72조(의의)** 상호계산은 상인간 또는 상인과 비상인간에 상시 거래관계가 있는 경우에 일정한 기간의 거래로 인한 채권채무의 총액에 관하여 상계하고 그 잔액을 지급할 것을 약정함으로써 그 효력이 생긴다.

0231 | 2007, 2016 |
상인과 비상인간에 상시 거래관계가 있는 경우 상호계산계약을 체결할 수 있다. ( )

> 「상시 거래관계가 있는 경우」에 「당사자 중 일방이 상인」이기만 하면 상호계산계약을 체결할 수 있다.
> **제72조(의의)** 상호계산은 상인간 또는 상인과 비상인간에 상시 거래관계가 있는 경우에 일정한 기간의 거래로 인한 채권채무의 총액에 관하여 상계하고 그 잔액을 지급할 것을 약정함으로써 그 효력이 생긴다.

0232 | 2007 |
원칙적으로 각 당사자는 계산서의 승인 이후에는 채권·채무에 존재하던 하자를 이유로 이의를 제기할 수 없다. ( )

> 착오나 탈루가 있는 때를 제외하고는, 각 당사자는 계산서의 승인 이후에는 채권·채무에 존재하던 하자를 이유로 이의를 제기할 수 없다.
> **제75조(계산서의 승인과 이의)** 당사자가 채권채무의 각 항목을 기재한 계산서를 승인한 때에는 그 각 항목에 대하여 이의를 하지 못한다. 그러나 착오나 탈루가 있는 때에는 그러하지 아니하다.

0233 | 2012, 2016, 2019 |
상호계산의 당사자가 채권·채무의 각 항목을 기재한 계산서를 승인하더라도 착오나 탈루가 있는 경우 그 각 항목에 대하여 이의를 제기할 수 있다. ( )

> 계산서의 항목에 착오 또는 탈루가 있는 경우에는 예외적으로 이의를 제기할 수 있다.
> **제75조(계산서의 승인과 이의)** 당사자가 채권채무의 각 항목을 기재한 계산서를 승인한 때에는 그 각 항목에 대하여 이의를 하지 못한다. 그러나 착오나 탈루가 있는 때에는 그러하지 아니하다.

0230 × 0231 ○ 0232 ○ 0233 ○

0234 |2007|
거래로 인하여 발생한 금전채권·채무는 원칙적으로 상호계산의 대상이 된다. ( )

거래로 인해 발생한 채권만 그 대상으로 삼는다.

제72조(의의) 상호계산은 상인간 또는 상인과 비상인간에 상시 거래관계가 있는 경우에 일정한 기간의 거래로 인한 채권채무의 총액에 관하여 상계하고 그 잔액을 지급할 것을 약정함으로써 그 효력이 생긴다.

0235 |2012|
상호계산의 대상이 되는 채무는 일괄상계가 가능한 금전채무에 한정되지만 어음과 같은 유가증권상의 권리 자체는 상호계산의 대상이 되지 않는다. ( )

어음·수표 등의 유가증권상의 채권채무는 그 제시증권성 및 상환증권성으로 인해 상호계산능력이 없다.

0236 |2019|
어음·수표로 인한 채권채무는 상호계산에 계입될 수 없다. ( )

「어음·수표 등의 유가증권상의 채권채무」는 유통성으로 인해 수취인이 아닌 제3자가 어음상 채권자가 될 수 있으므로 상호계산능력이 없다. 반면에 「어음·수표로 인한 채권채무」는 발행인과 수취인간의 관계이므로 상호계산에 계입할 수 있다.

제73조(상업증권상의 채권채무에 관한 특칙) 어음 기타의 상업증권으로 인한 채권채무를 상호계산에 계입한 경우에 그 증권채무자가 변제하지 아니한 때에는 당사자는 그 채무의 항목을 상호계산에서 제거할 수 있다.

0237 |2007, 2016|
어음으로 인한 채권채무가 상호계산에 계입된 경우 어음채무자가 변제하지 않더라도 당사자는 그 채무의 항목을 상호계산에서 제거할 수가 없다. ( )

어음으로 인한 채권채무가 상호계산에 계입된 경우 어음채무자가 변제하지 않는 경우 이를 상호계산에서 제거할 수 있다. 이는 상호계산불가분의 원칙에 대한 예외가 된다.

제73조(상업증권상의 채권채무에 관한 특칙) 어음 기타의 상업증권으로 인한 채권채무를 상호계산에 계입한 경우에 그 증권채무자가 변제하지 아니한 때에는 당사자는 그 채무의 항목을 상호계산에서 제거할 수 있다.

0238 |2012, 2019|
당사자가 상호계산의 기간을 정하지 않은 때에는 그 기간은 6개월로 한다. ( )

당사자간에 약정이 있을 때에는 그 약정한 기간으로, 약정이 없을 때에는 6월로 한다.

제74조(상호계산기간) 당사자가 상계할 기간을 정하지 아니한 때에는 그 기간은 6월로 한다.

답 0234 ○ 0235 ○ 0236 × 0237 × 0238 ○

0239 | 2012, 2016 |

상호계산에 계입된 채권·채무의 각 항목에 대하여는 계입된 날로부터 이자를 붙이는 약정이 허용되지 않으나 채권자는 확정된 잔액채권에 대해서 계산폐쇄일 이후의 법정이자를 청구할 수 있다. ( )

> 상호계산에 계입한 날로부터 이자를 붙일 수 있다.
>
> 제76조(잔액채권의 법정이자) ① 상계로 인한 잔액에 대하여는 채권자는 계산폐쇄일 이후의 법정이자를 청구할 수 있다.
> ② 전항의 규정에 불구하고 당사자는 각 항목을 상호계산에 계입한 날로부터 이자를 붙일 것을 약정할 수 있다.

0240 | 2019 |

상호계산제도는 하나의 계산단위로 하는 것이므로 상계로 인한 잔액에 대해 이자가 발생할 여지가 없다. ( )

> 잔액채권에 대하여 계산폐쇄일 이후의 별도 법정이자의 청구가 가능하다. 이와 같은 경우 채무자는 계산폐쇄일 이후에 법정이자와 약정이자를 이중으로 부담할 수도 있다.
>
> 제76조(잔액채권의 법정이자) ① 상계로 인한 잔액에 대하여는 채권자는 계산폐쇄일 이후의 법정이자를 청구할 수 있다.
> ② 전항의 규정에 불구하고 당사자는 각 항목을 상호계산에 계입한 날로부터 이자를 붙일 것을 약정할 수 있다.

0241 | 2012, 2016 |

각 당사자는 언제든지 상호계산계약을 해지할 수 있고 이 경우 즉시 계산을 폐쇄하고 그 잔액의 지급을 청구할 수 있다. ( )

> 상호계산계약의 해지에는 별도의 예고가 필요 없으며 언제든지 즉시 해지가 가능하다.
>
> 제77조(해지) 각 당사자는 언제든지 상호계산을 해지할 수 있다. 이 경우에는 즉시 계산을 폐쇄하고 잔액의 지급을 청구할 수 있다.

제2절 익명조합

0242 | 2021 |

익명조합은 당사자의 일방이 상대방의 영업을 위하여 출자하고 상대방은 그 영업으로 인한 손실을 분담할 것을 약정함으로써 그 효력이 생긴다. ( )

> 익명조합은 이익분배 약정이 그 요소이지, 손실분배 약정은 필요로 하지 않는다.
>
> 제78조(의의) 익명조합은 당사자의 일방이 상대방의 영업을 위하여 출자하고 상대방은 그 영업으로 인한 이익을 분배할 것을 약정함으로써 그 효력이 생긴다.

답 0239 × 0240 × 0241 ○ 0242 ×

0243 |2009|
익명조합원이 출자한 부동산이 영업자의 재산으로 귀속되려면 소유권 변동에 필요한 요건을 갖추어야 한다. ( )

> 익명조합원은 출자의 목적인 각 재산권의 이전에 필요한 절차(부동산은 소유권이전등기, 동산은 인도, 어음과 수표는 배서 또는 교부)를 갖추는 방법으로 출자를 하고(특정승계), 이렇게 출자된 재산은 영업자의 재산으로 본다.
> **제79조(익명조합원의 출자)** 익명조합원이 출자한 금전 기타의 재산은 영업자의 재산으로 본다.

0244 |2009|
익명조합원은 출자의무를 이행한 후 영업자의 동의가 없더라도 그 지위를 타인에게 양도할 수 있다. ( )

> 익명조합은 영업자와 익명조합원 간의 인적 신뢰관계를 전제로 하기 때문에 각 당사자는 특약이 없는 한 그 지위를 타에 양도할 수 없다. 다만 상법이 익명조합원의 사망을 계약의 종료사유로 규정하지 않은 점에 비추어볼 때(제84조), 익명조합원이 사망한 경우에는 그 지위의 상속은 인정된다.

0245 |2009|
영업자는 익명조합원의 대리인으로서 거래하는 것이므로 익명조합원은 영업상의 채무에 대하여 연대하여 변제할 책임이 있다. ( )

> 영업자는 익명조합원의 대리인이 아니므로 익명조합원은 영업자의 채무에 대하여 책임이 없다.
> **제80조(익명조합원의 대외관계)** 익명조합원은 영업자의 행위에 관하여서는 제3자에 대하여 권리나 의무가 없다.

0246 |2012|
단순히 1회적인 거래에 출자하는 경우 출자자와 영업자 간에는 익명조합계약이 성립하지 않는다. ( )

> 익명조합은 당사자의 일방이 상대방의 「영업」을 위해서 출자하는 것이다. 영업이란 영리성·계속성·대외적 인식가능성을 요소로 하므로, 1회적인 거래에 출자하는 경우에는 계속성이 결여되어 있다.
> **제78조(의의)** 익명조합은 당사자의 일방이 상대방의 영업을 위하여 출자하고 상대방은 그 영업으로 인한 이익을 분배할 것을 약정함으로써 그 효력이 생긴다.

0247 |2012, 2023|
판례에 의하면 이익의 유무를 불문하고 정기적으로 일정한 금액을 지급하기로 약정한 경우에는 익명조합계약에 해당하지 않는다. ( )

> 익명조합계약은 이익을 분배하는 것이기 때문이다. 이러한 계약은 이자부 금전대여일 뿐이다.
> **[대법원 1962.12.27. 선고, 62다660. 판결]**
> 당사자의 일방이 상대방의 영업을 위하여 출자를 하는 경우라 할지라도 그 영업에서 이익이 난 여부를 따지지 않고 상대방이 정기적으로 일정한 금액을 지급하기로 약정한 경우는 가령 이익이라는 명칭을 사용하였다 하더라도 익명조합약정이라 할 수 없다.

답 0243 ○ 0244 × 0245 × 0246 ○ 0247 ○

0248 | 2012 |
익명조합원은 손실을 분담하여 출자액이 감소된 경우에 다른 약정이 없는 한 그 손실을 전보한 후가 아니면 이익분배를 청구하지 못한다. ( )

> **제82조(이익배당과 손실분담)** ① 익명조합원의 출자가 손실로 인하여 감소된 때에는 그 손실을 전보한 후가 아니면 이익배당을 청구하지 못한다.
> ② 손실이 출자액을 초과한 경우에도 익명조합원은 이미 받은 이익의 반환 또는 증자할 의무가 없다.
> ③ 전2항의 규정은 당사자간에 다른 약정이 있으면 적용하지 아니한다.

0249 | 2020 |
영업의 양도는 상법상 익명조합계약의 종료사유에 해당한다. ( )

> 제84조 제1호
> **제84조(계약의 종료)** 조합계약은 다음의 사유로 인하여 종료한다.
> 1. 영업의 폐지 또는 양도
> 2. 영업자의 사망 또는 성년후견개시
> 3. 영업자 또는 익명조합원의 파산

0250 | 2009, 2012, 2020, 2023 |
영업자의 사망 또는 성년후견개시는 익명조합의 종료사유이지만 익명조합원의 사망 또는 성년후견개시는 익명조합의 종료사유가 아니다. ( )

> 영업자에 대해서는 사망, 파산, 성년후견개시가 익명조합 종료사유이지만, 익명조합원에 대해서는 파산만 종료사유이다.
> **제84조(계약의 종료)** 조합계약은 다음의 사유로 인하여 종료한다.
> 1. 영업의 폐지 또는 양도
> 2. 영업자의 사망 또는 성년후견개시
> 3. 영업자 또는 익명조합원의 파산

0251 | 2015, 2020, 2021 |
익명조합계약은 영업자가 파산한 경우는 물론 익명조합원이 파산한 경우에도 종료한다. ( )

> 파산은 영업자와 익명조합원에 공통된 계약종료사유이다. 업무집행자(익명조합의 영업자) 측의 종료사유는 "사망/파산/성년후견개시"이고, 비업무집행자(익명조합의 익명조합원) 측의 종료사유는 "파산"이라고 정리하면 된다.
> **제84조(계약의 종료)** 조합계약은 다음의 사유로 인하여 종료한다.
> 1. 영업의 폐지 또는 양도
> 2. 영업자의 사망 또는 성년후견개시
> 3. 영업자 또는 익명조합원의 파산

0252 |2015, 2023|
익명조합원의 출자는 금전 기타 재산으로 출자할 수 있을 뿐만 아니라 신용이나 노무의 출자도 허용된다. ( )

익명조합원은 신용 내지 노무를 출자할 수 없다. 반면에 익명조합의 영업자는 노무출자가 가능하다.
제86조(준용규정) 제272조, 제277조와 제278조의 규정은 익명조합원에 준용한다.
제272조(유한책임사원의 출자) 유한책임사원은 신용 또는 노무를 출자의 목적으로 하지 못한다.

0253 |2023|
영업자가 영업재산 또는 그 영업의 이익을 임의로 유용하는 경우에도 횡령죄가 성립하지 않는다. ( )

횡령되는 타인소유물을 임의로 처분하는 경우에 문제되는데, 익명조합원이 출자한 재산은 영업자의 재산이 되어 영업자 입장에서는 자기소유물이 된다.
제79조(익명조합원의 출자) 익명조합원이 출자한 금전 기타의 재산은 영업자의 재산으로 본다.
[대법원 2011. 11. 24., 선고, 2010도5014, 판결]
조합 또는 내적 조합과 달리 익명조합의 경우에는 익명조합원이 영업을 위하여 출자한 금전 기타의 재산은 상대편인 영업자의 재산이 되므로 영업자는 타인의 재물을 보관하는 자의 지위에 있지 않고, 따라서 영업자가 영업이익금 등을 임의로 소비하였더라도 횡령죄가 성립할 수는 없다.

0254 |2015|
익명조합원의 이익배당을 받을 권리 및 손실분담의무는 익명조합의 본질적 요소이기 때문에 당사자 간의 특약에 의하여 배제할 수 없다. ( )

아니다. 손실분담의무는 배제가 가능하다.
제82조(이익배당과 손실분담)
① 익명조합원의 출자가 손실로 인하여 감소된 때에는 그 손실을 전보한 후가 아니면 이익배당을 청구하지 못한다.
② 손실이 출자액을 초과한 경우에도 익명조합원은 이미 받은 이익의 반환 또는 증자할 의무가 없다.
③ 전2항의 규정은 당사자간에 다른 약정이 있으면 적용하지 아니한다.

0255 |2009, 2012, 2015|
영업자의 손실이 출자액을 초과하는 경우 당사자 간에 다른 약정이 없으면 익명조합원은 이미 받은 이익을 반환하거나 추가로 출자할 의무가 있다. ( )

추가출자의무는 존재하지 않는다.
제82조(이익배당과 손실분담) ① 익명조합원의 출자가 손실로 인하여 감소된 때에는 그 손실을 전보한 후가 아니면 이익배당을 청구하지 못한다.
② 손실이 출자액을 초과한 경우에도 익명조합원은 이미 받은 이익의 반환 또는 증자할 의무가 없다.
③ 전2항의 규정은 당사자간에 다른 약정이 있으면 적용하지 아니한다.

답 0252 × 0253 ○ 0254 × 0255 ×

0256 | 2021, 2023 |

익명조합원이 자기의 상호를 영업자의 상호로 사용할 것을 허락한 때에는 그 사용 이후의 채무에 대하여 영업자와 연대하여 변제할 책임이 있다. ( )

> 이른바 「외관법리」가 적용되는 경우이다. 익명조합원이 자신의 상호를 영업자의 상호로 사용할 것을 허락하였다면, 더이상 익명이 아니게 된다. 따라서 영업자와 마찬가지로 영업상 채무에 대하여 무한책임을 진다.
>
> **제81조(성명, 상호의 사용허락으로 인한 책임)** 익명조합원이 자기의 성명을 영업자의 상호 중에 사용하게 하거나 자기의 상호를 영업자의 상호로 사용할 것을 허락한 때에는 그 사용 이후의 채무에 대하여 영업자와 연대하여 변제할 책임이 있다.

0257 | 2015 |

익명조합계약은 존속기간을 정하지 아니하거나 어느 당사자의 종신까지 존속할 것을 약정한 때에는 각 당사자는 3월 전에 상대방에게 예고를 하고 계약을 해지할 수 있다. ( )

> 계약해지의 예고는 6월 전에 하여야 한다.
>
> **제83조(계약의 해지)** ① 조합계약으로 조합의 존속기간을 정하지 아니하거나 어느 당사자의 종신까지 존속할 것을 약정한 때에는 각 당사자는 영업연도말에 계약을 해지할 수 있다. 그러나 이 해지는 6월 전에 상대방에게 예고하여야 한다.
> ② 조합의 존속기간의 약정의 유무에 불구하고 부득이한 사정이 있는 때에는 각 당사자는 언제든지 계약을 해지할 수 있다.

0258 | 2021 |

익명조합의 존속기간의 약정의 유무에 불구하고 부득이한 사정이 있는 때에는 각 당사자는 언제든지 계약을 해지할 수 있다. ( )

> 익명조합계약에서 해지의 예고는 원칙적으로 6월 전에 하여야 하지만(상창대리익맹/언반236상), 부득이한 사정이 있는 때에는 언제든지 계약을 해지할 수 있다(익대창).
>
> **제83조(계약의 해지)** ① 조합계약으로 조합의 존속기간을 정하지 아니하거나 어느 당사자의 종신까지 존속할 것을 약정한 때에는 각 당사자는 영업연도말에 계약을 해지할 수 있다. 그러나 이 해지는 6월 전에 상대방에게 예고하여야 한다.
> ② 조합의 존속기간의 약정의 유무에 불구하고 부득이한 사정이 있는 때에는 각 당사자는 언제든지 계약을 해지할 수 있다.

0259 | 2021 |

조합계약이 종료한 때에는 영업자는 익명조합원에게 그 출자의 가액을 반환하여야 하지만, 출자가 손실로 인하여 감소된 때에는 그 잔액을 반환하면 된다. ( )

> 옳은 내용이다. 이런 의미에서 익명조합원의 책임은 출자가액을 한도로 하는 유한책임이다.
>
> **제85조(계약종료의 효과)** 조합계약이 종료한 때에는 영업자는 익명조합원에게 그 출자의 가액을 반환하여야 한다. 그러나 출자가 손실로 인하여 감소된 때에는 그 잔액을 반환하면 된다.

답 0256 ○ 0257 × 0258 ○ 0259 ○

제3절 합자조합

0260 |2013|
합자조합은 상법상의 특수조합으로서 상법상의 요건을 갖추어 설립등기를 함으로써 설립된다. ( )

회사가 아닌 이상 별도의 등기 없이 조합계약만으로 설립한다. 다만 설립등기는 해야 한다.
제86조의2(의의) 합자조합은 조합의 업무집행자로서 조합의 채무에 대하여 무한책임을 지는 조합원과 출자가액을 한도로 하여 유한책임을 지는 조합원이 상호출자하여 공동사업을 경영할 것을 약정함으로써 그 효력이 생긴다.
제86조의4(등기) ① 업무집행조합원은 합자조합 설립 후 2주 내에 조합의 주된 영업소의 소재지에서 다음의 사항을 등기하여야 한다.
1. 제86조의3제1호부터 제5호까지(제4호의 경우에는 유한책임조합원이 업무를 집행하는 경우에 한정한다), 제9호, 제10호, 제12호 및 제13호의 사항
2. 조합원의 출자의 목적, 재산출자의 경우에는 그 가액과 이행한 부분
② 제1항 각 호의 사항이 변경된 경우에는 2주 내에 변경등기를 하여야 한다.

0261 |2020|
업무집행조합원은 합자조합 설립 후 2주 내에 조합의 주된 영업소의 소재지에서 법정사항을 등기하여야 한다. ( )

합자조합은 법인이 아니므로 별도의 등기 없이 조합계약만으로 설립한다. 다만 합자조합등기는 해야 한다.
제86조의4(등기) ① 업무집행조합원은 합자조합 설립 후 2주 내에 조합의 주된 영업소의 소재지에서 다음의 사항을 등기하여야 한다.
1. 제86조의3제1호부터 제5호까지(제4호의 경우에는 유한책임조합원이 업무를 집행하는 경우에 한정한다), 제9호, 제10호, 제12호 및 제13호의 사항
2. 조합원의 출자의 목적, 재산출자의 경우에는 그 가액과 이행한 부분
② 제1항 각 호의 사항이 변경된 경우에는 2주 내에 변경등기를 하여야 한다.

0262 |2013|
유한책임조합원은 조합계약에 정함이 없어도 무한책임조합원 전원이 동의하면 신용이나 노무를 출자할 수 있다. ( )

유한책임조합원은 조합계약에 정함이 없으면 신용 또는 노무를 출자할 수 없다.
제86조의8(준용규정) ③ 조합계약에 다른 규정이 없으면 유한책임조합원에 대하여는 제199조, 제272조, 제275조, 제277조, 제278조, 제283조 및 제284조를 준용한다.
제272조(유한책임사원의 출자) 유한책임사원은 신용 또는 노무를 출자의 목적으로 하지 못한다.

답 0260 × 0261 ○ 0262 ×

0263 | 2020 |

유한책임조합원이 업무를 집행하지 않는 경우에도, 그 유한책임조합원의 성명 또는 상호, 주소 및 주민등록번호는 등기하여야 한다. ( )

> 유한책임조합원의 성명 또는 상호, 주소 및 주민등록번호는 업무를 집행하는 경우에 한하여 등기사항이 된다.
>
> **제86조의3(조합계약)** 합자조합의 설립을 위한 조합계약에는 다음 사항을 적고 총조합원이 기명날인하거나 서명하여야 한다.
> 1. 목적
> 2. 명칭
> 3. 업무집행조합원의 성명 또는 상호, 주소 및 주민등록번호
> 4. 유한책임조합원의 성명 또는 상호, 주소 및 주민등록번호
> 5. 주된 영업소의 소재지
> 6. 조합원의 출자(出資)에 관한 사항
> 7. 조합원에 대한 손익분배에 관한 사항
> 8. 유한책임조합원의 지분(持分)의 양도에 관한 사항
> 9. 둘 이상의 업무집행조합원이 공동으로 합자조합의 업무를 집행하거나 대리할 것을 정한 경우에는 그 규정
> 10. 업무집행조합원 중 일부 업무집행조합원만 합자조합의 업무를 집행하거나 대리할 것을 정한 경우에는 그 규정
> 11. 조합의 해산 시 잔여재산 분배에 관한 사항
> 12. 조합의 존속기간이나 그 밖의 해산사유에 관한 사항
> 13. 조합계약의 효력 발생일
>
> **제86조의4(등기)** ① 업무집행조합원은 합자조합 설립 후 2주 내에 조합의 주된 영업소의 소재지에서 다음의 사항을 등기하여야 한다.
> 1. 제86조의3제1호부터 제5호까지(제4호의 경우에는 유한책임조합원이 업무를 집행하는 경우에 한정한다), 제9호, 제10호, 제12호 및 제13호의 사항
> 2. 조합원의 출자의 목적, 재산출자의 경우에는 그 가액과 이행한 부분
> ② 제1항 각 호의 사항이 변경된 경우에는 2주 내에 변경등기를 하여야 한다.

0264 | 2020 |

유한책임조합원은 조합계약에서 정한 출자가액에서 이미 이행한 부분을 뺀 가액을 한도로 하여 조합채무를 변제할 책임이 있다. ( )

> 유한책임을 지는 자에 대한 공통적인 내용이다.
>
> **제86조의6(유한책임조합원의 책임)** ① 유한책임조합원은 조합계약에서 정한 출자가액에서 이미 이행한 부분을 뺀 가액을 한도로 하여 조합채무를 변제할 책임이 있다.
> ② 제1항의 경우 합자조합에 이익이 없음에도 불구하고 배당을 받은 금액은 변제책임을 정할 때에 변제책임의 한도액에 더한다.

0265 |2020|

업무집행조합원은 조합계약에 다른 규정이 없으면 각자가 합자조합의 업무를 집행하고 대리할 권리와 의무가 있다. ( )

> 업무집행권을 가진 자에 대한 공통적인 내용이다.
>
> **제86조의5(업무집행조합원)** ① 업무집행조합원은 조합계약에 다른 규정이 없으면 각자가 합자조합의 업무를 집행하고 대리할 권리와 의무가 있다.
> ② 업무집행조합원은 선량한 관리자의 주의로써 제1항에 따른 업무를 집행하여야 한다.
> ③ 둘 이상의 업무집행조합원이 있는 경우에 조합계약에 다른 정함이 없으면 그 각 업무집행조합원의 업무집행에 관한 행위에 대하여 다른 업무집행조합원의 이의가 있는 경우에는 그 행위를 중지하고 업무집행조합원 과반수의 결의에 따라야 한다.

0266 |2013|

업무집행조합원은 다른 조합원 전원의 동의를 받지 아니하면 그 지분의 전부 또는 일부를 타인에게 양도하지 못한다. ( )

> 유한책임조합원의 지분은 조합계약에서 정하는 바에 따라 양도하며, 업무집행조합원의 지분은 다른 조합원 전원의 동의를 얻어서 양도할 수 있다.
>
> **제86조의7(조합원의 지분의 양도)** ① 업무집행조합원은 다른 조합원 전원의 동의를 받지 아니하면 그 지분의 전부 또는 일부를 타인에게 양도(讓渡)하지 못한다.
> ② 유한책임조합원의 지분은 조합계약에서 정하는 바에 따라 양도할 수 있다.
> ③ 유한책임조합원의 지분을 양수(讓受)한 자는 양도인의 조합에 대한 권리·의무를 승계한다.

0267 |2013|

유한책임조합원은 조합계약에 정함이 없어도 무한책임조합원 전원이 동의하면 자신의 지분을 타인에게 양도할 수 있다. ( )

> 유한책임조합원은 조합계약에서 정한 바에 따라 그 지분을 양도한다.
>
> **제86조의7(조합원의 지분의 양도)** ① 업무집행조합원은 다른 조합원 전원의 동의를 받지 아니하면 그 지분의 전부 또는 일부를 타인에게 양도(讓渡)하지 못한다.
> ② 유한책임조합원의 지분은 조합계약에서 정하는 바에 따라 양도할 수 있다.
> ③ 유한책임조합원의 지분을 양수(讓受)한 자는 양도인의 조합에 대한 권리·의무를 승계한다.

답 0265 ○ 0266 ○ 0267 ✕

0268 | 2020 |
유한책임조합원의 지분을 양수한 자는 양도인의 조합에 대한 권리·의무를 승계한다. (   )

> 옳은 내용이다.
>
> **제86조의7(조합원의 지분의 양도)** ① 업무집행조합원은 다른 조합원 전원의 동의를 받지 아니하면 그 지분의 전부 또는 일부를 타인에게 양도(讓渡)하지 못한다.
> ② 유한책임조합원의 지분은 조합계약에서 정하는 바에 따라 양도할 수 있다.
> ③ 유한책임조합원의 지분을 양수(讓受)한 자는 양도인의 조합에 대한 권리·의무를 승계한다.

0269 | 2013 |
둘 이상의 업무집행조합원이 있는 경우에 조합계약에 다른 정함이 없으면 그 각 업무집행조합원의 업무집행에 관한 행위에 대하여 다른 업무집행조합원의 이의가 있는 경우에는 그 행위를 중지하고 업무집행조합원 전원의 결의에 따라야 한다. (   )

> 업무집행조합원 과반수의 결의에 따라야 한다.
>
> **제86조의5(업무집행조합원)** ① 업무집행조합원은 조합계약에 다른 규정이 없으면 각자가 합자조합의 업무를 집행하고 대리할 권리와 의무가 있다.
> ② 업무집행조합원은 선량한 관리자의 주의로써 제1항에 따른 업무를 집행하여야 한다.
> ③ 둘 이상의 업무집행조합원이 있는 경우에 조합계약에 다른 정함이 없으면 그 각 업무집행조합원의 업무집행에 관한 행위에 대하여 다른 업무집행조합원의 이의가 있는 경우에는 그 행위를 중지하고 업무집행조합원 과반수의 결의에 따라야 한다.

답 0268 ○ 0269 ×

CHAPTER 04 각 칙

제1절 대리상

0270 |2021|
상인이 아닌 자를 위해 그 거래의 대리 또는 중개를 영업으로 하는 자도 상법상 대리상이다. （   ）

> 대리상은 '일정한 상인을 위하여' 영업을 하는 자이어야 한다. 즉 대리인과 그 본인 모두 상인인 경우로서 쌍방적 상행위에 해당한다. 쌍방적 상행위에 관한 규정은 "매일유대중맹채"로 정리하자.
> **제87조(의의)** 일정한 상인을 위하여 상업사용인이 아니면서 상시 그 영업부류에 속하는 거래의 대리 또는 중개를 영업으로 하는 자를 대리상이라 한다.

0271 |2021, 2023|
대리상이 거래의 대리 또는 중개를 한 때에는 지체없이 본인에게 그 통지를 발송하여야 한다. （   ）

> 옳은 내용이다. 위탁매매인의 경우에도 동일한 취지의 규정이 존재한다(제104조).
> **제88조(통지의무)** 대리상이 거래의 대리 또는 중개를 한 때에는 지체없이 본인에게 그 통지를 발송하여야 한다.
> **제104조(통지의무, 계산서제출의무)** 위탁매매인이 위탁받은 매매를 한 때에는 지체없이 위탁자에 대하여 그 계약의 요령과 상대방의 주소, 성명의 통지를 발송하여야 하며 계산서를 제출하여야 한다.

0272 |2015, 2019, 2021|
중개대리상은 체약대리상과 달리 매매목적물의 하자 또는 수량부족 기타 매매의 이행에 관한 사항에 대하여 통지를 수령할 권한이 인정되지 않는다. （   ）

> 중개대리상에게도 수동대리권은 인정된다.
> **제90조(통지를 받을 권한)** 물건의 판매나 그 중개의 위탁을 받은 대리상은 매매의 목적물의 하자 또는 수량부족 기타 매매의 이행에 관한 통지를 받을 권한이 있다.

0273 |2007|
대리상은 대리상계약이 종료된 후에도 계약과 관련하여 알게 된 본인의 영업상의 비밀을 준수하여야 하는 법정의무를 부담한다. （   ）

> 대리상은 대리상계약의 종료 후에도 영업비밀준수의무를 부담한다.
> **제92조의3(대리상의 영업비밀준수의무)** 대리상은 계약의 종료후에도 계약과 관련하여 알게 된 본인의 영업상의 비밀을 준수하여야 한다.

답 0270 × 0271 ○ 0272 × 0273 ○

0274 | 2010 |
대리상은 특정 상인의 영업을 보조하지만 상업사용인은 아니다. ( )

> 대리상은 상업사용인이 아니라 독립된 상인의 지위에서 다른 상인을 보조한다.
> **제87조(의의)** 일정한 상인을 위하여 상업사용인이 아니면서 상시 그 영업부류에 속하는 거래의 대리 또는 중개를 영업으로 하는 자를 대리상이라 한다.

0275 | 2010 |
대리상이 보조하는 상인은 다수인이어도 무방하다. ( )

> 대리상은 「일정한」 상인을 보조하나, 여기에서 일정한 상인은 특정한 1인의 상인만을 의미하는 것은 아니다.

0276 | 2010, 2015, 2021 |
대리상은 본인의 허락 없이 자기나 제3자의 계산으로 본인의 영업부류에 속한 거래를 하지 못한다. ( )

> 대리상의 경업거래금지의무를 의미한다.
> **제89조(경업금지)** ① 대리상은 본인의 허락없이 자기나 제3자의 계산으로 본인의 영업부류에 속한 거래를 하거나 동종영업을 목적으로 하는 회사의 무한책임사원 또는 이사가 되지 못한다.

0277 | 2010, 2023 |
대리상은 본인의 허락없이 자기나 제3자의 계산으로 본인의 영업부류에 속한 거래를 하거나 동종영업을 목적으로 하지 않는 회사의 무한책임사원, 이사 또는 다른 상인의 사용인이 되지 못한다. ( )

> 대리상의 겸직금지의무는 「동종영업을 목적으로 하지 않는」 회사에 대해서는 인정되지 않는다.
> **제89조(경업금지)** ① 대리상은 본인의 허락없이 자기나 제3자의 계산으로 본인의 영업부류에 속한 거래를 하거나 동종영업을 목적으로 하는 회사의 무한책임사원 또는 이사가 되지 못한다.

0278 | 2010 |
대리상계약의 종료 전에도 본인이 현저한 이익을 얻고 있는 경우 대리상은 보상청구권을 행사할 수 있다. ( )

> 대리상의 보상청구권은 대리상 관계가 종료한 후에 인정된다.
> **제92조의2(대리상의 보상청구권)** ① 대리상의 활동으로 본인이 새로운 고객을 획득하거나 영업상의 거래가 현저하게 증가하고 이로 인하여 계약의 종료 후에도 본인이 이익을 얻고 있는 경우에는 대리상은 본인에 대하여 상당한 보상을 청구할 수 있다. 다만, 계약의 종료가 대리상의 책임 있는 사유로 인한 경우에는 그러하지 아니하다.

답 0274 ○ 0275 ○ 0276 ○ 0277 × 0278 ×

0279 | 2012, 2021 |
대리상의 보상청구권은 대리상계약이 종료한 날부터 6개월을 경과하면 소멸한다. ( )

제92조의2(대리상의 보상청구권) ③ 제1항의 규정에 의한 보상청구권은 계약이 종료한 날부터 6월을 경과하면 소멸한다.

0280 | 2019 |
A는 상인 B로부터 물건판매의 중개를 위탁받은 대리상이다. A의 B에 대한 보상청구권에 의한 보상금액은 원칙적으로 계약 종료전 5년간의 평균년보수액을 초과할 수 없다. ( )

옳은 내용이다.

제92조의2(대리상의 보상청구권) ① 대리상의 활동으로 본인이 새로운 고객을 획득하거나 영업상의 거래가 현저하게 증가하고 이로 인하여 계약의 종료후에도 본인이 이익을 얻고 있는 경우에는 대리상은 본인에 대하여 상당한 보상을 청구할 수 있다. 다만, 계약의 종료가 대리상의 책임있는 사유로 인한 경우에는 그러하지 아니하다.
② 제1항의 규정에 의한 보상금액은 계약의 종료전 5년간의 평균년보수액을 초과할 수 없다. 계약의 존속기간이 5년 미만인 경우에는 그 기간의 평균년보수액을 기준으로 한다.
③ 제1항의 규정에 의한 보상청구권은 계약이 종료한 날부터 6월을 경과하면 소멸한다.

0281 | 2015 |
대리상의 보상청구권은 대리상계약의 종료가 대리상의 책임 있는 사유로 인한 경우에는 인정되지 않는다. ( )

대리상의 책임있는 사유로 계약이 종료된 경우에는 보상청구권이 인정되지 않는다.

제92조의2(대리상의 보상청구권) ① 대리상의 활동으로 본인이 새로운 고객을 획득하거나 영업상의 거래가 현저하게 증가하고 이로 인하여 계약의 종료 후에도 본인이 이익을 얻고 있는 경우에는 대리상은 본인에 대하여 상당한 보상을 청구할 수 있다. 다만, 계약의 종료가 대리상의 책임 있는 사유로 인한 경우에는 그러하지 아니하다.

0282 | 2015 |
상인의 영업부류에 속하지 않는 거래의 대리 또는 중개를 하는 경우에는 상법상의 대리상이 아니다. ( )

대리상은 「그 영업부류에 속하는」 거래의 대리 또는 중개를 영업으로 하는 자를 말한다.

제87조(의의) 일정한 상인을 위하여 상업사용인이 아니면서 상시 그 영업부류에 속하는 거래의 대리 또는 중개를 영업으로 하는 자를 대리상이라 한다.

0283 | 2015, 2017, 2022 |
대리상은 거래의 대리 또는 중개로 인한 채권이 변제기에 있는 때에는 당사자 간에 다른 약정이 없으면 그 변제를 받을 때까지 본인을 위하여 점유하는 물건 또는 유가증권을 유치할 수 있다. ( )

대리상의 유치권에 대한 설명이다.

제91조(대리상의 유치권) 대리상은 거래의 대리 또는 중개로 인한 채권이 변제기에 있는 때에는 그 변제를 받을 때까지 본인을 위하여 점유하는 물건 또는 유가증권을 유치할 수 있다. 그러나 당사자간에 다른 약정이 있으면 그러하지 아니하다.

0284 | 2019 |

A는 상인 B로부터 물건판매의 중개를 위탁받은 대리상이다. A는 해당 거래의 중개로 인한 채권이 변제기에 있는 때에는 다른 약정이 없는 한 그 변제를 받을 때까지 B의 소유가 아니더라도 B를 위하여 점유하는 물건 또는 유가증권을 유치할 수 있다. (   )

대리상의 상사유치권은 점유하는 물건이 누구의 소유인지 불문한다.
제91조(대리상의 유치권) 대리상은 거래의 대리 또는 중개로 인한 채권이 변제기에 있는 때에는 그 변제를 받을 때까지 <u>본인</u>을 위하여 점유하는 물건 또는 유가증권을 유치할 수 있다. 그러나 당사자간에 다른 약정이 있으면 그러하지 아니하다.

0285 | 2016 |

대리상이 본인의 허락없이 자기의 계산으로 경업거래를 한 경우 본인이 개입권을 행사하면 직접 대리상의 거래 상대방에 대하여 그 계약상의 권리를 취득한다. (   )

개입권이 행사되면 대리상이 거래의 경제적 효과, 즉 실질상의 이득을 본인에게 귀속시킬 의무만을 부담할 뿐, 개입권의 행사로 인해 본인이 대리상의 거래상대방에 대해서 직접 법률행위의 당사자가 되는 것은 아니다. 이와 같이 채권적인 성질을 갖는 개입권을 「실질적 개입권」이라 한다.
제89조(경업금지) ① 대리상은 본인의 허락없이 자기나 제3자의 계산으로 본인의 영업부류에 속한 거래를 하거나 동종영업을 목적으로 하는 회사의 무한책임사원 또는 이사가 되지 못한다.
② 제17조제2항 내지 제4항의 규정은 대리상이 전항의 규정에 위반한 경우에 준용한다.

제17조(상업사용인의 의무)
② 상업사용인이 전항의 규정에 위반하여 거래를 한 경우에 그 거래가 <u>자기의 계산으로 한 것</u>인 때에는 영업주는 이를 영업주의 계산으로 한 것으로 볼 수 있고 <u>제3자의 계산으로 한 것</u>인 때에는 영업주는 사용인에 대하여 이로 인한 이득의 양도를 청구할 수 있다.
③ 전항의 규정은 영업주로부터 사용인에 대한 계약의 해지 또는 손해배상의 청구에 영향을 미치지 아니한다.
④ 제2항에 규정한 권리는 영업주가 그 거래를 안 날로부터 2주간을 경과하거나 그 거래가 있은 날로부터 1년을 경과하면 소멸한다.

0286 | 2019 |

A는 상인 B로부터 물건판매의 중개를 위탁받은 대리상이다. 계약의 존속기간에 대한 약정이 있는 경우에도 A와 B는 2개월 전에 예고한 후 계약을 해지할 수 있다. (   )

계약의 존속기간을 정하지 않은 경우에 2월 전 예고 후 해지할 수 있는 것이고, 계약의 존속기간을 정한 경우라면 일방적으로 계약을 해지할 수 없다.
제92조(계약의 해지) ① 당사자가 계약의 존속기간을 약정하지 아니한 때에는 각 당사자는 2월전에 예고하고 계약을 해지할 수 있다.
② 제83조제2항의 규정은 대리상에 준용한다.

답 0284 ○ 0285 × 0286 ×

0287 |2023|
대리상계약의 존속기간 중에 본인이 사망하는 경우 대리상계약은 종료된다. (   )

민법상 대리권과는 달리 상인이 그 영업에 관하여 수여한 대리권은 본인의 사망으로 인해 소멸하지 아니한다.
제50조(대리권의 존속) 상인이 그 영업에 관하여 수여한 대리권은 본인의 사망으로 인하여 소멸하지 아니한다.

제2절 중개업

0288 |2008|
중개인은 위탁행위가 물건 또는 유가증권의 매매에 한정되지 않는 점에서 위탁매매인과 다르다. (   )

타인 간의 상행위의 중개를 하는 자이므로 중개의 대상에 제한이 없다.
제93조(의의) 타인간의 상행위의 중개를 영업으로 하는 자를 중개인이라 한다.

0289 |2013|
비상인 간의 거래를 영업으로 중개하는 자는 상법상의 상인은 될 수 있으나, 상법상의 중개인은 아니다.
(   )

상법상의 중개인이란 타인간의 「상행위」를 중개하는 자를 말한다.
제93조(의의) 타인간의 상행위의 중개를 영업으로 하는 자를 중개인이라 한다.

0290 |2020|
다른 약정이나 관습이 없으면, 중개인은 그 중개한 행위에 관하여 당사자를 위하여 지급 기타의 이행을 받지 못한다. (   )

중개인은 대리인이 아니기 때문에 원칙적으로 급여수령대리권이 없다.
제94조(중개인의 급여수령대리권) 중개인은 그 중개한 행위에 관하여 당사자를 위하여 지급 기타의 이행을 받지 못한다. 그러나 다른 약정이나 관습이 있으면 그러하지 아니하다.

0291 |2013, 2020|
중개인이 그 중개한 행위에 관하여 견품을 받은 때에는 중개한 계약이 이행되면 더 이상 이를 보관하지 않아도 된다. (   )

「행위가 완료될 때까지」이를 보관해야 한다. 여기서 행위의 완료는 계약의 체결이 아니라 체결된 계약이 완전히 이행되어 더 이상 분쟁의 여지가 없을 때까지를 의미하는 것이다.

답 0287 × 0288 ○ 0289 ○ 0290 ○ 0291 ×

제95조(견품보관의무) 중개인이 그 중개한 행위에 관하여 견품을 받은 때에는 그 행위가 완료될 때까지 이를 보관하여야 한다.

0292 | 2020 |

당사자는 언제든지 자기를 위하여 중개한 행위에 관한 장부의 등본의 교부를 청구할 수 있다. （　　）

중개인의 장부작성의무에 대응하는 당사자의 등본교부청구권에 설명이다. 중개인 장부는 상업장부가 아니므로, 중개인의 장부작성의무는 소상인에 대해서도 적용된다.

제97조(중개인의 장부작성의무) ① 중개인은 전조에 규정한 사항을 장부에 기재하여야 한다.
② 당사자는 언제든지 자기를 위하여 중개한 행위에 관한 장부의 등본의 교부를 청구할 수 있다.

0293 | 2013, 2022 |

중개인은 중개한 계약이 이행된 시점부터 보수를 청구할 수 있으며, 중개인의 보수는 당사자 쌍방이 균분하여 부담한다. （　　）

（ⅰ） 계약이행시점이 아니라, 결약서의 교부 또는 교환이 끝난 후에야 보수청구권을 행사할 수 있다.
（ⅱ） 특약이 없으면, 중개인의 보수는 당사자 쌍방이 균분하여 부담한다. 다만 중개인이 거래를 중개함에 있어 당사자 중 일방(매수인)의 이익만을 위해 중개한 경우라면, 나머지 상대방(매도인)에 대해서는 보수를 청구할 수 없다.

제96조(결약서교부의무) ① 당사자간에 계약이 성립된 때에는 중개인은 지체없이 각 당사자의 성명 또는 상호, 계약년월일과 그 요령을 기재한 서면을 작성하여 기명날인 또는 서명한 후 각 당사자에게 교부하여야 한다.
② 당사자가 즉시 이행을 하여야 하는 경우를 제외하고 중개인은 각 당사자로 하여금 제1항의 서면에 기명날인 또는 서명하게 한 후 그 상대방에게 교부하여야 한다.
③ 제1항 및 제2항의 경우에 당사자의 일방이 서면의 수령을 거부하거나 기명날인 또는 서명하지 아니한 때에는 중개인은 지체없이 상대방에게 그 통지를 발송하여야 한다.

제100조(보수청구권) ① 중개인은 제96조의 절차를 종료하지 아니하면 보수를 청구하지 못한다.
② 중개인의 보수는 당사자쌍방이 균분하여 부담한다.

[대법원 1977. 11. 22., 선고, 77다1889, 판결]
부동산소개업자라도 부동산매매중개에 있어서 계약당사자의 일방인 피고의 이익을 위하여 행위한 사실이 인정되지 않는 이상 그 당사자에 대하여는 보수청구권이 없다.

0294 | 2022 |

당사자가 그 성명 또는 상호를 상대방에게 표시하지 아니할 것을 중개인에게 요구한 때에는 중개인은 그 상대방에게 교부할 결약서에 이를 기재하지 못한다. （　　）

（ⅰ） 이를 「성명·상호 묵비의 의무」라 한다(제98조). （ⅱ） 중개인이 당사자의 묵비요구에 따라 당사자 일방의 성명이나 상호를 상대방에게 표시하지 아니한 경우에는 그 상대방은 중개인에게 그 이행(계약의 이행)을 청구할 수 있다. 이를 「중개인의 이행담보책임(개입의무)」이라 한다(제99조).

0292 ○　0293 ×　0294 ○

제98조(성명, 상호 묵비의 의무) 당사자가 그 성명 또는 상호를 상대방에게 표시하지 아니할 것을 중개인에게 요구한 때에는 중개인은 그 상대방에게 교부할 제96조제1항의 서면과 전조 제2항의 등본에 이를 기재하지 못한다.

제99조(중개인의 이행책임) 중개인이 임의로 또는 전조의 규정에 의하여 당사자의 일방의 성명 또는 상호를 상대방에게 표시하지 아니한 때에는 <u>상대방은 중개인에 대하여 이행을 청구할 수 있다.</u>

0295 | 2013, 2020 |
중개인이 일방 당사자의 청구에 의하여 그 자의 성명 또는 상호를 상대방에게 표시하지 아니한 때에는 상대방은 중개인에 대하여 이행을 청구할 수 없다. ( )

중개인이 임의로 또는 당사자의 묵비요구에 따라 당사자 일방의 성명이나 상호를 상대방에게 표시하지 아니한 경우에는 그 상대방은 중개인에게 그 이행(계약의 이행)을 청구할 수 있다. 이를 중개인의 이행담보책임(개입의무)이라 한다.

제99조(중개인의 이행책임) 중개인이 임의로 또는 전조의 규정에 의하여 당사자의 일방의 성명 또는 상호를 상대방에게 표시하지 아니한 때에는 <u>상대방은 중개인에 대하여 이행을 청구할 수 있다.</u>

0296 | 2016 |
중개인이 임의로 당사자 일방의 성명 또는 상호를 상대방에게 표시하지 않은 경우 중개인은 그 상대방에 대하여 중개한 계약의 당사자가 된다. ( )

중개인이 당사자 일방의 성명 또는 상호를 숨기고 중개한 경우에는 상대방 당사자를 보호할 필요가 있기 때문에 상법이 중개인에게 특별히 담보책임을 지운 것이다. 중개인이 그 계약의 당사자가 되는 것은 아니다.

제99조(중개인의 이행책임) 중개인이 임의로 또는 전조의 규정에 의하여 당사자의 일방의 성명 또는 상호를 상대방에게 표시하지 아니한 때에는 <u>상대방은 중개인에 대하여 이행을 청구할 수 있다.</u>

0297 | 2020 |
중개인에 의해 당사자 간에 계약이 성립된 때에는 당사자는 지체없이 결약서를 작성하여 중개인에게 교부하여야 한다. ( )

결약서는 당사자가 작성하는 것이 아니라 중개인이 작성하여 각 당사자에게 교부하는 것이다.

제96조(결약서교부의무) ① 당사자간에 계약이 성립된 때에는 중개인은 지체없이 각 당사자의 성명 또는 상호, 계약년월일과 그 요령을 기재한 서면을 작성하여 기명날인 또는 서명한 후 각 당사자에게 교부하여야 한다.
② 당사자가 즉시 이행을 하여야 하는 경우를 제외하고 중개인은 각 당사자로 하여금 제1항의 서면에 기명날인 또는 서명하게 한 후 그 상대방에게 교부하여야 한다.
③ 제1항 및 제2항의 경우에 당사자의 일방이 서면의 수령을 거부하거나 기명날인 또는 서명하지 아니한 때에는 중개인은 지체없이 상대방에게 그 통지를 발송하여야 한다.

0298 | 2013, 2022 |
중개인은 당사자 간에 성립된 계약이 즉시 이행하여야 하는 것인 때에는 지체 없이 결약서를 작성하여 각 당사자로 하여금 기명날인 또는 서명하게 한 후 그 상대방에게 교부하여야 한다. ( )

답 0295 × 0296 × 0297 × 0298 ×

즉시 이행을 하여야 하는 경우에는 결약서에 중개인만 기명날인 또는 서명을 하면 되고, 각 당사자의 기명날인 또는 서명은 요구되지 않는다.

제96조(결약서교부의무) ① 당사자간에 계약이 성립된 때에는 중개인은 지체없이 각 당사자의 성명 또는 상호, 계약년월일과 그 요령을 기재한 서면을 작성하여 기명날인 또는 서명한 후 각 당사자에게 교부하여야 한다.
② 당사자가 즉시 이행을 하여야 하는 경우를 제외하고 중개인은 각 당사자로 하여금 제1항의 서면에 기명날인 또는 서명하게 한 후 그 상대방에게 교부하여야 한다.
③ 제1항 및 제2항의 경우에 당사자의 일방이 서면의 수령을 거부하거나 기명날인 또는 서명하지 아니한 때에는 중개인은 지체없이 상대방에게 그 통지를 발송하여야 한다.

0299 |2017|

당사자 간 다른 약정이 없는 한 중개인은 거래의 중개로 인한 채권이 변제기에 있는 때에는 그 변제를 받을 때까지 본인을 위하여 점유하는 물건 또는 유가증권을 유치할 수 있다. ( )

상법상 유치권에는 일반상사유치권과 특별상사유치권이 있지만, 중개인에게는 특별상사유치권 규정이 없다. 따라서 이 경우 일반상사유치권의 요건을 충족하는지가 문제된다. 일반상사유치권을 행사하기 위해서는 (ⅰ) 당사자 쌍방이 상인이고, (ⅱ) 쌍방적 상행위어야 하고, (ⅲ) 채권자가 목적물의 점유를 취득하게 된 원인이 채권자의 입장에서 상행위라야 하고, (ⅳ) 목적물이 채무자 소유라야 하는 등 까다로운 요건을 충족하여야 한다. 그런데 해당 지문은 이러한 요건에 대한 설시 없이 유치가 가능하다고 되어 있으므로 틀린 지문이다.

0300 |2022|

당사자의 일방이 결약서의 수령을 거부한 때에는 중개인은 지체없이 상대방에게 그 통지를 발송하여야 한다. ( )

중개인이 결약서교부의무를 이행하였음을 상대방 당사자에게 알리기 위함이다.

제96조(결약서교부의무) ① 당사자간에 계약이 성립된 때에는 중개인은 지체없이 각 당사자의 성명 또는 상호, 계약년월일과 그 요령을 기재한 서면을 작성하여 기명날인 또는 서명한 후 각 당사자에게 교부하여야 한다.
② 당사자가 즉시 이행을 하여야 하는 경우를 제외하고 중개인은 각 당사자로 하여금 제1항의 서면에 기명날인 또는 서명하게 한 후 그 상대방에게 교부하여야 한다.
③ 제1항 및 제2항의 경우에 당사자의 일방이 서면의 수령을 거부하거나 기명날인 또는 서명하지 아니한 때에는 중개인은 지체없이 상대방에게 그 통지를 발송하여야 한다.

제3절 위탁매매업

0301 | 2015, 2022 |
위탁매매인은 그 영업행위로서 매매계약을 체결한 경우 거래상대방에 대하여 직접 계약상의 권리를 취득하고 의무를 부담한다. ( )

> 위탁매매인은 타인의 대리인으로서가 아니라 직접 거래당사자가 된다.
>
> **제101조(의의)** 자기명의로써 타인의 계산으로 물건 또는 유가증권의 매매를 영업으로 하는 자를 위탁매매인이라 한다.
>
> **제102조(위탁매매인의 지위)** 위탁매매인은 위탁자를 위한 매매로 인하여 상대방에 대하여 직접 권리를 취득하고 의무를 부담한다.

0302 | 2022 |
위탁매매인이 위탁자로부터 받은 물건은 위탁자의 채권자와 위탁매매인간의 관계에서는 이를 위탁자의 소유로 본다. ( )

> 출제오류의 소지가 있다. 출제자는 "위탁자의 채권자"가 아니라 "위탁매매인의 채권자"라야 맞는 내용이라는 취지로 출제하였다. 상법에서는 "위탁매매인의 채권자"와의 관계에서는 위탁자의 소유로 본다고 규정하고 있는데, 이는 위탁매매인의 채권자가 위탁매매인에 대한 채권을 이유로 위탁물에 대해서 강제집행을 할 수 없다는 취지일 뿐이다. 위탁자의 채권자는 당연히 위탁물에 대해서 위탁자의 소유임을 주장하여 강제집행을 할 수 있다.
>
> **제103조(위탁물의 귀속)** 위탁매매인이 위탁자로부터 받은 물건 또는 유가증권이나 위탁매매로 인하여 취득한 물건, 유가증권 또는 채권은 위탁자와 위탁매매인 또는 위탁매매인의 채권자간의 관계에서는 이를 위탁자의 소유 또는 채권으로 본다.

0303 | 2007 |
위탁매매인과 중개인은 특정 상인과 계속적인 관계에 있지 않고 불특정 다수의 일반인으로부터 위탁을 받는 점에서 대리상과 구별된다. ( )

> 대리상만 특정 상인과 「계속적인」 관계를 갖는다. 위탁매매인과 중개인은 특정 상인과 계속적인 관계에 있지 않기 때문에 대리상과 달리 경업금지의무를 지지 않는다.
>
> **제87조(의의)** 일정한 상인을 위하여 상업사용인이 아니면서 상시 그 영업부류에 속하는 거래의 대리 또는 중개를 영업으로 하는 자를 대리상이라 한다.

0304 | 2010 |
위탁매매인은 수임인으로서 선관주의의무를 부담한다. ( )

> 위탁자와 위탁매매인의 관계는 위임이므로, 위탁매매인은 수임인으로서 선관의무를 부담한다.
>
> **제112조(위임에 관한 규정의 적용)** 위탁자와 위탁매매인간의 관계에는 본장의 규정 외에 위임에 관한 규정을 적용한다.

답 0301 ○ 0302 × 0303 ○ 0304 ○

■ 민법
제681조(수임인의 선관의무) 수임인은 위임의 본지에 따라 선량한 관리자의 주의로써 위임사무를 처리하여야 한다.

0305 | 2010, 2019 |
위탁매매인이 위탁받은 매매를 한 때에는 위탁자의 청구가 있는 경우에 한해 위탁자에 대하여 그 상대방의 주소·성명의 통지를 발송하여야 한다. ( )

> 위탁자의 청구가 있건 없건 위탁받은 매매를 한 때에는 지체 없이 위탁자에 대하여 그 계약의 요령과 상대방의 주소, 성명의 통지를 발송하여야 하며 계산서를 제출하여야 한다.
>
> 제104조(통지의무, 계산서제출의무) 위탁매매인이 위탁받은 매매를 한 때에는 지체 없이 위탁자에 대하여 그 계약의 요령과 상대방의 주소, 성명의 통지를 발송하여야 하며 계산서를 제출하여야 한다.

0306 | 2010, 2015, 2022, 2023 |
위탁매매인은 위탁자를 위한 매매에 관하여 상대방이 채무를 이행하지 아니하는 경우, 다른 약정이나 관습이 없는 한 위탁자에 대하여 이를 이행할 책임이 있다. ( )

> 위탁매매인의 이행담보책임, 즉 개입의무를 말한다. 상법상 개입의무(이행담보책임)는 「중개인」과 「위탁매매인」에게만 인정된다. 「중/위」로 정리하자.
>
> 제105조(위탁매매인의 이행담보책임) 위탁매매인은 위탁자를 위한 매매에 관하여 상대방이 채무를 이행하지 아니하는 경우에는 위탁자에 대하여 이를 이행할 책임이 있다. 그러나 다른 약정이나 관습이 있으면 그러하지 아니하다.

0307 | 2019, 2023 |
위탁매매인이 거래소의 시세가 있는 물건의 매수를 위탁받은 경우에는 직접 그 매도인이 될 수 있으며 이 경우 매매대가는 위탁자가 목적물을 수령한 때의 거래소의 시세에 따른다. ( )

> 위탁자가 「목적물」을 「수령」한 때가 아니라 위탁매매인이 「통지」를 「발송」할 때의 시세에 따른다. 위탁자가 목적물을 수령한 때의 시세에 의하면 위탁매매인이 목적물의 발송시기를 조절할 우려가 있다.
>
> 제107조(위탁매매인의 개입권) ① 위탁매매인이 거래소의 시세가 있는 물건 또는 유가증권의 매매를 위탁받은 경우에는 직접 그 매도인이나 매수인이 될 수 있다. 이 경우의 매매대가는 위탁매매인이 매매의 통지를 발송할 때의 거래소의 시세에 따른다.
> ② 제1항의 경우에 위탁매매인은 위탁자에게 보수를 청구할 수 있다.

0308 | 2010 |
위탁자가 매도가액 또는 매수가액을 지정한 때에는 위탁매매인은 이에 따라야 한다. ( )

> 지정가액준수의무를 말한다. 위탁자가 지정한 가액보다 고가로 매도하거나 염가로 매수한 경우에는 그 차액은 다른 약정이 없으면 위탁자의 이익으로 한다.
>
> 제106조(지정가액준수의무) ① 위탁자가 지정한 가액보다 염가로 매도하거나 고가로 매수한 경우에도 위탁매매인이 그 차액을 부담한 때에는 그 매매는 위탁자에 대하여 효력이 있다.

답 0305 × 0306 ○ 0307 × 0308 ○

0309 | 2010, 2018 |
위탁매매인이 지정가액보다 고가로 양도하거나 염가로 매수한 경우에는 그 차익은 당사자 간에 다른 약정이 없으면 위탁자의 이익으로 한다. (   )

> 지정가액준수의무를 말한다. 위탁자가 지정한 가액보다 고가로 매도하거나 염가로 매수한 경우에는 그 차액은 다른 약정이 없으면 위탁자의 이익으로 한다. 위탁매매인이 위탁자의 위험부담 하에 투기적 거래를 하는 것을 방지하기 위함이다.
>
> **제106조(지정가액준수의무)** ① 위탁자가 지정한 가액보다 염가로 매도하거나 고가로 매수한 경우에도 위탁매매인이 그 차액을 부담한 때에는 그 매매는 위탁자에 대하여 효력이 있다.
> ② 위탁자가 지정한 가액보다 고가로 매도하거나 염가로 매수한 경우에는 그 차액은 다른 약정이 없으면 위탁자의 이익으로 한다.

0310 | 2022 |
위탁자가 지정한 가액보다 염가로 매도한 경우에도 위탁매매인이 그 차액을 부담한 때에는 그 매매는 위탁자에 대하여 효력이 있다. (   )

> 「지정가액준수의무」를 말한다. 위탁자가 지정한 가액보다 염가로 매도하거나 고가로 매수한 경우에도 위탁매매인이 차액을 부담하였다면 지정가액준수의무를 이행한 것이 된다.
>
> **제106조(지정가액준수의무)** ① 위탁자가 지정한 가액보다 염가로 매도하거나 고가로 매수한 경우에도 위탁매매인이 그 차액을 부담한 때에는 그 매매는 위탁자에 대하여 효력이 있다.
> ② 위탁자가 지정한 가액보다 고가로 매도하거나 염가로 매수한 경우에는 그 차액은 다른 약정이 없으면 위탁자의 이익으로 한다.

0311 | 2015, 2019 |
상인인 위탁자가 그 영업에 관하여 확정기거래로서 물건의 매수를 위탁한 경우 그 이행시기가 경과한 때에 위탁자가 즉시 그 이행을 청구하지 않으면 위탁계약은 해제된 것으로 간주된다. (   )

> 확정기매매의 해제에 관한 규정을 준용한다.
>
> **제110조(매수위탁자가 상인인 경우)** 상인인 위탁자가 그 영업에 관하여 물건의 매수를 위탁한 경우에는 위탁자와 위탁매매인간의 관계에는 제68조 내지 제71조의 규정을 준용한다.
>
> **제68조(확정기매매의 해제)** 상인간의 매매에 있어서 매매의 성질 또는 당사자의 의사표시에 의하여 일정한 일시 또는 일정한 기간내에 이행하지 아니하면 계약의 목적을 달성할 수 없는 경우에 당사자의 일방이 이행시기를 경과한 때에는 상대방은 즉시 그 이행을 청구하지 아니하면 계약을 해제한 것으로 본다.

0312 | 2015, 2019, 2023 |
위탁매매인이 매수위탁을 받고 이를 이행하였으나 위탁자가 매수물의 수령을 거부하거나 수령할 수 없는 경우 위탁매매인은 위탁자가 상인인 경우에 한하여 매수물을 공탁 또는 경매할 수 있다. (   )

> 위탁매매인의 공탁·경매권은 위탁자가 상인이 아닌 경우에도 적용한다.

답 0309 ○ 0310 ○ 0311 ○ 0312 ×

제109조(매수물의 공탁, 경매권) 제67조의 규정은 위탁매매인이 매수의 위탁을 받은 경우에 위탁자가 매수한 물건의 수령을 거부하거나 이를 수령할 수 없는 때에 준용한다.

제67조(매도인의 목적물의 공탁, 경매권) ① 상인간의 매매에 있어서 매수인이 목적물의 수령을 거부하거나 이를 수령할 수 없는 때에는 매도인은 그 물건을 공탁하거나 상당한 기간을 정하여 최고한 후 경매할 수 있다. 이 경우에는 지체없이 매수인에 대하여 그 통지를 발송하여야 한다.
② 전항의 경우에 매수인에 대하여 최고를 할 수 없거나 목적물이 멸실 또는 훼손될 염려가 있는 때에는 최고없이 경매할 수 있다.
③ 전2항의 규정에 의하여 매도인이 그 목적물을 경매한 때에는 그 대금에서 경매비용을 공제한 잔액을 공탁하여야 한다. 그러나 그 전부나 일부를 매매대금에 충당할 수 있다.

0313 | 2019 |

매수위탁자가 상인인 경우 목적물을 수령한 때에는 지체없이 이를 검사하여야 하며 하자 또는 수량의 부족을 발견한 경우에는 즉시 위탁매매인에게 그 통지를 발송하지 아니하면 이로 인한 계약해제, 대금감액 또는 손해배상을 청구하지 못한다. ( )

상사매매에 관한 4가지 규정(이른바 공검보확) 중 매도인의 공탁·경매권을 제외한 나머지 규정(이른바 검보확)은 매수위탁자가 상인인 경우에 한하여 준용한다.

제110조(매수위탁자가 상인인 경우) 상인인 위탁자가 그 영업에 관하여 물건의 매수를 위탁한 경우에는 위탁자와 위탁매매인간의 관계에는 제68조 내지 제71조의 규정을 준용한다.

제69조(매수인의 목적물의 검사와 하자통지의무) ① 상인간의 매매에 있어서 매수인이 목적물을 수령한 때에는 지체없이 이를 검사하여야 하며 하자 또는 수량의 부족을 발견한 경우에는 즉시 매도인에게 그 통지를 발송하지 아니하면 이로 인한 계약해제, 대금감액 또는 손해배상을 청구하지 못한다. 매매의 목적물에 즉시 발견할 수 없는 하자가 있는 경우에 매수인이 6월내에 이를 발견한 때에도 같다.
② 전항의 규정은 매도인이 악의인 경우에는 적용하지 아니한다.

0314 | 2015 |

위탁매매인은 당사자간에 다른 약정이 없으면 위탁자를 위한 물건 또는 유가증권의 매매로 인하여 생긴 채권이 변제기에 있는 때에는 그 변제를 받을 때까지 위탁자를 위하여 점유하고 있는 물건 또는 유가증권을 유치할 수 있다. ( )

대리상의 유치권 규정은 위탁매매인에 준용된다.

제111조(준용규정) 제91조의 규정은 위탁매매인에 준용한다

제91조(대리상의 유치권) 대리상은 거래의 대리 또는 중개로 인한 채권이 변제기에 있는 때에는 그 변제를 받을 때까지 본인을 위하여 점유하는 물건 또는 유가증권을 유치할 수 있다. 그러나 당사자간에 다른 약정이 있으면 그러하지 아니하다.

0315 |2016, 2022|
위탁매매인이 개입권을 행사한 경우 위탁매매인이 직접 그 매도인이나 매수인이 되기 때문에 위탁매매인은 위탁자에게 보수를 청구할 수 없다. ( )

> 위탁매매인이 개입권을 행사하면 위탁매매라는 자신의 의무를 이행한 것이 되므로, 위탁자에게 별도로 보수를 청구할 수 있다.
>
> **제107조(위탁매매인의 개입권)** ① 위탁매매인이 거래소의 시세가 있는 물건 또는 유가증권의 매매를 위탁받은 경우에는 직접 그 매도인이나 매수인이 될 수 있다. 이 경우의 매매대가는 위탁매매인이 매매의 통지를 발송할 때의 거래소의 시세에 따른다.
> ② 제1항의 경우에 위탁매매인은 위탁자에게 보수를 청구할 수 있다.

제4절 운송업

1. 물건운송
01 | 운송인의 권리

0316 |2012|
수하인이 운송물의 수령을 거부하거나 수령할 수 없는 경우 운송인은 송하인에 대하여 상당한 기간을 정하여 운송물의 처분에 대한 지시를 최고하고 그 기간 내에 지시가 없으면 운송물을 공탁할 수 있다. ( )

> 운송인이 「공탁」을 하는 경우에는 최고가 필요하지 않다. 운송물을 「경매」하는 경우에는 최고를 하여야 한다.
>
> **제142조(수하인불명의 경우의 공탁, 경매권)** ① 수하인을 알 수 없는 때에는 운송인은 운송물을 공탁할 수 있다.
> ② 제1항의 경우에 운송인은 송하인에 대하여 상당한 기간을 정하여 운송물의 처분에 대한 지시를 최고하여도 그 기간내에 지시를 하지 아니한 때에는 운송물을 경매할 수 있다.
> ③ 운송인이 제1항 및 제2항의 규정에 의하여 운송물의 공탁 또는 경매를 한 때에는 지체없이 송하인에게 그 통지를 발송하여야 한다.
>
> **제143조(운송물의 수령거부, 수령불능의 경우)** ① 전조의 규정은 수하인이 운송물의 수령을 거부하거나 수령할 수 없는 경우에 준용한다.
> ② 운송인이 경매를 함에는 송하인에 대한 최고를 하기 전에 수하인에 대하여 상당한 기간을 정하여 운송물의 수령을 최고하여야 한다.

0317 |2015|
수하인이 운송물의 수령을 거부하는 경우에는 운송인은 송하인에 대한 최고에 갈음하여 수하인에 대하여 운송물의 수령을 최고하고 운송물을 수령하지 않으면 운송물을 경매할 수 있다. ( )

> 수하인에 대해서 먼저 최고를 하고, 경매에 앞서 송하인에게도 최고하여야 한다. 갈음하는 것이 아니다.

제142조(수하인불명의 경우의 공탁, 경매권) ① 수하인을 알 수 없는 때에는 운송인은 운송물을 공탁할 수 있다.
② 제1항의 경우에 운송인은 송하인에 대하여 상당한 기간을 정하여 운송물의 처분에 대한 지시를 최고하여도 그 기간내에 지시를 하지 아니한 때에는 운송물을 경매할 수 있다.
③ 운송인이 제1항 및 제2항의 규정에 의하여 운송물의 공탁 또는 경매를 한 때에는 지체없이 송하인에게 그 통지를 발송하여야 한다.

제143조(운송물의 수령거부, 수령불능의 경우) ① 전조의 규정은 수하인이 운송물의 수령을 거부하거나 수령할 수 없는 경우에 준용한다.
② 운송인이 경매를 함에는 송하인에 대한 최고를 하기 전에 수하인에 대하여 상당한 기간을 정하여 운송물의 수령을 최고하여야 한다.

0318 |2012|
수하인은 운송물을 수령하는 경우 다른 약정이 없는 한 운송인에게 운임 기타 운송에 관한 비용과 체당금을 지급할 의무가 없다. ( )

수하인이 운송물을 수령한 때에는 운임과 체당금을 지급할 의무가 있다.

제141조(수하인의 의무) 수하인이 운송물을 수령한 때에는 운송인에 대하여 운임 기타 운송에 관한 비용과 체당금을 지급할 의무를 부담한다.

0319 |2012|
운송인의 수하인에 대한 채권은 1년간 행사하지 아니하면 소멸시효가 완성한다. ( )

운송인이나 운송주선인의 책임의 소멸시효기간이 1년인 것에 대응하여, 운송인이나 운송주선인의 채권은 1년간 행사하지 않으면 시효로 소멸한다.

제147조(준용규정) 제117조, 제120조 내지 제122조의 규정은 운송인에 준용한다.

제122조(운송주선인의 채권의 시효) 운송주선인의 위탁자 또는 수하인에 대한 채권은 1년간 행사하지 아니하면 소멸시효가 완성한다.

0320 |2015|
운송인은 운송물을 수하인 또는 화물상환증소지인에게 현실적으로 인도한 때에 한하여 운임의 지급을 청구할 수 있다. ( )

인도할 수 있는 상태에 놓이면 청구할 수 있다.

[대법원 1993.03.12, 선고, 92다32906, 판결]
운임은 특약 또는 관습이 없는 한 상법이 인정하는 예외적인 경우를 제외하고는 운송을 완료함으로써 청구할 수 있는 것이고, 운송의 완료라 함은 운송물을 현실적으로 인도할 필요는 없으나 운송물을 인도할 수 있는 상태를 갖추면 충분하다.

답 0318 × 0319 ○ 0320 ×

0321 |2017, 2018|
물건운송인은 운송물에 관하여 받을 보수, 운임, 기타 위탁자를 위한 체당금이나 선대금에 관하여서만 그 운송물을 유치할 수 있다. ( )

> 운송인의 유치권에 대한 설명이다. 운송인의 유치권은 운송주선인의 유치권에 대한 규정을 준용하여, 지급받을 보수와 운송물 간의 관련성이 요구된다.
>
> **제120조(유치권)** 운송주선인은 운송물에 관하여 받을 보수, 운임, 기타 위탁자를 위한 체당금이나 선대금에 관하여서만 그 운송물을 유치할 수 있다.
>
> **제147조(준용규정)** 제117조, 제120조 내지 제122조의 규정은 운송인에 준용한다.

02 | 운송인의 책임

0322 |2021|
송하인은 운송인의 청구에 의하여 화물명세서를 교부하여야 한다. ( )

> 송하인은 운송인에게 화물명세서를 교부하고, 운송인은 송하인에게 화물상환증을 교부한다.
>
> **제126조(화물명세서)** ① 송하인은 운송인의 청구에 의하여 화물명세서를 교부하여야 한다.
> ② 화물명세서에는 다음의 사항을 기재하고 송하인이 기명날인 또는 서명하여야 한다.
> 1. 운송물의 종류, 중량 또는 용적, 포장의 종별, 개수와 기호
> 2. 도착지
> 3. 수하인과 운송인의 성명 또는 상호, 영업소 또는 주소
> 4. 운임과 그 선급 또는 착급의 구별
> 5. 화물명세서의 작성지와 작성년월일

0323 |2015|
운송인의 책임은 수하인 또는 화물상환증소지인이 유보없이 운송물을 수령하고 운임 기타의 비용을 지급한 때에는 소멸하는 것이 원칙이다. ( )

> **제146조(운송인의 책임소멸)** ① 운송인의 책임은 수하인 또는 화물상환증소지인이 유보없이 운송물을 수령하고 운임 기타의 비용을 지급한 때에는 소멸한다. 그러나 운송물에 즉시 발견할 수 없는 훼손 또는 일부 멸실이 있는 경우에 운송물을 수령한 날로부터 2주간내에 운송인에게 그 통지를 발송한 때에는 그러하지 아니하다.

0324 |2008, 2012|
수하인 또는 화물상환증소지인이 유보 없이 운송물을 수령하고 운임 기타의 비용을 지급하더라도 운송물에 즉시 발견할 수 없는 훼손 또는 일부 멸실이 있는 경우 운송물의 수령일로부터 2주간 내에 운송인에게 그 통지를 발송하면 운송인의 책임은 소멸하지 않는다. ( )

> 운송물에 즉시 발견할 수 없는 훼손 또는 일부 멸실이 있는 경우에 운송물을 수령한 날로부터 2주간 내에 운송인에게 그 통지를 발송한 때에는 운송인의 책임은 소멸하지 않는다.

제146조(운송인의 책임소멸) ① 운송인의 책임은 수하인 또는 화물상환증소지인이 유보없이 운송물을 수령하고 운임 기타의 비용을 지급한 때에는 소멸한다. 그러나 운송물에 즉시 발견할 수 없는 훼손 또는 일부 멸실이 있는 경우에 운송물을 수령한 날로부터 2주간내에 운송인에게 그 통지를 발송한 때에는 그러하지 아니하다.
② 전항의 규정은 운송인 또는 그 사용인이 악의인 경우에는 적용하지 아니한다.

0325 | 2015 |

운송인의 책임은 수하인이 운송물을 수령한 날로부터 6개월을 경과하면 소멸시효가 완성한다. (   )

운송인의 책임의 소멸시효기간은 1년

제147조(준용규정) 제117조, 제120조 내지 제122조의 규정은 운송인에 준용한다.

제121조(운송주선인의 책임의 시효) ① 운송주선인의 책임은 수하인이 운송물을 수령한 날로부터 1년을 경과하면 소멸시효가 완성한다.
② 전항의 기간은 운송물이 전부멸실한 경우에는 그 운송물을 인도할 날로부터 기산한다.
③ 전2항의 규정은 운송주선인이나 그 사용인이 악의인 경우에는 적용하지 아니한다.

0326 | 2015 |

운송인의 책임이 동시에 계약상의 채무불이행책임과 불법행위 책임이 인정되는 경우 불법행위로 인한 손해배상 책임이 배제되고 채무불이행으로 인한 손해배상책임만 인정된다. (   )

「청구권 경합설」에 따라 두 개의 책임이 모두 인정된다.

0327 | 2021 |

화폐, 유가증권 기타의 고가물에 대하여는 송하인이 운송을 위탁할 때에 그 종류와 가액을 명시한 경우에 한하여 운송인은 그 채무불이행으로 인한 손해를 배상할 책임이 있다. (   )

「고가물특칙」대한 설명이다. 운송인뿐만 아니라 운송주선인(제124조)과 공중접객업자(제153조)에 대해서도 같은 내용이 규정되어 있다.

제124조(동전) 제136조, 제140조와 제141조의 규정은 운송주선업에 준용한다.

제136조(고가물에 대한 책임) 화폐, 유가증권 기타의 고가물에 대하여는 송하인이 운송을 위탁할 때에 그 종류와 가액을 명시한 경우에 한하여 운송인이 손해를 배상할 책임이 있다.

제153조(고가물에 대한 책임) 화폐, 유가증권, 그 밖의 고가물(高價物)에 대하여는 고객이 그 종류와 가액(價額)을 명시하여 임치하지 아니하면 공중접객업자는 그 물건의 멸실 또는 훼손으로 인한 손해를 배상할 책임이 없다.

답 0325 × 0326 × 0327 ○

03 | 화물상환증의 효력

0328 |2021|
운송물에 관한 처분은 화물상환증으로써 하여야 한다. ( )

> 화물상환증의 「처분증권성」에 대한 설명이다.
> **제132조(화물상환증의 처분증권성)** 화물상환증을 작성한 경우에는 운송물에 관한 처분은 화물상환증으로써 하여야 한다.

0329 |2021|
화물상환증과 상환하지 아니하면 운송물의 인도를 청구할 수 없다. ( )

> 화물상환증의 「상환증권성」에 대한 설명이다.
> **제129조(화물상환증의 상환증권성)** 화물상환증을 작성한 경우에는 이와 상환하지 아니하면 운송물의 인도를 청구할 수 없다.

0330 |2017, 2021|
화물상환증이 발행된 때에는 운송인과 송하인 사이에 화물상환증에 적힌 대로 운송계약이 체결되고 운송물을 수령한 것으로 간주한다. ( )

> 「간주」가 아니라 「추정」이다. 즉 화물상환증의 소지인은 일단 증권에 기재된 바에 따라 운송인에게 운송물의 인도를 청구할 수 있으며, 만약 운송인이 공권임을 주장한다면 운송인 스스로가 이를 증명하여야 한다. 상법상 추정규정은 별도로 정리해야 한다(부록 참조).
> **제131조(화물상환증 기재의 효력)** ① 제128조에 따라 화물상환증이 발행된 경우에는 운송인과 송하인 사이에 화물상환증에 적힌 대로 운송계약이 체결되고 운송물을 수령한 것으로 추정한다.

0331 |2017|
화물상환증이 발행되지 않은 때에는 수하인이 운송인에 대하여 운송의 중지, 운송물의 반환 기타의 처분을 청구할 수 있다. ( )

> 화물상환증이 발행되지 않은 때에는 수하인이 아니라 「송하인」이 처분청구권을 행사한다.
> **제139조(운송물의 처분청구권)** ① 송하인 또는 화물상환증이 발행된 때에는 그 소지인이 운송인에 대하여 운송의 중지, 운송물의 반환 기타의 처분을 청구할 수 있다. 이 경우에 운송인은 이미 운송한 비율에 따른 운임, 체당금과 처분으로 인한 비용의 지급을 청구할 수 있다.

0332 |2021|
송하인 또는 화물상환증이 발행된 때에는 그 소지인이 운송인에 대하여 운송의 중지, 운송물의 반환 기타의 처분을 청구할 수 있다. ( )

> 운송물의 처분권에 대한 설명이다. 송하인 또는 화물상환증이 발행된 경우에는 화물상환증 소지인이 그 권한을 행사한다.

답 0328 ○ 0329 ○ 0330 × 0331 × 0332 ○

제139조(운송물의 처분청구권) ① 송하인 또는 화물상환증이 발행된 때에는 그 소지인이 운송인에 대하여 운송의 중지, 운송물의 반환 기타의 처분을 청구할 수 있다. 이 경우에 운송인은 이미 운송한 비율에 따른 운임, 체당금과 처분으로 인한 비용의 지급을 청구할 수 있다.

0333 | 2012 |
화물상환증이 발행되어 제3자에게 교부된 경우에도 운송인은 운송물이 도착지에 도착할 때까지는 운송물에 대한 처분권을 행사할 수 있다. ( )

운송인은 운송물에 대한 처분권을 행사할 수 없다. 송하인 또는 화물상환증이 발행된 경우에는 화물상환증 소지인이 행사한다.

제139조(운송물의 처분청구권) ① 송하인 또는 화물상환증이 발행된 때에는 그 소지인이 운송인에 대하여 운송의 중지, 운송물의 반환 기타의 처분을 청구할 수 있다. 이 경우에 운송인은 이미 운송한 비율에 따른 운임, 체당금과 처분으로 인한 비용의 지급을 청구할 수 있다.

0334 | 2017, 2021 |
화물상환증에 의하여 운송물을 받을 수 있는 자에게 화물상환증을 교부한 때에는 운송물 위에 행사하는 권리의 취득에 관하여 운송물을 인도한 것과 동일한 효력이 있다. ( )

화물상환증의 물권적 효력에 대한 설명이다.

제133조(화물상환증교부의 물권적 효력) 화물상환증에 의하여 운송물을 받을 수 있는 자에게 화물상환증을 교부한 때에는 운송물 위에 행사하는 권리의 취득에 관하여 운송물을 인도한 것과 동일한 효력이 있다.

0335 | 2017 |
운송인이 화물상환증과 상환하지 않고 운송물을 인도한 때에는 정당한 화물상환증 소지인에 대하여 채무불이행으로 인한 손해배상책임을 부담하지 않는다. ( )

운송인이든 그 누구든 불문하고 화물상환증을 취득한 자가 운송물에 대해 갖는 권리를 침해할 경우에는 불법행위에 해당한다. 따라서 운송인이 화물상환증과 상환하지 않고 운송물을 인도한 때에는 정당한 화물상환증 소지인에 대하여 채무불이행으로 인한 손해배상책임을 부담한다.

제129조(화물상환증의 상환증권성) 화물상환증을 작성한 경우에는 이와 상환하지 아니하면 운송물의 인도를 청구할 수 없다.

0336 | 2012, 2017, 2021 |
화물상환증이 발행된 때에는 운송물에 관한 처분은 화물상환증으로써 하여야 하며 화물상환증이 기명식인 경우에는 배서에 의해서도 양도할 수 없다. ( )

화물상환증은 지시증권이기 때문에 발행인이 「배서금지」의 뜻을 기재한 경우가 아닌 한 배서에 의해서 양도할 수 있다.

답 0333 × 0334 ○ 0335 × 0336 ×

제130조(화물상환증의 당연한 지시증권성) 화물상환증은 기명식인 경우에도 배서에 의하여 양도할 수 있다. 그러나 화물상환증에 배서를 금지하는 뜻을 기재한 때에는 그러하지 아니하다.

2. 여객운송

0337 |2021|
여객운송인은 여객으로부터 인도를 받은 수하물에 관하여는 그 수하물에 관한 운임을 받은 경우에 한하여 물건운송인과 동일한 책임이 있다. ( )

운임을 받았는지를 불문하고 물건운송인과 동일한 책임이 있다. 여객운임에는 수하물에 대한 운임 역시 포함되어 있기 때문이다.

제149조(인도를 받은 수하물에 대한 책임) ① 운송인은 여객으로부터 인도를 받은 수하물에 관하여는 운임을 받지 아니한 경우에도 물건운송인과 동일한 책임이 있다.

0338 |2008|
여객이 직접 휴대한 수하물이 멸실된 경우 여객운송인은 그 멸실에 대하여 자기나 사용인의 고의·과실이 없으면 손해배상책임을 지지 않는다. ( )

여객이 휴대한 수하물의 경우에는 여객이 운송인이나 그 사용인의 고의·과실에 대한 증명책임을 부담한다. 달리 말하면 여객이 운송인이나 그 사용인의 고의·과실을 증명하지 못하면 운송인은 손해배상책임을 지지 않는다.

제150조(인도를 받지 아니한 수하물에 대한 책임) 운송인은 여객으로부터 인도를 받지 아니한 수하물의 멸실 또는 훼손에 대하여는 자기 또는 사용인의 과실이 없으면 손해를 배상할 책임이 없다.

제149조(인도를 받은 수하물에 대한 책임) ① 운송인은 여객으로부터 인도를 받은 수하물에 관하여는 운임을 받지 아니한 경우에도 물건운송인과 동일한 책임이 있다.

제135조(손해배상책임) 운송인은 자기 또는 운송주선인이나 사용인, 그 밖에 운송을 위하여 사용한 자가 운송물의 수령, 인도, 보관 및 운송에 관하여 주의를 게을리하지 아니하였음을 증명하지 아니하면 운송물의 멸실, 훼손 또는 연착으로 인한 손해를 배상할 책임이 있다.

0339 |2014|
여객운송인은 여객으로부터 인도받지 않은 수하물의 멸실 또는 훼손에 대하여는 과실이 없음을 입증할 책임을 부담하지 않는다. ( )

여객으로부터 인도받지 않은 수하물의 멸실·훼손에 대해서는 과실의 입증책임은 여객이 부담한다.

제150조(인도를 받지 아니한 수하물에 대한 책임) 운송인은 여객으로부터 인도를 받지 아니한 수하물의 멸실 또는 훼손에 대하여는 자기 또는 사용인의 과실이 없으면 손해를 배상할 책임이 없다.

답 0337 × 0338 O 0339 O

0340 | 2014 |
여객운송인은 자기 또는 사용인이 운송에 관한 주의를 다하였음을 증명하는 경우에도 여객의 손해에 대한 배상책임을 면할 수 없다. ( )

> 주의를 해태하지 아니하였다는 점에 대해서 입증을 하면 손해배상책임이 없다.
>
> **제148조(여객이 받은 손해의 배상책임)** ① 운송인은 자기 또는 사용인이 운송에 관한 주의를 해태하지 아니하였음을 증명하지 아니하면 여객이 운송으로 인하여 받은 손해를 배상할 책임을 면하지 못한다.
> ② 손해배상의 액을 정함에는 법원은 피해자와 그 가족의 정상을 참작하여야 한다.

0341 | 2014 |
여객운송인의 여객의 사상으로 인한 손해배상액은 정액배상주의에 따라 산정한다. ( )

> 여객이 받은 모든 손해(신체, 생명, 연착 등)가 손해배상의 범위에 포함되며, 다만 손해배상의 액을 정함에는 피해자와 그 가족의 정상을 참작한다.
>
> **제148조(여객이 받은 손해의 배상책임)** ① 운송인은 자기 또는 사용인이 운송에 관한 주의를 해태하지 아니하였음을 증명하지 아니하면 여객이 운송으로 인하여 받은 손해를 배상할 책임을 면하지 못한다.
> ② 손해배상의 액을 정함에는 법원은 피해자와 그 가족의 정상을 참작하여야 한다.

0342 | 2021 |
여객운송의 경우 손해배상의 액을 정함에는 법원은 피해자와 그 가족의 정상을 참작하여야 한다. ( )

> 여객이 받은 손해는 재산상 손해뿐만 아니라 생명, 신체, 정신 등 일체의 손해를 포함하기 때문이다.
>
> **제148조(여객이 받은 손해의 배상책임)** ① 운송인은 자기 또는 사용인이 운송에 관한 주의를 해태하지 아니하였음을 증명하지 아니하면 여객이 운송으로 인하여 받은 손해를 배상할 책임을 면하지 못한다.
> ② 손해배상의 액을 정함에는 법원은 피해자와 그 가족의 정상을 참작하여야 한다.

0343 | 2014 |
여객운송인은 여객으로부터 인도받은 수하물에 대해서 운임을 받지 않은 경우 수하물이 연착된 때의 손해배상액은 수하물을 인도받은 날의 도착지 가격에 따른다. ( )

> 인도받은 수하물에 대해서는 전부멸실, 연착의 경우에 물건운송인과 마찬가지로 「인도할 날」의 도착지의 가격에 따른다.
>
> **제149조(인도를 받은 수하물에 대한 책임)** ① 운송인은 여객으로부터 인도를 받은 수하물에 관하여는 운임을 받지 아니한 경우에도 물건운송인과 동일한 책임이 있다.
> ② 수하물이 도착지에 도착한 날로부터 10일내에 여객이 그 인도를 청구하지 아니한 때에는 제67조의 규정을 준용한다. 그러나 주소 또는 거소를 알지 못하는 여객에 대하여는 최고와 통지를 요하지 아니한다.
> **제137조(손해배상의 액)** ① 운송물이 전부멸실 또는 연착된 경우의 손해배상액은 인도할 날의 도착지의 가격에 따른다.
> ② 운송물이 일부 멸실 또는 훼손된 경우의 손해배상액은 인도한 날의 도착지의 가격에 의한다.

답 0340 × 0341 × 0342 ○ 0343 ×

③ 운송물의 멸실, 훼손 또는 연착이 운송인의 고의나 중대한 과실로 인한 때에는 운송인은 모든 손해를 배상하여야 한다.
④ 운송물의 멸실 또는 훼손으로 인하여 지급을 요하지 아니하는 운임 기타 비용은 전3항의 배상액에서 공제하여야 한다.

0344 |2014|

여객운송인은 수하물이 도착지에 도착한 날로부터 1월 이내에 여객이 그 물건을 수령하지 않은 경우라야 수하물을 공탁하거나 경매할 수 있다. ( )

수하물이 도착지에 도착한 날로부터 「10일 내」 여객이 그 인도를 청구하지 않은 경우에는 상사매매에 준하여 수하물을 공탁 또는 경매할 수 있다.

제149조(인도를 받은 수하물에 대한 책임)
② 수하물이 도착지에 도착한 날로부터 10일내에 여객이 그 인도를 청구하지 아니한 때에는 제67조의 규정을 준용한다. 그러나 주소 또는 거소를 알지 못하는 여객에 대하여는 최고와 통지를 요하지 아니한다.

제67조(매도인의 목적물의 공탁, 경매권) ① 상인간의 매매에 있어서 매수인이 목적물의 수령을 거부하거나 이를 수령할 수 없는 때에는 매도인은 그 물건을 공탁하거나 상당한 기간을 정하여 최고한 후 경매할 수 있다. 이 경우에는 지체없이 매수인에 대하여 그 통지를 발송하여야 한다.
② 전항의 경우에 매수인에 대하여 최고를 할 수 없거나 목적물이 멸실 또는 훼손될 염려가 있는 때에는 최고없이 경매할 수 있다.
③ 전2항의 규정에 의하여 매도인이 그 목적물을 경매한 때에는 그 대금에서 경매비용을 공제한 잔액을 공탁하여야 한다. 그러나 그 전부나 일부를 매매대금에 충당할 수 있다.

제5절 운송주선업

0345 |2021|

운송주선인이란 자기의 명의로 물건운송의 주선을 영업으로 하는 자를 말한다. ( )

옳은 내용이다. 참고로 여객운송의 주선은 준위탁매매인이다.
제114조(의의) 자기의 명의로 물건운송의 주선을 영업으로 하는 자를 운송주선인이라 한다.

0346 |2007, 2013, 2018|

상법상의 운송주선인은 위탁자의 의뢰를 받아 자기의 명의로 물건과 여객운송의 주선을 영업으로 하는 자이다. ( )

운송주선의 대상은 물건이다. 여객운송의 주선은 운송주선업이 아니라 준위탁매매업이다.
제114조(의의) 자기의 명의로 물건운송의 주선을 영업으로 하는 자를 운송주선인이라 한다.

답 0344 × 0345 ○ 0346 ×

0347 | 2007 |
운송주선인은 주선업자라는 점에서 위탁매매인과 같다. (   )

> 자기명의·타인계산으로 법률행위를 하는 것을 주선이라고 하며, 위탁매매인도 주선업자이다.
> **제123조(준용규정)** 운송주선인에 관하여는 본장의 규정 외에 위탁매매인에 관한 규정을 준용한다.

0348 | 2008 |
운송주선인은 자기의 사용인 또는 운송인의 과실로 운송물이 멸실 또는 훼손된 경우에도 송하인에게 손해배상책임을 부담한다. (   )

> 운송인의 과실에 책임지는 것이 아니라 운송인의 선택에 과실이 있는 경우에만 책임이 있다(제115조). 반대로 운송인은 운송주선인의 과실에 대하여 책임을 진다(제135조).
> **제115조(손해배상책임)** 운송주선인은 자기나 그 사용인이 운송물의 수령, 인도, 보관, 운송인이나 다른 운송주선인의 선택 기타 운송에 관하여 주의를 해태하지 아니하였음을 증명하지 아니하면 운송물의 멸실, 훼손 또는 연착으로 인한 손해를 배상할 책임을 면하지 못한다.
> **제135조(손해배상책임)** 운송인은 자기 또는 운송주선인이나 사용인, 그 밖에 운송을 위하여 사용한 자가 운송물의 수령, 인도, 보관 및 운송에 관하여 주의를 게을리하지 아니하였음을 증명하지 아니하면 운송물의 멸실, 훼손 또는 연착으로 인한 손해를 배상할 책임이 있다.

0349 | 2018 |
운송주선인의 위탁자 또는 수하인에 대한 채권은 1년간 행사하지 아니하면 소멸시효가 완성한다. (   )

> 운송주선인의 채권은 1년의 단기소멸시효가 적용된다. 이 규정은 운송인과 창고업자에도 존재한다.
> **제122조(운송주선인의 채권의 시효)** 운송주선인의 위탁자 또는 수하인에 대한 채권은 1년간 행사하지 아니하면 소멸시효가 완성한다.

0350 | 2021 |
선의의 운송주선인의 책임은 운송인이 운송물을 수령한 날로부터 1년을 경과하면 소멸시효가 완성한다. (   )

> '운송인'이 운송물을 수령한 날이 아니라 '수하인'이 운송물을 수령한 날로부터 기산한다.
> **제121조(운송주선인의 책임의 시효)** ① 운송주선인의 책임은 수하인이 운송물을 수령한 날로부터 1년을 경과하면 소멸시효가 완성한다.
> ② 전항의 기간은 운송물이 전부멸실한 경우에는 그 운송물을 인도할 날로부터 기산한다.
> ③ 전2항의 규정은 운송주선인이나 그 사용인이 악의인 경우에는 적용하지 아니한다.

답 0347 ○ 0348 × 0349 ○ 0350 ×

0351 | 2013, 2021 |
운송주선인은 다른 약정이 없으면 위탁자의 동의를 받아야 자신이 운송인이 되어 직접 운송할 수 있으며, 이 경우에는 운송주선인은 운송인과 동일한 권리의무가 있다. ( )

> 운송주선인의 개입권에 대한 설명이다. 운송주선인은 다른 약정이 없으면 위탁자가 사전에 금지하지 않는 한 「위탁자의 동의 없이」 직접 운송인이 될 수 있다. 운송주선인의 보수(및 운송인의 운임)은 객관적으로 시세가 형성되어 있어, 위탁자의 동의 없이 개입권을 행사하더라도 위탁자의 이익을 해하지 않기 때문이다.
>
> **제116조(개입권)** ① 운송주선인은 다른 약정이 없으면 직접 운송할 수 있다. 이 경우에는 운송주선인은 운송인과 동일한 권리의무가 있다.
> ② 운송주선인이 위탁자의 청구에 의하여 화물상환증을 작성한 때에는 직접 운송하는 것으로 본다.

0352 | 2016 |
운송주선인이 개입권을 행사하기 위해서는 운임에 관한 거래소의 시세가 있어야 한다. ( )

> 운송주선인의 개입권은 다른 약정이 없으면 행사할 수 있다. 운임은 이미 정형화되어 있어서 별도로 거래소의 시세를 요구하지 않는다. 반면 위탁매매인의 경우는 거래소의 시세있는 물건 또는 유가증권에 한하여 개입권을 행사할 수 있다(전면적 개입권).
>
> **제116조(개입권)** ① 운송주선인은 다른 약정이 없으면 직접 운송할 수 있다. 이 경우에는 운송주선인은 운송인과 동일한 권리의무가 있다.
> ② 운송주선인이 위탁자의 청구에 의하여 화물상환증을 작성한 때에는 직접 운송하는 것으로 본다.
>
> **제107조(위탁매매인의 개입권)** ① 위탁매매인이 거래소의 시세가 있는 물건 또는 유가증권의 매매를 위탁받은 경우에는 직접 그 매도인이나 매수인이 될 수 있다. 이 경우의 매매대가는 위탁매매인이 매매의 통지를 발송할 때의 거래소의 시세에 따른다.

0353 | 2013, 2018 |
운송주선인이 위탁자의 청구에 의하여 화물상환증을 작성·교부한 경우에는 운송주선인이 직접 운송하는 것으로 추정한다. ( )

> 「추정」하는 것이 아니라 「본다(간주)」이다.
>
> **제116조(개입권)** ① 운송주선인은 다른 약정이 없으면 직접운송할 수 있다. 이 경우에는 운송주선인은 운송인과 동일한 권리의무가 있다.
> ② 운송주선인이 위탁자의 청구에 의하여 화물상환증을 작성한 때에는 직접운송하는 것으로 본다.

0354 | 2013 |
운송주선인은 운송물을 운송인에게 인도한 때에는 즉시 보수를 청구할 수 있으며, 운송주선계약으로 운임의 액을 정한 경우에는 다른 약정이 없으면 따로 보수를 청구하지 못한다. ( )

> (i) 운송주선인이 운송물을 운송인에게 인도하면 자신의 의무이행을 완료한 것이 된다. (ii) 「확정운임운송주선계약」에 대한 설명이다.

답 0351 × 0352 × 0353 × 0354 ○

제119조(보수청구권) ① 운송주선인은 운송물을 운송인에게 인도한 때에는 즉시 보수를 청구할 수 있다.
② 운송주선계약으로 운임의 액을 정한 경우에는 다른 약정이 없으면 따로 보수를 청구하지 못한다.

0355 |2012, 2013|
운송주선인의 채무불이행에 대한 책임은 운송주선인이나 그 사용인의 선의, 악의에 관계없이 수하인이 운송물을 수령한 날로부터 6개월이 경과하면 소멸시효가 완성한다. (   )

운송주선인의 책임의 소멸시효 1년이고, 악의인 경우에는 상사채권의 일반적인 소멸시효 5년이 적용된다.

제121조(운송주선인의 책임의 시효) ① 운송주선인의 책임은 수하인이 운송물을 수령한 날로부터 1년을 경과하면 소멸시효가 완성한다.
② 전항의 기간은 운송물이 전부멸실한 경우에는 그 운송물을 인도할 날로부터 기산한다.
③ 전2항의 규정은 운송주선인이나 그 사용인이 악의인 경우에는 적용하지 아니한다.

제64조(상사시효) 상행위로 인한 채권은 본법에 다른 규정이 없는 때에는 5년간 행사하지 아니하면 소멸시효가 완성한다. 그러나 다른 법령에 이보다 단기의 시효의 규정이 있는 때에는 그 규정에 의한다.

0356 |2017, 2021, 2022|
운송주선인은 운송물에 관하여 받을 보수, 운임, 기타 위탁자를 위한 체당금이나 선대금에 관하여서만 그 운송물을 유치할 수 있다. (   )

운송주선인의 특별상사유치권에 대한 내용으로, 피담보채권과 유치목적물(운송물)사이에 관련성을 요한다.

제120조(유치권) 운송주선인은 운송물에 관하여 받을 보수, 운임, 기타 위탁자를 위한 체당금이나 선대금에 관하여서만 그 운송물을 유치할 수 있다.

0357 |2021|
수인이 순차로 운송주선을 하는 경우에, 후자는 전자에 갈음하여 그 권리를 행사할 의무를 부담한다. (   )

「순차운송주선인의 대위」에 대한 설명이다. 전자가 후자에게 운송물을 넘겨주면 더 이상 유치권을 행사할 수 없으므로, 후자는 전자를 위해서도 유치권을 행사할 의무가 있다.

제117조(중간운송주선인의 대위) ① 수인이 순차로 운송주선을 하는 경우에는 후자는 전자에 갈음하여 그 권리를 행사할 의무를 부담한다.
② 전항의 경우에 후자가 전자에게 변제한 때에는 전자의 권리를 취득한다.

답 0355 × 0356 ○ 0357 ○

제6절 공중접객업

0358 |2020|
극장, 여관, 음식점, 그 밖의 공중이 이용하는 시설에 의한 거래를 영업으로 하는 자를 공중접객업자라 한다.
( )

공중접객업자에 대한 정의이다.
제151조(의의) 극장, 여관, 음식점, 그 밖의 공중이 이용하는 시설에 의한 거래를 영업으로 하는 자를 공중접객업자(公衆接客業者)라 한다.

0359 |2011|
공중접객업에 있어서 고객으로 인정되기 위하여 공중접객업자의 시설에 대한 이용계약이 체결될 필요는 없다.
( )

아직 이용계약을 체결하지 않은 자(호텔에 빈 객실이 있는지 문의하는 시점의 고객)나 실질적으로 고객과 동일한 대우를 받는 자(호텔 숙박계약을 체결한 고객의 동반가족)도 고객에 포함되므로, 이러한 자에 대해서도 상법상 공중접객업자에 관한 규정이 적용될 수 있다.

0360 |2008, 2011, 2020|
공중접객업자는 임치받은 물건의 보관에 관하여 자기 또는 그 사용인이 주의를 게을리하지 아니하였음을 증명하지 못하면 그 물건의 멸실 또는 훼손에 대하여 손해배상책임을 진다.
( )

임치받은 물건에 대해서는 증명책임의 전환(공중접객업자가 스스로 과실 없음을 입증)이 이루어진다.
제152조(공중접객업자의 책임) ① 공중접객업자는 자기 또는 그 사용인이 고객으로부터 임치(任置)받은 물건의 보관에 관하여 주의를 게을리하지 아니하였음을 증명하지 아니하면 그 물건의 멸실 또는 훼손으로 인한 손해를 배상할 책임이 있다.

0361 |2020|
공중접객업자는 고객으로부터 임치받지 아니한 경우에도 그 시설 내에 휴대한 물건이 자기 또는 그 사용인의 과실로 인하여 멸실 또는 훼손되었을 때에는 그 손해를 배상할 책임이 있다.
( )

임치받지 아니한 물건에 대해서는 공중접객업자 측의 과실에 대한 증명책임을 고객이 부담한다.
제152조(공중접객업자의 책임) ② 공중접객업자는 고객으로부터 임치받지 아니한 경우에도 그 시설 내에 휴대한 물건이 자기 또는 그 사용인의 과실로 인하여 멸실 또는 훼손되었을 때에는 그 손해를 배상할 책임이 있다.

답 0358 ○ 0359 ○ 0360 ○ 0361 ○

0362 | 2020 |

공중접객업자는 고객의 휴대물에 대하여 책임이 없음을 알린 경우에, 그 물건의 멸실이나 훼손으로 인한 손해에 대하여 배상책임을 면한다. ( )

> 공중접객업자의 책임에 관한 제152조는 강행법규가 아니므로 당사자간의 특약에 의하여 책임을 감경하거나 면제할 수 있다. 다만 공중접객업자가 고객의 휴대물에 대하여 책임이 없음을 일방적으로 알린 것만으로는 책임을 면하지 못한다.
>
> **제152조(공중접객업자의 책임)** ① 공중접객업자는 자기 또는 그 사용인이 고객으로부터 임치(任置)받은 물건의 보관에 관하여 주의를 게을리하지 아니하였음을 증명하지 아니하면 그 물건의 멸실 또는 훼손으로 인한 손해를 배상할 책임이 있다.
> ② 공중접객업자는 고객으로부터 임치받지 아니한 경우에도 그 시설 내에 휴대한 물건이 자기 또는 그 사용인의 과실로 인하여 멸실 또는 훼손되었을 때에는 그 손해를 배상할 책임이 있다.
> ③ 고객의 휴대물에 대하여 책임이 없음을 알린 경우에도 공중접객업자는 제1항과 제2항의 책임을 면하지 못한다.

0363 | 2020 |

상법은 화폐, 유가증권, 그 밖의 고가물(高價物)에 대하여는 고객이 그 종류와 가액을 명시하여 임치하지 아니하면, 공중접객업자는 그 물건의 멸실 또는 훼손으로 인한 손해를 배상할 책임이 없다고 규정하고 있다. ( )

> 공중접객업자의 고가물책임에 대한 설명으로, 운송인(제124조) 또는 운송주선인(제124조, 제136조)의 경우에도 같은 내용을 규정하고 있다.
>
> **제153조(고가물에 대한 책임)** 화폐, 유가증권, 그 밖의 고가물(高價物)에 대하여는 고객이 그 종류와 가액(價額)을 명시하여 임치하지 아니하면 공중접객업자는 그 물건의 멸실 또는 훼손으로 인한 손해를 배상할 책임이 없다.
>
> **제136조(고가물에 대한 책임)** 화폐, 유가증권 기타의 고가물에 대하여는 송하인이 운송을 위탁할 때에 그 종류와 가액을 명시한 경우에 한하여 운송인이 손해를 배상할 책임이 있다.
>
> **제124조(동전)** 제136조, 제140조와 제141조의 규정은 운송주선업에 준용한다.

0364 | 2011 |

공중접객업자의 책임은 자기나 그 사용인에 악의가 없는 한 공중접객업자가 임치물을 반환하거나 고객이 휴대물을 가져간 후 6개월이 지나면 소멸시효가 완성된다. ( )

> 상행위 각칙의 다른 상인의 경우에는 단기소멸시효가 1년인 것과는 달리, 공중접객업자의 책임의 단기소멸시효는 6개월이다.
>
> **제154조(공중접객업자의 책임의 시효)** ① 제152조와 제153조의 책임은 공중접객업자가 임치물을 반환하거나 고객이 휴대물을 가져간 후 6개월이 지나면 소멸시효가 완성된다.
> ② 물건이 전부 멸실된 경우에는 제1항의 기간은 고객이 그 시설에서 퇴거한 날부터 기산한다.
> ③ 제1항과 제2항은 공중접객업자나 그 사용인이 악의인 경우에는 적용하지 아니한다.

답 0362 × 0363 ○ 0364 ○

0365 |2011|
공중접객업자의 책임은 자기나 그 사용인이 악의인 경우에는 공중접객업자가 임치물을 반환하거나 고객이 휴대물을 가져간 후 3년이 경과하면 소멸시효가 완성된다. ( )

공중접객업자가 악의인 경우에는 5년의 상사소멸시효가 적용된다.

제64조(상사시효) 상행위로 인한 채권은 본법에 다른 규정이 없는 때에는 5년간 행사하지 아니하면 소멸시효가 완성한다. 그러나 다른 법령에 이보다 단기의 시효의 규정이 있는 때에는 그 규정에 의한다.

제7절 창고업

0366 |2022|
창고업자는 임치인의 청구에 의하여 창고증권을 교부하여야 한다. ( )

창고증권은 임치인의 청구에 의해 창고업자가 발행한다.

제156조(창고증권의 발행) ① 창고업자는 임치인의 청구에 의하여 창고증권을 교부하여야 한다.
② 창고증권에는 다음의 사항을 기재하고 창고업자가 기명날인 또는 서명하여야 한다.
1. 임치물의 종류, 품질, 수량, 포장의 종별, 개수와 기호
2. 임치인의 성명 또는 상호, 영업소 또는 주소
3. 보관장소
4. 보관료
5. 보관기간을 정한 때에는 그 기간
6. 임치물을 보험에 붙인 때에는 보험금액, 보험기간과 보험자의 성명 또는 상호, 영업소 또는 주소
7. 창고증권의 작성지와 작성년월일

0367 |2014|
기명식으로 발행된 창고증권은 배서금지의 기재가 없는 한 배서에 의해서 양도가 가능하다. ( )

화물상환증(창고증권)은 기명식인 경우에도 배서금지의 기재가 없는 한 배서에 의하여 양도할 수 있다.

제157조(준용규정) 제129조 내지 제133조의 규정은 창고증권에 준용한다.

제130조(화물상환증의 당연한 지시증권성) 화물상환증은 기명식인 경우에도 배서에 의하여 양도할 수 있다. 그러나 화물상환증에 배서를 금지하는 뜻을 기재한 때에는 그러하지 아니하다.

0368 |2008, 2022|
임치물이 멸실된 경우 창고업자는 자기 또는 사용인이 임치물의 보관에 관하여 주의를 해태하지 않았음을 증명하지 못하면 손해를 배상하여야 한다. ( )

0365 × 0366 ○ 0367 ○ 0368 ○

창고에 임치된 물건은 창고업자의 위험영역에 있으므로, 임치물의 멸실 또는 훼손의 경우에 창고업자 측에 (과실이 없음에 대한) 증명책임이 있다.

제160조(손해배상책임) 창고업자는 자기 또는 사용인이 임치물의 보관에 관하여 주의를 해태하지 아니하였음을 증명하지 아니하면 임치물의 멸실 또는 훼손에 대하여 손해를 배상할 책임을 면하지 못한다.

0369 | 2012 |
창고업자가 임차물을 출고한 경우 창고업자의 임치인 또는 창고증권 소지인에 대한 채권은 그 출고일로부터 6개월간 행사하지 아니하면 소멸시효가 완성한다. ( )

창고업자의 채권이나 창고업자의 책임이나 모두 소멸시효는 1년이다.

제167조(창고업자의 채권의 시효) 창고업자의 임치인 또는 창고증권소지인에 대한 채권은 그 물건을 출고한 날로부터 1년간 행사하지 아니하면 소멸시효가 완성한다.

0370 | 2014 |
창고업자는 임치물을 일부 출고하는 경우에는 그 비율에 따른 보관료 기타의 비용과 체당금의 지급을 청구할 수 없다. ( )

임치물 중 그 일부만 출고하는 경우에는 그 비율에 따른 보관료 등의 지급을 요구할 수 있다.

제162조(보관료청구권) ① 창고업자는 임치물을 출고할 때가 아니면 보관료 기타의 비용과 체당금의 지급을 청구하지 못한다. 그러나 보관기간 경과후에는 출고전이라도 이를 청구할 수 있다.
② 임치물의 일부출고의 경우에는 창고업자는 그 비율에 따른 보관료 기타의 비용과 체당금의 지급을 청구할 수 있다.

0371 | 2014, 2019 |
창고업자가 임치물에 대하여 보관료를 받지 않는 경우에는 보관에 관하여 선관주의의무를 부담하지 않는다. ( )

창고업자는 임치를 받은 상인에 해당하므로 보수를 받지 않더라도 선량한 관리자의 주의의무를 기울여야 한다.

제62조(임치를 받은 상인의 책임) 상인이 그 영업범위 내에서 물건의 임치를 받은 경우에는 보수를 받지 아니하는 때에도 선량한 관리자의 주의를 하여야 한다.

0369 × 0370 × 0371 ×

0372 |2014|

임치물의 멸실 또는 훼손으로 인한 창고업자의 책임은 그 물건을 출고한 날 이후 3년이 경과하면 소멸시효가 완성된다. ( )

> 창고업자나 그 사용인이 악의인 경우에는 5년의 상사소멸시효가 적용되나, 악의가 아닌 경우에는 1년의 단기소멸시효가 적용된다.
>
> **제166조(창고업자의 책임의 시효)** ① 임치물의 멸실 또는 훼손으로 인하여 생긴 창고업자의 책임은 그 물건을 출고한 날로부터 1년이 경과하면 소멸시효가 완성한다.
> ② 전항의 기간은 임치물이 전부 멸실한 경우에는 임치인과 알고 있는 창고증권소지인에게 그 멸실의 통지를 발송한 날로부터 기산한다.
> ③ 전2항의 규정은 창고업자 또는 그 사용인이 악의인 경우에는 적용하지 아니한다.

0373 |2014, 2022|

창고업자는 임치기간을 정하지 않은 경우 임치물을 받은 날로부터 3개월이 경과한 후에는 언제든지 이를 반환할 수 있다. ( )

> "3월"이 아니라 "6월"이다. 임치기간에 관한 특약이 없는 경우에는 창고업자는 임치물을 받은 날로부터 6월을 경과하면 2주 전에 예고하고 언제든지 반환이 가능하다.
>
> **제163조(임치기간)** ① 당사자가 임치기간을 정하지 아니한 때에는 창고업자는 임치물을 받은 날로부터 6월을 경과한 후에는 언제든지 이를 반환할 수 있다.
> ② 전항의 경우에 임치물을 반환함에는 2주간 전에 예고하여야 한다.

0374 |2022|

창고증권소지인은 영업시간 내에 언제든지 창고업자에 대하여 임치물의 검사를 요구할 수 있다. ( )

> 임치인 및 창고증권 소지인의 임치물 검사권 등에 대한 설명이다.
>
> **제161조(임치물의 검사, 견품적취, 보존처분권)** 임치인 또는 창고증권소지인은 영업시간 내에 언제든지 창고업자에 대하여 임치물의 검사 또는 견품의 적취를 요구하거나 그 보존에 필요한 처분을 할 수 있다.

0375 |2022|

창고증권소지인은 창고업자에 대하여 그 증권을 반환하고 임치물을 분할하여 각 부분에 대한 창고증권의 교부를 청구할 수 있다. ( )

> 창고증권 소지인이 임치물을 분할하여 일부만 매각할 필요가 있는 경우를 생각해보면 된다.
>
> **제158조(분할부분에 대한 창고증권의 청구)** ① 창고증권소지인은 창고업자에 대하여 그 증권을 반환하고 임치물을 분할하여 각부분에 대한 창고증권의 교부를 청구할 수 있다.
> ② 전항의 규정에 의한 임치물의 분할과 증권교부의 비용은 증권소지인이 부담한다.

답 0372 × 0373 × 0374 ○ 0375 ○

제8절 새로운 상행위

1. 금융리스업

0376 | 2013, 2019, 2022, 2023 |
금융리스물건수령증을 발급한 경우에는 금융리스계약 당사자 사이에 적합한 금융리스물건이 수령된 것으로 본다. ( )

> "본다"가 아니라 "추정한다"이다. 상법상 추정에 해당하는 경우는 별도로 정리해야 한다.
>
> **제168조의3(금융리스업자와 금융리스이용자의 의무)** ③ 금융리스물건수령증을 발급한 경우에는 제1항의 금융리스계약 당사자 사이에 적합한 금융리스물건이 수령된 것으로 추정한다.

0377 | 2022 |
금융리스업자는 금융리스이용자가 금융리스계약에서 정한 시기에 금융리스계약에 적합한 금융리스물건을 수령할 수 있도록 하여야 한다. ( )

> 옳은 내용이다. 금융리스계약의 당사자는 금융리스업자와 금융리스이용자이기 때문에, 각자 상대방에 대한 의무가 존재한다.
>
> **제168조의3(금융리스업자와 금융리스이용자의 의무)** ① 금융리스업자는 금융리스이용자가 금융리스계약에서 정한 시기에 금융리스계약에 적합한 금융리스물건을 수령할 수 있도록 하여야 한다.

0378 | 2022 |
금융리스업자는 금융리스물건을 수령한 이후에는 선량한 관리자의 주의로 금융리스물건을 유지 및 관리하여야 한다. ( )

> 금융리스업자가 아니라 금융리스이용자에게 선관주의의무가 있다. 리스물건을 현실적으로 유지 및 관리하는 자는 금융리스이용자이기 때문이다.
>
> **제168조의3(금융리스업자와 금융리스이용자의 의무)** ④ 금융리스이용자는 금융리스물건을 수령한 이후에는 선량한 관리자의 주의로 금융리스물건을 유지 및 관리하여야 한다.

0379 | 2022 |
금융리스이용자의 책임 있는 사유로 금융리스계약을 해지하는 경우에는 금융리스물건의 공급자는 금융리스이용자에 대하여 잔존 금융리스료 상당액의 일시 지급 또는 금융리스물건의 반환을 청구할 수 있다. ( )

> 공급자가 아니라 금융리스업자이다. 금융리스이용자는 금융리스업자와 금융리스계약을 맺고 금융리스료를 지불한다.
>
> **제168조의5(금융리스계약의 해지)** ① 금융리스이용자의 책임 있는 사유로 금융리스계약을 해지하는 경우에는 금융리스업자는 잔존 금융리스료 상당액의 일시 지급 또는 금융리스물건의 반환을 청구할 수 있다.

답 0376 × 0377 ○ 0378 × 0379 ×

② 제1항에 따른 금융리스업자의 청구는 금융리스업자의 금융리스이용자에 대한 손해배상청구에 영향을 미치지 아니한다.
③ 금융리스이용자는 중대한 사정변경으로 인하여 금융리스물건을 계속 사용할 수 없는 경우에는 3개월 전에 예고하고 금융리스계약을 해지할 수 있다. 이 경우 금융리스이용자는 계약의 해지로 인하여 금융리스업자에게 발생한 손해를 배상하여야 한다.

0380 | 2013, 2019, 2023 |
금융리스이용자는 중대한 사정변경으로 인하여 금융리스물건을 계속 사용할 수 없는 경우에는 예고 없이 금융리스계약을 해지할 수 있다. ( )

3개월 전에 예고하여야 한다. 상행위 각칙의 각 상인별 예고기간은 별도로 정리해야 한다.
제168조의5(금융리스계약의 해지) ③ 금융리스이용자는 중대한 사정변경으로 인하여 금융리스물건을 계속 사용할 수 없는 경우에는 3개월 전에 예고하고 금융리스계약을 해지할 수 있다. 이 경우 금융리스이용자는 계약의 해지로 인하여 금융리스업자에게 발생한 손해를 배상하여야 한다.

계약해지시 예고기간	필요	상 / 창 / 대 / 리 / 익 / 맹	상호계산	창고업자	대리상	리스계약	익명조합	가맹업
		언 / 반 / 2 / 3 / 6 / 상	언제든지	반월(2주)	2월	3월	6월	상당기간
			단기 ←――――――――――――――――→ 장기					
	불필요 (부득이 즉시)	익 / 대 / 창	• 익명조합 • 대리상 • 창고업자					

0381 | 2013, 2019, 2022 |
금융리스물건이 공급계약에서 정한 시기와 내용에 따라 공급되지 아니한 경우 금융리스이용자는 공급자에게 직접 공급계약의 내용에 적합한 금융리스물건의 인도를 청구할 수 없다. ( )

금융리스물건에 대한 공급계약은 금융리스업자와 공급자간의 계약이고 금융리스이용자는 계약의 당사자는 아니다. 하지만 금융리스이용자가 공급자에 대하여 「직접」 손해배상이나 물건의 인도를 청구할 수 있다는 점에서 일반적인 민사계약과 다른 특질이 있다.
제168조의4(공급자의 의무) ① 금융리스물건의 공급자는 공급계약에서 정한 시기에 그 물건을 금융리스이용자에게 인도하여야 한다.
② 금융리스물건이 공급계약에서 정한 시기와 내용에 따라 공급되지 아니한 경우 금융리스이용자는 공급자에게 직접 손해배상을 청구하거나 공급계약의 내용에 적합한 금융리스물건의 인도를 청구할 수 있다.
③ 금융리스업자는 금융리스이용자가 제2항의 권리를 행사하는 데 필요한 협력을 하여야 한다.

답 0380 × 0381 ×

2. 가맹업

0382 | 2011, 2012, 2016 |
가맹업자는 다른 약정이 없으면 가맹상의 영업지역 내에서 동일 또는 유사한 업종의 영업을 하거나 동일 또는 유사한 업종의 가맹계약을 체결할 수 없다. (   )

> 동일한 업종뿐만 아니라 유사한 업종에 대해서도 경업이 제한된다는 점에 주의해야 한다.
> **제168조의7(가맹업자의 의무)** ② 가맹업자는 다른 약정이 없으면 가맹상의 영업지역 내에서 동일 또는 유사한 업종의 영업을 하거나, 동일 또는 유사한 업종의 가맹계약을 체결할 수 없다.

0383 | 2013, 2023 |
가맹상은 가맹업자의 동의를 받아 그 영업을 양도할 수 있다. (   )

> 덧붙여 가맹상의 보호를 위해 가맹업자는 특별한 사유가 없으면 영업양도에 동의해야 한다.
> **제168조의9(가맹상의 영업양도)** ① 가맹상은 가맹업자의 동의를 받아 그 영업을 양도할 수 있다.
> ② 가맹업자는 특별한 사유가 없으면 제1항의 영업양도에 동의하여야 한다.

0384 | 2011 |
가맹상은 3개월 전에 예고를 하면 가맹업자의 동의 없이 가맹계약 상의 영업을 양도할 수 있다. (   )

> 가맹업의 경우는 3개월 전에 예고하는 것이 아니라 「상당한 기간을 정하여」 예고한다. 3개월 전 예고가 필요한 경우는 금융리스계약이다. 한편 가맹상이 영업을 양도하기 위해서는 가맹업자의 동의가 필요하다.
> **제168조의9(가맹상의 영업양도)** ① 가맹상은 가맹업자의 동의를 받아 그 영업을 양도할 수 있다.
> ② 가맹업자는 특별한 사유가 없으면 제1항의 영업양도에 동의하여야 한다.
> **제168조의10(계약의 해지)** 가맹계약상 존속기간에 대한 약정의 유무와 관계없이 부득이한 사정이 있으면 각 당사자는 상당한 기간을 정하여 예고한 후 가맹계약을 해지할 수 있다.

0385 | 2011 |
가맹상은 가맹업자의 영업에 관한 권리가 침해되지 아니하도록 하여야 한다. (   )

> **제168조의8(가맹상의 의무)** ① 가맹상은 가맹업자의 영업에 관한 권리가 침해되지 아니하도록 하여야 한다.
> ② 가맹상은 계약이 종료한 후에도 가맹계약과 관련하여 알게 된 가맹업자의 영업상의 비밀을 준수하여야 한다.

0386 | 2016 |
가맹상이 그 영업을 양도하기 위하여 가맹업자에게 동의를 요구하는 경우 가맹업자는 특별한 사유가 없더라도 동의하지 않을 수 있다. (   )

> 가맹상은 가맹업자의 동의를 받아 그 영업을 양도할 수 있는데, 특별한 사유가 없으면 가맹업자는 이 영업양도에 동의하여야 한다.
> **제168조의9(가맹상의 영업양도)** ① 가맹상은 가맹업자의 동의를 받아 그 영업을 양도할 수 있다.
> ② 가맹업자는 특별한 사유가 없으면 제1항의 영업양도에 동의하여야 한다.

답 0382 ○ 0383 ○ 0384 × 0385 ○ 0386 ×

0387 | 2016 |
가맹업자는 가맹상의 영업을 위하여 필요한 지원을 하여야 한다. ( )

> 가맹업자는 가맹상의 영업을 위해서 필요한 지원을 하여야 한다.
> **제168조의7(가맹업자의 의무)** ① 가맹업자는 가맹상의 영업을 위하여 필요한 지원을 하여야 한다.
> ② 가맹업자는 다른 약정이 없으면 가맹상의 영업지역 내에서 동일 또는 유사한 업종의 영업을 하거나, 동일 또는 유사한 업종의 가맹계약을 체결할 수 없다.

0388 | 2011, 2013, 2016, 2019 |
가맹계약상 존속기간에 대한 약정이 있더라도 부득이한 사정이 있다면 각 당사자는 상당한 기간을 정하여 예고한 후 가맹계약을 해지할 수 있다. ( )

> 가맹계약상 존속기간에 대한 약정이 있건 없건 간에 부득이한 사정이 있으면 가맹계약 해지가 가능하다.
> **제168조의10(계약의 해지)** 가맹계약상 존속기간에 대한 약정의 유무와 관계없이 부득이한 사정이 있으면 각 당사자는 상당한 기간을 정하여 예고한 후 가맹계약을 해지할 수 있다.

0389 | 2023 |
가맹상은 가맹계약이 종료한 후에도 계약과 관련하여 알게 된 가맹업자의 영업상의 비밀을 준수하여야 한다. ( )

> 계약종료 후에도 비밀유지의무가 인정되는 경우는 「대/가/리/집/준」으로 정리하자.
> **제168조의8(가맹상의 의무)** ② 가맹상은 계약이 종료한 후에도 가맹계약과 관련하여 알게 된 가맹업자의 영업상의 비밀을 준수하여야 한다.

3. 채권매입업

0390 | 2019, 2023 |
영업채권의 채무자가 채무를 이행하지 아니하는 경우 채권매입업자는 다른 약정이 없는 한 채권매입계약의 채무자에게 그 영업채권액의 상환을 청구할 수 있다. ( )

> 채권매입업자의 상환청구권을 인정하는 이른바 「부진정팩토링」에 대한 설명이다. 상법에서는 부진정팩토링을 기본적인 형태로 규정하고(제168조의12 본문), 당사자 간의 약정에 의해서 채권매입업자의 상환청구권을 인정하지 않는 이른바 「진정팩토링」도 가능하다고 규정하고 있다(동조 단서).
> **제168조의12(채권매입업자의 상환청구)** 영업채권의 채무자가 그 채무를 이행하지 아니하는 경우 채권매입업자는 채권매입계약의 채무자에게 그 영업채권액의 상환을 청구할 수 있다. 다만, 채권매입계약에서 다르게 정한 경우에는 그러하지 아니하다.

PART 3 어음·수표법

CHAPTER 01 총론

제1절 어음·수표의 개관

0001 |2015|
환어음에 관한 어음행위에는 발행, 인수, 배서, 보증, 참가인수의 다섯 가지가 있다. (   )

> (ⅰ) 약속어음의 어음행위로는 발행·배서·보증의 3종이 있고, (ⅱ) 환어음의 경우 발행·배서·보증·인수·참가인수의 5종이 있으며, (ⅲ) 수표행위로는 발행·배서·보증·지급보증의 4종이 있다.

0002 |2016|
어음과 수표는 설권증권에 해당한다. (   )

> 증권이 표창하는 권리의 발생을 위하여 증권의 작성이 필요한 것을 「설권증권」이라 한다. 어음과 수표는 증권의 작성으로 권리가 형성되는 설권증권에 해당한다.

0003 |2019|
약속어음은 설권증권이지만 환어음은 비설권증권이다. (   )

> 증권이 표창하는 권리의 발생을 위하여 증권의 작성이 필요한 것을 '설권증권'이라 한다. 어음과 수표는 증권의 작성으로 권리가 형성되는 설권증권에 해당한다. 어음(약속어음, 환어음)과 수표는 모두 설권증권이다.

0004 |2016|
어음과 수표는 무인증권에 해당한다. (   )

> 증권상에 표상되어 있는 권리관계가 원인관계의 존부, 또는 유·무효에 의해 영향받지 않는 것을 「무인증권」이라 한다. 어음과 수표는 원인관계가 증권상 법률관계에 영향을 주지 않는 무인증권에 해당한다.

0005 |2016|
어음과 수표는 법률상 당연한 지시증권에 해당한다. (   )

> 증권에 권리자로 지정되어 있는 특정인 또는 그 특정인이 지정(배서)한 자에게 권리의 행사를 인정하는 유가증권을 「지시증권」이라 한다. 어음과 수표는 지시증권에 해당한다. 다만 수표의 경우 소지인출급식(무기명증권)으로 발행이 가능하다.

답 0001 ○ 0002 ○ 0003 × 0004 ○ 0005 ○

0006 | 2018 |
유실된 어음은 선의취득의 대상이 된다. ( )

어음의 선의취득이 인정되기 위해서는 우선 '진정한' 어음이어야 한다. (ⅰ) 발행하는 과정에서 분실되어 발행인이 누군가에게 교부한 적이 없는 어음이라면 아직 어음으로서의 효력이 발생하지 않았기 때문에 선의취득의 대상이 될 수 없다. (ⅱ) 반면에 일단 정상적으로 발행된 어음이 유통과정에서 분실되었다면 이는 '진정한' 어음인 이상 선의취득의 대상이 된다. 당해 사안은 정상적으로 발행되어 일단 어음이 된 이후에 분실된 경우이므로 선의취득의 대상이 된다.

0007 | 2021 |
악의 또는 중대한 과실로 인하여 어음을 취득한 자에게는 선의취득이 인정되지 않는다. ( )

소지인이 선의 및 무중과실이어야 어음을 선의취득할 수 있다.

제16조(배서의 자격 수여적 효력 및 어음의 선의취득) ① 환어음의 점유자가 배서의 연속에 의하여 그 권리를 증명할 때에는 그를 적법한 소지인으로 추정(推定)한다. 최후의 배서가 백지식인 경우에도 같다. 말소한 배서는 배서의 연속에 관하여는 배서를 하지 아니한 것으로 본다. 백지식 배서의 다음에 다른 배서가 있는 경우에는 그 배서를 한 자는 백지식 배서에 의하여 어음을 취득한 것으로 본다.
② 어떤 사유로든 환어음의 점유를 잃은 자가 있는 경우에 그 어음의 소지인이 제1항에 따라 그 권리를 증명할 때에는 그 어음을 반환할 의무가 없다. 그러나 소지인이 악의 또는 중대한 과실로 인하여 어음을 취득한 경우에는 그러하지 아니하다.

0008 | 2021 |
어음의 선의취득으로 인하여 치유되는 하자와 관련된 양도인의 범위는, 양도인이 무권리자인 경우뿐만 아니라 대리권의 흠결이나 하자 등의 경우도 포함된다. ( )

어음의 선의취득의 범위와 관련하여, 양도인이 무권리자인 경우뿐만 아니라 무권대리인인 경우도 포함한다. 즉 대법원은 「무권리자 한정설」이 아니라 「무권대리인 포함설」을 취하고 있다.

[대법원 1995. 2. 10., 선고, 94다55217, 판결]
어음의 선의취득으로 인하여 치유되는 하자의 범위 즉, 양도인의 범위는 양도인이 무권리자인 경우뿐만 아니라 이 사건과 같이 대리권의 흠결이나 하자 등의 경우도 포함된다는 입장에서(당원 1993.9.24. 선고 93다32118 판결 참조), 원고 곽봉국은 1993.3.4. 소외 이호경을 통하여 평소 알고 지내던 고등학교 후배인 소외 1으로부터 이 사건 제1 어음의 할인요청을 받고 소외 1이 소외 회사에 근무하고 있는지 여부를 확인하고, 발행인인 피고 회사의 경리부 어음담당직원인 소외 김우경에게 위 어음이 사고 어음인지 여부를 전화로 확인한 후, 위 어음 이면 좌측상단에 위 김우경의 이름과 그 확인일시를 기재하고 소외 1으로부터 어음을 교부받은 사실, 원고 박준수 역시 같은 달 31. 위 이호경을 통하여 소외 1으로부터 이 사건 제2 어음의 할인요청을 받고 소외 1이 소외 회사에 근무하고 있는지를 확인하고, 발행인인 피고 회사에게 위 어음이 사고어음인지 여부를 전화로 확인한 후 위 어음을 교부받은 사실, 위 각 어음할인 당시 제1 배서인인 소외 회사 대표이사의 이름과 인감도장이 이미 날인되어 있었고, 원고들과 소외 회사 사이에는 이 사건 이전에는 어음거래를 한 적이 없었던 사실을 인정할 수 있으나, 그러한 사정만으로 원고들이 위 각 어음의 배서가 위조되었다는 점을 알고 악의로 위 각 어음을 취득하였다고 단정할 수 없고, 또한 원고들이 어음할인의 방법으로 이를 취득함에 있어 양도인의 실질적인 무권리성을 의심하게 할 만한 뚜렷한 사정도 엿볼 수 없는 이 사건에 있어서 위 각 어음 문면상의 제1 배서인인 소외 회사에게 연락을 취하여 소외 회사 명의의 배서가 진정한지 여부를

알아보는 등 그 유통과정을 조사 확인하여야 할 주의의무까지 있다고는 할 수 없으므로(위 각 어음의 액면금이 다소 고액이라는 점과 원고들과 소외 회사 사이에 이전에 어음거래를 한 적이 없었던 사정을 덧붙인다 해도 원고들에게 중대한 과실을 인정하기는 어렵다) 원고들이 이 사건 각 어음을 선의취득하였다.

0009 | 2021 |
양도인이나 그 어음 자체에 의하여 양도인의 실질적 무권리성을 의심하게 할 만한 사정이 있는데도 불구하고 이와 같이 의심할 만한 사정에 대하여 상당하다고 인정될 만한 조사를 하지 아니하고 만연히 양수한 경우에는 양수인의 중대한 과실이 인정된다. ( )

판례는 지급기일이 기재되지 아니한 백지어음을 담보취득한 은행에게 중과실을 인정하여 선의취득을 부정한 바 있다.

[대법원 1997. 5. 28., 선고, 97다7936, 판결]
은행이 어음을 담보취득함에 있어, 어음이 일반적으로 법인 발행의 어음에 비하여 지급이 불확실한 개인 발행의 어음이고, 발행인이나 배서인이 당해 은행과 아무런 거래실적이 없는 자이며, 지급 은행의 소재지와 다른 곳에 거주하는 배서인이 타지에서 담보제공하는 것이었고, 개인이 발행한 어음으로서는 비교적 고액이었으며, 특히 당시 어음의 지급기일 등 어음요건이 대부분 불비되어 있는 데다가 은행이 어음을 취득할 당시에 배서인이 어음을 발행인으로부터 공사대금조로 교부받았다고 하였다면 경험칙상 발행인이 지급기일 조차도 기재하지 않는다는 것은 극히 이례에 속하는 경우인 점에서 그 양도인의 실질적 무권리성을 의심하게 할 만한 사정이 있었다고 보여짐에도 불구하고 어음의 발행인에게 그 발행 경위에 관하여 확인하거나 지급 은행에 구체적인 정보조회를 하여 이의 의심을 해소할 만한 상당한 조사를 하여 보지도 아니한 채 이를 취득한 데에는 중대한 과실이 있다고 한 사례.

0010 | 2019 |
약속어음의 경우 주채무자가 존재하지만 환어음의 경우에는 주채무자가 존재하지 않을 수 있다. ( )

약속어음은 발행인이 주채무자이지만(제78조), 환어음의 경우는 인수인이 주채무자이다(제28조). 환어음의 경우 인수를 할 것인지는 지급인의 자유이며(제21조), 지급인이 인수를 하기 전까지는 주채무자가 존재하지 않는다.

제21조(인수제시의 자유) 환어음의 소지인 또는 단순한 점유자는 만기에 이르기까지 인수를 위하여 지급인에게 그 주소에서 어음을 제시할 수 있다.

제28조(인수의 효력) ① 지급인은 인수를 함으로써 만기에 환어음을 지급할 의무를 부담한다.
② 지급을 받지 못한 경우에 소지인은 제48조와 제49조에 따라 청구할 수 있는 모든 금액에 관하여 인수인에 대하여 환어음으로부터 생기는 직접청구권을 가진다. 소지인이 발행인인 경우에도 같다.

제78조(발행인의 책임 및 일람 후 정기출급 어음의 특칙) ① 약속어음의 발행인은 환어음의 인수인과 같은 의무를 부담한다.

0011 | 2019, 2023 |
약속어음의 발행인은 상환의무자이지만 환어음의 발행인은 상환의무자가 아니다. ( )

(i) 약속어음의 발행인은 1차적 책임을 지는 주채무자(제78조 제1항)이고, (ii) 환어음의 발행인은 2차적 책임을 지는 상환의무자(제9조 제1항)이다.

답 0009 ○ 0010 ○ 0011 ×

제9조(발행인의 책임) ① 발행인은 어음의 인수(引受)와 지급을 담보한다.
② 발행인은 인수를 담보하지 아니한다는 내용을 어음에 적을 수 있다. 발행인이 지급을 담보하지 아니한다는 뜻의 모든 문구는 적지 아니한 것으로 본다.

제2절 어음·수표 행위의 특성

0012 |2008|
발행이 인수의 선행행위라고 전제할 때, 甲이 기명날인 또는 서명을 하지 않고 乙을 지급인으로 기재하여 환어음을 발행한 후 乙이 인수한 경우 乙은 어음채무를 부담하지 않는다. (   )

발행을 인수의 선행행위라고 전제하면 인수전에 꼭 발행이 있어야 한다는 의미이다. 甲의 기명날인 또는 서명이 없으면 어음의 발행사실이 인정되지 않으므로, 乙은 어음이 아닌 것(형식상 무효인 어음)에 인수를 한 것이 된다.

0013 |2015|
A가 甲을 발행인으로 인쇄한 용지에 甲의 날인 없이 발행한 약속어음에 배서한 乙은 어음행위독립의 원칙상 그 피배서인 丙에 대하여 어음상의 책임을 부담한다. (   )

발행인의 날인이 없는 어음은 형식상 무효이므로 어음상 책임이 발생하지 않는다.

0014 |2008|
어음의 발행은 선행하는 어음행위가 존재하지 않으므로 어음행위독립의 원칙이 적용될 여지가 없다. (   )

어음행위독립의 원칙은 후행행위가 선행행위로부터 영향을 받지 않는다는 것이므로, 선행행위가 없는 발행에는 적용되지 않는다.

0015 |2008|
어음보증의 경우 어음법상 명문의 규정으로 어음행위독립의 원칙이 인정되고 있다. (   )

어음법 제32조 제2항에서 명문으로 규정하고 있다.

제32조(보증의 효력) ① 보증인은 보증된 자와 같은 책임을 진다.
② 보증은 담보된 채무가 그 방식에 흠이 있는 경우 외에는 어떠한 사유로 무효가 되더라도 그 효력을 가진다.
③ 보증인이 환어음의 지급을 하면 보증된 자와 그 자의 어음상의 채무자에 대하여 어음으로부터 생기는 권리를 취득한다.

답 0012 ○ 0013 × 0014 ○ 0015 ○

0016 |2008|
배서의 경우 어음행위독립의 원칙이 적용된다는 것이 통설과 판례의 입장이다. ( )

[대법원 1977.12.13, 선고, 77다1753, 판결]
위조발행된 어음이라도 어음행위독립의 원칙상 그 뒤에 유효하게 배서한 배서인에 대하여는 소구권(현 상환청구권)을 행사할 수 있으므로 이를 보관중 분실한 자에 대하여는 손해배상을 청구할 수 있다.

0017 |2017|
상속에 의하여 어음이 이전된 경우 어음채무자는 피상속인에 대한 인적 항변사유로써 상속인에게 대항할 수 없다. ( )

제3자가 「인적항변의 절단」에 의한 보호를 받는 것은 어음법적 유통방식(배서 또는 교부)에 의해 어음을 취득한 경우에 한정된다. 상속이나 합병과 같은 포괄승계, 민법상 지명채권양도방식으로 어음이 이전된 경우에는 인적항변이 절단되지 않는다.

제17조(인적 항변의 절단) 환어음에 의하여 청구를 받은 자는 발행인 또는 종전의 소지인에 대한 인적 관계로 인한 항변(抗辯)으로써 소지인에게 대항하지 못한다. 그러나 소지인이 그 채무자를 해할 것을 알고 어음을 취득한 경우에는 그러하지 아니하다.

0018 |2017|
판례에 의하면 악의의 항변을 하려면 항변사유의 존재를 인식하는 것만으로는 부족하고 자기가 어음을 취득함으로써 항변이 절단되고 채무자가 손해를 입게 될 사정이 객관적으로 존재한다는 사실까지도 충분히 알아야 한다. ( )

인적항변의 절단을 가로막는 「해의」란 악의와 손해인식이 결합된 주관적 요소이다. 다만 어음소지인의 악의가 채무자에 의해 증명되면 특별한 사정이 없는 한 소지인에게 손해의 인식이 있었던 것으로 추정된다.

[대법원 1996. 5. 28. 선고 96다7120 판결]
어음법 제17조 단서에서 규정하는 채무자를 해할 것을 알고 어음을 취득하였을 때라 함은, 단지 항변사유의 존재를 아는 것만으로는 부족하고 자기가 어음을 취득함으로써 항변이 절단되고 채무자가 손해를 입게 될 사정이 객관적으로 존재한다는 사실까지도 충분히 알아야 한다.

0019 |2021|
어음상에 발행인으로 기명날인하여 외관을 갖춘 어음을 작성한 자는 그 어음이 도난으로 인하여 그의 의사에 의하지 아니하고 유통되었다는 항변으로 누구에게든지 대항할 수 있다. ( )

어음이 도난 또는 분실되었다는 항변은 인적항변에 해당한다. 비증권상의 물적항변은 "무무위(**무**능력, **무**권대리, **위**조·변조)"로 정리하자.

[대법원 1999. 11. 26., 선고, 99다34307, 판결]
어음을 유통시킬 의사로 어음상에 발행인으로 기명날인하여 외관을 갖춘 어음을 작성한 자는 그 어음이 도난·분실 등으로 인하여 그의 의사에 의하지 아니하고 유통되었다고 하더라도, 배서가 연속되어 있는 그 어음을 외관을 신뢰하고 취득한 소지인에 대하여는 그 소지인이 악의 내지 중과실에 의하여 그 어음을 취득하였음을 주장·입증하지 아니하는 한 발행인으로서의 어음상의 채무를 부담한다.

답 0016 ○ 0017 × 0018 ○ 0019 ×

0020 | 2021 |
어음의 선의취득에 의해 모든 어음채무자들의 항변은 소멸한다. ( )

> (ⅰ) 물적항변은 소멸하지 않는다. 이를테면 미성년자가 약속어음을 발행하였고, 이후 해당 어음이 유통 중 도난되었다가 선의의 제3자가 취득한 경우를 생각하면 된다. 어음소지인은 어음의 선의취득자이지만 어음행위를 취소한 미성년자에 대해서는 어음금을 청구할 수 없다(비증권상의 물적항변).
> (ⅱ) 인적항변도 절단되는 것이지 소멸되는 것이 아니다. A가 발행한 약속어음이 B를 거쳐 C에게 배서되었다가 D가 절취한 후 E가 선의취득한 경우를 생각해보자. E가 C에게 상환청구권을 행사하여 C가 상환의무를 이행하고 B에게 재상환청구를 함에 있어, B는 C에 대한 원인관계상의 항변(예컨대 공급받은 물건이 불량품)으로 재상환의무의 이행을 거절할 수 있다(인적항변의 유지).

제3절 어음·수표 행위의 성립

1. 형식적 요건

0021 | 2016 |
어음과 수표에는 반드시 발행인의 기명날인 또는 서명이 있어야 한다. ( )

> 발행인의 기명날인 또는 서명은 어음법상 어음요건에 해당하므로, 이를 기재하지 않은 경우 불완전 어음 또는 수표로 무효가 된다. 다만 별도 백지보충권이 수여되었다면 백지어음·수표라는 특수한 유가증권으로는 유효하게 성립된다.
>
> ■ 어음법
> **제1조(어음의 요건)** 환어음(환어음)에는 다음 각 호의 사항을 적어야 한다.
> 1. 증권의 본문 중에 그 증권을 작성할 때 사용하는 국어로 환어음임을 표시하는 글자
> 2. 조건 없이 일정한 금액을 지급할 것을 위탁하는 뜻
> 3. 지급인의 명칭
> 4. 만기(滿期)
> 5. 지급지(支給地)
> 6. 지급받을 자 또는 지급받을 자를 지시할 자의 명칭
> 7. 발행일과 발행지(發行地)
> 8. 발행인의 기명날인(記名捺印) 또는 서명

0022 | 2007 |
서명(署名)이란 어음행위자가 자기의 성명을 자서(自署)하는 것으로, 타이프라이터·스탬프 등으로 어음행위자를 표시하는 것도 서명에 해당한다. ( )

> 서명은 스스로 쓰는 것, 즉 자서(自署)만 인정한다.

답 0020 × 0021 ○ 0022 ×

0023 | 2013, 2016, 2022 |
자연인의 기명은 어음행위자의 본명과 일치하여야만 한다. ( )

> 행위자의 명칭은 성명, 상호, 아호, 통칭, 예명, 필명 등 어음행위자를 특정할 수 있는 것이면 무방하고, 실명과 일치하여야 하는 것은 아니다.
>
> **[대법원 1969. 7. 22. 선고 69다742 판결]**
> 약속어음의 발행에 있어 발행인의 기명이 반드시 그 본명과 일치하여야 하는 것은 아니다.

0024 | 2009, 2013, 2016, 2022 |
판례에 의하면, 약속어음 발행인이 기명 후 무인(拇印)한 경우 유효한 기명날인으로 본다. ( )

> 손도장을 의미하는 무인(지장)만으로는 어음행위자가 누구인지 육안으로 식별할 수 없다. 이 경우 어음의 유통성을 해하기 때문에 날인의 효력을 인정할 수 없다.
>
> **[대법원 1962.11.1, 선고, 62다604, 판결]**
> 배서날인에는 기명무인은 포함되지 않으므로 기명무인으로서 한 어음행위는 무효라 할 것이어서 약속어음에 수차 배서가 될 경우에 시초에만 배서가 기명무인이 되었다면 그 어음에는 본조가 규정한 배서의 연속이 없고 위 무효인 배서이후의 어음취득자는 배서의 연속에 의하여 그 권리를 증명한 자라 할 수 없다.

0025 | 2009, 2013, 2016 |
판례에 의하면, 약속어음 발행인의 기명날인시 기명의 명의와 날인의 명의가 합치되어야 한다. ( )

> 기명의 명의와 날인의 명의가 일치하지 않아도 어음의 발행은 유효하다. 기명과 날인이 있기만 하면 된다.
>
> **[대법원 1978.2.28, 선고, 77다2489, 판결]**
> 어음법상의 기명날인이라는 것은 기명된 자와 여기에 압날된 인영이 반드시 합치됨을 요구한다고 볼 근거는 없으므로 약속어음에 기명이 되고 거기에 어떤 인장이 압날되어 있는 이상 외관상 날인이 전연없는 경우와는 구별되어야 한다.

0026 | 2013, 2016 |
성명의 일부 또는 전부를 도형화하여 표시하는 속칭 "사인(signature)"은 이를 통해 서명자의 성명을 식별할 수 없다 하여도 자필로 기재한 경우에는 서명으로 인정된다. ( )

> 서명이란 어음행위자가 자필로 자기의 성명을 기재하는 것을 말한다. 따라서 성명의 일부 또는 전부를 「도형화」하여 표시하는 소위 사인(signature)이나 모노그램(monogram)은 서명으로 인정되지 않는다.

답 0023 × 0024 × 0025 × 0026 ×

2. 실질적 요건

0027 |2007|

미성년자가 법정대리인의 허락을 얻어 회사의 무한책임사원이 된 경우에, 그 사원자격으로 하는 미성년자의 어음행위는 법정대리인의 동의를 얻어야 한다. ( )

> 허락을 얻어 회사의 무한책임사원이 된 때에는 그 사원자격으로 인한 행위에 대해서는 미성년자를 능력자로 본다. 따라서 그의 어음행위에 법정대리인의 동의는 필요없다.
>
> ▪ 상법
> **제7조(미성년자와 무한책임사원)** 미성년자가 법정대리인의 허락을 얻어 회사의 무한책임사원이 된 때에는 그 사원자격으로 인한 행위에는 능력자로 본다.

0028 |2007, 2015|

어음행위가 상대방과 통정한 허위의 의사표시에 의한 경우 그 행위는 무효이므로, 어음행위자는 현재의 어음소지인인 제3자가 선의라 하더라도 그 무효를 가지고 대항할 수 있다. ( )

> 통정허위표시로서 무효이지만, 이는 인적항변이므로 선의의 제3자에게 대항할 수 없다.
>
> ▪ 민법
> **제108조(통정한 허위의 의사표시)** ① 상대방과 통정한 허위의 의사표시는 무효로 한다.
> ② 전항의 의사표시의 무효는 선의의 제3자에게 대항하지 못한다.
>
> ▪ 어음법
> **제17조(인적 항변의 절단)** 환어음에 의하여 청구를 받은 자는 발행인 또는 종전의 소지인에 대한 인적 관계로 인한 항변(抗辯)으로써 소지인에게 대항하지 못한다. 그러나 소지인이 그 채무자를 해할 것을 알고 어음을 취득한 경우에는 그러하지 아니하다.

0029 |2007|

어음행위에 의사표시의 흠결이나 하자가 있는 경우 그러한 어음행위는 취소할 수 있는데, 그 취소의 상대방은 어음행위의 직접 상대방뿐만 아니라 현재의 어음소지인도 포함된다. ( )

> 의사표시의 하자가 있는 어음행위의 취소는 어음행위의 직접 상대방뿐만 아니라 현재의 어음소지인도 포함한다. 다만 이러한 취소는 (어음소지인이 해의로 어음을 취득한 경우가 아닌 한) 소지인에게는 대항하지 못할 뿐이다.
>
> [대법원 1997.5.16, 선고, 96다49513, 판결]
> [1] 사기와 같은 의사표시의 하자를 이유로 어음발행행위를 취소하는 경우에 그 취소의 의사표시는 어음발행행위의 직접 상대방에 대하여 뿐만 아니라 어음발행행위의 직접 상대방으로부터 어음을 취득하여 그 어음금의 지급을 청구하고 있는 소지인에 대하여도 할 수 있다고 봄이 상당하다 할 것이지만, 이와 같은 의사표시의 취소는 선의의 제3자에게 대항할 수 없는 것이고, 이 때의 제3자라 함은 어음발행행위의 직접 상대방 이외의 자를 가리키는 것이므로, 어음의 발행인이 어음발행행위의 직접 상대방이 아닌 소지인을 상대로 어음발행행위 취소의 의사표시를 할 수 있다 하여 소지인의 선의·악의를 불문하고 취소의 효과를 주장할 수 있게 되는 것은 아니다.
> [2] 어음행위에 착오·사기·강박 등 의사표시의 하자가 있다는 항변은 어음행위 상대방에 대한 인적항변에 불과한 것이므로, 어음채무자는 소지인이 채무자를 해할 것을 알고 어음을 취득한 경우가 아닌 한, 소지인이 중대한 과실로 그러한 사실을 몰랐다고 하더라도 종전 소지인에 대한 인적항변으로써 소지인에게 대항할 수 없다.

답 0027 × 0028 × 0029 ○

제4절 어음·수표 행위의 대리

0030 |2009|
판례에 의하면, 약속어음이 발행인의 기명날인 란에 "甲 주식회사「甲 주식회사 인(印)의 날인(捺印)」"으로 발행된 경우 해당 약속어음에 대해 甲 주식회사의 어음상 책임이 성립한다. (   )

> 법인의 어음행위의 경우에는 (ⅰ) 법인명, (ⅱ) 대표관계, (ⅲ) 대표자의 기명날인의 3가지가 모두 충족되어야 한다. 지문의 경우 "(ⅱ) 대표관계, (ⅲ) 대표자의 기명날인"이 누락되었다.

0031 |2013, 2016|
법인이 어음행위를 하는 경우 대표기관의 기명날인 없이 법인의 명칭만을 기재하고 법인의 인감을 날인한 것은 무효이다. (   )

> 법인의 어음행위는 반드시 대표기관의 기명날인·서명이 필요하다. 따라서 대표기관 개인의 기명날인이나 서명이 전혀 없이 회사의 명칭을 기재하고 회사인(법인인 또는 법인명판)만을 찍은 것은 어음행위로서 무효이다.
>
> [대법원 1964.10.31. 선고, 63다1168. 판결]
> 살피건대 법인의 행위는 대표기관에 의하여서만 실현될 수 있는 것 이므로 법인이 어음 행위를 함에있어 이 점을 증권상 명확하게 하기 위하여 대표기관이 법인을 위하여 하는 것이라는 취지즉 대표자격이 있다는 것을 표시하고 그 사람이 기명날인 하여야 한다고 할 것인바 본건 약속어음(갑 제1호증)의 배서난을 보면 소외주식회사 한국국민은행이 원고로 부터 배서양도를 받았다가 다시 원고에 배서양도함에 있어 단지 주식회사 국민은행 중부 지점이라고만 기재하여 회사인을 날인하고 그 대표자의 기명날인이 없으므로 이 배서는 무효라할 것이고 따라서 원고는 본건 약속어음의 정당한 소지인이라고 할 수 없을 것이므로 논지는 이유있다.

0032 |2022|
대표이사 직인의 날인만 있으면 회사를 위하여 발행하였다는 뜻이 표시되어 있지 않더라도 회사는 어음상의 책임을 부담한다. (   )

> 법인의 기명날인은 대표자가 법인의 명칭과 대표관계를 표시하고 기명날인 또는 서명을 한다. 즉, (ⅰ) 법인명, (ⅱ) 대표관계, (ⅲ) 대표이사의 기명날인 또는 서명을 요한다. 하나라도 빠지면 법인의 어음행위로 인정되지 않는다.
>
> [대법원 1979. 3. 27., 선고, 78다2477. 판결]
> 약속어음의 발행인 명의가 회사 대표이사인 개인 갑으로만 되어 있고, 동인이 회사를 위하여 발행하였다는 뜻이 표시되어 있지 아니한 이상, 그 명하에 날인된 인영이 회사의 대표이사 직인이라 할지라도 그 어음은 동인이 회사를 대표하여 발행한 것이라고 볼 수 없다.

답 0030 × 0031 ○ 0032 ×

0033 |2022|

조합의 대표조합원이 조합원 전원을 대리하여 그 대표자격을 밝히고 서명하여 발행한 어음은 무효이다.
( )

조합의 어음행위는 (ⅰ) 조합원 전원이 어음에 기명날인 또는 서명을 하는 방법뿐만 아니라 (ⅱ) 대표조합원이 조합의 이름과 대표자의 자격을 밝히고 자기의 기명날인 또는 서명을 하는 방법도 가능하다.

[대법원 1970. 8. 31., 선고, 70다1360, 판결]
가. 법인격 없는 조합이 어음행위를 하였을 경우에는 조합자체가 아닌 그 조합원이 위 어음행위로 권리를 취득하거나 의무를 부담한다.
나. 조합의 어음행위는 전조합원의 어음상의 서명에 의한 것은 물론 대표조합원이 그 대표자격을 밝히고 조합원 전원을 대리하여 서명하였을 경우에도 유효하다.

0034 |2022|

어음행위의 대리권을 부여하는 경우라도 내부적으로 그 대리권을 제한할 수 있다.
( )

모든 법률행위에 있어서 대리권을 내부적으로 제한하는 것은 가능하다. 다만 거래의 안전 보호를 위해서 선의(및 무과실 또는 무중과실)의 제3자에 대항할 수 없을 뿐이다.

0035 |2022|

무권대리의 항변은 인적 항변 사유이다.
( )

무권대리는 비증권상의 물적항변에 해당한다. "무무위"로 기억하자.

비증권상의 물적항변	무 / 무 / 위	• <u>무</u>능력
어음보증의 독립성		• <u>무</u>권대리
		• <u>위</u>조 · 변조

0036 |2020, 2022|

A가 발행받은 약속어음의 발행인란에는 '甲의 대리인 乙'이라고 기재되어 있고 乙의 날인이 되어 있으나, 乙이 대리권을 가진 자인지 여부는 불명확하다. 乙에게 대리권이 없는 경우, 특별한 사정이 없는 한 A는 甲에 대한 어음상 권리를 취득하지 못하고 乙에 대한 어음상 권리만을 취득한다.
( )

어음행위의 무권대리에 해당한다. 이 경우 표현대리에 해당하지 않는 한 본인은 책임을 지지 않고(물적항변), 무권대리인만 책임을 진다.

제8조(어음행위의 무권대리) 대리권 없이 타인의 대리인으로 환어음에 기명날인하거나 서명한 자는 그 어음에 의하여 의무를 부담한다. 그 자가 어음금액을 지급한 경우에는 본인과 같은 권리를 가진다. 권한을 초과한 대리인의 경우도 같다.

답 0033 ✕ 0034 ○ 0035 ✕ 0036 ○

0037 |2020|

A가 발행받은 약속어음의 발행인란에는 '甲의 대리인 乙'이라고 기재되어 있고 乙의 날인이 되어 있으나, 乙이 대리권을 가진 자인지 여부는 불명확하다. 乙에게 대리권이 없는 경우, A와 甲 사이에 민법상 표현대리(表見代理)가 성립한다면 A는 甲에 대한 어음상 권리를 취득한다. ( )

민법상 표현대리에 해당하는 경우 본인은 어음소지인에 대하여 책임을 부담한다.

■ 민법

제125조(대리권수여의 표시에 의한 표현대리) 제삼자에 대하여 타인에게 대리권을 수여함을 표시한 자는 그 대리권의 범위내에서 행한 그 타인과 그 제삼자간의 법률행위에 대하여 책임이 있다. 그러나 제삼자가 대리권없음을 알았거나 알 수 있었을 때에는 그러하지 아니하다.

제126조(권한을 넘은 표현대리) 대리인이 그 권한외의 법률행위를 한 경우에 제삼자가 그 권한이 있다고 믿을 만한 정당한 이유가 있는 때에는 본인은 그 행위에 대하여 책임이 있다.

제129조(대리권소멸후의 표현대리) 대리권의 소멸은 선의의 제삼자에게 대항하지 못한다. 그러나 제삼자가 과실로 인하여 그 사실을 알지 못한 때에는 그러하지 아니하다.

0038 |2020|

A가 발행받은 약속어음의 발행인란에는 '甲의 대리인 乙'이라고 기재되어 있고 乙의 날인이 되어 있으나, 乙이 대리권을 가진 자인지 여부는 불명확하다. A와 甲 사이에 민법상 표현대리가 성립하여 A가 甲에 대한 어음상 권리를 취득하는 경우, A는 표현대리인 乙에 대한 어음상 권리도 취득한다. ( )

민법상 표현대리의 경우에는 본인만 책임을 지고 대리인은 책임을 지지 않는다. 반면 어음의 표현대리의 경우에는 본인뿐만 아니라 대리인 역시 책임을 진다. 어음상 책임은 "기명날인"한 자가 지는 책임인데, 대리인이 기명날인을 하였기 때문에 책임을 진다고 보는 것이다.

■ 어음법

제8조(어음행위의 무권대리) 대리권 없이 타인의 대리인으로 환어음에 기명날인하거나 서명한 자는 그 어음에 의하여 의무를 부담한다. 그 자가 어음금액을 지급한 경우에는 본인과 같은 권리를 가진다. 권한을 초과한 대리인의 경우도 같다.

0039 |2020|

A가 발행받은 약속어음의 발행인란에는 '甲의 대리인 乙'이라고 기재되어 있고 乙의 날인이 되어 있으나, 乙이 대리권을 가진 자인지 여부는 불명확하다. 乙에게 대리권이 있는 경우, A는 甲에 대한 어음상 권리를 취득한다. ( )

유권대리의 경우에는 대리인은 책임을 지지 않고 본인만 책임을 진다.

■ 민법

제114조(대리행위의 효력) ① 대리인이 그 권한내에서 본인을 위한 것임을 표시한 의사표시는 직접 본인에게 대하여 효력이 생긴다.
② 전항의 규정은 대리인에게 대한 제삼자의 의사표시에 준용한다.

0040 |2020, 2022|

A가 발행받은 약속어음의 발행인란에 '乙'이라고만 기재되어 있고 乙의 날인이 되어 있다. 乙이 甲으로부터 어음행위의 대리권을 수여받은 경우, A는 본인 甲에 대한 어음상 권리를 취득한다. ( )

> 어음의 문언증권성으로 인해 어음행위에 대해서는 현명주의(대리인이 본인의 이름을 드러내야 한다는 의미)가 엄격하게 적용되어 어떠한 예외도 인정되지 않는다. 대리인이 대리관계를 표시하지 않고 기명날인을 했다면 대리인 개인의 어음행위로 본다.

0041 |2023|

대리권 없이 타인의 대리인으로 환어음에 기명날인하거나 서명한 자가 어음금액을 지급한 경우에는 본인과 같은 권리를 가진다. ( )

> 「어음행위의 무권대리」에 대한 설명이다.
>
> **제8조(어음행위의 무권대리)** 대리권 없이 타인의 대리인으로 환어음에 기명날인하거나 서명한 자는 그 어음에 의하여 의무를 부담한다. 그 자가 어음금액을 지급한 경우에는 본인과 같은 권리를 가진다. 권한을 초과한 대리인의 경우도 같다.

답 0040 × 0041 ○

제5절 어음의 위조와 변조

1. 어음의 위조

0042 |2009, 2016|
판례에 의하면 원칙적으로 피위조자는 어음소지인의 선의·악의를 불문하고 위조의 항변을 할 수 있다. ( )

> 피위조자는 귀책사유가 없는 것이 일반적이므로 누구에 대해서든, 그 소지인의 선악을 불문하고, 어음상의 책임을 지지 않는다. 즉 어음이 위조되었다는 주장은 어음법상 비증권상의 물적항변의 일종이다.

0043 |2007|
A가 권한 없이 X를 발행인으로 하여 작성한 어음을 Y에게 교부하고 Y는 이를 선의의 Z에게 배서양도한 경우, X는 원칙적으로 Y는 물론 Z에 대하여도 어음상의 책임을 지지 않는다. ( )

> 위조는 물적항변 사유이므로 피위조자인 X는 누구에게도 어음상 책임을 지지 않는 것이 원칙이다.

0044 |2007|
X주식회사의 경리사원 A가 X의 직인 및 대표이사의 개인 인장을 보관하면서 어음행위를 대행하던 중, 거래관계에 있던 B와 공모하여 B에게 X 명의로 약속어음을 발행하고 B는 이를 C에게 배서양도한 경우, X는 C에게 민법상 사용자책임을 부담할 수 있다. ( )

> ■ 민법
> **제756조(사용자의 배상책임)** ① 타인을 사용하여 어느 사무에 종사하게 한 자는 피용자가 그 사무집행에 관하여 제3자에게 가한 손해를 배상할 책임이 있다. 그러나 사용자가 피용자의 선임 및 그 사무감독에 상당한 주의를 한 때 또는 상당한 주의를 하여도 손해가 있을 경우에는 그러하지 아니하다.
> ② 사용자에 갈음하여 그 사무를 감독하는 자도 전항의 책임이 있다.
> ③ 전2항의 경우에 사용자 또는 감독자는 피용자에 대하여 구상권을 행사할 수 있다.

0045 |2007|
위 0044 어음에 있어서 액면금액이 1억원으로 기재되어 있으나 C가 동 어음을 할인함에 있어 B에게 7천만원을 지급한 경우, C가 X에 대하여 청구할 수 있는 금액은 7천만원이다. ( )

> 피위조자가 선임감독상 과실을 이유로 민법상 불법행위책임(사용자책임)을 지는 경우에 손해배상의 범위는 액면금 전부가 아니라 피해자가 실제로 출연한 금액(7천만원)을 한도로 한다.

답 0042 ○ 0043 ○ 0044 ○ 0045 ○

0046 | 2009 |

판례에 의하면, 위조발행된 약속어음을 취득하여 동 어음을 배서양도한 자의 어음상 책임이 인정된다.
(   )

> 발행인의 기명날인이 존재하는 이상 형식적으로 유효하므로, 후행행위는 이로 영향을 받지 않는다(어음행위의 독립성).
>
> **제7조(어음채무의 독립성)** 환어음에 다음 각 호의 어느 하나에 해당하는 기명날인 또는 서명이 있는 경우에도 다른 기명날인 또는 서명을 한 자의 채무는 그 효력에 영향을 받지 아니한다.
> 1. 어음채무를 부담할 능력이 없는 자의 기명날인 또는 서명
> 2. 위조된 기명날인 또는 서명
> 3. 가공인물의 기명날인 또는 서명
> 4. 그 밖의 사유로 환어음에 기명날인 또는 서명을 한 자나 그 본인에게 의무를 부담하게 할 수 없는 기명날인 또는 서명
>
> [대법원 1977.12.13, 선고, 77다1753, 판결]
> 위조발행된 어음이라도 어음행위독립의 원칙상 그 뒤에 유효하게 배서한 배서인에 대하여는 소구권을 행사할 수 있으므로 이를 보관중 분실한 자에 대하여는 손해배상을 청구할 수 있다.

0047 | 2016 |

위조어음에 배서한 자가 선의·무중과실이라면 자신의 배서에 대한 어음상 책임을 지지 아니한다. (   )

> 선행어음행위가 위조되었다 하더라도 어음에 형식상 하자가 없는 이상 그 이후의 어음행위는 「어음행위독립의 원칙」에 의해 유효하다. 따라서 위조된 어음 위에 기명날인 또는 서명한 자는 위조된 어음이라는 점에 대해 선의·무중과실이더라도 어음상 책임을 진다.
>
> [대법원 1977.12.13, 선고, 77다1753, 판결]
> 위조발행된 어음이라도 어음행위독립의 원칙상 그 뒤에 유효하게 배서한 배서인에 대하여는 소구권을 행사할 수 있으므로 이를 보관중 분실한 자에 대하여는 손해배상을 청구할 수 있다.

0048 | 2009 |

판례에 의하면, 위조된 배서를 진정한 것으로 믿고 어음을 유상취득한 경우 그 손해액은 해당 어음액면 상당액이다.
(   )

> 여기서 손해액이란 (어음상 책임이 아니라) 민법상 불법행위로 인한 손해배상을 청구하는 경우를 의미한다. 이 경우 청구할 수 있는 금액은 어음의 취득에 소요된 금액 즉, 실제 손해액이다.
>
> ■ 민법
> **제750조(불법행위의 내용)** 고의 또는 과실로 인한 위법행위로 타인에게 손해를 가한 자는 그 손해를 배상할 책임이 있다.

답 0046 ○ 0047 × 0048 ×

0049 |2009|

판례에 의하면, 위조된 어음을 만기에 지급하는 지급인은 사기 또는 중과실이 없으면 어음법에 의하여 책임을 면한다. ( )

> 어음법(제40조 제3항)에 의한 면책은 진정한 어음임을 전제로 한다. 위조된 어음의 경우에는 어음법에 의해서 면책되는 것이 아니라 특별법규·면책약관 또는 상관습에 의해 면책될 수 있을 뿐이다.
>
> **제40조(지급의 시기 및 지급인의 조사의무)** ③ 만기에 지급하는 지급인은 사기 또는 중대한 과실이 없으면 그 책임을 면한다. 이 경우 지급인은 배서의 연속이 제대로 되어 있는지를 조사할 의무가 있으나 배서인의 기명날인 또는 서명을 조사할 의무는 없다.
>
> [대법원 1971.3.9, 선고, 70다2895, 판결]
> 위조된 무효의 수표에 의한 변제가 유효로 되는 것은 특별법규, 면책약관 또는 상관습이 있는 경우에 한한다 할 것이며, 이 경우에 채권의 준점유자에 대한 변제의 법리는 적용하지 않는다고 할 것이다.

0050 |2011|

약속어음의 양수인이 배서 없이 그 어음을 제3자에게 양도하였다가 상환의무를 이행하고 이를 환수하여 정당한 소지인이 되었을 때 배서란에 배서하고 기명날인한 경우는 어음의 위조에 해당한다. ( )

> 위조는 타인의 기명날인 또는 서명을 권한 없이 하는 것인데, 사안의 경우 정당한 소지인의 기명날인이므로 위조에 해당하지 않는다.
>
> [대법원 1989.12.8, 선고, 88도753, 판결]
> 형법 제214조 제2항에 규정된 "유가증권의 권리의무에 관한 기재를 위조한다"는 것은 진정하게 성립된 유가증권에 작성권한이 없는 자가 타인의 명의를 모용하여 배서, 보증 등의 부수적 증권행위를 하는 것을 말하고, "유가증권의 권리의무에 관한 기재를 변조한다"는 것은 진정하게 성립된 타인명의의 부수적 증권행위에 관한 유가증권의 기재내용에 작성권한이 없는 자가 변경을 가하는 것을 말하므로, 약속어음을 제3배서인으로부터 백지식배서의 방식에 의하여 교부양도 받아 백지를 보충하지 아니하고 배서도 하지 아니한 채 제3자에게 교부양도한 자가 만기에 어음금의 지급이 거절됨에 따라 양수인에게 소구의무를 이행하고 약속어음을 환수하여 약속어음의 정당한 소지인이 되었다면, 약속어음의 제3배서란과 제4배서란 사이에 보전지를 결합시키고 그 보전지의 배서란에 자신의 성명과 배서일자를 기재하고 날인하였다고 하더라도 이와 같은 행위는 타인의 명의를 모용하여 한 것이 아님은 물론 타인명의의 유가증권의 기재내용에 변경을 가한 것도 아니므로 형법 제214조 제2항 소정의 유가증권 위조, 변조죄에 해당하지 아니한다.

0051 |2009, 2016|

판례에 의하면 어음소지인으로부터 어음상 청구를 받은 자가 자신의 기명날인 또는 서명이 위조된 것이라고 주장하면 어음소지인이 그 기명날인 또는 서명이 진정한 것임을 증명할 책임을 진다. ( )

> 어음의 소지인이 기명날인이 진정한 것임을 입증해야 한다(어음소지인부담설). 어음법상 어음의 소지인이 증명책임을 부담하는 유일한 경우이다.
>
> [대법원 1993.8.24, 선고, 93다4151, 판결]
> 어음에 어음채무자로 기재되어 있는 사람이 자신의 기명날인이 위조된 것이라고 주장하는 경우에는 그 사람에 대하여 어음채무의 이행을 청구하는 어음의 소지인이 그 기명날인이 진정한 것임을 증명하지 않으면 안된다.

답 0049 × 0050 × 0051 ○

2. 어음의 변조

0052 |2016|
어음·수표의 문구가 변조된 경우에는 변조 전에 기명날인하거나 서명한 자는 원래 문구에 따라 책임을 진다.
( )

> 변조 전에 기명날인·서명한 자는 원래의 문구대로 책임을 부담하고, 변조 후에 기명날인·서명한 자는 변조 후의 문구대로 책임을 진다.
>
> **제69조(변조와 어음행위자의 책임)** 환어음의 문구가 변조된 경우에는 그 변조 후에 기명날인하거나 서명한 자는 변조된 문구에 따라 책임을 지고 변조 전에 기명날인하거나 서명한 자는 원래 문구에 따라 책임을 진다.

0053 |2016|
어음·수표의 문구가 변조된 경우에는 그 변조 후에 기명날인하거나 서명한 자는 변조된 문구에 따라 책임을 진다.
( )

> 변조 전에 기명날인·서명한 자는 원래의 문구대로 책임을 부담하고, 변조 후에 기명날인·서명한 자는 변조 후의 문구대로 책임을 진다.
>
> **제69조(변조와 어음행위자의 책임)** 환어음의 문구가 변조된 경우에는 그 변조 후에 기명날인하거나 서명한 자는 변조된 문구에 따라 책임을 지고 변조 전에 기명날인하거나 서명한 자는 원래 문구에 따라 책임을 진다.

0054 |2007|
발행인 X, 어음금액 1천만원으로 되어 있는 약속어음을 Y(제1배서인)로부터 교부받은 A가 어음금액을 4천만원으로 변경하여 이를 B에게, B는 C에게 배서양도한 경우, C에 대한 A·X·Y의 어음상의 책임은 동일하다.
( )

> 변조 전 기명날인자(X, Y)는 원문언에 따라 1천만원, 변조 후 기명날인자(A)는 변조된 문언에 따라 4천만원의 책임이 있다. 자기가 어음행위를 할 당시의 어음의 문언에 따른 책임이다(어음행위 독립의 원칙).

0055 |2007|
위 0054 어음에 있어서 어음금액에 대한 변경이 교묘하게 이루어져 어음면상 변경 사실이 명백하게 나타나 있지 않다면, 그 변경에 대한 입증은 X가 하여야 한다.
( )

> 변조여부가 명백하면 「변조가 아니다」는 점에 대하여 어음소지인이, 변조여부가 명백하지 않으면 「변조되었다」는 점에 대하여 어음상 채무자(X)가 증명책임을 진다.

0056 |2011|
발행인이 수취인란을 공란으로 하여 발행·교부한 백지어음을 제1배서인으로부터 배서양도 받은 어음소지인이 수취인을 '이성수'로 보충한 후 '주식회사 선진축산 대표이사 이성수'로 정정한 경우는 어음의 변조에 해당한다.
( )

답 0052 ○ 0053 ○ 0054 × 0055 ○ 0056 ×

착오로 기재된 것을 정정한 경우로서 어음의 내용이 변하는 것이 아니므로 변조에 해당하지 않는다.

[대법원 1995.5.9, 선고, 94다40659, 판결]
갑이 어음의 수취인란을 공란으로 하여 을 주식회사 대표이사 병에게 발행·교부하였고, 을 회사가 정에게 그 어음을 배서양도한 경우, 정이 수취인을 "병"이라고 보충하였다가 "을 주식회사 대표이사 병"이라고 정정하는 것은 발행인인 갑이나 제1배서인인 을 회사 등 어음행위자들의 당초의 어음행위의 목적에 부합하고, 그로 말미암아 어음의 효력이나 어음관계자의 권리의무의 내용에 영향을 미치지 않으므로, 이는 단순히 착오로 기재된 것을 정정한 것에 불과하고 어음을 변조한 경우에 해당한다고 볼 수 없다.

0057 | 2011 |

무권리자가 수표발행인인 회사의 상호가 변경된 후에 그 회사의 상호변경 전에 적법하게 발행되었던 백지수표의 발행인란의 기명부분만을 임의로 사선으로 지우고 그 밑에 변경 후의 상호를 써넣은 경우는 수표의 위조나 변조에 해당하지 않는다. ( )

단순한 정정에 불과하므로 위조나 변조 어떤 경우에도 해당하지 않는다.

[대법원 1996.10.11, 선고, 94다55163, 판결]
무권리자가 수표 발행인 회사의 상호가 변경된 후에 임의로 그 회사가 상호변경 전에 적법하게 발행하였던 백지수표의 발행인란의 기명 부분만을 사선으로 지우고 그 밑에 변경 후의 상호를 써넣은 경우, 그 변경 전후의 기명은 모두 동일한 회사를 가리키는 것이어서 객관적으로 볼 때 그 백지수표의 발행인란의 기명날인은 그 동일성이 유지되어 있고 그 백지수표의 다른 기재 사항에는 아무런 변경도 없으므로 그와 같은 발행인란의 기명의 변경에 의하여 수표면에 부진정한 기명날인이 나타나게 되었다거나 새로운 수표행위가 있은 것과 같은 외관이 작출되었다고 볼 수는 없으므로 이를 수표법상 수표의 위조에 해당한다고 할 수는 없고, 또한 그 백지수표의 발행인란의 기명을 그와 같이 변경함으로 말미암아 그 백지수표의 효력이나 그 수표 관계자의 권리의무의 내용에 영향을 미친 것은 아니므로 이를 수표법상 수표의 변조에 해당한다고 할 수도 없다.

0058 | 2011 |

어음발행인이 그의 어음보증인의 동의 없이 수취인명의를 변경기재하였다면 어음보증인과의 관계에서 어음의 변조에 해당한다. ( )

이미 어음상에 다른 권리·의무를 가진 자가 있는 경우에는 그의 동의를 얻지 않고 수취인란을 변경했다면 설령 발행인에 의해 행해졌더라도 변조에 해당한다. 수취인이 누구인지는 어음보증인이 보증을 할 당시에 중요한 사항이기 때문이다.

[대법원 1987.3.24, 선고, 86다카37, 판결]
어음발행인이라 하더라도 어음상에 권리의무를 가진 자가 있는 경우에는 이러한 자의 동의를 받지 아니하고 어음의 기재내용에 변경을 가하였다면 이는 변조에 해당할 것이고 약속어음에 배서인이 있는 경우 배서인은 어음행위를 할 당시의 문언에 따라 어음상의 책임을 지는 것이지 그 변조된 문언에 의한 책임을 질 수는 없다.

제6절 어음·수표상 권리의 소멸

0059 |2017|
어음요건의 흠결이나 시효소멸과 같은 항변사유가 있는 경우 어음채무자는 그 항변사유로써 어음소지인에게 대항할 수 있다. ( )

> 어음요건의 흠결이나 시효소멸은 증권상의 물적항변사유에 해당한다.

0060 |2017|
어음의 소멸시효를 적용할 때에는 만기가 공휴일인 경우 그에 이은 제1거래일로부터 기산한다. ( )

> 어음의 지급제시기간을 계산할 때에는 (지급제시는 거래일에 이루어져야 하므로) 만기가 공휴일이면 그 다음날부터 지급제시기간이 기산되지만, 어음상 권리의 소멸시효를 계산할 때에는 만기일이 휴일인지 아닌지는 상관이 없다.

0061 |2017|
판례에 의하면 소멸시효가 완성된 어음채무를 일부 변제한 경우 액수에 관해 다툼이 없는 한 그 채무 전체를 묵시적으로 승인하고 시효이익을 포기한 것으로 추정한다. ( )

> 판례의 입장이다.
>
> [대법원 2010.5.13. 선고, 2010다6345, 판결]
> 채무자가 소멸시효 완성 후 채무를 일부변제한 때에는 그 액수에 관하여 다툼이 없는 한 그 채무 전체를 묵시적으로 승인한 것으로 보아야 하고, 이 경우 시효완성의 사실을 알고 그 이익을 포기한 것으로 추정된다. 따라서 이미 소멸시효가 완성된 어음채권을 원인으로 하여 집행력 있는 집행권원을 가진 채권자가 채무자의 유체동산에 대한 강제집행을 신청하고, 그 절차에서 채무자의 유체동산 매각대금이 채권자에게 교부되어 그 채무의 일부변제에 충당될 때까지 채무자가 아무런 이의를 진술하지 아니하였다면, 그 강제집행 절차의 진행을 채무자가 알지 못하였다는 등 다른 특별한 사정이 없는 한 채무자는 어음채권에 대한 소멸시효 이익을 포기한 것으로 볼 수 있고, 그 때부터 그 원인채권의 소멸시효 기간도 다시 진행하지만, 이렇게 소멸시효 이익을 포기한 것으로 보기 위해서는 채무자의 유체동산 매각대금이 채권자에게 교부되어 그 채무의 일부변제가 이루어졌음이 증명되어야 한다.

0062 |2017|
판례에 의하면 장래 발생할 구상금채무를 담보하기 위하여 채무자가 채권자에게 발행한 어음의 경우 어음의 소멸시효는 피담보채무가 발생한 시점을 기산점으로 삼아야 한다. ( )

> 약속어음이 수취인 겸 소지인의 발행인에 대한 장래 발생할 구상채권을 담보하기 위하여 발행된 경우, 위 소지인의 발행인에 대한 약속어음상 청구권의 소멸시효 기산점(=구상채권이 현실적으로 발생한 때)
>
> [대법원 2004.12.10. 선고, 2003다33769, 판결]
> 발행인에 대한 약속어음상의 청구권의 소멸시효는 만기의 날로부터 진행하는 것이 원칙이나, 그 약속어음이 수취인 겸 소지인의 발행인에 대한 장래 발생할 구상채권을 담보하기 위하여 발행된 것이라면, 소지인은 발행인에 대하여 구상채권이 발생하지 않은 기간 중에는 약속어음상의 청구권을 행사할 수 없고, 구상채권이 현실로 발생한 때에 비

답 0059 ○ 0060 × 0061 ○ 0062 ○

로소 이를 행사할 수 있게 되는 것이므로, 그 약속어음의 소지인의 발행인에 대한 약속어음상의 청구권의 소멸시효는 위 구상채권이 현실적으로 발생하여 그 약속어음상의 청구권을 행사하는 것이 법률적으로 가능하게 된 때부터 진행된다고 봄이 상당하고 이러한 결과가 민법 제184조 제2항의 규정에 반하여 소멸시효를 가중하는 것이라고 할 수는 없다.

0063 |2008, 2009, 2021|
지급보증을 한 지급인에 대한 수표상의 청구권은 제시기간경과 후 6월간 행사하지 아니하면 소멸시효가 완성한다. (　　)

지급보증인의 채무는 제시기간 경과 후 1년간 행사하지 않으면 소멸시효가 완성한다.

■ 수표법
제58조(지급보증인의 의무의 시효) 지급보증을 한 지급인에 대한 수표상의 청구권은 제시기간이 지난 후 1년간 행사하지 아니하면 소멸시효가 완성된다.

0064 |2013, 2016|
환어음 소지인의 배서인과 발행인에 대한 상환청구권은 거절증서작성일 또는 만기일(거절증서작성면제의 경우)로부터 1년간 행사하지 아니하면 소멸시효가 완성된다. (　　)

소지인의 상환의무자(배서인, 환어음의 발행인 등)에 대한 상환청구권은 거절증서작성일 또는 거절증서의 작성이 면제된 경우에는 만기일로부터 1년간 행사하지 않으면 소멸시효가 완성된다.

제70조(시효기간)
② 소지인의 배서인과 발행인에 대한 청구권은 다음 각 호의 날부터 1년간 행사하지 아니하면 소멸시효가 완성된다.
1. 적법한 기간 내에 작성시킨 거절증서의 날짜
2. 무비용상환의 문구가 적혀 있는 경우에는 만기일

0065 |2017|
무비용상환문구가 적혀 있는 경우 소지인의 배서인에 대한 청구권은 어음의 만기일로부터 1년간 행사하지 않으면 소멸시효가 완성된다. (　　)

무비용상환문구란 지급거절증서의 작성이 면제된 경우를 말한다. 이 경우 소멸시효의 기산일은 거절증서 작성일이 아니라 만기일이다.

제70조(시효기간) ① 인수인에 대한 환어음상의 청구권은 만기일부터 3년간 행사하지 아니하면 소멸시효가 완성된다.
② 소지인의 배서인과 발행인에 대한 청구권은 다음 각 호의 날부터 1년간 행사하지 아니하면 소멸시효가 완성된다.
1. 적법한 기간 내에 작성시킨 거절증서의 날짜
2. 무비용상환의 문구가 적혀 있는 경우에는 만기일

0066 |2009, 2013, 2016|
수표소지인의 배서인, 발행인, 그 밖의 채무자에 대한 상환청구권은 제시기간이 지난 후 1년 간 행사하지 아니하면 소멸시효가 완성된다. (　　)

수표법에서는 상환청구권, 재상환청구권 모두 6개월의 소멸시효가 적용되고, 지급보증한 지급인의 경우에만 소멸시효가 1년이다.

■ **수표법**
제51조(시효기간) ① 소지인의 배서인, 발행인, 그 밖의 채무자에 대한 상환청구권은 제시기간이 지난 후 6개월간 행사하지 아니하면 소멸시효가 완성된다.
② 수표의 채무자의 다른 채무자에 대한 상환청구권은 그 채무자가 수표를 환수한 날 또는 그 자가 제소된 날부터 6개월간 행사하지 아니하면 소멸시효가 완성된다.
제58조(지급보증인의 의무의 시효) 지급보증을 한 지급인에 대한 수표상의 청구권은 제시기간이 지난 후 1년간 행사하지 아니하면 소멸시효가 완성된다.

0067 | 2013, 2016, 2021 |
수표상 상환의무를 이행한 자의 그 전자에 대한 상환청구권은 상환의무를 이행한 자가 수표를 환수한 날 또는 그 자가 제소된 날로부터 6개월간 행사하지 아니하면 소멸시효가 완성된다. (   )

수표법에서는 상환청구권, 재상환청구권 모두 6개월의 소멸시효가 적용되고, 지급보증한 지급인의 경우에만 소멸시효가 1년이다.

■ **수표법**
제51조(시효기간) ① 소지인의 배서인, 발행인, 그 밖의 채무자에 대한 상환청구권은 제시기간이 지난 후 6개월간 행사하지 아니하면 소멸시효가 완성된다.
② 수표의 채무자의 다른 채무자에 대한 상환청구권은 그 채무자가 수표를 환수한 날 또는 그 자가 제소된 날부터 6개월간 행사하지 아니하면 소멸시효가 완성된다.
제58조(지급보증인의 의무의 시효) 지급보증을 한 지급인에 대한 수표상의 청구권은 제시기간이 지난 후 1년간 행사하지 아니하면 소멸시효가 완성된다.

0068 | 2013, 2016, 2021 |
인수인에 대한 환어음상의 청구권은 만기일부터 1년간 행사하지 아니하면 소멸시효가 완성된다. (   )

어음의 주채무자(약속어음의 발행인, 환어음의 인수인)에 대한 어음금청구권은 만기일로부터 3년의 소멸시효가 적용된다.

제70조(시효기간) ① 인수인에 대한 환어음상의 청구권은 만기의 날로부터 3년간 행사하지 아니하면 소멸시효가 완성한다.

0069 | 2009, 2013, 2016, 2017, 2021 |
환어음의 배서인의 다른 배서인과 발행인에 대한 청구권은 그 배서인이 어음을 환수한 날 또는 그 자가 제소된 날부터 6개월간 행사하지 아니하면 소멸시효가 완성된다. (   )

배서인의 다른 배서인에 대한 청구권을 「재상환청구권」이라 한다. 상환한 배서인(보증인, 참가지급인 포함)이 어음을 환수한 날 또는 제소한 날로부터 6개월이 경과하면 재상환청구권이 소멸한다.

답 0067 ○ 0068 × 0069 ○

제70조(시효기간) ③ 배서인의 다른 배서인과 발행인에 대한 청구권은 그 배서인이 어음을 환수한 날 또는 그 자가 제소된 날로부터 6월간 행사하지 아니하면 소멸시효가 완성한다.

0070 | 2021 |

어음소지인이 약속어음 발행인의 보증인에 대하여 갖는 어음상 청구권은 만기일로부터 1년간 행사하지 아니하면 소멸시효가 완성된다. ( )

보증인은 피보증인과 동일한 채무를 부담한다(제32조 제1항). 피보증인인 약속어음 발행인에 대한 어음상 청구권의 소멸시효가 3년이므로(제77조 제1항 8호, 제70조 제1항), 보증인에 대한 청구권의 소멸시효도 3년이 된다.

■ 어음법
제32조(보증의 효력) ① 보증인은 보증된 자와 같은 책임을 진다.
② 보증은 담보된 채무가 그 방식에 흠이 있는 경우 외에는 어떠한 사유로 무효가 되더라도 그 효력을 가진다.
③ 보증인이 환어음의 지급을 하면 보증된 자와 그 자의 어음상의 채무자에 대하여 어음으로부터 생기는 권리를 취득한다.
제70조(시효기간) ① 인수인에 대한 환어음상의 청구권은 만기일부터 3년간 행사하지 아니하면 소멸시효가 완성된다.
제77조(환어음에 관한 규정의 준용) ① 약속어음에 대하여는 약속어음의 성질에 상반되지 아니하는 한도에서 다음 각 호의 사항에 관한 환어음에 대한 규정을 준용한다.
8. 시효(제70조와 제71조)

제7절 어음·수표의 실질관계

0071 | 2018 |

A가 B에게 물품대금채무의 지급을 위하여 환어음을 발행한 경우 그 어음발행의 원인인 물품대금채무를 자금관계라 한다. ( )

'원인관계'에 대한 설명이다. '자금관계'란 지급위탁증권(환어음, 수표)의 발행인과 지급인 사이의 실질관계를 말한다.

0072 | 2008 |

甲이 乙에 대해 부담하는 매매대금채무의 지급에 갈음하여 丙이 발행한 약속어음을 乙에게 배서·교부하였다면 甲의 매매대금채무는 소멸한다. ( )

지급에 「갈음하여」이므로 어음의 수수와 동시에 원인채권은 소멸한다.

답 0070 × 0071 × 0072 ○

0073 | 2008, 2018, 2020 |

A가 B에게 물품대금채무의 지급을 위하여 약속어음을 발행한 경우 물품대금채무는 원칙적으로 소멸한다.
( )

지급을 '위하여'이므로 원인채권과 어음채권이 병존한다. 소지인은 어음상 권리를 먼저 행사해야 한다.

[대법원 2003. 5. 30., 선고, 2003다13512, 판결]
채무자가 채권자에게 기존채무의 이행에 관하여 수표를 교부하는 경우 다른 특별한 사정이 없는 한 이는 '지급을 위하여' 교부된 것으로 추정할 것이고, 따라서 기존의 원인채무는 소멸하지 아니하고 수표상의 채무와 병존한다고 보아야 한다.

0074 | 2023 |

A는 2023년 1월 5일 B로부터 외상으로 부자재를 매입하면서 매매대금 5백만원을 2023년 2월 6일에 지급하기로 합의하고, 이와 동시에 A는 X가 발행한 약속어음(만기: 2023년 2월 6일, 어음금액: 5백만원)을 위 매매대금 채무의 지급과 관련하여 B에게 배서·교부하였다. A와 B간에 어음 수수의 구체적인 목적에 관하여 명시적 합의는 없었다. 이 사례에서 A는 매매대금 채무의 지급을 담보하기 위하여 어음을 B에게 배서·교부한 것으로 추정한다.
( )

사안에서 어음상 주채무자는 발행인 X이므로 원인관계상의 채무자(A)와 동일하지 아니하다. 즉, 이는 「지급을 위하여」 교부된 것으로 추정할 것이다.

[대법원 1996. 11. 8., 선고, 95다25060, 판결]
기존 채무의 이행에 관하여 채무자가 채권자에게 어음을 교부할 때의 당사자의 의사는 기존 원인채무의 '지급에 갈음하여', 즉 기존 원인채무를 소멸시키고 새로운 어음채무만을 존속시키려고 하는 경우와, 기존 원인채무를 존속시키면서 그에 대한 지급방법으로서 이른바 '지급을 위하여' 교부하는 경우 및 단지 기존 채무의 지급 담보의 목적으로 이루어지는 이른바 '담보를 위하여' 교부하는 경우로 나누어 볼 수 있는데, 당사자 사이에 특별한 의사표시가 없으면 어음의 교부가 있다고 하더라도 이는 기존 원인채무는 여전히 존속하고 단지 그 '지급을 위하여' 또는 그 '담보를 위하여' 교부된 것으로 추정할 것이며, 따라서 특별한 사정이 없는 한 기존의 원인채무는 소멸하지 아니하고 어음상의 채무와 병존한다고 보아야 할 것이고, 이 경우 어음상의 주채무자가 원인관계상의 채무자와 동일하지 아니한 때에는 제3자인 어음상의 주채무자에 의한 지급이 예정되고 있으므로 이는 '지급을 위하여' 교부된 것으로 추정하여야 한다.

0075 | 2018 |

A가 B에게 발행한 약속어음이 기존채무의 지급을 위하여 발행한 것인지 지급에 갈음하여 발행한 것인지 명시된 합의가 없다면 지급에 갈음하여 발행된 것으로 본다.
( )

당사자 간 명시적인 합의가 없다면 지급을 위하여 교부된 것으로 추정한다.

[대법원 2003. 5. 30., 선고, 2003다13512, 판결]
채무자가 채권자에게 기존채무의 이행에 관하여 수표를 교부하는 경우 다른 특별한 사정이 없는 한 이는 '지급을 위하여' 교부된 것으로 추정할 것이고, 따라서 기존의 원인채무는 소멸하지 아니하고 수표상의 채무와 병존한다고 보아야 한다.

답 0073 ×　0074 ×　0075 ×

0076 | 2019 |

A은행에 정기예금을 들었던 B가 만기에 예금을 해지하면서 현금 대신 A은행으로부터 수취인이 공란인 자기앞수표를 발행받은 경우에 B가 C에 대한 외상대금채무의 지급을 위하여 자기앞수표를 C에게 교부하기로 합의하고 자기앞수표를 C에게 교부하면 B의 외상대금채무는 그 시점에 소멸한다. ( )

> '지급을 위하여' 교부된 경우이므로 원인채권과 수표채권이 병존한다. 반면에 '지급에 갈음하여' 교부된 경우라면 원인채무인 외상대금채무는 소멸한다.
>
> [대법원 2003. 5. 30., 선고, 2003다13512, 판결]
> 채무자가 채권자에게 기존채무의 이행에 관하여 수표를 교부하는 경우 다른 특별한 사정이 없는 한 이는 '지급을 위하여' 교부된 것으로 추정할 것이고, 따라서 기존의 원인채무는 소멸하지 아니하고 수표상의 채무와 병존한다고 보아야 한다.

0077 | 2020 |

A는 2020. 1. 20. B로부터 외상으로 원자재를 구입하면서 매매대금 1천만원을 2020. 2. 3.에 지급하기로 합의하였다. 그 다음날 A는 甲으로부터 발행받은 만기 2020. 2. 10., 어음금액 1천만원인 약속어음을 위 매매대금 채무의 '지급을 위하여' B에게 배서·교부하였다. B는 A로부터 약속어음을 양수하면서 어음상 만기가 A의 매매대금 채무의 이행기인 2020. 2. 3.과 달리 2020. 2. 10.임을 알았지만 아무런 문제도 제기하지 않았다. 특별한 사정이 없는 한 B의 A에 대한 매매대금 채권의 변제기는 2020. 2. 10.까지 유예된 것으로 해석된다. ( )

> '지급을 위하여' 어음이 교부된 경우에는 어음채권을 먼저 행사하여야 한다. 이 경우 어음상 만기가 A의 매매대금 채무의 이행기인 2020. 2. 3.과 달리 2020. 2. 10.로 기재되었다면 기존 채무의 변제기는 어음의 만기일로 변경된 것으로 보아야 한다.
>
> [대법원 1999. 8. 24., 선고, 99다24508, 판결]
> 채권자가 기존 채무의 지급을 위하여 그 채무의 변제기보다 후의 일자가 만기로 된 어음의 교부를 받은 때에는 묵시적으로 기존 채무의 지급을 유예하는 의사가 있었다고 보는 것이 상당하므로 기존 채무의 변제기는 어음에 기재된 만기일로 변경된다고 볼 것이다.

0078 | 2020 |

A는 2020. 1. 20. B로부터 외상으로 원자재를 구입하면서 매매대금 1천만원을 2020. 2. 3.에 지급하기로 합의하였다. 그 다음날 A는 甲으로부터 발행받은 만기 2020. 2. 10. 어음금액 1천만원인 약속어음을 위 매매대금 채무의 '지급을 위하여' B에게 배서·교부하였다. B는 A로부터 약속어음을 양수하면서 어음상 만기가 A의 매매대금 채무의 이행기인 2020. 2. 3.과 달리 2020. 2. 10.임을 알았지만 아무런 문제도 제기하지 않았다. 2020. 2. 10. B가 甲에게 어음상 권리를 행사하여 어음금 1천만원을 지급받으면 A의 B에 대한 매매대금 채무도 소멸한다. ( )

> 지급을 위하여 어음이 교부된 것이므로, 어음채권이 유효하게 지급되면 원인채권도 소멸한다. 반면에 원인채권에 대한 지급은 어음상의 권리를 당연히 소멸시킨다고 할 수 없다(어음채무의 무인성).

답 0076 ✕ 0077 ○ 0078 ○

0079 |2018|

A가 B에게 기존채무의 지급을 담보하기 위하여 약속어음을 발행한 경우 B는 기존채권과 어음채권 중에서 어음채권을 먼저 행사하여야 한다. ( )

> 지급을 담보하기 위하여 어음을 발행한 경우에는 기존채권과 어음채권 중에서 행사의 순서에 제한이 없다. 단, 원인채권을 먼저 행사할 때는 어음을 반환하여야 한다.

0080 |2008|

甲이 乙에 대해 부담하는 매매대금채무를 담보하기 위하여 乙에게 약속어음을 발행하였다면 甲의 매매대금채무는 소멸하지 않는다. ( )

> 지급을 「담보하기 위하여」이므로 원인채권과 어음채권이 병존한다. 소지인은 어음채권이나 원인채권 중 어느 하나를 선택하여 행사할 수 있다. 단, 원인채권을 먼저 행사할 때는 어음을 반환하여야 한다.

0081 |2023|

A는 2023년 1월 5일 B로부터 외상으로 부자재를 매입하면서 매매대금 5백만원을 2023년 2월 6일에 지급하기로 합의하고, 이와 동시에 A는 X가 발행한 약속어음(만기: 2023년 2월 6일, 어음금액: 5백만원)을 위 매매대금 채무의 지급과 관련하여 B에게 배서·교부하였다. A와 B간에 어음 수수의 구체적인 목적에 관하여 명시적 합의는 없었다. 이 사례에서 만일 2023년 2월 5일 부자재 매입계약이 취소된다면 A와 B사이의 어음관계는 소멸한다. ( )

> 어음관계는 원인관계로부터 분리되어 있기 때문에 원인관계의 효력 유무에 의해 영향을 받지 않는 것이 원칙이다 (어음행위의 무인성). 만기 전이므로 A는 어음반환을 청구할 수 있을 뿐이다.

0082 |2023|

A는 2023년 1월 5일 B로부터 외상으로 부자재를 매입하면서 매매대금 5백만원을 2023년 2월 6일에 지급하기로 합의하고, 이와 동시에 A는 X가 발행한 약속어음(만기: 2023년 2월 6일, 어음금액: 5백만원)을 위 매매대금 채무의 지급과 관련하여 B에게 배서·교부하였다. A와 B간에 어음 수수의 구체적인 목적에 관하여 명시적 합의는 없었다. 이 사례에서 2023년 2월 6일 B가 X에게 어음상 권리를 행사하여 X로부터 어음금 5백만원을 지급받은 경우 A의 B에 대한 매매대금 채무도 소멸한다. ( )

> 어음관계는 전부 원인관계에 영향을 미치는 것이 원칙이다. 예컨대, 기존채무의 지급을 위하여 어음을 교부한 경우에 어음금이 지급되어 어음채권이 소멸하면 원인채권도 소멸하게 되는 것이다.

0083 |2023|

A는 2023년 1월 5일 B로부터 외상으로 부자재를 매입하면서 매매대금 5백만원을 2023년 2월 6일에 지급하기로 합의하고, 이와 동시에 A는 X가 발행한 약속어음(만기: 2023년 2월 6일, 어음금액: 5백만원)을 위 매매대금 채무의 지급과 관련하여 B에게 배서·교부하였다. A와 B간에 어음 수수의 구체적인 목적에 관하여 명시적 합의는 없었다. 이 사례에서 2023년 2월 6일 B가 X에게 위 어음을 지급제시하였으나 지급거절을 당한 경우, B가 A에게 그 어음을 반환하지 않고 매매대금 채무의 이행을 청구하더라도 A는 이를 거절할 수 없다. ( )

정답 0079 × 0080 ○ 0081 × 0082 ○ 0083 ×

채무자가 원인채권을 변제하는 경우에 채권자가 어음을 반환하지 않으면 채무자에게는 이중변제의 위험이 있기 때문에 채권자는 어음을 반환하여야 한다. 이 경우 A는 동시이행의 항변권을 행사할 수 있다.

[대법원 1996.12.20. 선고, 96다41588, 판결]
기존의 원인채권과 어음, 수표 채권이 병존하는 경우 채권자가 기존의 원인채권을 행사함에 있어서는 어음이나 수표를 채무자에게 반환하여야 하므로, 채권자가 기존 채무의 이행에 관하여 채무자로부터 어음을 교부받은 후 이를 다시 채무자에게 반환하였다면 특단의 사정이 없는 한 채무자로부터 기존의 원인채권을 변제받은 사실을 추정할 수 있다.

0084 | 2021 |
어음소지인이 어음채무자를 해할 것을 알고 어음을 취득한 경우, 그 어음채무자는 종전의 소지인에 대한 인적 관계로 인한 항변으로써 그 어음소지인에게 대항할 수 있다. ( )

악의(해의)의 소지인에 대해서는 어음의 유통성을 보호해줄 필요가 없기 때문이다.

제17조(인적 항변의 절단) 환어음에 의하여 청구를 받은 자는 발행인 또는 종전의 소지인에 대한 인적 관계로 인한 항변(抗辯)으로써 소지인에게 대항하지 못한다. 그러나 소지인이 그 채무자를 해할 것을 알고 어음을 취득한 경우에는 그러하지 아니하다.

0085 | 2008 |
甲이 乙에 대해 부담하는 매매대금채무를 담보하기 위하여 乙에게 약속어음을 발행하여 乙이 이를 소지하던 중 매매계약이 취소되었다면 甲은 乙의 어음채권 행사에 대해 이행을 거절할 수 있다. ( )

어음은 유효하나, 직접 당사자이므로 인적항변이 인정된다.

0086 | 2008 |
위 0085 약속어음을 乙이 다시 丙에게 배서·교부한 경우 甲과 乙 사이의 매매계약이 취소되었다면 매매계약에 취소원인이 있음을 알지 못한 丙에 대해 甲은 어음채무를 부담하지 않는다. ( )

선의인 丙(해의가 없는 丙)에 대해서는 인적항변이 절단된다.

제17조(인적 항변의 절단) 환어음에 의하여 청구를 받은 자는 발행인 또는 종전의 소지인에 대한 인적 관계로 인한 항변(抗辯)으로써 소지인에게 대항하지 못한다. 그러나 소지인이 그 채무자를 해할 것을 알고 어음을 취득한 경우에는 그러하지 아니하다.

0087 | 2011 |
채권자가 어음채권의 만족을 얻지 못하여 원인채권을 행사할 경우 그 원인채권을 변제받은 사실만으로 어음채권이 소멸하는 것은 아니다. ( )

원인채권과 어음상의 권리가 같이 존재한다. 원인채권에 대한 지급이 어음상의 권리를 당연히 소멸시킨다고 할 수 없다(어음채무의 무인성).

답 0084 ○ 0085 ○ 0086 × 0087 ○

0088 | 2011, 2020 |

채권자가 원인채권을 변제받고 어음을 유통시키면 채무자에게는 이중변제의 위험이 존재하게 된다.
( )

> 채무자가 원인채권을 변제하는 경우에 채권자가 어음을 반환하지 않으면 채무자에게는 이중변제의 위험이 있기 때문에 채권자로부터 어음을 반환받아야 한다.
>
> **[대법원 1996.12.20. 선고, 96다41588, 판결]**
> 기존의 원인채권과 어음, 수표 채권이 병존하는 경우 채권자가 기존의 원인채권을 행사함에 있어서는 어음이나 수표를 채무자에게 반환하여야 하므로, 채권자가 기존 채무의 이행에 관하여 채무자로부터 어음을 교부받은 후 이를 다시 채무자에게 반환하였다면 특단의 사정이 없는 한 채무자로부터 기존의 원인채권을 변제받은 사실을 추정할 수 있다.

0089 | 2011 |

채권자가 원인채권을 행사하여 변제받는 때에는 특약이 없다면 이와 동시이행으로 어음을 반환하여야 한다.
( )

> 채무자가 원인채권을 변제하는 경우에 채권자가 어음을 반환하지 않으면 채무자에게는 이중변제의 위험이 있기 때문에 채권자는 어음을 반환하여야 한다.
>
> **[대법원 1996.12.20. 선고, 96다41588, 판결]**
> 기존의 원인채권과 어음, 수표 채권이 병존하는 경우 채권자가 기존의 원인채권을 행사함에 있어서는 어음이나 수표를 채무자에게 반환하여야 하므로, 채권자가 기존 채무의 이행에 관하여 채무자로부터 어음을 교부받은 후 이를 다시 채무자에게 반환하였다면 특단의 사정이 없는 한 채무자로부터 기존의 원인채권을 변제받은 사실을 추정할 수 있다.

0090 | 2011 |

채권자가 원인채무의 변제기가 도래하여 그 이행을 최고한 경우 채무자가 어음의 반환과의 동시이행을 주장하지 않고 단순히 이행을 거절하더라도 이행지체가 되지 않는다. ( )

> 채무자가 어음의 반환과의 동시이행의 항변을 제기하지 않고 단순히 이행을 거절하면 원인채무에 대한 지체책임을 진다.
>
> **[대법원 1993.11.9. 선고, 93다11203, 판결]**
> 기존채무와 어음, 수표채무가 병존하는 경우 원인채무의 이행과 어음, 수표의 반환이 동시이행의 관계에 있다 하더라도 채권자가 어음, 수표의 반환을 제공을 하지 아니하면 채무자에게 적법한 이행의 최고를 할 수 없다고 할 수는 없고, 채무자는 원인채무의 이행기를 도과하면 원칙적으로 이행지체의 책임을 지고, 채권자로부터 어음, 수표의 반환을 받지 아니하였다 하더라도 이 어음, 수표를 반환하지 않음을 이유로 위와 같은 항변권을 행사하여 그 지급을 거절하고 있는 것이 아닌 한 이행지체의 책임을 면할 수 없다.

답 0088 ○ 0089 ○ 0090 ×

0091 |2011|

원인채권의 변제여부에 관하여 다툼이 있는 경우 어음이 반환되어 채무자가 이를 소지하고 있다면 원인채권이 변제된 것으로 추정된다. ( )

> 어음이 반환되어 채무자가 이를 소지하고 있다면 원인채권이 변제된 것으로 추정된다.
>
> **[대법원 1996.12.20. 선고, 96다41588, 판결]**
> 기존의 원인채권과 어음, 수표 채권이 병존하는 경우 채권자가 기존의 원인채권을 행사함에 있어서는 어음이나 수표를 채무자에게 반환하여야 하므로, 채권자가 기존 채무의 이행에 관하여 채무자로부터 어음을 교부받은 후 이를 다시 채무자에게 반환하였다면 특단의 사정이 없는 한 채무자로부터 기존의 원인채권을 변제받은 사실을 추정할 수 있다.

0092 |2021|

융통어음이란 타인으로 하여금 어음에 의하여 제3자로부터 금융을 얻게 할 목적으로 수수되는 어음을 말한다. ( )

> 「융통어음」이란 원인관계 없이 타인의 자금융통을 목적으로 발행하는 것으로 「호의어음」이라고도 한다.
>
> **[대법원 2012. 11. 15., 선고, 2012다60015, 판결]**
> 융통어음은 타인으로 하여금 어음에 의하여 제3자로부터 금융을 얻게 할 목적으로 수수되는 어음을 말한다. 융통어음의 발행자는 피융통자로부터 그 어음을 양수한 제3자에 대하여는 선의이거나 악의이거나, 또한 그 취득이 기한 후 배서에 의한 것이라 하더라도 대가 없이 발행된 융통어음이라는 항변으로 대항할 수 없으나, 피융통자에 대하여는 어음상의 책임을 부담하지 아니한다. 그리고 어떠한 어음이 융통어음에 해당하는지는 당사자의 주장만에 의할 것은 아니고 구체적 사실관계에 따라 판단하여야 한다. 한편 어음의 발행인 또는 배서인이 어음할인을 의뢰하면서 어음을 교부한 것이라면 이는 원인관계 없이 교부된 어음에 불과할 뿐 이를 악의의 항변에 의한 대항을 인정하지 아니하는 이른바 융통어음이라고는 할 수 없다.

0093 |2021|

융통어음을 발행한 자는 피융통자에 대하여 어음상의 책임을 부담하지 아니한다. ( )

> 융통어음의 발행자는 호의의 상대방인 피융통자에 대해서는 아무런 책임을 지지 않는다.
>
> **[대법원 2012. 11. 15., 선고, 2012다60015, 판결]**
> 융통어음은 타인으로 하여금 어음에 의하여 제3자로부터 금융을 얻게 할 목적으로 수수되는 어음을 말한다. 융통어음의 발행자는 피융통자로부터 그 어음을 양수한 제3자에 대하여는 선의이거나 악의이거나, 또한 그 취득이 기한 후 배서에 의한 것이라 하더라도 대가 없이 발행된 융통어음이라는 항변으로 대항할 수 없으나, 피융통자에 대하여는 어음상의 책임을 부담하지 아니한다. 그리고 어떠한 어음이 융통어음에 해당하는지는 당사자의 주장만에 의할 것은 아니고 구체적 사실관계에 따라 판단하여야 한다. 한편 어음의 발행인 또는 배서인이 어음할인을 의뢰하면서 어음을 교부한 것이라면 이는 원인관계 없이 교부된 어음에 불과할 뿐 이를 악의의 항변에 의한 대항을 인정하지 아니하는 이른바 융통어음이라고는 할 수 없다.

답 0091 ○ 0092 ○ 0093 ○

제8절 이득상환청구권

0094 |2009|
어음의 소멸시효 완성으로 어음상의 채무를 면한 어음채무자에 대하여 이득상환청구권이 성립하려면 해당 어음채무자가 원인관계에서 현실적으로 재산상의 이득을 얻어야 한다. ( )

즉 원인관계나 자금관계에서 현실적으로 이득을 취한 자만이 이득상환청구권의 상대방이 될 수 있다.

■ 어음법
제79조(이득상환청구권) 환어음 또는 약속어음에서 생긴 권리가 절차의 흠결로 인하여 소멸한 때나 그 소멸시효가 완성한 때라도 소지인은 발행인, 인수인 또는 배서인에 대하여 <u>그가 받은 이익의 한도내에서 상환을 청구할 수 있다.</u>

0095 |2015|
이득상환청구권은 어음관계자들의 이해조정을 위한 어음상의 권리이다. ( )

이득상환청구권은 어음상의 권리가 아니라 어음상의 권리가 소멸된 후에 인정되는 어음법상의 권리이다.

0096 |2017|
어음상의 권리자가 제3자의 선의취득에 의해 권리를 상실한 경우 그 권리자에게는 이득상환청구권이 발생하지 않는다. ( )

어음상 권리가 「시효의 완성」 또는 「보전절차의 흠결」로 인해 소멸한 때라야 이득상환청구권이 발생한다. 甲이 분실한 어음을 乙이 선의취득하면 乙이 권리자가 되면서 반사적으로 甲의 권리는 소멸되지만, 이러한 소멸은 이득상환청구권의 발생원인이 아니다.

제79조 (이득상환청구권) 환어음 또는 약속어음에서 생긴 권리가 <u>절차의 흠결로 인하여 소멸한 때나 그 소멸시효가 완성한 때</u>라도 소지인은 발행인, 인수인 또는 배서인에 대하여 그가 받은 이익의 한도내에서 상환을 청구할 수 있다.

0097 |2015|
판례에 의하면 원인관계에 있는 채권의 "지급을 담보하기 위하여" 어음이 발행된 경우 어음채권이 시효로 소멸하였다고 하더라도 이득상환청구권은 발생하지 않는다. ( )

어음채권이 시효로 소멸되었다고 하더라도 원인채권이 존재하는 이상 이로 인해 채무자가 얻은 이득이 없기 때문이다.

[대법원 2000.5.26, 선고, 2000다10376, 판결]
<u>원인관계상의 채무를 담보하기 위하여 어음이 발행되거나 배서된 경우에는 어음채권이 시효로 소멸되었다고 하여도 발행인 또는 배서인에 대하여 이득상환청구권은 발생하지 않는다</u>고 할 것인바, 이러한 이치는 그 원인관계상의 채권 또한 시효 등의 원인으로 소멸되고 그 시기가 어음채무의 소멸 시기 이전이든지 이후이든지 관계없이 마찬가지이다.

0098 |2015|
판례에 의하면 모든 어음채무자에 대해 어음상의 권리를 상실하고 일반법상의 구제방법마저도 상실한 경우에야 비로소 이득상환청구권이 발생한다. ( )

답 0094 ○ 0095 × 0096 ○ 0097 ○ 0098 ○

[대법원 1970.3.10, 선고, 69다1370외, 판결]
이득상환 청구권이 발생하는 데 있어서는 모든 어음상의 또는 민법상의 채무자에 대하여 각 권리가 소멸되었음을 요한다.

0099 |2017|
어음상의 권리가 소멸할 당시에 원인채권이 존재하였더라도 이후 원인채권이 소멸하게 되면 이득상환청구권이 발생한다. ( )

판례에 따르면 어음상 권리가 소멸한 뒤에 원인채권이 존속하다가 그 원인채권까지 소멸한 경우에도 이득상환청구권은 발생하지 않는다.

[대법원 1977. 2. 22, 77다19]
채권의 지급확보를 위하여 어음이 발행된 경우 어음상의 권리가 소멸한 뒤에 원인채권이 소멸되었다면 어음채무자의 이득은 어음상의 권리의 소멸에 인한 것이라 할 수 없으므로 이득상환청구권이 발생할 여지가 없다.

0100 |2015, 2017, 2021|
판례에 의하면 이득상환청구권은 양도할 수 있지만 선의취득은 인정하지 않는다. ( )

이득상환청구권은 어음(유가증권)상의 권리가 아니라 어음상 권리가 소멸된 이후에 인정되는 어음법상의 권리로서, 지명채권양도방식과 그 효력으로만 양도가능하다. 선의취득은 동산 또는 유가증권에 대해서만 가능하다.

[대법원 1972.5.9, 선고, 70다2994, 판결]
이득상환청구권은 법률의 직접규정에 의하여 수표의 효력소멸당시의 소지인에게 부여된 지명채권이므로 지명채권 양도의 방법에 따라 양도할 수 있고 수표상의 권리가 소멸된 후에 수표를 취득한 것만으로는 이득상환청구권을 취득할 수 없다.

0101 |2015|
판례에 의하면 이득상환청구권자가 어음을 소지하더라도 어음상의 권리가 소멸할 당시 자신이 적법한 소지인이었다는 사실과 의무자에게 실질관계로 인한 이득이 있다는 사실 등 모든 요건을 증명하여야 한다. ( )

이득상환청구권은 어음상의 권리가 아니라 어음법상 권리이므로 권리추정력이 발생하지 않는다.

[대법원 1994.2.25, 선고, 93다50147, 판결]
어음채무자에게 어음법 제79조 소정의 "받은 이익"이 있음과 그 한도에 관하여는 어음소지인인 이득상환청구자가 이를 주장 입증하여야 한다.

0102 |2017|
약속어음의 발행인이 어음채무의 시효의 완성으로 지급을 면하게 된 경우 그가 반환하여야 할 이득은 어음금이 아니라 수취인으로부터 어음발행의 원인관계로 받은 급부의 가액이다. ( )

이득상환청구에 있어서 채무자가 상환해야 할 이득이란 어음상 권리의 소멸로 인해 어음채무를 면한 것을 의미하는 것이 아니라 실질관계(원인관계)에서 현실적으로 취한 재산상의 이익을 말한다.

답 0099 × 0100 ○ 0101 ○ 0102 ○

CHAPTER 02 각론

제1절 발행

1. 어음요건

0103 |2019|

환어음을 발행하는 때에는 발행인, 수취인만이 기재되지만 약속어음을 발행하는 때에는 발행인, 수취인, 지급인이 기재된다. ( )

약속어음의 경우에는 지급인이 별도로 존재하지 않는다.

	환어음(9가지)	약속어음(8가지)	수표 (7가지)
필요적 기재사항	어음문구	어음문구	어음문구
	어음금액의 무조건 지급위탁	어음금액의 무조건 지급위탁	어음금액의 무조건 지급위탁
	지급인		지급인
	만기	만기	
	지급지	지급지	지급지
	수취인	수취인	
	발행일	발행일	발행일
	발행지	발행지	발행지
	발행인의 기명날인 또는 서명	발행인의 기명날인 또는 서명	발행인의 기명날인 또는 서명

0104 |2023|

환어음에는 조건 없이 일정한 금액을 지급할 것을 위탁하는 뜻을 적어야 한다. ( )

환어음은 지급위탁증권이다.

제1조(어음의 요건) 환어음(換어음)에는 다음 각 호의 사항을 적어야 한다.
1. 증권의 본문 중에 그 증권을 작성할 때 사용하는 국어로 환어음임을 표시하는 글자
2. <u>조건 없이 일정한 금액을 지급할 것을 위탁하는 뜻</u>
3. 지급인의 명칭
4. 만기(滿期)
5. 지급지(支給地)
6. 지급받을 자 또는 지급받을 자를 지시할 자의 명칭
7. 발행일과 발행지(發行地)
8. 발행인의 기명날인(記名捺印) 또는 서명

답 0103 × 0104 ○

0105 | 2013 |
어음금액을 "100만원 또는 200만원"이라고 기재한 경우 무효이다. ( )

어음금액의 기재는 "무조건, 일정, 금액"이어야 한다. 따라서 어음금액을 '선택적으로' 기재하면 금액이 확정되지 않아 어음이 무효가 된다. 반면에 어음금액에 대하여 100만원이라는 기재와 200만원이라는 기재가 모두 있으면 최소금액인 100만원으로 본다.

제6조(어음금액의 기재에 차이가 있는 경우) ① 환어음의 금액을 글자와 숫자로 적은 경우에 그 금액에 차이가 있으면 글자로 적은 금액을 어음금액으로 한다.
② 환어음의 금액을 글자 또는 숫자로 중복하여 적은 경우에 그 금액에 차이가 있으면 최소금액을 어음금액으로 한다.

0106 | 2007, 2021, 2022 |
약속어음의 금액을 글자와 숫자로 적은 경우에 그 금액에 차이가 있으면 글자로 적은 금액을 어음금액으로 한다. ( )

글자와 숫자로 적은 경우에 그 금액에 차이가 있으면 글자로 적은 금액을 어음금액으로 한다.

- **어음법**
제6조(어음금액의 기재에 차이가 있는 경우) ① 환어음의 금액을 글자와 숫자로 적은 경우에 그 금액에 차이가 있으면 글자로 적은 금액을 어음금액으로 한다.
② 환어음의 금액을 글자 또는 숫자로 중복하여 적은 경우에 그 금액에 차이가 있으면 최소금액을 어음금액으로 한다.

0107 | 2007 |
환어음에 지급인의 명칭을 기재하지 않더라도 백지어음이 아닌 한 그 어음의 효력은 인정된다. ( )

환어음의 지급인은 필요적 기재사항이다. 따라서 필요적 기재사항의 흠결이고 백지어음이 아니므로, 즉 보충권이 없으므로 어음으로서 효력이 발생하지 않는다.

제1조(어음의 요건) 환어음(환어음)에는 다음 각 호의 사항을 적어야 한다.
1. 증권의 본문 중에 그 증권을 작성할 때 사용하는 국어로 환어음임을 표시하는 글자
2. 조건 없이 일정한 금액을 지급할 것을 위탁하는 뜻
3. 지급인의 명칭
4. 만기(滿期)
5. 지급지(支給地)
6. 지급받을 자 또는 지급받을 자를 지시할 자의 명칭
7. 발행일과 발행지(發行地)
8. 발행인의 기명날인(記名捺印) 또는 서명

제2조(어음 요건의 흠) 제1조 각 호의 사항을 적지 아니한 증권은 환어음의 효력이 없다. 그러나 다음 각 호의 경우에는 그러하지 아니하다.
1. 만기가 적혀 있지 아니한 경우 : 일람출급(一覽出給)의 환어음으로 본다.
2. 지급지가 적혀 있지 아니한 경우 : 지급인의 명칭에 부기(附記)한 지(地)를 지급지 및 지급인의 주소지로 본다.
3. 발행지가 적혀 있지 아니한 경우 : 발행인의 명칭에 부기한 지(地)를 발행지로 본다.

답 0105 ○ 0106 ○ 0107 ×

0108 | 2009, 2022, 2023 |
환어음은 발행인 자신을 지급받을 자로 하여 발행할 수 있으며 발행인 자신을 지급인으로 하여 발행할 수도 있다. ( )

「자기지시환어음」과 「자기앞 환어음」으로서 유효하다.
제3조(자기지시어음, 자기앞어음, 위탁어음) ① 환어음은 발행인 자신을 지급받을 자로 하여 발행할 수 있다.
② 환어음은 발행인 자신을 지급인으로 하여 발행할 수 있다.

0109 | 2013 |
지급인의 명칭을 실재하지 않는 가공의 인물로 기재한 경우는 무효이다. ( )

가설인을 지급인으로 기재한 경우에도 다른 어음상 채무자(발행인, 배서인, 보증인 등)로부터 지급받을 수 있기 때문에 어음은 유효하다.

0110 | 2015 |
어음의 만기를 2015년 2월 중순이라 기재한 경우 2월 15일을 뜻하는 확정일출급 어음이다. ( )

제36조(만기일의 결정 및 기간의 계산) ③ 월초, 월중 또는 월말로 만기를 표시한 경우에는 그 달의 1일, 15일 또는 말일을 말한다.

0111 | 2015, 2021 |
발행일자 후 또는 일람 후 1개월 또는 수개월이 될 때 지급할 환어음은 지급할 달의 대응일(對應日)을 만기로 하고, 대응일이 없는 경우에는 그 달의 말일을 만기로 한다. ( )

이를테면, 발행일자 후 정기출급 어음에서 2021년 1월 31일에 발행하면서 1개월 후를 만기로 기재한 경우라면 2월 28일(말일)이 만기가 된다.
제36조(만기일의 결정 및 기간의 계산) ① 발행일자 후 또는 일람 후 1개월 또는 수개월이 될 때 지급할 환어음은 지급할 달의 대응일(對應日)을 만기로 한다. 대응일이 없는 경우에는 그 달의 말일을 만기로 한다.

0112 | 2021 |
일람 후 정기출급의 환어음 만기는 인수한 날짜 또는 거절증서의 날짜에 따라 정한다. ( )

일람 후 정기출급 환어음에서의 "일람"은 인수제시를 말한다. 일람(인수제시) 후 일정기한이 지나야 만기가 도래하므로, 인수한 날짜 혹은 인수거절에 따른 거절증서를 작성한 날짜가 만기의 기산일이 된다.
제35조(일람 후 정기출급 어음의 만기) ① 일람 후 정기출급의 환어음 만기는 인수한 날짜 또는 거절증서의 날짜에 따라 정한다.
② 인수일이 적혀 있지 아니하고 거절증서도 작성되지 아니한 경우에 인수인에 대한 관계에서는 인수제시기간의 말일에 인수한 것으로 본다.

답 0108 ○ 0109 × 0110 ○ 0111 ○ 0112 ○

0113 |2021|
발행일자 후 또는 일람 후 1개월 반 또는 수개월 반이 될 때 지급할 환어음은 먼저 전월(全月)을 계산한다.
( )

> 만기를 판단함에 있어 전월을 먼저 계산한 후 15일을 추가하는 방식으로 계산하라는 뜻이다.
> **제36조(만기일의 결정 및 기간의 계산)** ① 발행일자 후 또는 일람 후 1개월 또는 수개월이 될 때 지급할 환어음은 지급할 달의 대응일(對應日)을 만기로 한다. 대응일이 없는 경우에는 그 달의 말일을 만기로 한다.
> ② 발행일자 후 또는 일람 후 1개월 반 또는 수개월 반이 될 때 지급할 환어음은 먼저 전월(全月)을 계산한다.
> ③ 월초, 월중 또는 월말로 만기를 표시한 경우에는 그 달의 1일, 15일 또는 말일을 말한다.
> ④ "8일" 또는 "15일"이란 1주 또는 2주가 아닌 만 8일 또는 만 15일을 말한다.
> ⑤ "반월"(半月)이란 만 15일을 말한다.

0114 |2021|
일람출급의 환어음은 발행일부터 1년 내에 지급을 받기 위한 제시를 하여야 하고, 배서인은 이 기간을 단축하거나 연장할 수 있다.
( )

> 일람기간은 1년이라고 정리하자. 발행인은 이 기간을 단축 또는 연장할 수 있으나, 배서인은 단축만 할 수 있다. 배서인이 이 기간을 연장할 수 있다면, 발행인의 의사와 무관하게 어음상 책임을 지는 기간이 늘어나게 되기 때문이다.
> **제34조(일람출급 어음의 만기)** ① 일람출급의 환어음은 제시된 때를 만기로 한다. 이 어음은 발행일부터 1년 내에 지급을 받기 위한 제시를 하여야 한다. 발행인은 이 기간을 단축하거나 연장할 수 있고 배서인은 그 기간을 단축할 수 있다.

0115 |2016|
약속어음에 만기가 적혀 있지 아니한 경우 일람 후 정기출급의 약속어음으로 본다.
( )

> 만기의 기재가 없는 약속어음이나 환어음은 일람출급의 약속어음이나 환어음으로 본다.
> **제76조(어음 요건의 흠)** 제75조 각 호의 사항을 적지 아니한 증권은 약속어음의 효력이 없다. 그러나 다음 각 호의 경우에는 그러하지 아니하다.
> 1. 만기가 적혀 있지 아니한 경우 : 일람출급의 약속어음으로 본다.
> 2. 지급지가 적혀 있지 아니한 경우 : 발행지를 지급지 및 발행인의 주소지로 본다.
> 3. 발행지가 적혀 있지 아니한 경우 : 발행인의 명칭에 부기한 지(地)를 발행지로 본다.

0116 |2021|
발행지와 세력(歲曆)을 달리하는 지(地)에서 확정일에 지급할 환어음의 만기일은 지급지의 세력에 따라 정한 것으로 본다.
( )

> 미국이나 러시아처럼 영토가 날짜변경선에 걸쳐 있는 나라를 생각하면 된다. 이 경우 발행지와 지급지의 날짜가 다르다면 지급지의 날짜에 따라 만기일을 판단해야 한다.

답 0113 ○ 0114 × 0115 × 0116 ○

제37조(만기 결정의 표준이 되는 세력) ① 발행지와 세력(歲曆)을 달리하는 지(地)에서 확정일에 지급할 환어음의 만기일은 지급지의 세력에 따라 정한 것으로 본다.
② 세력을 달리하는 두 지(地) 간에 발행한 발행일자 후 정기출급 환어음은 발행일을 지급지 세력의 대응일로 환산하고 이에 따라 만기를 정한다.
③ 환어음의 제시기간은 제2항에 따라 계산한다.
④ 제1항부터 제3항까지의 규정은 환어음의 문구나 그 밖의 기재사항에 의하여 다른 의사를 알 수 있는 경우에는 적용하지 아니한다.

0117 | 2011, 2022 |
약속어음에서 지급지가 포항시로 되어 있는데 그 지급장소를 서울특별시로 기재하였다면 이 약속어음은 무효이다.   (   )

> 지급장소는 반드시 지급지 내에 있어야 하며, 만약 그 외부에 존재하는 경우에는 지급장소의 기재가 효력을 잃는다. 이 경우에는 추심채무의 원칙에 따라 채무자의 영업소나 주소지에서 지급제시가 이루어져야 하는 것이고, 어음 자체를 무효로 만드는 것은 아니다. 즉 지급장소만 무효이다.
>
> **[대법원 1970.7.24. 선고, 70다965, 판결]**
> 약속어음에서 지급처소를 기재하는 것은 필요적 기재사항이 아니므로 지급지는 포항시로 되어 있는데 그 지급처소를 서울특별시로 기재하였다 하여 그 약속어음을 무효라 할 수 없다.

0118 | 2011 |
약속어음의 지급장소로서 '甲은행 능곡지점'이라고 기재한 경우 지급지란 자체는 백지이더라도 지급장소의 기재에 의하여 지급지가 보충된다.   (   )

> 어음면상 지급지에 관한 특별한 표시가 없다 할지라도 거기에 지급장소의 기재가 있고 그것이 지(地)의 표시를 포함하고 있어 그로부터 지급지에 해당하는 일정 지역이 추지될 수 있는 경우에는 지급지의 기재가 이에 의하여 보충되는 것으로 볼 수 있다.
>
> **[대법원 2001.11.30. 선고, 2000다7387, 판결]**
> 이 사건 약속어음에는 지급장소로서 "중소기업은행 능곡지점"이라고 표시되어 있음을 알 수 있는바, 위 지급장소의 기재 중에는 '능곡'이라는 지역 이름이 포함되어 있고, 위 기재로부터 능곡 혹은 능곡이 소재하고 있는 경기 고양시가 지급지에 해당하는 것을 쉽게 알 수 있다고 할 것이므로, 이러한 경우에 약속어음상의 지급지란 자체는 백지라고 할지라도 위 지급장소의 기재에 의하여 지급지가 보충되었다고 봄이 상당하다.

0119 | 2013 |
지급지를 "서울", "여의도"와 같이 사회적으로 통용되는 일정한 지역을 표시하는 명칭을 기재하는 것도 유효하다.   (   )

> 지급지는 최소의 독립행정구역(시, 군, 자치구)으로 표시하여야 한다. 다만 서울의 경우에는 구(區)까지 표시할 필요 없이 「서울」의 표시만 있어도 유효하다는 것이 판례의 태도이다.

답 0117 × 0118 ○ 0119 ○

[대법원 1981.12.8, 선고, 80다863, 판결]
약속어음의 지급지를 기재함에 있어 원칙적으로 독립된 최소 행정구역을 기재하여야 하나, 서울특별시의 경우는 '서울'이라고만 기재하면 되고, 반드시 그 구까지를 표시하여야 하는 것이 아니다.

0120 | 2016 |
환어음에 지급지가 적혀 있지 아니한 경우 지급인의 명칭에 부기한 지(地)를 지급지 및 지급인의 주소지로 본다. (   )

옳은 내용이다. 덧붙여 지급지의 기재가 없으나 지급장소의 기재가 있는 경우 지급장소에 부기한 지를 지급지로 인정한 판례가 있다.

제2조(어음 요건의 흠) 제1조 각 호의 사항을 적지 아니한 증권은 환어음의 효력이 없다. 그러나 다음 각 호의 경우에는 그러하지 아니하다.
1. 만기가 적혀 있지 아니한 경우 : 일람출급(一覽出給)의 환어음으로 본다.
2. 지급지가 적혀 있지 아니한 경우 : 지급인의 명칭에 부기(附記)한 지(地)를 지급지 및 지급인의 주소지로 본다.
3. 발행지가 적혀 있지 아니한 경우 : 발행인의 명칭에 부기한 지(地)를 발행지로 본다.

[대법원 2001.11.30, 선고, 2000다7387, 판결]
어음면상 지급지에 관한 특별한 표시가 없다 할지라도 거기에 지급장소의 기재가 있고 그것이 지(地)의 표시를 포함하고 있어 그로부터 지급지에 해당하는 일정 지역이 추지될 수 있는 경우에는 지급지의 기재가 이에 의하여 보충되는 것으로 볼 수 있다.

0121 | 2016, 2020 |
환어음의 발행인이 지급지를 기재하지 않았다면 발행지를 지급지로 본다. (   )

(i) "환어음"의 지급지가 기재되지 않은 경우에는 지급인의 명칭에 부기한 지를 지급지 및 지급인의 주소지로 본다(제2조 제2호). 덧붙여 지급지의 기재가 없으나 지급장소의 기재가 있는 경우 지급장소에 부기한 지를 지급지로 인정한 판례가 있다. (ii) 반면에 "약속어음"의 지급지가 기재되지 않은 경우에는 발행지를 지급지 및 발행인의 주소지로 본다(제76조제2호).

제2조(어음 요건의 흠) 제1조 각 호의 사항을 적지 아니한 증권은 환어음의 효력이 없다. 그러나 다음 각 호의 경우에는 그러하지 아니하다.
1. 만기가 적혀 있지 아니한 경우 : 일람출급(一覽出給)의 환어음으로 본다.
2. 지급지가 적혀 있지 아니한 경우 : 지급인의 명칭에 부기(附記)한 지(地)를 지급지 및 지급인의 주소지로 본다.
3. 발행지가 적혀 있지 아니한 경우 : 발행인의 명칭에 부기한 지(地)를 발행지로 본다.

[대법원 2001.11.30, 선고, 2000다7387, 판결]
어음면상 지급지에 관한 특별한 표시가 없다 할지라도 거기에 지급장소의 기재가 있고 그것이 지(地)의 표시를 포함하고 있어 그로부터 지급지에 해당하는 일정 지역이 추지될 수 있는 경우에는 지급지의 기재가 이에 의하여 보충되는 것으로 볼 수 있다.

제76조(어음 요건의 흠) 제75조 각 호의 사항을 적지 아니한 증권은 약속어음의 효력이 없다. 그러나 다음 각 호의 경우에는 그러하지 아니하다.

답 0120 ○ 0121 ×

1. 만기가 적혀 있지 아니한 경우 : 일람출급의 약속어음으로 본다.
2. 지급지가 적혀 있지 아니한 경우 : 발행지를 지급지 및 발행인의 주소지로 본다.
3. 발행지가 적혀 있지 아니한 경우 : 발행인의 명칭에 부기한 지(地)를 발행지로 본다.

0122 | 2016 |
약속어음에 지급지가 적혀 있지 아니한 경우 발행지를 지급지 및 발행인의 주소지로 본다. (   )

제76조(어음 요건의 흠) 제75조 각 호의 사항을 적지 아니한 증권은 약속어음의 효력이 없다. 그러나 다음 각 호의 경우에는 그러하지 아니하다.
1. 만기가 적혀 있지 아니한 경우 : 일람출급의 약속어음으로 본다.
2. 지급지가 적혀 있지 아니한 경우 : 발행지를 지급지 및 발행인의 주소지로 본다.
3. 발행지가 적혀 있지 아니한 경우 : 발행인의 명칭에 부기한 지(地)를 발행지로 본다.

0123 | 2016 |
수표에 지급지가 적혀 있지 아니한 경우 지급인의 명칭에 부기한 지(地)의 기재나 그 밖의 다른 표시가 없는 경우에는 발행지에서 지급할 것으로 한다. (   )

수표의 지급지 기재가 없는 경우 지급인의 명칭에 부기한 지를 지급지로 보는데, 지급인의 명칭에 부기한 지도 없다면 발행지에서 지급할 것으로 본다.

■ **수표법**
제2조(수표 요건의 흠) 제1조 각 호의 사항을 적지 아니한 증권은 수표의 효력이 없다. 그러나 다음 각 호의 경우에는 그러하지 아니하다.
1. 지급지가 적혀 있지 아니한 경우 : 지급인의 명칭에 부기(附記)한 지(地)를 지급지로 본다. 지급인의 명칭에 여러 개의 지(地)를 부기한 경우에는 수표의 맨 앞에 적은 지(地)에서 지급할 것으로 한다.
2. 제1호의 기재나 그 밖의 다른 표시가 없는 경우 : 발행지에서 지급할 것으로 한다.
3. 발행지가 적혀 있지 아니한 경우 : 발행인의 명칭에 부기한 지(地)를 발행지로 본다.

0124 | 2016 |
어음과 수표에는 반드시 지급받을 자 또는 지급받을 자를 지시할 자의 명칭의 기재가 있어야 한다. (   )

어음의 경우 수취인의 기재가 반드시 필요하나(어음법 제1조 제7호), 수표의 경우에는 수취인이 유익적 기재사항에 해당하며 이를 기재하지 않은 경우 소지인출급식 수표가 된다(수표법 제5조 제3항).

■ **어음법**
제1조(어음의 요건) 환어음(換어음)에는 다음 각 호의 사항을 적어야 한다.
1. 증권의 본문 중에 그 증권을 작성할 때 사용하는 국어로 환어음임을 표시하는 글자
2. 조건 없이 일정한 금액을 지급할 것을 위탁하는 뜻
3. 지급인의 명칭
4. 만기(滿期)
5. 지급지(支給地)

답 0122 ○ 0123 ○ 0124 ✕

6. 지급받을 자 또는 지급받을 자를 지시할 자의 명칭
7. 발행일과 발행지(發行地)
8. 발행인의 기명날인(記名捺印) 또는 서명

■ **수표법**
제5조(수취인의 지정) ① 수표는 다음 각 호의 어느 하나의 방식으로 발행할 수 있다.
1. 기명식(記名式) 또는 지시식(指示式)
2. 기명식으로 "지시금지"라는 글자 또는 이와 같은 뜻이 있는 문구를 적은 것
3. 소지인출급식(所持人出給式)
② 기명식 수표에 "또는 소지인에게"라는 글자 또는 이와 같은 뜻이 있는 문구를 적었을 때에는 소지인출급식 수표로 본다.
③ 수취인이 적혀 있지 아니한 수표는 소지인출급식 수표로 본다.

0125 | 2020, 2023 |
환어음의 발행인은 제3자방(第3者方)에서 어음금을 지급하는 것으로 기재할 수 있고, 이 때 제3자방이 지급인의 주소지에 있든 다른 지(地)에 있든 무관하다. ( )

(ⅰ) "제3자방"에서 지급담당자의 주소는 지급인의 주소지에 있든 다른 지에 있든 무관하다. 지급담당자의 주소지가 지급지의 주소지에 있는 경우를 「동지지급어음」, 다른 지에 있는 경우를 「타지지급어음」이라 한다.
(ⅱ) 다만 지급장소는 지급지 내에는 있어야 한다. 지급지 외에 있는 지급장소가 기재된 경우에는 무익적 기재사항으로, 추심채무의 원칙에 따라 채무자의 영업소나 주소지에서 지급제시가 이루어져야 한다.
제4조(제3자방 지급의 기재) 환어음은 지급인의 주소지에 있든 다른 지(地)에 있든 관계없이 제3자방(第三者方)에서 지급하는 것으로 할 수 있다.

0126 | 2011, 2013, 2018 |
판례에 의하면 만기가 세력에 없는 날인 2018년 2월 30일로 기재되어 있어도 어음의 만기로서 유효하다. ( )

2. 30.과 같이 세력에 없는 날을 만기로 한 경우에는 그 달의 말일을 만기로 본다. 따라서 2. 28.이 만기일이다.
[대법원 1981.7.28, 선고, 80다1295, 판결]
발행일의 기재가 1978.2.30. 인 약속어음은 같은해 2월말일을 발행일로 하는 약속어음으로서 유효하다.

0127 | 2011 |
확정일출급의 약속어음에서 발행일의 기재는 어음요건이 아니라고 보아야 한다. ( )

확정일출급의 어음에도 발행일의 기재는 발행인의 능력과 대리권 유무의 판단기준으로서의 기능을 갖는다. 따라서 발행일이 기재되지 않은 어음은 무효이다.
[헌재 전원재판부 97헌바41, 2000.2.24]
가. 입법자가 이 사건 법률조항들을 형성함에 있어서 발행일을 필요적 기재사항으로 규정한 것은 발행일이 발행일자후 정기출급어음의 만기를 정하고 일람출급어음의 지급제시기간을 정하는 표준이 되며, 확정일출급어음의 경우

답 0125 ○ 0126 ○ 0127 ✕

에는 발행인의 능력과 대리권의 유무를 판단함에 있어서 기준이 되고, 장기어음임을 은폐하기 위하여 발행일을 백지로 하여 어음을 발행하는 폐단을 방지해주기 때문이다. 그리고 수취인을 필요적 기재사항으로 규정한 것은 수취인을 기재하지 아니한 어음이 '소지인 출급식 어음'이 되어 수표와 다를 바 없게 되기 때문이다.

나. 어음거래의 안전과 원활한 유통이라는 입법목적을 달성하는 데에는 수취인 및 발행일을 임의적 기재사항으로 규정할 수도 있다. 그러나 발행일과 수취인을 임의적 기재사항으로 할 것인지 또는 필요적 기재사항으로 할 것인지의 선택에 관하여 입법자는 광범위한 판단재량권을 가지므로, 이를 필요적 기재사항으로 선택하여 규정하더라도 그것이 입법형성권의 한계를 일탈하는 것으로 되지 아니하는 한 헌법 제23조가 보장하는 재산권의 침해라고 볼 수 없다.

다. 입법자가 입법목적에 비추어 어음관계자의 이해와 공익적 필요 등을 비교형량하고 조정하여, 위 법률조항들에서 발행일과 수취인을 어음의 필요적 기재사항으로 함과 동시에 그 기재를 흠결하는 경우 어음의 효력이 없다고 규정하더라도 그것은 입법형성권의 범위내이지 입법형성권의 한계를 일탈한 것이라고 할 수 없다.

0128 | 2016 |

환어음에 발행지가 적혀 있지 아니한 경우 발행인의 명칭에 부기한 지(地)를 발행지로 본다.   (   )

제2조(어음 요건의 흠) 제1조 각 호의 사항을 적지 아니한 증권은 환어음의 효력이 없다. 그러나 다음 각 호의 경우에는 그러하지 아니하다.
  1. 만기가 적혀 있지 아니한 경우 : 일람출급(一覽出給)의 환어음으로 본다.
  2. 지급지가 적혀 있지 아니한 경우 : 지급인의 명칭에 부기(附記)한 지(地)를 지급지 및 지급인의 주소지로 본다.
  3. 발행지가 적혀 있지 아니한 경우 : 발행인의 명칭에 부기한 지(地)를 발행지로 본다.

0129 | 2011 |

국내에서 발행되고 유통될 것임이 분명한 경우에도 약속어음에서 발행지의 기재는 불가결한 요건이다.
(   )

대한민국에서 발행되고 유통되는 어음임이 분명하다면, 발행지의 기재가 없더라도 유효하다.

[대법원 1998.4.23. 선고, 95다36466, 전원합의체 판결]
어음에 있어서 발행지의 기재는 발행지와 지급지가 국토를 달리하거나 세력(歲曆)을 달리하는 어음 기타 국제어음에 있어서는 어음행위의 중요한 해석 기준이 되는 것이지만 국내에서 발행되고 지급되는 이른바 국내어음에 있어서는 별다른 의미를 가지지 못하고, 또한 일반의 어음거래에 있어서 발행지가 기재되지 아니한 국내어음도 어음요건을 갖춘 완전한 어음과 마찬가지로 당사자 간에 발행·양도 등의 유통이 널리 이루어지고 있으며, 어음교환소와 은행 등을 통한 결제 과정에서도 발행지의 기재가 없다는 이유로 지급거절됨이 없이 발행지가 기재된 어음과 마찬가지로 취급되고 있음은 관행에 이른 정도인 점에 비추어 볼 때, 발행지의 기재가 없는 어음의 유통에 관여한 당사자들은 완전한 어음에 의한 것과 같은 유효한 어음행위를 하려고 하였던 것으로 봄이 상당하므로, 어음면의 기재 자체로 보아 국내어음으로 인정되는 경우에 있어서는 그 어음면상 발행지의 기재가 없는 경우라고 할지라도 이를 무효의 어음으로 볼 수는 없다.

0130 | 2007 |

어음의 발행인란에 수인이 공동발행인으로서 기명날인 또는 서명되어 있는 경우, 어음상의 권리자는 공동발행인 전원을 상대로 하여서만 어음상의 채무이행을 청구할 수 있다.   (   )

수인의 공동발행인은 합동책임을 부담하므로, 소지인은 그 중 「1인」에 대해서 어음금 전액의 지급을 청구할 수도 있다.

제47조(어음채무자의 합동책임) ① 환어음의 발행, 인수, 배서 또는 보증을 한 자는 소지인에 대하여 합동으로 책임을 진다.
② 소지인은 제1항의 어음채무자에 대하여 그 채무부담의 순서에도 불구하고 그중 1명, 여러 명 또는 전원에 대하여 청구할 수 있다.
③ 어음채무자가 그 어음을 환수한 경우에도 제2항의 소지인과 같은 권리가 있다.
④ 어음채무자 중 1명에 대한 청구는 다른 채무자에 대한 청구에 영향을 미치지 아니한다. 이미 청구를 받은 자의 후자(後者)에 대하여도 같다.

2. 부가적 기재

0131 |2007, 2015, 2019, 2020, 2021, 2023|
환어음의 발행인이 지급을 담보하지 아니한다는 뜻을 기재한 경우 그 어음의 효력은 부정된다. (   )

지급위탁증권(환어음, 수표)에서 발행인의 지급담보는 무익적 기재사항이다.

제9조(발행인의 책임) ① 발행인은 어음의 인수(引受)와 지급을 담보한다.
② 발행인은 인수를 담보하지 아니한다는 내용을 어음에 적을 수 있다. 발행인이 지급을 담보하지 아니한다는 뜻의 모든 문구는 적지 아니한 것으로 본다.

0132 |2021, 2023|
발행인이 인수를 담보하지 아니한다는 뜻의 모든 문구는 적지 아니한 것으로 본다. (   )

유익적 기재사항이므로 이 경우 발행인은 만기 전 상환의무를 부담하지 않게 된다. 정리하면, 발행인의 "인수무담보" 문구는 유익적 기재사항이고, "지급무담보" 문구는 무익적 기재사항이다.

제9조(발행인의 책임) ① 발행인은 어음의 인수(引受)와 지급을 담보한다.
② 발행인은 인수를 담보하지 아니한다는 내용을 어음에 적을 수 있다. 발행인이 지급을 담보하지 아니한다는 뜻의 모든 문구는 적지 아니한 것으로 본다.

〈 인수무담보·지급무담보기재 〉

IF	어음행위자의 성격	인수무담보	지급무담보 기재시
약속어음 발행인	주채무자		유해적
환어음 인수인			
환어음 발행인	상환의무자	유의적	무익적
수표 발행인			

0133 |2013|
지급위탁문구에 "구입상품에 하자가 없는 경우에 지급함"과 같이 조건을 붙인 경우는 무효이다. (   )

원인관계와 결부된 조건부지급위탁은 어음의 유통성을 해하기 때문에 어음 자체가 무효가 된다.

답 0131 × 0132 × 0133 ○

0134 | 2010 |
만기일에 발행인이 생존해 있는 것을 조건으로 기재하여 행한 약속어음의 발행은 그 조건 부분만이 무효이다.
(   )

> 조건을 발행에 붙이면 어음의 단순성을 해쳐서 어음의 유통성을 해하므로 어음 자체가 무효이다(유해적 기재사항).

0135 | 2012, 2019 |
환어음의 발행인이 어음금액을 분할하여 각기 다른 날에 지급할 것을 위탁하는 뜻의 문구를 기재한 경우 그 기재대로 효력이 인정된다.
(   )

> 어음금의 지급을 분할출급으로 한다는 기재를 하면 어음이 무효가 된다(유해적 기재사항).
> **제33조(만기의 종류)** ② 제1항 외의 만기 또는 분할 출급의 환어음은 무효로 한다.

0136 | 2015 |
발행인은 2015년 1월 15일에 일람출급으로 어음을 발행하면서 2015년 2월 16일까지 지급제시를 금지한다는 내용을 적을 수는 없다.
(   )

> 일람출급어음의 지급제시금지문구를 기재할 수 있다.
> **제34조(일람출급 어음의 만기)** ② 발행인은 일정한 기일 전에는 일람 출급의 환어음의 지급을 받기 위한 제시를 금지한다는 내용을 적을 수 있다. 이 경우 제시기간은 그 기일부터 시작한다.

0137 | 2015, 2022 |
판례에 의하면 2015년 2월 2일에 확정일출급 약속어음을 발행하면서 만기를 2015년 1월 20일로 기재한 경우 그 약속어음은 무효이다.
(   )

> 선일자어음(실제 발행일 이후의 날짜를 발행일로 기재한 어음)과 혼동하면 안된다. 확정일출급어음에서 발행일보다 앞선 만기를 기재하면 어음은 무효이다.
>
> **[대법원 2000.4.25. 선고, 98다59682, 판결]**
> 어음의 요식증권 내지 문언증권으로서의 성질상 어음요건의 성립 여부는 어음상의 기재만에 의하여 판단하여야 하고, 어음요건의 기재가 그 자체에 불가능한 것이거나 각 어음요건이 서로 명백히 모순되어 함께 존립할 수 없게 되는 경우에는 그와 같은 어음은 무효라고 봄이 상당하고, 한편 약속어음의 발행일은 어음요건의 하나로서 그 기재가 없는 상태에서는 어음상의 권리가 적법하게 성립할 수 없는 것이므로, 확정된 날을 만기로 하는 확정일 출급약속어음의 경우에 있어서 만기의 일자가 발행일보다 앞선 일자로 기재되어 있다면 그 약속어음은 어음요건의 기재가 서로 모순되는 것으로서 무효라고 해석하여야 한다.

답 0134 ×   0135 ×   0136 ×   0137 ○

0138 | 2016, 2022 |
일람출급의 환어음에 발행인이 어음금액에 이자가 붙는다는 약정 내용을 적은 경우 이러한 기재는 유효하다. ( )

「일람출급어음」 및 「일람후 정기출급 어음」에 한하여 이자문구의 기재가 유익적 기재사항이 된다. "일람/이자"로 정리하자.

제5조(이자의 약정) ① 일람출급 또는 일람후 정기출급의 환어음에는 발행인은 어음금액에 관하여 이자가 생길 뜻의 약정을 기재할 수 있다. 그 외의 환어음에는 이자의 약정을 기재하여도 하지 아니한 것으로 본다.
② 이율은 어음에 기재하여야 한다. 이율의 기재가 없으면 이자의 약정을 기재하여도 하지 아니한 것으로 본다.
③ 이자는 특정한 일자를 기재하지 아니한 때에는 어음발행당일로부터 계산한다.

0139 | 2016 |
일람 후 정기출급의 환어음에 발행인이 어음금액에 이자가 붙는다는 약정 내용을 적은 경우 이러한 기재는 유효하다. ( )

「일람출급어음」 및 「일람후 정기출급 어음」에 한하여 이자문구의 기재가 유익적 기재사항이 된다.

제5조(이자의 약정) ① 일람출급 또는 일람후 정기출급의 환어음에는 발행인은 어음금액에 관하여 이자가 생길 뜻의 약정을 기재할 수 있다. 그 외의 환어음에는 이자의 약정을 기재하여도 하지 아니한 것으로 본다.
② 이율은 어음에 기재하여야 한다. 이율의 기재가 없으면 이자의 약정을 기재하여도 하지 아니한 것으로 본다.
③ 이자는 특정한 일자를 기재하지 아니한 때에는 어음발행당일로부터 계산한다.

0140 | 2016, 2021 |
발행일자 후 정기출급의 환어음에 발행인이 어음금액에 이자가 붙는다는 약정 내용을 적은 경우 이러한 기재는 유효하다. ( )

발행일자 후 정기출급의 환어음에 이자문구를 기재하여도 이는 무익적 기재사항이 된다.

0141 | 2020 |
일람출급 환어음의 발행인이 이자가 붙는다는 약정을 기재하면서 이율을 기재하지 않으면 그 환어음은 무효이다. ( )

어음의 효력에는 영향이 없고 이자의 약정은 무익적 기재사항이 된다.

제5조(이자의 약정) ① 일람출급 또는 일람후 정기출급의 환어음에는 발행인은 어음금액에 관하여 이자가 생길 뜻의 약정을 기재할 수 있다. 그 외의 환어음에는 이자의 약정을 기재하여도 하지 아니한 것으로 본다.
② 이율은 어음에 기재하여야 한다. 이율의 기재가 없으면 이자의 약정을 기재하여도 하지 아니한 것으로 본다.
③ 이자는 특정한 일자를 기재하지 아니한 때에는 어음발행당일로부터 계산한다.

답 0138 ○ 0139 ○ 0140 × 0141 ×

3. 백지어음

0142 |2007|
백지어음은 어음행위자의 기명날인 또는 서명을 포함하여 어음 요건의 전부 또는 일부를 흠결한 어음을 말한다.
( )

> 최소한 발행인의 기명날인은 있어야 백지어음이 될 수 있다.

0143 |2007|
미완성으로 발행한 환어음에 미리 한 합의와 다른 보충을 한 경우에, 소지인이 중과실로 인하여 이를 취득하였다면 그 소지인에게 대항할 수 있다. ( )

> 소지인이 「중과실」이므로 대항할 수 있다.
> **제10조(백지어음)** 미완성으로 발행한 환어음에 미리 합의한 사항과 다른 내용을 보충한 경우에는 그 합의의 위반을 이유로 소지인에게 대항하지 못한다. 그러나 소지인이 악의 또는 중대한 과실로 인하여 환어음을 취득한 경우에는 그러하지 아니하다.

0144 |2007|
백지어음행위자가 사망하거나 대리권의 흠결 등의 사유가 생긴 경우에는 백지보충권은 소멸한다. ( )

> 백지보충권은 그 법적 성질이 대리권이 아니라 백지어음을 소지한 자가 독자적으로 갖는 형성권이므로, 백지어음행위자가 사망하거나 대리권의 흠결 등의 사유가 생긴 경우에도 이미 발생한 백지보충권의 효력에는 영향이 없다.

0145 |2007|
발행일을 백지로 하여 발행된 수표의 백지보충권의 소멸시효기간은 백지보충권을 행사할 수 있는 때로부터 3년이다.
( )

> 수표의 경우 백지보충권을 행사할 수 있는 때로부터 6개월 내에 발행일을 보충해야 한다.
> [대법원 2001.10.23, 선고, 99다64018, 판결]
> 백지수표의 보충권 행사에 의하여 생기는 채권은 수표금 채권이고, 수표법 제51조에 의하면 수표의 발행인에 대한 소구권은 제시기간 경과 후 6개월간 행사하지 아니하면 소멸시효가 완성되는 점 등을 고려하면 발행일을 백지로 하여 발행된 수표의 백지보충권의 소멸시효기간은 백지보충권을 행사할 수 있는 때로부터 6개월로 봄이 상당하다.

0146 |2007|
발행일이 기재되지 아니한 채 발행된 약속어음을 지급제시기간 내에 보충하지 않고 지급제시하였다 하더라도 배서인에 대한 상환청구권은 존속한다. ( )

> 지급제시는 완전하고 유효한 어음으로 하여야 한다. 백지어음으로 지급제시를 하면 이는 부적법한 지급제시이므로 상환청구권이 보전되지 않는다.

0142 × 0143 ○ 0144 × 0145 × 0146 ×

0147 |2009|

백지약속어음의 경우 수취인이나 그 소지인에게 보충권을 수여할 의사가 없었다는 점에 대한 입증책임은 발행인이 부담한다. ( )

어음요건이 흠결된 경우 일단 백지어음으로 추정되기 때문에 발행인 자신이 과실로 흠결했음을 증명하지 못하면 백지어음으로서 그에 따른 책임을 지게 된다.

[대법원 1984.5.22. 선고, 83다카1585, 판결]
백지약속어음의 경우 발행인이 수취인 또는 그 소지인으로 하여금 백지부분을 보충케 하려는 보충권을 줄 의사로서 발행하였는가 여부의 점에 대하여는 발행인에게 보충권을 줄 의사로 발행한 것이 아니라는 점 즉 백지어음이 아니고 불완전어음으로서 무효라는 점에 관한 입증책임이 있다.

0148 |2009|

수취인이 백지인 채로 발행된 어음은 인도에 의하여 어음법적으로 유효하게 양도될 수 있다. ( )

수취인이 백지이므로 「배서」를 할 필요 없이 「교부」만으로 양도가 가능하다.

[대법원 1994.11.18. 선고, 94다23098, 판결]
수취인이 백지인 채로 발행된 어음은 인도에 의하여 어음법적으로 유효하게 양도될 수 있고 위와 같은 어음이 인도에 의하여 양도된 경우 어음법 제17조가 적용되는 것이므로, 어음이 전전양도된 후 그 어음을 인도받은 최종 소지인이 수취인으로서 자기를 보충하였다고 하더라도 그 소지인이 발행인을 해할 것을 알고 취득한 경우가 아니면, 어음문면상의 기재와는 관계없이, 발행인으로부터 원인관계상의 항변 등 인적 항변의 대항을 받지 아니한다고 할 것이다.

0149 |2009|

백지어음에 대한 제권판결을 받은 자는 어음 외의 의사표시로 백지부분에 대하여 보충권을 행사할 수 없다. ( )

제권판결을 받아 어음이 무효가 되었으므로 어음에 직접 보충권을 행사할 수 없기 때문에, 어음 외의 의사표시에 의한 보충권을 인정한다.

[대법원 1998.9.4. 선고, 97다57573, 판결]
제권판결 제도는 증권 또는 증서를 상실한 자에게 이를 소지하고 있는 것과 같은 형식적 자격을 부여하여 그 권리를 실현할 수 있도록 하려는 것인 점과, 백지어음의 발행인은 백지보충을 조건으로 하는 어음금지급채무를 부담하게 되고, 백지에 대한 보충권과 백지보충을 조건으로 한 어음상의 권리는 백지어음의 양도와 더불어 양수인에게 이전되어 그 소지인은 언제라도 백지를 보충하여 어음상의 권리를 행사할 수 있으므로, 백지어음은 어음거래상 완성어음과 같은 경제적 가치를 가지면서 유통되고 있는 점을 함께 고려하여 보면, 백지어음에 대한 제권판결을 받은 자는 발행인에 대하여 백지보충권과 백지보충을 조건으로 한 어음상의 권리까지를 모두 민사소송법 제468조에 규정된 '증서에 의한 권리'로서 주장할 수 있다고 봄이 상당하고, 따라서 백지어음의 제권판결을 받은 자는 발행인에 대하여 백지 부분에 대하여 어음 외의 의사표시에 의하여 보충권을 행사하고 그 어음금의 지급을 구할 수 있다.

답 0147 ○ 0148 ○ 0149 ×

0150 | 2009, 2017 |
백지어음의 소지인이 보충권을 행사하지 않으면 이득상환청구권을 행사할 수 없다. ( )

이득상환청구권은 「어음상」권리가 소멸된 경우에 인정된다. 백지어음을 보충하지 않은 상태에서는 아직 「어음」이 존재하지 않기 때문에 이득상환청구권이 발생할 수 없다.

제79조 (이득상환청구권) 환어음 또는 약속어음에서 생긴 권리가 절차의 흠결로 인하여 소멸한 때나 그 소멸시효가 완성한 때라도 소지인은 발행인, 인수인 또는 배서인에 대하여 그가 받은 이익의 한도내에서 상환을 청구할 수 있다.

0151 | 2018 |
판례에 의하면 백지어음의 선의취득은 인정되지 않는다. ( )

백지어음의 선의취득(백지보충권의 선의취득)도 가능하다. 다만 발행인에게 보충권의 내용에 관하여 확인하지 않은 경우에는 중과실이 인정된다.

[대법원 1978.3.14, 선고, 77다2020, 판결]
어음금액이 백지인 어음을 취득하면서 보충권한을 부여받은 자의 지시에 의하여 어음금액란을 보충하는 경우 보충권의 내용에 관하여 어음의 기명날인자에게 직접 조회하지 않았다면 특별한 사정이 없는 한 취득자에게 중대한 과실이 있다.

제2절 인 수

0152 | 2011 |
지급인이 '김갑동'으로 기재된 어음을 실제로 타인인 '이을동'이 인수하면 이 인수는 유효하다. ( )

인수는 지급인만 할 수 있다.

제28조(인수의 효력) ① 지급인은 인수를 함으로써 만기에 환어음을 지급할 의무를 부담한다.

0153 | 2007 |
일람후정기출급 환어음의 인수제시기간은 발행일자로부터 1년인데, 발행인은 이 기간을 단축 또는 연장할 수 있지만, 배서인은 이 기간을 단축할 수 있다. ( )

발행인은 인수제시기간을 단축 또는 연장할 수 있지만, 배서인은 이 기간을 단축만 할 수 있다.

제23조(일람 후 정기출급 어음의 제시기간) ① 일람 후 정기출급의 환어음은 그 발행한 날부터 1년 내에 인수를 위한 제시를 하여야 한다.
② 발행인은 제1항의 기간을 단축하거나 연장할 수 있다.
③ 배서인은 제1항 및 제2항의 기간을 단축할 수 있다.

답 0150 ○ 0151 × 0152 × 0153 ○

0154 | 2007, 2015, 2022 |
환어음 지급인 甲이 어음금액 500만원 중 일부인 200만원 부분에 대해서만 인수하는 경우 그 200만원 인수행위는 유효하다. ( )

> 일부인수의 경우 인수인은 인수한 부분에 대해서는 주채무자로서 책임을 지고, 인수되지 않은 부분에 대해서는 인수거절로 보아 만기 전 상환청구가 가능하다.
>
> **제26조(부단순인수)** ① 인수는 조건 없이 하여야 한다. 그러나 지급인은 어음금액의 일부만을 인수할 수 있다.
> ② 환어음의 다른 기재사항을 변경하여 인수하였을 때에는 인수를 거절한 것으로 본다. 그러나 인수인은 그 인수문구에 따라 책임을 진다.

0155 | 2007, 2021 |
어음의 앞면에 지급인의 단순한 기명날인 또는 서명이 있는 경우에는 이를 인수로 본다. ( )

> 이른바 「약식」인수를 말한다. 어음상 단순한 기명날인 또는 서명의 효과는 별도로 정리해야 한다. 어음 앞면의 경우, 발행인의 기명날인 또는 서명은 발행으로, 그 밖의 기명날인 또는 보증으로 본다. 어음 뒷면의 단순한 기명날인 또는 서명은 배서로 본다.
>
> **제25조(인수의 방식)** ① 인수는 환어음에 적어야 하며, "인수" 또는 그 밖에 이와 같은 뜻이 있는 글자로 표시하고 지급인이 기명날인하거나 서명하여야 한다. 어음의 앞면에 지급인의 단순한 기명날인 또는 서명이 있으면 인수로 본다.

0156 | 2019 |
발행인은 환어음에 기간을 정하거나 정하지 아니하고 인수를 위하여 어음을 제시해야 한다는 내용을 적을 수 있다. ( )

> '인수제시명령'에 대한 설명이다.
>
> **제22조(인수제시의 명령 및 금지)** ① 발행인은 환어음에 기간을 정하거나 정하지 아니하고, 인수를 위하여 어음을 제시하여야 한다는 내용을 적을 수 있다.

0157 | 2019 |
일람 후 정기출급 환어음의 발행인은 어음을 발행한 날로부터 6개월 내에 인수를 위한 어음의 제시를 해야 한다는 내용을 기재할 수 있다. ( )

> 발행인(및 배서인)은 인수제시기간을 단축할 수 있다.
>
> **제23조(일람 후 정기출급 어음의 제시기간)** ① 일람 후 정기출급의 환어음은 그 발행한 날부터 1년 내에 인수를 위한 제시를 하여야 한다.
> ② 발행인은 제1항의 기간을 단축하거나 연장할 수 있다.
> ③ 배서인은 제1항 및 제2항의 기간을 단축할 수 있다.

답 0154 ○ 0155 ○ 0156 ○ 0157 ○

0158 | 2007, 2010 |

발행인의 인수제시명령에도 불구하고 어음소지인이 인수제시를 하지 아니한 경우에, 소지인은 인수거절로 인한 상환청구권은 잃지만 지급거절로 인한 상환청구권은 보유한다. ( )

> 발행인의 인수제시명령에 위반한 소지인은 모든 상환의무자에 대한 인수거절로 인한 상환청구권뿐만 아니라 지급거절로 인한 상환청구권까지도 잃는다.
>
> **제53조(상환청구권의 상실)** ① 다음 각 호의 기간이 지나면 소지인은 배서인, 발행인, 그 밖의 어음채무자에 대하여 그 권리를 잃는다. 그러나 인수인에 대하여는 그러하지 아니하다.
> 1. 일람출급 또는 일람 후 정기출급의 환어음의 제시기간
> 2. 인수거절증서 또는 지급거절증서의 작성기간
> 3. 무비용상환의 문구가 적혀 있는 경우에 지급을 받기 위한 제시기간
> ② 발행인이 기재한 기간 내에 인수를 위한 제시를 하지 아니한 소지인은 지급거절과 인수거절로 인한 상환청구권을 잃는다. 그러나 그 기재한 문구에 의하여 발행인에게 인수에 대한 담보의무만을 면할 의사(意思)가 있었음을 알 수 있는 경우에는 그러하지 아니하다.

0159 | 2023 |

환어음의 경우, 발행인이 기재한 기간 내에 인수를 위한 제시를 하지 아니한 소지인은 지급거절과 인수거절로 인한 상환청구권을 잃으나, 그 기재한 문구에 의하여 발행인에게 인수에 대한 담보의무만을 면할 의사가 있었음을 알 수 있는 경우에는 그러하지 아니하다. ( )

> 발행인의 「인수제시명령」에 위반한 소지인은 모든 상환의무자에 대한 인수거절로 인한 상환청구권뿐만 아니라 지급거절로 인한 상환청구권까지도 잃는다. 다만 발행인의 인수제시명령의 취지가 인수담보책임만을 면하기 위한 것이라면 지급담보책임은 소멸하지 않는다는 것이 해당 법조문의 내용이다.
>
> **제53조(상환청구권의 상실)** ② 발행인이 기재한 기간 내에 인수를 위한 제시를 하지 아니한 소지인은 지급거절과 인수거절로 인한 상환청구권을 잃는다. 그러나 그 기재한 문구에 의하여 발행인에게 인수에 대한 담보의무만을 면할 의사(意思)가 있었음을 알 수 있는 경우에는 그러하지 아니하다.

0160 | 2021 |

발행인은 일정한 기일(期日) 전에는 인수를 위한 어음의 제시를 금지한다는 내용을 적을 수 있다. ( )

> 「상대적 인수제시금지」 문구를 말한다. 발행인의 자금계획에 어긋나는 시기의 인수제시를 막기 위함이다.
>
> **제22조(인수 제시의 명령 및 금지)** ① 발행인은 환어음에 기간을 정하거나 정하지 아니하고, 인수를 위하여 어음을 제시하여야 한다는 내용을 적을 수 있다.
> ② 발행인은 인수를 위한 어음의 제시를 금지한다는 내용을 어음에 적을 수 있다. 그러나 어음이 제3자방에서 또는 지급인의 주소지가 아닌 지(地)에서 지급하여야 하는 것이거나 일람 후 정기출급 어음인 경우에는 그러하지 아니하다.
> ③ 발행인은 일정한 기일(期日) 전에는 인수를 위한 어음의 제시를 금지한다는 내용을 적을 수 있다.
> ④ 각 배서인은 기간을 정하거나 정하지 아니하고, 인수를 위하여 어음을 제시하여야 한다는 내용을 적을 수 있다. 그러나 발행인이 인수를 위한 어음의 제시를 금지한 경우에는 그러하지 아니하다.

답 0158 × 0159 ○ 0160 ○

0161 |2007|

인수인은 어음소지인이 지급제시기간 내에 지급제시를 하지 않았다 하더라도 만기 후 3년의 소멸시효기간 내에는 어음채무를 부담하게 된다. ( )

> 인수인은 어음상 주채무자이기 때문에 어음소지인이 지급제시기간 내에 지급제시를 하지 않았더라도 만기 후 3년간 어음채무를 부담한다.
>
> **제53조(상환청구권의 상실)** ① 다음 각 호의 기간이 지나면 소지인은 배서인, 발행인, 그 밖의 어음채무자에 대하여 그 권리를 잃는다. 그러나 인수인에 대하여는 그러하지 아니하다.
> 1. 일람출급 또는 일람 후 정기출급의 환어음의 제시기간
> 2. 인수거절증서 또는 지급거절증서의 작성기간
> 3. 무비용상환의 문구가 적혀 있는 경우에 지급을 받기 위한 제시기간
>
> **제70조(시효기간)** ① 인수인에 대한 환어음상의 청구권은 만기일부터 3년간 행사하지 아니하면 소멸시효가 완성된다.

0162 |2010, 2018|

환어음의 소지인은 인수제시를 할 수 있지만, 단순한 점유자는 인수제시를 할 수 없다. ( )

> 지급제시와는 달리 인수제시는 환어음의 「소지인」뿐만 아니라 「단순한 점유자」도 할 수 있다.
>
> **제21조(인수제시의 자유)** 환어음의 소지인 또는 단순한 점유자는 만기에 이르기까지 인수를 위하여 지급인에게 그 주소에서 어음을 제시할 수 있다.
>
> **제38조(지급제시의 필요)** ① 확정일출급, 발행일자 후 정기출급 또는 일람 후 정기출급의 환어음 소지인은 지급을 할 날 또는 그날 이후의 2거래일 내에 지급을 받기 위한 제시를 하여야 한다.

0163 |2010|

환어음의 소지인은 지급인 또는 지급담당자 중 선택하여 인수제시를 할 수 있다. ( )

> 인수제시의 상대방은 지급인이다. 지급담당자에 대해서는 지급제시만 할 수 있다.
>
> **제21조(인수 제시의 자유)** 환어음의 소지인 또는 단순한 점유자는 만기에 이르기까지 인수를 위하여 지급인에게 그 주소에서 어음을 제시할 수 있다.

0164 |2019|

지급인은 환어음의 소지인에게 첫 번째 인수제시일의 다음 날에 두 번째 인수제시를 할 것을 청구할 수 있다. ( )

> '유예기간'에 대한 설명이다.
>
> **제24조(유예기간)** ① 지급인은 첫 번째 제시일의 다음 날에 두 번째 제시를 할 것을 청구할 수 있다. 이해관계인은 이 청구가 거절증서에 적혀 있는 경우에만 그 청구에 응한 두 번째 제시가 없었음을 주장할 수 있다.
> ② 소지인은 인수를 위하여 제시한 어음을 지급인에게 교부할 필요가 없다.

답 0161 ○ 0162 × 0163 × 0164 ○

0165 | 2019 |

환어음이 제3자방에서 지급하여야 하는 것인 경우 발행인은 인수를 위한 어음의 제시를 금지한다는 내용을 어음에 적을 수 없다.　　　　　　　　　　　　　　　　　　　　　　　　　　　　　　　　　(　　　)

> 제3자방 지급어음의 경우에는 인수제시금지 문구를 기재할 수 없다. 소지인이 지나치게 불리한 지위에 놓이기 때문이다. 인수제시금지 문언을 기재할 수 없는 어음은 3가지(일람후 정기출급어음, 타지지급어음, 제3자방 지급어음)가 있다.
>
> **제22조(인수제시의 명령 및 금지)** ② 발행인은 인수를 위한 어음의 제시를 금지한다는 내용을 어음에 적을 수 있다. 그러나 어음이 제3자방에서 또는 지급인의 주소지가 아닌 지(地)에서 지급하여야 하는 것이거나 일람 후 정기출급 어음인 경우에는 그러하지 아니하다.

0166 | 2007, 2019, 2022 |

발행인이 인수를 위한 어음의 제시를 금지한 환어음을 소지한 자는 그 어음을 배서하여 교부할 때 인수를 위하여 어음을 제시해야 한다는 내용을 적을 수 있다.　　　　　　　　　　　　　　　　　(　　　)

> 발행인이 인수제시를 금지한 경우라면 배서인이 이에 반하여 인수제시명령을 기재할 수는 없다.
>
> **제22조(인수제시의 명령 및 금지)** ④ 각 배서인은 기간을 정하거나 정하지 아니하고, 인수를 위하여 어음을 제시하여야 한다는 내용을 적을 수 있다. 그러나 발행인이 인수를 위한 어음의 제시를 금지한 경우에는 그러하지 아니하다.

0167 | 2010 |

발행인이 인수제시금지 문구를 환어음에 기재하였음에도 환어음의 소지인이 한 인수제시가 거절되었다면, 그 소지인은 어떠한 상환의무자에 대해서도 인수거절로 인한 상환청구를 하지 못한다.　　　　(　　　)

> 발행인은 지급제시금지문구는 기재하지 못하나 인수제시금지문구는 기재할 수 있으며, 이 경우 인수제시금지 문구에 위반한 소지인은 상환청구권을 행사할 수 없다.
>
> **제22조(인수 제시의 명령 및 금지)** ① 발행인은 환어음에 기간을 정하거나 정하지 아니하고, 인수를 위하여 어음을 제시하여야 한다는 내용을 적을 수 있다.
> ② 발행인은 인수를 위한 어음의 제시를 금지한다는 내용을 어음에 적을 수 있다. 그러나 어음이 제3자방에서 또는 지급인의 주소지가 아닌 지(地)에서 지급하여야 하는 것이거나 일람 후 정기출급 어음인 경우에는 그러하지 아니하다.
> ③ 발행인은 일정한 기일(期日) 전에는 인수를 위한 어음의 제시를 금지한다는 내용을 적을 수 있다.
> ④ 각 배서인은 기간을 정하거나 정하지 아니하고, 인수를 위하여 어음을 제시하여야 한다는 내용을 적을 수 있다. 그러나 발행인이 인수를 위한 어음의 제시를 금지한 경우에는 그러하지 아니하다.

0168 | 2018 |

배서인이 인수를 위한 어음의 제시를 금지한다는 내용을 어음에 적으면 그 효력이 있다.　　　(　　　)

> 인수제시금지 문구는 발행인만 기재할 수 있다(제22조 제2항). 배서인은 인수제시명령을 기재할 수 있을 뿐이다(제22조 제4항).
>
> **제22조(인수 제시의 명령 및 금지)** ① 발행인은 환어음에 기간을 정하거나 정하지 아니하고, 인수를 위하여 어음을 제시하여야 한다는 내용을 적을 수 있다.

0165 ○　0166 ×　0167 ○　0168 ×

② 발행인은 인수를 위한 어음의 제시를 금지한다는 내용을 어음에 적을 수 있다. 그러나 어음이 제3자방에서 또는 지급인의 주소지가 아닌 지(地)에서 지급하여야 하는 것이거나 일람 후 정기출급 어음인 경우에는 그러하지 아니하다.
③ 발행인은 일정한 기일(期日) 전에는 인수를 위한 어음의 제시를 금지한다는 내용을 적을 수 있다.
④ 각 배서인은 기간을 정하거나 정하지 아니하고, 인수를 위하여 어음을 제시하여야 한다는 내용을 적을 수 있다. 그러나 발행인이 인수를 위한 어음의 제시를 금지한 경우에는 그러하지 아니하다.

0169 | 2010, 2018, 2022, 2023 |
어음의 지급인이 만기를 변경하여 인수하면 인수를 거절한 것으로 보지만 인수인은 그 인수 문구에 따라 책임을 진다. ( )

지급인이 환어음의 만기를 변경하여 인수하면 인수거절로 본다. 다만 인수인은 변경된 만기에 따라 지급책임을 진다.

제26조(부단순인수) ① 인수는 조건 없이 하여야 한다. 그러나 지급인은 어음금액의 일부만을 인수할 수 있다.
② 환어음의 다른 기재사항을 변경하여 인수하였을 때에는 인수를 거절한 것으로 본다. 그러나 인수인은 그 인수 문구에 따라 책임을 진다.

0170 | 2010, 2020 |
지급인이 환어음의 만기를 변경하여 인수하면 어음소지인은 상환의무자를 상대로 상환청구권을 행사할 수 있다. ( )

지급인은 변경된 만기에 따라 인수인으로서 지급책임을 진다. 하지만 소지인의 입장에서는 인수거절로 보아 상환의무자를 상대로 만기 전 상환청구권을 행사할 수 있다.

제26조(부단순인수) ① 인수는 조건 없이 하여야 한다. 그러나 지급인은 어음금액의 일부만을 인수할 수 있다.
② 환어음의 다른 기재사항을 변경하여 인수하였을 때에는 인수를 거절한 것으로 본다. 그러나 인수인은 그 인수 문구에 따라 책임을 진다.
제43조(상환청구의 실질적 요건) 만기에 지급이 되지 아니한 경우 소지인은 배서인, 발행인, 그 밖의 어음채무자에 대하여 상환청구권(償還請求權)을 행사할 수 있다. 다음 각 호의 어느 하나에 해당하는 경우에는 만기 전에도 상환청구권을 행사할 수 있다.
1. 인수의 전부 또는 일부의 거절이 있는 경우
2. 지급인의 인수 여부와 관계없이 지급인이 파산한 경우, 그 지급이 정지된 경우 또는 그 재산에 대한 강제집행이 주효(奏效)하지 아니한 경우
3. 인수를 위한 어음의 제시를 금지한 어음의 발행인이 파산한 경우

0171 | 2023 |
환어음의 인수는 조건 없이 하여야 하나 지급인은 어음금액의 일부만을 인수할 수 있다. ( )

(ⅰ) 인수는 조건 없이 하는 원칙인데(제26조 제1항 본문), 만약 인수인이 조건부 인수를 했다면 소지인은 이를 인수거절로 간주해서 만기전 상환청구를 할 수 있다. (ⅱ) 일부인수의 경우 인수인은 인수한 부분에 대해서는 주채무자로서 책임을 지고, 인수되지 않은 부분에 대해서는 인수거절로 보아 만기 전 상환청구가 가능하다(제26조 제1항 단서).

답 0169 ○ 0170 ○ 0171 ○

제26조(불단순인수) ① 인수는 무조건이어야 한다. 그러나 지급인은 어음금액의 일부에 제한하여 인수할 수 있다. ② 환어음의 다른 기재사항을 변경하여 인수한 때에는 인수를 거절한 것으로 본다. 그러나 인수인은 그 인수의 문언에 따라 책임을 진다.

0172 |2011|
어음에 인수의 기재를 한 지급인이 그 어음의 반환 전에 인수의 기재를 말소한 경우 인수를 거절한 것으로 본다. ( )

즉 이때 소지인은 인수거절로 인한 만기전 상환청구를 할 수 있다.
제29조(인수의 말소) ① 환어음에 인수를 기재한 지급인이 그 어음을 반환하기 전에 인수의 기재를 말소한 경우에는 인수를 거절한 것으로 본다. 말소는 어음의 반환 전에 한 것으로 추정한다.

0173 |2011, 2021|
인수의 기재의 말소는 어음의 반환 전에 한 것으로 간주된다. ( )

어음의 반환 전에 한 것으로 「추정」한다.
제29조(인수의 말소) ① 환어음에 인수를 기재한 지급인이 그 어음을 반환하기 전에 인수의 기재를 말소한 경우에는 인수를 거절한 것으로 본다. 말소는 어음의 반환 전에 한 것으로 추정한다.

0174 |2011|
지급인이 어음의 반환 전에 인수의 기재를 말소하였더라도 어음소지인이나 다른 어음채무자에게 서면으로 인수를 통지한 경우 그 통지 상대방 이외의 자에게도 인수의 문구에 따라 책임을 진다. ( )

인수의 기재를 말소하였더라도 다른 서면으로 인수를 통지한 경우에는 「그 상대방에 대해서만」 어음상 책임을 진다.
제29조(인수의 말소) ② 제1항에도 불구하고 지급인이 소지인이나 어음에 기명날인 또는 서명을 한 자에게 서면으로 인수를 통지한 경우에는 그 상대방에 대하여 인수의 문구에 따라 책임을 진다.

0175 |2011|
판례에 의하면 지급인은 어음에 인수의 문구를 기재하지 않았더라도 어음외의 서면으로 인수의 뜻을 통지한 경우에는 인수인으로서의 책임을 진다. ( )

환어음에 일단 인수의 기재를 하였다가 말소를 한 경우와 인수의 기재 자체를 하지 않은 경우를 구별하여야 한다. 어음의 「문언증권성」에 비추어, 어음에 인수의 기재 자체를 하지 않은 경우에는 인수 통지만으로 어음상의 인수책임을 인정할 수는 없다.

[대법원 2008.9.11. 선고, 2007다74683, 판결]
어음법 제29조 제2항은 환어음에 인수를 기재한 지급인이 그 어음을 반환하기 전에 인수의 기재를 말소하였음에도 소지인 등에게 서면으로 인수의 통지를 한 때에는 어음에 기재된 말소 전의 인수문언에 따라 책임을 진다는 취지를 규정한 것으로 해석함이 상당하므로, 만일 지급인이 환어음에 인수문언의 기재 및 기명날인 등을 하지 아니한 채

0172 ○ 0173 × 0174 × 0175 ×

소지인 등에게 인수의 통지를 한 경우에는 그 지급인에 대하여 어음법 제29조 제2항에 따른 어음상의 책임을 물을 수 없다.

0176 | 2018, 2022 |
어음의 소지인은 인수를 위하여 제시한 어음을 지급인에게 반드시 교부하여야 한다. ( )

여기서 「교부」란 어음을 물리적으로 넘겨준다는 의미이다. 소지인은 어음의 인수가 이루어진 후에도 어음을 소지하고 있다가 만기에 지급제시하여야 하므로, 인수를 위해서는 어음을 제시만 하면 되는 것이지 교부할 이유가 없다.

제24조(유예기간) ① 지급인은 첫 번째 제시일의 다음 날에 두 번째 제시를 할 것을 청구할 수 있다. 이해관계인은 이 청구가 거절증서에 적혀 있는 경우에만 그 청구에 응한 두 번째 제시가 없었음을 주장할 수 있다.
② 소지인은 인수를 위하여 제시한 어음을 지급인에게 교부할 필요가 없다.

0177 | 2018 |
어음에 지급담당자가 기재되어 있는 경우 인수제시는 지급인에게 할 수 없고 지급담당자에게 하여야 한다.
( )

인수제시의 상대방은 지급인이다. 지급담당자에 대해서는 지급제시만 할 수 있다.

제21조(인수 제시의 자유) 환어음의 소지인 또는 단순한 점유자는 만기에 이르기까지 인수를 위하여 지급인에게 그 주소에서 어음을 제시할 수 있다.

제3절 배서

1. 배서의 효력

0178 |2018|
어음의 배서인은 반대의 문구가 없으면 인수와 지급을 담보한다. ( )

> 배서의 담보적 효력에 대한 설명이다.
>
> **제15조(배서의 담보적 효력)** ① 배서인은 반대의 문구가 없으면 인수와 지급을 담보한다.
> ② 배서인은 자기의 배서 이후에 새로 하는 배서를 금지할 수 있다. 이 경우 그 배서인은 어음의 그 후의 피배서인에 대하여 담보의 책임을 지지 아니한다.

0179 |2009|
기명식으로 발행한 어음은 배서에 의하여 양도할 수 없다. ( )

> 기명식으로 발행했더라도(즉 지시식으로 발행하지 아니한 경우에도) 「지시금지」라는 문구를 기재하지 않은 한 배서로 양도할 수 있다.
>
> **제11조(당연한 지시증권성)** ① 환어음은 지시식(指示式)으로 발행하지 아니한 경우에도 배서(背書)에 의하여 양도할 수 있다.

0180 |2021|
발행인이 환어음에 "지시 금지"라는 글자 또는 이와 같은 뜻이 있는 문구를 적은 경우에는 그 어음은 지명채권의 양도 방식으로만, 그리고 그 효력으로써만 양도할 수 있다. ( )

> 발행인이 "지시금지(또는 배서금지)"라는 문구를 기재한 어음을 「배서금지어음」이라 한다. 반면에 배서인이 "지시금지(또는 배서금지)"라는 문구를 기재하면 「배서금지배서」라 한다.
>
> **제11조(당연한 지시증권성)** ① 환어음은 지시식으로 발행하지 아니한 경우에도 배서에 의하여 양도할 수 있다.
> ② 발행인이 환어음에 「지시금지」의 문자 또는 이와 동일한 의의가 있는 문언을 기재한 때에는 그 어음은 지명채권의 양도에 관한 방식에 따라서만 그리고 그 효력으로써만 양도할 수 있다.
> ③ 배서는 인수한 지급인이나 인수하지 아니한 지급인, 발행인 기타의 어음채무자에 대하여도 할 수 있다. 이러한 자는 다시 어음에 배서할 수 있다.

0181 |2017|
배서에 있어서는 배서일자의 기재가 요건이므로 배서일자가 발행일자보다 앞서는 경우 그 배서는 효력이 없다. ( )

> (ⅰ) 배서일자의 기재는 배서의 요건이 아니다. 배서는 배서인의 기명날인 또는 서명, 배서문구, 피배서인의 기재 등 3가지 요소로 구성된다. (ⅱ) 배서에 대해서도 어음행위독립의 원칙이 적용되기 때문에 배서의 효력은 배서 그 자체만으로 판단해야 하고, 배서일자가 발행일자보다 앞선다고 해서 배서의 효력에 문제가 생기지도 않는다.

답 0178 ○ 0179 × 0180 ○ 0181 ×

0182 | 2012, 2016, 2022, 2023 |
환어음의 소지인이 어음금액의 일부를 양도한다는 뜻의 문구를 기재하여 배서·교부한 경우 그 배서행위는 무효이다. (　　)

> 일부배서는 배서를 무효로 한다. 「일배/무효」로 정리하자. 다만 배서를 무효로 하는 것일뿐, 어음 자체는 유효하다.
> **제12조(배서의 요건)** ② 일부의 배서는 무효로 한다.

0183 | 2010, 2016, 2022, 2023 |
배서에 어음 외의 사정을 조건으로 붙인 경우 그 조건 부분만이 무효이다. (　　)

> 배서에 붙인 조건은 무익적 기재사항이다. 「조배/무익」으로 정리하자.
> **제12조(배서의 요건)** ① 배서에는 조건을 붙여서는 아니 된다. 배서에 붙인 조건은 적지 아니한 것으로 본다.

0184 | 2015 |
甲이 배서에 "서울특별시 내에서만 어음을 양도할 것"의 조건을 붙여 乙에게 양도한 경우 그 조건은 무익적 기재사항이다. (　　)

> 조건부 발행은 유해적 기재사항이지만, 조건부 배서는 무익적 기재사항이다.
> **제12조(배서의 요건)** ① 배서에는 조건을 붙여서는 아니 된다. 배서에 붙인 조건은 적지 아니한 것으로 본다.

0185 | 2015 |
배서는 피배서인을 지명하지 아니하고 할 수 있으며 배서 문구조차 기재하지 않고 배서인이 기명날인 또는 서명만 함으로써도 할 수 있다. (　　)

> 기명식 배서, 백지식 배서, 간략백지식 배서 모두 가능하다.
> **어음법 제13조(배서의 방식)** ② 배서는 피배서인(被背書人)을 지명하지 아니하고 할 수 있으며 배서인의 기명날인 또는 서명만으로도 할 수 있다(백지식 배서). 배서인의 기명날인 또는 서명만으로 하는 백지식 배서는 환어음의 뒷면이나 보충지에 하지 아니하면 효력이 없다.

0186 | 2015, 2019, 2022 |
백지식 배서의 경우 소지인은 백지를 보충하지 않고 또 배서도 하지 아니하고 어음을 교부만으로 제3자에게 양도할 수 있다. (　　)

> 백지식배서로 어음을 취득한 자는 자신의 이름이 어음상 기재되어 있지 않으므로 어음을 교부만으로 양도할 수 있다.
> **제14조(배서의 권리 이전적 효력)**
> ② 배서가 백지식인 경우에 소지인은 다음 각 호의 행위를 할 수 있다.
> 1. 자기의 명칭 또는 타인의 명칭으로 백지(白地)를 보충하는 행위
> 2. 백지식으로 또는 타인을 표시하여 다시 어음에 배서하는 행위
> 3. 백지를 보충하지 아니하고 또 배서도 하지 아니하고 어음을 교부만으로 제3자에게 양도하는 행위
> [전문개정 2010.3.31.]

답 0182 ○ 0183 ○ 0184 ○ 0185 ○ 0186 ○

0187 | 2016, 2022 |

배서는 환어음의 뒷면이 아닌 앞면에 적는 것도 가능하나 백지식 배서는 환어음의 뒷면이나 보충지에 하지 아니하면 효력이 없다. ( )

> 배서는 주로 어음의 뒷면에 하지만 배서문구를 구비한 경우에는 어음의 앞면에 하는 것도 가능하다. 그러나 배서문구가 생략된 간략백지식배서의 경우에는 반드시 어음의 뒷면이나 보충지(=보전)에 해야 한다. 배서문구가 생략된 채 어음의 앞면에 배서인의 기명날인만 있다면 "보증"으로 해석한다.
>
> **제13조(배서의 방식)** ① 배서는 환어음이나 이에 결합한 보전에 기재하고 배서인이 기명날인 또는 서명하여야 한다.
> ② 배서는 피배서인을 지명하지 아니하고 할 수 있고 또는 배서인의 기명날인 또는 서명만으로 할 수 있다(백지식배서). 후자의 경우의 배서는 환어음의 이면이나 보전에 기재하지 아니하면 효력이 없다.

0188 | 2018, 2020, 2021, 2022 |

소지인에게 지급하라는 소지인출급의 배서는 백지식 배서와 같은 효력이 있다. ( )

> 소지인출급식배서는 소지인이 누구이건간에 어음상 권리를 양도하겠다는 취지로 이루어지는 배서이다. 따라서 백지식배서와 동일하여 배서 없이 교부만으로 어음을 양도할 수 있다. 배서가 없다면 기명날인을 요건으로 하는 어음상 책임은 발생하지 않는다.
>
> **제12조(배서의 요건)** ① 배서는 무조건으로 하여야 한다. 배서에 붙인 조건은 기재하지 아니한 것으로 본다.
> ② 일부의 배서는 무효로 한다.
> ③ 소지인출급의 배서는 백지식 배서와 동일한 효력이 있다.

0189 | 2020 |

환어음의 소지인이 의사무능력 상태에서 배서·교부의 방식으로 어음을 양도한 경우 어음법에 따른 담보책임이 인정된다. ( )

> 의사무능력은 비증권상의 물적항변에 해당한다. "무무위"로 기억하자.
>
> | 비증권상의 물적항변 | 무 / 무 / 위 | • **무**능력
• **무**권대리
• **위**조 · 변조 |
> |---|---|---|
> | 어음보증의 독립성 | | |

0190 | 2020 |

발행인의 부주의로 발행인의 기명날인 및 서명이 모두 누락된 환어음을 발행받은 수취인이 다시 배서·교부의 방식으로 그 어음을 양도한 경우 어음법에 따른 담보책임이 인정된다. ( )

> 어음의 필요적 기재사항인 발행인의 기명날인 및 서명이 모두 누락되었다면 애초에 어음이 아니다. 어음의 효력이 발생하지 않으므로 담보책임은 문제될 수 없다. 어음의 발행사실 자체가 없다면 어음행위의 독립성은 논의될 수 없다.

답 0187 ○ 0188 ○ 0189 × 0190 ×

2. 배서의 연속

0191 |2015|
어음의 배서가 甲 → A회사, A회사 대표이사 乙 → 丙 순으로 기재되어 있는 경우 피배서인 A회사와 배서인 A회사 대표이사 乙은 동일성을 인정할 수 없으므로 배서가 불연속이다. ( )

회사의 법률행위는 대표기관에 의해 이루어지므로 불연속이 아니다.

[대법원 1995.06.09. 선고, 94다33156, 판결]
수취인을 "갑"으로 하여 발행된 약속어음의 제1 배서인이 "주식회사 갑 대표이사 을"이라면 양자의 표시는 형식적으로 동일인이라고 인정함이 상당하고, 따라서 이 약속어음의 배서는 연속되어 있다고 본 사례.

0192 |2015|
甲 → 乙, 乙 → 丙, 乙 → 丁 순서로 각각 배서 양도된 약속어음에 있어서 중간에 있는 乙 → 丙간의 배서가 말소되면 배서의 연속이 있는 것으로 간주한다. ( )

甲 → 乙 → 丁의 순서로 배서의 연속이 있는 경우이다.

제16조(배서의 자격 수여적 효력 및 어음의 선의취득) ① 환어음의 점유자가 배서의 연속에 의하여 그 권리를 증명할 때에는 그를 적법한 소지인으로 추정(推定)한다. 최후의 배서가 백지식인 경우에도 같다. 말소한 배서는 배서의 연속에 관하여는 배서를 하지 아니한 것으로 본다. 백지식 배서의 다음에 다른 배서가 있는 경우에는 그 배서를 한 자는 백지식 배서에 의하여 어음을 취득한 것으로 본다.

0193 |2017, 2022|
백지식 배서의 다음에 다른 배서가 있는 경우에는 그 배서를 한 자는 백지식 배서에 의하여 어음을 취득한 것으로 본다. ( )

배서의 「자격수여적 효력」에 대한 설명이다. 어음과 수표 모두 동일한 법리가 적용된다.

제16조(배서의 자격 수여적 효력 및 어음의 선의취득) ① 환어음의 점유자가 배서의 연속에 의하여 그 권리를 증명할 때에는 그를 적법한 소지인으로 추정(推定)한다. 최후의 배서가 백지식인 경우에도 같다. 말소한 배서는 배서의 연속에 관하여는 배서를 하지 아니한 것으로 본다. 백지식 배서의 다음에 다른 배서가 있는 경우에는 그 배서를 한 자는 백지식 배서에 의하여 어음을 취득한 것으로 본다.

0194 |2020|
배서가 연속되고 그 최후 배서의 '피배서인'란이 기재되지 않은 어음을 소지하고 있는 무권리자가 그 어음에 배서하지 않고 단순히 교부한 경우 어음의 양수인이 어음을 선의취득할 수 없다. ( )

선의취득이 제한되는 배서는 「기한후배서」와 「추심위임배서」뿐이다. 백지식배서의 경우 교부에 의해 어음을 양도할 수 있고, 이 경우 다른 요건을 충족한다면 어음을 교부받은 자는 백지식배서라는 어음법적 유통방식에 의해 어음을 선의취득하게 된다.

답 0191 × 0192 ○ 0193 ○ 0194 ×

0195 |2019|

A로부터 약속어음을 발행받은 B는 피배서인란을 공란으로 둔 채 C에게 어음을 배서하여 교부하였다. C가 어음을 다시 D에게 양도하거나 직접 어음을 가지고 A에게 어음상 권리를 행사하고자 하는 경우에 피배서인란을 공란으로 둔 채 C가 직접 A에게 어음상 권리를 행사하더라도 C는 적법한 어음의 소지인으로 추정된다. (   )

> 최후의 배서가 백지식 배서이면 점유자를 적법한 소지인으로 추정한다.
>
> **제16조(배서의 자격 수여적 효력 및 어음의 선의취득)** ① 환어음의 점유자가 배서의 연속에 의하여 그 권리를 증명할 때에는 그를 적법한 소지인으로 추정(推定)한다. 최후의 배서가 백지식인 경우에도 같다. 말소한 배서는 배서의 연속에 관하여는 배서를 하지 아니한 것으로 본다. 백지식 배서의 다음에 다른 배서가 있는 경우에는 그 배서를 한 자는 백지식 배서에 의하여 어음을 취득한 것으로 본다.

0196 |2019|

A로부터 약속어음을 발행받은 B는 피배서인란을 공란으로 둔 채 C에게 어음을 배서하여 교부하였다. C가 어음을 다시 D에게 양도하거나 직접 어음을 가지고 A에게 어음상 권리를 행사하고자 하는 경우에 C는 공란인 피배서인란에 C 자신의 명의를 기재한 후 배서하지 아니하고 어음의 교부만으로 D에게 어음을 양도할 수 있다. (   )

> 피배서인란에 자신의 이름이 기재된 자는 배서에 의해서만 어음의 양도가 가능하다.

0197 |2017|

피배서인의 명칭이 '여의도상사'로 기재되고 이어진 배서의 배서인이 '주식회사 여의도상사 대표이사 홍길동'으로 기재된 경우 배서의 연속이 인정된다. (   )

> 직전배서의 피배서인이 법인인 경우에는 다음 배서의 배서인 역시 그 법인이어야 배서의 연속이 인정된다. 다만 판례는 어음의 수취인이 법인인 경우에 제1배서인이 법인의 대표이사 명의로 이루어졌다면 배서의 연속이 인정된다고 판단한 바 있다. 이 논리에 의한다면 해당 사안 역시 배서의 연속이 인정된다.
>
> [대법원 1995. 6. 9. 선고 94다33156 판결]
> 수취인을 "갑"으로 하여 발행된 약속어음의 제1 배서인이 "주식회사 갑 대표이사 을"이라면 양자의 표시는 형식적으로 동일인이라고 인정함이 상당하고, 따라서 이 약속어음의 배서는 연속되어 있다고 본 사례.

0198 |2017|

피배서인이 '홍길동'으로 기재되고 이어진 배서의 배서인이 '주식회사 여의도상사 대표이사 홍길동'으로 기재된 경우 배서의 연속이 인정되지 않는다. (   )

> 선행하는 배서의 피배서인인 「홍길동」은 자연인이고 후행배서의 배서인인 「주식회사 여의도상사」는 법인으로서 양자는 동일성이 없다. 따라서 배서의 연속이 인정되지 않는 것이다. 다만 실제시험에서는 이 경우도 배서의 연속이 인정된다고 보아 틀린 지문으로 처리하였다. 그 이유는 알 수 없다.

답 0195 ○ 0196 × 0197 ○ 0198 ○

0199 | 2018, 2022 |
말소한 배서는 배서의 연속에 관하여 배서를 하지 아니한 것으로 보지만, 어음을 절취한 자가 배서를 말소한 경우 그 배서는 말소되지 않은 것으로 본다. ( )

배서의 연속은 형식적으로 판단한다. 어음을 절취한 자가 배서를 말소한 경우라도 어음의 절취 여부가 어음면상 드러나는 것은 아니기 때문에, 그 배서는 말소된 것으로 보아 배서의 연속 여부를 판단한다.

제16조(배서의 자격 수여적 효력 및 어음의 선의취득) ① 환어음의 점유자가 배서의 연속에 의하여 그 권리를 증명할 때에는 그를 적법한 소지인으로 추정(推定)한다. 최후의 배서가 백지식인 경우에도 같다. 말소한 배서는 배서의 연속에 관하여는 배서를 하지 아니한 것으로 본다. 백지식 배서의 다음에 다른 배서가 있는 경우에는 그 배서를 한 자는 백지식 배서에 의하여 어음을 취득한 것으로 본다.

3. 배서의 금지

0200 | 2009 |
배서금지배서에 의하여 약속어음을 취득한 자는 그 어음의 발행인에게 어음상의 권리를 행사할 수 없다. ( )

「배서금지배서」의 경우에도 발행인에 대해서 어음상의 권리는 당연히 행사할 수 있다. 다만 배서가 금지된 이상 그 배서인은 자신의 피배서인에 대해서만 담보책임을 부담할 뿐이다.

제15조(배서의 담보적 효력) ② 배서인은 자기의 배서 이후에 새로 하는 배서를 금지할 수 있다. 이 경우 그 배서인은 어음의 그 후의 피배서인에 대하여 담보의 책임을 지지 아니한다.

0201 | 2017, 2022, 2023 |
배서인이 자기의 배서 이후에 새로 하는 배서를 금지한 경우 그 배서인은 어음의 그 후의 피배서인에 대하여 담보의 책임을 지지 아니한다. ( )

배서금지배서를 한 배서인은 직접의 피배서인에게는 상환의무를 지지만, 그 후의 어음소지인에 대해서는 상환의무를 지지 않는다.

제15조(배서의 담보적 효력) ② 배서인은 자기의 배서 이후에 새로 하는 배서를 금지할 수 있다. 이 경우 그 배서인은 어음의 그 후의 피배서인에 대하여 담보의 책임을 지지 아니한다.

0202 | 2013 |
배서금지배서가 있는 경우 배서에 의하여 어음을 양도할 수 없다. ( )

배서금지배서가 있더라도 어음의 지시증권성은 유지되어 피배서인은 배서로 어음을 양도할 수 있다.

제15조(배서의 담보적 효력) ① 배서인은 반대의 문구가 없으면 인수와 지급을 담보한다.
② 배서인은 자기의 배서 이후에 새로 하는 배서를 금지할 수 있다. 이 경우 그 배서인은 어음의 그 후의 피배서인에 대하여 담보의 책임을 지지 아니한다.

답 0199 × 0200 × 0201 ○ 0202 ×

0203 | 2015 |

약속어음 앞면의 "귀하 또는 귀하의 지시인에게 어음금액을 지급하겠음"이라는 인쇄문구 중 "또는 귀하의 지시인"의 문구를 삭제하더라도 배서금지어음은 아니다. ( )

> 명확하게 배서금지 혹은 지시금지 문구를 기재하여야 한다.
>
> **제11조(당연한 지시증권성)** ① 환어음은 지시식(指示式)으로 발행하지 아니한 경우에도 배서(背書)에 의하여 양도할 수 있다.
> ② 발행인이 환어음에 "지시 금지"라는 글자 또는 이와 같은 뜻이 있는 문구를 적은 경우에는 그 어음은 지명채권의 양도 방식으로만, 그리고 그 효력으로써만 양도할 수 있다.
>
> [대법원 1962.12.20, 선고, 62다668, 판결]
> 상거래에서 사용되고 있는 약속어음 용지에 의하여 약속어음이 발행된 경우 귀하 또는 귀하의 지정인에게 어음금액을 지급하겠다는 인쇄 된 문서 중 「또는 귀하의 지정인」이라는 문서를 삭제하였다 하더라도 그것이 지시금지 또는 그와 동일한 뜻을 가진 문서에 해당되지 않는다.

0204 | 2016 |

발행인이 환어음의 앞면에 "지시 금지"라는 글자 또는 이와 같은 뜻이 있는 문구를 적은 경우에는 그 어음은 배서에 의하여 양도할 수 없다. ( )

> 환어음의 앞면에 「지시금지(배서금지)」 문구가 기재된 경우 이는 지시금지어음이 되어 배서로서 양도할 수 없고 지명채권양도의 방식으로만 양도가 가능하다.
>
> **제11조(당연한 지시증권성)** ① 환어음은 지시식으로 발행하지 아니한 경우에도 배서에 의하여 양도할 수 있다.
> ② 발행인이 환어음에 「지시금지」의 문자 또는 이와 동일한 의의가 있는 문언을 기재한 때에는 그 어음은 지명채권의 양도에 관한 방식에 따라서만 그리고 그 효력으로써만 양도할 수 있다.
> ③ 배서는 인수한 지급인이나 인수하지 아니한 지급인, 발행인 기타의 어음채무자에 대하여도 할 수 있다. 이러한 자는 다시 어음에 배서할 수 있다.

0205 | 2018 |

지시금지어음이 배서가 연속된 경우 그 배서에는 자격수여적 효력이 있고 그 결과 선의취득이 인정된다. ( )

> 지시금지어음은 배서에 의해서 유통될 수 없고 지명채권양도의 방식으로만 양도할 수 있다. 따라서 배서의 자격수여적 효력도 없고 선의취득의 대상도 되지 않는다.
>
> **제11조(당연한 지시증권성)** ② 발행인이 환어음에 "지시 금지"라는 글자 또는 이와 같은 뜻이 있는 문구를 적은 경우에는 그 어음은 지명채권의 양도 방식으로만, 그리고 그 효력으로써만 양도할 수 있다.
>
> **제16조(배서의 자격 수여적 효력 및 어음의 선의취득)** ① 환어음의 점유자가 배서의 연속에 의하여 그 권리를 증명할 때에는 그를 적법한 소지인으로 추정(推定)한다. 최후의 배서가 백지식인 경우에도 같다. 말소된 배서는 배서의 연속에 관하여는 배서를 하지 아니한 것으로 본다. 백지식 배서의 다음에 다른 배서가 있는 경우에는 그 배서를 한 자는 백지식 배서에 의하여 어음을 취득한 것으로 본다.
> ② 어떤 사유로든 환어음의 점유를 잃은 자가 있는 경우에 그 어음의 소지인이 제1항에 따라 그 권리를 증명할 때에는 그 어음을 반환할 의무가 없다. 그러나 소지인이 악의 또는 중대한 과실로 인하여 어음을 취득한 경우에는 그러하지 아니하다.

답 0203 ○ 0204 ○ 0205 ×

0206 |2020|
배서가 연속된 어음을 소지하고 있는 무권리자가 '배서금지' 문구를 기재한 후 자신의 명의로 배서하여 그 어음을 교부한 경우 어음의 양수인이 어음을 선의취득할 수 없다. ( )

> 선의취득이 제한되는 배서는 「기한후배서」와 「추심위임배서」뿐이다.
> "어/형/무/악/독"의 5가지 요건이 충족되면 어음의 선의취득이 인정된다. 배서금지문구를 기재했다는 것은 배서인이 자신의 피배서인에 대해서만 상환의무를 질 뿐 그 뒤의 어음소지인에 대해서는 상환의무를지지 않는다는 의미이다.

4. 특수배서

0207 |2009, 2017, 2021|
배서에 '대리를 위하여'라는 문언이 있는 경우 어음채무자는 배서인 또는 소지인에게 대항할 수 있는 항변으로 소지인에게 대항할 수 있다. ( )

> 「추심위임배서」이므로 어음채무자는 배서인에게 대항할 수 있는 항변만으로 소지인에게 대항할 수 있다. 이를테면 어음 채무자가 추심위임을 받은 소지인에 대해서 개인적인 채무가 있다고 해서, 이를 이유로 어음금지급을 거절할 수는 없는 것이다.
>
> **제18조(추심위임배서)** ① 배서한 내용 중 다음 각 호의 어느 하나에 해당하는 문구가 있으면 소지인은 환어음으로부터 생기는 모든 권리를 행사할 수 있다. 그러나 소지인은 대리(代理)를 위한 배서만을 할 수 있다.
> 1. 회수하기 위하여
> 2. 추심(推尋)하기 위하여
> 3. 대리를 위하여
> 4. 그 밖에 단순히 대리권을 준다는 내용의 문구
> ② 제1항의 경우에는 어음의 채무자는 배서인에게 대항할 수 있는 항변으로써만 소지인에게 대항할 수 있다.

0208 |2009, 2021|
환어음의 배서인이 인수한 지급인 또는 인수하지 아니한 지급인에게 배서양도하여도 어음상의 권리는 소멸한다. ( )

> 「환배서」의 경우에도 민법상 혼동의 원칙이 적용되지 않으므로 어음상 권리는 소멸되지 않는다.
>
> **제11조(당연한 지시증권성)** ③ 배서는 다음 각 호의 자에 대하여 할 수 있으며, 다음 각 호의 자는 다시 어음에 배서할 수 있다.
> 1. 어음을 인수한 지급인
> 2. 어음을 인수하지 아니한 지급인
> 3. 어음의 발행인
> 4. 그 밖의 어음채무자

답 0206 × 0207 × 0208 ×

0209 | 2020, 2022 |

약속어음의 발행인이 자신이 발행하였던 약속어음을 배서·교부의 방식으로 취득한 경우, 만기가 남아 있어도 다시 어음에 배서할 수 없다. ( )

> 환배서를 받은 발행인은 다시 어음에 배서할 수 있다.
>
> **제11조(당연한 지시증권성)** ③ 배서는 다음 각 호의 자에 대하여 할 수 있으며, 다음 각 호의 자는 다시 어음에 배서할 수 있다.
> 1. 어음을 인수한 지급인
> 2. 어음을 인수하지 아니한 지급인
> 3. 어음의 발행인
> 4. 그 밖의 어음채무자

0210 | 2009, 2013 |

약속어음의 수취인이 지급거절증서 작성기간 경과 후에 배서양도한 경우 그 수취인은 배서양도한 상대방에 대하여 상환의무를 지지 않는다. ( )

> 「기한 후 배서」에 해당한다. 기한 후 배서는 담보적 효력이 인정되지 않으므로, 배서인은 상환의무를 지지 않는다. 덧붙여 기한후배서를 한 자의 전자(즉, 기한전 배서를 한 자)의 담보책임은 당연히 존재한다.
>
> **제20조(기한 후 배서)** ① 만기 후의 배서는 만기 전의 배서와 같은 효력이 있다. 그러나 지급거절증서가 작성된 후에 한 배서 또는 지급거절증서 작성기간이 지난 후에 한 배서는 지명채권 양도의 효력만 있다.
> ② 날짜를 적지 아니한 배서는 지급거절증서 작성기간이 지나기 전에 한 것으로 추정한다.

0211 | 2013, 2020 |

무담보배서가 있는 경우 배서인은 자기의 직접 피배서인에 대해서만 담보책임을 부담하고 그 이후의 자에 대하여는 담보책임을 부담하지 아니한다. ( )

> 무담보배서인은 후자 전원에 대하여 담보책임을 지지 않는다.
>
> **제15조(배서의 담보적 효력)** ① 배서인은 반대의 문구가 없으면 인수와 지급을 담보한다.
> ② 배서인은 자기의 배서 이후에 새로 하는 배서를 금지할 수 있다. 이 경우 그 배서인은 어음의 그 후의 피배서인에 대하여 담보의 책임을 지지 아니한다.

0212 | 2018 |

무담보배서를 한 배서인은 자신의 피배서인을 포함하여 그 이후의 모든 어음취득자에 대하여 담보책임을 부담하지 않는다. ( )

> 무담보배서인은 자신의 피배서인을 포함하여 어느 누구에 대해서도 담보책임을 지지 않는다.
>
> **제15조(배서의 담보적 효력)** ① 배서인은 반대의 문구가 없으면 인수와 지급을 담보한다.
> ② 배서인은 자기의 배서 이후에 새로 하는 배서를 금지할 수 있다. 이 경우 그 배서인은 어음의 그 후의 피배서인에 대하여 담보의 책임을 지지 아니한다.

답 0209 × 0210 ○ 0211 × 0212 ○

0213 | 2020 |
배서가 연속된 어음을 소지하고 있는 무권리자가 '무담보' 문구를 기재한 후 자신의 명의로 배서하여 그 어음을 교부한 경우 어음의 양수인이 어음을 선의취득할 수 없다. ( )

> 선의취득이 제한되는 배서는 「기한후배서」와 「추심위임배서」뿐이다. 무담보문구를 기재했다는 것은 배서인이 상환의무를 지지 않겠다는 의미일 뿐이다.

0214 | 2013 |
공연한 추심위임배서가 있는 경우 피배서인은 배서인에게 상환청구가 가능하다. ( )

> 공연한 추심위임배서의 경우에는 권리가 이전하지 않으므로 지급 또는 인수의 담보를 인정할 이유가 없다.

0215 | 2019 |
A는 B로부터 전자부품을 외상으로 공급받고 그 매매대금채무의 이행을 위해 약속어음을 B에게 발행하였으나 그 후 매매계약이 해제되었다. 이후 B는 "추심을 위하여"라고 기재하여 위 어음을 다시 C에게 배서하여 교부하였고 C는 어음의 취득당시 매매계약의 해제사실을 알지 못하였다. B가 행한 배서에는 권리이전적 효력이 없다.
( )

> 추심위임배서에는 권리이전적 효력은 없고, 추심위임권한(대리권)만이 수여된다.

0216 | 2019 |
A는 B로부터 전자부품을 외상으로 공급받고 그 매매대금채무의 이행을 위해 약속어음을 B에게 발행하였으나 그 후 매매계약이 해제되었다. 이후 B는 "추심을 위하여"라고 기재하여 위 어음을 다시 C에게 배서하여 교부하였고 C는 어음의 취득당시 매매계약의 해제사실을 알지 못하였다. C가 A에게 어음상 권리를 행사한 경우 A는 매매계약의 해제를 항변으로 주장할 수 없다. ( )

> 추심위임배서를 통해서는 인적항변이 절단되지 않는다. 따라서 어음의 채무자(A)는 배서인(B)에게 대항할 수 있는 항변으로 소지인(C)에게 대항할 수 있다. 이 경우 소지인의 선악은 고려하지 않는다. 참고로 소지인에 대한 항변으로는 소지인에게 대항할 수 없다.
>
> **제18조(추심위임배서)** ① 배서한 내용 중 다음 각 호의 어느 하나에 해당하는 문구가 있으면 소지인은 환어음으로부터 생기는 모든 권리를 행사할 수 있다. 그러나 소지인은 대리(代理)를 위한 배서만을 할 수 있다.
> 1. 회수하기 위하여
> 2. 추심(推尋)하기 위하여
> 3. 대리를 위하여
> 4. 그 밖에 단순히 대리권을 준다는 내용의 문구
> ② 제1항의 경우에는 어음의 채무자는 배서인에게 대항할 수 있는 항변으로써만 소지인에게 대항할 수 있다.

답 0213 × 0214 × 0215 ○ 0216 ×

0217 |2019|

A는 B로부터 전자부품을 외상으로 공급받고 그 매매대금채무의 이행을 위해 약속어음을 B에게 발행하였으나 그 후 매매계약이 해제되었다. 이후 B는 "추심을 위하여"라고 기재하여 위 어음을 다시 C에게 배서하여 교부하였고 C는 어음의 취득당시 매매계약의 해제사실을 알지 못하였다. C는 다시 "추심을 위하여"라고 기재하여 타인에게 어음을 배서하여 교부할 수 있다. ( )

> 추심위임배서의 피배서인도 재추심위임배서는 할 수 있다.
>
> **제18조(추심위임배서)** ① 배서한 내용 중 다음 각 호의 어느 하나에 해당하는 문구가 있으면 소지인은 환어음으로부터 생기는 모든 권리를 행사할 수 있다. 그러나 소지인은 대리(代理)를 위한 배서만을 할 수 있다.
> 1. 회수하기 위하여
> 2. 추심(推尋)하기 위하여
> 3. 대리를 위하여
> 4. 그 밖에 단순히 대리권을 준다는 내용의 문구

0218 |2019|

A는 B로부터 전자부품을 외상으로 공급받고 그 매매대금채무의 이행을 위해 약속어음을 B에게 발행하였으나 그 후 매매계약이 해제되었다. 이후 B는 "추심을 위하여"라고 기재하여 위 어음을 다시 C에게 배서하여 교부하였고 C는 어음의 취득당시 매매계약의 해제사실을 알지 못하였다. C가 A에게 어음상 권리를 행사하는 경우 C는 B의 대리인으로 추정된다. ( )

> 추심위임배서의 경우에도 권리추정적 효력은 인정된다. 따라서 C는 적법한 대리인으로 추정된다.
>
> **제16조(배서의 자격 수여적 효력 및 어음의 선의취득)** ① 환어음의 점유자가 배서의 연속에 의하여 그 권리를 증명할 때에는 그를 적법한 소지인으로 추정(推定)한다. 최후의 배서가 백지식인 경우에도 같다. 말소한 배서는 배서의 연속에 관하여는 배서를 하지 아니한 것으로 본다. 백지식 배서의 다음에 다른 배서가 있는 경우에는 그 배서를 한 자는 백지식 배서에 의하여 어음을 취득한 것으로 본다.

0219 |2019|

A는 B로부터 전자부품을 외상으로 공급받고 그 매매대금채무의 이행을 위해 약속어음을 B에게 발행하였으나 그 후 매매계약이 해제되었다. 이후 B는 "추심을 위하여"라고 기재하여 위 어음을 다시 C에게 배서하여 교부하였고 C는 어음의 취득당시 매매계약의 해제사실을 알지 못하였다. B가 C로부터 어음을 회수하였다면 B는 C에게 행한 배서를 말소하지 않아도 A에게 어음상 권리를 행사할 수 있다. ( )

> B는 배서가 연속된 어음의 소지인이고, 추심위임배서의 배서인이 피배서인으로부터 회수한 것으로 인정되기 때문이다.

답 0217 ○ 0218 ○ 0219 ○

0220 |2020|
배서가 연속된 어음을 소지하고 있는 무권리자가 자신의 명의로 공연한 추심위임배서를 하여 그 어음을 교부한 경우 어음의 양수인이 어음을 선의취득할 수 없다.　　　　　　　　　　　　　　　　(　　)

> 선의취득이 제한되는 배서는 「기한후배서」와 「추심위임배서」이다. 추심위임배서의 피배서인은 추심을 위한 심부름꾼일 뿐 독립한 경제적 이익을 가지고 있지 않기 때문에 어음의 선의취득이 인정되지 않는다("어/형/무/악/독" 중에서 "독"이 결여).

0221 |2023|
환어음의 경우, 어음에 배서한 내용 중 '담보하기 위하여'의 문구가 있으면 소지인은 어음으로부터 생기는 모든 권리를 행사할 수 있으나, 그 소지인이 한 배서는 대리를 위한 배서의 효력만 있다.　(　　)

> 입질배서에 대한 설명이다.
> **제19조(입질배서)** ① 배서한 내용 중 다음 각 호의 어느 하나에 해당하는 문구가 있으면 소지인은 환어음으로부터 생기는 모든 권리를 행사할 수 있다. 그러나 소지인이 한 배서는 대리를 위한 배서의 효력만 있다.
> 1. 담보하기 위하여
> 2. 입질(入質)하기 위하여
> 3. 그 밖에 질권(質權) 설정을 표시하는 문구

0222 |2017|
어음채무자는 소지인이 그 채무자를 해할 것을 알고 어음을 취득한 경우가 아닌 한 입질배서의 배서인에 대한 인적 항변사유로써 그 소지인에게 대항하지 못한다.　　　　　　　　　　　　　　　(　　)

> 추심위임배서와 달리 입질배서의 경우에는 인적항변이 절단된다.
> **제19조(입질배서)** ① 배서한 내용 중 다음 각 호의 어느 하나에 해당하는 문구가 있으면 소지인은 환어음으로부터 생기는 모든 권리를 행사할 수 있다. 그러나 소지인이 한 배서는 대리를 위한 배서의 효력만 있다.
> 1. 담보하기 위하여
> 2. 입질(入質)하기 위하여
> 3. 그 밖에 질권(質權) 설정을 표시하는 문구
> ② 제1항의 경우 어음채무자는 배서인에 대한 인적 관계로 인한 항변으로써 소지인에게 대항하지 못한다. 그러나 소지인이 그 채무자를 해할 것을 알고 어음을 취득한 경우에는 그러하지 아니하다.

0223 |2013, 2018, 2020|
공연한 입질배서가 있는 경우 피배서인이 선의이고 무중과실이면 어음상의 권리에 대한 질권을 선의취득한다.　　　(　　)

> 입질배서를 한 배서인이 어음상 권리자가 아니었음에도 이를 알지 못하고 선의로 입질배서를 받은 피배서인은 어음상의 권리를 선의취득하지는 못하나 질권의 선의취득은 인정한다.

답　0220 ○　0221 ○　0222 ○　0223 ○

0224 | 2018 |

입질배서에는 권리이전적 효력이 인정되지 않는다.   (   )

> 입질배서는 어음상 권리에 대한 질권설정을 목적으로 하는 배서이므로 이로 인해 어음상 권리가 피배서인에게 이전되지는 않는다. 다만 피배서인은 어음상 권리에 대한 질권을 취득하여 질권자로서 권리를 행사할 수 있을 뿐이다.
>
> **제19조(입질배서)** ① 배서한 내용 중 다음 각 호의 어느 하나에 해당하는 문구가 있으면 소지인은 환어음으로부터 생기는 모든 권리를 행사할 수 있다. 그러나 소지인이 한 배서는 대리를 위한 배서의 효력만 있다.
> 1. 담보하기 위하여
> 2. 입질(入質)하기 위하여
> 3. 그 밖에 질권(質權) 설정을 표시하는 문구
>
> ② 제1항의 경우 어음채무자는 배서인에 대한 인적 관계로 인한 항변으로써 소지인에게 대항하지 못한다. 그러나 소지인이 그 채무자를 해할 것을 알고 어음을 취득한 경우에는 그러하지 아니하다.

0225 | 2020 |

채권자가 공연한 입질배서를 받아 소지하고 있던 환어음을 타인에게 양도할 생각으로 다시 배서·교부한 경우, 어음금 지급청구권이 양수인에게 이전된다.   (   )

> 공연한 입질배서의 피배서인(질권자)은 질권만 취득하였을 뿐이므로 어음을 타에 양도할 수 없다. 이 경우 다시 배서하더라도 추심위임배서의 효력만 인정된다. 즉 권리이전적 효력이 없으므로 어음금지급청구권은 이전되지 않는다.
>
> **제19조(입질배서)** ① 배서한 내용 중 다음 각 호의 어느 하나에 해당하는 문구가 있으면 소지인은 환어음으로부터 생기는 모든 권리를 행사할 수 있다. 그러나 소지인이 한 배서는 대리를 위한 배서의 효력만 있다.
> 1. 담보하기 위하여
> 2. 입질(入質)하기 위하여
> 3. 그 밖에 질권(質權) 설정을 표시하는 문구

0226 | 2021 |

기한후배서란 지급거절증서가 작성된 후에 한 배서 또는 지급거절증서 작성기간이 지난 후에 한 배서를 말한다.   (   )

> 기한 후 배서에서 "기한"이란 "만기"가 아니라 "지급제시기간"을 말한다. 따라서 기한 후 배서란 (i) 지급제시기간이 경과한 후의 배서이거나, (ii) 지급제시기간 내이더라도 지급이 거절되어 거절증서가 작성된 후의 배서를 말한다.
>
> **제20조(기한 후 배서)** ① 만기후의 배서는 만기전의 배서와 같은 효력이 있다. 그러나 지급거절증서가 작성된 후에 한 배서 또는 지급거절증서 작성기간이 지난 후에 한 배서는 지명채권 양도의 효력만 있다.
> ② 날짜를 적지 아니한 배서는 지급거절증서 작성기간이 지나기 전에 한 것으로 추정한다.

답 0224 ○ 0225 × 0226 ○

0227 | 2017, 2020 |
만기 이후 지급거절이 되지 않고 지급거절증서의 작성기간도 경과하기 전에 한 배서는 기한후배서이다.
( )

만기 이후 지급거절이 되지 않고 지급거절증서의 작성기간(만기+2일)도 경과하기 전에 한 배서는 '만기후 배서'로서 기한 후 배서가 아니다. 이 경우 '만기전 배서'와 동일한 효력이 있다.

제20조(기한 후 배서) ① 만기 후의 배서는 만기 전의 배서와 같은 효력이 있다. 그러나 지급거절증서가 작성된 후에 한 배서 또는 지급거절증서 작성기간이 지난 후에 한 배서는 지명채권 양도의 효력만 있다.
② 날짜를 적지 아니한 배서는 지급거절증서 작성기간이 지나기 전에 한 것으로 추정한다.

0228 | 2021 |
기한후배서는 지명채권양도의 효력밖에 없으므로 인적항변의 절단이 인정되지 않는다.
( )

지명채권 양도의 효력이란 채무자가 채권자에 대한 항변사유로 채권의 양수인에 대해서도 항변할 수 있음을 말한다. 즉 인적항변이 그대로 유지된다.

제20조(기한 후 배서) ① 만기후의 배서는 만기전의 배서와 같은 효력이 있다. 그러나 지급거절증서가 작성된 후에 한 배서 또는 지급거절증서 작성기간이 지난 후에 한 배서는 지명채권 양도의 효력만 있다.
② 날짜를 적지 아니한 배서는 지급거절증서 작성기간이 지나기 전에 한 것으로 추정한다.

0229 | 2017 |
기한후배서는 지명채권양도의 효력이 있으므로 어음채무자에 대한 통지·승낙 등 대항요건을 갖추어야 한다.
( )

기한후배서는 그 「효력」이 지명채권양도와 같다는 의미(인적항변이 절단되지 않는다)이지, 그 「방식」까지 지명채권양도의 방식을 취해야 한다는 의미(채무자에 대한 통지 또는 승낙)가 아니다. 즉 기한 후 배서는 배서만으로 어음상 권리가 이전된다.

0230 | 2017 |
기한후배서 여부를 결정하는 자료가 되는 것은 실제 배서한 일자가 아니라 배서란에 기재된 일자이다.
( )

(ⅰ) 실제로 배서가 이루어진 날짜와 어음에 기재된 배서일자가 다른 경우에는 실제의 배서일을 기준으로 기한후배서 여부를 판단한다. (ⅱ) 참고로 배서일자의 기재는 어음요건이 아니다.

0231 | 2016, 2020, 2021, 2022 |
배서인이 환어음에 날짜를 적지 아니한 채 행한 배서는 지급거절증서 작성기간이 지난 후에 한 것으로 추정한다. ( )

배서인이 환어음에 날짜를 적지 아니한 채 행한 배서는 지급거절증서 작성기간이 지나기 전에 한 것으로, 즉「기한 전 배서」로 추정한다. 배서에서 날짜는 필수적 기재사항이 아니다. 날짜가 기재되지 않았다고 해서 기한후 배서로 보아 어음의 유통성을 부인할 수는 없다.

제20조(기한 후 배서) ① 만기 후의 배서는 만기 전의 배서와 같은 효력이 있다. 그러나 지급거절증서가 작성된 후에 한 배서 또는 지급거절증서 작성기간이 지난 후에 한 배서는 지명채권 양도의 효력만 있다.
② 날짜를 적지 아니한 배서는 지급거절증서 작성기간이 지나기 전에 한 것으로 추정한다.

0232 | 2009 |
만기백지어음에서 만기도래 전에 배서가 행해진 경우 만기도래 후에 백지보충하더라도 동 배서는 기한 전 배서이다. ( )

배서가 행해진 시점을 기준으로 판단하면 된다. 즉 백지어음에 만기도래 전에 한 배서는 만기도래 후에 백지가 보충된 때에도 기한 후 배서로 볼 것은 아니다. 다만 엄밀히 말하면 출제오류이다. 만기백지인 어음에서 만기도래 후에 백지를 보충한다는 말 자체가 성립할 수 없다.

[대법원 1971.8.31. 선고, 68다1176, 전원합의체 판결]
백지어음에 있어서 백지의 보충시와 어음행위 자체의 성립시기와는 엄격히 구별하여야 할 문제로서 백지의 보충없이는 어음상의 권리를 행사할 수 없으나 어음행위의 성립시기를 곧 백지의 보충시기로 의제할 수는 없는 것이며 그 성립시기는 그 어음행위 자체의 성립시기로 결정하여야 할 것이므로 백지어음에 만기 전에 한 배서는 만기 후에 백지가 보충된 때에도 기한후 배서로 볼 것이 아니다.

0233 | 2017 |
지급거절증서의 작성기간 경과 전에 백지식배서에 의해 어음을 취득한 자가 지급거절증서의 작성기간 경과 후에 백지를 보충하더라도 기한후배서가 되는 것은 아니다. ( )

「백지보충시」가 아니라「배서의 성립시기」를 기준으로 기한후배서인지 여부를 판단한다.

0234 | 2018 |
기한후배서의 경우 자격수여적 효력이 인정되므로 선의취득도 인정된다. ( )

어음의 선의취득이 가능하려면 어음법적 유통방법에 의하여야 한다(어형무악독). 그런데 기한 후 배서는 지명채권 양도의 효력만 있을 뿐이므로 선의취득이 인정되지 않는다.

제20조(기한 후 배서) ① 만기 후의 배서는 만기 전의 배서와 같은 효력이 있다. 그러나 지급거절증서가 작성된 후에 한 배서 또는 지급거절증서 작성기간이 지난 후에 한 배서는 지명채권 양도의 효력만 있다.
날짜를 적지 아니한 배서는 지급거절증서 작성기간이 지나기 전에 한 것으로 추정한다.

답 0231 × 0232 ○ 0233 ○ 0234 ×

제16조(배서의 자격 수여적 효력 및 어음의 선의취득) ① 환어음의 점유자가 배서의 연속에 의하여 그 권리를 증명할 때에는 그를 적법한 소지인으로 추정(推定)한다. 최후의 배서가 백지식인 경우에도 같다. 말소한 배서는 배서의 연속에 관하여는 배서를 하지 아니한 것으로 본다. 백지식 배서의 다음에 다른 배서가 있는 경우에는 그 배서를 한 자는 백지식 배서에 의하여 어음을 취득한 것으로 본다.
② 어떤 사유로든 환어음의 점유를 잃은 자가 있는 경우에 그 어음의 소지인이 제1항에 따라 그 권리를 증명할 때에는 그 어음을 반환할 의무가 없다. 그러나 소지인이 악의 또는 중대한 과실로 인하여 어음을 취득한 경우에는 그러하지 아니하다.

0235 |2020|
약속어음의 소지인이 지급제시기간 경과 후에 타인에게 어음을 배서·교부한 경우, 그 배서에는 권리이전적 효력이 없다. ( )

기한후 배서에 해당한다. 지명채권양도의 효력이 있다는 말은 권리이전적 효력이 있다는 것이다. 기한후배서에서 부인되는 것은 "선의취득", "인적항변의 절단", "담보적 효력"이다.

제20조(기한 후 배서) ① 만기후의 배서는 만기전의 배서와 같은 효력이 있다. 그러나 지급거절증서가 작성된 후에 한 배서 또는 지급거절증서 작성기간이 지난 후에 한 배서는 지명채권 양도의 효력만 있다.
② 날짜를 적지 아니한 배서는 지급거절증서 작성기간이 지나기 전에 한 것으로 추정한다.

제4절 지급

0236 |2010|
환어음의 단순한 점유자는 인수제시와 마찬가지로 지급제시도 할 수 있다. ( )

인수제시는 환어음의 「소지인」뿐만 아니라 「단순한 점유자」도 할 수 있다. 반면에 지급제시는 「단순한 점유자」는 할 수 없고, 「소지인」이 해야 한다.

제21조(인수 제시의 자유) 환어음의 소지인 또는 단순한 점유자는 만기에 이르기까지 인수를 위하여 지급인에게 그 주소에서 어음을 제시할 수 있다.

제38조(지급 제시의 필요) ① 확정일출급, 발행일자 후 정기출급 또는 일람 후 정기출급의 환어음 소지인은 지급을 할 날 또는 그날 이후의 2거래일 내에 지급을 받기 위한 제시를 하여야 한다.

0237 |2022|
일람 후 정기출급의 환어음 소지인은 지급을 할 날 또는 그날 이후의 2거래일 내에 지급을 받기 위한 제시를 하여야 한다. ( )

지급제시기간은 지급을 할 날에 이은 2거래일이다.

답 0235 × 0236 × 0237 ○

제38조(지급 제시의 필요) ① 확정일출급, 발행일자 후 정기출급 또는 일람 후 정기출급의 환어음 소지인은 지급을 할 날 또는 그날이후의 2거래일 내에 지급을 받기위한 제시를 하여야 한다.

0238 | 2022 |

발행국과 지급국에서 명칭은 같으나 가치가 다른 통화로써 환어음의 금액을 정한 경우에는 지급지의 통화로 정한 것으로 추정한다. ( )

이러한 경우를 「동명이가화폐」라고 한다. 발행지가 미국이고 지급지가 홍콩이라면, 미국달러가 아닌 홍콩달러로 지급하여야 한다.

제41조(지급할 화폐) ① 지급지의 통화(通貨)가 아닌 통화로 지급한다는 내용이 기재된 환어음은 만기일의 가격에 따라 지급지의 통화로 지급할 수 있다. 어음채무자가 지급을 지체한 경우 소지인은 그 선택에 따라 만기일 또는 지급하는 날의 환시세(換時勢)에 따라 지급지의 통화로 어음금액을 지급할 것을 청구할 수 있다.
② 외국통화의 가격은 지급지의 관습에 따라 정한다. 그러나 발행인은 어음에서 정한 환산율에 따라 지급금액을 계산한다는 뜻을 어음에 적을 수 있다.
③ 제1항 및 제2항은 발행인이 특정한 종류의 통화로 지급한다는 뜻(외국통화 현실지급 문구)을 적은 경우에는 적용하지 아니한다.
④ 발행국과 지급국에서 명칭은 같으나 가치가 다른 통화로써 환어음의 금액을 정한 경우에는 지급지의 통화로 정한 것으로 추정한다.

0239 | 2010, 2019, 2022 |

만기일의 다음 날 환어음을 지급제시한 자가 무권리자임을 과실 없이 알지 못한 인수인이 어음금을 지급한 경우 그 어음채무를 면한다. ( )

만기 지급에 해당한다. 만기지급의 경우 소지인은 정당한 권리자로 추정되므로 선의지급인은 면책된다.

제40조(지급의 시기 및 지급인의 조사의무) ③ 만기에 지급하는 지급인은 사기 또는 중대한 과실이 없으면 그 책임을 면한다. 이 경우 지급인은 배서의 연속이 제대로 되어 있는지를 조사할 의무가 있으나 배서인의 기명날인 또는 서명을 조사할 의무는 없다.

0240 | 2010, 2019, 2023 |

만기일 이전에 환어음을 지급제시한 자가 무권리자임을 과실 없이 알지 못한 인수인이 어음금을 지급한 경우 그 어음채무를 면하지 못하는 것이 원칙이다. ( )

만기 전 지급의 경우 그 지급에 대한 위험은 지급인이 부담한다. 형식적 자격이 있더라도 실질적인 권리가 없으면 지급은 유효하지 않다.

제40조(지급의 시기 및 지급인의 조사의무) ② 만기 전에 지급을 하는 지급인은 자기의 위험부담으로 하는 것으로 한다.

0241 |2023|
환어음의 만기에 지급하는 지급인은 그 채무자를 해할 것을 알고 지급하는 경우가 아닌 한 그 책임을 면한다. ( )

「사기나 중대한 과실로 지급한 경우가 아닌 한」 책임을 면한다.
제40조(지급의 시기 및 지급인의 조사의무) ③ 만기에 지급하는 지급인은 사기 또는 중대한 과실이 없으면 그 책임을 면한다. 이 경우 지급인은 배서의 연속이 제대로 되어 있는지를 조사할 의무가 있으나 배서인의 기명날인 또는 서명을 조사할 의무는 없다.

0242 |2010, 2019|
지급제시기간 경과 후에 환어음을 지급제시한 자가 무권리자임을 과실 없이 알지 못한 인수인이 어음금을 지급한 경우 그 어음채무를 면한다. ( )

인수인은 주채무자이므로 만기로부터 3년간 어음금 지급의무를 부담한다. 따라서 소멸시효 완성 전까지는 선의로 지급할 경우 면책된다.
제40조(지급의 시기 및 지급인의 조사의무) ③ 만기에 지급하는 지급인은 사기 또는 중대한 과실이 없으면 그 책임을 면한다. 이 경우 지급인은 배서의 연속이 제대로 되어 있는지를 조사할 의무가 있으나 배서인의 기명날인 또는 서명을 조사할 의무는 없다.
제70조(시효기간) ① 인수인에 대한 환어음상의 청구권은 만기일부터 3년간 행사하지 아니하면 소멸시효가 완성된다.

0243 |2019|
A는 B로부터 인수를 받은 후 만기 2019년 2월 19일인 환어음을 발행하였다. B는 2019년 2월 21일까지 지급을 받기 위한 제시가 없으면 어음금액을 관할 관서에 공탁함으로써 어음금지급책임을 면한다. ( )

어음채무자는 적법한 기간(사안의 경우 2월 19일, 20일, 21일) 내에 어음의 지급을 받기 위한 제시가 없으면 어음소지인의 비용과 부담으로 어음금액을 관할 관서에 공탁할 수 있다. 이 경우 지급인은 그 책임을 면한다.
제42조(어음금액의 공탁) 제38조에 따른 기간 내에 환어음의 지급을 받기 위한 제시가 없으면 각 어음채무자는 소지인의 비용과 위험부담으로 어음금액을 관할 관서에 공탁(供託)할 수 있다.

0244 |2019, 2023|
A는 B로부터 인수를 받은 후 만기 2019년 2월 19일인 환어음을 발행하였다. B가 2019년 2월 18일 적법한 어음상 권리자에게 어음금을 지급하려하는 경우 어음상 권리자는 이를 수령할 의무가 없다. ( )

환어음의 소지인은 만기 전에는 지급을 받을 의무가 없다.
제40조(지급의 시기 및 지급인의 조사의무) ① 환어음의 소지인은 만기 전에는 지급을 받을 의무가 없다.
② 만기 전에 지급을 하는 지급인은 자기의 위험부담으로 하는 것으로 한다.
③ 만기에 지급하는 지급인은 사기 또는 중대한 과실이 없으면 그 책임을 면한다. 이 경우 지급인은 배서의 연속이 제대로 되어 있는지를 조사할 의무가 있으나 배서인의 기명날인 또는 서명을 조사할 의무는 없다.
④ 제38조제3항에 따른 지급 제시의 경우 지급인 또는 지급인으로부터 지급을 위임받은 금융기관은 제3항 후단에 따른 배서의 연속이 제대로 되어 있는지에 대한 조사를 제시금융기관에 위임할 수 있다.

0241 × 0242 ○ 0243 ○ 0244 ○

0245 | 2010 |

인수인이 환어음의 무권리자에게 행한 지급의 효력이 인정되는 경우 진정한 어음권리자는 상환청구 절차를 통해서 보호받을 수 있다. ( )

> 어음이 유효하게 지급되어 어음관계가 종료되었으므로 상환청구권은 인정하지 않는다. 인수인은 사기 또는 중과실이 없으면 면책된다.

0246 | 2010 |

상환의무자는 환어음을 제시한 자가 무권리자임을 과실없이 알지 못한 채 지급하면 그 어음채무를 면한다.
( )

> 소지인이 정당한 권리자로 추정되기 때문이다. 「지급인」의 면책에 관한 제40조 제3항은 「상환의무자」에 대해서도 적용된다.
>
> **제40조(지급의 시기 및 지급인의 조사의무)** ③ 만기에 지급하는 지급인은 사기 또는 중대한 과실이 없으면 그 책임을 면한다. 이 경우 지급인은 배서의 연속이 제대로 되어 있는지를 조사할 의무가 있으나 배서인의 기명날인 또는 서명을 조사할 의무는 없다.

제5절 상환청구

0247 | 2007 |

만기 후 배서의 피배서인은 지급제시기간 내에 지급제시를 하지 않아도 상환청구권의 보전이 인정된다.
( )

> 「기한 후 배서」는 이미 지급제시기간이 경과한 후에 이루어진 배서를 의미하나, 「만기 후의 배서」는 지급제시기간 경과 전의 배서로서 「만기 전 배서」와 효과가 동일하다. 지급제시가 면제되는 예외적인 경우(어음법 제44조 제4항, 제54조 제4항, 수표법 제47조 제4항 등)를 제외하고는, 지급제시기간 내에 지급제시를 하지 않으면 상환청구권이 보전되지 않는다.
>
> **제20조(기한 후 배서)** ① 만기 후의 배서는 만기 전의 배서와 같은 효력이 있다. 그러나 지급거절증서가 작성된 후에 한 배서 또는 지급거절증서 작성기간이 지난 후에 한 배서는 지명채권 양도의 효력만 있다.
>
> **제43조(상환청구의 실질적 요건)** 만기에 지급이 되지 아니한 경우 소지인은 배서인, 발행인, 그 밖의 어음채무자에 대하여 상환청구권(償還請求權)을 행사할 수 있다. 다음 각 호의 어느 하나에 해당하는 경우에는 만기 전에도 상환청구권을 행사할 수 있다.
> 1. 인수의 전부 또는 일부의 거절이 있는 경우
> 2. 지급인의 인수 여부와 관계없이 지급인이 파산한 경우, 그 지급이 정지된 경우 또는 그 재산에 대한 강제집행이 주효(奏效)하지 아니한 경우
> 3. 인수를 위한 어음의 제시를 금지한 어음의 발행인이 파산한 경우

답 0245 × 0246 ○ 0247 ×

0248 |2020|
환어음의 인수인이 파산한 경우 어음의 소지인에게 상환청구권이 인정된다.　　　　　　　　(　　)

> 만기전 상환청구권을 행사할 수 있다.
>
> **제43조(상환청구의 실질적 요건)** 만기에 지급이 되지 아니한 경우 소지인은 배서인, 발행인, 그 밖의 어음채무자에 대하여 상환청구권(償還請求權)을 행사할 수 있다. 다음 각 호의 어느 하나에 해당하는 경우에는 만기 전에도 상환청구권을 행사할 수 있다.
> 2. 지급인의 인수 여부와 관계없이 지급인이 파산한 경우, 그 지급이 정지된 경우 또는 그 재산에 대한 강제집행이 주효(奏效)하지 아니한 경우

0249 |2020|
인수제시가 금지된 환어음의 발행인이 파산한 경우 어음의 소지인에게 상환청구권이 인정된다.　(　　)

> 만기전 상환청구권의 대상이다.
>
> **제43조(상환청구의 실질적 요건)** 만기에 지급이 되지 아니한 경우 소지인은 배서인, 발행인, 그 밖의 어음채무자에 대하여 상환청구권(償還請求權)을 행사할 수 있다. 다음 각 호의 어느 하나에 해당하는 경우에는 만기 전에도 상환청구권을 행사할 수 있다.
> 3. 인수를 위한 어음의 제시를 금지한 어음의 발행인이 파산한 경우

0250 |2020|
인수하지 아니한 환어음 지급인의 재산에 대한 강제집행이 주효(奏效)하지 않은 경우 어음의 소지인에게 상환청구권이 인정된다.　　　　　　　　　　　　　　　　　　　　　　　　　　(　　)

> 만기전 상환청구권의 대상이다.
>
> **제43조(상환청구의 실질적 요건)** 만기에 지급이 되지 아니한 경우 소지인은 배서인, 발행인, 그 밖의 어음채무자에 대하여 상환청구권(償還請求權)을 행사할 수 있다. 다음 각 호의 어느 하나에 해당하는 경우에는 만기 전에도 상환청구권을 행사할 수 있다.
> 1. 인수의 전부 또는 일부의 거절이 있는 경우
> 2. 지급인의 인수 여부와 관계없이 지급인이 파산한 경우, 그 지급이 정지된 경우 또는 그 재산에 대한 강제집행이 주효(奏效)하지 아니한 경우
> 3. 인수를 위한 어음의 제시를 금지한 어음의 발행인이 파산한 경우

0251 |2008|
환어음의 만기가 도래하기 전에 지급인 또는 인수인의 지급정지, 강제집행의 부주효가 발생하여 만기전 상환청구절차를 개시하고자 한다면 원칙적으로 인수거절증서를 작성해야 한다.　　(　　)

> 이 경우 인수거절증서가 아니라 지급거절증서를 작성하여야 한다.
>
> **제44조(상환청구의 형식적 요건)** ⑤ 지급인의 인수 여부와 관계없이 지급인이 지급을 정지한 경우 또는 그 재산에 대한 강제집행이 주효하지 아니한 경우 소지인은 지급인에 대하여 지급을 받기 위한 제시를 하고 거절증서를 작성시킨 후가 아니면 상환청구권을 행사하지 못한다.

답　0248 ○　0249 ○　0250 ○　0251 ×

0252 | 2019 |

약속어음의 소지인은 인수가 거절되면 만기가 도래하기 전이라도 상환의무자에게 상환청구권을 행사할 수 있지만 환어음의 경우에는 그러하지 아니하다. ( )

> 약속어음이나 환어음이나 만기전 상환청구는 가능하다. 다만 인수거절은 약속어음이 아니라 환어음의 소지인에게 인정되는 만기전 상환청구사유(제43조 1호)이다.
>
> [대법원 1984. 7. 10., 선고, 84다카424, 판결]
> 어음법은 약속어음의 경우에 환어음의 경우와 같은 만기 전 소구에 관한 정을 두고 있지 않으나 약속어음에 있어서도 발행인의 파산이나 지급정지 기타 그 자력을 불확실케 하는 사유로 말미암아 만기에 지급거절이 될 것이 예상되는 경우에는 만기 전의 소구가 가능하다고 보아야 할 것인 바 이 사건 약속어음과 동일인 발행명의의 다른 약속어음이 모두 부도가 된 상황이라면 특별한 사정이 없는한 이 사건 약속어음도 만기에 지급거절이 될 것이 예상된다고 하겠으므로 그 소지인은 만기 전이라고 할지라도 일단 지급제시를 한 후 배서인에게 소구권(편저자 주 : 상환청구권)을 행사할 수 있다.
>
> **제43조(상환청구의 실질적 요건)** 만기에 지급이 되지 아니한 경우 소지인은 배서인, 발행인, 그 밖의 어음채무자에 대하여 상환청구권(償還請求權)을 행사할 수 있다. 다음 각 호의 어느 하나에 해당하는 경우에는 만기 전에도 상환청구권을 행사할 수 있다.
> 1. 인수의 전부 또는 일부의 거절이 있는 경우
> 2. 지급인의 인수 여부와 관계없이 지급인이 파산한 경우, 그 지급이 정지된 경우 또는 그 재산에 대한 강제집행이 주효(奏效)하지 아니한 경우
> 3. 인수를 위한 어음의 제시를 금지한 어음의 발행인이 파산한 경우

0253 | 2008 |

약속어음의 경우 환어음의 만기전 상환청구에 관한 규정을 준용하는 어음법 규정이 없으므로 만기전 상환청구가 인정될 수 없다. ( )

> 약속어음의 경우에도 만기 전에 발행인이 파산한 경우나 지급정지 그밖에 그 자력을 불확실하게 하는 사유가 인정되는 경우에는 만기전 상환청구가 가능하다.
>
> [대법원 1992.5.26, 선고, 92다6471, 판결]
> 어음법은 약속어음에 관하여는 지급거절로 인한 소구만을 인정하고 만기 전의 소구에 관하여는 규정하고 있지 아니하나, 약속어음에 있어서도 만기 전에 발행인의 파산이나 지급정지 기타 그 자력을 불확실하게 하는 사유로 말미암아 만기에 지급거절이 될 것이 예상되는 경우에는 만기 전이라도 소구할 수 있다고 보아야 한다.

0254 | 2007 |

약속어음 발행인의 다른 약속어음이 모두 부도가 된 경우에는 만기 전의 상환청구가 가능하다. ( )

> [대법원 1993.12.28, 선고, 93다35254, 판결]
> 약속어음에 있어서도 발행인의 파산이나 지급정지 기타 그 자력을 불확실하게 하는 사유로 말미암아 만기에 지급거절이 될 것이 예상되는 경우에는 만기 전의 소구가 가능하다.

답 0252 × 0253 × 0254 ○

0255 | 2007 |
약속어음에 있어서 발행인의 파산이나 지급정지 등의 사유로 지급거절이 예상되는 경우에는 만기 전의 상환청구가 가능하다.　　　　　　　　　　　　　　　　　　　　　　　　　　　　　　　　　　　　(　　　)

> [대법원 1993.12.28. 선고, 93다35254, 판결]
> 약속어음에 있어서도 발행인의 파산이나 지급정지 기타 그 자력을 불확실하게 하는 사유로 말미암아 만기에 지급거절이 될 것이 예상되는 경우에는 만기 전의 소구가 가능하다.

0256 | 2007 |
약속어음의 소지인이 만기 2일 전에 지급제시를 한 것은 만기 전에 상환청구권을 행사하기 위한 것으로 볼 수 있다.　　(　　　)

> 만기 전에 지문 0254나 0255의 사유가 발생하면 약속어음의 소지인은 만기 전 지급제시를 할 수 있고, 이때 지급이 거절되면 만기 전 상환청구를 할 수 있다.

0257 | 2008, 2022, 2023 |
환어음의 지급인이 일부지급하는 경우 어음소지인은 이를 거절하지 못하므로 지급받은 금액을 공제한 잔액에 한하여 지급거절로 인한 상환청구권을 행사할 수 있다.　　　　　　　　　　　　　　　　　(　　　)

> 소지인은 일부지급을 거절하지 못한다(Better than nothing). 일부지급이 이루어지면 지급되지 않은 액수에 한하여 상환청구가 가능하다.
>
> 제39조(상환증권성 및 일부지급) ② 소지인은 일부지급을 거절하지 못한다.

0258 | 2008 |
환어음의 발행인이 지급거절증서의 작성을 면제한 때에는 그 어음의 소지인은 어느 경우든지 지급제시 없이 상환청구할 수 있다.　　　　　　　　　　　　　　　　　　　　　　　　　　　　　　　　　　(　　　)

> 지급거절증서의 작성이 면제된 것이지 지급제시가 면제된 것은 아니다. 따라서 지급제시는 하여야 한다.
>
> 제46조(거절증서 작성 면제) ① 발행인, 배서인 또는 보증인은 다음 각 호의 어느 하나에 해당하는 문구를 환어음에 적고 기명날인하거나 서명함으로써 소지인의 상환청구권 행사를 위한 인수거절증서 또는 지급거절증서의 작성을 면제할 수 있다.
> 1. 무비용상환
> 2. 거절증서 불필요
> 3. 제1호 및 제2호와 같은 뜻을 가진 문구
> ② 제1항 각 호의 문구가 있더라도 소지인의 법정기간 내 어음의 제시 및 통지 의무가 면제되는 것은 아니다. 법정기간을 준수하지 아니하였음은 소지인에 대하여 이를 원용(援用)하는 자가 증명하여야 한다.

0259 | 2008 |
약속어음의 발행인 또는 환어음의 지급인이 미리 지급거절의사를 표시한 경우에는 지급제시기간 내에 지급제시하지 않아도 된다.　　　　　　　　　　　　　　　　　　　　　　　　　　　　　　　　　　(　　　)

답　0255 ○　0256 ○　0257 ○　0258 ×　0259 ×

주채무자가 미리 지급거절의사를 표시하였더라도 지급제시의 면제사유에 해당하지 않는다. 따라서 지급제시기간 내에 지급제시를 하여야 상환청구권을 보전할 수 있다.

0260 | 2010 |

지급인이 중첩적으로 기재되어 있는 때에는 그 전원이 인수를 거절한 경우에만 소지인은 만기 전 상환청구를 할 수 있다. ( )

「인수거절로 인한 만기 전 상환청구」는 수인의 지급인 중 1인만 인수를 거절해도 가능하다. 반면에 「지급거절로 인한 만기 후 상환청구」를 위해서는 그 전원이 지급을 거절하여야 한다.

0261 | 2016 |

환어음의 소지인은 상환청구권에 의하여 연 6퍼센트의 이율로 계산한 만기 이후의 이자의 지급을 청구할 수 있다. ( )

어음의 종류를 불문하고, 만기상환청구시 그 상환청구금액에는 만기 이후의 법정이자가 추가된다.

제48조(상환청구금액) ① 소지인은 상환청구권에 의하여 다음 각 호의 금액의 지급을 청구할 수 있다.
1. 인수 또는 지급되지 아니한 어음금액과 이자가 적혀 있는 경우 그 이자
2. <u>연 6퍼센트의 이율로 계산한 만기 이후의 이자</u>
3. 거절증서의 작성비용, 통지비용 및 그 밖의 비용
② 만기 전에 상환청구권을 행사하는 경우에는 할인에 의하여 어음금액을 줄인다. 그 할인은 소지인의 주소지에서 상환청구하는 날의 공정할인율(은행률)에 의하여 계산한다.

0262 | 2022 |

만기에 지급을 받지 못한 소지인은 상환청구할 수 있는 모든 금액에 관하여 인수인에 대하여 환어음으로부터 생기는 직접청구권을 가진다. ( )

만기에 지급이 거절되면 소지인은 상환청구권을 행사하는데, 상환청구금액은 법정이자 및 지급거절증서 작성비용 등을 포함하므로 액면금보다 더 커지게 된다. 이러한 점을 나타낸 것이다.

제28조(인수의 효력) ① 지급인은 인수를 함으로써 만기에 환어음을 지급할 의무를 부담한다.
② <u>지급을 받지 못한 경우에 소지인은 제48조와 제49조에 따라 청구할 수 있는 모든 금액에 관하여 인수인에 대하여 환어음으로부터 생기는 직접청구권을 가진다.</u> 소지인이 발행인인 경우에도 같다.

제48조(상환청구금액) ① 소지인은 상환청구권에 의하여 다음 각 호의 금액의 지급을 청구할 수 있다.
1. 인수 또는 지급되지 아니한 어음금액과 이자가 적혀 있는 경우 그 이자
2. 연 6퍼센트의 이율로 계산한 만기 이후의 이자
3. 거절증서의 작성비용, 통지비용 및 그 밖의 비용
② 만기 전에 상환청구권을 행사하는 경우에는 할인에 의하여 어음금액을 줄인다. 그 할인은 소지인의 주소지에서 상환청구하는 날의 공정할인율(은행률)에 의하여 계산한다.

답 0260 × 0261 ○ 0262 ○

0263 |2016|

만기에 지급이 되지 아니한 경우 소지인은 배서인, 발행인, 그 밖의 어음채무자에 대하여 상환청구권을 행사할 수 있다. ( )

> 상환청구권은 자신의 전자인 상환의무자 전원에 대하여 그 순서를 불문하고 행사가능하다.
>
> **제47조(어음채무자의 합동책임)** ① 환어음의 발행, 인수, 배서 또는 보증을 한 자는 소지인에 대하여 합동으로 책임을 진다.
> ② 소지인은 제1항의 어음채무자에 대하여 그 채무부담의 순서에도 불구하고 그중 1명, 여러 명 또는 전원에 대하여 청구할 수 있다.
> ③ 어음채무자가 그 어음을 환수한 경우에도 제2항의 소지인과 같은 권리가 있다.
> ④ 어음채무자 중 1명에 대한 청구는 다른 채무자에 대한 청구에 영향을 미치지 아니한다. 이미 청구를 받은 자의 후자(後者)에 대하여도 같다.

0264 |2016|

인수의 전부 또는 일부의 거절이 있는 경우 소지인은 배서인, 발행인, 그 밖의 어음채무자에 대하여 만기 전에도 상환청구권을 행사할 수 있다. ( )

> 인수거절뿐만 아니라 만기에 지급가능성이 불확실할 것으로 보이는 사유(인수인·지급인의 파산, 지급정지, 강제집행의 부주효) 발생시에는 만기 전에도 상환청구권의 행사가 가능하다.
>
> **제43조(상환청구의 실질적 요건)** 만기에 지급이 되지 아니한 경우 소지인은 배서인, 발행인, 그 밖의 어음채무자에 대하여 상환청구권(償還請求權)을 행사할 수 있다. 다음 각 호의 어느 하나에 해당하는 경우에는 만기 전에도 상환청구권을 행사할 수 있다.
> 1. 인수의 전부 또는 일부의 거절이 있는 경우
> 2. 지급인의 인수 여부와 관계없이 지급인이 파산한 경우, 그 지급이 정지된 경우 또는 그 재산에 대한 강제집행이 주효(奏效)하지 아니한 경우
> 3. 인수를 위한 어음의 제시를 금지한 어음의 발행인이 파산한 경우

0265 |2016|

확정일출급, 발행일자 후 정기출급 또는 일람 후 정기출급 환어음의 지급거절증서는 지급을 할 날 이후의 2거래일 내에 작성시켜야 한다. ( )

> 일람출급을 제외한 나머지 3가지 종류의 만기를 가진 어음(확정일출급, 발행일자 후 정기출급 또는 일람 후 정기출급 환어음)의 지급거절증서는 지급을 할 날 이후의 2거래일 내에 작성시켜야 한다.
>
> **제44조(상환청구의 형식적 요건)** ① 인수 또는 지급의 거절은 공정증서(인수거절증서 또는 지급거절증서)로 증명하여야 한다.
> ② 인수거절증서는 인수를 위한 제시기간 내에 작성시켜야 한다. 다만, 기간의 말일에 제24조제1항에 따른 제시가 있으면 그 다음 날에도 거절증서를 작성시킬 수 있다.
> ③ 확정일출급, 발행일자 후 정기출급 또는 일람 후 정기출급 환어음의 지급거절증서는 지급을 할 날 이후의 2거래일 내에 작성시켜야 한다. 일람출급 어음의 지급거절증서는 인수거절증서 작성에 관한 제2항에 따라 작성시켜야 한다.

답 0263 ○ 0264 ○ 0265 ○

0266 | 2016 |

일람출급어음의 지급거절증서는 원칙적으로 인수를 위한 제시기간 내에 작성시켜야 한다. (   )

> 일람출급의 환어음은 인수거절증서 작성기간 내(=인수제시기간 내=발행일로부터 1년 내)에 지급거절증서를 작성하여야 한다.
>
> **제44조(상환청구의 형식적 요건)** ① 인수 또는 지급의 거절은 공정증서(인수거절증서 또는 지급거절증서)로 증명하여야 한다.
> ② 인수거절증서는 인수를 위한 제시기간 내에 작성시켜야 한다. 다만, 기간의 말일에 제24조제1항에 따른 제시가 있으면 그 다음 날에도 거절증서를 작성시킬 수 있다.
> ③ 확정일출급, 발행일자 후 정기출급 또는 일람 후 정기출급 환어음의 지급거절증서는 지급을 할 날 이후의 2거래일 내에 작성시켜야 한다. 일람출급 어음의 지급거절증서는 인수거절증서 작성에 관한 제2항에 따라 작성시켜야 한다.
> **제34조(일람출급 어음의 만기)** ① 일람출급의 환어음은 제시된 때를 만기로 한다. 이 어음은 발행일부터 1년 내에 지급을 받기 위한 제시를 하여야 한다. 발행인은 이 기간을 단축하거나 연장할 수 있고 배서인은 그 기간을 단축할 수 있다.

0267 | 2023 |

어음의 소지인은 거절증서 작성일 이후의 4거래일 내에 자기의 배서인과 발행인에게 인수거절 또는 지급거절이 있었음을 통지하여야 한다. (   )

> 어음의 소지인의 자기의 배서인뿐만 아니라 발행인에게도 거절사실을 통지해야 한다는 점을 주의해야 한다.
>
> **제45조(인수거절 및 지급거절의 통지)** ① 소지인은 다음 각 호의 어느 하나에 해당하는 날 이후의 4거래일 내에 자기의 배서인과 발행인에게 인수거절 또는 지급거절이 있었음을 통지하여야 하고, 각 배서인은 그 통지를 받은 날 이후 2거래일 내에 전(前) 통지자 전원의 명칭과 처소(處所)를 표시하고 자기가 받은 통지를 자기의 배서인에게 통지하여 차례로 발행인에게 미치게 하여야 한다. 이 기간은 각 통지를 받은 때부터 진행한다.
> 1. 거절증서 작성일
> 2. 무비용상환(無費用償還)의 문구가 적혀 있는 경우에는 어음 제시일

0268 | 2023 |

발행인, 배서인 또는 보증인은 무비용상환 또는 거절증서 불필요의 문구를 환어음에 적고 기명날인하거나 서명하여 소지인의 상환청구권 행사를 위한 인수거절증서의 작성을 면제할 수 있다. (   )

> 지급거절증서의 경우도 마찬가지이다.
>
> **제46조(거절증서 작성 면제)** ① 발행인, 배서인 또는 보증인은 다음 각 호의 어느 하나에 해당하는 문구를 환어음에 적고 기명날인하거나 서명함으로써 소지인의 상환청구권 행사를 위한 인수거절증서 또는 지급거절증서의 작성을 면제할 수 있다.
> 1. 무비용상환
> 2. 거절증서 불필요
> 3. 제1호 및 제2호와 같은 뜻을 가진 문구

답 0266 ○   0267 ○   0268 ○

0269 | 2023 |

발행인이 거절증서 불필요 문구를 적었음에도 불구하고 소지인이 거절증서를 작성시켰으면 그 비용은 소지인이 부담한다. ( )

> 옳은 내용이다.
>
> **제46조(거절증서 작성 면제)** ① 발행인, 배서인 또는 보증인은 다음 각 호의 어느 하나에 해당하는 문구를 환어음에 적고 기명날인하거나 서명함으로써 소지인의 상환청구권 행사를 위한 인수거절증서 또는 지급거절증서의 작성을 면제할 수 있다.
> 1. 무비용상환
> 2. 거절증서 불필요
> 3. 제1호 및 제2호와 같은 뜻을 가진 문구
> ③ 발행인이 제1항 각 호의 문구를 적은 경우에는 모든 어음채무자에 대하여 효력이 있고, 배서인 또는 보증인이 이 문구를 적은 경우에는 그 배서인 또는 보증인에 대하여만 효력이 있다. 발행인이 이 문구를 적었음에도 불구하고 소지인이 거절증서를 작성시켰으면 그 비용은 소지인이 부담하고, 배서인 또는 보증인이 이 문구를 적은 경우에 거절증서를 작성시켰으면 모든 어음채무자에게 그 비용을 상환하게 할 수 있다.

0270 | 2016, 2023 |

발행인, 배서인 또는 보증인이 환어음상에 거절증서 작성 면제의 문구를 적고 기명날인 또는 서명한 경우 소지인은 법정기간 내 어음의 제시 및 통지 의무가 면제된다. ( )

> 거절증서작성의무가 면제된 경우(무비용상환의 문구가 적혀있는 경우)에는 거절증서작성이 면제될 뿐이고 어음의 제시 및 통지의무가 면제되는 것은 아니다. 따라서 '어음을 지급제시 또는 인수제시한 날 이후 4거래일 내에' 통지하여야 한다.
>
> **제45조(인수거절 및 지급거절의 통지)** ① 소지인은 다음 각 호의 어느 하나에 해당하는 날 이후의 4거래일 내에 자기의 배서인과 발행인에게 인수거절 또는 지급거절이 있었음을 통지하여야 하고, 각 배서인은 그 통지를 받은 날 이후 2거래일 내에 전(前) 통지자 전원의 명칭과 처소(處所)를 표시하고 자기가 받은 통지를 자기의 배서인에게 통지하여 차례로 발행인에게 미치게 하여야 한다. 이 기간은 각 통지를 받은 때부터 진행한다.
> 1. 거절증서 작성일
> 2. 무비용상환(無費用償還)의 문구가 적혀 있는 경우에는 어음 제시일

0271 | 2022 |

단순히 어음을 반환하는 것으로는 지급거절의 통지를 할 수 없다. ( )

> 지급거절의 통지는 만기에 어음금을 지급하지 않겠다는 의사표시이다. 어떤 방식으로는 지급거절의 의사만 전달하면 충분하므로, 지급제시받은 어음을 반환하는 방법으로도 통지할 수 있다.
>
> **제45조(인수거절 및 지급거절의 통지)** ① 소지인은 다음 각 호의 어느 하나에 해당하는 날 이후의 4거래일 내에 자기의 배서인과 발행인에게 인수거절 또는 지급거절이 있었음을 통지하여야 하고, 각 배서인은 그 통지를 받은 날 이후 2거래일 내에 전(前) 통지자 전원의 명칭과 처소(處所)를 표시하고 자기가 받은 통지를 자기의 배서인에게 통지하여 차례로 발행인에게 미치게 하여야 한다. 이 기간은 각 통지를 받은 때부터 진행한다.

답 0269 ○ 0270 × 0271 ×

1. 거절증서 작성일
2. 무비용상환(無費用償還)의 문구가 적혀 있는 경우에는 어음 제시일
② 제1항에 따라 환어음에 기명날인하거나 서명한 자에게 통지할 때에는 같은 기간 내에 그 보증인에게도 같은 통지를 하여야 한다.
③ 배서인이 그 처소를 적지 아니하거나 그 기재가 분명하지 아니한 경우에는 그 배서인의 직전(直前)의 자에게 통지하면 된다.
④ 통지를 하여야 하는 자는 어떠한 방법으로도 할 수 있다. 단순히 어음을 반환하는 것으로도 통지할 수 있다.
⑤ 통지를 하여야 하는 자는 적법한 기간 내에 통지를 하였음을 증명하여야 한다. 이 기간 내에 통지서를 우편으로 부친 경우에는 그 기간을 준수한 것으로 본다.
⑥ 제5항의 기간 내에 통지를 하지 아니한 자도 상환청구권을 잃지 아니한다. 그러나 과실로 인하여 손해가 생긴 경우에는 환어음금액의 한도 내에서 배상할 책임을 진다.

제6절　어음보증

0272　| 2010, 2017 |

보증에는 누구를 위하여 한 것임을 표시하여야 하지만 그 표시가 없는 경우에는 발행인을 위하여 보증한 것으로 본다.　　　　　　　　　　　　　　　　　　　　　　　　　　　　　　　　　　　　(　　　)

이른바 약식보증의 경우에는 발행인을 피보증인으로 본다.

제31조(보증의 방식) ① 보증의 표시는 환어음 또는 보충지에 하여야 한다.
② 보증을 할 때에는 "보증" 또는 이와 같은 뜻이 있는 문구를 표시하고 보증인이 기명날인하거나 서명하여야 한다.
③ 환어음의 앞면에 단순한 기명날인 또는 서명이 있는 경우에는 보증을 한 것으로 본다. 그러나 지급인 또는 발행인의 기명날인 또는 서명의 경우에는 그러하지 아니하다.
④ 보증에는 누구를 위하여 한 것임을 표시하여야 한다. 그 표시가 없는 경우에는 발행인을 위하여 보증한 것으로 본다.

0273　| 2017, 2022, 2023 |

지급인 또는 발행인의 기명날인이 아닌 한 환어음의 앞면에 단순한 기명날인이 있는 경우에는 보증을 한 것으로 본다.　　　　　　　　　　　　　　　　　　　　　　　　　　　　　　　　　　　　(　　　)

이른바 「약식보증」에 해당한다. 어음 또는 수표의 앞면의 단순한 기명날인의 경우, 그 기명날인이 (ⅰ) 발행인의 것이면 발행, (ⅱ) 지급인의 것이면 인수, (ⅲ) 그 외의 자의 것이면 발행인을 피보증인으로 하는 보증으로 본다.

제31조(보증의 방식) ① 보증의 표시는 환어음 또는 보충지에 하여야 한다.
② 보증을 할 때에는 "보증" 또는 이와 같은 뜻이 있는 문구를 표시하고 보증인이 기명날인하거나 서명하여야 한다.
③ 환어음의 앞면에 단순한 기명날인 또는 서명이 있는 경우에는 보증을 한 것으로 본다. 그러나 지급인 또는 발행인의 기명날인 또는 서명의 경우에는 그러하지 아니하다.

0274 |2010|
피보증인이 의사무능력으로 무효이면 민법상 보증과 어음보증 모두 그 효력이 없다. ( )

> 어음보증은 민법상 보증과는 달리 피보증채무가 그 방식의 하자 외의 다른 사유로 무효인 경우에도 효력이 있다.
> **제32조(보증의 효력)** ② 보증은 담보된 채무가 그 방식에 흠이 있는 경우 외에는 어떠한 사유로 무효가 되더라도 그 효력을 가진다.

0275 |2010|
민법상 보증인과 어음보증인 모두 특정한 채권자에 대해서만 채무를 부담한다. ( )

> 어음보증은 장래의 어음소지인이라는 불특정 다수인에 대해서 어음상 채무를 부담한다.

0276 |2010|
어음보증에 비해 민법상 보증이 더욱 엄격한 방식상 제한을 받는다. ( )

> 어음보증이 방식상 제한을 더 받는다. 어음보증은 보증인의 기명날인(또는 서명)이 필수적으로 요구되나, 민법상 보증은 불요식행위이다.

0277 |2010|
민법상 보증인은 최고·검색의 항변권을 갖지만, 어음보증인은 최고·검색의 항변권을 갖지 않는다. ( )

> 어음보증인은 합동책임을 부담하므로 최고·검색의 항변권을 갖지 않는다.
> **제47조(어음채무자의 합동책임)** ① 환어음의 발행, 인수, 배서 또는 보증을 한 자는 소지인에 대하여 합동으로 책임을 진다.
> ② 소지인은 제1항의 어음채무자에 대하여 그 채무부담의 순서에도 불구하고 그중 1명, 여러 명 또는 전원에 대하여 청구할 수 있다.
> ③ 어음채무자가 그 어음을 환수한 경우에도 제2항의 소지인과 같은 권리가 있다.
> ④ 어음채무자 중 1명에 대한 청구는 다른 채무자에 대한 청구에 영향을 미치지 아니한다. 이미 청구를 받은 자의 후자(後者)에 대하여도 같다.
>
> ■ 민법
> **제437조(보증인의 최고, 검색의 항변)** 채권자가 보증인에게 채무의 이행을 청구한 때에는 보증인은 주채무자의 변제자력이 있는 사실 및 그 집행이 용이할 것을 증명하여 먼저 주채무자에게 청구할 것과 그 재산에 대하여 집행할 것을 항변할 수 있다. 그러나 보증인이 주채무자와 연대하여 채무를 부담한 때에는 그러하지 아니하다.

0278 |2017|
배서인은 이전의 다른 배서인을 피보증인으로 하여 어음보증을 할 수 없다. ( )

> 어음 보증인의 자격에는 제한이 없으므로 이미 어음에 기명날인 또는 서명한 자도 어음보증인이 될 수 있다.
> **제30조(보증의 가능)** ① 환어음은 보증에 의하여 그 금액의 전부 또는 일부의 지급을 담보할 수 있다.
> ② 제3자는 제1항의 보증을 할 수 있다. 어음에 기명날인하거나 서명한 자도 같다.

답 0274 × 0275 × 0276 × 0277 ○ 0278 ×

0279 | 2010, 2017 |
어음보증에 조건을 붙인 경우 그 효력에 관하여 어음법상 규정이 없지만, 유익적 기재사항으로 보는 것이 대법원 판례의 입장이다. ( )

> 조건부 어음보증은 유익적 기재사항으로 본다.
>
> **[대법원 1986.3.11. 선고, 85다카1600. 판결]**
> 어음법상 보증의 경우에는 발행 및 배서의 경우와 같이 단순성을 요구하는 명문이 없을 뿐 아니라, 부수적 채무부담행위인 점에서 보증과 유사한 환어음 인수에 불단순인수를 인정하고 있음에 비추어 어음보증에 대하여 환어음 인수의 경우보다 더 엄격하게 단순성을 요구함은 균형을 잃은 해석이고 또 조건부 보증을 유효로 본다고 하여 어음거래의 안전성이 저해되는 것도 아니므로 조건을 붙인 불단순 보증은 그 조건부 보증문언대로 보증인의 책임이 발생한다고 보는 것이 타당하다.

0280 | 2012, 2017 |
환어음의 어음보증인이 환어음의 발행인을 피보증인으로 하는 어음보증을 하면서 어음금액의 일부를 보증한다는 뜻의 문구를 기재한 경우 그 기재대로 효력이 인정된다. ( )

> 일부보증을 무효로 처리하는 것보다 이를 유효로 하여 일부라도 보증이 이루어지도록 하는 것이 어음소지인에게 이익이 되기 때문이다.
>
> **제30조(보증의 가능)** ① 환어음은 보증에 의하여 그 금액의 전부 또는 일부의 지급을 담보할 수 있다.
> ② 제3자는 제1항의 보증을 할 수 있다. 어음에 기명날인하거나 서명한 자도 같다.

답 0279 ○ 0280 ○

제7절　그 밖의 제도

0281 |2013, 2023|
환어음, 약속어음만 복본을 발행할 수 있고 수표는 복본을 발행할 수 없다. (　　)

> 복본은 환어음과 수표, 등본은 환어음과 약속어음의 경우에 가능하다. 「환수복」, 「환약등」으로 기억하자.
>
> | | 복본 | 등본 |
> |---|---|---|
> | 약속어음 | × | ○ |
> | 환어음 | ○ | ○ |
> | 수표 | ○ | × |
> | 대상행위 | 모든 어음행위 | 배서, 보증 |

0282 |2013, 2023|
환어음, 수표만 등본을 발행할 수 있고 약속어음은 등본을 발행할 수 없다. (　　)

> 복본은 환어음과 수표, 등본은 환어음과 약속어음의 경우에 가능하다. 「환수복」, 「환약등」으로 기억하자.
>
> | | 복본 | 등본 |
> |---|---|---|
> | 약속어음 | × | ○ |
> | 환어음 | ○ | ○ |
> | 수표 | ○ | × |
> | 대상행위 | 모든 어음행위 | 배서, 보증 |

0283 |2011|
수표에는 등본이 인정되지 아니하고 복본은 분실의 염려가 있는 국제간 또는 원격지에 송부되는 경우에 한하여 인정된다. (　　)

> 등본은 환어음과 약속어음에만 인정되고, 복본은 환어음과 수표에만 인정된다. 수표의 경우 복본이 항상 인정되는 것은 아니고, 「다른 국가」 또는 「그 국가의 해외영토」에서 유통될 수표의 경우에만 가능하다.
>
> **제48조(복본 발행의 조건 및 방식)** 다음 각 호의 수표는 소지인출급수표 외에는 같은 내용으로 여러 통을 복본(複本)으로 발행할 수 있다. 수표를 복본으로 발행할 때에는 그 증권의 본문 중에 번호를 붙여야 하며, 번호를 붙이지 아니한 경우에는 그 여러 통의 복본은 별개의 수표로 본다.
> 1. 한 국가에서 발행하고 다른 국가나 발행국의 해외영토에서 지급할 수표
> 2. 한 국가의 해외영토에서 발행하고 그 본국에서 지급할 수표
> 3. 한 국가의 해외영토에서 발행하고 같은 해외영토에서 지급할 수표
> 4. 한 국가의 해외영토에서 발행하고 그 국가의 다른 해외영토에서 지급할 수표

0284 |2021|
환어음의 참가지급은 소지인이 만기나 만기 전에 상환청구권을 행사할 수 있는 모든 경우에 할 수 있으며, 그 지급은 피참가인이 지급할 전액을 지급하여야 한다. (　　)

답　0281 ×　0282 ×　0283 ○　0284 ○

참가지급은 사문화된 제도라서 판례도 없고 공인회계사 시험에서도 20년간 한 번도 출제된 적이 없었다. 본래의 지급과는 달리 참가지급은 일부지급이 인정되지 않고 전부지급만 가능하다는 정도로만 알아두자.

■ 어음법
제59조(참가지급의 요건) ① 참가지급은 소지인이 만기나 만기 전에 상환청구권을 행사할 수 있는 모든 경우에 할 수 있다.
② 지급은 피참가인이 지급할 전액을 지급하여야 한다.
③ 지급은 지급거절증서를 작성시킬 수 있는 최종일의 다음 날까지 하여야 한다.

제8절 수 표

1. 수표의 특성

0285 |2018|
수취인과 만기는 환어음의 요건이나 수표의 요건은 아니다. ( )

환어음의 요건 중 만기와 수취인이 수표의 요건에서 제외된다.

	환어음(9가지)	약속어음(8가지)	수표(7가지)
필요적 기재사항	어음문구	어음문구	어음문구
	어음금액의 무조건 지급위탁	어음금액의 무조건 지급위탁	어음금액의 무조건 지급위탁
	지급인	지급인	지급인
	만기	만기	만기
	지급지	지급지	지급지
	수취인	수취인	수취인
	발행일	발행일	발행일
	발행지	발행지	발행지
	발행인의 기명날인 또는 서명	발행인의 기명날인 또는 서명	발행인의 기명날인 또는 서명

0286 |2018|
약속어음과 수표의 발행인은 상환의무자로서 지급담보책임을 진다. ( )

약속어음의 발행인은 환어음의 인수인과 마찬가지로 주채무자이나, 수표의 발행인은 상환의무자이다.

■ 어음법
제78조(발행인의 책임 및 일람 후 정기출급 어음의 특칙) ① 약속어음의 발행인은 환어음의 인수인과 같은 의무를 부담한다.

답 0285 ○ 0286 ×

■ **수표법**
제39조(상환청구의 요건) 적법한 기간 내에 수표를 제시하였으나 지급받지 못한 경우에 소지인이 다음 각 호의 어느 하나의 방법으로 지급거절을 증명하였을 때에는 소지인은 배서인, 발행인, 그 밖의 채무자에 대하여 상환청구권(償還請求權)을 행사할 수 있다.
1. 공정증서(거절증서)
2. 수표에 제시된 날을 적고 날짜를 부기한 지급인(제31조제2항의 경우에는 지급인의 위임을 받은 제시은행)의 선언
3. 적법한 시기에 수표를 제시하였으나 지급받지 못하였음을 증명하고 날짜를 부기한 어음교환소의 선언

0287 |2018|
환어음과 수표의 지급인에 대한 배서는 배서로서 유효하고 지급인이 하는 배서도 유효하다.   (   )

환어음의 지급인에 대한 배서는 환배서로서 유효하고, 환어음의 지급인은 배서를 통해 환어음을 다시 유통시킬 수 있다(어음법 제11조 제3항). 반면 수표의 지급인에 대한 배서는 원칙적으로 영수증의 효력만 있고(수표법 제11조 제5항), 수표의 지급인의 배서는 무효이다(동조 제3항).

■ **어음법**
제11조(당연한 지시증권성) ① 환어음은 지시식으로 발행하지 아니한 경우에도 배서에 의하여 양도할 수 있다.
② 발행인이 환어음에 「지시금지」의 문자 또는 이와 동일한 의의가 있는 문언을 기재한 때에는 그 어음은 지명채권의 양도에 관한 방식에 따라서만 그리고 그 효력으로써만 양도할 수 있다.
③ 배서는 인수한 지급인이나 인수하지 아니한 지급인, 발행인 기타의 어음채무자에 대하여도 할 수 있다. 이러한 자는 다시 어음에 배서할 수 있다.

■ **수표법**
제15조(배서의 요건) ① 배서에는 조건을 붙여서는 아니 된다. 배서에 붙인 조건은 적지 아니한 것으로 본다.
② 일부의 배서는 무효로 한다.
③ 지급인의 배서도 무효로 한다.
④ 소지인에게 지급하라는 소지인출급의 배서는 백지식 배서와 같은 효력이 있다.
⑤ 지급인에 대한 배서는 영수증의 효력만 있다. 그러나 수표의 영업소가 여러 개인 경우에 그 수표가 지급될 곳으로 된 영업소 외의 영업소에 대한 배서는 그러하지 아니하다.

0288 |2011|
수표는 지급증권이지 신용증권이 아니므로 인수금지규정을 회피할 수 있는 지급인의 배서를 금지하고 있다.
(   )

수표의 신용증권화 방지를 위해서 지급인의 배서는 무효로 한다.
제15조(배서의 요건) ③ 지급인의 배서도 무효로 한다.

0289 |2011|
수표의 지급증권성을 유지하기 위하여 지급인의 수표보증을 금지하고 있다.   (   )

지급인은 지급보증(제35조 이하)만 할 수 있고, 보증(제25조 이하)은 할 수 없다.
제25조(보증의 가능) ② 지급인을 제외한 제3자는 제1항의 보증을 할 수 있다. 수표에 기명날인하거나 서명한 자도 같다.

답 0287 × 0288 ○ 0289 ○

0290 | 2015, 2021, 2022 |
수표에 적은 인수의 문구는 이를 적지 아니한 것으로 본다. ( )

> 수표에는 인수제도가 인정되지 않는다. 무익적 기재사항
>
> **제4조(인수의 금지)** 수표는 인수하지 못한다. 수표에 적은 인수의 문구는 적지 아니한 것으로 본다.

0291 | 2020 |
수표의 지급인이 인수를 거절한 경우 어음 또는 수표의 소지인에게 상환청구권이 인정된다. ( )

> 수표에는 인수제도가 인정되지 않으므로 인수거절을 했다고 해서 상환청구권을 행사할 수는 없다. 수표는 지급제시 기간(원칙적으로 10일) 내에 적법한 지급제시를 하였으나 거절된 경우에만 상환청구권을 행사할 수 있다.
>
> ■ 수표법
>
> **제4조(인수의 금지)** <u>수표는 인수하지 못한다.</u> 수표에 적은 인수의 문구는 적지 아니한 것으로 본다.
>
> **제39조(상환청구의 요건)** 적법한 기간 내에 수표를 제시하였으나 지급받지 못한 경우에 소지인이 다음 각 호의 어느 하나의 방법으로 지급거절을 증명하였을 때에는 <u>소지인은 배서인, 발행인, 그 밖의 채무자에 대하여 상환청구권(償還請求權)을 행사할 수 있다.</u>

0292 | 2009, 2015, 2019, 2021 |
수표에 적은 이자의 약정은 유익적 기재사항이다. ( )

> 수표에는 만기가 없으므로 이자문구 기재는 무익적 기재사항이다.
>
> **제7조(이자의 약정)** 수표에 적은 이자의 약정은 적지 아니한 것으로 본다.

0293 | 2020 |
수표의 발행인이 만기를 기재하면 그 수표는 무효이다. ( )

> 수표는 일람출급으로 한다. 이에 위반되는 기재는 유해적 기재사항(수표 자체가 무효)이 아니라 무익적 기재사항(기재하지 않은 것으로 본다)이다.
>
> ■ 수표법
>
> **제28조(수표의 일람출급성)** ① <u>수표는 일람출급(一覽出給)으로 한다. 이에 위반되는 모든 문구는 적지 아니한 것으로 본다.</u>
> ② 기재된 발행일이 도래하기 전에 지급을 받기 위하여 제시된 수표는 그 제시된 날에 이를 지급하여야 한다.

0294 | 2009, 2015, 2019 |
수표는 일람출급으로 하며 이에 위반되는 모든 문구는 적지 아니한 것으로 본다. ( )

> 수표의 일람출급성에 위배되는 문구는 무익적 기재사항이다.
>
> **제28조(수표의 일람출급성)** ① 수표는 일람출급(一覽出給)으로 한다. 이에 위반되는 모든 문구는 적지 아니한 것으로 본다.

답 0290 ○ 0291 × 0292 × 0293 × 0294 ○

0295 | 2012 |
수표의 발행인이 일정한 날에 지급할 것을 위탁하는 뜻의 문구를 기재한 경우 이는 기재되지 아니한 것으로 본다. ( )

수표는 일람출급증권이므로 만기의 기재는 적지 않은 것으로 본다(무익적 기재사항이다).

■ **수표법**
제28조(수표의 일람출급성) ① 수표는 일람출급(一覽出給)으로 한다. 이에 위반되는 모든 문구는 적지 아니한 것으로 본다.

0296 | 2023 |
수표의 발행인은 지급을 담보하며 발행인이 지급을 담보하지 아니한다는 뜻의 모든 문구는 적지 아니한 것으로 본다. ( )

지급위탁증권(환어음, 수표)에서 발행인의 지급무담보는 무익적 기재사항이다.

■ **수표법**
제12조(발행인의 책임) 발행인은 지급을 담보한다. 발행인이 지급을 담보하지 아니한다는 뜻의 모든 문구는 적지 아니한 것으로 본다.

0297 | 2018 |
환어음과 수표의 지급인 자격에는 제한이 없지만 지급담당자는 은행에 한한다. ( )

환어음의 지급인과 지급담당자의 자격에는 제한이 없다. 반면에 수표의 지급인(제3조 본문)과 지급담당자(제8조 단서)는 은행에 한한다.

■ **수표법**
제3조(수표자금, 수표계약의 필요) 수표는 제시한 때에 발행인이 처분할 수 있는 자금이 있는 은행을 지급인으로 하고, 발행인이 그 자금을 수표에 의하여 처분할 수 있는 명시적 또는 묵시적 계약에 따라서만 발행할 수 있다. 그러나 이 규정을 위반하는 경우에도 수표로서의 효력에 영향을 미치지 아니한다.
제8조(제3자방 지급 기재) 수표는 지급인의 주소지에 있든 다른 지(地)에 있든 관계없이 제3자방(第三者方)에서 지급하는 것으로 할 수 있다. 그러나 그 제3자는 은행이어야 한다.

0298 | 2007, 2020 |
수표계약 없이 수표를 발행하거나 수표자금이 없음에도 수표를 발행한 경우 그 수표의 효력은 부정된다. ( )

과태료의 제재나 부정수표단속법에 의한 불이익이 있을 뿐 수표의 효력에는 영향력이 없다(수표행위의 무인성).
제3조(수표자금, 수표계약의 필요) 수표는 제시한 때에 발행인이 처분할 수 있는 자금이 있는 은행을 지급인으로 하고, 발행인이 그 자금을 수표에 의하여 처분할 수 있는 명시적 또는 묵시적 계약에 따라서만 발행할 수 있다. 그러나 이 규정을 위반하는 경우에도 수표로서의 효력에 영향을 미치지 아니한다.

답 0295 ○ 0296 ○ 0297 × 0298 ×

0299 | 2007, 2021 |

수표는 일람출급으로만 발행될 수 있으며, 기재된 발행일이 도래하기 전에 지급을 받기 위하여 제시된 수표는 그 발행일에 이를 지급하여야 한다. ( )

> 수표의 일람출급성을 관철하기 위해서, 선일자 수표도 제시하면 제시된 날에 지급하여야 한다.
>
> ■ 수표법
> 제28조(수표의 일람출급성) ① 수표는 일람출급(一覽出給)으로 한다. 이에 위반되는 모든 문구는 적지 아니한 것으로 본다.
> ② 기재된 발행일이 도래하기 전에 지급을 받기 위하여 제시된 수표는 그 제시된 날에 이를 지급하여야 한다.

0300 | 2023 |

배서로 양도할 수 있는 수표의 지급인은 배서의 연속이 제대로 되어 있는지를 조사할 의무가 있으나 배서인의 기명날인 또는 서명을 조사할 의무는 없다. ( )

> 어음이건 수표건 만기시 지급하는 지급인은 (ⅰ) 어음(수표)요건 구비여부와 (ⅱ) 배서의 연속 여부만 조사하면 된다.
>
> ■ 수표법
> 제35조(지급인의 조사의무) ① 배서로 양도할 수 있는 수표의 지급인은 배서의 연속이 제대로 되어 있는지를 조사할 의무가 있으나 배서인의 기명날인 또는 서명을 조사할 의무는 없다.

0301 | 2023 |

소지인으로부터 수표의 추심을 위임받은 제시은행이 어음교환소의 정보처리시스템을 통하여 수표법상 적법하게 지급제시를 할 경우, 지급인은 배서의 연속이 제대로 되어 있는지에 대한 조사를 제시은행에 위임할 수 있다. ( )

> 이를테면 신한은행이 지급인으로 기재된 수표의 소지인이 하나은행을 방문하여 수표금 지급을 청구할 경우, 하나은행은 소지인으로부터 수표의 추심을 위임받은 것이 된다. 이 경우 신한은행(지급인)이 하나은행(제시은행)에 수표금을 지급함에 있어, 신한은행이 직접 수표를 확인하지 않고 하나은행에 수표요건 구비여부 및 배서의 연속 여부에 대한 조사권을 위임할 수 있다.
>
> ■ 수표법
> 제31조(어음교환소에서의 제시) ② 소지인으로부터 수표의 추심을 위임받은 은행(이하 제35조제2항 및 제39조제2호에서 "제시은행"이라 한다)이 그 수표의 기재사항을 정보처리시스템에 의하여 전자적 정보의 형태로 작성한 후 그 정보를 어음교환소에 송신하여 그 어음교환소의 정보처리시스템에 입력되었을 때에는 제1항에 따른 지급을 받기 위한 제시가 이루어진 것으로 본다.
> 제35조(지급인의 조사의무) ② 제31조제2항에 따른 지급제시의 경우 지급인은 제1항에 따른 배서의 연속이 제대로 되어 있는지에 대한 조사를 제시은행에 위임할 수 있다.

답 0299 × 0300 ○ 0301 ○

0302 | 2007 |
수표의 경우 지급인의 지급거절선언은 부전(附箋)에는 할 수 없고, 반드시 수표 자체에 하여야 한다.
(   )

어음과 달리 수표의 경우에는 지급이 거절된 경우에 공정증서인 「지급거절증서」 뿐만 아니라 지급인·어음교환소의 「지급거절선언」으로도 상환청구를 할 수 있다. 이 경우 지급거절선언을 부전에 할 경우에 부전을 떼어내면 지급거절이 없는 수표가 된다. 그래서 허용하지 않는다.

제39조(상환청구의 요건) 적법한 기간 내에 수표를 제시하였으나 지급받지 못한 경우에 소지인이 다음 각 호의 어느 하나의 방법으로 지급거절을 증명하였을 때에는 소지인은 배서인, 발행인, 그 밖의 채무자에 대하여 상환청구권(償還請求權)을 행사할 수 있다.
1. 공정증서(거절증서)
2. 수표에 제시된 날을 적고 날짜를 부기한 지급인(제31조제2항의 경우에는 지급인의 위임을 받은 제시은행)의 선언
3. 적법한 시기에 수표를 제시하였으나 지급받지 못하였음을 증명하고 날짜를 부기한 어음교환소의 선언

[대법원 1982.6.8, 선고, 81다107, 판결]
수표의 지급거절선언은 수표자체에 기재하여야 하고 수표가 아닌 지편에 되어있는 지급인의 지급거절선언은 가사 그 지편이 수표에 부착되어 간인까지 되어있는 경우라 하더라도 부적법하다.

0303 | 2020 |
A가 "B에게 지급하여 주십시오"라고 기재한 경우, B는 배서·교부의 방식으로 수표를 양도할 수 없다.
(   )

「기명식 수표」에 해당한다. 기명식 수표의 경우에도 지시증권성이 소멸되는 것은 아니다. 다만 수취인이 B로 특정된 이상 B는 배서에 의해서만 양도할 수 있고 교부에 의한 양도는 불가능하다. "B가 배서·교부의 방식으로 수표를 양도할 수 없다"고 되어 있으니 틀린 지문이다.

제14조(당연한 지시증권성) ① 기명식 또는 지시식의 수표는 배서(背書)에 의하여 양도할 수 있다.
② 기명식 수표에 "지시금지"라는 글자 또는 이와 같은 뜻이 있는 문구를 적은 경우에는 그 수표는 지명채권의 양도방식으로만, 그리고 그 효력으로써만 양도할 수 있다.
③ 배서는 발행인이나 그 밖의 채무자에 대하여도 할 수 있다. 이러한 자는 다시 수표에 배서할 수 있다.

0304 | 2020 |
A가 "B 또는 그 지시인에게 지급하여 주십시오"라고 기재한 경우, B는 배서·교부의 방식으로 수표를 양도할 수 있다.
(   )

「지시식 수표」에 해당한다. 기명식 수표와 지시식 수표는 지시증권이므로 배서로 양도할 수 있다. 다만 수취인을 B로 지정한 이상 B는 배서에 의해서만 양도할 수 있고, 교부에 의해서는 양도할 수 없다. 그런데 "B는 배서·교부의 방식으로 수표를 양도할 수 있다"고 했으니 틀린 지문이다. 그런데 출제자는 맞는 지문으로 처리했으니 출제오류이다.

제14조(당연한 지시증권성) ① 기명식 또는 지시식의 수표는 배서(背書)에 의하여 양도할 수 있다.
② 기명식 수표에 "지시금지"라는 글자 또는 이와 같은 뜻이 있는 문구를 적은 경우에는 그 수표는 지명채권의 양도방식으로만, 그리고 그 효력으로써만 양도할 수 있다.
③ 배서는 발행인이나 그 밖의 채무자에 대하여도 할 수 있다. 이러한 자는 다시 수표에 배서할 수 있다.

답 0302 ○ 0303 × 0304 ○

0305 | 2020 |

A가 "B 또는 소지인에게 지급하여 주십시오"라고 기재한 경우, B는 수표에 배서하지 아니하고 단순한 교부에 의하여 수표를 양도할 수 있다. ( )

> 굳이 이름을 붙이자면 「지명소지인출급식수표」에 해당한다. 이 경우 「소지인 출급식 수표」와 마찬가지이므로 배서뿐만이 아니라 교부로도 양도가 가능하다.
>
> **제5조(수취인의 지정)** ① 수표는 다음 각 호의 어느 하나의 방식으로 발행할 수 있다.
> 1. 기명식(記名式) 또는 지시식(指示式)
> 2. 기명식으로 "지시금지"라는 글자 또는 이와 같은 뜻이 있는 문구를 적은 것
> 3. 소지인출급식(所持人出給式)
> ② 기명식 수표에 "또는 소지인에게"라는 글자 또는 이와 같은 뜻이 있는 문구를 적었을 때에는 소지인출급식 수표로 본다.
> ③ 수취인이 적혀 있지 아니한 수표는 소지인출급식 수표로 본다.

0306 | 2015, 2019 |

기명식 수표에 "또는 소지인에게"라는 글자 또는 이와 같은 뜻이 있는 문구를 적어 발행한 경우 소지인출급식 수표로 본다. ( )

> 무기명식 또는 소지인출급식 수표로 본다.
>
> **제5조(수취인의 지정)** ① 수표는 다음 각 호의 어느 하나의 방식으로 발행할 수 있다.
> 1. 기명식(記名式) 또는 지시식(指示式)
> 2. 기명식으로 "지시금지"라는 글자 또는 이와 같은 뜻이 있는 문구를 적은 것
> 3. 소지인출급식(所持人出給式)
> ② 기명식 수표에 "또는 소지인에게"라는 글자 또는 이와 같은 뜻이 있는 문구를 적었을 때에는 소지인출급식 수표로 본다.
> ③ 수취인이 적혀 있지 아니한 수표는 소지인출급식 수표로 본다.

0307 | 2020 |

A가 수취인란에 B의 명의를 기재하지 않은 경우, B는 수표에 배서하지 않고 단순한 교부에 의하여 수표를 양도할 수 있다. ( )

> 「소지인출급식수표」에 해당한다. 수표에 B의 이름이 기재되어 있지 않으므로, 배서뿐만 아니라 교부에 의해서 양도할 수 있다.
>
> ■ **수표법**
> **제5조(수취인의 지정)** ① 수표는 다음 각 호의 어느 하나의 방식으로 발행할 수 있다.
> 1. 기명식(記名式) 또는 지시식(指示式)
> 2. 기명식으로 "지시금지"라는 글자 또는 이와 같은 뜻이 있는 문구를 적은 것
> 3. 소지인출급식(所持人出給式)

② 기명식 수표에 "또는 소지인에게"라는 글자 또는 이와 같은 뜻이 있는 문구를 적었을 때에는 소지인출급식 수표로 본다.
③ 수취인이 적혀 있지 아니한 수표는 소지인출급식 수표로 본다.

0308 | 2017 |
지급지의 기재가 없고 지급인의 명칭에 부기한 지가 수개인 경우에는 수표의 맨 앞에 적은 지에서 지급할 것으로 한다. ( )

맨 앞에 적은 지를 지급지로 보충한다.
제2조(수표 요건의 흠) 제1조 각 호의 사항을 적지 아니한 증권은 수표의 효력이 없다. 그러나 다음 각 호의 경우에는 그러하지 아니하다.
1. 지급지가 적혀 있지 아니한 경우 : 지급인의 명칭에 부기(附記)한 지(地)를 지급지로 본다. 지급인의 명칭에 여러 개의 지(地)를 부기한 경우에는 수표의 맨 앞에 적은 지(地)에서 지급할 것으로 한다.
2. 제1호의 기재나 그 밖의 다른 표시가 없는 경우: 발행지에서 지급할 것으로 한다.
3. 발행지가 적혀 있지 아니한 경우 : 발행인의 명칭에 부기한 지(地)를 발행지로 본다.

0309 | 2017 |
발행지의 기재가 없고 발행인의 명칭에 부기한 지나 그 밖의 다른 표시가 없는 수표의 경우에는 지급지에서 발행한 것으로 한다. ( )

(국내수표임이 명백한 경우를 제외하고는) 발행지의 기재가 없고 발행인의 명칭에 부기한 지나 그 밖의 다른 표시가 없는 경우에는 수표로서의 효력이 없다.

[대법원 1968.9.24, 선고, 68다1516, 판결]
발행지 또는 발행인의 명칭에 부기한 지의 기재가 없는 수표는 수표로서의 효력이 없다. 본조 제3항에서 지급지의 기재가 없는 때에는 발행지에서 지급할 것으로 본다는 규정이 있다고 하여서, 반대로 발행지에 관하여 아무런 표시가 없는 때에는 지급지를 발행지로 보아야 하는 것은 아니다.

0310 | 2017 |
판례에 의하면 국내수표는 국내어음의 경우와 마찬가지로 발행지의 기재가 없더라도 유효하다. ( )

어음(내지 수표)요건으로서의 발행지의 기능은 국제어음관계에서 준거법을 정하는 기준이 되는데 불과하기 때문이다.

[대법원 1998. 4. 23. 선고 95다36466 전원합의체 판결]
국내어음이란 국내에서 발행되고 지급되는 어음을 말하는 것이므로 국내어음인지 여부는 어음면상의 발행지와 지급지가 국내인지 여부에 따라 결정될 것이지만, 어음면상에 발행지의 기재가 없다고 하더라도 그 어음면에 기재된 지급지와 지급장소, 발행인과 수취인, 지급할 어음금액을 표시하는 화폐, 어음문구를 표기한 문자, 어음교환소의 명칭 등에 의하여 그 어음이 국내에서 어음상의 효과를 발생시키기 위하여 발행된 것으로 여겨지는 경우에는 발행지를 백지로 발행한 것인지 여부에 불구하고 국내어음으로 추단할 수 있다.

답 0308 ○ 0309 × 0310 ○

0311 | 2017 |

판례에 의하면 발행일에 대한 기재가 없더라도 수표면의 어느 부분에 일정한 날을 표시하는 기재가 있는 경우에는 그 일자를 발행일자로 보아야 한다. ( )

> 수표는 어음과는 달리 「만기」는 기재되지 않는다. 따라서 수표면의 어느 부분에 일정한 날을 표시하는 기재가 있는 경우에는 그 일자를 발행일자로 보아야 한다.
>
> **[대법원 1990. 12. 21. 선고 90다카28023 판결]**
> 가. 수표상 발행일의 기재는 수표요건이므로 그 발행일의 기재가 없으면 요건 흠결의 수표이거나 백지식 수표로 볼 수 밖에 없지만, 수표의 표면의 "자기앞수표"라는 표기 바로 옆에 고딕체로 "1989. 4. 15."이라고 선명하게 기재되어 있는 경우에는 어음과는 달리 수표상에는 발행일 이외에 다른 날짜가 기재될 수 없는 점에 비추어 위 일자기재를 수표의 발행일의 기재로 보아야 할 것이다.

0312 | 2017, 2020 |

기명식수표에 '지시금지'라는 글자를 적은 경우 그 수표는 지명채권의 양도방식으로만 그리고 그 효력으로써만 양도할 수 있다. ( )

> 「지시금지수표」에 해당한다. 이 경우 배서로 양도할 수 없고, 민법상 지명채권양도의 방식으로만 양도할 수 있다.
>
> **제14조(당연한 지시증권성)** ① 기명식 또는 지시식의 수표는 배서(背書)에 의하여 양도할 수 있다.
> ② 기명식 수표에 "지시금지"라는 글자 또는 이와 같은 뜻이 있는 문구를 적은 경우에는 그 수표는 지명채권의 양도방식으로만, 그리고 그 효력으로써만 양도할 수 있다.
> ③ 배서는 발행인이나 그 밖의 채무자에 대하여도 할 수 있다. 이러한 자는 다시 수표에 배서할 수 있다.

0313 | 2017 |

수표의 지급제시기간 중의 휴일은 지급제시기간에 산입하지 아니한다. ( )

> 수표의 지급제시기간 「중」의 휴일은 산입한다. 참고로 지급제시기간의 「말일」이 공휴일일 경우에는 거래가 이루어지지 않으므로 그 다음의 거래일까지 연장된다.
>
> **제60조(수표에 관한 행위와 휴일)** ② 수표에 관한 행위를 하기 위하여 특히 수표의 제시 또는 거절증서나 이와 같은 효력이 있는 선언의 작성을 위하여 법령에 규정된 기간의 말일이 법정휴일일 때에는 그 말일 이후의 제1거래일까지 기간을 연장한다. 기간 중의 휴일은 그 기간에 산입한다.

0314 | 2017 |

선일자수표의 지급제시기간을 계산할 때는 기재된 발행일자를 기산일로 하지만 그 시효를 계산할 때에는 실제 발행일자를 기산점으로 한다. ( )

> 선일자수표에서 수표면에 기재된 발행일자는 지급제시기간(수표법 제29조 제4항), 지급위탁취소기간(제32조 제1항), 소멸시효기간(제51조)의 기준이 된다. 수표의 문언증권성에 비추어 당연하고, 수표의 실제발행일은 정확히 알기도 어렵다.
>
> **제29조(지급제시기간)** ① 국내에서 발행하고 지급할 수표는 10일 내에 지급을 받기 위한 제시를 하여야 한다.

답 0311 ○ 0312 ○ 0313 × 0314 ×

② 지급지의 국가와 다른 국가에서 발행된 수표는 발행지와 지급지가 동일한 주(洲)에 있는 경우에는 20일 내에, 다른 주에 있는 경우에는 70일 내에 이를 제시하여야 한다.
③ 제2항에 관하여는 유럽주의 한 국가에서 발행하여 지중해 연안의 한 국가에서 지급할 수표 또는 지중해 연안의 한 국가에서 발행하여 유럽주의 한 국가에서 지급할 수표는 동일한 주에서 발행하고 지급할 수표로 본다.
④ 제1항부터 제3항까지의 기간은 수표에 적힌 발행일부터 기산(起算)한다.

제32조(지급위탁의 취소) ① 수표의 지급위탁의 취소는 제시기간이 지난 후에만 그 효력이 생긴다.
② 지급위탁의 취소가 없으면 지급인은 제시기간이 지난 후에도 지급을 할 수 있다.

제51조(시효기간) ① 소지인의 배서인, 발행인, 그 밖의 채무자에 대한 상환청구권은 제시기간이 지난 후 6개월간 행사하지 아니하면 소멸시효가 완성된다.
② 수표의 채무자의 다른 채무자에 대한 상환청구권은 그 채무자가 수표를 환수한 날 또는 그 자가 제소된 날부터 6개월간 행사하지 아니하면 소멸시효가 완성된다.

0315 |2017|
수표의 지급위탁의 취소는 수표행위가 아니어서 수표면에 할 수 없고 방식의 제한으로 인하여 구두로는 할 수 없다. ( )

지급위탁의 취소는 (수표면에 하는 수표행위가 아니라) 발행인의 지급인에 대한 의사표시로 한다. 그러나 그 방법에 대해서는 수표법상 아무런 규정을 두고 있지 않다.

0316 |2011|
수표에는 도난·분실에 대비하여 지급위탁취소제도가 인정되나 제시기간 경과 후에만 효력이 발생한다. ( )

어음의 경우와 달리 수표의 지급위탁의 취소는 제시기간(국내수표는 10일)이 지난 후에만 효력이 생긴다.

제32조(지급위탁의 취소) ① 수표의 지급위탁의 취소는 제시기간이 지난 후에만 그 효력이 생긴다.

0317 |2017|
수표의 지급위탁의 취소는 지급제시기간이 지난 후에만 그 효력이 있다. ( )

이는 수표의 피지급성과 신용을 높이기 위한 취지이다.

제32조(지급위탁의 취소) ① 수표의 지급위탁의 취소는 제시기간이 지난 후에만 그 효력이 생긴다.

0318 |2019|
발행인은 자신을 지급받을 자로 하여 수표를 발행할 수 있다. ( )

자기지시수표에 대한 설명이다.

■ 수표법
제6조(자기지시수표, 위탁수표, 자기앞수표) ① 수표는 발행인 자신을 지급받을 자로 하여 발행할 수 있다.
② 수표는 제3자의 계산으로 발행할 수 있다.
③ 수표는 발행인 자신을 지급인으로 하여 발행할 수 있다.

0319 | 2022, 2023 |
위탁수표는 수표법상 수표에 인정되는 제도이다. ( )

제3자의 계산으로 발행하는 수표를 「위탁수표」라 한다. 원인관계의 무인성에 따라, 제3자의 계산으로 발행하는 수표도 수표의 효력에는 아무런 영향이 없다.

제6조(자기지시수표, 위탁수표, 자기앞수표) ① 수표는 발행인 자신을 지급받을 자로 하여 발행할 수 있다.
② 수표는 제3자의 계산으로 발행할 수 있다.
③ 수표는 발행인 자신을 지급인으로 하여 발행할 수 있다.

0320 | 2022 |
수표는 제3자의 계산으로 발행할 수 없다. ( )

어음과 수표는 제3자의 계산으로 발행할 수도 있다. 이는 누구의 자금을 원천으로 하느냐라는 실질관계의 문제에 불과하다.

제6조(자기지시수표, 위탁수표, 자기앞수표) ① 수표는 발행인 자신을 지급받을 자로 하여 발행할 수 있다.
② 수표는 제3자의 계산으로 발행할 수 있다.
③ 수표는 발행인 자신을 지급인으로 하여 발행할 수 있다.

0321 | 2019, 2021 |
수표의 소지인은 지급인의 일부 지급을 거절하지 못한다. ( )

어음이건 수표건 소지인은 일부지급을 거절하지 못한다.

■ **수표법**
제34조(상환증권성 및 일부지급) ① 수표의 지급인은 지급을 할 때에 소지인에게 그 수표에 영수(領受)를 증명하는 뜻을 적어서 교부할 것을 청구할 수 있다.
② 소지인은 일부지급을 거절하지 못한다.
③ 일부지급의 경우 지급인은 소지인에게 그 지급 사실을 수표에 적고 영수증을 교부할 것을 청구할 수 있다.

0322 | 2023 |
보증인이 수표의 지급을 하면 보증된 자와 그 자의 수표상의 채무자에 대하여 수표로부터 생기는 권리를 취득한다.
( )

어음과 수표 모두 같은 법리가 적용된다.

제27조 (보증의 효력) ③ 보증인이 수표의 지급을 한 때에는 보증된 자와 그 자의 수표상의 채무자에 대하여 수표로부터 생기는 권리를 취득한다.

답 0319 ○ 0320 × 0321 ○ 0322 ○

2. 자기앞수표

0323 |2019|
A은행에 정기예금을 들었던 B가 만기에 예금을 해지하면서 현금 대신 A은행으로부터 수취인이 공란인 자기앞수표를 발행받은 경우에 자기앞수표의 발행인은 A은행에게 자기앞수표를 발행해 줄 것을 의뢰한 B이다.
( )

> 자기앞수표는 발행인과 지급인이 동일한 수표이므로, 사안의 경우 그 발행인은 A은행이다.
> **제6조(자기지시수표, 위탁수표, 자기앞수표)** ① 수표는 발행인 자신을 지급받을 자로 하여 발행할 수 있다.
> ② 수표는 제3자의 계산으로 발행할 수 있다.
> ③ <u>수표는 발행인 자신을 지급인으로 하여 발행할 수 있다.</u>

0324 |2019|
A은행에 정기예금을 들었던 B가 만기에 예금을 해지하면서 현금 대신 A은행으로부터 수취인이 공란인 자기앞수표를 발행받은 경우에 자기앞수표를 분실한 B가 수표금의 지급중지를 A은행에 청구하는 행위는 수표법상의 지급위탁의 취소행위에 해당한다.
( )

> 지급위탁의 취소란 수표의 발행인이 지급인에 대해서 지급위탁을 취소하는 경우를 의미한다. 그런데 자기앞수표의 경우에는 발행인이 곧 지급인이므로 수표의 소지인이 지급중지를 요청했다고 하더라도 이를 지급위탁의 취소라고 할 수는 없다.
> **제32조(지급위탁의 취소)** ① 수표의 지급위탁의 취소는 제시기간이 지난 후에만 그 효력이 생긴다.
> ② 지급위탁의 취소가 없으면 지급인은 제시기간이 지난 후에도 지급을 할 수 있다.

0325 |2012, 2022|
수취인이 기재되지 않은 자기앞수표에 배서한 자는 상환청구에 관한 규정에 따라 책임을 부담한다. ( )

> 「소지인출급식 수표」의 경우 단순교부만으로 양도할 수 있다. 그런데 배서를 했다면 그 배서인은 수표상 기명날인한 자로서 담보책임을 진다.
> **제20조(무기명식 수표의 배서)** 소지인출급의 수표에 배서한 자는 상환청구(償還請求)에 관한 규정에 따라 책임을 진다. 그러나 이로 인하여 그 수표가 지시식 수표로 변하지 아니한다.

0326 |2012|
자기앞수표의 소지인이 지급제시기간 내에 지급제시하지 않으면 발행은행은 수표상의 상환의무를 부담하지 않는다.
( )

> (어음 및) 수표상의 상환의무는 지급제시기간 내의 적법한 지급제시를 요건으로 한다. 다만 이 경우에 자기앞수표의 발행은행은 이득상환의무를 부담하게 된다.
> **제39조(상환청구의 요건)** 적법한 기간 내에 수표를 제시하였으나 지급받지 못한 경우에 소지인이 다음 각 호의 어느 하나의 방법으로 지급거절을 증명하였을 때에는 소지인은 배서인, 발행인, 그 밖의 채무자에 대하여 상환청구권(償還請求權)을 행사할 수 있다.

답 0323 × 0324 × 0325 ○ 0326 ○

1. 공정증서(거절증서)
2. 수표에 제시된 날을 적고 날짜를 부기한 지급인(제31조제2항의 경우에는 지급인의 위임을 받은 제시은행)의 선언
3. 적법한 시기에 수표를 제시하였으나 지급받지 못하였음을 증명하고 날짜를 부기한 어음교환소의 선언

0327 |2012|

판례에 의하면 자기앞수표의 소지인이 지급제시를 하지 않은 채 지급제시기간이 경과된 경우 발행은행이 수표금액만큼 이득을 얻은 것으로 추정한다. ( )

판례에 의하면 자기앞수표의 발행은행이 수표금액만큼의 이득을 본 사실이 추정되므로, 이득상환청구권을 행사하려는 자는 「발행은행이 이득을 얻었다」는 점을 증명할 필요가 없다.

[대법원 2008. 5. 15., 선고, 2006다8481, 판결]
자기앞수표의 수표상 권리가 소멸함에 따른 이득상환청구권에 있어서 이득이란 수표 발행의뢰인이 수표대금을 입금하는 자금관계에 의하여 발생하는 것이므로, 발행인이 수표대금을 보유하고 있는 이상 수표대금 상당의 이득을 보유하고 있는 것으로 추정된다.

0328 |2009|

판례에 의하면, 지급제시기간이 경과한 자기앞수표의 양도행위에는 수표상의 권리 소멸로 인하여 소지인에게 발생한 이득상환권의 양도가 포함된다. ( )

이득상환청구권의 양도를 포함하는 것이 판례의 입장이다.

[대법원 1976.1.13, 선고, 70다2462, 전원합의체 판결]
은행 또는 기타 금융기관 발행의 자기앞수표는 제시기간내는 물론 제시기간후에도 발행은행에서 또는 그외의 금융기관에서 쉽게 지급받을 수 있다는 거래상의 확신에 의해서 현금과 같이 널리 유통되고 있고 또한 수표의 양도는 거래의 일반적인 인식으로서는 수표에 표시된 액면상당의 금원을 발행은행으로부터 지급받을 수 있는 권리가 수표상의 권리이던 또는 이득상환권이던 간에 구별없이 또 이를 구별하려고도 않고 양도 양수한다는 거래의 실정에 비추어 볼 때 수표소지인이 수표법상의 보전절차를 취함이 없이 제시기간 도과후에 수표상의 권리가 소멸된 수표를 양도하는 행위는 수표금액의 지급수령권한과 아울러 특별한 사정이 없는한 수표상의 권리의 소멸로 인해서 소지인에게 발생한 이득상환청구권까지도 이를 양도하는 동시에 그에 수반해서 이득을 한 발행인인 은행에 대하여 소지인을 대신해서 그 양도에 관한 통지를 할 수 있는 권능을 부여하는 것이라고 하여야 할 것이고 위 양도받은 수표를 양수인이 다시 제3자에게 양도하는 행위는 이와 같이 양도받은 수표금액의 지급수령권 한 및 이득상환청구권을 위 소지인으로부터 수권된 이득을 한 채무자인 발행은행에 대한 통지의 권능이 수반된 상태로 이전하는 행위라 할 것이고 이와 같은 수표의 정당한 소지인은 발행은행에 대하여 그가 받은 이익의 한도에서 이득상환청구권을 행사할 수 있고 또 채무자인 발행은행도 동수표의 소지인에게 변제하므로서 유효가게 동 채무를 면하게 된다.

0329 |2012|

판례에 의하면 자기앞수표에서 발생한 이득상환청구권을 양도하는 자가 정당한 권리자가 아닌 경우에도 양수인은 이득상환청구권을 선의취득할 수 있다. ( )

이득상환청구권은 어음상 권리가 아니라 일반적인 지명채권이므로 선의취득의 대상이 되지 않는다.

0327 ○ 0328 ○ 0329 ×

제63조 (이득상환청구권) 수표에서 생긴 권리가 절차의 흠결로 인하여 소멸한 때나 그 소멸시효가 완성한 때라도 소지인은 발행인, 배서인 또는 지급보증을 한 지급인에 대하여 그가 받은 이익의 한도내에서 상환을 청구할 수 있다.

0330 |2012|

판례에 의하면 지급제시를 하지 않은 채 지급제시기간이 경과된 자기앞수표를 교부한 경우 이득상환청구권은 물론이고 발행은행에 대한 채권양도의 통지 권능도 양도된다.   (   )

판례는 자기앞수표에서 수표상 권리가 소멸된 후에 수표를 양도하는 행위는 (i) 수표금 수령권한, (ii) 이득상환청구권, (iii) 양도인을 대신하여 발행은행에 이득상환청구권의 양도를 통지할 수 있는 권능까지 3가지 내용의 권리를 양도한 것으로 해석한다.

[대법원 1976.1.13, 선고, 70다2462, 전원합의체 판결]
은행 또는 기타 금융기관 발행의 자기앞수표는 제시기간내는 물론 제시기간후에도 발행은행에서 또는 그외의 금융기관에서 쉽게 지급받을 수 있다는 거래상의 확신에 의해서 현금과 같이 널리 유통되고 있고 또한 수표의 양도는 거래의 일반적인 인식으로서는 수표에 표시된 액면상당의 금원을 발행은행으로부터 지급받을 수 있는 권리가 수표상의 권리이던 또는 이득상환권이던 간에 구별없이 또 이를 구별하려고도 않고 양도 양수한다는 거래의 실정에 비추어 볼 때 수표소지인이 수표법상의 보전절차를 취함이 없이 제시기간 도과후에 수표상의 권리가 소멸된 수표를 양도하는 행위는 수표금액의 지급수령권한과 아울러 특별한 사정이 없는한 수표상의 권리의 소멸로 인해서 소지인에게 발생한 이득상환청구권까지도 이를 양도하는 동시에 그에 수반해서 이득을 한 발행인인 은행에 대하여 소지인을 대신해서 그 양도에 관한 통지를 할 수 있는 권능을 부여하는 것이라고 하여야 할 것이고 위 양도받은 수표를 양수인이 다시 제3자에게 양도하는 행위는 이와 같이 양도받은 수표금액의 지급수령권 한 및 이득상환청구권을 위 소지인으로부터 수권된 이득을 한 채무자인 발행은행에 대한 통지의 권능이 수반된 상태로 이전하는 행위라 할 것이고 이와 같은 수표의 정당한 소지인은 발행은행에 대하여 그가 받은 이익의 한도에서 이득상환청구권을 행사할 수 있고 또 채무자인 발행은행도 동수표의 소지인에게 변제하므로서 유효가게 동 채무를 면하게 된다.

3. 지급보증

0331 |2018|

환어음의 인수인과 수표의 지급보증인은 같은 의무를 부담하는 주채무자이다.   (   )

환어음의 인수인은 주채무자로서 어음의 소멸시효 완성 전까지 어음금 지급의무를 부담한다. 반면에 수표에는 주채무자가 없고, 수표의 지급보증인은 지급제시기간이 지나기 전에 수표가 제시된 경우에만 지급할 의무를 부담한다.

■ 어음법
제28조(인수의 효력) ① 지급인은 인수를 함으로써 만기에 환어음을 지급할 의무를 부담한다.
② 지급을 받지 못한 경우에 소지인은 제48조와 제49조에 따라 청구할 수 있는 모든 금액에 관하여 인수인에 대하여 환어음으로부터 생기는 직접청구권을 가진다. 소지인이 발행인인 경우에도 같다.

■ 수표법
제55조(지급보증의 효력) ① 지급보증을 한 지급인은 제시기간이 지나기 전에 수표가 제시된 경우에만 지급할 의무를 부담한다.

답 0330 ○ 0331 ✗

0332 |2011|
환어음의 인수와 대비되는 수표의 지급보증을 할 경우 지급보증인은 무조건적인 책임을 부담한다. (   )

지급제시기간 내의 지급제시를 조건으로 하여 책임을 부담한다.
제55조(지급보증의 효력) ① 지급보증을 한 지급인은 제시기간이 지나기 전에 수표가 제시된 경우에만 지급할 의무를 부담한다.

0333 |2017, 2018, 2023|
보증의 표시는 수표 또는 보충지에 하여야 하나, 지급보증의 표시는 수표의 앞면에 하여야 한다. (   )

지급보증은 수표법에 특유한 제도로서 (ⅰ) 지급인인 은행만이 지급보증을 할 수 있고, (ⅱ) 수표의 앞면에 표시하여야 하고, (ⅲ) 지급제시기간 내 지급제시된 경우에만 지급의무를 부담하고, (ⅳ) 수표법의 내용과 다른 기재를 하면 무익적 기재사항이라는 것도 주의해야 한다.

■ 수표법
제26조(보증의 방식) ① 보증의 표시는 수표 또는 보충지에 하여야 한다.
제53조(지급보증의 가능방식) ① 지급인은 수표에 지급보증을 할 수 있다.
② 지급보증은 수표의 앞면에 "지급보증" 또는 그 밖에 지급을 하겠다는 뜻을 적고 날짜를 부기하여 지급인이 기명날인하거나 서명하여야 한다.

0334 |2023|
수표의 지급보증인은 수표의 보증인과 마찬가지로 지급보증에 의하여 그 금액의 일부의 지급을 담보할 수 있다. (   )

(ⅰ) 수표의 지급보증인의 책임은 1차적인 수표금지급의무이지 담보책임(상환의무)이 아니고 (ⅱ) 수표금 지급의무를 부담한다는 문언규정에 비추어 일부 지급보증은 인정되지 않는다.
제55조(지급보증의 효력) ① 지급보증을 한 지급인은 제시기간이 지나기 전에 수표가 제시된 경우에만 지급할 의무를 부담한다.
② 제1항의 경우에 지급거절이 있을 때에는 수표의 소지인은 제39조에 따라 수표를 제시하였음을 증명하여야 한다.

0335 |2007, 2008, 2018, 2023|
지급인이 지급보증을 한 경우에는 소지인이 지급제시기간 경과 후에 수표를 제시하더라도 지급인은 지급의무를 부담한다. (   )

지급제시기간 경과 전에 제시된 경우에 한하여 지급의무를 부담한다. 지급인의 지급보증을 통해 수표를 신용증권화하는 것을 막기 위함이다.
제55조(지급보증의 효력) ① 지급보증을 한 지급인은 제시기간이 지나기 전에 수표가 제시된 경우에만 지급할 의무를 부담한다.
② 제1항의 경우에 지급거절이 있을 때에는 수표의 소지인은 제39조에 따라 수표를 제시하였음을 증명하여야 한다.
③ 제2항의 경우에는 제44조와 제45조를 준용한다.

답 0332 × 0333 ○ 0334 × 0335 ×

0336 |2008|
지급보증인은 수표상의 채무를 이행한 후 수표의 발행인 등에 대해 수표상의 권리를 취득한다. (　)

지급보증한 지급인이 지급하는 것으로 모든 수표관계는 종결된다.

0337 |2008, 2012, 2018, 2023|
지급보증은 조건 없이 하여야 하며 지급보증에 의하여 수표의 기재사항을 변경한 부분은 이를 변경하지 아니한 것으로 본다. (　)

지급보증은 조건 없이 하여야 하며, 지급보증에 의하여 수표의 기재사항을 변경한 부분은 변경하지 않은 것으로 본다(무익적 기재사항).

제54조(지급보증의 요건) ① 지급보증은 조건 없이 하여야 한다.
② 지급보증에 의하여 수표의 기재사항을 변경한 부분은 이를 변경하지 아니한 것으로 본다.

0338 |2008, 2023|
지급인이 지급보증을 하면 수표의 발행인, 배서인 등은 책임을 면한다. (　)

발행인과 배서인도 지급보증인과 합동하여 책임을 진다.

제56조(지급보증과 수표상의 채무자의 책임) 발행인이나 그 밖의 수표상의 채무자는 지급보증으로 인하여 그 책임을 면하지 못한다.

0339 |2018|
지급인이 지급보증을 거절하면 수표소지인은 자신의 모든 배서인에 대하여 상환청구권을 행사할 수 있다. (　)

수표의 상환청구사유는 지급거절일 뿐이고, 지급보증의 거절은 상환청구사유에 해당하지 않는다.

제39조(상환청구의 요건) 적법한 기간 내에 수표를 제시하였으나 지급받지 못한 경우에 소지인이 다음 각 호의 어느 하나의 방법으로 지급거절을 증명하였을 때에는 소지인은 배서인, 발행인, 그 밖의 채무자에 대하여 상환청구권(償還請求權)을 행사할 수 있다.
1. 공정증서(거절증서)
2. 수표에 제시된 날을 적고 날짜를 부기한 지급인(제31조제2항의 경우에는 지급인의 위임을 받은 제시은행)의 선언
3. 적법한 시기에 수표를 제시하였으나 지급받지 못하였음을 증명하고 날짜를 부기한 어음교환소의 선언

0340 |2018|
지급보증을 한 지급인에 대한 수표상의 청구권은 제시기간이 지난 후 1년간 행사하지 아니하면 소멸시효가 완성된다. (　)

수표의 1차적 지급의무자인 지급보증인에 대한 청구권의 소멸시효는 1년이다.

제58조(지급보증인의 의무의 시효) 지급보증을 한 지급인에 대한 수표상의 청구권은 제시기간이 지난 후 1년간 행사하지 아니하면 소멸시효가 완성된다.

답　0336 ×　0337 ○　0338 ×　0339 ×　0340 ○

4. 횡선수표

0341 |2007, 2013, 2019|
횡선수표라 함은 앞면에 두 줄의 평행선이 그어진 것으로, 수표에 횡선을 그을 수 있는 자는 수표의 발행인이나 소지인이다. ( )

> **제37조(횡선의 종류 및 방식)** ① 수표의 발행인이나 소지인은 그 수표에 횡선(橫線)을 그을 수 있다. 이 횡선은 제38조에서 규정한 효력이 있다.
> ② 횡선은 수표의 앞면에 두 줄의 평행선으로 그어야 한다. 횡선은 일반횡선 또는 특정횡선으로 할 수 있다.
> ③ 두 줄의 횡선 내에 아무런 지정을 하지 아니하거나 "은행" 또는 이와 같은 뜻이 있는 문구를 적었을 때에는 일반횡선으로 하고, 두 줄의 횡선 내에 은행의 명칭을 적었을 때에는 특정횡선으로 한다.
> ④ 일반횡선은 특정횡선으로 변경할 수 있으나, 특정횡선은 일반횡선으로 변경하지 못한다.
> ⑤ 횡선 또는 지정된 은행의 명칭의 말소는 하지 아니한 것으로 본다.

0342 |2007, 2021|
일반횡선수표의 지급인은 자신의 거래처 또는 횡선 속에 지정된 은행에 대해서만 지급할 수 있다. ( )

> 일반횡선수표의 지급인은 '은행 또는 자신의 거래처'에 지급할 수 있다. 반면에 특정횡선수표의 지급인은 '횡선 속에 지정된' 은행 또는 '지정된 은행이 지급인'인 경우에는 '자신의 거래처'에만 지급할 수 있다.
>
> **제38조(횡선의 효력)** ① 일반횡선수표의 지급인은 은행 또는 지급인의 거래처에만 지급할 수 있다.
> ② 특정횡선수표의 지급인은 지정된 은행에만 또는 지정된 은행이 지급인인 경우에는 자기의 거래처에만 지급할 수 있다. 그러나 지정된 은행은 다른 은행으로 하여금 추심하게 할 수 있다.
> ③ 은행은 자기의 거래처 또는 다른 은행에서만 횡선수표를 취득할 수 있다. 은행은 이 외의 자를 위하여 횡선수표의 추심을 하지 못한다.
> ④ 여러 개의 특정횡선이 있는 수표의 지급인은 이를 지급하지 못한다. 그러나 2개의 횡선이 있는 경우에 그 하나가 어음교환소에 제시하여 추심하게 하기 위한 것일 때에는 그러하지 아니하다.
> ⑤ 제1항부터 제4항까지의 규정을 준수하지 아니한 지급인이나 은행은 이로 인하여 생긴 손해에 대하여 수표금액의 한도 내에서 배상할 책임을 진다.

0343 |2013|
두 줄의 횡선 내에 아무런 지정을 하지 아니하거나 "은행" 또는 이와 같은 뜻이 있는 문구를 적었을 때에는 일반횡선이다. ( )

> **제37조(횡선의 종류 및 방식)**
> ③ 두 줄의 횡선 내에 아무런 지정을 하지 아니하거나 "은행" 또는 이와 같은 뜻이 있는 문구를 적었을 때에는 일반횡선으로 하고, 두 줄의 횡선 내에 은행의 명칭을 적었을 때에는 특정횡선으로 한다.

답 0341 ○ 0342 × 0343 ○

0344 |2013|
두 줄의 횡선 내에 은행의 명칭을 적었을 때에는 특정횡선이다. ( )

> **제37조(횡선의 종류 및 방식)** ③ 두 줄의 횡선 내에 아무런 지정을 하지 아니하거나 "은행" 또는 이와 같은 뜻이 있는 문구를 적었을 때에는 일반횡선으로 하고, 두 줄의 횡선 내에 은행의 명칭을 적었을 때에는 특정횡선으로 한다.

0345 |2013, 2022|
일반횡선은 특정횡선으로 변경할 수 있으나, 특정횡선은 일반횡선으로 변경하지 못한다. ( )

> **제37조(횡선의 종류 및 방식)**
> ④ 일반횡선은 특정횡선으로 변경할 수 있으나, 특정횡선은 일반횡선으로 변경하지 못한다.

0346 |2013|
은행은 자기의 거래처 또는 다른 은행에서만 횡선수표를 취득할 수 있다. ( )

> **제38조(횡선의 효력)** ① 일반횡선수표의 지급인은 은행 또는 지급인의 거래처에만 지급할 수 있다.
> ② 특정횡선수표의 지급인은 지정된 은행에만 또는 지정된 은행이 지급인인 경우에는 자기의 거래처에만 지급할 수 있다. 그러나 지정된 은행은 다른 은행으로 하여금 추심하게 할 수 있다.
> ③ 은행은 자기의 거래처 또는 다른 은행에서만 횡선수표를 취득할 수 있다. 은행은 이 외의 자를 위하여 횡선수표의 추심을 하지 못한다.
> ④ 여러 개의 특정횡선이 있는 수표의 지급인은 이를 지급하지 못한다. 그러나 2개의 횡선이 있는 경우에 그 하나가 어음교환소에 제시하여 추심하게 하기 위한 것일 때에는 그러하지 아니하다.
> ⑤ 제1항부터 제4항까지의 규정을 준수하지 아니한 지급인이나 은행은 이로 인하여 생긴 손해에 대하여 수표금액의 한도 내에서 배상할 책임을 진다.

답 0344 O 0345 O 0346 O

상법 '앞글자' 정리사항

구분	주제		앞글자	내용
제1편 회사법	제소권자		청 / 파 // 감 / 합 / 분	＊**청**산인, **파**산관재인 • **감**자 • **합**병 • **분**할
			청 / 포 / 교 / 이	＊**청**산인 • 주식의 **포**괄적 **교**환·**이**전
			채 // 위 / 감 / 합 / 분	＊**채**권자 • **위**법배당 • **감**자 • **합**병 • **분**할
	채권자 보호절차 요구되는 경우		인청 / 물조 / 분결 / 감 / 합	• **인**적회사의 임의**청**산 • **물**적회사 **조**직변경 • **분**할시 책임분리**결**의 • **감**자 • **합**병
	합병 주총결의 ⇒ 이사회 결의	간이 합병	간 / 소 / 이	• **간**이합병시 • **소**멸회사의 ⇒ **이**사회 결의로 갈음
		소규모 합병	소 / 존 / 이	• **소**규모 합병시 • **존**속회사의 ⇒ **이**사회 결의로 갈음
	합병·분할의 절차		계 / 대 / 결 / 채 / 보 / 등	1. 합병**계**약서(분할계획서) 작성 2. **대**차대조표 등의 공시 3. 합병**결**의 4. **채**권자보호절차 5. 창립총회 or **보**고총회 6. 합병**등**기
	주식의 포괄적 교환 및 이전 절차		계 / 대 / 결 / 실 / 등	1. 주식교환**계**약서(주식이전계획서) 작성 2. **대**차대조표 등의 공시 3. 주식교환(이전)계약 승인**결**의 4. 주권**실**효절차 5. **등**기

구분	주제	앞글자	내용		
제1편 회사법	해산명령과 해산의제의 구별	일 / 지 / 명 오 / 면 / 제	• 1년 이상 • 영업휴지시 • 해산명령 • 5년 이상 • 휴면시 • 해산의제		
	주식매수청구권 인정되는 경우	거 / 합 / 영 / 포	• 주식양도 승인거부 • 합병 • 영업양도 등 • 주식의 포괄적 교환·이전		
	변태설립사항 조사	빨 / 리 / 법 모 / 발 / 창		법원에 검사인 선임청구	검사인의 보고
			발기설립	이사가	법원에
			모집설립	발기인이	창립총회에
	정관의 절대적 기재사항	목 / 상 / 예 / 1 / 본 / 공 시 / 발	절대적 기재사항	정관기재	등기사항
			• 회사의 목적 • 상호 • 발행예정주식총수 • 액면주식 1주 금액 • 본점 소재지 • 회사가 공고하는 방법	○	○
			• 설립시 발행주식수 • 발기인의 성명·주민번호·주소	○	×
	변태설립사항의 종류	현 / 재 / 특 / 비 / 보	종류	검사인의 조사 갈음	
			현물출자	감정인	
			재산인수		
			특별이익	공증인	
			설립비용		
			발기인보수		
	1 / 100 비율	위 / 대 / 주검 / 공통	• 위법행위유지청구권 • 대표소송 • 주총전 검사인 선임청구 • 주총소집 공고로 통지에 갈음		
	5 / 100 비율	소금 / 사 / 자	• 소규모합병시 금전교부한도(순자산가액) • 사후설립 • 자기주식 질취한도		

구분	주제	앞글자	내용
제1편 회사법	10 / 100 비율	해 / 상 / 선 / 채 / 소주	• **해**산판결청구권 • **상**호보유주식 • 주식매수**선**택권 제한 • 사**채**권자집회 소집 • **소**규모합병시 **주**식교부한도(발행주식총액)
	주주만 행사가능	해 / 이 / 대 / 신	• **해**산판결청구 (10/100) • **이**사해임청구 (3/100) • **대**표소송 (1/100) • **신**주발행유지청구(단독주주권)
	상장회사 소수주주권 행사시 6개월 보유기간 요구	임 / 제 / 열 / 해 / 검 / 유 / 대	• **임**시총회소집청구권 • 주주**제**안권 • 회계장부**열**람권 • 이사**해**임판결 청구권 • **검**사인 선임청구권 • 위법행위**유**지청구권 • **대**표소송권
	소규모발기설립 특례	소발 / 공 / 납 / 생략	※ **소**규모 **발**기설립 • **공**증인의 인증 • **납**입금보관증명서 ⇒ **생략** 가능

				산입	
				발행주식총수	출석한 주식수
의결권 제한 주식	유형	종 / 자 / 상 / 감 // 특 / 유형	**종**류주식	×	×
			자기주식	×	×
			상호보유주식	×	×
			감사선임시 3% 초과분	×	×
			특별이해관계인 주식	○	×

구분	주제		앞글자	내용
	의결권 제한 주식	제외되는 경우	제 / 집 / 감 / 통 / 주 / 선 / 제외	• 주주**제**안권 • **집**중투표제 • **감**사선임시 3% 제한 • 주총소집**통**지 • 상장사 **주**요주주(10%) 판단 • 주식매수**선**택권 배제주주(10%) 판단
		예외적인 의결권 행사	정 / 종 / 창 / 총 / 분 / 행사	• **정**관에서 정한 사항 • **종**류주주총회결의 • **창**립총회결의 • **총**주주의 동의를 요하는 결의 • **분**할(분할합병)결의

구분	주제		앞글자	내용	
제1편 회사법	정관으로 배제가능		불소 / 원 / 집	• 주권**불소**지제도 • **원**격회의 • **집**중투표제	
	자기 주식	예외적인 취득	합 / 영 / 실 / 단 / 청	• **합**병 또는 **영**업의 양수 • 회사의 권리 **실**행 • **단**주의 처리 • 주주가 주식매수**청**구권 행사	
		예외적인 질취	합 / 영 / 실	• **합**병 또는 **영**업의 양수 • 회사의 권리 **실**행	
	자회사의 모회사 주식 예외적인 취득		합 / 영 / 실 / 포	• **합**병 또는 **영**업의 양수 • 회사의 권리 **실**행 • 주식의 **포**괄적 교환·이전	
	상대방 선악 불문		상미 / 모 / 자 / 반환 / 가처분	• **상**호양도 **미**등기	상대방 선악불문 유효
				• **모**회사주식 취득제한 • **자**기주식 취득제한 • 위법배당**반환** • 직무집행정지, 직무대행자선임 **가처분** 효력	상대방 선악불문 무효
	주총결의를 이사회 결의로 갈음 (정관 기재시)	경우	승 / 리 / 자	• 재무제표 **승**인 • **이**익배당 • **자**기주식의 취득	
		요건	정 / 감 / 외 / 보	• **정**관규정 • **감**사(위원) 전원 동의 • **외**부감사인의 적정의견 • 주주총회에 **보**고	
	법원 직권으로 가능한 경우		상 / 해 / 청 / 주 / 이 / 사비	• **상**업장부 제출명령 • **해**산명령 • **청**산인 선임 • **주**총의장 선임 • **이**사회의장 선임 • **사**채권자 인가**비**용부담	
	정관상 주식양도 제한시 양도절차		승 / 거 / 지 / 통 / 매 30 / 20 / 14 / 10	1. 양도**승**인청구 　　　　　　　　　(**30**일 내) 2. 회사의 **거**부통지 　　　　　　　　　(**20**일 내) 3. 상대방 **지**정청구 　　　　　　　　　(**14**일 내) 4. 상대방 지정**통**지 　　　　　　　　　(**10**일 내) 5. 상대방의 **매**도청구	

구분	주제	앞글자	내용
제1편 회사법	'인접'지	양 / 주집	• 영업양도인의 경업금지의무 : 동일 또는 인접지역 • 주총소집장소 : 본점소재지 또는 인접지
	투표방식 규정	서정 / 전이	• 서면투표는 정관으로 • 전자투표는 이사회결의로
	종류주주총회 결의가 필요한 경우	정 / 배 / 합	• 정관변경으로 종류주주에게 손해발생 우려 • 주식배정에 관하여 주식의 종류에 따라 달리 정하는 경우 • 합병, 분할, 주식교환, 주식이전으로 종류주주에게 손해발생 우려
	예외적으로 소급효가 인정되는 판결	소 / 결 / 감	* 소급효 인정되는 경우 • 주주총회 결의의 하자 • 감자무효의 소
	이사회가 위원회에 위임불가	정 / 대 / 위 / 주	• 정관규정 • 대표이사 선·해임 • 위원회의 설치·폐지, 위원의 선·해임 • 주총승인사항
	채권자에게 열람등사청구권 인정	채열 / 분합계 / 재 / 주 / 부 / 부 / 정	* 채권자의 열람등사청구권 • (분할계획서) 합병계약서 • 재무제표 등(재무제표, 영업보고서, 감사보고서) • 주총의사록 • 주주명부 • 사채권자 원부 • 정관
	이사회 승인이 필요한 이사의 의무	경 / 용 / 자	• 경업회피의무 • 사업기회유용금지의무 • 자기거래금지의무
	이사 전원 2/3 이상의 찬성 필요	감 / 자 / 용	• 감사위원 해임 • 이사의 자기거래 승인 • 회사기회유용 승인
	주요주주 금지사항	선 / 외 / 자 / 신 // 금지	• 주식매수선택권 • 상장사 사외이사 • 상장사 자기거래 • 상장사 신용공여 ⇒ 주요주주 금지사항

	회사소송의 제소권자	대 / 감 / 법
		대 / 리
			1. 일반회사 (대 / 감 / 법)
			   대표이사 → 감사(위원회) → 법원 결정의 순서
			2. 집행임원 설치회사 (대 / 리)
			   대표집행임원 → 이사회 결정의 순서

구분	주제	앞글자	내용
제1편 회사법	액면미달발행 요건	2 / 특 / 저 / 법 / 1월	• 설립 후 2년 경과 • 주총특별결의 • 최저발행가액결정 • 법원의 인가 • 인가 후 1월 내
	재무제표 등 작성 절차	6 / 4 / 1 / 1	1. 이사 ⇒ 감사 : 정기주총 6주 전 2. 감사 ⇒ 이사(비상장) : 제출받은 날로부터 4주 내 3. 감사 ⇒ 이사(상장) : 정기주총일의 1주 전까지 4. 재무제표 등의 비치·공시 : 정기주총 1주 전
	재무제표 공시	본오 / 지삼	• 본점에서 5년 • 지점에서 3년
	유한회사에서 설립(증자)관여자 의 책임	부 / 설 / 사 / 결 / 사 미 / 설 / 사 / 이 / 감	(표: 설립시 / 증자시, 사원 / 이사·감사) 부족한 재산가액(과대평가): 설립-사원 ○, 이사·감사 ×, 증자-결의 찬성한 자, 이사·감사 × 미필출자(등기 후): 설립-사원 ○, 이사·감사 ○, 증자-사원 ×, 이사·감사 ○
제2-1편 상법총칙	상행위의 영업성	영 / 계 / 대	• 영리성 • 계속성 • 대외적 인식가능성
	소상인 적용배제규정	지 / 호 / 장 / 등	• 지배인 • 상호 • 상업장부 • 상업등기
	지배인 종임사유	사 / 파 / 성	(표: 지배인 / 영업주) 사망: 지배인 ○, 영업주 × 파산: 지배인 ○, 영업주 ○ 피성년후견: 지배인 ○, 영업주 ×
	상호등기의 효력	동 / 동 / 등	• 동일 시·군에서 • 동종영업으로 • 타인이 등기한 상호 ⇒ 등기하지 못한다.
	상호가등기가 인정되는 경우	회 / 상 / 목 / 본 주 / 유 / 설	(표: 회사의 종류 / 가등기사유) 모든 회사: 상호 변경, 목적 변경, 본점소재지 변경 주식회사, 유한회사(유한책임회사): 설립시

구분	주제	앞글자	내용
제2-1편 상법총칙	상호의 폐지	이주 / 말	• 상호폐지 후 **2주** 내 폐지등기 안하면 • 이해관계인이 등기**말**소청구 가능
		이년 / 폐	• 상호등기 후 정당한 사유 없이 **2년** 간 상호사용 안하면 • 상호**폐**지 의제
	상업장부	회 / 대	• **회**계장부 • **대**차대조표
	영업양수인의 책임	사 / 등 / 통	• 상호를 **사**용해도 • (책임 없음을) **등**기·**통**지하면 ⇒ 책임 안진다
		불 / 광 / 통	• 상호를 **불**사용해도 • (채무인수를) **광**고·**통**지하면 ⇒ 책임 진다
제2-2편 상행위	쌍방적 상행위	매 / 일유 / 대 / 중 / 맹 / 채	• 상사**매**매 • **일**반상사**유**치권 • **대**리상 • **중**개상 • 가**맹**업 • **채**권매입업
	유치권 요건 일반	당 / 피 / 목 / 관 / 반	• **당**사자 • **피**담보채권 • 유치**목**적물 • **관**련성 • **반**대특약 부존재
	일반상사유치권 의 목적물	권상 / 무소	• 채**권**자의 **상**행위 • 채**무**자의 **소**유
	피담보채권과 유치목적물 간 관련성	관 / 민 / 송	* **관**련성 필요 • **민**사유치권 • 운**송**(주선)인
	상사채무에 대한 연대책임	무 / 상 / 연	• (채무자가 수인인 경우) 채**무**자의 입장에서 • **상**행위라야 • **연**대책임
	상사매매 특칙	공 / 검 / 보 // 확	• 매도인 목적물 **공**탁·경매권 • 매수인 목적물 **검**사·하자 통지 의무 • 계약 해지시 매수인 목적물 **보**관 공탁의무 • **확**정기 매매의 해제
	상시 거래관계	상거 // 낙 / 산	* **상**시 **거**래관계(쌍방 상인일 필요는 없음) • 청약 **낙**부통지의무 • 상호계**산**

구분	주제	앞글자	내용			
제2-2편 상행위	종임사유	사 / 파 / 성		업무집행자	비업무집행자	
			사망	○	×	
			파산	○	○	
			피성년후견	○	×	
				업무집행자	비업무집행자	
			익명조합	영업자	익명조합원	
			합자조합	업무집행조합원	유한책임조합원	
			합자회사	무한책임사원	유한책임사원	
			주식회사	이사, 감사		
	퇴임 후 비밀유지의무	대 / 가 / 리 / 집 / 준	• 대리상 • 가맹상 • 이사·감사 • 집행임원 • 준법지원인			
	위탁매매에서 매수위탁자가 상인인 경우	검 / 보 / 확	• 매수인의 목적물 검사·하자 통지의무 • 계약해지시 매수인 목적물 보관·공탁의무 • 확정기매매의 해제			
	전면적 개입권 (주선업자)	위 / 준 / 주	• 위탁매매인 • 준위탁매매인 • 운송주선인			
	이행담보책임 (개입의무)	중 / 위	• 중개상 • 위탁매매인			
	손해배상책임 특칙	상인의 종류: 운 / 주 / 창 / 공 특칙의 종류: 정 / 고 / 특 / 단		운송인	운송주선인	창고업자	공중접객업자
			정액배상주의	○	×	×	×
			고가물특칙	○	○	×	○
			특별소멸사유	○	×	○	×
			단기소멸시효	○	○	○	○
			* ×친 부분을 한글 "ㅈ"으로 기억				
	운송인 정액배상주의	전 / 연 / 할	• 전부멸실 • 연착 • 인도할 날의 도착지 가격			

구분	주제		앞글자	내용					
제2-2편 상행위	계약 해지시 예고 기간	필요	상/창/대/리/익/맹	상호계산	창고업자	대리상	리스계약	익명조합	가맹업
				언제든지	반월(2주)	2월	3월	6월	상당기간
			언/반/2/3/6/상	단기 -- 장기					
		불필요 (부득이 즉시)	익/대/창	• 익명조합 • 대리상 • 창고업자					
제3편 어음 수표	무권대리(무권대행) 에서 본인이 책임지는 경우		추/표/사	• 추인 • 표현책임 • 사용자책임(불법행위책임)					
	어음의 선의취득 요건		어/형/무/악/독	• 어음법적 유통방식 • 형식적 자격이 있는 자로부터의 취득 • 양도인의 무권리 또는 양도행위의 하자 • 취득자에게 악의 또는 중대한 과실이 없을 것 • 독립된 경제적 이익의 존재					
	비증권상의 물적항변 어음보증의 독립성		무/무/위	• 무능력 • 무권대리 • 위조·변조					
	어음의 필요적 기재사항 (어음요건)		문/액/인/일/지	• 어음문구 • 어음금액 • 人 : 발행인, 수취인, 지급인 • 日 : 발행일, 만기일 • 地 : 발행지, 지급지					
	특수한 인적항변 (해의를 요건으로 하지 않는 경우)		백/자/융통	• 백지 부당보충 : 상대방이 악의 or 중과실이면 대항가능 • 이사의 자기거래위반 : 상대방이 악의 or 중과실이면 대항가능 • 융통어음의 항변 : 상대방의 선악불문 대항불가					
	어음의 만기		일출/확출/일정/발정	• 일람출급 • 확정일출급 • 일람후 정기출급 • 발행일자후 정기출급					
	이자 기재가 가능한 어음		일람/이자	• 일람출급 어음 • 일람후정기출급 어음 ⇒ 이자 기재가능					

구분	주제	앞글자	내용		
제3편 어음 수표	배서의 효력	이 // 선 / 항 // 담	배서의 효력		제한되는 경우
			권리**이**전적 효력		**입**질배서 **추**심위임배서
			선의취득		**기**한후배서
			인적**항**변의 절단		**추**심위임배서
	배서의 효력이 제한되는 경우	입 / 추 기 / 추 무 / 배 / 추 / 기	**담**보적 효력		**무**담보배서 **배**서금지배서 **추**심위임배서 **기**한후배서
	불단순 배서의 효력	조 / 배 / 무익	• **조**건부 **배**서 ⇒ **무익**적 기재사항		
		일 / 배 / 무효	• **일**부 **배**서 ⇒ **무효**		
	지급인의 면책	사기 / 지급	• **사기** or 중과실이 없으면 ⇒ **지급**인의 면책		
	만기 전 상환청구 : 발행인 측 사유	인지 / 발 / 파	• 인수제시금**지**어음에서 • **발**행인이 • **파**산		
	복본, 등본이 가능한 경우	환 / 수 / 복 환 / 약 / 등	• **환**어음 • **수**표 ⇒ **복**본 가능		
			• **환**어음 • **약**속어음 ⇒ **등**본 가능		
	등본에 가능한 어음행위	보 / 배 / 등	• **보**증 • **배**서 ⇒ **등**본에도 가능		
	소멸시효	기산점 만 / 만 / 환제 텐 / 텐 / 환제		1차적	2차적
			어음 : 주채무자 수표 : 지급보증인	상환의무자	재상환의무자
			어음: **만**기일 후 **삼**년	**만**기일 후 **일**년	**환**수일·**제**소일 후 **반**년
		기간 삼 / 일 / 반 일 / 반 / 반	수표: 지급제시기간 (**10**일) 후 **일**년	지급제시기간 (**10**일) 후 **반**년	**환**수일·**제**소일 후 **반**년
	특정횡선수표	특 / 급 / 정 / 은 자 / 거	**특**정횡선수표의 **지급**인이 지**정**된 **은**행이면 **자**기의 **거**래처에 지급가능		

상법상 추정규정 정리

상법상 추정인지 간주인지 혼동되는 경우가 많습니다. 추정되는 경우를 정리하고, 그 외의 경우는 간주로 판단하기 바랍니다.

1. 회사법

개념	내용	근거
거래상대방의 선의·무중과실 추정	외관법리와 관련하여, 무권리자와 거래한 상대방은 선의·무중과실로 추정한다.	상법상 외관법리에 공통적으로 적용
주권 점유자의 적법소지인 추정	주권의 점유자는 적법한 소지인으로 추정한다.	제336조
	→ 신주인수권증서에 준용	제420조의3
	→ 신주인수권증권에 준용	제516조의6
전자등록부상 적법권리자 추정	전자등록부에 주식을 등록한 자는 그 등록된 주식에 대한 권리를 적법하게 보유한 것으로 추정한다.	제356조의2
주주명부 기재시 주주로 추정	주주명부에 주주로 등재되어 있는 자는 주주로 추정되어, 그 주식에 관한 의결권을 적법하게 행사할 수 있다.	대판 2007다51505
회사 기회유용의 추정	회사의 기회를 유용하여 이사 또는 제3자가 얻은 이익은 회사의 손해로 추정한다.	제397조 제2항
결의에 찬성한 이사로 추정	이사회의 결의에 참가한 이사로서 이의를 한 기재가 없는 자는 찬성한 것으로 추정한다.	제399조 제3항
주주의 권리행사 관련 추정	회사가 특정 주주에게 무상으로 또는 현저하게 적은 반대급부를 얻고 공여한 이익은 주주의 권리행사와 관련하여 공여한 것으로 추정한다.	제467조의2 제2항

2. 상법총칙·상행위

개념	내용	근거
상업등기부의 추정	등기부에 이사(감사)로 등기된 자는 적법한 이사(감사)로 추정한다.	대판 91다4409
등기된 상호 사용시 부정목적 추정	동일시군에서 동종영업으로 타인이 등기한 상호를 사용하는 자는 부정한 목적으로 추정한다.	제23조 제2항
영업을 위한 것으로 추정	상인의 행위는 영업을 위하여 하는 것으로 추정한다.	제47조 제2항
	[비교] 상인이 영업을 위하여 하는 행위는 상행위로 본다.	제47조 제1항
화물상환증 발행시 운송물 수령의 추정	화물상환증이 발행된 경우에는 운송인과 송하인 사이에 화물상환증에 적힌 대로 운송계약이 체결되고 운송물을 수령한 것으로 추정한다.	제131조 제1항
	→ 창고증권에 준용	제157조
리스물건 수령의 추정	리스이용자가 금융리스물건 수령증을 발급한 경우에는 리스업자로부터 적합한 금융리스물건을 수령한 것으로 추정한다.	제168조의3 제3항

3. 어음·수표법

개념	내용	근거
배서 연속된 어음의 적법소지인 추정	어음의 점유자가 배서의 연속에 의하여 그 권리를 증명할 때에는 적법한 소지인으로 추정한다.	어음법 제16조 제1항
어음 반환시 원인채권 변제 추정	어음이 반환되어 채무자가 이를 소지하고 있다면 원인채권이 변제된 것으로 추정한다.	대판 96다41588
시효이익 포기 추정	소멸시효가 완성된 어음채무를 일부 변제한 경우 채무 전체에 관하여 승인하고 시효이익을 포기한 것으로 추정한다.	대판 2010다6345
지급지 통화로 추정	발행국과 지급국에서 명칭은 같으나 가치가 다른 통화로써 환어음의 금액을 정한 경우에는 지급지의 통화로 정한 것으로 추정한다.	어음법 제41조 제4항
지급을 위하여 교부한 것으로 추정	자기앞수표나 은행지급보증수표 등의 특별한 사정이 없는 한, 어음 또는 수표는 지급을 위하여 교부된 것으로 추정한다. 따라서 원인채권은 소멸하지 않는다.	대판 2003다13512
어음소지인의 악의시 해의 추정	인적항변사유에 대한 어음소지인의 악의가 채무자에 의해 증명되면, 소지인에게 손해의 인식이 있었던 것으로 추정된다.	대판 96다7120
백지어음의 추정	어음요건이 흠결된 미완성어음은 백지어음으로 추정한다.	대판 83다카1585
어음 반환 전 인수말소로 추정	인수의 말소는 어음의 반환 전에 한 것으로 추정한다.	어음법 제29조 제1항 단서
	→ 어음의 반환 전 인수말소는 인수의 거절로 간주한다.	동조 제1항 본문
기한 전 배서로 추정	날짜를 적지 아니한 배서는 지급거절증서 작성기간이 지나기 전에 한 것으로 추정한다.	어음법 제20조 제2항
적법한 지급제시의 추정	지급거절증서 작성을 면제한 어음의 경우 지급제시기간 내에 적법한 지급제시를 한 것으로 추정한다.	대판 83다카1411
자기앞수표의 추정	자기앞수표의 발행은행은 수표대금 상당의 현실적 이득을 보유하고 있는 것으로 추정한다.	대판 2006다8481

공인회계사 1차대비

2024 하루에 끝장내기 회계사 상법

정인국

고려대학교 법학과 졸업
제45회 사법시험 합격
사법연수원 제35기 수료
변호사
미국 공인회계사 시험 합격(Maine 주)

우리경영아카데미 회계사 및 세무사 상법 강의

― 저 서

- 회계사 상법 연도별 기출문제
- 회계사 객관식 상법
- 세무사 객관식 상법
- 하루에 끝장내기 회계사상법
- 하루에 끝장내기 세무사상법
- 회계사 상법 필기노트
- 도해식 상법 조문노트
- 상법 100선
- 상법전

초판1쇄	2017년 1월 12일 발행
제2판1쇄	2017년 12월 22일 발행
제3판1쇄	2018년 12월 28일 발행
제4판1쇄	2019년 12월 30일 발행
제5판1쇄	2021년 1월 5일 발행
제6판1쇄	2022년 1월 5일 발행
제7판1쇄	2022년 12월 26일 발행
제8판1쇄	2023년 12월 29일 발행
지은이	정 인 국
펴낸이	이 은 경
펴낸곳	㈜세경북스
주 소	서울특별시 서초구 신반포로3길 8, 606호(반포동, 반포프라자)
전 화	02-596-3596
팩 스	02-596-3597
신 고	제2013-000189호
정 가	22,000원

저자와의
협의하에
인지를 생략함

이 책의 모든 권리는 ㈜세경북스에 있습니다.
본 출판사의 동의 없이 내용을 복제하거나 전산장치에
저장·전파할 수 없습니다.
Printed in Korea

ISBN : 979-11-5973-387-1 13360